eye
守望者

—

到灯塔去

［美］莫里斯·迪克斯坦 著
彭贵菊　郑小倩 译

在黑暗中舞蹈

美国大萧条文化史

Dancing in the Dark

Morris Dickstein

A Cultural History of the Great Depression

南京大学出版社

江苏省版权局著作权合同登记　图字：10-2019-456

图书在版编目(CIP)数据

在黑暗中舞蹈：美国大萧条文化史 / (美) 莫里斯·迪克斯坦著；彭贵菊，郑小倩译. —南京：南京大学出版社，2024.4

书名原文：Dancing in the Dark: A Cultural History of the Great Depression

ISBN 978-7-305-28071-9

Ⅰ.①在…　Ⅱ.①莫…　②彭…　③郑…　Ⅲ.①文化史—研究—美国　Ⅳ.①K712.03

中国国家版本馆 CIP 数据核字(2024)第 090640 号

出版发行　南京大学出版社
社　　址　南京市汉口路 22 号　　　　邮　编 210093

ZAI HEIAN ZHONG WUDAO: MEIGUO DAXIAOTIAO WENHUASHI
书　　名　在黑暗中舞蹈:美国大萧条文化史
著　　者　[美]莫里斯·迪克斯坦
译　　者　彭贵菊　郑小倩
责任编辑　付　裕　刘慧宁
照　　排　南京紫藤制版印务中心
印　　刷　南京新世纪联盟印务有限公司
开　　本　718 mm×1000 mm　1/16　印张 39.25　字数 546 千
版　　次　2024 年 4 月第 1 版　2024 年 4 月第 1 次印刷
ISBN 978-7-305-28071-9
定　　价　138.00 元

网　　址:http://www.njupco.com
官方微博:http://weibo.com/njupco
官方微信:njupress
销售咨询:(025)83594756

致未来公民埃文、亚当、西蒙和安雅，

并纪念传承了1930年代的斯坦利·伯恩肖

目　录

序　言

我写完这本书时，美国正在经历自 1929 年至 1941 年的大萧条以来最严重的经济危机。电视广播、报纸、博客，以及政治家的新闻发布会、联邦监管机构的证言，还有经济学家神谕般的声明都不断提到 1930 年代。由于当时颁布的结构性改革，以及随后几届政府的执行巩固，萧条根本不应该再出现了。然而即使这次经济危机没发生，大萧条的艰苦岁月的阴影也一直折磨着我们：它是渐成神话的遥远回忆，严厉警告我们困难的时刻可能还会再来，而且，对于认为美国是一块充满无限可能的土地这种意识是一大打击。第二次世界大战之后的每一次经济衰退、每一场经济危机，都不可避免地触发人们重历 1930 年代的恐惧。

令人惊叹的是，大萧条同时又是一个在无望的经济苦难背景下文化极度繁荣的时代。这场危机激发了美国的社会想象，促使人们对普通人如何生活、受苦、相助相依，又如何忍耐产生了极大的兴趣。也许凭借艺术表现来看待那悲惨岁月有些奇怪，但是曾帮助人们度过艰难时世的艺术作品和新闻报道仍在触动今天的我们：记录人类苦难之痛的美得怪异的照片；偶尔直接、通常隐晦地回应社会危机的小说；机智生动，堪称绝伦的浪漫喜剧电影；典雅至极、有着无穷魅力的歌舞片；以及挪用爵士元素、可能是美国史上之最的流行音乐。这些作品集合了艺术的真实性与娱乐的即时效果，使我们得以近距离窥视大萧条的内在历史，其中有对事情会变好、对那黄砖大道①尽头充满哀伤的向往。它们为我们理解大萧条时期的道德与情感生活、理想的生活，以及对世界没有防备的态度开启了大门。

1930 年代也是延续至今的那些政治辩论的试验田：关于极权主义与民主，关于社会福利、个人能动性和公共职责之间的关系，关于 20 世纪的各种意识形态。在这些争论中，我一些最好的老师和其他重要的学人一起接受了思想之火的洗礼，我也毋庸置疑从中获得了滋养。不过这本书并不是关于 1930 年代知识分子和他们的思想的——对此，历史学家和批评家已有大量著述——而是关于艺术与社会，关于文化在国家遭受磨难之时如何起到关键作用。最初吸引我关注这个时代的是当时的电影，今日看来仍然精彩可观，尽管电影制作的技术和规模已经发生了巨大变化。那时，电影是由独立的制片厂制作的，各有各的风格：强势而注重当下的华纳兄弟；“取自今日头条”的弗兰克·卡普拉喜剧用它特有的平易近人令哥伦比亚影业一举成名；恩斯特·刘别谦给派拉蒙电影公司带来了欧洲的浪漫精微；还有环球影业公司制作的时髦的德国恐怖片，以及雷电华电影公司推出的由阿斯泰尔和罗杰斯主演的影片与浪漫喜剧。

一些电影明显带有大萧条的印记，另一些似乎毫不相干，至少在没经过细察之前是这样。本书通过审视文学、电影、音乐、绘画、设计这一系列丰富的文化资料来探讨大萧条时期的生活与精神，同时也展现与这些杰作相关的历史，了解它们出现的契机，倾听它们与时代的对话。伟大的艺术或表演有助于我们理解人们如何感受生活，证实他们如何继续前行。这就是我们为什么会不断重读经典的美国社会小说，包括风格迥异的《汤姆叔叔的小屋》《欢乐之家》《屠场》，以及《了不起的盖茨比》和《愤怒的葡萄》。每一部都以特有的方式使人深刻感受社会律动

① 《绿野仙踪》中多萝西走的一条路，尽头是出口。《绿野仙踪》，又译《奥兹国历险记》，是美国作家弗兰克·鲍姆写的一系列童话故事，曾多次被改编成舞台剧、电影、电视剧等，最为著名的是 1939 年的电影版。（如无特别说明，本书脚注均为译者注。）

的脉搏。本书正揭示了艺术在动乱年代如何回应社会，同时也表现了艺术如何改变、影响社会，给处于困境中的人带来欢乐、寄托、启迪和希望，尤其在他们最需要这些的时候。

对 1930 年代的看法总是莫衷一是。批评家艾尔弗雷德·卡津视 30 年代为他人生的关键阶段，在这一阶段过去之后很久表达了自己的感悟。“没有一个成长于大萧条时代的人能够从中恢复过来，”他在 1980 年写道，“对任何一个父亲总是在找工作的人来说，对 30 年代的印象全是阴郁而苦涩的。”[1] 我父亲那时候倒没有为此四处奔波，他一直都有稳定的工作，虽然挣得不多，但足够他和母亲在 1938 年 12 月成家。不过他曾告诉我，每次星期五领薪水的时候，他总觉得会收到解聘通知书。这种长久的焦虑毁掉了他的信心，让他形成了终生谨慎的习惯，永远没有安心的时候，这是大萧条那一代人的典型特征。对父亲来说这些担忧可能很早就存在了，因为他来自一个贫穷的移民家庭，他那说意第绪语的父母从来就没有真正适应美国的生活。像当时很多出身贫苦的作家一样，大萧条使父亲成了一个为生计担惊受怕的专家。尽管对家人出手大方，对工会尽心尽力，但他一直过得俭省、克己、悲观，对风险和变化持保守态度。他在 1992 年去世以前，每天都关注股票市场，但只是观望而不愿冒险，自 1928 年清仓之后从未投过一分钱。

也不是所有人都以这样愁苦的心情回望 1930 年代。1980 年代，我有时给本科生上关于大萧条的课程，布置的第一份作业就是采访一个还记得当年的人。学生真切地感受到了生活在那时是什么样子，但也更深地体会了人们的不同经历。有人遭罪，有人发迹。有人被彻底毁掉，也有人低价盘得生意、财富，甚至股票，最终活得风生水起。很多受访者回顾 30 年代时都带着毫不掩饰的怀旧情绪：那时他们都还年轻，正是生命中最好的时光。物价很低，单身、没有负担的人几乎不需要什么钱就能生活。还有些人坚持认为战后繁荣时期成长起来的人什么也不懂，而困难年代绝对会重来。

由于大萧条是一种全国性的创伤，我们因而存有大量的个人见证：

访谈、口述史、政府授权的报道和研究、写给包括总统和第一夫人在内的官员的辛酸信函，以及令人难忘的照片、纪录片、新闻短片及其他报道。其他时期的美国生活几乎没得到过如此密集的记录。为了使前所未有的“新政”计划获得支持，政府首次派出了覆盖全国的作家、摄影师和电影制作人。报社和杂志社也派作者进行实地考察。也有一些人以受雇记者的身份或者干脆自发前往各地。作家从来没有像那个时候一样关心人民的生活。他们穿梭于全国各地，将所见所闻写成文章，写进书里。他们扩充了访谈的文化内涵，聚焦的不再是显赫的人物，而是日常生活的起伏波折。这种在现场的记录方式不久就渗透到艺术领域。1930年代的艺术和娱乐发展出与众不同的形式，旨在宽慰、启发、愉悦一个烦恼重重的国家。今天我们有各种各样的书来研究大萧条时期的经济问题、新政政治与规划，或者普通人和典型家庭的辛劳。艺术证物则从另一方面展现人们如何感悟自我及生活，向我们揭秘了一些最深邃的时代精神。

对大多数批评家和文化史学家而言，美国现代艺术的繁盛属于自由奔放的 1920 年代，当时活跃着像舍伍德·安德森、辛克莱·刘易斯、欧内斯特·海明威、F. 斯科特·菲茨杰拉德、薇拉·凯瑟、威廉·福克纳这样的小说家，以及 T. S. 艾略特、华莱士·史蒂文斯、罗伯特·弗罗斯特、埃德娜·圣·文森特·米莱、玛丽安·摩尔、威廉·卡洛斯·威廉斯这样的经典现代诗人，都是我们今天仍然在读、在教的名字。那也是哈莱姆文艺复兴时期，了不起的爵士乐兴起，欧洲现代主义酝酿出巨大的能量，还有像阿伦·科普兰和维吉尔·汤姆森这样年轻的新生代美国作曲家，他们在欧洲求学但都致力于探索祖国的根基。第一次世界大战无论是在流放者还是在那些待在国内的人中间，都引发了存在主义的幻灭情绪。如果说他们身处一场充斥着烂醉豪饮的波希米亚式狂欢，那也是一个巨大的虚空的边缘。这些富有创新精神的艺术家追求大胆新奇的艺术形式，打破旧有的道德藩篱，对美国生活进行毫不留情的批判。这个光辉灿烂的十年，而不是伤痕累累的 30 年代，一向被视作20世纪的创作高峰，第一个现代的十年，对于后来的艺术变革具有划时代的意义。

这些艺术家辛辣的社会批评和富有创见的勇气将不知不觉进入30年代，此时艺术开始了自己的冒险。随着大萧条加剧，艺术家开启与历史的对话，帮助我们理解那些窘迫的年月，也使我们得以欣赏他们30年代的成就。正如艺术史学家马修·贝格尔评论30年代画家时所言："地方、政治、社会变迁，以及历史的重要性取代个人意识成为创作的源泉。艺术再一次变成实录工具，记载那些较之个人经验、洞见及情感活动更为长久而具体的事物。"[2]这个观点很好地指出了30年代艺术家的社会想象力，但更适用于描述画家而不是作家，因为作家很少能够舍弃"个人经验、洞见及情感活动"而不落得因时势而起又迅速沉寂的命运。艺术家，或者说一般的美国人，罕有地对普通人及其需求有如此强烈的认同感。如果说艺术能够感动世人，流传后世，甚至可以提供可靠的见证，那么只有在一个真实得令人信服的表现时空里，与现实世界的人感同身受才行。30年代的艺术融合了社会性与个人性，使我们对大萧条的思想和精神有了极富主观性的理解，让我们了解了那与美国今天面临的经济崩溃非常相似的历史时期。

1930年代为研究艺术与媒介在社会动荡时期如何起作用提供了一个绝好的案例。正如瓦尔特·本雅明在他1936年的经典之作《机械复制时代的艺术作品》中表明，这是一个技术改变了艺术，并且极大地拓宽了艺术边界的时代。从歌舞杂耍到广播，从默片到有声电影，从现场演奏和曲谱到录音和广播音乐，所有这些变化都推动了大众文化更加普遍性的发展，催生了一个庞大的新观众群体。由于它们是现成的宣传工具，这些传媒形式也成了独裁者、民主派、记者斗士和创意广告商手中的利器。其中既产生了罗斯福亲切的炉边谈话节目、后来丘吉尔慷慨激昂的演说时间，也引出了希特勒蛊惑人心的危险力量。鼓吹平民主义的查尔斯·库格林神父能够在底特律附近的教区用收音机煽起民愤民怨，富兰克林·罗斯福也可以通过电波营造集体氛围，号召全国共同面对危机，保持希望，消除顾虑，建立同舟共济、不畏艰难的决心。众多类型的好莱坞经典电影，包括黑帮电影、后台歌舞片、怪物电影、神经喜剧，都不仅是制作方为了赚钱、防止破产才问世的，它们也是在回应大萧条时期的需求和焦虑。一般都认为这些电影逃避现实，然而其中随处可见受现实所困的观众真正关心的问题。

通常这些担忧都出现在似乎与困难时期没有什么关系的故事里——背景设置在过去其他困难时期，例如《乱世佳人》；故事发生在幻想国度，例如《绿野仙踪》；或者像神经喜剧里描述的富人无忧无虑的生活——但这些电影的主旨都不是逃避。用很多当时流行的标准来看，一首关于爱情受挫的歌可能代表着其他形式的不幸，于是成了一种情感宣泄方式，给人带来暂时的慰藉与鼓励。它们领着我们“飞越彩虹”，飞到一个云消雾散的地方，“那里烦恼融化如柠檬落下”，梦想也终将实现。也许这就是宾·克罗斯比在30年代初最黑暗的日子里唱的《我道歉》《请再给一次机会》那一类感伤情歌的魅力所在。克罗斯比是当时最受欢迎的艺人，他最好的30年代作品既包括《兄弟，能给我一毛钱吗?》这样直截了当的社会抗议，也有《在黑暗中舞蹈》这种唤起脆弱无助之感的歌。《在黑暗中舞蹈》由霍华德·迪茨和阿瑟·施瓦茨创作，是1931年非常流行的民谣，说的是身处茫茫黑夜的两个人，在动荡和未知之间捕获片刻的欢乐，“惊叹于我们为何在这里……又终要离去”。

30年代的艺术一方面使人们从困境中暂时解脱出来，另一方面也提供间接体验，呈现一个不同的别人的世界，鼓励人们坚持下去。不论是热门的时事报道，还是看似不问世事的精神寄托，莫不如此。我们今天读《愤怒的葡萄》，看它忠于原作的电影版，或者欣赏沃克·埃文斯或多萝西娅·兰格的照片，听《兄弟，能给我一毛钱吗?》这样的歌，与其说是追踪、证实大萧条，不如说是体验大萧条，去感受、触及那充满震撼、希望、痛苦和哀伤的渴望的人生悲剧。与此相悖的是，大萧条也给我们留下了20世纪最具活力、最富热情的大众文化。神经喜剧，阿斯泰尔或巴斯比·伯克利编排的歌舞片，阿伦·科普兰创作的民族芭蕾，以加里·格兰特为代表的一批年轻新秀的绝佳表演，艾灵顿公爵及其他广受欢迎的乐队大师演奏的摇摆乐，“装饰艺术”风格设计师推出的全新流线型消费产品——所有这些为生活停滞不前、惶恐、失去希望的人带来了智慧、力量、品位、风格和活力（最主要是活力）。他们经常出发上路，但实际上无处可去。“就只是往前走”，一个人被记者问到目的地时曾说。

《在黑暗中舞蹈》是一首诠释动之魔力的曲子，在黑暗年代相伴、活在当下就是奇迹，是本书贯穿始终的主题。那也的确是个黑暗年代，尤其是十年中的前半段。对我们这些 1940 年以后出生的人来说，大萧条似乎总是呈现冷峻的黑白基调，这是记录当时的电影和照片造成的。历史学家早就知道大萧条并非爆发于 1929 年的股市崩溃，而是长期滚动膨胀的结果。农业在整个 20 年代都不景气。1929 年 10 月 29 日，股票市场的确损失了 140 亿美元，随后两周更是达到 260 亿。然而经济衰退是逐渐形成的。虽然精确的失业统计数据难以确定，但 1929 年 12 月大约有 300 万人失业，到了 1931 年至 1932 年冬则有 800 万人，1932 年初升至 1000 万。在 1932 年至 1933 年那个形势严峻的冬天，就在罗斯福任职前夕，美国有四分之一的劳动人口处于失业状态，这在股市崩溃之前只有 3%多一点。公司不仅裁员而且降薪。工业产值也直线下滑。银行从 1930 年底开始大批破产，并且延续至整个下一年。到了 1932 年至 1933 年，整个银行体系陷入崩溃。罗斯福上任的第一个经济举措就是给银行放假，休业整顿，力图增强人们对金融系统的信心。随着银行破产，抵押品被取消赎回权，尤其是农场抵押丧失了赎回权。1929 年至 1933 年，约有 6 万农民因此失去了土地。罗斯福就职时，密西西比州多达 40%的农场都在拍卖。

在一些电影、小说和纪实作品里，这些统计数据体现在个人生活中，但是很多报纸、杂志，还有政客都淡化或忽视这一现状。大萧条使家庭生活面临考验，养家之人受到束缚，主妇为收入和维持局面压力陡增。不少故事讲述人们由于丢了工作、失去家园而四处流浪，其中有单身汉、拖家带口的人，甚至儿童。但也有很多故事只是简略提及大萧条，例如歌舞女郎在警长关停演出前排练一首名为《我们有钱了》的华丽俗曲（《1933 年淘金女郎》），或者富家子弟在寻宝途中搜寻一个被遗忘的人（《我的戈弗雷》）。前一部电影以巴斯比·伯克利的名曲《想起我那落魄的爱人》结尾，聚焦在 1932 年引起轰动的失业老兵。当时一支由老兵组成的名副其实的大军进驻华盛顿，在安纳卡斯迪亚低地扎营，他们在国会大厦前抗议，要求得到政府承诺的退伍津贴，结果被道格拉斯·麦克阿瑟将军领导的军队用催泪瓦斯驱离。

失业导致贫困；本书的开篇主题即贫困的打击和日常现状。穷人考验我们共同的人性；他们的困境成了社会状况的指标。卡罗琳·伯德在《看不见的伤疤》中写道："在大崩盘之前，中产阶级很容易忽略穷人的存在，因为大家很快都会富起来嘛。"不仅如此，"穷人自认为是另类，要么就是倒霉蛋，要么他们的确不配过得更好"。她说："在经济崩溃以前，没人想过美国有多少穷人。"[3]但现在他们被塑造成了英雄人物，背负着叫人无法想象的重担；他们没有被视作不幸的受害者，也不是应该为自身处境负责的残缺群体。美国人渐渐与他们中间最贫苦的人站到一起，不过穷人也代表了整个社会经济方面的焦虑。对很多人来说，他们揭示了资本主义的没落、美国体制的失败，包括其中一些宝贵的理念：无拘无束的个人主义、自力更生、企业精神、发达和社会流动的承诺、边疆、未开垦的荒地，以及广袤的美洲大陆曾经象征的无限可能。

这些承诺已经凝聚成了美国梦的神话，"美国梦"一词在 1930 年代首次进入日常语汇，也是在 30 年代受到了最严重的质疑。在艺术领域，这导致了对成功和失败的迷恋，强调中产阶级的不安全感，而不是穷人的贫困。随着经济一落千丈而复苏遥遥无期，对从容自在和勃勃生机的向往取代了对成功的渴望。至 30 年代中期，一种共同体和相互依存的理念、对人民的热爱，以及对规划和政府的新信仰，渐渐替代了个人主义追求。工会（特别是接纳蓝领工人的产业工会）队伍的壮大、新政的各项计划、人民阵线的理想、像《愤怒的葡萄》这种主张平民主义的作品（都蕴含一种团结的信息，或者说对国家福祉负有的共同责任），这一切清楚地表明，个人难以单独行事。我们对彼此互有责任，尤其是对我们中间最不幸的人。历史学家大卫·M. 肯尼迪在总结新政的长期影响时说："从此，美国人不再认为联邦政府只是个名号，它在确保经济健康发展和公民福祉方面肩负重要任务。"[4]这可不是美国政府以前的形象，也不是它的自我定位。除了扶植作家、艺术家、音乐家及戏剧专业人士，新政通过公共事业管理局（PWA）和公共事业振兴署（WPA）等机构改变了美国的风貌，建起水坝、桥梁、公园、道路、操场、医院、邮局及其他公共基础设施。这个事例说明，为个人谋福利即为国家谋安康。

1930 年代文化生活的一个重要特征是对美国自身的迷恋——关注它的历史与地理、多样化的人口、民间文化的乐曲和传说、英雄人物和社会神话。如果说 20 年代的艺术家关注内心意识，不少 30 年代的艺术家则关注社会的内在结构，在动荡时期寻求被忽视的国力来源。他们主张通俗晓畅、简单易懂，这些往往是先锋派摒弃的品质。很多作家向左转，但是人民阵线将他们推向一种"进步"的美国主义而不是革命信仰。一些囿于时代、受社会风潮影响的作品在这个十年过去之后就销声匿迹了。当战争、战后繁荣、冷战，以及反共运动取代大萧条时期的经济危机和改革风气，那些积极投身社会的艺术家开始变得无所适从。新政的公共艺术，例如巨幅壁画，并没有赢得战后艺术家的尊重，甚至也没有赢得那些参与推行它们的人（抽象表现主义者称之为"邮局艺术"）。但是 30 年代在文化领域产生的最好的作品与其在政治和经济上的成就一样影响深远。约翰·斯坦贝克、理查德·赖特、弗兰克·卡普拉、科尔·波特、沃克·埃文斯等人的创作既有时代的烙印，又有永恒的意义。其他一些经久不衰的作家，包括亨利·罗斯、纳撒尼尔·韦斯特、威廉·福克纳、詹姆斯·艾吉和佐拉·尼尔·赫斯顿，要到后来才得到充分的赞赏。我在探讨这些作品时，不仅关注有代表性的例子，也注意选择今天对我们来说仍然重要的作品。我没有试图面面俱到；这是一连串有针对性的选择，聚焦的都是真正吸引我的东西。

我经常沉迷于艺术和社会危机联系紧密的时代——彼时，政治激发想象，社会需求需要创造性的解决方案，但起初我不愿写有关1930年代的文章。我已经写了一本1960年代的书：1930年代是否产生了太多相同的问题？而且，我出生于1940年，如何能够捕捉到30年代的脉搏？不久我就发现情况是不同的：30年代是经济危机的时代，它的情绪不是发达时期的不满，它见证了法西斯势力的上台，而不是反对一场注定打不赢的战争，它关心的是普通人的困境，而不是个人解放和自我表达。除此之外，由于很多人经历了30年代的“感觉”，因此可以信赖他们提供的证词。但是，最重要的在于，我对他们如何接纳现实、对那可以浇灭也可以激发想象力的社会苦难很感兴趣。他们向美国人呈现了一幅他们自己的集体肖像，尽管有诸多因素致使画面晦暗，但它仍能给予他们慰藉。艺术家用手中的笔、刷或摄影机记录美国生活，通常使用沉郁的基调，但也通过重塑希望和无法抑制的高昂精神使美国人的生活更加美好。他们和罗斯福一样，鼓舞了人民的士气，向社会输送能量，也因此点亮了他们自己的创作和生活。在处理艺术表达和社会参与这两者的关系上，他们成了典范。今天在面对与大萧条时期极为相似的压力和焦虑时，他们的回应方式值得再次与我们产生共鸣。

2009年1月于纽约

---

1. 转引自 Richard M. Cook, *Alfred Kazin: A Biography* (New Haven: Yale University Press, 2007), 22。

2. Matthew Baigell, *The American Scene: American Painting of the 1930's* (New York: Praeger, 1974), 18.

3. Caroline Bird, *The Invisible Scar* (1966; New York: Longman, 1978), 39, 40.

4. David M. Kennedy, *Freedom from Fear: The American People in Depression and War, 1929 - 1945* (New York: Oxford University Press, 1999), 377.

第一章　绪论：大萧条文化

文化史一般被看作温和的历史，探讨的是裂缝之中的东西：感性、道德情感、梦想、关系，都是很难客观化的元素。本书关注的话题既具体—— 一个时代的文学和电影，它们讲述的故事、传达的恐惧和希望——又抽象——这个历史时刻的风貌、氛围和感觉。我们大多数人自以为了解 1930 年代。它那标志性的印象仍在我们眼前：推着手推车卖苹果的人，住在简陋小屋的佃农，长途跋涉在干旱的大地上、身后尘土飞扬的一家子。像 1960 年代一样，1930 年代不仅是历史，也是神话和传奇。

直到今天，这个时代对我们而言仍然是经济危机的代名词，也是萧条可能会卷土重来的历史记号。自那时以来，每一次严重的经济逆转都会引发与 1930 年代的可怕对照。当然，它并不是第一场经济萧条。19 世纪经济史上有过多次“恐慌”事件：1873 年大恐慌，1893—1894 年大恐慌，“恐慌”这个词即暗示了来势汹汹、传染性强、非理性的焦虑。但是当 1987 年秋天股市大跌，人们想起的是 1929 年大崩溃，而不是 1907 年的银行挤兑。始于 1989 年的那次漫长而棘手的经济衰退使很多美国人丢了工作，希望渺茫，也终结了老布什的总统任期，在此期间大萧条一直是无法言喻的恐惧。到了 2007 年，房地产泡沫破裂，导致大面积抵押贷款丧失抵押品赎回权，给银行和投资公司造成巨大压力，[1]这时相似的担忧又出现了。2008 年信贷市场爆发危机，金融系统几乎全线崩溃，由此引发了对大萧条及新政各方面的新兴趣。但这些问题不是在2007—2008年才出现的。在那之前的几十年里，我们就已经历了美国工业的萎缩，看到了美国生活蕴含无限可能这种观念的衰落。然而，我的主旨是心理学及个体意义上的，并非严格的经济视角：不是失业，而是伴随经济下滑的心态。我写此书的目的是探讨文化在反映和影响人们如何理解他们的生活、如何应对社会及经济问题上所起的作用。

大萧条的时代氛围不仅来自困难时期和一场即将到来的世界危机，而且取决于很多为人们鼓劲，或者使他们清醒地面对正在发生的事情而做的非凡的努力。这个十年尽管经济是薄弱的，却创造出了富有大众想象力和犀利社会批评的充满活力的文化。这是大萧条文化分裂的个性：一方面，尽力克服前所未有的经济灾难，对其做出分析和解释；另一方面需要逃离，创造艺术和娱乐作品转移大众的注意力，最终以另一种方式与困难和解。看看这个文化分裂的两个方面，可以发现它们是紧密联系着的。

得益于20世纪早期技术创造的新媒体，30年代成了美国大众文化的转折点。无线电在1920年代后期成倍增长。到30年代初已基本普及，用共同的焦虑还有消遣将相距甚远的听众凝聚在一起。摄影技术、摄影报道，以及新闻短片通过黑白分明的图像传达了即使是伟大的播音员——西班牙内战中的H. V. 卡滕伯恩、伦敦陷落时的爱德华·R. 默罗、火星世界①时期的奥逊·威尔斯——也无法传达的讯息。这也是见证了好莱坞片场制度和美国有声电影经典风格确立的时代。30年代的伟大电影类型——黑帮电影、恐怖片、神经喜剧、歌舞片、公路片、社会剧、卡通片——在接下来的几十年里逐渐主导了美国电影业。值得一提的是，它们今天还在影响电影的制作方式，而那些老片本身仍然是怀旧或致敬的对象。

举个例子，1985年伍迪·艾伦在其天才之作《开罗紫玫瑰》中回顾

① 指奥逊·威尔斯主演的广播剧《世界大战》，又名《火星人入侵》。

了1930年代，这是一部用大萧条的陈词滥调拼凑而成的作品，深情地描绘了当时文化的双重性。米娅·法罗在片中是个小镇女招待，靠看电影满足幻想，丹尼·艾洛扮演她失业的丈夫，一个粗笨的蓝领工人，代表着她不愿想起的单调生活。杰夫·丹尼尔斯扮演一个径直从银幕上走出来的人物，给她匮乏的世界带来少许魔力和浪漫。

注意一下这部电影中的电影，即法罗不断回去重看的那部，就会发现伍迪·艾伦对幻想的讽刺性模仿。从零星片段中可以窥见闲散的有钱人如何愚蠢地嘲笑那些大而深的起居室、炫目的夜总会，或"埃及"坟墓的布景设计。这样俗气但充满异国情调的背景戏仿了大萧条时期无忧的富人总是过着纯粹炫耀而讲究格调的生活那种著名论断。但是艾伦的电影也揭示了事情的另一面：小镇慵懒而空旷得仿佛一张风景明信片；丈夫没有工作，靠弱不禁风的妻子养活，自己却和朋友瞎混；电影院成了集体做白日梦的地方，普通人在这里尽享远离现实的财富、冒险和爱情的美梦。

伍迪·艾伦一向是个重弹电影老调的高手，通过简化、讽刺，以及（像卓别林一样）加入他自己的小人物悲怆情怀。丹尼斯·波特在他独具匠心的音乐剧《飞来横财》里为英国大众采用了同样的处理方式和大萧条风格。其中鲍伯·霍斯金斯扮演乐谱推销员，有个专横、受压抑的太太，他对音乐词曲怀有一种羞怯而不切实际的爱，借此来照亮他那黯淡狭小的世界。当他跟着老唱片的不和谐音轻轻哼唱，音乐成了他浪漫幻想的宣泄。他憧憬着美国，认为那里是最佳歌谣的出产地，同时也是那些歌中所唱实际成真的梦幻之地。

大萧条的心理学研究显示，情绪问题会使经济问题复杂化，因为不论是什么原因造成了困难时期，都会削弱受害者的信心、自尊，甚至是现实感。"大萧条伤害了人民，给他们带来了致命的打击，因为那确实使人身心受挫，"卡罗琳·伯德观察说，"1929年，胡佛总统用了'萧条'一词，因为它没有'恐慌'或'危机'这些以前用来表示经济低迷的词语那么可怕。"[2]使心理上的痛苦变本加厉的，是自力更生与个人主义的美国伦理，是残存的边疆精神——它也是激励着移民、解放了的奴隶和当地人追求成功、尊严与机遇的同一个梦想。但这使人们在生活每况愈下时感到负有责任。《开罗紫玫瑰》，甚至《飞来横财》，都是与萧条抗争的故事，无论从哪个方面来说都是如此。在《开罗紫玫瑰》中，一如在《西力传》里，伍迪·艾伦表现了向别处租借生活的人之间存在一种特殊的联系。伍迪·艾伦用影迷及大萧条消极避世——远没有电影中暗示的那么消极——那些老生常谈，塑造了一个关于艺术和生活、关于受伤的自我和有助于保持这个自我之设想的复杂寓言。这种对梦想生活及渴望的探讨，正是大萧条的主题，不过用的是后来人的视角。

随着大萧条持续进行，很少再有人相信倒霉的第35任总统①赫伯特·胡佛的保证：他们发现经济并非“基本良好”，繁荣并非“指日可待”。尽管公众对其印象不佳，但胡佛本人是个改革派，他在处理大萧条问题时推行的进步政策实际上为新政铺平了道路。他绝对不冷漠，但他冷淡的举止缺乏同理心。他没能采取必要的措施提高人民的士气，而且拒绝干预经济的重要领域，例如创造就业机会。大萧条不仅是暂时的挫折：虽然这个词是为了最大限度地减少危机而造的，但它对于美国梦，对人们深切感受到的美国生活的许诺，似乎是一种背叛。随着个人主义的失落，一些集体主义形式，包括苏联模式，开始受到美国知识分子的青睐，其中一些人自1917年革命以来就倾心于俄国的实验。

然而，这种经济困境也催生了一种远比马克思主义或怀旧的农耕思想更普遍的集体感。对地区文化和民间传统的兴趣日渐高涨。关注大众文化的康斯坦斯·鲁尔克发掘出很多故事和传说，研究了美国幽默的根源；像佐拉·尼尔·赫斯顿这样的人类学家记录了偏远小镇行将消失的民风民俗；鲁思·本尼迪克特1934年出版的《文化模式》，以及玛格丽特·米德研究萨摩亚群岛及新几内亚的儿童成长之作，都成了畅销书；音乐学家如查尔斯·西格、约翰与艾伦·洛马克斯父子带着简单的录音

---

① 胡佛为美国第31任总统，应为原文有误。

机四处旅行，挖掘出一座民间音乐的宝库，收集了很多曾经在监狱、在服劳役的苦工之间、在闭塞的乡村传唱的歌谣。不过，30 年代也见证了一种新型大众文化的重要发展：偏重全国性而不是地区性，以技术为支持，在一个仍然相对孤立于世界的国家创造新的习俗。

有力证据表明，30 年代期间，有更多人，特别是更多穷人，通过打开收音机而不是看电影来体验生活（实际上电影观众在 1946 年，即电视全面普及之前不久达到顶峰）。除去伍迪・艾伦在《开罗紫玫瑰》中描绘的大萧条世态，《无线电时代》中对布鲁克林一个喧闹的犹太家庭更具自传性的写照，是对广播利用民族融合形成大集体的赞歌。每晚 15 分钟的《阿莫斯与安迪》[①] 的磨难经常被借用在电影中——否则就没人去看电影了——它将传统的方言幽默推上了全国的舞台。纽约市长、无与伦比的菲奥雷洛・拉瓜迪亚[②]本人就是一个多民族的拼盘，每周日早晨通过电台阅读漫画。罗斯福的炉边谈话使人们感到与更为活跃的政府之间建起了一种亲密的联系；广播如此广泛地进入人们的生活，以至于成了新政的电子对等物。它缓解了人们的焦虑，有利于提升士气，还帮助塑造了美国的集体意识。

尽管根植于吟游诗人的幽默，《阿莫斯与安迪》是一部持续进行的日常生活的史诗，用务实的人对照堂吉诃德式的梦想家，后者的诸多计划，特别是赚钱计划，总是一败涂地。惹人发笑的台词背后，是普通人试图挺过来的故事。这是典型的大萧条“逃避主义”：反映了人们深切的担忧，同时也引导与中和这些担忧，拖长战线，以表明问题最后总会得到解决。这与罗斯福本人的方式并没有太大的不同，尽管他带有贵族腔调，依然赋予世界新闻一丝人性的暖意。他说话具有权威，但简单直接，仿佛是和每一位听众单独对话。通过表现他的关切，罗斯福在失望愈演愈烈的胡佛年代之后培育了新的希望。为联邦政府在人民生活中的

① 1928 年首播的一档表现黑人角色的情景喜剧，后有电影及电视改编。

② 菲奥雷洛・拉瓜迪亚（1882—1947），意大利移民后裔，于 1934 年至 1945 年任纽约市市长。

角色增添了人性的光辉，重申了传统价值。他充分利用新媒体的力量，带领美国度过这个困难的十年。

虽然新闻短片像《生活》等插图杂志一样，是 30 年代重要的信息载体，但电影本质上是一种虚构的媒介。它们凭借电影美学家一贯强调的梦一般的特质，用迷人的幻想来对抗社会和经济的萎靡。然而 30 年代的神话远大于其电影形象和无线电声音的总和。一群有天分的摄影师创造了大量令人难忘的图片，它们将永远与困难时期联系在一起：城乡贫困人口、领救济的队伍、无家可归者、住在城郊胡佛村①的家庭、南方做苦工的囚犯，以及憔悴而不失尊严的佃农。尘暴时期史诗般的场景是我们对农村之贫困和自然之荒凉的一种永久印象。我们对逆境中的人类精神的很多了解，仍然可以从多萝西娅·兰格的《迁徙的母亲》中得到印证。这张摄于 1936 年的著名照片上，一位妇女眉头紧锁，显出与其说是苦恼，不如说沉郁而茫然的表情。两个孩子背对着镜头，依偎着她的肩膀，她托着下巴的枯瘦的手仿佛是从某个支架延伸过来，支撑着头部。像兰格其他照片中的移民一样，她瘦得皮包骨头，仿佛一串相交的线条。她愁容满面但隐忍而独立，直击我们的人性，却没有祈求同情。然而那里面有种窘迫、困顿、走投无路的神情。

正如我们今天回顾时发现，大萧条文化充满反差。30 年代的“风貌”一方面体现在新建的克莱斯勒大厦“装饰艺术”风格的流畅线条、纽约无线电城音乐厅，以及阿斯泰尔和罗杰斯主演的歌舞片，譬如《礼帽》《摇摆乐时代》和《我们跳个舞吧》之中；另一方面体现在兰格、沃克·埃文斯、玛丽昂·波斯特·沃尔科特、拉塞尔·李、阿瑟·罗思坦和本·沙恩等人为农业安全局（FSA）的罗伊·斯特赖克摄影部拍摄的作品里，这些作品旨在将不可想象的农村贫困状况呈现给美国大众。如果说农业安全局的照片以最人性化的方式为我们提供大萧条的自然主义艺术，阿斯泰尔歌舞片则铺陈了一个精致优雅的世界，其中大萧条只

---

① 大萧条初期为无家可归者建的棚户区。以当时的总统命名。

不过是一个遥远的传闻。但是，这两者同时都是这一时期的特征。

农业安全局的摄影作品，加上帕尔·罗伦兹受政府资助拍摄的纪录片《开垦平原的犁》（1936）和《大河》（1937），其中展现的干旱、洪水及其他自然灾害，给了格雷格·托兰（电影摄影师）和约翰·福特（导演）灵感来打造他们1940年改编自斯坦贝克《愤怒的葡萄》的现实主义力作。（实际上，罗伦兹电影的诗性叙事和视觉美感影响了斯坦贝克小说原著的创作。）而福特的电影又为后世确立了30年代的基调。我们可以在哈尔·阿什贝1976年关于伍迪·格思里的传记片《光荣之路》中看到它的余韵。

奇怪的是，大萧条这一侧面对后世而言比对当时的人更有意义。威廉·斯托特在他的精细之作《纪实表达与30年代美国》中描述了政府、商界领袖，甚至经济学家如何在大萧条初期抑制传播或美化不良现实。一直到《财富》杂志1932年9月发表文章《没人挨饿》，当局的报纸、杂志和广播节目都还在淡化或忽视大萧条，并像胡佛本人一样，用一切照旧的措辞来形容全国。[3]很长时间里，大萧条都没有得到充分报道；它有违自由放任的乐观精神，这一普遍的信仰主张资本主义体系可以自我修复，在二十世纪八九十年代曾卷土重来。

这种实质上对坏消息的封锁促进了纪实运动、激进新闻主义，以及像金·维多的田园寓言《民以食为天》（1934）这样的独立电影，该电影展现了一个俄国模式的集体农庄，其中旧式的美国个人主义让位于乌托邦的集体意识。几年后，基调明快的《生活》杂志——1936年创刊，定位是新闻摄影纪实杂志——抱怨“萧条期很难察觉到，因为是没在发生的事，没在进行的交易”[4]。毋庸置疑，对于其金牌摄影师玛格丽特·伯克-怀特1936年和1937年拍的关于农村惨状的令人反胃的照片，《生活》一张也没有公布。这些照片出现在她和厄斯金·考德威尔合著的《你见过他们的样子》一书里，带有责备语气的标题提醒我们，除了那些去关心、关注它们的人，无数的痛苦、贫困和失业都是不可见的。在1937年1月20日的第二次总统就职演说中，罗斯福这样描述：

> 我看到成千上万个家庭试图依靠微薄的收入生活，每一天对他们来说都是折磨。
>
> 我看到千百万生活在城市和农村的人，他们的生活状态对半个世纪以前的所谓文明社会来说都是不体面的。
>
> 我看到千百万人被剥夺了教育、娱乐，以及改善他们的命运和他们孩子的命运的机会。
>
> 我看到千百万人没有购买农具和工业产品的资金，由于他们的贫困，不能给其他千百万人提供工作或效益。
>
> 我看到全国三分之一的人口住不好，穿不暖，吃不饱。[5]

试图领会30年代的基本精神仿佛是个毫无希望的任务。一个时代如何能同时产生伍迪·格思里和鲁迪·瓦利、纽约无线电城火箭女郎的大腿舞和向加州牧场艰难跋涉的俄克拉何马流民？对于记者尤金·莱昂斯1941年畅销书的读者来说，这是个“红色十年”。沃伦·萨斯曼和洛伦·巴里茨等修正主义历史学家通过引起人们对中产阶级保守心脏地带的注意来反击，其中既有这个群体深刻的经济恐惧，也包括他们在体育、神秘小说、自我提升和大众娱乐方面的兴趣。自由主义历史学家如丹尼尔·阿伦、詹姆斯·B. 吉尔伯特和理查德·佩尔斯专注于30年代思想史，用可以追溯到战前社会主义和进步主义的术语来分析当时的激进主义。其他作家——属于弗雷德里克·刘易斯·艾伦的畅销作品《大繁荣时代》(1931) 和《大衰退时代》(1940)，或者罗伯特与海伦·梅里尔·林德的《米德尔敦》(1929) 和《变迁中的米德尔敦》(1937) 的大众传统——则聚焦日常生活的社会史。还有一些人（比如撰写三卷本《罗斯福时代》的小阿瑟·施莱辛格）围绕新政的管理与政治史，以及罗斯福这个传奇人物本人，其主导性的存在成了神话般的力量。最近，女性主义学者开始强调女性作家将性别问题、家庭历史，以及深切的个人感怀写进社会小说或新闻报道这一举动被忽略的意义。激进派学者孜孜不倦地挖掘30年代的无产阶级作品，探讨人民阵线文化，部分原因在于他们认为这些作品遭到了不公正的埋没，但也是因为他们认同其政治立场。[6]我在本书中关注一些极其复杂、有生命力的作品所反映的时代面貌，这些文学、电影、音乐和照片既为它们的时代言说，也在和今天的我们对话。

1950 年代末我上大学的时候，30 年代对我们来说是个遥远模糊的黄金时代，当时的作家、艺术家和知识分子具有很强的政治意识，让文学站在穷苦和一无所有的人一边。30 年代在我们眼里之所以能成为神话，是因为我们几乎没有读过那时候的东西（其中大部分早已绝版）。不过我们设法弄到了保罗·罗伯逊、伍迪·格思里，甚至还有红军合唱团的唱片，这些对夸夸其谈的革命派来说都是刺激品。我们在 50 年代无聊而压抑的政治文化前却步，满怀期待地将目光转向 30 年代那激动人心、我们几乎一无所知的思想氛围。

很多年后，我终于着手研究 30 年代的一些思想论争，它们的激进我曾远远地膜拜过，此时的我却对其中许多宗派论战的残暴感到震惊；参与者似乎更关心各自学说的纯洁性，而不是促进任何真正的社会变革。尽管他们的思辨富有智慧，斯大林主义者、托派分子，以及其他左派似乎对自由思想坐视不理；他们的作品充斥着个人强权和教条主义的意味。然而，这也是一个作家和摄影师热切追踪美国生活阴暗面的时期：移民、贫民区和陋巷的艰辛生活、美国梦的破灭，还有最重要的，富足中持续存在的贫困和不平等—— 一个早期美国文学中无与匹敌的主题。[7]

揭露贫困一直是 1890 年代自然主义作家的一个重要主题。其根源可以追溯到 19 世纪更早的时候，在赫尔曼·梅尔维尔一些鲜为人知的作品，以及背景设在混乱的黑社会、有关“都市怪谈”的情节离奇的大众文学中。1890 年代，雅各布·里斯划时代性的纪实揭丑作品《另一半人怎样生活》（1890）的标题可谓对这一热点的概括。同一年，威廉·迪恩·豪威尔斯出版了一部研究纽约阶级与社会斗争的重要虚构作品——《新财富的危害》。两部作品的主人公都是最佳意义上的社会观光客，对大城市中贫困与富足的共存充满好奇。豪威尔斯从波士顿搬到纽约这个更富有生气的现代城市居住。里斯是丹麦移民，做了记者，跟随警察突袭纽约最危险的街区，例如臭名昭著的五点区。他自学摄影，运用新的闪光技术在黑暗拥挤的房间和潮湿的地下室里拍照，经常吓到那些倒霉的抓拍对象，一次疏忽，竟使他们的寓所着了火。他用这些粗糙但有力的照片进行幻灯片讲座——可能影响了包括斯蒂芬·克莱恩在内的一些作家——也就此创作了一本图文并茂的《另一半人怎样生活》，预示了1930年代非常重要的社会新闻报道文类。从某种意义上说，我们的故事就此开始了，一个移民城市在19世纪与20世纪之交是一个充满动荡的社会大熔炉，那是一个令1930年代作家记忆深刻的时代。

---

1. 这在2008年导致了一系列的银行倒闭、合并和救市，首先是对私人证券公司贝尔斯登的收购，勉强扭转了一场重大的银行危机。这要归功于美联储主席本·伯南克，他作为经济学家的声誉主要依赖于他对大萧条成因的深入研究。这场危机以及随后而来的多次危机需要大量公共资金的注入，暴露了当时为监督和限制银行业而建立的监管安全网的重大漏洞，而银行业现已被改造得几乎面目全非。

2. Caroline Bird, *The Invisible Scar* (1966; New York: Longman, 1978), 59.

3. William Stott, *Documentary Expression and Thirties America* (New York: Oxford University Press, 1973), 68. 尽管胡佛的公关形象不好，他的很多计划——如1931年设立的复兴金融公司——预见了新政的种种努力，不过他主要把信心放在私营企业上。

4. Ibid., 67-68.

5. *Nothing to Fear: The Selected Addresses of Franklin Delano Roosevelt, 1932-1945*, ed. B. D. Zevin (Boston: Houghton Mifflin, 1946), 91.

6. 关于大萧条时期的女性主义研究包括葆拉·拉宾诺维茨、康斯坦斯·科伊纳（Constance Coiner）和诺拉·罗伯茨（Nora Roberts）的著作，引起人们对约瑟芬·赫布斯特、蒂莉·奥尔森、苔丝·施莱辛格以及梅里德尔·勒·苏尔（Meridel Le Sueur）等女性作家的关注。旨在恢复人们对激进主义、无产阶级和人民阵线文化方面的兴趣的著作包括詹姆斯·布鲁姆（James Bloom）、迈克尔·丹宁（Michael Denning）、芭芭拉·弗利（Barbara Foley）、卡里·尼尔森、罗伯特·舒尔曼（Robert Shulman）以及艾伦·沃尔德（Alan Wald）等人的书。详见参考书目。

7. 赫尔曼·梅尔维尔的作品是一个引人注目但鲜为人知的例外，他在1890年代被埋没，直到1920年代才重被发现。关于梅尔维尔对贫穷的出色探讨，参见加文·琼斯（Gavin Jones）内容翔实、值得一读的《美国饥荒》，*American Hungers: The Problem of Poverty in U.S. Literature, 1840–1945* (Princeton, N. J.: Princeton University Press, 2007), 21–61。

第一部分　发现贫困

第二章　廉租公寓[①]与世界：移民生活

十九世纪八九十年代，特别是 1893 年金融恐慌给全国带来不安之后，在造成大范围人类苦难的社会转型时期，出现了新一代作家。从乡下来到城里的年轻人，一波接一波涌入的移民，车间和“血汗工厂”的工作条件，对妇女、儿童和外国劳工的剥削，迅速扩张的城市中过度拥挤的贫民区，以及小农的艰苦生活——所有这些催生了一种不同以往的文学，大胆，坦诚，令人不安。威廉·迪恩·豪威尔斯、斯蒂芬·克莱恩、哈姆林·加兰、弗兰克·诺里斯和西奥多·德莱塞等一批美国现实主义作家，效仿狄更斯和十九世纪四五十年代的工业小说家，揭露了普通美国人的种种痛苦、希望和摧毁性的失望。

1929 年股市崩溃之后的大萧条比起 1890 年代的经济危机更严重，持续时间更长。虽然它也始于一次金融恐慌，但这场萧条的严峻不在于工作条件，而是无工作条件，截至 1932—1933 年冬天，有四分之一的劳动力处于失业状态；不在于贫民区或农场的生存条件多么糟糕，而是由于租客被赶出家门，抵押田地没法赎回，男性劳动力外出流浪以致家庭分裂而造成的生存条件的破坏。总之，主要问题在于饥饿和恐惧——穷人难挨的饥饿和笼罩着境况稍好之人的不安全感。“担心要去排队领

① 随着 19 世纪美国城市化的发展，城市中原来独门独院的房子被隔成很多小间出租，供不断涌入的人口居住。这些公寓楼卫生、采光、通风等条件极差，逐渐形成后来的城市贫民区。

救济仿佛一团湿冷的雾，逐渐蔓延到中产阶级的生活中”，一位历史学家写道。[1]很多城镇和城市边缘搭起棚屋和临时帐篷，供无家可归者和失业人员居住，其中包括1934年干旱的夏季之后，由于旱灾和尘暴、银行和法警而流离失所的人。

作家对大萧条造成的人类损失是后知后觉的。起初一些人还因为他们一直不齿的商业文明的崩溃而欣喜若狂。“对我这一代成长于大企业时代的作家和艺术家来说，”批评家埃德蒙·威尔逊后来写道，“……那些年并不令人沮丧，而是振奋人心。那个愚蠢的大骗子骤然倒台叫人忍不住高兴。它给了我们一种新的自由感，让我们发现自己还在继续，而银行家们反倒受了挫折，这给我们一种新的力量感。”[2]感觉自己正在目睹资本主义即将到来的死亡，很多作家变“左”了，一些人是他们的工人阶级出身促使他们认同无产者，另一些人是因为他们认为社会主义或共产主义是激进变革的唯一真正力量，还有一些人是由于这是时髦的做法：随波逐流。还有的像迈克尔·戈尔德和约翰·多斯·帕索斯一样甚至在大崩溃之前就成了激进人士。

和1890年代一样，新的激进思想对小说家的创作影响最大，因为社会小说可以为迫切的公众问题提供强有力的现实性。在经济危机时期，小说与新闻报道及摄影一道记录人类的苦难，间或渲染痛苦情绪。我们不能肯定斯蒂芬·克莱恩是否从揭丑文章和雅各布·里斯的幻灯片讲座，或者《另一半人怎样生活》的插图报道中得到了灵感。不过，克莱恩的首部小说《街头女郎玛吉》，以及他在《痛苦的实验》和《风暴中的男人》中对无家可归者寻求庇佑的描绘展现了一种里斯式的人种学，给我们留下了肮脏的下东区贫民窟鲜明的视觉印象。

斯蒂芬·克莱恩太具有讽刺意味，而没有很强的社会责任感；他主要是个冒险家，那种冷静超然强化了他对极端情况，包括穷人状况的感受。像几年后的杰克·伦敦一样，他认为必须亲自体验贫困之后才能懂得贫困。《痛苦的实验》表现了一种但丁式的坠落：一个年轻人离开舒适的环境，到一间昏暗、难闻的廉价旅馆和一群社会的弃儿待了一夜。

只有一个眼神狂野如暗杀者的可怜乞丐给他带路，他在他们所处的世界看清了他们的无望和堕落。

从他们的以及他现在亲身感受的视角来看，“社会地位、生活的舒适和乐趣是不可征服的领地”。当他走到晨光中，四周的摩天大楼仿佛是“一个高昂起头、直入云天的王国；沉浸在它庄严的梦想中，无视在其脚下挣扎的可怜众生”。甚至城市的喧嚣也成了“混杂的奇怪声音，肆意地叫嚷；那是钱币在叮当作响，城市的希望之声，在他听来只有无望”。对他来说，开始作为一个实验、一种仅仅由于好奇而产生的社会观察行为，现在已经变成沉重的负担，一种他无法轻易摆脱的绝望情绪。[3]

尽管克莱恩自己在美学上保持距离，但当30年代作家忐忑不安地面对大萧条四处蔓延的饥饿、贫穷、倦怠、污秽和恐惧，他成了他们依据的蓝本。一群才华卓绝的作家和摄影师，如埃德蒙·威尔逊、詹姆斯·艾吉和沃克·埃文斯，四处考察了解普通人如何在困难中度日。他们的旅行和报道促进了新政计划，有时会得到后者的资助。后面我们将看到，即使是笔触通常更为抒情、私密和自省的诗人，也投身了社会运动，并从中受到很大影响。

一些出身贫苦的作家，例如迈克尔·戈尔德、亨利·罗斯、蒂莉·奥尔森，借描写其父母的困难生活来映射大萧条问题。他们回忆起童年时的公寓、农场和工厂，带读者重温移民在新世界艰难立足时面临的挑战。其他人，如约翰·斯坦贝克则关注当下的状况：干旱、饥荒、作物歉收、剥削。理查德·赖特兼而为之，既在《土生子》中书写当代芝加哥，也用《黑孩子》描绘他童年时的南方腹地。诸如戈尔德、斯坦贝克和赖特等人倾向自然主义和抗议文学，将贫穷描摹成一种社会病态，人物是其倒霉的受害者。另一些作家深受1920年代现代主义的影响，更关注贫困文化中的个体生活及家庭，包括亨利·罗斯《安睡吧》中的纽约下东区、福克纳《我弥留之际》和《八月之光》里的南方农村、詹姆斯·艾吉和沃克·埃文斯《现在，让我们赞美伟大的人》中的佃农世界，以及佐拉·尼尔·赫斯顿的长篇和短篇小说里的佛罗里达黑人社区。前者直接聚焦人们如何受苦、受剥削、遭非人对待，后者则探讨个体的心理，以及他们对被定型为受害者而非自主行为者的抵抗；他们指出，即使在贫困的条件下，穷人也能创造人性和群体的空间。当然这些对比鲜明的方法互有交织，毕竟都属于1930年代对底层的迷恋，都关注因为美国近乎宗教信仰般地崇尚繁荣、平等及社会流动而被忽视的隐形的人。接下来我将对其中几位观察者进行比较，揭示他们如何对立又呼应，阐述他们对一个群体的脆弱如何折射整个社会的恐惧方方面面的兴趣。

迈克尔·戈尔德的噩梦之书

迈克尔·戈尔德不仅对党毕生忠诚，还是20世纪典型的共产主义知识分子。1893年出生于下东区一个移民家庭的伊斯托克·艾萨克·格兰尼奇，将自己的名字基督教化为欧文·格兰尼奇，直到1920年左右，他开始用迈克尔·戈尔德的笔名进行写作，该名取自林肯军队的一位老兵。戈尔德不似那些只在大萧条最严重时期和共产主义若即若离的美国作家，他入党够早，待得够久。他于1967年去世。

1914年，他在联合广场的一次集会上听到热情高涨的伊丽莎白·格利·弗林的演讲之后，投身了激进思想，他买了他的第一份反叛杂志《群众》，开始为其写诗及故事，成为无政府主义者，逐渐认识马克斯·伊斯特曼、弗洛伊德·德尔和约翰·里德所属的格林尼治村那个波希米亚世界，在哈佛短暂求学，为躲避威尔逊的征兵令逃往墨西哥，1920年前后回国加入共产党。戈尔德不在美国的时候，《群众》因反战被政府勒令闭刊；1918年，该报编辑由于密谋阻挠征兵两次受审，庭审的结果两次都是陪审团悬而不决。

这份现已停刊的杂志不久有了继任者——《解放者》，标题的灵感来自威廉·劳埃德·加里森创办的废奴报。起初，它不顾苏联布尔什维克胜利的影响，试图恢复《群众》那种不敬、自由的激进主义风格。社会主义这时有了一个地理基础，甚至有了应许之地的不完美形象，但还没有形成单一的正统。戈尔德1920年成为《解放者》的编辑时，是一个独立的激进分子，而非政治委员。他很快就发表了热情洋溢、惠特曼式的《走向无产阶级艺术》，表达了对劳苦大众、社会底层人民近乎神秘的感情，一种对他而言比马克思主义或其他任何思想都要深刻的信念。

从很多方面来说，这是一篇新手之作，张扬、诗意、稚嫩，讴歌革命是一种对生命的泛神论式敬畏。文本显现出爱默生式的欣喜，而不是马克思式的逻辑。（“今天的社会革命并不是艺术家所鄙视的单纯的政治运动，而是最充分、形式最崇高的生活，它是大众的宗教，终得表达。”[4]）但戈尔德决定论的观点有悖于爱默生，他认为艺术家是社会的产物，是通过他传达心声的群众的声音，是孕育他的条件。戈尔德在讲述他那个由廉租公寓构成的出生的世界时，他那轻盈抒情的语言瞬间有了真实感：

> 我在公寓里出生……通风井上面的天空，是我全部的天空；通风井里公寓邻居的声音，是我的世界的全部声音……
>
> 我对生活的全部认识都是在公寓里学到的。在那里，我从一位为儿子们哭泣的老母亲身上看到了爱。在一个每天早上去工厂的病弱工人身上，我看到了勇气。我在于昏暗的走廊里玩耍的小孩那儿看到了美，从和我一起住在那里的人简陋的身影里看到了绝望、希望和仇恨的化身。公寓在我的血液里。我思考的时候，那是公寓在思考，我希望的时候，是公寓在希望。我不是一个个体，我是生活在公寓里的所有人在我精神苦难的早年倾注在我身上的全部。(64—65)

这一阶段的戈尔德虽然已经是共产党员，但较之于他后来成为的政治人物，更多是个文学青年——先是《新群众》的编辑，接着（1933 年之后）成了《每日工人报》吃苦耐劳的专栏作家、斯大林主义最可靠和最尖锐的维护者。但是 1921 年的戈尔德仍然是那个格林尼治村放荡不羁的怪人，正在为尤金·奥尼尔的普罗温斯敦剧团写实验剧本。20 年代初，他经历过一次精神崩溃，离开了《解放者》的编辑岗位。杂志转交给共产党时，听说有位编辑要放弃文艺工作而去党的职能部门，他强烈反对。

不久，戈尔德与厄普顿·辛克莱通信，商讨创办一本真正的文学杂志，刊登无产阶级的文章，从工人阶级深处挖掘默默无闻的弥尔顿们。1930 年，他作为《新群众》的编辑，抨击党的出版社推出沉闷的经济学教义著作，而不是冒险去争取群众的创造性心声。此时，即他唯一出名的书《没钱的犹太人》出版那一年，戈尔德还是个无产阶级作家和批评家，而不是共产党的发言人。这一时期的戈尔德，几乎不符合那个毒舌而顺从的官员的刻板形象。[5]

后来的戈尔德无疑是一个讨厌的宣传家，接受党指派给他的每一次转变和背叛、每一次政策的暴力扭曲。由于这些急转直下的改变，他在 20 世纪前 20 年的作家朋友（当时他认识所有人）几乎都中途离开了历史的列车。戈尔德则在那里用一种极其粗暴的谩骂风格，将他们都斥为叛徒；事实上，随着更多作家离开，变节成了他的一个主要困扰。

戈尔德以其强硬的态度和冷峻的电报式散文，本可以成为美国的布莱希特，但他缺乏这位德国剧作家的生存本能和慧黠的反讽气质，无法如布莱希特一般将每一种无产阶级姿势都演绎成先锋姿态。在他从表现主义剧作家向东德名人演进的轨迹中，布莱希特紧随西德出版商，时刻注意磨炼他的技艺，发展他的事业。他以一些代价避开了笼罩戈尔德，并扼杀了后者艺术能量的那种麻痹性的正统观念。

尽管粗暴易怒——他和布莱希特一样，在原则问题上都保持粗鲁和邋遢的作风——戈尔德却对廉租公寓、对艺术、对革命都很感性。但只有公寓为他提供了一个真正的主题，虽然那属于他遥远的过去。戈尔德

第一部关于下东区的小说初稿1917年发表在《群众》上。《没钱的犹太人》的一些章节出现在20年代的几份杂志上，当时正值戈尔德作为一个富有想象力的作家的事业巅峰期。其他不逊色于这本书任何部分的描绘，直到1959年才作为十篇报纸专栏的系列发表。戈尔德的童年延续了他的一生；世纪之交的纽约贫民区成了他想象的资本、他的执念，成了他对革命的宗教般依恋的土壤。他通过挖掘自己过去的贫困、内心的苦痛和千禧年的希望成为30年代作家。戈尔德一手塑造了这个新的十年里作家的议程。

小说最后一页描述了他突然"皈依"共产主义的情景，他把革命说成一种神性，驱散了他黑暗的思想，回应了他早期对救世主的渴望："工人革命啊，你给我这孤独想死的男孩带来希望。你是真正的救世主。你的来临将摧毁东区，在那里为人类的灵魂建起一座花园。"[6]其他一些从小穷困潦倒的人，往往连贫穷的记忆都避而远之，只一味追求舒适和安全感。对戈尔德来说，献身革命等同于保持对早年生活的信仰，忠于母亲，那个为了保护自己的孩子，与老板、房东、典当行斗争的人。"她会为了我们去偷东西、去杀人，"他写道，"只要能帮到我们，她愿意叫火车碾过她的身体。"这引出了一句真情流露、热烈感人的呼语："妈妈！妈妈！我和您仍然用出生时的脐带紧密相连。我忘不了您。我必须对穷人保持忠诚，因为我不能对您不忠诚！"（158）贫民区以其可怕的苦难和深厚的族群忠诚，构成了他激进思想的关键；他强烈的情感，有时强烈得让人难以接受，是赋予其文学力量的引擎。

正如下东区代表了革命承诺要消灭的一切，它的恐怖也使以革命的名义进行的一切变得合理。托洛茨基得势时，戈尔德将他描述为革命队伍中的莱昂纳多①。他倒台之后，戈尔德坦言："我这个人不能为他流泪，我关心的是比托洛茨基的命运更伟大的东西——无产阶级革命。"（Folsom，194）说真话只是这种压倒一切的奉献精神的第一个牺牲品。

① 托洛茨基别名 Leon Trotsky，故可能有此一说。

有人会说戈尔德的作品因为这种盲目信仰使他陷入道德的泥潭而受到致命的破坏；大部分都是如此。然而直至《没钱的犹太人》关于过去的最后一页，戈尔德都能摒除赤裸裸的政治和意识形态。他把回忆处理成严峻有力的小片段，而没有过度讨论其中的信息。对一个共产主义作家来说，在非同寻常的程度上，他让素材自己说话。

此书虽然以社会问题为题，却具有一连串幻觉的力量，特别是开头几章。尽管《没钱的犹太人》是 30 年代第一部无产阶级小说，也是极少数获得商业成功的此类作品——出版后九个月里重印了 11 次——但戈尔德狂热的文风使其有别于其他无产阶级作家，他们模仿海明威的平淡，却没有他隐含的情感深度。

后期戈尔德为党的雇佣文人和进步、“开明”的杀人犯辩护，对此我们很难不抱有偏见。但是《没钱的犹太人》的公寓世界以同样的紧迫感控制他、支配着他。从开篇的一句话——“我永远也忘不了小时候住过的东区街”(13)，我们感到有一个恶魔掐住了戈尔德的喉咙，逼他做证。在戈尔德 1917 年刊于《群众》的练笔之作中，这一素材保持着安全的距离，僵硬地表现出文学性，仿佛他一直在试图用光鲜的文字验证一个不体面的主题。到了《没钱的犹太人》，这种文学质地像多余的绝缘体一样被剔除了。

当记忆掌控了他，戈尔德像过去的史诗作家一样，成为他的缪斯女神的容器；他进入第二人称，直接对人物说话，仿佛已将他们从坟墓中复活。有一章以这样的召唤开始：

> 乔伊·科恩！在马车轮下丧生的你，我又看见你了，乔伊！我看见你苍白的脸，尽管有孩子气的尘垢和伤痕，是那么敏感。(50)

另一处，年幼的米基·戈尔德（以戈尔德的笔名而不是格兰尼奇命名）居然梦到了他周围的世界，在一个闷热的夏夜，公寓里所有人都睡在屋顶上：

> 我在一个炎热窒息的夜晚醒来，看到四周就像一个可怕的梦。我看到一堆堆苍白的受折磨的肉体在虚幻的城市里辗转反侧。我害怕极了，不知道自己在哪里。然后我哭了，想着如果从屋顶跳下去会怎样。我妈妈听到了，过来安慰我，我又睡着了。(126)

在戈尔德的幻觉视野里，移民家庭挤在不透气的屋顶上，就像贫民区自身大量枯萎的人类一样——“一堆堆苍白的受折磨的肉体在虚幻的城市里辗转反侧”。戈尔德的回忆令人想起波德莱尔和 T. S. 艾略特，生动而有象征意义；它们产生了一种关于人类凄苦的半痴呆的诗。只有公寓里的母亲那温柔的力量，才能抚慰病态而备受折磨的少年的自杀恐惧。

这些残酷的街头和公寓生活写照几乎就是《没钱的犹太人》里发生的一切，与其说它讲了一个故事，不如说是一系列梦境般的回忆，以及回忆引发的最终觉醒。我们从妓女和街头帮派读到戈尔德父亲可怕的衰落，他爱讲故事，是个倒霉的商人，干了很多年油漆工之后死于铅中毒。随着他的离去，戈尔德母亲以强者的姿态出现，成了家庭的经济支柱，一个天生的激进分子，她将她的坚强意志赋予戈尔德，一如他父亲将他的想象才能赋予他。但这一切都没有社会素材和氛围重要：戈尔德以慷慨激昂、热烈感叹的方式重现了他一贫如洗的童年。

即使我们像为数不多的评论家那样，承认戈尔德创造了自己强大的风格，这种风格与纪实自然主义或社会主义现实主义截然不同，但也没法解释以世纪之交为背景的《没钱的犹太人》何以成为大萧条年代的开创性文本。虽然这本书写成于 1928 年底，远早于大崩溃的发生，但它在 1930 年初一面世，就将贫困、族群和人类苦难提上了文化议程，正如大萧条将它们提上政治议程一样。贵族出身的亨利·詹姆斯 1904 年返回美国后，以一种既沉醉又恐惧的心情报告了他在东区的见闻。他离开美国已有 20 年，眼前这个热闹的多语种世界并不是他认识的美国，但他预见了未来的面貌。到了 1930 年，这个未来已经到来，正如评论家马库斯·克莱因在《外国人》一书中所言，像戈尔德这样文化上的外来者，比纽约受庇护的子弟或新英格兰贵族更有条件书写这个未来。1900 年的贫民区，曾经几乎不为外界所知，但在 1930 年，突然充分揭示了严重的社会困境。

对大多数中产阶级作家来说，贫困是个陌生的话题。除了像狄更斯或哈代这样深受其困扰的作家，由穷困中成长起来的人更愿意忘记自己早年的挣扎和屈辱。在社会进步发展的一派祥和中，持续的匮乏很容易被遗忘，却又不断被重新发现——发掘者包括 19 世纪中叶的梅尔维尔、雨果、欧仁·苏和卡莱尔、马克思、恩格斯，接着是 19 世纪 80 年代的左拉和吉辛，90 年代的雅各布·里斯、斯蒂芬·克莱恩和哈姆林·加兰，20 世纪头几年的西奥多·德莱塞、杰克·伦敦和厄普顿·辛克莱，以及更晚些时候，身处 20 世纪 50 年代的富足生活中，像奥斯卡·刘易斯和迈克尔·哈灵顿这样富有同理心的社会观察家。

穷人或许一直在我们周围，但我们似乎每隔 30 年才会注意到他们，就像有良知的人在聚会上遇到破坏者一样。大萧条是其中一个引人注目的时刻，当时很多中产阶级也很贫困，而且往往比长期贫苦的人更无力应对。贫穷的鬼魅、对坠落的恐惧，萦绕着这十年。作为来自底层的见证者，迈克尔·戈尔德是大萧条写作的先行者，在“一战”之后的繁荣里培育充满愤怒的记忆和孤独的激进主义。在向他最喜欢的作家之一厄普顿·辛克莱致敬时，戈尔德在他的书里发现了

> 一丝新教牧师的微弱痕迹，我没法欣赏。这是我与这位伟大作家唯一的分歧。我不喜欢这些单凭美德就轻易获得的胜利。革命的阵营有高尚，也有阴暗、污秽和芜杂……我不喜欢厄普顿经常描绘的那种欢快、富有美德的贫穷。(Folsom，169)

揭露贫穷产生的阴暗、污秽和芜杂成了戈尔德的专长、他的使命，成了他所谓的“自己的执念”。苏联电影和小说中健壮的工人与幸福的农民

不是他推崇的。

戈尔德创作的时候，犹太人聚居区已经被很多竭尽所能离开它的人用怀旧的笔调美化过了。此后这一过程愈演愈烈。戈尔德强调了另一面：五毛钱一晚上的妓女，她们吞下的是石碳酸①，臭虫多得连犹太母亲也消灭不了。在他虔诚的妈妈告诉他上帝创造了世界上的一切后，他禁不住想：

> 是上帝创造了臭虫吗？在一个暑热腾腾的夜里，我因为臭虫无法入睡。这些臭虫自身有一种怪异的令人作呕的气味；那是贫穷的气味。它们缓慢而自大地爬过，吸血吸得浑身肿胀，这些寄生虫的触觉和气味惊醒了每一根神经，让人恶心。

戈尔德在括号里加上了难得的社会学评论，仿佛要赋予他的回忆一个主题、一种理由：

> （臭虫即人们说的意思：贫穷。美国有太多愉快而肤浅的骗子写手。我要写一本真实的贫穷之书；我会提到臭虫。）

一个段落之后，戈尔德总结时暗示了他将在书的结尾处反复强调的激进含义。他的母亲（“和所有德国家庭主妇一样整洁”）不停地更换床单，喷洒床垫，用煤油给床铺消毒，但都无济于事。小修大补都不起作用，单凭她一人之力几乎改善不了贫民区的条件：

> 臭虫在公寓的烂墙里生活、繁殖，还有老鼠、跳蚤、蟑螂；整个腐烂的结构都需要拆掉，一瓶煤油没什么用。（71—72）

---

① 即苯酚，一种常见的化学品，是生产某些杀菌剂、防腐剂及药物（如阿司匹林）的重要原料。

“整个腐烂的结构都需要拆掉”——这在今天即便从都市重建的角度来看也不算时髦的观点，却成了 1930 年代的战斗口号之一。其他很多情节都是指向同一方向的寓言，指向书中最后一页的革命转折，对此，批评家一直斥为故弄玄虚。但戈尔德的转变在每一页里都有预兆。他不是那种因为革命思想风靡一时就参与其中，而潮流过去就抽身离开的作家。总有人背叛革命，但他不会。欧洲的屠杀还在他的耳边回荡，而新的恐怖已经出现。犹太人作为受害者，在他的头脑里已经和工人阶级受害者融为一体。他把对贫民区的记忆重塑成对资本主义的仇恨。他已看到贫穷的毒药使年轻人绝望，中年人未老先衰，老年人畸形怪异。革命的希望使他自己血液里的热度得到了缓和。

《没钱的犹太人》可以很容易借用舍伍德·安德森的“怪诞之书”（《小镇畸人》最初的标题）来重新命名，不过戈尔德笔下生动得令人反感的人物比安德森的小城怪人更加丰富多样，更具异国情调。“他是个流浪汉，穿着发霉、皱巴巴的衣服，身上的油污厚得像肮脏的厨房抹布，”戈尔德形容这个不久之后试图骚扰小乔伊·科恩的家伙，“他那锈黄的脸上布满了疮疤。他很可怕。像一具刚开始腐烂的尸体。”（58）戈尔德年老的希伯来语老师也没好到哪里去：“这个人是正统犹太教衰败一个行走的、不停打嗝的象征。像他这样的人，能教给别人什么呢？无知得像老鼠。一个臭气熏天、憔悴不堪的乞丐，从来没有读过什么书。”（65）一个新来的移民、完全指着戈尔德家过活的吝啬鬼费夫卡，似乎与动物没什么区别：

> 他矮墩墩的，长着阴沉的黑黑的口鼻，骆驼一样的鼻孔。前额上垂着一头乱糟糟的黑发，一双小眼睛过于明亮而病态，像狒狒的眼睛。一条胳膊扭曲着，他从来不笑，从没说过一句愉快的话，他总是用手在身上抓来抓去，从不擤鼻涕。（74）

这三个人物并不完全具有代表性：都很暴虐、小气，性欲扭曲——贫穷和无知的纯粹产物，这甚至体现在他们身体的畸形上。某种同一性、一种纠缠不休的坚持，悄然出现在这些肖像画中，仿佛戈尔德带着无法控制的厌恶，在驱除他童年的哥特式噩梦。另一些时候，温柔和感伤给这所有的丑陋增添了抒情的色彩，就像戈尔德对罕见的空地的赞美，这些空地给了孩子们一个喘息的机会，让他们暂时远离了密闭的公寓。

> 破破烂烂的地面，被工人们用镐头和铁锹挖得像个战场，高高的公寓楼中间，一个被遗忘的小垃圾堆。啊，这周围所有扭曲变形的垃圾——生锈的婴儿车、废旧家具、瓶子、盒子、发霉的裤子和死猫——每一个经过你的人都要吐口水，捂鼻子。可在我心里，你依然闪着童真浪漫的光环。似乎再没有什么地方可以那么美好。(46)

也许是根据这样的章节，少数还记得戈尔德的有能力的文学批评家抨击他是个感伤主义者、蹩脚的文体学家。（“戈尔德是一个几乎所有学习文学风格的学生都能找到漏洞进行批评的作家”，艾伦·古特曼在《美国的犹太作家》中写道。[7]）对我来说，戈尔德在这样的高峰时刻的作品具有一些荷马史诗的特质，是从他最喜欢的两位作家——惠特曼和托尔斯泰那里吸收的特质。托尔斯泰让他学到了简单、直白，以及超自然的清晰轮廓。（他坚持认为托尔斯泰是海明威真正的老师。）从惠特曼那里，他借用了直观的荷马式呼语、流畅的目录罗列、对人和事持有的温柔，这些事物就像这个未被遗忘的垃圾场，成为贫民区所有遭鄙视的弃儿的象征。

尽管受到这些影响，但戈尔德读起来并不像之前或之后的任何作家。我第一次尝试阅读他时，看的是埃文出版社的平装删节版，1964年，该出版社刚因出版亨利·罗斯的《安睡吧》大获成功。我因为其中似乎缺少质感而读不下去：段落不连贯，一个个触目惊心的画面一闪而过，以营造粗粝而真实的气氛——仿佛更为整齐而流畅的文字势必不够诚恳。[“所有这些事都发生过，”他在描述了克里斯蒂街的妓女之后说，“她们是我们日常生活的一部分，不是礼拜天报纸上骇人听闻的文章。”(35)]

后来我才意识到他那生硬、凝练的句子和段落是拉长的散文诗行，过于热忱，是热血沸腾的自传体，尽管自称现实主义，夸张的手法却俯拾即是。戈尔德是他所崇拜的代表平民大众的惠特曼和年轻的艾伦·金斯堡之间缺失的纽带，后者肯定在1930年代或1940年代初作为青年共产党员读过他的作品。一旦注意到这一点，就很难在思考《嚎叫》《美国》或《向日葵经》这些诗作中慷慨激昂的超现实语言时，不想到《没钱的犹太人》里诸如下面这样略显怪异的段落：

> 美国之所以这么富有、这么肥硕，是因为它吞噬了数百万移民的悲剧。
>
> 要明白这一点，你应该在黄昏时分，看看我们一个干挖掘工作的意大利人在一天工作结束后，给他种在饮料罐里的心爱的花浇水。棕色皮肤的农民、祖祖辈辈农民的儿子，穿着汗湿的背心站在公寓的窗前，感受着逝去的诗意。四处漂泊！迷失！遭到背叛！(41—42)

金斯堡像戈尔德一样，是受到弥赛亚希望的触动、具有远见卓识的犹太人，爱读惠特曼和布莱克，沉迷于美国的垃圾场及其被遗弃的居民。金斯堡的长诗呼应着戈尔德不连贯的段落和狂热的感叹。作为“一战”之后成长起来的孩子，有个疯狂信仰共产主义的母亲，金斯堡没有将革命看作做出承诺的救世主，而是当作失败的上帝；他和年长的布莱克一样，期待着一场由富有远见的经历和崇高的写作促成的意识革命。他还在他的狂热之诗里掺杂幽默，而这种幽默在戈尔德那里，严格来说是无意的流露，隐没于痛苦的庄严之中。

对戈尔德来说，美国本质上还是移民梦寐以求的黄金大陆，一个终可实现其自身理念的国家。汤姆·潘恩、惠特曼、林肯，以及杰克·伦敦对他的重要意义不亚于马克思和列宁。但他由公寓生活知道还存在另一个美国，一个他希望外界会发现并改变的世界。［“我的父母憎恨这所有的肮脏。但这就是美国，必须接受它。”（30）］对他来说，四处漂泊的人、迷失的人、遭到背叛的人，仍然是社会图景中真实存在的人，是没法避而不谈的记忆；对战后作家金斯堡来说，他们是个人修辞中的人物，是追求精神自我实现的元素。

对仍然深受其苦、为生存而挣扎的戈尔德及其家人来说，贫穷是诅咒，贫民区是陷阱。“这个城市对我锁上了大门！我是落在陷阱里的人！”他的父亲哀叹着，一路从商人到油漆工，再到街头小贩，从健康沦落到生病，内心充满屈辱，因为再也不能养家糊口。对金斯堡和他“垮掉的一代”的朋友而言，贫穷是一套自发的誓言，是对拜金文化的摒弃；具有讽刺意味的是，戈尔德破败的下东区成了他们为远离消费主义、家庭生活和社会流动性而选择的避风港。[8]

戈尔德和金斯堡一样，创造了自己的风格，但他的目标超越了语言；他在报纸上的专栏叫作《改变世界！》，转变意识只是一种手段，不是目的。他与金斯堡的反差体现了1930年代的社会激进主义和1960年代的文化激进主义之间的距离，前者仍然梦想着通过政治暴动实现平等，后者偏离了马克思主义的历史确定性，创造了自己的个人传奇，想象着更多私人形式的社区和乌托邦。

贫穷的观念

1935年，当时正处于小说生涯漫长衰退期的西奥多·德莱塞发表了一番关于犹太人的轻率言论，令迈克·戈尔德“像狗一样愤怒地想大吼、打架”（Folsom，226）。这位老作家是左派的宠儿、党不可动摇的同盟，他用刻板的言语谴责犹太人富有、“金钱至上”，这正是戈尔德五年前在他的书里竭力想要消除的陈词滥调。戈尔德发现希特勒上台之后，这些陈词滥调变得杀气腾腾。十年前戈尔德本人曾陪德莱塞走访贫民区，然后带他到自己母亲位于克里斯蒂街的家中吃了一顿安息日餐。于是他用一篇非常尖锐刺耳的文章《德莱塞，枪已上膛!》来回应德莱塞的偏见之辞，远不同于他在1928年对厄普顿·辛克莱的善意批评。

虽然他用传统的措辞向来自印第安纳州的德莱塞表示敬意，称他为“我们杰出的文学艺术家的象征，将天分用于救助受压迫人民”，但当他开始直接对德莱塞说话时，愤怒就爆发了：

> 辱骂穷人的人真可耻！更可耻的是你，德莱塞先生，生于贫穷，了解其中的屈辱！你不知道、你不明白犹太人是个赤贫的民族吗？

尽管银行业是美国犹太人几乎完全被排除在外的领域，但对犹太银行家和犹太人财富的反犹偏见，即使是在左派那里，也丝毫没有受到理性和统计数据的影响。正如他在书里做的那样，戈尔德希望将注意力由中世纪的放高利贷者和现代资本家转向广大的犹太穷人。

> 你在东区看到了什么，德莱塞先生？你还记得我指给你看的那幢公寓吗？在社会工作者中间，它是世界上每平方英尺肺结核患病率最高的地区。你还记得那些衣衫褴褛的孩子在有轨电车和汽车之间玩耍，因为没有别的地方可去吗？你还记得那黑乎乎、臭烘烘的走廊，那闷热拥挤的蚂蚁般的生活，那一毛钱杂货小店吗？
>
> 这只是一个犹太人聚居区。世界上那么多犹太人都生活在这种地狱般的贫困中，而且已经生活了几个世纪。贫民区一直是犹太民族的历史家园，而它并不是风景如画。我可以向你保证；这里是臭虫、饥饿、肮脏、眼泪、病痛和贫穷！（Folsom，226）

（戈尔德写论战文章时，其狂热力度与他写小说时一样。他后期拥护斯大林主义的谩骂，至少在风格上，与他最好的作品颇为相像。但由于这些关于犹太人财富和敛财的陈词滥调，犹太人的真实贫穷引起了人们的特殊感受。）

在戈尔德看来，贫穷不仅是一个经济事实，还是一种摧残灵魂的痼疾，使受害者感到绝望和沮丧。这是他由自己的生活经历体会到的。在迈克尔·哈灵顿和奥斯卡·刘易斯将被忽视的贫困状况置于大众视野的30年前，戈尔德不仅发现了“看不见的”穷人，还观察到了“贫困文化”，一类由无助和虚拟的禁闭状态导致的观念态度。“意第绪语文学和音乐像黑人圣歌一样弥漫着聚居区贫穷带来的所有无望和忧郁”，他告诉德莱塞。幸存下来的人，比如他自己，往往成了激进分子，“一个犹太青年如果要成为斗士，必须经历的第一次精神洗礼即清除几个世纪的贫困留在他血液中的忧郁、挫败感和绝望”。（226）

戈尔德投身革命斗争，视其为绝望的解药，这只是经历过贫穷的人对贫穷持有的诸多观点之一，但它对30年代的知识分子和激进组织者来说尤为珍贵。戈尔德的观点虽然看似将个人隐没于集体之中，但实际上是高度个人化的，因为它把激进主义设想为变革性的疗法，一种将个人的不幸融入乌托邦式努力和集体行动的方式。戈尔德本人有很强的阴郁气质。而其他在贫民区长大的人成了另一种斗士，他们通过抓住自己的机会，追随美国梦，努力积累财富，摆脱困境。犹太人从下东区搬到大广场街，后来又搬到皇后区、韦斯切斯特或长岛，俄克拉何马人由尘暴区迁到加利福尼亚，穷苦的农民到城市工厂找工作，黑人佃农在北方建造了新的聚居区，并最终形成了不断扩大的黑人中产阶级社区，波多黎各人一路从圣胡安跋涉到纽约——所有这些人都是为了应对严酷的生存需求，同时也是受到美国开拓精神和流动性的吸引。

30年代和60年代出现了通过政府行动来解决贫困问题的自由方案。作家帮助建立的对穷人的体察，对干预其生活的法律和机构产生了重大影响，正如19世纪初的诗人、经济学家和实用主义社会思想家对改革英国济贫法的辩论做出的贡献一样。迈克尔·哈灵顿的开创性著作《另一个美国——美国的贫困》（1962）提醒人们注意，在一个自以为丰裕的社会中，贫困依然存在。在许多人以为美国的经济问题早已得到解决的时候，该书认为，新政计划主要使中间三分之一的人口受益，新穷人“错过了30年代的政治和社会成果”，他们的贫困是孤立的、政治上不可见的，旧的个人激励和政府扶持对他们没用。“这些人是对进步免疫的人，”哈灵顿写道，预见了很多后来为伟大社会的反贫困大战写的严厉讣告，这是他的书所激发的，“这另一些美国人是为社会其他成员提供更高生活水平的发明和机器的受害者。他们在经济结构中处于颠倒状态，对他们来说，生产力的提高往往意味着更差的工作；农业的进步意味着饥饿。”（19）

哈灵顿书里的新穷人，如他所示，并不是由于大萧条这样普遍的社会危机变穷的，而是因为他们自己过时的技能不再是社会需要的；因为他们的肤色或族裔身份，社会拒绝给予他们平等的机会；因为他们的地区，甚至因为他们年老多病，社会对此的态度是“眼不见为净”（13）。他认为，旧的贫穷仍然允许凭借个人努力或社会的整体进步而获得改善的希望。“但新型的贫穷是要毁掉抱负，那是一种旨在使希望不复存在的制度。”（17）

在《另一个美国》中，哈灵顿雄辩地指出，新穷人的生活需要一种更个人化、更内在、文学虚构的处理方式。他认为存在“一种穷人的语言、穷人的心理、穷人的世界观……穷人可以用统计数字来描述，可以作为一个群体进行分析。但如果我们想看清他们，就需要社会学家和小说家。需要有一个美国的狄更斯来记录他们生活的气味、质地和水准……我不是这样的小说家”（24）。

这样的小说家在相对富裕的1960年代从未出现过，尽管他们已经在1930年代有过一定频次的出版。被广泛阅读的人类学家奥斯卡·刘易斯也不是这样的小说家，不过他当然非常贴近他所从事的西班牙语亚文化。然而，他通过1960年代的视角看到这些人是性感、原始、粗暴和随性的。

很多30年代的作家和电影制作人都用一种既喜爱又恐惧的复杂感情描绘货车车厢、流浪汉营地，以及在路上的生活，但这样生活的人被看作可怜的社会弃儿，而非刘易斯眼中解放天性的典范。格雷戈里·拉·卡瓦1936年拍摄的电影《我的戈弗雷》——一部具有社会意识的神经喜剧，精准表现了理想化、时髦化穷人的主题。影片中，穷人的栖身之地成了上流人士的游览"胜地"，从以拾荒者的方式寻找一个"被遗忘的人"开始，到一个招待社会观光客、名为"垃圾场"的夜总会结束，这是美国商业开发天才一个纯粹（也是妙趣横生）的产物。

只有到了1950年代，贫穷的观念由于垮掉一代的复兴和改写，才失去了政治意蕴，而再次成为波希米亚们选择的"生活方式"，一种对中产阶级嗤之以鼻的方式，当然，他们可以随时回到中产阶级。（凯鲁亚克总是有母亲可以依靠，就像他在生命的最后时刻一样。尼尔·卡萨迪是名副其实的孤儿，总是在找工作，极为勉强地养活妻子和孩子。凯鲁亚克的《在路上》将卡萨迪的肆意随性和四处游荡理想化了，其根源可以追溯到大萧条时期的公路小说，不过它更多是关于骑行玩乐而不是真实的社会绝望，这在战后的年代里是不为人知或没人注意到的。）

换句话说，应对贫穷的方式和书写贫穷的人一样多，其中的差异既有文化上的，也有政治上的。奥斯卡·刘易斯在《生活》的序言中这样总结道：

> 在有记载的历史中，我们在文学作品、谚语、流行话语中发现对穷人的本质有两种截然相反的评判。一些人把穷人描述为有福、有德、正直、镇静、独立、诚实、善良而快乐；另一些人将他们概括为邪恶、卑鄙、暴力、肮脏、罪恶。这些自相矛盾、令人困惑的评价也反映在当前脱贫攻坚战的明争暗斗中。有人强调穷人在自立自助、领导才能和社区组织方面的巨大潜力，也有人指出贫穷对个人性格的破坏作用有时是不可逆转的，因此强调引导和控制权仍应

掌握在中产阶级手中，因为中产阶级的心理健康状况想必更好。

这些对立的观点反映了不同群体之间的政治权力斗争。[9]

美国的贫困政治，从 1890 年代人民党的激进主义和世界产业工人联盟（IWW），到富兰克林·罗斯福与新政的联邦倡议及引起共鸣的言论（“我看到全国三分之一的人口……”），一直都是一个错综复杂的难题。范围波及休伊·朗的启发式煽动，肯尼迪-约翰逊消灭贫困的“社区控制”原则，1965 年有争议的《莫伊尼汉报告》的社会学方法，供给经济学及里根保守主义的涓滴效应——后者试图使时间回流到镀金时代无节制的经济个人主义。共和党一上台，就在“千盏光芒”和“富有同情心的保守主义”等欺骗性口号下，强调唯意志论、基于信仰的主动性、福利改革、政府项目私有化和个人善行。

19 世纪，社会工业化形成的大型城市群带来了产生贫困的新方式——利用人们的劳动却让他们在恶劣的不卫生环境下居住生活的新方式——但同时也使人们对贫穷及其非人化影响有了新的道德意识。在犹太教和基督教的道德框架内，穷人一直是慈善的对象，但 19 世纪对社会不平等、工业主义和自由放任的经济状况进行了深刻的世俗批评。格特鲁德·希梅尔法布在《贫穷的观念》中将这一发展作为思想史上的一个里程碑进行了追溯，正如英国的 E. P. 汤普森和法国的路易·舍瓦利耶在各自的著作中论述现代社会史上工人阶级意识的成长是一场革命。

尽管舍瓦利耶直接使用了文学资料，如维克多·雨果的作品，但可以公平地说，直到 19 世纪，穷人在文学和艺术的大舞台上只扮演了一些小角色。他们是早期史诗和冒险故事里的炮灰，仅仅是境遇较好的英雄人物的背景点缀；是莎士比亚笔下小丑式的乡下人和忠实的仆人，出现在托马斯·格雷（见其著名的《乡村墓园挽歌》）和奥利弗·戈德史密斯（《荒村》）等诗人出于情感和道德的需要而表现的崇高情境中。直到法国大革命——以及威廉·哈兹利特所称与之相当的文学事件，即华兹华斯摧枯拉朽的浪漫主义和他的《抒情歌谣集》出现——无套裤汉①和乡村穷人才作为力量、悲悯和道德价值的源泉占据中心位置。

华兹华斯在世纪之交受到了自由派和保守派的一致攻击，因为他坚持认为，比起古典礼仪的纯洁语言或哥特式浪漫主义更为煽情的语言，没有遭到城市工业发展侵蚀的乡村生活语言似乎更加真实。他主要的批评家、律师及傲慢的自由派编辑弗朗西斯·杰弗里，在《爱丁堡评论》上撰文称，穷人可以作为感兴趣的对象出现在文学中，但绝不能是有尊严的主体、完全拥有生命价值的人。“穷人和鄙俗的人，”他在抨击华兹华斯的一篇文章中写道，“在诗歌中，可能由于他们的处境使我们感兴趣；但我们明白，这兴趣永远不会出自他们的处境所独有的情感，更不可能出自任何具有这种处境特征的语言。”穷人身为穷人，达不到古典理想中的普遍人性，因为“贫穷使人变得可笑”，而且“在未开化的那部分人中，很少能见到公正的品位和文雅”。[10] 1848 年以后，对库尔贝和其他法国现实主义画家的猛烈批评也是基于伪装成古典价值的同一类政治思想。这些人，以及给予他们的尊严，都被视为处在严肃艺术视野之外。在库尔贝那里，一如在华兹华斯那里，对穷人的描绘没有依照特定的风格或采用屈尊的姿态，似乎带有雅各宾派的味道。[11]

作为一个具有改革思想的上层阶级自由派，杰弗里考虑到了具有社会意识和个人悲情的文学，但是他反对华兹华斯提出的穷人的生活更接近人类情感本源的主张；事实上，他拒绝接受这样的观点，即他们由自身堕落的境况所界定的特殊感情可以代表一切普遍的人类利益。1930 年代也有一种倾向，即把穷人看作社会案例，看作社会结构性问题的样本。不过这种环境视角并不是 30 年代写作的全部。同一场国家危机帮助复兴了自然主义，激发了新的社会抗议文学，也刺激了作家采用其他方法来处理那些在 20 年代几乎没有被文学或国家关注的边缘人物。

① 无套裤汉（sans-culotte），又称长裤汉，指 18 世纪晚期法国下层阶级的贫苦百姓，其中很多人后来积极参与法国大革命，成为激进的斗士。无套裤是指他们的服装，对应贵族和资产阶级流行的及膝马裤。

正如艾尔弗雷德·卡津在《30年代启程》中指出，新作家本身似乎哪里来的都有，这意味着没有归属，他们没有主流的血脉，没有家族的传承。[12]他们的作品远非只是发出愤怒抗议的音符，它们可以比30年代社会写作的主流更现代、更讽刺、更主观、更幽默，甚至更具有政治疏离性。在有些情况下，他们的作品直到很多年后，批评家和读者终于跟上他们的步伐时，才得到充分的赞赏。

像亨利·罗斯、亨利·米勒、纳撒尼尔·韦斯特、丹尼尔·富克斯、詹姆斯·艾吉这些作家几乎是下一个十年的产物了，但他们也再现了30年代思考方式下重要的反向趋势。他们的作品向我们展示了将边缘生活带入公众意识的惊人的不同方式。他们的人物往往是30年代传说中的城市贫民区居民、佃农和落魄者，不过这些作家并不是要扒粪揭丑，也不是社会活动家。尽管他们也有各自激进的立场，但他们的写作往往更具有个人性或反讽倾向，更侧重心理描写或更多不可抑制的喜剧色彩。与其说他们受到左拉和德莱塞的影响，不如说20年代的现代主义作家对他们影响更大。虽然一开始他们的读者不多，但正如后世渐渐认识到的那样，他们呼应了这个时代最深刻的一些回响。他们使我们对30年代社会想象的描绘变得复杂。

贫民区是一种精神状态：亨利·罗斯的例子

亨利·罗斯几乎是20世纪为人忽视又被重新发现的作家的典型。他1906年出生于加利西亚①，幼时随家人来到纽约。他还在城市学院读本科时，就迷上了他最好朋友的教授埃达·卢·沃尔顿，她是人脉甚广的诗人和评论家，比他大12岁，在纽约大学任教。她培养了他的才华，在经济上支持他，带他认识很多现代作家，并鼓励他将早年生活写成小

① 东欧一历史地名，现在分属乌克兰和波兰。

说。从1928年起，罗斯和她同居了十年——他当作家的黄金岁月。1930年《没钱的犹太人》大获成功几个月后，罗斯开始写他的第一部小说《安睡吧》，仿佛下定决心要把同一个故事讲出截然不同的版本。[在1987年秋天的访谈中，罗斯告诉我，他没读过戈尔德的小说，当然肯定知道书很畅销，但他读了处理相同题材背景的其他作品，例如安齐亚·叶齐尔斯卡的《挣钱养家的人》(1925)，这本书他觉得如果更严谨地聚焦下东区的经历会更好。[13]] 罗斯的小说受到的关注不多，但有一些非常有利的评论，可他的出版商破产了，这本书在1934年问世之后的几年间也基本上被遗忘了。

罗斯没能完成他在1930年代开始写的另外两部小说，一部是关于一个不屈不挠的中西部工人成为共产党员的无产阶级小说，一部是尚在规划中的讲述其青少年时期的自传体小说，将从《安睡吧》结束的地方开始。罗斯不顾埃达·卢·沃尔顿的反对（因为她认为那会损害他的才华），在《安睡吧》出版前不久加入了共产党。他和迈克尔·戈尔德一样，在大多数作家同行退党之后仍然长久地忠心向党——就他的情况来说，一直持续到50年代后期去斯大林化的创伤以及1967年的六日战争①，这重新唤醒了他深埋内心对犹太人的民族忠诚。

罗斯比戈尔德更彻底地将政治排除在他的小说之外，但任何关于30年代无产阶级小说的讨论都不能忽视《安睡吧》。《新群众》的评论家抱怨说："很遗憾，这么多来自无产阶级的年轻作家只是将他们的工人阶级经历用作内省和狂热小说的素材，没法更好地利用。"[14]这种迟钝的回应，是所谓第三时期的激进美学的典型，引起了罗斯崇拜者的抗议，以至于该杂志被迫重新考虑这本书，并对其进行更正面的评论。

虽然罗斯本人在1940年以后就从文坛上消失了，尽管当时海明威和菲茨杰拉德的编辑马克斯韦尔·珀金斯已经和他签了第二部小说的合同，但像艾尔弗雷德·卡津和莱斯利·菲德勒这样一些有影响力的批评

① 即第三次中东战争。

家从没有忘记《安睡吧》。战后美国犹太小说的爆发为小说创造了一种新的语境。突然之间，无产阶级的自然主义过时了，民族主题流行起来，心理、内省的小说成为常态，而罗斯的小说于 1960 年首次再版，销量超过一百万册。那时罗斯正在缅因州一个农场里养水禽。

尽管迈克尔·戈尔德是惠特曼的狂热追随者，在 20 世纪前两个十年中实验过各种文学形式，但在小说方面他很欣赏“一战”之前那些风格流畅的左翼故事家，特别是杰克·伦敦、德莱塞和厄普顿·辛克莱。他的作品受到的现代影响可能来自海明威，一个情感向度不同的作家。但像很多早期的读者一样，他把海明威视为战后中产阶级青年时髦而浪漫的绝望的象征，尽管他的技巧简练朴素。最终他攻击海明威是又一个叛徒，尽管海明威在西班牙内战期间与人民阵线有过一段浪漫关系。

亨利·罗斯在埃达·卢·沃尔顿的教导下——小说就是题献给她的——来自另一个传统，少了自然主义风格，而更为现代，更偏重内在，更主观。《安睡吧》令人想起 D. H. 劳伦斯的情感强度、普鲁斯特的记忆角色、乔伊斯的语言，以及艾略特的象征意义。这是一本移民版《儿子与情人》，出自一个还读过《荒原》《一个青年艺术家的画像》和《尤利西斯》的作家之手。它严格、几乎封闭地从儿童（《新群众》称他为“这个六岁的普鲁斯特”）的视角，而不是成年作家回顾早年生活时惯常采用的角度，来表现世纪之交贫民区的童年。

戈尔德的小说已经成功地涵盖了他前 21 年的生活，直到他 1914 年信仰共产主义，整个人生第一阶段结束为止。但戈尔德的主题与其说是他这个人，不如说是他成长的世界、创造他的廉租房、养育他的父母，而父母本身（如他所见）就是他们所映射的生存环境之后果的鲜活例证。无论是什么样的内在压力在驱使他写作——我们可以从他文字间的强烈呼唤感受到这些压力——戈尔德自由地虚构自己的经历，以此来记录一种境况，表达一种观点；他的标题表明这是散文，而非小说。他的目的是（像马克西姆·高尔基写《底层》一样）挖掘新主题，一个从他自己的生活中挖掘出来的“非文学”主题，而他似乎几乎是偶然地形成了一种新风格。为艺术而艺术，他深恶痛绝，在他看来是堕落到了极点。他的书名强调了其论战的一面——犹太穷人是一种社会类型。

而罗斯只涵盖了主人公大卫·希尔从六岁到八岁这三年的生活，在此期间，这个男孩对地方的感知、对父母生活的领会，只能是早熟、零碎、不真切的。正如书名的诗意暗示的那样，大卫的世界是亲密、抒情的，被赋予了一种黑暗和梦幻的生动性。（书中弥漫着20年代弗洛伊德和意第绪文学及戏剧的影子，与任何现代派作家对他的影响一样深远。）

戈尔德关于贫民区的肮脏、卖淫和帮派争斗的故事是小报上的恐怖事件，将我们带回进步时代的丑闻揭发或维多利亚社会改革家的报告。他对父亲的消瘦病痛、丧失斗志，以及妹妹意外死亡的描述，属于移民生活的悲怆；这些可能取材自著名的《宾特尔简报》，即《犹太先锋报》的个人来信专栏。而罗斯则是从家庭罗曼史的角度来描绘贫民区的世界。残酷暴躁的父亲、温和迷人的母亲、多嘴饶舌的姨妈和她唯唯诺诺的丈夫，都是意第绪语世界里的闹剧人物，尤其是情节开始转向揭露母亲与老家一个教堂风琴师的隐秘爱情，以及父亲怀疑大卫不是亲生儿子的时候。

很少会有一部小说如此毫不留情地关注童年里的纯粹恐怖：对异乡街道的害怕，其他孩子的粗暴欺凌，早期性经历的创伤，因家长的愤怒和暴力而不断逼近的威胁，模模糊糊的精神渴望——导致他在书的最后与死亡擦肩而过。起初，世界是对男孩诗意灵魂的刺痛鞭打。但渐渐地，我们从大卫·希尔那个由于移民的孤立和意第绪语的限制而封闭隔绝的母性世界，走进了学校生活和街头冒险，对整个贫民区的民族部落和语言的巨大杂音产生了更强烈的感觉。

小说的四个部分——“地窖”“图画”“煤火”和“铁轨”，受到《荒原》象征手法的影响，从大卫在小说开头狭小到可怕的喘息空间，向外展开越来越大的圆圈。随着社会领域由布鲁克林转到下东区，由单元房和公寓楼变成整个街区，大卫的情感领域也在拓宽：从他因害怕而蜷缩其中的弗洛伊德式地窖，到画中将他带回欧洲的乡村世界和母亲的爱恋的玉米地，再到把地窖黑暗的地下世界与光明的纯洁之梦联系起来的煤火——使他在以赛亚的语言中感受到神圣的幻象暗示，到他用一个普通的牛奶勺差点把自己电死在电车轨道上而得到的实际启迪。这张路标之网远没有听起来那么烦琐。只有在重读的时候，我们才会发现《安睡吧》到底写出了多少，不仅在它浓墨重彩的文字中，而且是在这整套主题中，这些主题用丰富的象征主义底色支撑着叙事。

《安睡吧》在当时是不合时宜地过于“文学”了，而在今天，尽管魔幻现实主义和历史奇幻作品持续流行，但或许它又在变得不合时宜地艰深晦涩、太过文学。罗斯年老之后，在访谈和后期的自传体小说《任凭狂涛摆布》（1994—1998）中，自己也贬斥了这本书，认为是对自己生活的篡改，对敏感的年幼主人公的矫饰，而这是老年罗斯常爱取笑的。[15]这本书属于美国第一波受到弗洛伊德和现代主义文学影响的作品，若非其故事如此扣人心弦，它的象征意义可能会显得突兀而刻意。虽然《安睡吧》出版于无产阶级文学当道的 30 年代，但在精神上部分属于《尤利西斯》和《荒原》占主导地位的时代；这都是些文学框架繁复精细的作品（艾略特在他关于乔伊斯的“神话方法”的自得文章中这样指出）。例如那个具有预兆意义的牛奶勺，可能指的是父亲干的送牛奶的营生，或者指他的愤怒和男性暴力（因为大卫看过他向窃贼凶狠地挥舞勺子），但也可能指母亲女性的养育和呵护，而这是男孩渐渐不再需要的。

人物的发展呼应着主要的象征的发展。小说通过从地窖的黑暗过渡到电车轨道迸发出的火花，揭示了在犹太学堂和移民社区的凉薄世界，即迈克·戈尔德曾想拆毁的世界里，成长、启迪，甚至超越，是如何实现的。戈尔德的小说终于革命信仰的飞跃，罗斯的书则在成长小说对个体发展的承诺中结束。

然而这种反差可能受到过度的强调。正如《没钱的犹太人》远不是严格意义上的社会小说，《安睡吧》也不仅是人们曾经设想的诗性或主观的作品。尽管罗斯十分欣赏乔伊斯和艾略特，但他给我们创造的，是一个他们笔下世界的日常的、后 1930 年的变异版。他避免使用会使人想起他们的典故和手法，（他 1987 年告诉我）决心不让象征减缓叙事的速度。1925 年，罗斯在他的赞助人将《尤利西斯》偷运回国后，如饥似渴地阅读这本书，不仅视乔伊斯为新小说技巧的发明者，对于其中一些技巧，例如意识流，他还借鉴了用在自己的作品中。他也将乔伊斯看作日常生活通俗文学领域的卓越探索者，写出了一本关于普通人的一天的巨著。

《尤利西斯》和《安睡吧》一样，都是对污浊、丑陋，甚至平庸的现代城市的伟大重现。乔伊斯向罗斯展示了如何通过丰富的主观感知语言将世俗而普通的事物过滤为艺术。对自然主义作家来说，朴素的文献事实验证了作者的想象。（厄普顿·辛克莱就以从未在任何事实问题上被纠正过而自豪。）对现代主义作家而言，一切真实都是个人的，经由语言传达。正如舍伍德·安德森曾告诉年轻的福克纳要写他了解的东西一样，乔伊斯教会罗斯，文学就在他的内心和周围，只要能够抓住它，把它表达出来。罗斯对一个采访者说过，阅读乔伊斯使他“惊奇地意识到，你根本不用去任何地方，在转角之处，就能写出有血有肉的文学作品——当然，得有一点想象力。我在意识流中发现我与自己的持续对话竟可以变成文学”[16]。听起来很谦虚，但这种对平常事物的严肃关注，对 30 年代的作家来说是一个巨大的飞跃，正如库尔贝、温斯洛·霍默和托马斯·埃金斯等画家当年一样。

虽然我们用了先锋这个比喻，但艺术很少是在科学进步的旧模式上的一系列突破和发展。一旦我们认识到现代主义与其说是一种技巧实验方法，不如说是一种释放形式、一种表达个体感知的新方式，我们就会开始理解 1930 年代在复苏的自然主义与隐蔽的现代主义之间、在渴望见证社会真实与坚持所有见证和感知的个人特征之间的紧张关系。这种辩证性是 1930 年代表现贫穷的核心。

那个时代的经济危机促使人们更热切地记录遭到忽视、几乎看不见的社会角落里的生活：在偏远的南方农场、工厂和厂房、拥挤的城市贫民区、中下层阶级住的公寓和排屋，以及失去所有“地方感”的漂泊者，即新的社会流民那里。对一些作家来说，这种兴趣并不浓厚；仅仅是一种新的文学潮流，或者是由一种远非创作需要的激进议程引发的。一年前还在巴黎喝着气泡酒的作家们，现在拿起笔记本前往哈兰县，去了解另一半人怎样生活。其中一些报道，例如埃德蒙·威尔逊收录在《美国人的紧张不安》（1932）和《在两个民主国家的旅行》（1936）中的记录，具有强大的见证力，证明了深刻的社会好奇心和真正的投身其中。其他旅行札记则以对寡淡无味和置身事外的热衷取代了20年代遭人唾弃的文学表演，仿佛作家可以在服务大众的时候消除自我，试图通过抹除观察者来突显观察到的事物。

然而，30年代一些最雄心勃勃的作品跨越了自然主义和现代主义的分界，正如乔伊斯本人（易卜生那位伟大的崇拜者）在《尤利西斯》的某些部分所做的那样。詹姆斯·法雷尔在《斯塔兹·朗尼根》这部常被视为1930年代社会小说典型的作品中，借用了乔伊斯的内心独白和乔伊斯式反讽，尖锐地描述了一个中下层天主教家庭；实际上，他已将乔伊斯吸收到自己的自传中，并在对日常生活的细微重构中弱化了现代主义。斯塔兹像约翰·厄普代克后期的兔子一样，是作者本人如果没有离家，没有成为作家，就可能成为的样子。斯塔兹是特定时间和地点之内他那个阶级的象征——一个基本上被文学忽视了的世界——同时也是一个充满个人力量的警世寓言。

在《美国》（1930—1936）中，约翰·多斯·帕索斯创造了一个融私人与公共生活、历史与当代现实、象征性与叙事技巧于一体，各元素相互关联的故事综合体，其中没有一个单一人物或故事可以承载小说的全部线索。他这种创作群体小说、全景展现美国社会的尝试，是1930年代的典型志向。他将个人历史、爆炸性的头条新闻、电影蒙太奇和惠特曼式名人小传相互交织，赋予小说一种现代主义风格，以及生机勃勃、丰富多样的叙事角度，但缺乏真正的现代主义那种内心回响。（萨特评论说：“多斯·帕索斯用一种向新闻界发表声明的风格记述他所有人物的语言。”[17]）不过他留给追随他并狂热阅读他的青年一代战争小说家，尤其是梅勒的主要遗产是一种透视主义，由没有全知权威的自然主义纪实方式构成，碎片化为多重视角。

亨利·罗斯的记忆小说中最严谨的要素是他对儿童视角的关注。如果说迈克尔·戈尔德用的是一个男人回顾过去的角度，在幻觉中审视自己的家族历史和早年场景，罗斯则重现了一个永远处于惊恐状态的孩子的有限视域。两者的差别在于语言。年轻的迈克·戈尔德很大程度上是自己生活的观察者，实际并非其中的人物。他就像多斯·帕索斯那非常主观的摄影机眼，似乎是从远处直观地摄取人和影像。他那超常的语言强度，还有电报般的即时性，向我们展示的更多是成年主人公的回忆，而不是幼年时的经历。作为一个人物，这个男孩不够生动；在某种程度上比周围所有人都缺少真实感。

而年幼的大卫·希尔几乎闪烁着灵动感性的光芒。在近 40 年之后的一次采访中，罗斯以嘲笑的口吻说他对童年的描述“仅仅是基于这样一种观念的理想化，那就是我的感性比周围的一切都更精细——精细到我正在受迫害和伤害”（Lyons，160）。这就是《新群众》的评论家所说的“这个六岁的普鲁斯特”的意思，不过那是对本书运作方式的简单概括。既然罗斯确认大卫对发生在身边的事有所误解或一知半解，那叙事就和身边的世界一样零碎、神秘、无法抵抗了。

大卫的感知域即小说。他的领域是情感，而不是行为。他与母亲热情洋溢的亲密关系使他有力量对抗残酷的父亲——像劳伦斯《儿子与情人》里的保罗·莫雷尔一样，罗斯根本没有尝试从父亲疏离的角度看待任何事物。同样地，当男孩被《以赛亚书》的那段话吸引时，他的精神渴望开始成形，使他超越了周围孩子们的粗俗。这是他的使命；标志着他是一个未来的作家。这部小说抛开其他特征，首先是一个（非常）年轻的艺术家的画像。

从开头的地窖场景到电车轨道上的高潮式爆炸，《安睡吧》充斥着少年时期对性的恐惧和好奇。在和一个住在公寓里的残疾女孩进行性启蒙时，大卫害怕地退缩了，但他羡慕父亲大块的肌肉，喜欢沐浴在母亲梦幻般的温柔光芒里。他厌恶那个向母亲献殷勤的男人，把他视为性的入侵者而感到恐惧。但是为了换取一些能够满足他神秘欲望的念珠，当他早熟的朋友利奥——一个外邦人和大卫的表姐在另一个弗洛伊德式地窖里“做下流事”，他迷迷糊糊地帮了他们。莱斯利·菲德勒评论说，“再没有哪本书更强调人生活的龌龊与其梦想的纯净之间的距离了；不过也没有哪本书更清楚地说明这个梦想是如何深深地扎根于似乎与它相矛盾的存在之中”（Lyons，150）。

同样的反差——粗俗与纯净、大地与天空、性与爱——在本书最著名的语言特征中体现出来，即人物“翻译的”意第绪语的诗意丰富与他们蹩脚的英语的野蛮粗糙之间的对比。这两种风格都不是罗斯轻易获得的，尽管看起来只像是作者在誊抄转录。他通过似乎是直译的形式突显前者，使普通的语词具有难以言喻的陌生感，而他用几乎要侮辱印着这页文字的纸张那般直接的语音来夸大后者。第一种对话具有显著的文学性：大卫的母亲有时就像从《雅歌》中走出来的一样，而他怒气冲冲的父亲令人想起希伯来先知可怕的咒骂。这与小说自身的叙事密切相关，在男孩感到害怕的时刻，呼应着布莱克和弥尔顿的崇高恐怖。例如，看看父亲用衣架打大卫这个非常震撼的场景：

> 回答我，他的话响起来。回答我，但那意思是，绝望！谁能回答他父亲？在那可怕的召唤里，审判已经封印。他像一个走投无路的人，在内心蜷缩起来，麻木了头脑，因为身体麻木不了，一面等着。什么都不存在了，除了父亲的右手——那只伸到他面前让他头晕目眩的手。同时使他大脑无比清晰。无比闲适。他呆立着，时间停止了，他研究着那不时抽搐的弯曲的手指，研究着那指尖染上的洗不掉的印刷油墨，一边思量着，仿佛那是世界上仅存的东西，小指的指甲，挤压着，沿着参差不齐的小阶梯向倒刺伸过去。无比投入。

他站在那儿，手里拿着锤子！锤子！

一方面，这些文字间可能有太多刻意的技巧性——毕竟这是一部处女作，是在强烈的现代主义影响下写就的——但它显示了罗斯如何像福克纳一样，运用充满风格呼应的文学语言来传达极具个人特色的观点。[18]

另一方面，“英语”对话是坚决反文学的，是给所有文雅小说中的礼貌言辞的一记耳光，仿佛是在应验亨利·詹姆斯的可怕预言，即他在走访下东区时听到的刺耳声音早晚有一天会改变他所熟知的文学语言。在《美国景象》（1907）中，詹姆斯将拥挤闹腾的移民咖啡店描述成“充斥各种土语的酷刑房”，但他也在其中听到了“终极的未来的口音”，并出于身为作家的焦虑补充说：“无论我们将来发现那是什么，当然，我们都会发现那不是英语——用现存的文学尺度从任何方面来看都是如此。”[19]

我们在书页上看到移民粗糙、有限的英语时，会感到震惊——难以理解，超出我们熟悉的一般小说范畴。这不是佐拉·尼尔·赫斯顿的《他们眼望上苍》（1937）之类方言小说中丰富而艰涩的土话，而是一种损害自我表述的异邦语言。由此，罗斯从内外两个方面向我们呈现他的人物，将他们生动的内心生活和流畅的彼此交流与他们接触外界时极为受限的方式形成对照。而当大卫开始与其他孩子有更多联系时，他怯生生的，怀着极大的反感，渐渐融入移民孩子们那野蛮的街头话语。

大卫刚开始接触外界时，有一次朋友约瑟告诉他，自己的父母是怎么设置老鼠夹的。很难说对于一丝不苟，还像母亲一样细腻——两人都是天生的贵族——的大卫，是约瑟说的话还是他说话的方式更让他恶心：

你先放点东西在上面，在它的小钩子上。然后就没有老鼠在叫了。屋子里有大老鼠，晚上都能听到，所以我爸就买了这个，我妈放了点碎肉，后来老鼠就跑进去了，我去看，哦——就在那儿，像

疯子一样乱扭。(49)

一方面，老鼠加深了大卫对地窖、对死亡、对性的恐惧。[在接下来一个常被引用的场景中，大卫由同样混乱的语言第一次了解了性，此处有意扯到老鼠夹。(53—54)] 在另一个层面上，老鼠应归入迈克·戈尔德的臭虫一类——一种面对贫民区生活中黑暗、无诗意的一面的方式，只是罗斯更进一步，使语言本身与其描述的事物一样令人反感。

毫无疑问，是乔伊斯帮助罗斯找到了这种模仿的风格概念，正如福克纳可能许可他用这样折磨人的口语扰乱一篇顺畅的叙事散文一样。部分得益于这些影响，罗斯能够在小说中做到的恰恰是詹姆斯所担心的：写出“现存的文学尺度”几乎无法衡量的东西。然而，这也源自詹姆斯自己的小说实践，那就是避免全知全能叙事，通过一致的观点来过滤行动。在他名为《小说的艺术》的演讲中，詹姆斯为心理小说辩护，坚持认为“孩子的道德意识跟美洲西属殖民地的岛屿一样，都是生活的一部分”[20]，罗斯完全可以借用这句话作为自己小说的题词。

罗斯和20年代的安齐亚·叶齐尔斯卡、30年代的克利福德·奥德茨，还有（终于）50年代的伯纳德·马拉默德等作家一起，发明了一种新的习语，听起来像是口语化的意第绪式英语，但又不像真正的移民话语，而实际上是一种风格化的诗性建构。虽然从一个惊恐的小孩的眼睛看过去，大卫的父亲是一个被大幅提升的人物，可作者几乎没有给予他诗意的措辞。但当他说话时，他的语言就像鞭子一样划过书页——掠过他周围的人。“我每次跟你说话，你都要发抖”，他向大卫厉声说道(77)，因为他总是处于失控的边缘。他提到一个上颚“镶满美味”的人(73)，他的偏执使他用了其他很多激烈的措辞，是罗斯由意第绪语得到的萦绕不绝的幻想曲。他那笨拙的怒气闪现在他突兀的节奏和古怪的用语中：“我这儿给你存着一场好打！我警告你！都攒了好多年了。”(80)

父亲的凶狠，母亲的感性异教徒式的温情，姨妈的猥琐、低级、粗俗，犹太学堂老师的圣经腔调：所有这些特征都是通过一种像他们各自的性格一样迥异的“意第绪语”表现出来的。叶齐尔斯卡和迈克·戈尔德的所有人物都用同一种风格说话，他们是通过说什么，而不是怎么说来表现的，但罗斯不是这样，他为每个人物发明了一种翻译过来的声音。他们细致入微、变化多样的言语，揭露了被禁锢在移民刻板印象中的人性，因为这些人都被锁在一种陌生的语言里，受限于贫穷、过度劳累和日常生存的压力。当他们偶然接触到磕磕绊绊的英语时，这种人性极少能够显现出来，蹩脚的英语过滤掉了他们身上所有微妙、复杂和个性的东西，只把他们变成初来乍到者、陌生土地上的陌生人。

这不仅仅是罗斯驾驭语言的方式比戈尔德或叶齐尔斯卡更复杂；他的小说部分是关于语言本身的，这是它与现代主义的又一层亲密关系。随着大卫的语言范围不断地扩大，因为这语言吸收了更多塑造他的人、令他激动的文本和声音，以及他生活的贫民区等元素，他正日渐成为有朝一日能写出这本书的人。这本书既是关于使命、关于成长的故事，也是作为其灵感来源的那个不美好的世界的故事。小说丰富的文学用语一部分来自贫民区坚实的语言土壤。

几乎没法完全公正地评价语言在《安睡吧》中扮演的角色。[21]就像罗斯在叙事中使用的经过更改的意识流，人物的语言在表现他们复杂的生活时是主观的。虽然后结构主义文学理论家认为语言是约定俗成的，具有欺骗性，只是一系列能指的任意组合，自我不过是由语言维系的一种幻觉，但是罗斯师从第一代现代主义者，他们教他用语言来传达个体意识的形状和节奏。因而他能够使他的人物避免沦为穷人的刻板形象，也不至于变成社会统计数据，而那是一些 30 年代的作家重新回到自然主义之后已经开始做的。

但是罗斯的写作也有狄更斯式的一面，对语言作为社会符号的多样性有种纯粹的喜悦。他发现语言除了揭示人物个性，也是移民和贫民区生活中最重要的社会事实。语言是文化适应的障碍，使新移民永久地处于童年的世界和异国的口音之间。大卫的母亲不会读自己家的地址；这实际上将她困在家里——一个由附近街道组成的很小的生活圈子，也使她囿于欧洲乡村生活的美好回忆。随着大卫渐渐学会了英语，他曾经在其中迷路的那些禁忌的街道变得熟悉起来，他也有勇气摆脱对家庭的依赖和母亲的影响。

除了悦耳的意第绪语和含混不清的英语，书里还出现了数量惊人的其他语言。其中有几种让大卫觉得奇妙而神秘，例如母亲为了向他隐瞒她的恋爱秘密而说的波兰语，用其精神秘密诱惑他的希伯来经文。这些语言范畴与我前文描述过的象征之网有关，特别是黑暗和光明的意象：地窖跟性有关的黑暗，画中玉米地的爱之光明（使母亲想起了过去的恋情），乌黑的煤炭散发出的产生宗教幻象的光芒，电车轨道上闪烁的火花（可以摧毁、升华和净化大卫，却在书的最后几页里，使他平生头一次获得寻常的平静时刻）。

在充满性的恐怖的地狱和具有超越可能的天堂之间，有一个但丁式的中间领域——下东区的街道——那里喋喋不休地响彻着引领大卫进入日常生活的语言。根据一个古老的东区传统——1940 年代我还是小孩的时候我们还遵守的一个传统，男孩在逾越节①前夕点起小火堆，烧掉吃剩的无酵饼。当意大利街头清洁工提出异议，把这当作垃圾，一个犹太屠夫来给他们解围：

> “你推啥推的，啊？”屠夫愤怒地用手指了指现在混杂着垃圾和粪便，已被熄灭的呛人的火堆。
>
> “干哈啊你？”清洁工生气地停了下来，白色头盔下黑黑的眉毛交织到一起，像碳棒一样僵硬。“用不着你告苏我推什么！我是扫大街的。他们甭想在这儿点火！”他复杂的手势在空中来回乱转。
>
> “甭想？用不着我告诉你，嗯？你这个臭东西！”屠夫一下子站到灰堆前面，踩住铲子。“快滚蛋！”

① 犹太教节日，纪念上帝在杀死埃及一切头胎生物和埃及人的长子时，越过以色列人，由此以色列人出走埃及，脱离奴役。逾越节通常在 3 月或 4 月，依照希伯来历进行庆祝。

> “你这个狗娘养的！我就不走！”他狠狠地抵着铲柄。冒烟的火堆立刻向前移过去。屠夫侧身跳开，以免被铲到混杂凌乱的灰烬里。
>
> “你想推我？”他吼道，“我要把你打成重伤。”
>
> “气有此理！”扫地的人扔下了铁铲，“来吧！犹太杂种！”(244)

在移民街道这个充满竞争的空间里，不同的语言和不同的族群为了同一块地盘争得头破血流。正如邦尼·莱昂斯所言，“波兰语、意第绪语、希伯来语、意大利语、德语，以及很多英语方言都混合在一起，结果就是一部激荡着纽约复杂的社会和民族现实的小说”(65)。

在这个世界里，孩子和成人都在不断地戏耍不同的语言，仿佛正确的词语可以以某种方式拯救他们。“说匈牙利语，”一个小孩说，“就像这样。Abashishishabababyotomama wawa. 像点点。”(250) 人物的话语零碎，英语说得像参差不齐的岩石碎片，却夹杂着令人吃惊的正式的、文学性的叙事用语（“呛人的火堆”“混杂凌乱的灰烬”），似乎是要将成年的作者与他在30年后想起来仍不寒而栗的那个街头世界分别开来。年幼的大卫总是受害者，总是被人摆布——或许他继承了父亲那难以控制的偏执——最终由童年逃进了文学，这使他能够给自己的恐惧命名。

当许多作家为了处理眼前的社会危机而远离个人的、自传性的主题，在阶级意识的祭坛上牺牲自己的个人特征时，罗斯却把贫困的景象描绘成记忆的景象。他不合时宜地用语言做自我分析的工具，几乎成了弗洛伊德的个案研究。然而《安睡吧》从未回避其题材的社会意义，而是坚持主张只有通过个人经历才能表达这种社会意义。他像迈克·戈尔德一样，但更强有力地把关于贫民区的童年回忆导入大萧条时期严峻的社会新现实中。经由弗洛伊德的介入，得益于现代主义诗歌和小说的例子，再加上他自己难以磨灭的回忆的推动——这回忆只有到这时才成了适合写进文学的素材，罗斯给无产阶级小说带来了一个最丰富也最令人难忘的文本。

1. “底特律的救济名单上有 30 名前银行出纳员。大学里有成千上万的工程师、建筑师和律师毕业，丝毫没有就业前景。” William E. Leuchtenburg, *The Perils of Prosperity, 1914-32* (Chicago: University of Chicago Press, 1958), 248.

2. Edmund Wilson, “The Literary Consequences of the Crash,” in *The Shores of Light* (1952; New York: Vintage, 1961), 498-99. 格兰维尔·希克斯回忆说，“20 年代在文学上是反叛的十年，事实上，所有的艺术领域都在反叛。……20 年代创作的很多文学作品都是阴郁的，甚至带着悲剧色彩，但这十年的精神是激昂奔放的”。Granville Hicks, “Writers in the Thirties,” in *As We Saw the Thirties*, ed. Rita James Simon (Urbana: University of Illinois Press, 1967), 78, 81.

3. 这在 1898 年以书的形式出现的最终版本中尤其如此，因为克莱恩删除了开头和结尾的段落，在这些段落中，这个年轻人策划了他的伪装出行，并现身对此做出评论。去掉这个框架之后，他似乎被他的经历吞没了，没有那么超脱，更像他遇到的那些被遗弃的人。Stephen Crane, *Prose and Poetry* (New York: Library of America, 1984), 547-48. 被删减的文本最初刊印于 1894 年 4 月 22 日的《纽约新闻报》，参见第 1366—1367 页。

4. “Towards Proletarian Art,” in Michael Folsom, ed., *Mike Gold: A Literary Anthology* (New York: International Publishers, 1972), 67. 下文皆引自该版本。

5. 目前没有关于戈尔德的真正传记，他不鼓励别人探寻他波折多变的私人生活。第一篇传记方面的研究是迈克尔·福尔瑟姆的文章。参见 Michael Folsom, “The Education of Michael Gold,” in *Proletarian Writers of the Thirties*, ed. David Madden (Carbondale: Southern Illinois University Press, 1968), 222-51。此外可用艾伦·M. 沃尔德更加充分的叙述作为补充，Alan M. Wald, “Inventing Mike Gold,” in *Exiles from a Future Time: The Forging of the Mid-Twentieth-Century Literary Left* (Chapel Hill: University of North Carolina Press, 2002), 39-70。

6. Michael Gold, *Jews without Money* (1930; New York: Carroll & Graf, 1984), 309. 下文皆引自该版本。这是 1935 年版的重印本，包括戈尔德一篇简短的新序言。

7. Allen Guttmann, *The Jewish Writer in America* (New York: Oxford University Press, 1971), 140.

8. 参见迈克尔·哈灵顿对“穷知识分子”自愿贫困的论述，*The Other America: Poverty in the United States* (Harmondsworth: Penguin, 1963), 84-89。下文皆引自该版本。哈灵顿曾在多萝西·戴领导的天主教工人运动中学习历练，该运动组织也设在下东区。

9. Oscar Lewis, *La Vida: A Puerto Rican Family in the Culture of Poverty—San Juan and New York* (New York: Random House, 1966), xliii.

10. 参见 Donald Reiman, ed., *The Romantics Reviewed*, vol. 2 (New York: Garland, 1972), 117。

11. 正如琳达・诺克林在《现实主义》中写道："库尔贝的绘画之所以具有社会刺激性，并不在于它们说了什么——这些画没有包含任何公开讯息——而在于它们没有说什么。他对当代下层人民非理想化的、惊人地直白与实事求是的再现，完全没有那种小规模、神气十足的风景如画的魅力，可以使类似主题的风俗画在思想健全的法国人眼里，即便不是在理论上令人赞赏，也至少差强人意。这些画在 1850—1851 年的沙龙上首次亮相，恰逢胜利的资产阶级刚刚剥夺了这些下层阶级在 1848 年街垒路障中赢得的大部分优势。……库尔贝在 1850—1851 年沙龙的画作，仅仅由于其规模、风格和主题，就被视为对中产阶级尚在重建中的不稳定权力的威胁。" Linda Nochlin, *Realism* (Harmondsworth: Penguin, 1971), 46 - 48.

12. Alfred Kazin, *Starting Out in the Thirties* (Boston: Atlantic Monthly Press, 1965), 12.

13. 这些访谈罗斯的一部分材料可见于我的概述文章，"Call It an Awakening," *New York Times Book Review*, November 29, 1987。其他访谈和短篇小说、自传文字一起收录于 Henry Roth, *Shifting Landscape*, ed. Mario Materassi (Philadelphia: Jewish Publication Society, 1987)。

14. 转引自 Walter B. Rideout, *The Radical Novel in the United States, 1900 - 1954* (Cambridge: Harvard University Press, 1956), 189。在罗斯这本书几乎不为人知的时候，莱德奥特以非凡的洞察力，称其为"最杰出的一部无产阶级小说"(186)。

15. 我在评论这部后期小说时讨论过这一点，"Memory Unbound," *Threepenny Review* (Summer 2007): 10 - 11, www.threepennyreview.com/samples/dickstein_su07.html。

16. Bonnie Lyons, *Henry Roth: The Man and His Work* (New York: Cooper Square Publishers, 1976), 168. 下文皆引自该版本。在《变幻的风景》(*Shifting Landscape*) 没有出版之前，该书是了解罗斯及其作品的主要资料。最近出了一本生动易读的传记，见 Steven G. Kellman, *Redemption: The Life of Henry Roth* (New York: W. W. Norton, 2005)。

17. Jean-Paul Sartre, "John Dos Passos and *1919*," in *Literary and Philosophical Essays*, trans. Annette Michelson (1955; New York: Collier Books, 1962), 100.

18. Henry Roth, *Call It Sleep* (1934; New York: Avon Books, 1964), 83. 下文

皆引自该版本。页码同 1991 年平装版。

19. Henry James, *The American Scene*, ed. Leon Edel (1907; Bloomington: Indiana University Press, 1968), 139.

20. Henry James, "The Art of Fiction," in *Literary Criticism: Essays on Literature, American Writers, English Writers*, ed. Leon Edel, with Mark Wilson (New York: Library of America, 1984), 61 - 62.

21. 关于这个问题，参见哈娜·沃思·内舍尔（Hana Wirth-Nesher）在后来一版《安睡吧》中的跋（New York: Farrar, Straus and Giroux, 1991, 443 - 462）。

第三章　饥饿大军

无 产 者

大萧条给迈克尔·戈尔德和亨利·罗斯的童年回忆带来了新的意义，使穷人，甚至过去时代的穷人，成为一个重要、直接的兴趣主题。但很多作家做了更自觉的尝试，打造一种更具有当下性和参与感的新大萧条文学。这些无产阶级小说大多聚焦产业冲突，背景设在当下或不久以前。它们相当于中产阶级在创作关于工人阶级状况的斗争、革命的小说方面的实验。这些作品从未得到广泛阅读，但近年来再次引起了激进学者的兴趣。其中至少有六部小说涉及1929年发生在北卡罗来纳州加斯托尼亚棉纺厂的同一个罢工事件。如果说戈尔德和罗斯用不同的方式将小说变成稍加伪装的自传，其他作家则把新闻材料改写成意识形态的寓言。在这一点上他们得到了共产党的鼓励；30年代初共产党还处于斗争阶段时，文学被视为一种武器、一种可以培养阶级意识的策略。关于无产阶级写作的争论在30年代初的左翼期刊上大量涌现，一些评论家对那些只关注工人阶级生活却没有强调其革命潜力的作品大加贬损。

马尔科姆·考利表达了对这些小说的标准看法，将其情节综合概述如下：

> 一个年轻人从山区走出来，到棉纺厂（或板材厂或哈兰县的矿场）做工。他和一个人除外的所有工友一样，对劳工联盟或阶级斗争一无所知。例外的那个总是一个年长的人，强硬但十分幽默，喜欢一直引用《共产党宣言》里的话。工人们总是受到无情的压迫，总是起来罢工，总是以这个年长者为首组成联盟，罢工也总是遭到武力破坏。年长者像施洗者约翰一样为事业而死，但年轻的主人公承接了他的信念和使命。[1]

经由这种简化而有趣的方式描述，这些小说显得比实际更加公式化。小说的部分灵感来自俄国革命后的峥嵘岁月里苏联的无产阶级艺术实验，但它们在普通读者中的表现一直不尽如人意。这些小说大多销量寥寥，尽管受到批评界的热烈关注。菲利普·拉夫从1934年至1936年是无产阶级文学理论家，这一时期，他作为年轻的共产党编辑，在早期的《党派评论》上发表了一些相关文章，而到了1939年，他摒弃整个实验，斥之为“伪装成阶级文学的党派文学”。拉夫曾经敦促工人阶级作家向过去的伟大小说家学习；现在，他则抱怨他们缺乏形式上的革新，而一味依赖“资产阶级的创作模式”。[2]

1935年后，共产党本身对无产阶级实验失去了兴趣，转而作为人民阵线计划的一部分，前去吸引像海明威和斯坦贝克这样的同道中产阶级作家。他们可能不是稳固的盟友，但相较于迈克·戈尔德神秘的“穿工装裤的莎士比亚”，他们的名字势必会为党的事业做更多事情，特别是在自由派中。（正如拉夫1939年写道：“官方左派现在主要的兴趣不在文学而在作家。”）然而无产阶级作品在整个40年代不断出现，不仅影响了《从这里到永恒》《裸者与死者》这样的战争小说，以及粗粝的都市现实主义小说，例如理查德·赖特的《土生子》、安·佩特里的《街头》、威拉德·莫特利的《敲随便一扇门》和艾拉·沃尔弗特的《塔克的人》，而且也影响了阿瑟·米勒的《推销员之死》和伯纳德·马拉默德的《店员》这样非常不同的作品，其中经济上的困顿被抽象为孤独、徒劳和失败的永恒图景。

无产阶级写作不仅影响深远，而且是三四十年代文学传统的一部分，比官方“无产阶级小说”的批评家们愿意承认的要广泛得多。许多大萧条时期的新闻和社会纪实作品几乎与无产阶级小说难以区分，而与《斯塔兹·朗尼根》和《美国》这样的主流社会小说也有重合，这些小说很少描写工人阶级人物，也没有简单的改宗寓言。《美国》中的第一个主要人物麦克，预示了30年代小说中经典的流动者形象，即受到激进政治熏陶的漂泊者。无产阶级小说与30年代公路小说、詹姆斯·M. 凯恩和W. R. 伯内特等作家的冷硬派犯罪小说及其随处可见的好莱坞衍生电影之间，也有明显的相似之处。从风格上看，它们都师出海明威。

许多无产阶级小说问世之初，受到马尔科姆·考利的推崇，但他后来抱怨这些小说“语调乏味”，从中归结出一个简单的公式，将“无产阶级小说”限定为以这个公式堆砌起来的作品，特别是罢工小说。在《我们时代的一部分》（1955）这本战后第一部关注30年代文化的重要著作中，默里·肯普顿也强调无产阶级小说“经典”与旧的文化传统一样，受到严格的限制。他从反斯大林主义的左派写起，认为“无产阶级小说的标准严苛到近乎对作家的阴谋”。他说，“无产阶级小说就这样扎根于美国的不良文学传统”，并断言这个十年中的主要社会现实主义者，如法雷尔、理查德·赖特和纳尔逊·阿尔格伦，从未写过一本。[3]这是排他性的无产阶级主义，一种认为只有差的作品才能被归入无产阶级，而较好的作品则根据定义超越了这个范畴的50年代观点。这种内疚不安没有妨碍像沃尔特·莱德奥特这样的学者在　年以后，把受到普鲁斯特和乔伊斯影响、以一个孩童为主人公的《安睡吧》作为无产阶级小说的杰出作品挑选出来。[4]

尽管考利对罢工小说及其信仰转变公式的强调有其局限性，但从1934年影响巨大的《流放者归来》到1980年的《金山梦》，他写的关于1930年代的书和文章都正确地强调了艺术家和知识分子的改宗经历，他们之前不关心政治，但在经济危机的推动下萌发出激进意识。这是这一时期每一本回忆录都表现的模式。在詹姆斯·T. 法雷尔关于一群年轻的激进分子的遗作《萨姆·霍尔曼》（1983）中，这种政治皈依的浪潮得到了讽刺性的强调："弗朗西斯·霍尔曼感到非常惊讶，她的丈夫变成了一个革命分子。她晚上睡下时还不知道这件事。第二天晚上再睡下时就知道了……不仅仅是萨姆。她认识的大多数人说起话来都和一年前不一样了。"[5]

这种觉醒的一个结果是，人们对爱德华·达尔伯格所说的社会"底层人"，即处在社会阶梯底端的落魄之人，产生了巨大的兴趣，他们成了不同于考利定义中任何一种"无产阶级"小说的主题。D. H. 劳伦斯去世前不久读到达尔伯格的小说《底层人》（1929），对其中被他视为美国原始主义的最新浪潮——一种将人这种动物残酷地降至"最低限度的意志"的浪潮——感到既恐惧又着迷。"下一步，"他预言道，"是法律意义上的疯狂，或者就是犯罪。"[6]除了达尔伯格的作品，这种粗粝、严酷风格的写作还包括爱德华·安德森的《挨饿的人》（1935）和汤姆·克罗默卡夫卡式的《等待虚无》（1935），两本书都在80年代中期重版并受到好评。

纳尔逊·阿尔格伦是这些作家中最好的一个；沃尔特·莱德奥特称他的首部小说《穿靴子的人》（1935）"令人着迷地可怕"（185）。它预见了吉姆·汤普森之类冷硬派通俗作家的作品。不过阿尔格伦本人并不是下层的产物。他有犹太和斯堪的纳维亚血统，真名叫纳尔逊·阿尔格伦·亚伯拉罕，上过大学和新闻学院。对他来说，成为作家意味着出发上路去看看另一半人怎样生活：搭乘货车，讨要食物，在流浪汉营地和救世军施粥场停留，了解哪些村镇会把流浪汉扔进监狱。[7]很多人，甚至孩子出去游荡，只是因为没有活儿干，或者因为他们的家在分崩离析。（这种情况不是头一次发生了。在1893—1894年的金融恐慌之后，美国人曾大量漂泊在外。）

在后来的采访中，阿尔格伦估计，30年代初有一百万人流浪在外。

阿尔格伦跌入他们的世界，成为作家。他告诉 H. E. F. 多诺霍，“在路上的经历让我有东西可写”。

> 你的确看到了那是什么样子，一个将死之人震惊的样子。他明白他要死了，因为他要死了感到震惊。或者你在等着搭货车，而车开得似乎太快了一点，有人试着跳上去，你看到他失手了，接着你闻到了血腥味，你跑过去，看到车蹭掉了他的胳膊。还有新奥尔良所有的妓女。还有成千上万的美国人，那个时候为了活下去四处乱转。(54)

阿尔格伦说，路不仅让年轻作家有东西可写；路也决定了他们对更广大社会的态度。

> 我被告知的一切都是错的。现在我用自己的眼睛去看。别人曾告诉我，我也曾确信，这是一个奋斗就能成功的世界。你做了什么：你受了教育，得了学位，然后去一家家族报业工作，然后娶了一个好女孩，生儿育女，这就是美国。但这不是美国。美国没有社会化，我非常痛恨自己被骗了。(54)

阿尔格伦以他的硬汉风格，可能把他在路上的生活浪漫化了。但由于这是基于经历而非公式，它成了一种更真实的发现行为，而不是罢工小说中充斥的人为的信仰转变。

这位富有同情心的作家受到出身良好带来的内疚感的困扰，他在路上的所见所闻、他接触的许多边缘和悲惨的人，以及美国梦的破碎，无一例外地使他变得激进起来。虽然很少有女性像阿尔格伦那样出发上路，但她们往往在领救济的队伍、抗议队伍，或无家可归的人群中间有着同样的经历。她们也参与劳工斗争，目睹工厂停工，看到暴徒殴打罢工者防止他们组成联盟。作家们穿插使用新闻纪实、小说或诗歌的体裁。斯坦贝克的《愤怒的葡萄》直接出自他写的关于流动工人状况的痛心文章。作家常常会成为共产党员，或与共产党合作，不是因为他或她具有很强的政治性，而只是因为共产党，尤其是地方一级的党员，似乎最致力于改变社会，帮助底层人民。

因此，30 年代的写作在很多方面是一种向下流动的实验。只有少数“无产阶级”作家，如杰克·康罗伊和蒂莉·奥尔森，真正来自工人阶级。其他作家对自己的背景和出身感到羞愧。还有一些人（如阿尔格伦）可能是以海明威的方式寻求冒险，再往往以海明威的方式把它写出来。（1936 年后，不少作家跟随海明威去了西班牙。）虽然一些中产阶级或族裔作家及电影制作人的成长环境只比贫困人口好一点，但他们受到的教育使他们跻身特权阶层，尽管这并不能保证他们有固定的收入。[8]很多人舍弃了中产阶级的舒适生活，哪怕只是很短的时间，去探索一种似乎更真实、更能代表美国大萧条时期的生活方式。他们去了一切正在发生的地方。

下　层

毫无疑问，在那么多人急于把它抛在身后时，这种对下层生活的追求有其喜剧的一面。更多作家在好莱坞山上而不是坐火车培养他们的激进思想。随着大萧条的结束，普莱斯顿·斯特奇斯用《苏利文的旅行》（1942）绝妙地讽刺了好莱坞的社会意识，其中安排了一个轻浮的无厘头喜剧导演（乔尔·麦克雷饰）上路寻找穷人，制片厂的一班随从紧跟其后。麦克雷想拍一部关注社会的严肃史诗，而不是他惯常的作品《坐立不安》的另一个版本。这部片子叫作《兄弟啊，你在哪里》，尽管他的贴心管家提醒他，只有“病态的富人”才会对贫穷感兴趣，而贫穷实在该是不惜一切代价避免的灾祸。

起初，导演受呵护的生活和荒诞的戏法使他甚至没法与穷人进行表面的接触。(豪华轿车把他载到可以跳上货车的地方。)但是后来，在遭遇了一系列只有电影里才可能发生的情况后，他失去了记忆和身份，被丢在一边，在南方的某个地方由司法系统草率处理，未经上诉就被推进了一个“真实”受难的世界——就是像《亡命者》这样的电影中用铁链锁起的囚徒的世界，囚犯们在那里唱着“下去吧，摩西”。

斯特奇斯用尽可能灵巧的方式——通过无声的蒙太奇展现麦克雷的境遇突变，这些突变因为太过老套而几乎没法使用对白——从讽刺社会问题电影（以及制作这些电影的好莱坞类型）转为在一个梦境般的环境中重演它们。他把他好心的导演困在他想拍的那种电影里，那是一个随意惩罚和严酷隐忍的风格化世界。他在社会的苦难中仅仅逛了一圈，就被吞噬湮没其中，找不到通向他所熟悉的世界的绳索。

不过影片没有就此结束。星期六的晚上，麦克雷和他的狱友们一起看米老鼠和布鲁托，从中得到暂时的解脱。斯特奇斯说这是大萧条时期观众真正需要的：逃避、轻松的娱乐。关键在于辛辣的粗俗和一点自得：喜剧导演斯特奇斯告诉我们，欢笑，而不是下层社会学或抗议，是普遍的解决之道。表演艺人，而不是平民革命家，才真正具有大众魅力。喜剧减轻了哪怕是地球上最悲惨之人的重负，使享有特权的艺术家与他受苦的兄弟，那个30年代的神话——劳苦大众，暂时联合起来。然而《苏利文的旅行》尽管自鸣得意，却大大赞美了它所讽刺并改造的类型，即表现下层的电影。对喜剧艺术家来说，正如卓别林展示的那样，向下进入生活的丑态和社会窘境即出路。

斯特奇斯心目中的抗议电影包括1930年代初华纳兄弟的问题电影，例如《亡命者》(1932，茂文·勒鲁瓦执导)、《路边的野孩子》(1933，威廉·韦尔曼执导)，以及30年代社会意识在电影中的集大成者——约翰·福特1940年极为忠实的改编作品《愤怒的葡萄》。值得一提的是，这三部影片都是公路片，不是旁观者对穷人做调查那种故事，而是关于普通人从安稳中被连根拔起，不得不四处漂泊寻找更好的生活，却在其他流离失所、不受欢迎或遭到恶劣对待的人中间发现了更险恶的状况。

我们在这些影片中看到的社会分裂和暴力、人的疏离与演绎它们的黑帮电影有着密切的关系，其中有些影片是由同一拨人通常在同一家电影公司——华纳兄弟——制作的。（茂文·勒鲁瓦执导了《小恺撒》，韦尔曼执导了《国民公敌》，保罗·穆尼在拍《亡命者》前不久主演了《疤面人》。）冷硬派戏剧及冷硬派喜剧，节奏明快、爽利，契合当下，易演变成社会抗议，属于华纳风格；源源不断的收入在大萧条期间拯救了电影公司，而其他电影公司却破了产。

和一些黑帮电影一样，《亡命者》将社会动荡的根源追溯到了第一次世界大战，这场战争让参战的人直面暴力和杀戮，也让他们看到了一个比他们成长的世界更广阔的天地。在后来30年代末一部挽歌式黑帮电影《怒吼的20年代》中，吉米·卡格尼从战场上归来，发现他的位置被那些没有去打仗的人取代了。当他无法在旧秩序中重归其位时，他违心的罪犯生涯就开始了。《亡命者》基于一部具有争议的杂志连载改编成的小说，向我们展示了詹姆斯·艾伦（保罗·穆尼饰）如何由战场归来，发现一个不同的世界，而家人不能理解他经历过的一切或他的变化。这也正是海明威了不起的故事《士兵之家》中发生的事情。正如海明威笔下归家的士兵见到了他所见的一切之后，再也没法振作精神或怀有目的去做任何事，穆尼发现他以前的工厂工作缺少自由。经历过那么多军队管理之后，他在僵化的工业条条框框面前退缩了。他不想做一个“和平年代的士兵”，或任何士兵。他希望有所创造，做一个可以用双手干活的工程师，依照他的梦想规划建设。他却被困在办公桌前，干着一份闭着眼睛就能做的工作。他的兄弟是牧师，代表着传统社会，宣扬个人服从，没法理解他的苦闷。“军队会改变一个人，”穆尼尝试解释，“我已经变了……下过地狱。”

于是他辞去了稳定的工作，四处奔波，渐渐由于找不到活儿干成了无业游民。他试图当掉他的战争勋章——在一家当铺里，已经有整整一箱这样的勋章了。显然，别的很多人也被迫到过同一个关口。时间框架是模糊的，但我们仍然身处1920年代初，一个相对繁荣的时期（尽管在1920年至1922年的确有一段战后不景气时期）。我们很快就明白这部电影是将大萧条的社会危机投射到上一个十年之中，用30年代的词汇思考20年代：工作稀缺，始于抱负但不久就为绝望所激化的流动，社会纽带断裂，以及被遗弃的勋章，那意味着被遗弃的价值、梦想及理念所象征的承诺的破灭。

不久，穆尼在另一个游民企图抢劫时被捕，由一个粗暴的法律体系草率判了十年带锁链劳改。我们看到，如安德鲁·伯格曼所言，"一个人由于原地不动而逍遥法外的过程"。如此一来，1930年代第一部伟大的社会抗议电影并没有直接处理大萧条，因为詹姆斯·艾伦的经历很难说是时世艰难的结果。尽管如此，如果没有大萧条的思想框架，这部电影也不可能拍出来。如伯格曼继续说的那样："不断扰乱艾伦生活的力量是无形的，却是无所不能的——隐含着衰落的经济，以及僵化、去个人化的法律结构。"[9]

让这部影片出名的是一些更为直观而具体的东西：监狱营房的集中营气氛，监工和锁链囚犯任意而为的残暴，病重的犯人被迫劳动以至于日益消瘦，禁闭室的折磨和无法下咽的食物，以及因逃跑受到的非人折磨，包括用大锤敲击除去艾伦的脚链，穿过沼泽地逃亡时身后追赶着凶狠的持械守卫和吠叫的狱犬。这些场景具有它们所仿效的早期苏联电影的直观性及社会即时性。而这种意象如此令人难忘，以至于后来的电影——从《苏利文的旅行》到保罗·纽曼的《铁窗喋血》，再到吉姆·贾木许以路易斯安那河口为背景的独立电影《不法之徒》——可以毫不费力地借用。和《屠场》及《愤怒的葡萄》一样，《亡命者》也是一部真正在现实世界有所作为的作品，它爆发出的强烈争议引发了它生动揭露的畸形"司法"体系的改革。不过影片中真正激进的转折尚未得到完全理解。

逃往北方并两次更名之后，詹姆斯·艾伦也设法扭转了他的社会地位。他在建筑业得到了一直向往的工作——锁链囚犯时期干的活儿是其下流的戏仿——并在1924年至1929年，在芝加哥以他的新身份将自己打造成社会上受人尊敬的一员。他受到勒索，并且在他不得不娶的女人最终背叛他之后，他根据协议，自愿回到南方，接受象征性的 90 天服刑。但这个没有指出名字的州——实际上是佐治亚州——食言了，让他遭受了比从前更残酷的待遇，然后拒绝在约定时间释放他。

结果证明，那些不相信他会同意回去的人是对的。他唯一的出路是再次逃亡。此时，他干过的事情必须以最快的速度再来一次。但是，第二次逃跑时，这个狂乱、不顾一切、彻底幻灭的人不再是以前那个神气自信的家伙了。在逃亡途中，他失去了那个象征着他在锁链囚犯中间遇到的仅存的一点人性的老人——那个愤世嫉俗的现实主义者，因为他主动回来而震惊不已，同时也是他自己日渐消逝的人性和韧性的鲜活象征。

带着大量火药一路猛冲的詹姆斯·艾伦，由一个受到不公正对待的受害公民，依然神通广大，充满希望，变成了一个身背炸药的亡命之徒，不顾一切地追求自由或自我毁灭。现在已无法将他的生活拉上正路，这不仅是大萧条的缘故，也因为他自己严重的抑郁。他的自信已经随着他的信任烟消云散。这个曾经傻到走回带镣囚犯队伍的人，现在看清了一切：“政府的承诺一钱不值……他们犯下的罪比我还重。”对制度基岩般的信仰，使他经过了战争，熬过了贫穷、不公和肉体的折磨，此时却已分崩离析，只剩下一个鬼魅缠身也纠缠他人的人。

电影的最后几句台词是好莱坞崇拜大团圆结局的一个著名例外。他出现在阴影中，自己也是个影子，悄悄地向第二任妻子告别。“你靠什么活的?”她问他。一个空洞而受惊的声音嘶嘶说着：“我偷东西。”他发狂的眼神告诉我们，他的第二次逃亡，尽管是不计后果的虚张声势，并没有真的发生。他是一个废了的人，除了作为一个被诬陷的罪犯和逃犯，他一无所是。不夸张地说，是社会造就了他：一个人在半痴呆、半真实的恐惧中，看透了社会，看清了社会官方价值的谎言。这部电影非同寻常的名字，就像穆尼的最后一句台词，将这个人置于一个持续、开放、无解的当下：我是逃犯，我仍然是。他用手指着我们，因为他是无家可归、虚幻模糊的弃儿，我们都宁愿忘记他。电影结束了，但他的逃亡还在继续。很久以后，才会有另一部美国电影以这样一种无望而责备的口吻结尾。

随后的《路边的野孩子》《愤怒的葡萄》之类在罗斯福总统任期内拍的电影，有着相当不同的基调。尽管它们揭示了一个深受大萧条困扰的社会，但这两部电影都不忘展现温和、亲切的政府官员，他们与罗斯福总统相似度很高。第一部电影里，善解人意的法官坐在国家复兴管理局（NRA）的蓝鹰标志下方，以社会工作者的关怀与洞见传播正义。《愤怒的葡萄》中的政府营地管理员，戴着彰显仁慈与尊严的夹鼻眼镜，向奉行个人主义的乔德一家提供干净、管理良好的住所，恢复了他们的自尊，减轻了他们对官僚和权威的怀疑。和许多大萧条故事一样，这两部电影试图说明美国旧有的个人主义不能真正解决经济危机。所有人都在同一条船上。那些用推土机铲平他们的家园，把他们从临时营地驱逐出去的法律代表，也有自己的家人，也有需要吃饭的孩子。唯一的解决之道是集体的办法。流民必须自救，团结在一起，认识到他们共同的困境。他们必须学会接受通过新政下放给他们的救助。

《路边的野孩子》是部逊色的电影，结尾没有说服力，但由于讲的是少年而不是成人流浪者，对于 1930 年代四分五裂的家庭来说，它感人地唤起了在路上的意义。电影始于一个充斥着小镇青少年问题的哈迪男孩①世界，这在无数其他电影中已为我们所熟知。这里的人不承认贫穷，不接受施舍，却越来越养不起自己的孩子。我们的少年主人公察觉到了父亲默默的苦恼，做出了最终的牺牲，拆了他珍爱的旧车。终于，为了他们能少一张嘴吃饭，他外出流浪，很快加入了一个无人管教的少年大军，那里都是些家人无力照顾的孩子。他们无论走到哪里都会受到骚扰，渐渐学会了不相信权威，只相信彼此。他们面对的是一个体面的

① 弗兰克与乔·哈迪兄弟，美国少儿侦探类小说系列的主人公，诞生于 1927 年，有多种文字、影视改编。

城镇世界，在法律和秩序的屏障下，对他们作为人的需求充耳不闻。然而，他们也遇到了一些仁慈的成年人，在危难之时帮助他们，预示了影片结尾那个同情他们并放他们一马的体贴的法官。

这部电影的一个特点是，年轻人在临时搭建的胡佛村患难与共，组成自己的小社会。这是30年代反复出现的另类共同体图景，它将以某种方式使我们摆脱最恶劣的社会不公正。[10]《愤怒的葡萄》中的政府营地，有睿智的管理者和现代的卫生设施，正是这样一种精心策划的安排、一种由上而下的美国化的共产主义，其中家庭生活完好无损。在《野孩子》和《葡萄》两部电影里，这些模范营地遭到嫉恨，经常被周围偏执的资本主义唯利是图者雇的打手攻击。生活在其中的人尽管非常弱小，却代表了向统治着更广大世界的竞争和剥削制度的挑战。（他们在与铁路侦探、警察和治安官的激烈斗争中，展现出喻示着革命可能性的下层军队样貌。）如此一来，伴随着在路上的神话及其种种苦难和男子气的自由，发展出了一个自由且贫穷的平等社会的神话、一个既源于绝望又源于梦想的社会，在这个社会里，粗暴的和胆小的、残缺的和坚韧的，可以在某种粗糙的和谐中共存。

没有工作，没有运气

根据金斯利·戴维斯1935年推出的《大萧条中的青少年》一书，《野孩子》至少在一个方面不太准确。虽然确实有很多男人和男孩外出流浪，但年幼的孩子并没有形成自己的群体，而是通常三三两两结伴而行，依附于年长者的流浪汉营地。和《路边的野孩子》对应的成人版是爱德华·安德森干脆利落的小说《挨饿的人》，该书在1935年获得了出版商道布尔戴与杜兰出版公司的奖励。（它很快被人遗忘，50年后，在威廉·肯尼迪讲述大萧条游民的现代传说《紫苑草》大获成功之后，由企鹅公司再版。）安德森1906年生于得克萨斯，学徒期做过小镇记者、拳击手、流浪游民，以及一个直接从警察记事簿上获取故事的通俗作家。他的作品和汤姆·克罗默的一样，传达了大萧条时期穷困潦倒的独特风味。安德森是30年代后期大有前途的年轻作家之一，但在1937年出版他的第二部也是最后一部小说《像我们这样的强盗》之后就销声匿迹了，这是一个邦尼-克莱德①式的故事，这种情节出现在无数电影改编作品中，包括尼古拉斯·雷的《夜逃鸳鸯》（1948）和罗伯特·奥特曼的《没有明天的人》（1974）。安德森本人在好莱坞做编剧一败涂地后，又回到了新闻界。1969年，他在得克萨斯的布朗斯威尔悄然去世，生前是当地一家报纸的编辑。

直到最近，《挨饿的人》尚未在任何关于无产阶级小说的标准描述中被提及，因为它打破了为这类小说设置的狭窄边界。由于标题具有类型特征（和迈克尔·戈尔德的一样），它很容易被误认为一部社会学或大萧条纪实作品，当然在一定程度上也是。尽管书中确实有一个年长的工人（一个叫波茨的老水手）滔滔不绝地讲着革命语录，死于自己的痛苦，也有一个年轻的主人公阿塞尔·斯特克继承了他的一些想法，但无产阶级信仰皈依公式及一般的政治，在书中仍然相当边缘化，只占了寥寥数页。

《挨饿的人》中隐含着一种温和的革命怒火，但这本书如此俭省克制，只在一些地方爆发，而且还相当含混。虽然波茨符合共产主义殉道者的角色，但阿塞尔仅仅表现出零碎、模糊不清的信念。在一个罕见的政治讨论时刻，他说："他们可以想叫它什么就叫什么，共产主义、布尔什维克主义或社会主义，但终会有改变。男人不会一直游荡下去，或者在廉价旅馆里干每周只挣九毛钱的活儿。"可一页之后，他怀疑流氓无产阶级是否能成为激进动乱的力量："革命从来不会在一群流浪汉中间爆发。有时我会想是否值得花时间跟他们讲这些东西……不过全国有一百万人流浪在外，如果可以把他们组织起来，或做好准备追随某个组

① 1930年代美国大萧条时期著名的雌雄大盗，犯下多起劫杀案，1934年被警方设伏击毙。

织，那就会有一番作为。”[11]

这些篇章远非典型，在书中属于最薄弱的部分；它们以一种虚假、屈尊的方式将政治意识投射到朴素的人物身上。《挨饿的人》完全不是一部党派小说，甚至也不是政治小说，而是一本关于饥饿与流浪的书，安德森从1931年至1934年对两者都亲自做过研究。他卖不出自己的故事，就像阿尔格伦一样外出流浪，了解大萧条时的美国生活。如同阿尔格伦的《穿靴子的人》，这本书也根植于作者四处游荡时的见闻。它的写法采用很多无产阶级小说矫饰的简约风格，这种风格显示了海明威的影响，但缺乏更深层次的共鸣，其中的暗示性使海明威在他的短篇中更像一个散文诗人而不是小说家。相较于海明威的缄默不语、竭力控制情感，《挨饿的人》的文字直截了当，也许在情感上受了伤，这与其说像海明威本人，不如说更像后来的极简主义作家。即使在阿塞尔向我们讲述他所谓的感受时，似乎也是如此：

> 我想有一百块钱……有了一百块钱，我就可以买一身新衣服、一双新鞋，口袋里还有五十块。有了一身新衣、新裤，口袋里还有钱，我就会觉得不一样了。这就是我一直以来的问题。心理问题。一个人如果看起来像流浪汉，或者感觉像流浪汉，是找不到工作的。(52)

这些短句充满重复和连词，避免使用长的单词和比喻或长的从句，有一种迟钝并且使人迟钝的东西。然而阿塞尔·斯特克并不是真正的流浪汉，他甚至不是无产者；身为失了业的音乐家和“上过大学的人”，他是中产阶级中一个降级的成员，正如安德森本人游荡全国时的情况一样，亦如任何中产阶级作家在写这种平民小说时一样。这本书的力量在于其出色的真实氛围和细节描述，而不是人物。尽管安德森化身斯特克时，可能对自己做了简化，但他真实呈现了自己体验书中生活及写作此书的经历。如果要称之为一个受过教育的人的怀旧之作，那必须得说是大萧条赋予了它适时的意义。

阿塞尔·斯特克的“心理”问题，在我们看来，是一种社会心理而不是个人心理问题，意在说明整个阶层的人陷入普遍的危机中，而不是为了表现个人心灵的褶皱。安德森笔下的人物不是那些无可救药的失意者——沦落到社会底层的人，而是在边缘挣扎的人，他们总是在寻找出路，责怪自己运气不好，不知道哪里可以吃到下一顿饭、找到下一个睡觉的地方。在表现下层生活方面，安德森的劲敌汤姆·克罗默抱怨他美化了现实，没有揭示可能变糟糕的程度。[12]这些漂泊者中很少有人能遵守的一个基本规则是，“男人应该保持良好的形象”，因为除非他刮净了胡子，穿上体面的衣服，他甚至没法考虑找份工作或与女人同居。阿塞尔被捕时，担心自己的外表。“如果我今天早上刮了胡子，就不会这么像流浪汉了。”（174）不过他希望他的说话方式能挽救他：

> 当我向法官说话的时候，他会明白我不是一般的流浪汉。他会从我用的语言知道。**法官大人，我的同伴此刻在法庭这里，他们会证明我们只是路过那里，做我们自己的事，是这个人出来惹的麻烦。**法官会从我用的语言知道，我不是一般的流浪汉，因为在街上打架被告上法庭……（175）

相反，在小说结尾一个讽刺性的转折中，阿塞尔和朋友拒绝跟他们的街头小乐队演奏马克思主义的《国际歌》，因为他们的爱国精神而免受刑罚。书的最后几页变成了一幅政治漫画，因为这群人现在安全地反共了，在老兵集会上演奏战争歌曲，承诺要作为“三个美国人”发展壮大。他们激进观点的初步成长，现在已经激变为阶级背叛。

阿塞尔已经自言自语过，无业游民搭火车、被警察抓捕的故事，其实没有多少人感兴趣。“这些故事必须在结尾出人意料。”但这样的出人意料，本可以来自纳撒尼尔·韦斯特的《难圆发财梦》或拉尔夫·埃利森的《看不见的人》等戏谑幽默的小说——建立在超现实或讽刺反转基础上的书，几乎不属于《挨饿的人》这样直白冷峻的作品，也没有什么情节，其真正魅力在于揭露社会底层的生活感受。很多关于饥饿本身的讨论使我们相信安德森用了第一手资料：

> “你要知道，”阿塞尔说，“我小时候，以为饥饿就像牙疼，只是更难受。我是说当你经受了很长一段时间。但我现在明白没什么大不了的。”
>
> “所有的饥饿都是，只是腹部肌肉不动了。”
>
> “是啊，一个人可能饿死了都不知道。”(10)

安德森不仅写出了事情的感觉，也写出了其中的情感。“阿塞尔吃完之后，站了起来，立在公路边。他感到胸腔里、肩膀处、站稳的腿上、紧实的胃里，都蕴含着力量。”(16) 然而搭车对他来说是一种羞辱，使他不得不忍受这个体面的世界灌进他不自由的耳朵里的长篇大论，通常是一番自食其力的说教，与阿塞尔这种地位的人没有什么关系。阿塞尔从救世军那里获得食物和住宿时，处于同样的弱势境地，他弯着身子，听着布道，作为换取一碗汤，或许还有一双鞋的代价。

安德森带着我们在全国漫无目的地从一个场景转到另一个场景，试图描摹出这个挨饿的人的生活全景图。他在找工作上很善于凭空设想，在找女人的挑战上更胜一筹。阿塞尔去纽约之后，爱上了一个叫科琳的女孩，不过他们去了一家廉价旅馆后，他却因为疑虑和无礼把她赶走了。和许多大萧条的受害者一样，阿塞尔的自信心受到了严重的挫伤，他通过嘲讽她，想象她有过多少男人，来表达自己的不安全感。后来，在朋友波茨的资助下，他们建起了一个家，仿照中产阶级过起体面的婚姻生活。但阿塞尔最终要外出找活儿干，他以为科琳已经落入风尘，在头脑里给她写信。“我有一次听一个女孩说，男人落魄会成为流浪汉，而女人落魄会沦为娼妓。”(143) 在一个以新奥尔良为背景的短章中，他遇到了另一个女孩，他们打算在一起，但这次是女孩变得疑神疑鬼，然后消失了。这个自成一体的小品，用低调的诗意表现错失的联系和未过的生活，很容易被当成舍伍德·安德森或海明威的短篇小说。比大多数大萧条时期的作家高明的是，爱德华·安德森揭示了社会问题是如何转变成心理问题的：丧失信心、自责，还有节制而无奈的愤怒。作为遭社会排斥的人，他的人物没有奢望成为个体，但他们通常以新奇而出人意料的方式应对困境。由于害怕读起来像小说，《挨饿的人》没有给自己设置情节，仿佛叙事有始有终的机制会削弱其社会观察的真实性。因此，这本书作为一本公路小说，模仿了人物无形、膨胀的生活结构。他们的座右铭是："只要不停地走下去，总会遇到什么。是奥马哈那个老流浪汉说的。只要一直走下去，就会有什么出现的——一家旅店、一份施舍、一程车、一根烟、一点零钱。你只需要一直走下去。"（134）

历史学家威廉·E. 洛伊希腾堡写过：

> 随着大萧条岁月持续，无业人员适应了一种没有目的的流动，就像当时最受喜爱的音乐，不停地转来转去，像跳舞马拉松①的舞者在场上无精打采地拖着脚步，几乎无法保持身体的移动，像六日自行车比赛的骑手，在椭圆形赛道上无休止地转圈，不间断而单调的循环碾压、麻醉了观众。[13]

永不停息、常常漫无目的的流动，既是1930年代的重要隐喻，也是普遍的社会现实。很多人只是在黑暗中跳着舞，无所谓去向，或者只是竭力继续前行。

《挨饿的人》有一章叫"在路上"，但这个词语可用于小说其他很多地方，甚至有一些段落会让我们想起凯鲁亚克：

① 美国1920年代兴起的一种跳舞比赛活动，大萧条时期开始盛行，连续跳得最久的人可以赢得奖金和名气，当时的参赛者多为穷苦人士，后来转变成慈善募捐活动。

> 我走过很多条街，就像这样闲逛。在弗里斯科和明尼阿波利斯。在丹佛和圣路易斯。在帕迪尤卡、兰杰、圣奥古斯丁之类的小城。我都有点喜欢这些地方，不太想离开。每一个新的城镇都叫我忘记前一个。它们就和女孩一样。(134)

阅读凯鲁亚克的《在路上》，就像听着金斯堡的诗歌中迈克·戈尔德的节奏，提醒我们"垮掉的一代"的作家如何远离他们眼中体现战后写作尊贵性和战后社会统一性的东西，而以30年代作家为榜样。凯鲁亚克开始写作时，直接模仿了托马斯·沃尔夫。由于大萧条削弱了家庭生活的社会纽带及其与工作场所的联系，在路上和流浪者成为社会解体的隐喻。批评家伊沃·温特斯曾经写过一篇抨击罗伯特·弗罗斯特的文章《作为诗人的精神流浪者》。他认为情感上的困惑可能对作家有害。即使是不写公路小说的作家也成了精神流浪者，以及威廉·萨洛扬这样的情感漂泊者、亨利·米勒这样的道德放逐者——垮掉派作家另外两个30年代的原型、标准。在一个充斥着似乎与美国性格相悖的集体主义出路的时代，萨洛扬和米勒们崇尚一种无政府主义的个人主义，给予普通人的观念一种另类的腔调。垮掉派发现自己不是处在一个土崩瓦解的社会，而是一个似乎维系得过于紧密的社会，他们将1930年代的艰难困苦与绝望的边缘处境转变成任性而自愿的贫穷，恰如他们将在路上的生活由一种经济需求变成一场精神冒险一样。垮掉派追溯1930年代的神话和节奏，批判了战后的美国，因为这个美国要么已经忘记了大萧条，要么对大萧条的记忆太过深刻。

尽管如此，《挨饿的人》最终表现出跟《在路上》这样的书完全不同的情感。对安德森这个大萧条时期的小镇新闻记者而言，外面的世界确实存在；那不是他对兴奋刺激的自我需求或对无目的流动的单纯热爱。在《在路上》一个声名狼藉的段落中，萨尔·帕拉迪斯，即凯鲁亚克的第二自我，写道："淡紫色的黄昏，我走在丹佛黑人区27街与威尔顿街的光影里，身上每一寸肌肉都在疼痛，真希望我是黑人，我觉得白人世界能给予的再好的东西，也不能使我狂喜，缺少活力、欢乐、刺激、黑暗、音乐，甚至没有够味儿的夜晚。”虽然萨尔本人是个有点苍白的人物，内心有很强的恐惧感和依赖感，但他的梦想是变得像迪安·莫里亚蒂一样豪爽而自在，这个愿望在小说的叙事流中得到了体现。而阿塞尔·斯特克只是在努力生存，小说平实冷峻的风格反映了他夹缝中的视野。托马斯·沃尔夫成为凯鲁亚克的正确典范，同一种需求使海明威成了安德森及其他无产阶级作家的必要榜样。正如海明威的故事《杀手》教达希尔·哈米特、詹姆斯·凯恩及 W. R. 伯内特等 30 年代犯罪小说家写出简洁、强硬、暗示性的对话，其他故事，如《斗士》[讲述尼克·亚当斯遇到一个被打得晕头转向的老拳击手（现已沦为流浪汉），遭其威胁]，给爱德华·安德森这样描写下层生活的小说家上了一堂关于扼要写作的课。

我们可以看到这两类都受到海明威启发的小说之间的重合，尤其是在对女性的处理上，比如下面这一段：

> 阿塞尔掏出烟，科琳抽了一支。他为她拿的火柴在颤抖。“这就是你对我做的，”他说，“我爱上你了，宝贝。”
>
> “你当然与众不同。”
>
> “我敢打赌，当我问你是否有过什么经历时，我快结巴的样子，你肯定觉得好玩。我才知道，你在什么地方教过主日学校。我敢说你觉得那很好玩。”
>
> “你真贴心。”
>
> “你想知道的话，我都快被你迷住了。”(67)

这种略显荒诞的交流，使用过时的俚语和令人窒息的（或命定的）浪漫主义，已属于《红色收割》和《马耳他之鹰》中具有宿命意味的犯罪世界，是安德森不久将在《像我们这样的强盗》中尝试的。除了无产阶级作家，很多冷硬派作家也是左派。后来将这些书改编成 40 年代黑色电影的编剧也是如此。像海明威一样，一些人的职业生涯从做记者开始，他们发现事实，尊重事实。正如犯罪电影促使导演转向社会问题电影，犯罪小说是表现下层生活小说的非政治版本，尤其因为罪犯常被看作造就他的社会的产物（《他们使我成为罪犯》是30年代末一部电影的片名），然而也让观众对罪犯产生了认同感，就像公共道德的守护者们在这十年的头几年经常抱怨的那样。爱德华·G. 罗宾逊、吉米·卡格尼、乔治·拉夫特、保罗·穆尼，还有后来的亨弗莱·鲍嘉饰演的角色，都是陷入困境、努力向上爬的局外人，从来不是掌管非个人组织的白领罪犯。尽管他们出身卑微，但他们以暴力的方式聚敛财富和权力，是经历困难时期的人的幻想人物。他们的事业是他们自己，而不是政治或革命，然而，当很多人在更大的力量面前感到无助的时候，他们成了反叛能量的焦点。他们有风格，有气势；他们知道怎么走，边走边塑造自己；他们在自己的世界里留下了印记，然后才被打倒。

我们可以将冷硬派犯罪小说与同一时期的黑帮电影区分开来，前者弥漫着两面三刀和腐败的氛围，而后者的罪犯往往是模棱两可的英雄及悲剧人物。正如林肯·柯尔斯坦1932年在《猎犬与号角》中写到卡格尼时说："卡格尼（的角色）可能是个肮脏的底层小老鼠、一个无赖、一个微不足道的骗子，但是当他身中数弹倒在他母亲的门上，全身包扎，血迹斑斑，我们屏住呼吸，意识到这是一个英雄的死亡。"[14]而对于哈米特的《红色收割》中几十个互相残杀的罪犯，甚至是教唆他们动手的私人侦探，都不能说这样的话。即使在今天，那个时期的冷硬派小说的虚无主义和幻灭感也具有很明显的现代意义。虽然根植于第一次世界大战对海明威这一代人的影响，但这种情绪比人民阵线或革命左派无孔不入的忠诚更经得起考验。它创造了一幅激进派可以接受的当代美国的黯淡图景。然而，与无产阶级小说不同的是，它非常契合大众文化的暴力和情节剧公式。1930年代低俗小说，尤其是犯罪小说的发展，在一个"严肃"小说担负着重要社会使命的时刻，创造了美国生活的另一种形象，这种形象相对没有受到左右两派道德家的审查。然而低下层小说，以其对饥饿、贫穷、无根性和苦闷心绪难以磨灭的描写，给予无产阶级小说一种新颖但鲜为人知的韵味。在其最好的作品中，它融合了杰克·伦敦、马克西姆·高尔基、克努特·汉姆生笔下的落魄传统与海明威的克制风格，为我们展现了一个具有启迪性的大萧条生活形象。

斯坦贝克之乡

约翰·斯坦贝克几乎是唯一一位在大众读者中间拥有长久声望的无产阶级作家。他的小说今天仍在出版，甚至比1930年代末以前，即他通常被归入的那个时代，得到更广泛的阅读。和大多数人一样，我与约翰·斯坦贝克的相遇始于幼年时读的《珍珠》《小红马》《罐头厂街》等精彩可读的中篇小说。这些作品有种质朴的东西在里面，一种丰富的感性的单纯，也正因此，很多读者把斯坦贝克作为一种特定年龄段的迷恋而抛在脑后。由于我在高中或大学从未被要求读他的书，他那些更有雄心的作品没有因为差劲的教学或过早的接触在我这儿遭到破坏。但斯坦贝克似乎不过是一个地域色彩很浓的作家，拥有加利福尼亚的一个小角落，包括他的出生地萨利纳斯山谷和驻有罐头厂及形形色色居民的蒙特雷半岛。这在很早以前就令我陶醉。1973年夏天，我与妻子和孩子们住在加州北部，游览蒙特雷和罐头厂街的时候，我带着怀念的心情再次去寻找它。

当我开始研究大萧条对美国文化的影响时，斯坦贝克的另一方面吸引了我：那些报道与抗议作品为他赢得了大萧条的社会良知的核心角色。同多萝西娅·兰格、沃克·埃文斯等农业安全局的摄影师，以及帕尔·罗伦兹等纪录片导演这些启发并帮助他去发现的人一起，斯坦贝克成长为那些伤痛和社会苦难岁月的重要见证者。除了写《汤姆叔叔的小屋》的哈里特·比彻·斯托夫人、写《屠场》的厄普顿·辛克莱，或许还有《土生子》的作者理查德·赖特，没有哪一位抗议作家对美国人如何理解自己的国家有如此巨大的影响。由斯坦贝克构思、约翰·福特拍摄的乔德一家的困境与迁徙，尘暴区的干涸世界，世代家园的失去，找工作的艰苦跋涉，农业工人的悲惨状况，维持家庭完整的努力，成为整个大萧条的隐喻。它引起了人们的同情和愤慨，这种同情和愤慨超越了文学的范畴，成为我们社会图像的一部分。仿佛斯坦贝克是在报道一个真实的家庭；从某种意义上说，也确是如此。

不幸的是，他作为一个抗议作家的成功削弱了他的文学地位，尤其是在战后这种使命显得狭隘、过分简单的时候。诺贝尔文学奖通常会引起一阵短暂的民族自豪感，但在1962年斯坦贝克获奖之后，《纽约时报书评》发表了阿瑟·迈兹纳的尖锐异议，题为《30年代的道德视野值得获诺贝尔奖吗?》——除此之外，还有几篇批评，连同得奖本身，使他在1968年去世前更难再写出小说了。从玛丽·麦卡锡、埃德蒙·威尔逊及艾尔弗雷德·卡津对他的早期评论开始，斯坦贝克从来没有受到知识分子，甚至他的作家同行的宠爱。《时报》的抨击来自F. 斯科特·菲茨杰拉德的传记作者，这并不奇怪，因为菲茨杰拉德本人尽管对大多数作家始终很宽容，却对斯坦贝克的成功感到恼火，在信中多次表示不屑，认为他不过是一个从比他更好的作家，包括弗兰克·诺里斯和D. H. 劳伦斯那里随意剽窃的人。

菲茨杰拉德有他的理由：斯坦贝克是那种具有社会责任感的作家，在1930年代取代了他，并且使他的作品显得陈旧过时。菲茨杰拉德对斯坦贝克的非典型愤怒，是他自己困顿的职业生涯的哀歌。然而，斯坦贝克凭借其异常简单、具体、晓畅的风格，几乎仍然是很多年轻读者的文学入门。正是由于他的质朴、感性的直接和纯粹的说故事能力，斯坦贝克的作品才没有像同时代更有雄心或严峻应时性的作品那样落伍。

毋庸置疑，斯坦贝克最伟大的作品写于1930年代，但他那时的大部分创作与社会抗议，甚至与他的名字所属的现实主义和自然主义，都没有什么关系。他最初取得不小的名气和销量时，还不是作为社会评论家，而是因为在《煎饼坪》（1935）中用轻快的笔调描写蒙特雷乡民，这本书效仿了马洛礼的亚瑟传奇故事。他因《人鼠之间》获得巨大的商业成功，这是三本讲述农业工人的小说中政治色彩最淡的一本，问世后迅速从俱乐部月度荐书跃升到百老汇戏剧再到好莱坞电影，名气一路飙升。在很多方面，这与其说是一部社会小说，不如说是一套象征关系；相当契合他 30 年代早期的短篇小说，包括《天堂牧场》《煎饼坪》《长谷》中的故事。如果要打破世人公认的抗议作家斯坦贝克的印象，可以在这部前政治作品中找到真实的斯坦贝克，这也是我最初发现他的地方。我们可以把这些早期作品看作他真正的想象力中心，甚至是他对大萧条（书中几乎没有出现）的间接反应，并认为他被带入了一种非其本性的社会意识中。

在这种解读中，斯坦贝克作品的核心在于他对土地的感情、他对故乡加州作为自然天堂的回忆、他对中产阶级的贪婪和野心的憎恨，以及他对外来者的深切同情，这些异乡人形成了一个建立在本真和同胞之情上的天然共同体。和自然本身一样，这些凭直觉行事的无政府主义者嘲讽商业社会的价值观念，对其保持漠不关心。通过强调具有浓厚神话底蕴的作品，这种方法不是将斯坦贝克与无产阶级作家或社会现实主义者联系在一起（他感觉他们之间没有亲和力），而是令人想到威廉·萨洛扬、纳尔逊·阿尔格伦和亨利·米勒等自由奔放的底层生活探险家，他们的主人公都是些放荡不羁的个人主义者、依照自己的准则生活的流浪儿——遵循本性，不理会约束着其他大多数人的社会价值观。这种桀骜不驯的人无疑是贴近斯坦贝克的内心的，是他由此出发的情感基地。他的作品里有一种拉伯雷式的张力，一种对那些用天性挑衅所有社会准则的捣乱闹事者的喜爱。这种根植于本能生活的反叛自然主义核心，解释了他何以对弗兰克·诺里斯、舍伍德·安德森和 D. H. 劳伦斯等不同作家的反应如此强烈。然而，他对土地也怀有一种近乎神秘的感情，虽然这种感情常常被淡化为喜剧，却赋予他的作品很强的地方感。在路过蒙特雷或萨利纳斯山谷时，尽管这些地方都历经了改变，却很难不把它们当作斯坦贝克之乡，并且四顾寻找他笔下的人物。

斯坦贝克的作品令人文主义者和理想主义者感到不安的特点之一，是他强调人类生活的动物性基础，见于我们对食物、住所、身体表达，以及最重要的，对温柔和陪伴的基本需求。无论好坏，斯坦贝克将人类更崇高的渴望留给了具有宇宙或悲剧雄心的作家。他在信中经常把这些宏大的目标置于一边，而专注实在和即时的东西。1934 年，一个朋友问他真正想要的生活是什么，他用严谨的生物和物理术语挑衅地回道：

> 作为一个有机体，我是如此简单，我想要舒适，而舒适在于——有个睡觉的地方，要干燥而且比较柔软，不挨饿，几乎什么食物都行，如果麻烦，通过性交释放自己，偶尔有就行，以及大量工作……我不想拥有什么，也不想成为什么。我没有抱负，因为经过审视，发现实现抱负之后似乎很无聊。[15]

斯坦贝克的谦逊延伸到他的工作中，那似乎也属于他神经系统的生物节律，而不是作为一个艺术家的什么更高目标。1933 年，早在他被社会良知所吸引之前，他在一封信中写道："我工作，因为我知道工作给我带来快乐。就这么简单，我不需要其他任何理由。我明显失去了自我意识，这令人愉快。"这使人想起济慈著名的"消极能力"概念，即作家沉浸于自身之外的实体而丧失身份。济慈将这种多变的才能首先归于莎士比亚，但斯坦贝克只愿承认自己是个不起眼的作家，一个平稳、自得其乐的职业者。

> 几年前，我意识到自己不是伟大艺术家那块料，我相当庆幸自己不是。自那以后，我更快乐了，只是单纯地干着工作，每天结束的时候，享受着一天诚实劳动所得的回报……我要写一本书。我思考一段时间，然后就写了。没有别的了。书写完了，我对它也没兴趣了。等到这本出来的时候，我通常在忙着写另一本了。(87)

这些信具有代表性。斯坦贝克不是知识界的重量级人物，即使在他事业的巅峰期，他也因怀疑自己的能力而苦恼。他把自己描述成一个生理动物、一个简单的有机体，这不仅符合他的作家自画像，也与他早期作品中出现的人性观相一致。这也有助于解释他何以能如此得心应手地创造出那些早期作品——都是简短、片段式的，没有雄心大志的。作家本人身无分文，默默无闻，也不指望作品赚钱。他部分靠父亲资助，为此自尊心还受到了一些伤害。他写《煎饼坪》是为了躲避行将就木的父母的病痛和对他们常年的照顾。“我觉得，它的基调是对我们家所有悲伤的直接反抗。”（89—90）这本书在他父亲去世五天后出版，出人意料的成功使他有能力创造更有抱负的作品，包括《愤怒的葡萄》，但是一朝成名带来了一种他一直努力避免、无法忍受的自我意识，生活开始变得复杂。“我被名气吓坏了，”他在《煎饼坪》问世不久之后写道，“它毁了我认识的所有人。”（111—112）名气除了使一个作家更难沉浸于他的素材，也危及他的诚实。当他因《煎饼坪》获奖，他不愿亲自去领奖。“我人生的整个早期都受到自我中心主义的毒害，”他解释说，“后来我逐渐开始失去它。”因此，他说：“在过去的几本书里，我感受到一种奇特的丰富性，似乎我的人生因为通过一种非常真实的方式和那些我之外的人产生认同而成倍拓展了。”“如果我成了一个品牌”，他担心，如果他从作品背后出现，“我就失去了这种能力”。（119）在解释他为什么拒绝参加售书午餐会、接受采访、在广播节目中发言，或者甚至是前去领奖时，他告诉他的经纪人：“一旦把自我意识强加给我，我根本就没法写作。必须有一些隐匿性才好。”（138）

斯坦贝克凭借《煎饼坪》获得的些许名气和收入，与四年后，即1939年，随着《愤怒的葡萄》的盛名（以及恶名）滚滚而来的名气和财富完全不一样，但这些担忧预示了他写作那本书时所感受到的可怕的斗争、自信心的削弱，以及他在小说出版后的衰落与虎头蛇尾之感。“由于我的不足，这本书对我来说已成为一种痛苦。”1938年他在日记中写道。彼时正是他更大的雄心、他认真处理一个伟大主题的决心，给他带来如此多苦恼之时。如果仅仅关注他声名鹊起之前的早期作品，就会按他的说法将他看作一个不起眼的职业作家，后来偶然因为写了一本触及社会热点问题的准新闻小说引起轰动。这引发了一个问题，即那些更为简单、随意，使他在写作过程中如此快乐的作品，如何为大部头的书做了铺垫，这些书虽然有种种缺陷，却令他与美国珍视的一些价值观，以及大萧条期间塑造社会的力量发生了愤怒的碰撞。

尽管斯坦贝克受到生物理论的影响，利用小说探究诸如“群体人”和“方阵/人墙”这样的概念，但他绝不是一个严谨或系统性的思想者。在衡量他如何回应大萧条这个他必将因此被世人记住的主题时，我们要努力应对很多看似不一致的问题。1932 年《天堂牧场》的富饶山谷，何以能摇身变为 1936 年《胜负未决》及 1939 年《愤怒的葡萄》中劳工冲突和剥削的丑陋场景？1935 年《煎饼坪》的乡民无忧无虑的贫穷，如何变成《愤怒的葡萄》中悲惨心酸的贫穷？而《煎饼坪》中对所有权、财产和稳定工作的波希米亚式蔑视，如何让位于乔德一家对工作不顾一切的追求，或者乔治和莱尼渴望自给自足、拥有“一小块地”、养兔子的心酸梦想，而这正是《人鼠之间》的情感内核？还有最后，斯坦贝克在《胜负未决》中对罢工者近乎临床诊断般的客观同情，对他们精于算计的共产党组织者的复杂感情，又怎么会变成《愤怒的葡萄》那富有诗意的史诗般的篇章中对乔德一家充满激情的拥护？即使在早期作品的自然乐园里，人们也有让自己不快乐的天分。但是，集合了美国资本主义、自私自利和剥削的这条毒蛇是如何进入斯坦贝克的加州伊甸园，使之成为如此阴沉和悲惨的景象的呢？这些问题的一些答案，必须等我在本书后面谈到《愤怒的葡萄》时再来回答。

斯坦贝克最初将加州视为一个丰饶花园的想象是他上演大萧条戏剧的背景。《胜负未决》《人鼠之间》和《愤怒的葡萄》为我们讲述了这个故事的三个版本，此外另有斯坦贝克 1936 年为《旧金山新闻报》和《民族》周刊写的关于农业工人状况的凄惨文章，这标志着他从一个认为罢工酝酿着更大的形而上学冲突的冷静旁观者，转变为一个愤慨的揭丑人士和改革家，揭露制度造成的人的代价。美国的富足在加州的树林和葡萄藤上结的果实恰是饱经风霜的移民无法拥有的，是他们永远不会实现的梦想。累累果实挂在他们周围的树上，但他们享受不到。约翰·斯坦贝克与蒙特雷乡民共有的简单有机需求，正是莱尼和乔治或乔德一家受到一个利己、竞争、被操纵的制度阻挠时，笼罩在他们头上的巨大阴影。斯坦贝克的人物在富足中被敌意包围，因为永远无法实现的梦而走到一起。“加州的一切东西都有主了，”有人告诉汤姆·乔德，“他们什么也没剩下。而且那些拥有东西的人会一直紧抓不放，哪怕他们要把世上的人赶尽杀绝。”所有权使人变得丑恶。那里集聚着巨大的农业财富，需要工人，但也让他们几近挨饿。这种制度在大自然的富饶中剥夺了人的基本希望、人性的尊严、动物的欲求，甚至还有生存手段。斯坦贝克的牧歌作品与其抗议小说之间看似矛盾，实为拼图游戏的不同碎片，最终可以整齐地拼接在一起，不过，正如评论家一开始就指出，他从未写过两本完全相同的书。

这是些什么样的书？斯坦贝克要用这些姗姗来迟的大萧条材料干什么？斯坦贝克之所以追寻流动工人这个题材，并不是因为他是一个坚定的改革家，也不是因为他把它看成他加州花园里的毒苹果。“斯坦贝克总是在搜罗故事”，他的传记作者杰克逊·本森说。[16]他很快便找到并在《天堂牧场》中使用了一组故事，接连找到的另一组故事则变成了《煎饼坪》，还有一些用于《长谷》。但他第一部真正意义上的大萧条小说《胜负未决》背后的故事更加具有话题性和紧迫性。虽然很少被列入无产阶级文学经典之列，但《胜负未决》借鉴这类小说的严格公式为己所用。这是一本罢工小说，以虚构的加州托尔戈斯山谷的流动苹果采摘工为背景。此外，老共产主义劳工组织者和年轻的新成员之间的关系也是核心问题，不过这本书中，是年轻人为事业牺牲了自己。

《胜负未决》的故事讲得很快。老共产党员麦克和新手吉姆充当催化剂发动了一场他们知道会失败的罢工，意在使那些温顺的农业工人变得激进。他们没有亲自领导这次罢工，而是从这些人中选出“天然的”

领袖，例如达金和伦敦，并取得他们的信任。在这个世界里，法律的势力完全站在大农业生产者一边，因此组织者明白会遭受严重的伤亡，而计划将其变为他们的优势。尽管他们具有令人敬佩的自我牺牲精神，但他们也是冷酷的狂热分子，相当愿意为了事业不经他人同意就牺牲别人，因为他们确信自己比工人更了解工人的利益。这就构成了斯坦贝克一幅非常矛盾的画像，尽管并不完全真实。

斯坦贝克不认为自己是社会现实主义者。他的每本书都有神话的底蕴，出处包括《圣经》、亚瑟传奇及弥尔顿等。他是学生物的，他的导师，一个叫作埃德·里基茨的海洋生物学家，是他书中好几个智慧人物的原型，例如《胜负未决》中的卫生官伯顿医生，他具有强烈的个人观点，以一个无党派同情者的超然立场援助罢工者。他阐述了斯坦贝克非常喜爱的一些关于大众行为的观念，但出于对科学观察的信仰和对道德模糊性的关注，他拒绝全心全意信奉任何意识形态。“我不想戴上写着‘好’与‘坏’的眼罩，限制我的视野，”他告诉老共产党员麦克，“如果我对一件事情用了‘好’这个词，我就会失去检验它的执照，因为其中可能有坏的地方。”当他解释他所谓“群体人”这个表示集体生物的概念时，麦克对他说：“你太他妈左了，成不了共产党。你对集体化的理解太偏激了。”[17]

医生的思想尽管模糊不清，却给这本小说增添了复杂与怀疑的褶子，而它像很多无产阶级小说一样，常让人感觉说教色彩太浓。斯坦贝克似乎总是在搜寻微型图来表达全景图，使用小词来部署宏大的思想。尽管这本书就像一本关于农场剥削和党组织策略的小册子，但斯坦贝克坚决主张他志在别处。1935 年他在一封信里写道，他最初“打算写一篇关于罢工的新闻报道。但当我把它作为小说来构思时，主题就越来越大了”：

> 我曾用发生在一个果园谷里的小规模罢工，来象征人与自我痛苦而永恒的斗争。

我对把罢工作为涨工资的手段不感兴趣，我对叫嚣正义和压迫——这些现状的皮毛——也不感兴趣……这本书是残酷的。我只想做一个记录者，什么也不评判，只是写下事情。我觉得它有乌合之众近乎疯狂的推力。(《书信人生》，98)

他还说书名出自《失乐园》，后者在他看来讲述了人与自我的抗争，由天堂里的战争、撒旦的反叛表现出来。这就是在炫耀了，也不太相关。虽然一些论者曾经尝试在这本小说和弥尔顿的史诗之间建立一些细节上的相似之处，但《失乐园》唯一有效的贡献是斯坦贝克书名的模糊性，这是撒旦自己在描述他的抗争时用的一个词。《胜负未决》被早期一些评论家贴上了亲共宣传的标签，但“未决”加强了我们对斯坦贝克本人的政治担忧的理解，因为这个词可以表示很多意思，包括“具有令人怀疑的目的”和“结果不确定”。问题的关键可以从斯坦贝克对主要的党组织者麦克和吉姆的微妙描写中找到。

根据本森的说法，1934 年初，斯坦贝克遇到了两个逃亡的工会组织者，最初想写一本非虚构的书，于是安排买下他们的故事版权。(291)其中一人叫西西尔·麦克基迪，成为小说的主要来源。斯坦贝克笔下发生在托尔戈斯山谷苹果园的罢工大致是以 1933 年麦克基迪参与的一场持久、惨烈的摘棉花工人罢工，以及进行了四天之后获胜的摘桃工人罢工为蓝本。这些罢工取得的一点暂时的胜利，导致大型水果种植园主联合起来关停工会，骚扰并逮捕组织者，将劳动力成本降至吃不饱饭的程度。摘棉工每天干十小时的工资是 1.5 美元，而在斯坦贝克的小说中，是削减 5 美分，降到了每小时 15 美分而引发罢工。本森简明扼要地描述了这个工资水平如何能维持下去：

工资可以压低，生活条件可以保持在较差的水平，因为随着尘暴区移民大量进驻该州，加入已经绰绰有余的墨西哥和菲律宾工人的行列，已经出现了大批过剩的农业劳动力。很多来自尘暴区的人绝望到几乎一分不挣也要干活……种植园主组织的势力基本上都得到了当地政府的支持，几乎是绝对的，这种力量加上几乎源源不断的罢工破坏者，使工会的组织工作变得极其困难而危险。(301)

这些人及其家人的生活状况和他们的经济困境一样糟糕。大众社会历史学家弗雷德里克·刘易斯·艾伦在《大衰退时代》中这样描述：

大型农场由非自住农场主或银行或公司管辖，习惯于依赖“水果流民”劳动力，这些人以前大多是墨西哥人、日本人及其他外国人，但现在越来越多的是美国人。运气好的，找到采摘棉花、豌豆或水果的工作，暂时被安置在营地里，通常是成排的小棚屋，每两排之间安装一条水管；分给他们的小屋里很可能没有炉子，没有小床，没有水桶。即使是最好的营地，也提供了一种与美国传统中奉行不屈不挠个人主义精神的农民截然不同的生活方式，后者有自己的农场，或者作为常驻“雇工”，或通过租借农场，争取最终获得所有权。这些采摘工却是无家可归、没有选举权的游牧人，除了收割季节，任何地方都不需要他们。[18]

1940 年，《愤怒的葡萄》搬上银幕，使这些生活状况更加广为人知。虽然同样的状况早就影响到墨西哥和菲律宾工人，但最终唤起国民良知的是白人工人受到的压迫和可怕的生活条件。这些采摘工人并不渴望拥有自己的土地，因为很多人已经失去了他们的农场，由于作物歉收、尘暴灾害、失去抵押品赎回权，或者由于联邦政府为了限制种植面积和粮食产量只向农场主支付款项而丧失了承租权。对他们来说，向西跋涉不是前进，而是最后的希望，而他们季节性工作的微薄收入使他们免于挨饿。就在这时，一位特立独行的社会主义作家厄普顿·辛克莱在“消灭加州贫困”（EPIC）的福音行动中，赢得了民主党的州长提名，这场运动尽管在 1934 年的民意调查中失败了，但帮助推动了 1935 年所谓的

“第二次新政”采取更激进的措施。

鉴于种植园主的势力——以及他自己对共产主义策略的怀疑，斯坦贝克将虚构的罢工表现得比它依据的蓝本更加徒劳和悲惨，正如他把书里的组织者和罢工领袖刻画得比现实原型少了不少英雄气概一样。斯坦贝克写这本书时，没有从政治角度思考。相反，他用回应弥尔顿的书名，将罢工表现为与强大势力的斗争，给予整个故事一种宿命意味，使人想起自然主义文学的早期作品。这种黑暗、决定论的张力会继续出现在《人鼠之间》那残酷的希望破灭中，其中老板好斗的儿子、恶毒的柯利，以及他寂寞撩人、不知足的妻子引发了一场似乎从第一页开始就不可避免的灾难。但是，毋庸置疑，在他的罢工小说中，斯坦贝克同情的总是那些受剥削的人和他们的家人，他从未能将他们个性化。只有到了《人鼠之间》和《愤怒的葡萄》，他才开始这么做，这也有助于解释为什么《胜负未决》从来没有其他作品那么受欢迎，而且也是他的小说中少有的从未被改编过的作品。他的罢工者们没有成为具有独立生命的人物，而是著名的30年代“群众”，受到老板的欺骗，以及当局和打手冷酷无情的残害，关键是，还受到他们自己无私但不择手段的领导者的操纵，后者专注于宏图大略，而不是个人福祉。不过，这里需要稍微讲点题外话。

人　群

和其他很多受30年代启发的作品一样（从1932年何塞·奥尔特加·伊·加塞特傲慢的《大众的反叛》直到30年后埃利亚斯·卡内蒂的《群众与权力》），《胜负未决》也是对大众行为的研究。20世纪20年代，人们就已经对大众心理学产生了极大的兴趣。H. L. 门肯和辛克莱·刘易斯将巴比特式胆小慎微的因循守旧看作群体本能的一种。消费社会的发展——在《巴比特》中以如此不可思议的精确性记录下来——

催生了现代广告和公共关系新科学，其创始人之一爱德华·伯内斯是弗洛伊德的美国侄子。孜孜不倦的伯内斯写了《舆论的结晶》（1923）和《宣传》（1928）等关于“策划社会同意”的书，受到戈培尔和希特勒的赞赏。

“一战”的爱国主义大屠杀、布尔什维克主义和法西斯主义等群众运动的可怕兴起，引起了对大众心理学的广泛着迷。然而，如果说传统价值的维护者认为自己被搁浅在“普罗大众的世纪”，世界范围内的大萧条则促使年轻一代的作家和思想家转向集体主义，将其作为棘手的经济问题的唯一出路。一个又一个作家开始嘲弄美国个人主义的前提和美国梦的承诺。就连海明威——其笔下忧虑寡言的主人公继承了爱默生式自我创造的人的全部负担——也在1930年代末敬仰起共产党来。在《有与无》这本他尝试书写的大萧条小说中，他借受了重伤的主人公哈里·摩根说出本书微弱的寓意：“一个人单打独斗根本没有该死的机会。”大萧条时期也许是美国文化中第一个集体活动的形象战胜了“独自一人”的珍贵神话的时期，这个神话不仅由爱默生、瓦尔登湖畔的梭罗或他为公民不服从行为的辩护表现出来，也由亚哈船长对白鲸挥起拳头、惠特曼将世界融入自己的身体，甚至艾米莉·迪金森独自一人在阿默斯特的房间里守着她的良心和意识来体现。1928年，金·维多拍摄了一部伟大的电影《人群》，讲述一对年轻夫妇在现代城市的美丽新世界中的辛酸漂泊。六年后，他突破万难拍了一部呆板的续集《民以食为天》，储备了各种代表好莱坞普通人形象的角色演员。他们饰演卖烟小贩、流氓和小提琴手，这些人都有机会通过耕耘土地、为共同的目标无私贡献，来隐藏自己原子化的都市身份。一个直接来自经典西部片的通缉犯，强硬而沉默，为了拿到悬赏金保住农场，他自首了。只有一个自恋的美妇人不愿做分内之事，还差点让男主角跟她私奔。（他抗拒安稳，但他的欲望，尽管没有完全消除，已升华为工作。）

影片的最后一幕，也是最令人难忘的一幕，直接借鉴了爱森斯坦和俄国革命电影的蒙太奇手法：整个公社团结在一起，热火朝天地修筑灌溉水渠，以拯救庄稼免受大旱之苦。这个场景在音乐上被设计成集体力量的视觉赞歌。从低角度的慢动作中，我们看到他们的锤子在地平线上敲打，而随着他们的身体倾向比他们庞大的事物，他们的铁锹和锄镐交织在一起。这一幕虽然老套，但十分有力，非常有电影感，受到伟大的俄国人的影响，但在对集体力量和身体技能的乐观信任上又奇怪地具有美国特色。

尽管《民以食为天》传达的信息远不具有革命性，但这部独立制作的电影标志着大萧条电影夭折了的乌托邦潜力。然而，它的前作《人群》虽然上映于 1928 年，某种程度上却似乎是更真实的大萧条电影。它避开了好莱坞乐观精神的陷阱，把生活的问题看得更为棘手。“它透着无望和绝望”，一位当代评论家说。[19]

如果说金·维多的《民以食为天》尽管聚焦大萧条，却是一部非常阳光纯真的电影，另外两位电影制作人则不自觉地探索了 30 年代集体主义的黑暗面，但远不是他们有意为之。莱妮·里芬斯塔尔的《意志的胜利》与维多的影片拍摄于同一年，也许是戈培尔的宣传机器在艺术上唯一的胜利。它表面上呈现为对 1934 年纽伦堡纳粹党代表大会的简单记录，但实际上整个事件是作为镜头下的奇观而上演的，使用了有史以来最强大的演员阵容。正如维多展示了公社成员在集体的努力面前压抑自己的个性，里芬斯塔尔渲染了一大群德国年轻人克制自我，服从最高领袖的意志。在瓦格纳式的开场画面中，希特勒的飞机像老鹰一样穿过云雾飞向新德国，镜头接着扫过为他们的非凡领袖欢呼的人民那全神贯注的面孔，然后成千上万的“工人”拿着他们的“铁锹”齐声高呼。电影里的每一个影像都在巧妙地灌输新秩序：从四面八方齐聚到一起的人民，一张张欣喜若狂的臣服的脸，空中俯瞰视角下一批批即将被动员起来的人，以及为与过去彻底决裂而进行自我洗礼的人。

大会本身就是这部真正的法西斯主义电影作品的高潮。我们不仅从下面看到希特勒站在他那巨大的讲台后面——正是上帝一般的疏远形象——而且他的崇拜者组成的巨型队伍被布置成规整的几何队列，个体的人性归入集体的、没有人情味到可怕的群体。在这个巨大的方阵中央的过道上，希特勒和他的两个手下缓慢地移动着，仿佛他们是这个几何网格中唯一的活物，仿佛他们与他们木然的追随者分属不同的存在秩序。里芬斯塔尔在创造这个法西斯集体的神话形象时，也道出了其中必然蕴含的非人化的真相。

另一位能创造出可与这种骇人听闻的人类群体编排媲美的场景的导演，其实是一位编舞师——巴斯比·伯克利。伯克利一手创造了 1930 年代的好莱坞歌舞片，他把他的合唱团女郎排列成机器般的阵型，像里芬斯塔尔一样消除人的个性，但去掉了令人生畏的宏大和规模。伯克利是真正的电影人，不是百老汇素材的改编者；他从与里芬斯塔尔一样的导演和摄影师——弗里茨·朗、弗里德里希·茂瑙及其他德国表现主义者那里学到了视觉技巧。例如，朗的巨作《大都会》（1927）是大萧条时期电影摄制的先驱，描绘了劳动过程的非人化影响：男人低着头行进在工作岗位上，像一个没精打采的无人机队列；接着下落到不通风的深处，让他们的四肢听命于机器，成为集浮士德和撒旦于一身的技术奴仆般的躯壳；最后，由于受到一个性感女机器人的魅惑，在其高喊的关于剥削的马克思主义口号下，发动了自我毁灭的暴乱。雷内·克莱尔（《我们等待自由》）和查理·卓别林（《摩登时代》）可能从这部可怕的电影中学到了对流水线的讽刺，但对伯克利来说，这是另一种东西，有一种群体移动和抽象设计的诗意。他从德国表现主义那风格化的奇幻世界中借鉴的是人体对舞台技术、摄影机运动和视觉蒙太奇的服从。

在舞台上也可以达到一些同样精准统一的动作效果。踢着大步的火箭女郎，如此完美地整齐划一，在纽约新建的无线电城音乐厅里吸引了众多观众，这是 1930 年代的典型创作。伯克利万花筒式的俯拍、类似玫瑰花瓣的开合，还有穿梭在女人双腿之间的镜头，在眼花缭乱间使她们失去个性，变成了分离的肢体，具有一种使人兴致高涨的挑逗意味。有时这种效果似乎是特意而为的狂欢，有时又是怪异的抽象，比如《美女》（1934）的主要曲目《我只钟情你》这一段中，鲁比·基勒的脸和眼睛在迪克·鲍威尔不断变化的想象中被无休无止地折叠重复。对伯克利来说，就像对里芬斯塔尔一样，人的形态，无论是独立的还是成群的，都只是新技术效果的原材料，为宣传也好，为视觉风格也罢。影片的想象力越纯粹，操纵就越彻底。难怪电影这个媒介会成为如此重要的大众教化工具。朗和他的人文主义继承者，如克莱尔和卓别林所抗议的，正是里芬斯塔尔和伯克利所庆祝的：对他们来说，正是现代社会及其新技术可以通过把人集结成无差别的大众、一种新的群体生物，将19世纪的个人主义抛在脑后，从而削弱个性。

这一涉及电影的附注可能带我们远离了斯坦贝克的《胜负未决》，然而那部小说和《愤怒的葡萄》像多斯·帕索斯的《美国》一样，都是大萧条时期似乎要求以集体视角看待人类的实验。这不仅与美国一贯的、根深蒂固的个人主义发生了尖锐的冲突，也违背了小说要表现生动、定位明确、有机会成为自己命运主宰的人物的需求。当艾尔弗雷德·卡津在《扎根本土》（1942）中抱怨说，“斯坦贝克的人物总是处在成为人的边缘，但从来未能实现”，他指出了一个弱点，但在某个层面上，这也是故意为之。[20]斯坦贝克在《写作的日子》，即他创作《愤怒的葡萄》时写的日记中提到了这一点。“使人物鲜活，”他对自己说，“使他们鲜活。但我的人物必须不只是人物。他们必须是人的一种超本质的东西。”对斯坦贝克而言，现实主义已经更多是一种商业义务，而不是一个信条。“我现在在写很多故事，”他在几年前的一封信里说，“因为我想卖出一些，我在尽可能使我的人物接近人的模样。其中的潜流和我感兴趣的意义都可以忽略。”（94）最吸引他的，正是这个象征或寓言性的维度、故事背后的故事。

罢　工！

斯坦贝克在写《胜负未决》时，还不觉得个性化的人物对他的作品至关重要。我们前面已经指出，他更多地受到生物学而不是心理学的影响，认为自由意志是一种普遍的幻觉。正如多斯·帕索斯不愿给《美国》三部曲塑造一个独特的主人公，来缓和其中的失败与悲观主义全景一样，斯坦贝克将大众人看作一个按照不同的规则生存和活动的生态系统，尤其是在大萧条匮乏无力的状况下。《胜负未决》富有洞察力的欣赏者安德烈·纪德，1940 年在日记中写道："主要人物就是群众。"小说中穿插着对大众行为的描述，不是用古斯塔夫·勒庞和奥尔特加·伊·加塞特的保守传统，将大众刻画成非理性的危险野兽，而是有不同的侧重点。[21]斯坦贝克向我们揭示了一个个工人是多么软弱而绝望，而当他们几乎是无意识地被某个共同的目标团结起来，又是多么强大。一个罢工者被杀害之后，群众从惯常的恐惧和麻木中觉醒："一种奇怪、沉重的骚动出现在人们中间……守卫用枪瞄准了，但是队伍继续前进，不管不顾，视而不见……守卫害怕起来；动乱他们可以制止，斗争他们可以遏止，但这种缓慢、无声的人群的移动和梦游者一般张大的眼睛，让他们恐惧。"（148）这个不同凡响的画面，其超自然的清晰轮廓，几乎可以出自 1930 年代的壁画家之手。人群似乎在以自己的生命节奏前进。在小说的暴力迸发中，斯坦贝克像其他大众行为的观察者一样，强调了这群人及其力量那沉重而不祥的特性。对于它挪用的无产阶级公式，小说非常含糊。

一方面，斯坦贝克向我们呈现了小的说教式肖像，强调单打独斗的危险。像丹或吉姆的父亲这样的老顽固，他们愤怒地、痛苦地，最后无奈地与自己进行斗争，成为独立既棘手又无用的警示课。我们第一次读到吉姆，是他在租的房子里独自思索，像海明威几无修饰的故事《杀手》中那个甘心等待死亡的瑞典人。因此，小说一开始就以 1920 年代的模式凸显了个人的命运，后来却向我们展示了吉姆加入共产党时对团结、希望和克己的行动主义的皈依。个别的领导人和战役也许会失败，人会殉难，但战斗会继续下去。斯坦贝克对老工会组织者麦克和追随他但超越了他的勤勉新手吉姆的关注，体现出他的兴趣不在群众，而在于这个群众是如何被塑造及操纵的。他的赤色分子着眼于长远的目标，把人塑造成愤怒的群众、统一的力量，而很少会考虑他们眼前的人性需求。对纪德来说，这本书是他所知道的对共产主义“最好的（心理）描写”。他是在长时期访问苏联后发表的复杂印象文字引起对法国左派的激烈争论后读到这本书的。与很多虔诚的文学朝圣者不同，纪德彼时已经心灰意冷。他犀利的评论强调了斯坦贝克态度中“未决”的一面，这与他自己对苏联生活情绪复杂的观察相吻合。罢工者的需求和诉求，他评论说，

> 如此公平地提了出来，以至于除了作者已有的文字，对这泛滥的要求既没法支持也没法反对。这些要求的正当性，就像斗争本身的结果一样，仍然“未决”。尤其未决的是使用背信弃义的手段取得哪怕是最正当的事业的胜利。（*Journals*，4：48）

这种解读尽管是个人观点，感觉却比美国读者的反应更准确，他们最初把斯坦贝克看作一个理想化工会斗争、支持共产主义路线的同路人，但最近又走向另一个极端，夸大他笔下麦克和吉姆的负面性。例如，一位原本谨慎的斯坦贝克学者理查德·阿斯特罗声称：“虽然我们容易认同他们与托尔戈斯山谷残酷无情的农业商人的斗争，但斯坦贝克显示了麦克和吉姆的刚愎自用，对他们来说，友谊、宽容和兄弟之情这些人类美德都是政治上需要时吐露出来的陈词滥调，而实际上是真正的革命斗争事业的绊脚石。”[22]

这种夸张的消极基调是冷战时代的衍生品；它试图使1930年代的斯坦贝克与后来的反共正统观念保持一致——从政治上对他进行净化。纪德也想偏了，因为斯坦贝克从未在任何地方对共产主义表现出最起码的理论或政治兴趣。尽管人民阵线争取过他，尽管他写过一些关于农业工人的言辞犀利的新闻稿件，尽管由这些文章而生的《愤怒的葡萄》成了左翼抗议文学的经典文本，但斯坦贝克本人在1930年代的意识形态

辩论中没有扮演任何角色。他在这部小说中感兴趣的不是共产主义，而是作为人物类型、行为样本的共产党人——不是那些从联合广场的高层办公室里传达莫斯科命令的首领，也不是在昏暗的通宵小酒馆里为马克思主义原理争论不休的都市知识分子，而是战场上的步兵，他们的生命可以和蒙特雷乡民一样被盘剥殆尽。

斯坦贝克认为麦克和吉姆不是罢工的“领袖”，而是以某种方式设法与群体生活节奏保持一致的人，他们善于利用手头的资源，包括自己的人力损失，来玩弄人民，把他们的愤怒焊接成铁拳。而根据斯坦贝克的朋友埃德·里基茨塑造的知识分子伯顿医生，同时成了一个怀疑论者和积极分子，像斯坦贝克本人一样不带感情，但麦克和吉姆这两个赤色分子对思想没有什么耐心。作为纯粹讲究实际的人、发起运动的组织者，他们发现医生那知识分子式的冷静超然既陌生又恼人。他们不理会他“装模作样的思想”，而他表示，即使是他们，也不过是一个更大的有机体的专门细胞。

在一封解释他的方阵理论的怪信中，斯坦贝克显然受到“一战”的大规模杀戮和继之而起的群众运动的影响，他主张群体有自己的生命，吞噬了其中个人的意志。“德国现在的方阵不是希特勒建立的，”他说，“他只是对方阵进行了阐释。”（80）这种观点，如果认真对待的话，不仅会消除自由意志，而且会否定一切道德责任。幸运的是，斯坦贝克身上的小说家在“群体人”的朴素理论家面前占了上风。《胜负未决》瞄准共产党的组织策略和动机，把伯顿医生的生物学概念用作偶然出现的副歌，而不是最终的解释。

当麦克用他的方法教育吉姆时，我们不可避免地发现他的控制欲有多强。首先，通过给后者的儿媳接生，他赢得了大家和他们“天然的”领袖伦敦的信任，但我们后面发现他对产科一窍不通。在其中一个血腥暴力的场景中，他沉着地用外科手术般的精准打断了一个破坏罢工的年轻人的鼻子，以儆效尤。“我要的是一个公告板，”他说，“不是一具尸体。”（247）他在别处还说：“我可没时间去考虑一个人的感受。我太忙着应付一大堆人了。”（183）在拉尔夫·埃利森的《看不见的人》这部讽刺同一时期的共产主义运动的作品中，另一位老资格的组织者告诫新成员：“你一定不要把感情浪费在个人身上，他们不重要。”麦克对群体的熟练编排，使他处于前面讨论的电影导演的位置，他关注的不是个人，而是更大的阵容。他利用手边可用的一切去追求遥远的目的。“只有一个规则，”他老早就告诉吉姆，“利用你能得到的一切资源。”他对这次罢工能否成功并无信心，但他已在提前考虑别的罢工，几乎不在乎谁会因此受伤。他最好的一点材料是自己人中一个刚刚死去的人，讽刺的是，这个人叫乔伊（Joy），参加过很多次劳工斗争，还留下了伤疤，麦克充分利用乔伊的快乐殉道在大家心中播撒愤慨。终极的讽刺在于，他最后一点可用的材料是他的年轻助手吉姆，他对着后者的尸体吟诵的几乎是这本书的共产主义箴言：“同志们！他没有为自己想要过什么——”（313）小说以这个开放的句子结尾。至此，殉道是罢工者留下的唯一武器。

这是《胜负未决》特别的人性戏剧出乎意料的地方。在大多数无产阶级小说中，坚定的共产党员和年轻的新成员之间的团结是教条式的团结。在这里，它也成长为个人的。让-保罗·萨特晚年时向西蒙娜·德·波伏瓦坦言，尽管他写了很多支持共产党的文章，但作为个人，他发现他们是没有感情的机器，人性上不可接近，个性上不真实。在麦克对吉姆不断发展的温情中，在他由于吉姆学得太好而感到的不安中，斯坦贝克揭示了非人格面具背后隐秘的脆弱。虽然麦克向普通人编排、灌输强烈的情感，但当这些情感出现在他自己身上，麦克不愿接受。“我一点也不好。党应该把我除名。我头脑发昏了。”根据他的非人定义，他的学生现在是比他更好的共产党员，更大胆，更无私，更狂热。他不仅为吉姆感到害怕，而且为他现在变成这样的人感到害怕。他听到自己的想法从吉姆的嘴里说出来，带着全身心投入的冰冷力度。“你超过我越来越多了，吉姆。我越来越怕你。”（249）他们现在是温柔的同志了，他对自己得意门生的保护性担心阻碍了两人的关系，因为现在他有不准备失去的东西。

吉姆则变得对争论也好，恐惧也罢，都无动于衷。他和医生争论目的与手段的问题，但最后坚持认为："你的话对我没有任何意义。我知道我在干什么。争论对我没有任何影响。"如果他采用了麦克的反智主义，他也拥有了死去的乔伊的殉道冲动。"我想让你利用我，"他告诉麦克，"你不肯，因为你太喜欢我了……这不对。"虽然已经受伤，但他拒绝畏缩不前。他想被人利用。就在他被杀之前，小说告诉我们，"他的脸变了形。那里似乎散发出一种愤怒的力量之光"。麦克最终确实利用了他，但不是以他希望的方式。他的信念和斯坦贝克的一样，即个体的人几乎都不重要，受到了最严峻的考验。这本书在各种"群体人"的观念之外，发展了自己的小说逻辑。旧的个人忠诚和诚实情感的伦理与新的集体人观念发生了冲突。

就当时紧迫的社会问题写小说是一个简化的过程——赋予无形的东西一个叙事形态，用部分代表整体。斯坦贝克写《胜负未决》的时候，加州山谷的暴力劳工斗争已经爆发了五六年。像南方贫苦佃农的问题一样，加州采摘工人的努力已经得到了新闻界的关注；他们占据了国民意识的一个角落。斯坦贝克用一种朴素的迪克与简①的方式写他的小说，主要由最简单的对话组成。正如工人中的麦克成了人民群众的普通一员一样，斯坦贝克也是说教式的，没有太明显地削弱语气。凯里・麦克威廉斯在1939年出版的书《田间工厂》中，详细讲述了封建所有制、工业方法、恶意剥削（尤其是对少数群体）及破坏工会的漫长历史。所有这些使加州成为臭名昭著的劳工冲突、无奈受害和赤贫的场景。[23]而这一切都发生在已然被斯坦贝克划定为他的文学版图的应许之地上。当激进的抗议和无产阶级斗争的精神占据斯坦贝克的头脑，他无须到很远的地方去寻找主题。

① 1930年代至1950年代风靡美国及其他英语国家的儿童初级读物《迪克和简》中的同名人物，该系列读物以简单的叙事文本和水彩插图著称。

在小说中讲述这样的故事，需要技艺，既要搜罗到重要事例，又不能使其显得过于典型或有代表性。是否真有像麦克那样不加掩饰地算计、像吉姆那样狂热地无私奉献的共产党人呢？当麦克说到组织和纪律的需要时，他是代表那个时期所有的共产党人说的，他们把自己最好的精力都献给了劳工组织，往往承受着巨大的困难。这就是老左派英勇、共情的一面。记忆是个危险的东西，但此处一位共产主义组织者 40 多年后告诉薇薇安·戈尼克：

> 和水果采摘工人在一起的岁月，成了世界中的世界，一个我从来没有忘记的情感小宇宙，尽管我早已离开了他们。我和采摘工一起生活，吃在一起，住在一起，也一起喝酒。我帮他们埋葬死者，接生孩子。我们一起欢笑，一起痛哭，一起畅谈到深夜。慢慢地，我们之间开始有了一些不同寻常的交流。我教他们阅读，他们教我思考。我教他们如何组织，他们教我如何领导……他们——没有别的词可以形容——是高贵的。他们在斗争中很强大，不再因为沮丧而迟钝，他们变得有创造力，有活力，民主，充满了对彼此出自本能的责任感。
>
> ……这是我的社会主义梦想实现了。[24]

这些可能是理想化的记忆，但我觉得真实。斯坦贝克抓住了这样的细节——死亡和出生，从怯懦消沉到充满希望的团结的转变，但很少有激情和精神层面的东西。符合这种回忆的人物乔伊，是最积极热心的老共产党人，在我们读到他的时候，他已经给打破了脑袋，很快就被杀掉了。斯坦贝克选择聚焦麦克这样一个变幻莫测的人物，充分展现了他自己的矛盾心理，不是对采摘工人的困境，而是对共产党缓解困境的方式。这种在斯坦贝克看来是科学的中立和怀疑精神的复杂性，无疑是大萧条自然主义和无产阶级文学中一个罕见的特征。

斯坦贝克感兴趣的是为数不多的共产党如何能够带动大量无权无

势、没有组织的工人。但他几乎忽略了使这一成就富有人性而非丧失人性的情感因素。他自己与斗争的关系将衍生于此，这也是《人鼠之间》、发表在《旧金山新闻报》上的文章，还有特别是《愤怒的葡萄》不同于《胜负未决》的地方，《胜负未决》最终成了漠视工人本身的共产主义策略的教义问答书。“我们要有长远的眼光，”麦克说，“平息得太快的罢工，不会教大家怎么组织、怎么合作。艰难的罢工是好事……没有什么比得上一场能够把大家凝聚起来的战斗……每当卫兵用刺刀捅了一个流浪水果工人，全国就有一千个人站到我们这边来。”（27—28）麦克和吉姆认为这些愚昧之人是尚未发动起来的群众，随时可以起义抗争，只需受到伤害，被激怒，变得激进，斯坦贝克从中看到了冷酷无情和纡尊降贵。然而，在某种程度上，他的小说也是这样对待他们的，把他们看作可随意处置的炮灰，不是完全的人。

这最终就是麦克的问题，也是斯坦贝克众多人物的问题：他太讲理论了。他远不是非典型人物，而是太有代表性了。斯坦贝克对类型人物很在行，但这可能使他误入歧途。麦克与其说是一个人，不如说是斯坦贝克对共产党人策略与心理的敏锐观察的具象化。他对他们的看法复杂，但那恰是一种观点。《胜负未决》的虚构外衣之下，是一篇关于一个紧迫性话题的机智文章：当人们即使在自然丰饶的情况下也受到任意的经济力量压迫，他们该如何生活？当他们最热忱的捍卫者不把他们作为人看，而只是革命事业的承受者、塑造更美好世界的胚胎，他们又如何生存？正如小说“未决的”结尾所示，大萧条年代的农业工人基本上都是无能为力的棋子，他们受到来自各方的剥削，左右为难。

---

1. Malcolm Cowley, *The Dream of the Golden Mountains* (New York: Viking, 1980), 250 - 51.

2. Philip Rahv, “Proletarian Literature: A Political Autopsy,” in *Essays on Literature and Politics, 1932 - 1972*, ed. Arabel J. Porter and Andrew J. Dvosin (Boston: Houghton Mifflin, 1978), 299 - 300.

3. Murray Kempton, *Part of Our Time: Some Ruins and Monuments of the*

Thirties (New York: Simon & Schuster, 1955), 136 - 37.

4. 参见 Walter Rideout, *The Radical Novel in the United States, 1900 - 1954* (Cambridge: Harvard University Press, 1956), 185 - 90。

5. James T. Farrell, *Sam Holman* (Buffalo, N. Y.: Prometheus Books, 1983), 44. 在第十六章，我讨论了这本小说所依据的作家圈子。

6. D. H. Lawrence, *Phoenix: The Posthumous Papers of D. H. Lawrence*, ed. Edward D. McDonald (1936; London: Heinemann, 1961), 267, 271, 272.

7. 参见 H. E. F. Donohue, *Conversations with Nelson Algren* (1964; New York: Berkly, 1965), 32 - 51。

8. 默里・肯普顿巧妙地避开了精确的阶级出身，向法雷尔这样的"平民"作家致敬，他们在整个写作生涯中都背负着早年的贫困。他引用了一则法雷尔从契诃夫那里借来的题记："属于上层阶级的作家不费吹灰之力从自然获得的东西，平民作家要付出青春才能得到。" *Part of Our Time*, 128.

9. Andrew Bergman, *We're in the Money* (1971; New York: Harper & Row, 1972), 94.

10. 对这种乌托邦构想最充分的电影版是金・维多在《我们每日的面包》(1934) 中描绘的苏维埃农业公社。但在诸如《消失的地平线》和《浮生若梦》等作品中，也有这种梦想的奇幻版，两部作品的导演都是弗兰克・卡普拉。也可参见 H. G. 威尔斯的《笃定发生》(1936) 中的技术乌托邦。

11. Edward Anderson, *Hungry Men* (1935; New York: Penguin, 1985), 122, 123. 下文皆引自该版本。

12. 克罗默自己的小说《等待虚无》同一年由克诺夫出版，内容极为阴郁，他坚持认为安德森没有揭示在大萧条时期的美国，穷困潦倒的情况会有多糟糕。"在爱德华・安德森《挨饿的人》的眼中，看不到耶稣基督受难的样子，看不到干活的人在传教所的三层床上睡在长满虱子的毯子上死于营养不良，也看不到城市大街上排得长达几个街区，并且从不向前移动的乞食队伍。简而言之，你看不到挨饿的人。" 参见 Kromer, "A Very Sad Blurb," in *Waiting for Nothing and Other Writings*, ed. Arthur D. Casciato and James L. W. West Ⅲ (Athens: University of Georgia Press, 1986), 237。关于安德森与克罗默，参见伍迪・豪特的博客：http://woodyhaut.blogspot.com/2007/01/edward-anderson-from-hungry-men-to.html。

13. William E. Leuchtenburg, *Franklin D. Roosevelt and the New Deal, 1932 - 1940* (New York: Harper & Row, 1963), 142.

14. Lincoln Kirstein, "James Cagney and the American Hero," in *American Film Criticism: From the Beginnings to* Citizen Kane, ed. Stanley Kauffmann, with Bruce Henstell (New York: Liveright, 1972), 264.

15. *Steinbeck: A Life in Letters*, ed. Elaine Steinbeck and Robert Wallsten

(1975; New York: Penguin, 1976), 92 - 93. 下文皆引自该版本。

16. Jackson J. Benson, *The True Adventures of John Steinbeck, Writer* (New York: Viking, 1984). 下文皆引自该版本。

17. John Steinbeck, *In Dubious Battle* (1936; New York: Penguin, 1979), 130, 131.

18. Frederick Lewis Allen, *Since Yesterday: The 1930s in America, September 3, 1929-September 3, 1939* (1940; New York: Harper & Row, 1972), 161.

19. *American Film Criticism*, ed. Kauffmann, 207.

20. Alfred Kazin, *On Native Grounds: An Interpretation of Modern American Prose Literature* (1942; Garden City, N. Y.: Doubleday Anchor, 1956), 305. 在1986年的一次谈话中，卡津果断收回了这一指责，认为是年轻时的苛刻，而赞扬了斯坦贝克创作中纯粹的“肉体性”。然而，正如我们从巴斯比・伯克利和无数的色情作家那里看到的，肉体性和去人性化并非互不相容的效果。《扎根本土》在寻找美国文化的典型特征方面，本身就是1930年代的一个代表性分支。

21. 尼古拉斯・米尔斯（Nicolaus Mills）在其暗示性的《美国文学中的人群》[*The Crowd in American Literature* (Baton Rouge: Louisiana University Press, 1986)] 中对这些作品进行了细致的探讨。纪德的评论可见于 *The Journals of André Gide*, trans. Justin O'Brien (New York: Alfred A. Knopf, 1951), 4: 48。下文皆引自该版本。

22. Richard Astro, *John Steinbeck and Edward F. Ricketts* (Minneapolis: University of Minnesota Press, 1973), 120 - 21.

23. Carey McWilliams, *Factories in the Field: The Story of Migratory Farm Labor in California* (1939; Berkeley: University of California Press, 2000).

24. Vivian Gornick, *The Romance of American Communism* (New York: Basic Books, 1977), 100.

第四章　乡村与城市

佃农：文与图

乡村贫困是大萧条时期一个重要的社会问题，也是这十年中最令人难忘的文字与图片的出处。正如新政自实行之初就努力应对农业危机一样，从埃德蒙·威尔逊、斯坦贝克到帕尔·罗伦兹、沃克·埃文斯等作家和摄影师也开始记录城市居民很少会与乡村生活相关联的破败与悲惨。为了满足第一次世界大战期间产生的巨大需求而扩大种植面积、提高产量之后，农业经济在1920年代的前半段几乎已经崩溃。据历史学家威廉·E. 洛伊希腾堡称，在1919年至1924年，有1300万英亩的土地“退耕还林”，他断言，尽管“1920年代农民的贫困被夸大了”，但他们的确感到“他们没能共享新的城市繁荣……农民认为他们损失了很多，国家正在以他们为代价实现工业化”。[1]

但是一旦工业开始崩溃，农业部门就会进一步下滑。1932年，农民的实际净收入急剧下降，还不到1929年的三分之一，而农产品价格下降了50%以上。[2]尽管罗斯福政府做出了种种努力，但直到1941年另一场战争爆发时，农业收入才恢复到1929年的水平。新政对农业萧条最重要的回击是在1933年成立了农业调整管理局（AAA），向农民支付减产费用，并在1935年成立移垦管理局（RA），1937年更名为农业安全局。后者试图通过各种重新安置和再培训计划直接救助较贫困的那一半农业人口，他们的收入只占所有农业收入的10%。

负责新政的农业与农村政策的人属于罗斯福政府中最激进的一批人。亨利·A. 华莱士的父亲曾在沃伦·哈丁执政期间任农业部部长，他本人对土地怀有一种近乎神秘的感情，非常热切地渴望帮助赤贫的农民。从1933年到1935年，农业调整管理局由杰罗姆·弗兰克、李·普雷斯曼和阿尔杰·希斯这样富有理想主义的年轻激进分子负责，他们中的一些人后来成了满腔热血的共产党。1935年他们被清除出农业部时，他们的赞助人雷克斯·特格韦尔被任命为移垦管理局局长，他是罗斯福政府所谓智囊团中最杰出的顾问之一，这可以追溯到总统担任纽约州州长的日子。到了1940年，政府的补贴计划已经设法使大约600万农民受益，这些计划减少了主要作物的生产，提高了价格，鼓励种植“土壤保护”作物。

新政在许多方面改变了美国农村的面貌，途径包括田纳西河谷管理局、平民保育团和农村电气化管理局等机构。通过国家复兴管理局的自给自足部，新政在罗斯福执政的最初几年建了大约一百个新社区。在特格韦尔的领导下，移垦管理局在华盛顿、辛辛那提和密尔沃基附近建立了“绿带”城镇，这代表了社会规划的重要努力。[3]洛伊希腾堡指出，特格韦尔“力图将贫困的农民从收成不好的土地上迁走，让他们在配有充足设备和专家指导的肥沃土壤上重新开始。不过他从来都没有足够的资金去实践。移垦管理局计划迁移50万个家庭，实际上安置了4441户”。30年代中期讨论得最为迫切的农业问题是佃农和佃户的状况，补贴计划导致一些农场主将他们赶走，无意间恶化了他们的困境，而重新安置对他们帮助不大。

1936年，联邦政府任命了一个委员会来研究佃农问题。其报告促使1937年通过了《班克黑德-琼斯佃农法》，设立了新的农业安全局。洛伊希腾堡称这“是第一个为佃户、佃农和流动工人做实事的机构；到1941

年底，其开支已超过十亿美元”，项目包括向农民提供康复贷款，向一些佃农提供长期低息贷款，使他们能购买自己的农场，以及为流动工人建卫生营地（如《愤怒的葡萄》中那个令人难忘的营地）。由于政府对国家经济生活的这种干预存在争议，农业安全局在罗伊·斯特赖克的领导下成立了摄影组，通过记录乡村萧条的种种严峻现实，为新政政策争取支持。（这是1935年作为移垦管理局信息部的部分活动开展的；斯特赖克曾是特格韦尔在哥伦比亚大学的助教。）

尽管这种摄影活动具有新闻性质，但30年代是一个新闻与艺术密切交织的时期。摄影本身在记录社会弊病方面由来已久，可以追溯到雅各布·里斯在纽约最破旧的贫民窟的拍摄，以及刘易斯·海因以强大的克制对抵达埃利斯岛的移民与后来童工状况的记录。大萧条期间，这种纪实方式表现出新的巨大的重要性。[4]摄影组与公共事业振兴署的艺术项目及邮局壁画一道，成为政府与艺术之间具有决定性意义的联系——这在美国历史上是独一无二的。农业安全局摄影师的作品不仅是大萧条最让人铭记的艺术——今天看来似乎比当时更伟大——而且也是我们可能记住大萧条本身、记住那个时代的面貌和感觉的方式。

像沃克·埃文斯、多萝西娅·兰格、玛丽昂·波斯特·沃尔科特、卡尔·迈登斯、拉塞尔·李、本·沙恩和阿瑟·罗思坦等摄影师为移垦管理局和农业安全局所做的工作，当然不是孤零零存在的，而是处于更大的纪实语境下，包括帕尔·罗伦兹受政府资助拍摄的电影《开垦平原的犁》（1936）和《大河》（1937），以及其他很多公开记录美国生活现状的努力，其中最引人注目的是联邦作家项目的美国指南系列。作家与摄影师联手，催生了一种新的刊物，亨利·卢斯创办的《生活》杂志即其中的代表。卢斯的员工一起创造了一种文字配图片的新书类型，始于《你见过他们的样子》（厄斯金·考德威尔撰文，玛格丽特·伯克-怀特配图；1937年出版），而后来的《现在，让我们赞美伟大的人》（詹姆斯·艾吉撰文，沃克·埃文斯配图；1941年出版）则达到了巅峰。这两本书都关注了南方佃农的生活及工作条件；都是基于1936年夏天到南方的实地考察，当时全国对这些佃农的生活极为关心，但对具体情况只有初步了解。艾吉和埃文斯是受《财富》的委派，但是艾吉撰写的长文（现已散佚）从未出现在该杂志上，因为稿件发到的时候，杂志的编辑导向已经发生了变化。玛格丽特・伯克-怀特那时已是卢斯麾下最卓越的新闻摄影记者，从使她一举成名的工业摄影转向关注社会苦难。正处于小说家生涯鼎盛期的厄斯金・考德威尔，最近就佃农的困境给《纽约邮报》写了一系列文章。他们于 1937 年春天重返南方，为这本书完成他们的工作，11 月该书出版。

比较这两本书，可以发现很多关于 1930 年代如何想象自身的社会现实，尤其是早已存在但大萧条时期变本加厉的可怕的贫困。今天，当美国南方因为空调而彻底改变，早已成了“阳光地带”，城市和工业的发展甚至超过了新南方的预言家的梦想——它丢掉了很多旧的种族观念，选出了保守的共和党人和黑人候选人，并最终加入联邦——让人很难记得这个地区曾经看起来是多么不同，而且在某些方面仍然如此。

对很多生活在城市的北方人和西部人来说，南方与无知、落后、贫穷和偏见有着不可磨灭的联系。[5]政治上，迪克西①既培养了密西西比州参议员西奥多・比尔博这样腐败的偏执狂，也发展出由佐治亚州的汤姆・沃森和路易斯安那州的休伊・朗之辈体现的生机勃勃的平民主义传统，在领袖朗 1935 年遭暗杀以前，他们蛊惑人心的民族运动一直在积蓄力量。内战之前南方的浪漫神话，其慈父般深广的种植园经济，忠诚、充满爱心的奴隶人口，还有来自沃尔特・司各特笔下的骁勇骑士，是人们逃避现实的最爱读物。艾吉、埃文斯、考德威尔和伯克-怀特沿着亚拉巴马州的土路寻找穷苦的佃农时，整个国家都在阅读斯嘉丽・奥哈拉和瑞德・巴特勒——《飘》刚在几周前出版——正如 20 年前人们因为 D. W. 格里菲斯的《一个国家的诞生》而兴奋激动一样，《飘》中充满种族成见和对穿白色罩袍的三 K 党的同情。

① 指美国南方各州，也指南北战争时期的南方邦联。

厄斯金·考德威尔已经写出不少文字，创造了当代南方贫穷与每况愈下的有力形象。《烟草路》（1932）和《上帝的一小亩》（1933）奠定了他的文学声誉，1933 年末改编上演的《烟草路》后来成为百老汇演出时间最长的剧目（演出了七年半）。可以说，考德威尔承包了对 1930 年代乡村贫困最为清晰的描绘。晚至 1939 年，马尔科姆·考利在《新共和》上对 1930 年代进行文学告别时，将《烟草路》含糊地赞为"第一部也是最好的"一部佃农小说。[6]

考德威尔的作品，封面夸张俗艳，廉价的平装本在四五十年代售出了数百万册，但读者主要是将它们作为疯狂怪诞、含有色情意味的喜剧而不是文学社会学来阅读的。今天他的作品受到了不公允的忽视，但"烟草路"仍然是乡村穷街陋巷的代名词。考德威尔总是谦恭地自称为讲故事的人和表演艺人，而不是教诲人的作家。[7]然而，《烟草路》中的极端残酷对今天的我们而言有种特别的 30 年代回响。吉特·莱斯特一家在贫瘠荒凉的土地上种植棉花，除了饥饿和欲望，他们逐渐丧失了所有的人类情感。当吉特的女婿洛夫背着一袋大头菜路过，并没打算分给他们时，全家人变成了一群两眼放光、一拥而上的小动物，就像吉特担心他死后会啃噬他的老鼠，那些生物在他们还没来得及埋葬他父亲之前，就啃掉了他的脸。（现在，可吃的东西太少了，连老鼠都遗弃了农场。）

大头菜，老鼠，每次开出来都在散架的汽车，他女儿埃莉·梅的豁嘴（不知怎么，吉特没有给她治），他 12 岁的女儿珀尔不愿与丈夫洛夫睡觉——所有这些都成了喜剧中狄更斯式的主题，而这出喜剧由于是以不动声色的中立口吻讲述的，所以更加可怕，仿佛考德威尔本人仅仅是在对一种怪异陌生的生命形式做人类学的观察。只有在强调错置的情况下，人们才会说这些人和事缺乏可信度，因为它们出自荒诞的故事、传说与民间幽默，而不是社会报道。那个儿媳贝西，一个饥渴难耐的女传教士——她碰巧没有鼻子，只有脸中间两个看着很脏的孔——在一家妓院过了一夜，以为那里是非常舒适的旅馆。还有老祖母，莱斯特一家对她完全不管不顾，甚至是在她被贝西的车碾过之后：

> “她死了吗？”艾达问道，看着吉特。“她一点声息也没有，也不动了。我不觉得她的脸被压得糊成那样，还能活。”[8]

一个阴森的段落中，老妇人想要动一动。之后，也不管有没有死，他们就把她埋在一个浅沟里。

> 她跟吉特和艾达在这家里活得太久了，久到只被当作门框或一块挡雨板……就算她饿了、病了，嘴边也没一句话……要是她言语一句，吉特或艾达肯定会一把推过去。(131)

这种夸张的残酷源自喜剧的刻板模式——仍然可见于哔哔鸟动画片①和其他形式的闹剧中——但也超越了这类模式。考德威尔从笑话和民间故事中获取素材，把它们跟他自己对佐治亚州棉花之乡的精准记忆结合起来，有时会达到超现实的效果。如果说他那不动声色的客观性使我们想到了卡夫卡，他的骇人听闻则预示了特里·萨瑟恩及其他 1960 年代的黑色幽默作家。考德威尔打造的长篇小说仍然具有野生口头逸事的特质，人物的怪诞行为尽管很有趣，却带有他们所过的可悲边缘生活的印记。他是将残酷和不人道由笑话变成了痛苦的笑话。

除了饥饿，只有一样东西触动着这些人物，显然也触动着作者——他们对土地的热爱。须芒草燃烧的气味使吉特活着，尽管他点的火最后烧死了他。烧荒，自古以来都这么干，火代表着他可笑、挥之不去的希望，希望能耕种他祖父和父亲所有但逐渐失去的土地。甚至他的地主也早已放弃，去了奥古斯塔，带走了他的欠租——吉特是个没有庄稼可分

① 华纳兄弟公司制作的动画片《威利狼与哔哔鸟》(*The Road Runner Show*)，后并入家喻户晓的兔八哥卡通系列。

的佃农、没有地主可提供支持的佃户。

当他自己的孩子都离家去了棉纺厂工作，吉特仍然切实需要弄到种子和鸟粪撒在枯竭的土地上。“就算他活着别的什么也没干，他也要去犁地，补田，种上棉花。”（127）这几乎是他最后的念头，而且，考德威尔表示，这种在彻底的荒芜之中可笑的坚持是小说源起的关键记忆（《自我宣传》，11—12）。“他这个人喜欢在地里种东西，”他的女婿说，“工厂可不是一个骨子里有这种想法的人去的地方。”（131）

这是这本针砭时弊的现代小说的情感内核，尽管考德威尔后来否认有任何超越单纯讲故事的目的。这使他以南方知情者的眼光和一套强烈的观点广泛地描写佃农问题，那些观点掩盖了我们在他的小说中发现的残酷冷漠的氛围和悲喜剧的不可避免性。虽然还不到50页—— 一两个小时就能读完——但考德威尔给《你见过他们的样子》撰写的文字传达出的关于佃农的可靠信息，比我们从长达471页、使人头晕目眩的《现在，让我们赞美伟大的人》中轻易搜罗到的还要多。然而，由于伯克-怀特引人入胜的照片散落在各处，两人的书比起艾吉与埃文斯的作品更像一本画册，甚至是一本放在咖啡桌上的读物。曾几何时，美国的每一个“进步”家庭都有一本平装版的《你见过他们的样子》，其他很多人家肯定也有，哪怕只是为了表示对南方穷人的虔诚。然而我想知道有多少人真正读过这本书，而不只是买回家去。考德威尔谦和的文字可不是他们要看的。

真正读过这本书的人会发现它的典范之处：一种干净、低调的文风，属于抗议与揭丑报道编年史，而不是文学。全书分为六个简短的章节，第一章关于南方，特别是棉花之乡的土地使用和佃农制度的简史，这个开头与《烟草路》中夹杂的一些社会纪实紧密相关。接下来五章，每一章都以一个农民本人的匿名长句开始和结束，涉及一系列话题——土地资源的枯竭，地主的离开，农民的绝望情绪，他们甚至无法维持最低限度的生存，他们嫁祸于黑人，需要成立工会及某个联邦委员会来研究这个问题——正是詹姆斯·艾吉反感的那种自由主义“解决方案”。

考德威尔文字里忧郁的朴素有一种庄严的感觉。他以小说家的身份写作，主要兴趣在人而不是统计数字。但今天这个文本最让人印象深刻的是其中的一般性。第二章和第三章都是有名有姓的个案研究，但到了第四章，就提供了一个“典型”佃农的合成肖像，把我们引向一般情况：这些倒霉佃户的整体“状况”概览。接近书的结尾，我们听到了一个充满希望的“史诗”音符，让人想起《没钱的犹太人》的最后一页，但没有其坦率的潜在绝望：

> 南方佃户农场的上千万人生活在衰退和挫败中。他们被打败了，受制于人。他们精疲力竭，无能为力。一切都被夺走了，他们一无所有。
>
> 但他们仍然是人民，仍然是人。他们还有生命……
>
> 南方的年轻人如果在挨饿受冻的情况下拒绝帮他人种棉花，就能在他们的父母失败的地方取得成功。一旦眼前有了希望和梦想，他们就可以把地狱变成生活的天堂。[9]

这本书的基调与其说是由这种告别式的修辞设定的，不如说是由介绍并总结每一章的第一人称证词，以及考德威尔和伯克-怀特用作所有图片说明的虚构语录所确立的。因为这最后一点发明受到了激烈的批评，所以值得借用考德威尔在序言中对这一做法的解释：“本书中没有一个人、一个地方或一段情节是虚构的，但为了避免不必要的个人化，人名和地名都做了更改……图片下面的说明是为了表达作者对所描绘的个体情感的构想；不是假装重现这些人的实际情感。”

这里出现了 1930 年代纪实传统两个最含混的要旨：需要以个人为中心，但没有“不必要的个人化”，以及愿意引入虚构元素，但不承认其结果如何可能变得“虚假”。这本书里有一种腹语，它标记也损害了不少在 1930 年代变得如此流行的访谈类图书，即“人民谈话”体裁——需要听到普通人的声音，甚至以把话放在他们嘴里为代价。这本书读起来像一系列没有真正对话者的采访，一个轮廓柔化模糊的画像集。

这就是为什么伯克-怀特的照片比考德威尔体贴敏感的文本更吸引人，而且，我猜想，也是很多买了这本书的人只“看”伯克-怀特的原因。书名把所有重点都放在图片上，同时将指责的矛头指向观看者，而他现在必须起来接受那些他见过的人的道德挑战。这些照片富有那种精确、怪诞的细节，让我们更多地想起《烟草路》而不是考德威尔现在这个文本。其中许多令人作呕的关于传染病和畸形的图像，必定是黛安·阿勃斯的作品出现以前最恐怖的系列照片了。这可不是《生活》杂志上的内容，他们不愿接受这类素材，更喜欢美国生活中积极向上的形象。

尽管这些照片一开始就有很强的冲击力，但不用多久，我们就会意识到它们和考德威尔的附文一样，都相当泛化，而且以它们的方式具有更强的修辞性。与沃克·埃文斯和艾吉做比较，有助于我们把握伯克-怀特的视野高度风格化的品质。图片说明只是从情感上操纵观看者的一种策略。伯克-怀特喜欢仰拍镜头，通过使人物在我们上方赫然出现而将戏剧性融入影像，例如开篇年轻人犁田的画面。埃文斯同样坚持正面拍摄，在胸口或眼睛的高度，仿佛要在拍摄对象和观看者之间建立一种明确的对等。

因活力、坚持和无畏而成为传奇的伯克-怀特，吹嘘她如何偷偷溜进黑人教堂，如何拍到锁链囚犯的照片，仿佛她自己的大胆行为是其中最重要的部分。像在她之前的雅各布·里斯一样，尽管她的摄影技巧更高，她喜欢趁人不注意时抓拍，即使照片明显是为了达到最好的效果而摆拍或设计的。埃文斯避免“偷拍”，仿佛那样的镜头有什么淫秽的东西：偷窥、侵扰拍摄对象的私人空间。他的人物直视镜头，为他摆出姿势，通常穿着他们最好的衣服，这仍然可以暴露关于他们的很多东西：他们为了拍照如何装扮，如何还是显出了脆弱的一面。[10]实际上，埃文斯相当于在扮演刘易斯·海因，而伯克-怀特是雅各布·里斯的角色。当海因耐心地低调记录着移民的到来或童工的状况，里斯却大张旗鼓地突袭纽约最悲惨的贫民区。毫不奇怪，海因的早期作品在 1930 年代，即他生命的最后十年，得到了重新发现和赞誉。

最常用来描述埃文斯的人物的词是“尊严”，正如莱昂内尔·特里林形容一位妇女时说：“这个坐着的人获许可以在镜头前保护自己的时候，她就多了一份尊严。”[11]艾吉本人谈到了人物的“分量、神秘和尊严”，他们不是像小说里想象出来的，而是*存在着*。[12]有时人们评论，埃文斯将同样的尊严，一种拥有适度个人空间的尊严，赋予他的人物的家和所有物；他们也以一种不容置疑、不可思议的骄傲眼神回视我们。埃文斯给予物的世界一种非同寻常的完整性。他拍的乔治·古杰的工作鞋被拿来跟凡·高的农民劳动鞋相提并论（赞许地!），这并不是没有根据的。[13]约翰·萨科夫斯基 1971 年写道：“毫无疑问，埃文斯的照片加深了我们对可用的视觉传统的理解，而且影响了我们观看其他照片和广告牌、垃圾场、明信片、乡土建筑、商业街及房间墙壁的方式。”[14]在它们对平常事物影响深远的改变中，这些照片让人想起爱德华·霍珀的绘画中看似平淡却庄严神圣的现实主义。他对后世地方摄影的影响是巨大而有益的。罗伯特·弗兰克 1959 年的杰作《美国人》就印证了他的影响。特里林评论埃文斯的作品具有“完美品位”，称赞这种老练和精致是“令人印象极为深刻的道德品质”。[15]

埃文斯的照片，像弗兰克的一样，具有业余快照那种随意但正式得拘谨的样子；他的镜头追寻着平常的事物，而它本身即平常视线的加强版。（他甚至拍了一张钉在棚屋墙上的两张快照的照片，墙似乎成了老相册里衬托照片的黑色背景。）与此相反，伯克-怀特是技艺精湛的专业人士，因为能够赋予无生命的事物表面一种平滑、近乎圣洁的光泽而闻名。一般认为伯克-怀特是“物品摄影师”，拍摄物体，甚至把人视作物，即使是与她惺惺相惜的传记作者维姬·戈德堡也承认这种说法有一定道理。[16]设计与构图的特质、光线的表面演绎，给她的工业影像增添了抽象绘画的光彩，同时也使她的人像摄影失去了人性。她的锁链囚犯照片，除了是看《亡命者》这样的电影而耳濡目染的观众所熟悉的形象，更注重条纹囚服上的光影，而不是穿囚服之人的困境。“我们第一次讨论《你见过他们的样子》的计划时，”她在书的结尾写道，“首先想到的是打光。”（51）她那戏剧性的风景镜头、壮丽的天空和美丽的地平线，揭示了苏联默片的影响。埃文斯的照片预示着意大利新现实主义更温和但更真实的形象。

伯克-怀特在拍摄这些佃农照片以前，吸引她的主要是技术，甚至在她首开先河去苏联的旅途中也是如此；她拍摄人物主要是为了追求规模。在很多情况下，她的工业风格包括完全压制人的视角。通过与抽象艺术的惊人类比，可以发现机械形式的无尽重复，没有本地化的背景，没有规模感，也没有参考框架。[17]但伯克-怀特日渐发展的左翼政治使她想以自己的方式为改善受压迫者的境况尽一份力。

《你见过他们的样子》里有很多令人震撼的形象。一个来自密西西比州图珀洛的男人饱经风霜的脸，在几乎 50 年后又出现在威廉·肯尼迪《紫苑草》的封面上，是 1930 年代一个即时易读的贫穷象征符号。其他影像，特别在与它们的图片说明结合在一起时，可以看出以感伤取代了感情，人道主义的陈词滥调取代了社会观察。一个铁窗之下的年轻黑人的特写镜头，附有说明“我只是行为不当”。两个枯瘦而修长的老妇人坐在门廊上，据称说了这句老实忠厚之人的台词：“到了这么一天，除了坐着，什么也没得干。”甚至一辆旧车的底盘，赫然置于一个乡村小屋前面，也能被渲染成这样：“我记得那时候这辆车还是个非常漂亮的东西，可以开着到处跑。”

系列图片比单独的文字和照片更具操控性。埃文斯的照片没有任何形式的标识说明，独立于文字，与文字地位相当；它们成批出现在标题页前面，就像独立存在的一本书或一组神秘的卷首插图。要过了几百页之后，我们才能有把握地识别所有的人物。据我所知，唯一的顺序是清单目录的顺序，像艾吉的口头清单，或一本家庭相册。（《现在，让我们赞美伟大的人》中的三个佃农家庭都是姻亲。）我们依次由这几个家庭和他们住所的照片转到更广阔的世界：周围的土地和社群。相比之下，伯克-怀特的照片是从头至尾夹杂在文本之中的，不可阻挡地将我们由“正常”，甚至是幸福生活的画面——耕地，捕鱼，吃西瓜，在田里劳作——带入愤懑的痛苦、畸形、艰难和衰败的形象中。我们先是看到了一家一家的人，甚至是微笑的孩子，只有图片说明告诉我们情况实际上有多么糟糕。但是这些很快就被布满皱纹、老态龙钟的脸所取代，这些脸上刻满了疲惫、绝望、饥饿和疾病。

没有人能不为这种集体性的衰败所触动，但它没有任何留白和明确性。我们感到摄影师在欺骗我们：拍下老年的画面充作疾病，展示生病的形象，其中一些相当恐怖，并将它们呈现得比实际情况更加典型和无望。这些人没有表现出可以显示他们是个体的情感，通常根本没有情感；相反，他们看起来就是被动的受害者，他们遭蹂躏的特征，被剥夺了“不必要的个人化”，成为他们整体状况的象征。正如维姬·戈德堡在谈到这一时期的《生活》时所说：“新闻摄影记者总是热衷于记录重要而且容易识别的情绪，如悲伤、害怕和喜悦，但直到第二次世界大战之后，心理上的细微差别才成了他们报道故事的核心。”对于伯克-怀特的照片，她补充说：“这些图片像《生活》本身一样，往往倾向于以一种比通常情况下更有视觉吸引力的形式重复一种刻板印象。”(190)

选择和操纵的程度尤其明显，如果我们比较考德威尔和伯克-怀特后来的合著《瞧，这是美国吗》(1941)，一个矛盾奇怪的标题。这两位现已结为夫妻的作者，以一种报复性的心理加入了新的战时国家庆祝气氛。尽管文中简短地提到了歉收和失业，但这里的关键主题是爱国主义、小镇肤色和民族活力的迸发感。疾病是不可能的：皱巴巴的苍老面孔几乎从书里消除了，代之以为了保家卫国而受训的士兵和水手。一两张黑人男孩身陷囹圄的照片几乎是以前那个世界仅有的暗示了。考德威尔把最后一句话交由一个出租车司机，他说大萧条结束了，所有人都在赚大钱。莫名其妙地，下一页的照片上，一些衣着考究的男人探头看着招聘启事。为了防止我们担心，最后一张照片从低角度展示了自由女神像，一手高举火炬，一手抱书。一个匮乏和恐惧相随的焦虑年代，陡然让位于一个繁荣安定的时代。揭丑记者的真相揭露已经替换成了宣传“美国方式”。显而易见，美国需要增强士气来面对即将到来的战争。

寻找救赎：詹姆斯·艾吉的追求

在这种光明的新气氛中，拖了很久的《现在，让我们赞美伟大的人》终于出版了。它成了1941年出版界的一大败绩。（虽然评论普遍不错，但这本书只售出了几百册，之后就低价处理了。）如果说《你见过他们的样子》及其后续作品没有垄断佃农主题的市场，而佃农题材无论如何不再流行了，那么《愤怒的葡萄》也会耗尽人们对穷人的最后一丝兴趣，为以迈克尔·戈尔德《没钱的犹太人》中的移民世界为起始的十年画上圆满的句号。甚至在斯坦贝克的沙尘暴小说之前，不仅《财富》没有发表艾吉的原创文章，而且哈珀兄弟出版公司[①]拒绝了这本未经修改的成书，而作者并不愿意修改。书中可以窥见艾吉的固执己见和折磨人的诚实，而书本身肯定是自梅尔维尔的后期小说以来美国文学中最具有自我意识、最纷乱复杂的贡献之一。

在一个如此众多的作家都在写作简单的陈述性散文的时期，就像摄影机眼温和观察世相一样，《现在，让我们赞美伟大的人》是不折不扣的晦涩之书。我花了好几年时间去研读它。我给本科生布置这本书时，结果是灾难性的。说来奇怪，这主要是由艾吉本人造成的。在他决心先发制人防止“接受的无力”（13）之后，他在文本中加入了20年代先锋艺术乏味过时的矫饰主义，重复布莱克和劳伦斯，模仿福克纳与乔伊斯，呼应哈特·克兰与《圣经》的诗性，穿插大量序言，陈述目的，坦言失败—— 一系列的个人介入笼罩了主题，使其问题重重。艾吉的诚实是他在大意的读者面前设置的考验。

---

① 哈珀柯林斯出版集团1833年至1962年的公司名称。

与大多数纪实作家和电影制作人不同，艾吉充分考虑了——有人会说太充分了——观察者与被观察事物之间的关系。这本书像其他很多现代主义作品一样，是明显在为自己的写作而挣扎的书。作者的自我反省造就了它很多折磨人的品质。就像莱昂内尔·特里林在他富有见地的评论中所说："我们的注意力过多地用在将艾吉从他的记录中抽脱出来。"[18]这种自传式棱镜视角预示了战后的第一人称新闻报道，特别是像梅勒的《自我宣传》和《夜晚的大军》这样的书，不过明显少了自我意识，而有一种精致的道德严肃性。

在他写三个佃农家庭及他自己的喜忧的方式中，艾吉将整个十年对穷人的关注转移到了另一个层面，有时还替换实际的描写对象。在处理古杰、里基茨和伍兹这三个都不是真名的家庭时，他反复强调，几乎是过分地强调，他写的是真实的人，不是想象出来的人物，"一群不设防的、严重受损害的人"（7），他们的生活是如此远离都市中产阶级的想象，以至于既赤裸裸又匪夷所思。但是他把那种真实的存在变成了一种想法。在第二部的序言（基本上没有第一部）和"门廊上：2"一节（艾吉结构上的急转令人摸不着头脑，甚至显得幼稚可笑）的第一部分，他认真考虑了是什么将艺术家或记者与地球上真正的受苦受难者分隔开来，哀叹试图仅凭文字去捕捉生命的徒劳。

这里有个艾吉反思（"我是那种概括的人"，220—221）的样本，他不是简单地试图以纪实的方式对佃农的生活琐细进行编目：

> 对我来说，古杰令人激动的地方在于他在这一刻是真实的、活生生的。他不是某个艺术家或记者或宣传家的虚构，他是一个人：在我力所能及的情况下，我的任务是把他作为他所是的那个人再现出来；不只是把他拼凑成一个虚构、仿造的文学人物。(216)

这段文字在本书中非常典型，引人入胜之处在于古杰本人——毕竟是个化名——是如何在对其真实性的强烈主张中消失的。"古杰"和"人"这样的字眼出现在这里，就像咒语一般，会将艾吉和读者带到单纯再现的边界之外。艾吉决心避免小说技巧，以及充作社会意识的那种居高临下的刻板模式：这是我们在《你见过他们的样子》中已经看到的“混合”。然而“古杰”意味着这位作家很难表达的东西：一个令人信服的人，看起来有独立生命，会呼吸，就像小说中的人物不知怎么做到的那样。

艾吉反常地将书中最有力、最具小说风格的部分之一叫作“引言”，放在了最后。他在这里告诉我们首先需要知道的东西：他是如何认识这几家人的，如何与其中一家生活在一起，分享他们的食物，如何尝试冒着酷暑和他们一起在田里干活，还有他们棚屋里那些坚不可摧的虱子、跳蚤和臭虫如何差点生吞了他。（“我要写一本真实的贫穷之书，”迈克尔·戈尔德说，“我会提到臭虫。”）在没有提供背景的情况下，艾吉在大约三百页之前就给了我们一些他在他们的小屋中实际写的东西。（他以相反的方式模仿了《喧哗与骚动》这样的现代主义文本，后者以一个白痴散乱的思绪令人费解地开始，而把直白的故事叙述留待后文。艾吉的不少作品也都是福克纳式的。）

然而在这最后一节中，他对失败做了最坦诚的忏悔：“但不知何故，我失去了对这一切现实性的掌控，我几乎无法明白其中的缘故；失去了在地球具体表面上进行简单行动的真实……我没法用文字表达它们的实质。”（376）公开承认语言的局限，或者至少是他自己那种散文诗般的抒情语言而不是小说语言的局限，使我们转了一圈又回到他一开始就表达过的徒劳愿望：

> 如果可以，我在这里根本就不写了。就是照片，其余的是碎布片、一点棉花、几块土、言语记录、碎木头和铁块、几小瓶气味、几盘食物，再来几盘大粪。书商会认为这挺新奇；评论家会窃窃私语，是的，但这是艺术吗……（12）

这种对真实和物质的神化、对想象力的深度怀疑，是1930年代的典型特征。但它也点明了艾吉与记录穷人状况这一长达十年的计划之间的悖论：一方面是他的文字直白主义，他希望把我们带到事物本身的现场；然而另一方面还有他的现代主义，也就是说，他坚持认为观察者的全部意识必须关乎他的素材的人性与感官现实。这段话的句法（“如果可以……”）向我们展示了艾吉的思想如何围绕主题竭力探究下去，对他自己的意识和使用的媒介进行拷问。

这种自省的一个结果是，这本书在很大程度上是一段延宕的沉思默想。考德威尔和伯克-怀特写出的文字由他们的描写对象说出来，可艾吉很少让他的佃农发表个人意见。他担心那会成为考德威尔和伯克-怀特热烈推崇的乡村刻板形象，从而削弱了他们的人性。他害怕方言。他怕他的人物会因此显得可笑或没有文化，就像穷苦白人或不幸的社会受害者一样。因此，我们读到的古杰始终是艾吉想象中的古杰，疏离、间接、触不可及——尽可能远离一点棉花或一块土。艾吉本可以呈现给我们的“言语记录”并不存在。正如威廉·斯托特所说，艾吉和埃文斯比较克制地“赞扬了他们所描写人物的完整人性，但他们并没有完整呈现这种人性”(286)。

作为个人和艺术家，艾吉的自我伤害的复杂性是他失败的一个基础。埃文斯精明而敏感，他的照片传达了艾吉文字中缺少的那种有所保留的直接性，他认为他的文字“别的方面不论，首先反映了一种坚决、秘密的反叛”（XI）。当时的艾吉是个传奇：一个热情洋溢、自我消耗的人物，一个 1920 年代风格的波希米亚人，已过时了，一个被困在时代公司的诗人，酗酒者，闪亮耀眼的交谈者，可以充满爱意地逐帧描述一部电影，同时也是一个来自田纳西州的基督教绅士，上过埃克塞特①和哈佛，感到必须为他轻微的特权背景而忏悔。从爱德华·安德森和纳尔逊·阿尔格伦的例子可以看出，这最后一点也是 1930 年代知识分子的

① Philips Exeter Academy，美国新罕布什尔州埃克塞特镇的一所私立预科学校，为美国精英中学之一。

一种重要需求。在讨论佃农子女可以接受的教育时，艾吉臭名昭著地写道："我不能希望他们中的任何一个人拥有我所拥有的'优势'：上哈佛绝不是一个没有条件的优势。"（282）

一个更明显的类似人物是乔治·奥威尔，他就读伊顿公学，做过英属印度的殖民地警察，之后"落魄潦倒地"生活在伦敦和巴黎，他写小说初期遇到的困难与艾吉在写诗上的不成功相仿，他在《通往威根码头之路》中对穷人的实地考察堪比艾吉在佃农世界的探索，他在英国广播公司的工作经历近似艾吉在卢斯手下干的苦差事。还有其他的相似之处：比任何具体的文学成就都更重要的基本尊严，英年早逝，凭借后期小说获得身后声名，这些作品广受欢迎，但都不是他们最好的作品。

然而一旦我们做了这种比较，艾吉就不得不因此遭殃。奥威尔将他平实的英式晦涩打磨成一个具有强大道德严肃性的工具；他发现了检验单纯正直的试金石，可以用在这个时代的重大政治问题上。艾吉从未达到这一高度。他的电影作品总是即时直接的，这要归功于他对这个媒介的直觉性，主要是触及语言之前的感觉。（《艾吉论电影》包括影评和剧本，是他的另一部杰作。）除此之外，他没有奥威尔那种纯粹的清晰。艾吉语言中伊丽莎白时代的奢华与其说反映了他的描写对象的复杂性，不如说呈现了他从未解决的内心冲突。

尽管艾吉有他的不足，但 1930 年代很少有像《现在，让我们赞美伟大的人》这样鼓舞人心、可以一读再读的书了。大萧条期间，作家和艺术家对穷人抱持的所有态度中，艾吉的态度与众不同，他有一种敬畏的庄严之感、一种宗教般的虔敬。有一次，尽管渴望被他们接受，但他拒绝了和其中一个佃农家庭住在一起的机会，他走了，把车开进了泥地。当时的他被迫折返，像命运（或者《财富》）的弃儿一样，不得不让人收留：

……默默站在这里，在这所房子自身的气氛中，我渐渐从脚底到躯干到头顶再到手指都充满了羞愧和崇敬，像一艘悄悄浸满了水

> 的船，而水来自我的心头：然后是更深的羞愧，因为我还没有离开，还一动不动地站在这里，仿佛在维持着平衡，并且意识到一种警惕而无耻的希望——不是我应该走上前去，请求你们，扰乱你们——而是“应该发生一点什么”，就像车陷进烂泥那样“发生了”……（373）

这绝不是这个句子的结束。它所描述的感觉同样难以塑造和界定：感官的敏锐与自责混在一起，不配之感，还有思想转变或自我改变的重大边缘那颤抖的期待。艾吉希望得到古杰一家的拯救，被他们收留。这是《家中丧事》[①] 里那个幼年时父亲死于车祸的男孩。当他们真的收留了他，给他吃的，并开始信任他、爱他，他们的棚屋就成了他的“家”，主人成了他的“兄嫂”，也成了他“自己的父母，他们的耐心使我变得如此不同，如此迥异，如此奇怪”。（376）“以至于我可以希望我所有偶然的生活实际上都是背叛，是可矫正的错觉，似乎，这才是我该有的家、该有的土地、该有的血统，而我对此永远不会有真正的权利。”（377）在这个家对他的接受中，他发现了“暂时逃进我的生命之源而产生的认识，但我并没有前往那里的正当途径，除了爱和悲伤，我没有付出任何代价”。

如果不是如此受到感动，我很可能认为这不过是自我陶醉的散文诗，精神上升华成含糊的心有灵犀，或只是心理分析传记的材料。然而，艾吉通过顽固地将这本书写成他自己的书，躲过了我们的简单化解读。他冒着显得荒唐可笑的危险，揭示了自己需要被人爱和接受的戏剧性，正如他冒着对描写对象屈尊俯就的危险而把他们搂在怀中，仿佛他们是珍贵的孩子或想象中的玩具。他对他们产生性渴望的闹剧——他对此坦率得令人吃惊——主要是在他头脑中完成的。《伟大的人》只能作为一部自传性质的沉思之书来阅读，尽管艾吉坚持以纪实的方式将其呈

---

① 艾吉的自传体小说，在作者去世之后出版，获得1958年普利策小说奖。

现为“在人类现状方面的努力”（XV），这相当于言语形式的摄影机眼，对他来说是“我们时代的核心工具”（11）。

像那些自我折磨的俄国民粹派一样（他们崇拜农民的纯朴及其与土地的联系），艾吉也将佃农视为他的救赎之道。他越是把他们与自己的想法纠缠在一起，就越是感到要按照“他们真实的样子”看待他们——然而同时也要看到他们的生活是美好的，而不是卑微、单薄和匮乏的。

这甚至体现在关于工作和教育的奇怪章节中，此处他把古杰的工装裤的外观与塞尚绘画中的蓝相比较，并且抱怨孩子的学校教育——他承认对此几乎一无所知——在美感或抽象概念方面没有给予他们任何训练，仿佛这些是他们最需要的东西，因为这对他——吉姆·艾吉来说很重要。以他惯用的夸张修辞，他认为即使是他们最好的老师也是“无意识谋杀的帮凶”（265）；他将这些佃农家庭固定在他自己对简单生活的幻想中，希望他们保持原样，不会受到一个有缺陷的文明机构的加工处理。他可以不在乎哈佛教育的“优势”，因为他已经接受过这种教育。

恐怕我强调了艾吉的特异性，而没有充分肯定他的雄辩——即使在与努力捕捉的鲜活断了联系的时候，他的沉思也闪耀着美。艾吉一次又一次地想要表达这些佃农生活中简单、直接的真实，但一次又一次地失败。他不能写“新闻报道”，至少在这本书中不行：他的感情把事情弄复杂了，他不能从中抽离出来，而且他读了太多的布莱克和劳伦斯这两位感官能量与活力的信徒的作品，没法将这些农民视为某类人——“穷人”。他不认为他们是社会的受害者，而是有血有肉、有思想有意志、各不相同的情感宇宙。对他来说，尽管残缺、受伤、不如意，他们仍是不折不扣的人，“个个都身处生命最偶然的地方，受到如此无限度的诋毁、伤害、侮辱、毒害和欺骗”。他想知道，

> 这样看着你们的眼睛，看见这些，你们所有人的生命，如何能够以前从未存在过，以后也不会再存在，如何能够不太像其他任何生命，但又拥有一切生命的伟岸身躯和天然温情，其存在如何由一

> 个仍然疯狂而不可救药的时代来衡量；我又怎么能说你们是“佃户”“农民”，是你们“阶级”的“代表”，一个罪恶经济制度下的社会整数，或者是个体、父亲、妻子、儿子、女儿和我的朋友，说我“了解”你们？(92)

艾吉陷入了一种当面发表讲话的狂喜之中，思考着终极事物，这个不止一次自称共产主义者的艾吉，抒发了一种在一个寻求集体出路的年代所不常见的激进个人主义。然而即使有埃文斯了不起的照片为他增光添彩，他的文字也没有充分表现这些呼语对象的个体真实性。他精心设计的琐细文字描述，例如他对男人的鞋子和工装裤及妻子们的裙子的描述，只是想要完全表现这些人物的徒劳尝试。艾吉由一本未提及名字的书获得安慰，显然是《尤利西斯》这个现代主义文本，这在他读来更主要是一部表现日常生活的详尽史诗。“一位伟大的艺术家花了七年时间来记录19个小时，而且几乎穷尽了这19小时。”(218)

艾吉希望抓住现实世界的一个小小角落，并且穷尽这个角落，这有助于解释《伟大的人》的厚重篇幅，以及其纪实性细节与巴洛克技巧的反常结合。(该书的一些内容是以弥撒的结构为蓝本的。)受20年代的伟大作家，特别是乔伊斯和福克纳的影响，艾吉旨在重塑现代主义，从而将大萧条时期的社会与人类紧迫性涵盖在内，正如他试图拓展自然主义来吸纳复杂多变的个人意识一样。

这样的努力很可能注定失败，艾吉这个人物永远比他实际写的任何一部作品更令人着迷。然而，这本毫不妥协的书是他称得上伟大的主要原因，在如何处理社会的受害者方面，他是我们这个时代的一个基准，既没有落入抗议文学陈旧的刻板模式，也没有染上中产阶级同情心那高傲的纡尊降贵。对艾吉来说，社会制度及其评论家都心照不宣地认为被剥夺者不算真正的人；他的目的是赋予他们人性。可以说，这一社会议程，如果算议程的话，是由他自己的需求所激发的：了解并帮助这些人将是拯救自己的一种方式。艾吉身为艺术家和新闻记者遇到阻挠，穷人仿佛宗教使命一样吸引着他，是他摆脱妥协及《时代》工作的出口。这使他走上了一条如此另类的道路，与文学潮流格格不入，以至于作家们花了 20 年的时间才赶上他——将新闻报道从漠不关心的“客观性”的束缚中解救出来，使其成为文学。

“绝望、伤心、厌倦一切”：韦斯特的疾病

从我们目前所说的来看，表现 1930 年代的社会意识至少有两种不同的语言：一种是自然主义表述，关心的是记录社会事实，另一种是现代主义表述，深入观察者的头脑，用新的叙事形式诠释复杂的意识活动。这两种方式都有更早的范本。抗议作家一方面追随左拉和德莱塞，另一方面效仿厄普顿·辛克莱和杰克·伦敦。不过他们也深受海明威具有欺骗性的朴素风格的影响，这种风格似乎带着他们走向一个虚幻的目标：用干净、不加修饰的语言表达社会现实。相比之下，源于前一个十年，又在战后再次浮现的暗流滋养着 30 年代的现代派。他们丢弃了自然主义者简单的陈述性散文，代之以反讽的声音、不断变化的文学语言（质感浓厚，内容晦涩），以及呈现多重交叉的主观视角的叙事实验。

像福克纳这样的作家，逆平民主义的新潮流而行，追求形式上的效果，使其作品读来支离破碎、不连贯、深奥难懂。他们的作品不仅继续反映战后的悲观思想与普遍的幻灭情绪，而且映射了新物理学和弗洛伊德著作带来的认识论危机。他们避免直接的纪实性写作，而使用更具创造性和高度想象力的手法，强调个人思想而不是社会类型，强调精神贫困而不是物质贫困，强调精神景观的阴暗角落而不是经济生活的艰难决定。

这一时期的作家很少有完全属于一种类型的。我们已看到迈克尔·戈尔德的文字中近乎幻觉的强度如何为他的自然主义助力，就像詹姆斯·艾吉努力借用现代主义手法达到纪实目的一样。在他们了不起的三

部曲中，法雷尔和多斯·帕索斯从根本上说都是自然主义者，这也解释了他们为什么早已淡出人们的视线，然而法雷尔受到普鲁斯特和乔伊斯的影响，而多斯·帕索斯因为在《美国》中使用的各种叙事技巧，在1930年代被誉为大胆的实验者。（萨特将他与福克纳、卡夫卡和司汤达相提并论，称他为“我们时代最伟大的作家”。不过应该记住，萨特的英语很差。）

有些作家，如我们所知，有着分裂的自我。像西尔维娅·詹金斯·库克评论厄斯金·考德威尔时说：“这部非虚构中最引人注目的是完全没有任何关于穷人的喜剧性或讽刺的观点，他们只被呈现为受害者，去除了所有奚落嘲弄。没有了小说中朴实的民间幽默，可以在某种程度上反作用于任何对贫穷白人的绝对自然主义诠释，他们就变成了纯粹的社会学标本，依照明确的经济规律行事。”[19] 30年代始终如一地躲开了自然主义还原论陷阱的作家是纳撒尼尔·韦斯特，另一位当时被埋没，几十年后又被重新发现的作家。

虽然两人差别很大，但考德威尔和韦斯特在1930年代初就是朋友，当时韦斯特是个旅馆经理，由于生意不好，经常让其他作家占用空置的房间，一住就是几个月。考德威尔读了《寂寞芳心小姐》的手稿，很是赞赏，而且可能早就很欣赏韦斯特“关于穷人的喜剧性或讽刺的观点”，因为这对他自己的早期小说同样重要，其中还佐以两位作家都擅长的揶揄嘲弄。两人都受到舍伍德·安德森和他曾经的门徒福克纳作品中怪诞成分的影响。同很多作家的思想转变一致，韦斯特变得越来越激进，政治意识越来越强，特别是在1935年搬到好莱坞担任编剧之后。但他设法使自己的小说不受朋友们善意的压力、文学左派的严厉批评，以及他自己日益增长的政治参与的影响。迈克·戈尔德后来告诉韦斯特的传记作者杰伊·马丁：“我觉得他的写作是象征性的，而不是现实主义的，那对我来说，是最高级别的犯罪。”[20]但左派容忍了他，相当迟钝地把他看作一个病态社会的解剖学家。（这是托洛茨基为塞利纳早期作品中的无政府主义仇恨所做的辩护。）戈尔德认为韦斯特“从根本上说是站在人民一边的”，尽管他抵制报信文学、宣传鼓动及社会主义现实主义。

当韦斯特虔诚而坚定地向他的激进派朋友维护他的立场，我们没法知道他带有多少讽刺意味，比如这封从好莱坞写给无产阶级小说家、编辑杰克·康罗伊的信里说：“一旦我在《蝗虫之日》里加进任何一个在这里工作，并做着这么了不起的进步抗争的真挚、诚实之人，那些章节就没法用讽刺的笔调来写了，我试图创造的那一半古怪世界的整个结构会被他们严重破坏。”（转引自 Martin，336）由于他把话说得很重，很难不让人觉得韦斯特在赞美好莱坞所有“诚实、令人钦佩、有政治意识的人”时，是在不怀好意地挖苦。但对于这位酷爱反讽的作家，谁知道呢？据他的妹夫兼好友 S. J. 佩雷尔曼说：“当好莱坞人沉浸在流动工人等人的困境中，他们的高尚虔诚是相当滑稽的。人们不能责怪他们的社会良知，但当你看到他们住的英式乡村大宅、价值成千上万美元的农场，还有他们开去参加抗议会议的凯迪拉克轿车，就会觉得好笑。”（Martin，345）

但从 1935 年开始，甚至在他去好莱坞之前，韦斯特就投入了一系列的人民阵线活动中，对于一个脾气秉性像亨利·罗斯一样，似乎与政治相去甚远的人来说，这更加不同凡响。1935 年，他因为在联合广场上主要的零售商奥尔巴赫百货公司门口加入罢工纠察线而被捕；同一年，他参加了美国进步作家代表大会，1936 年参加西部作家代表大会，并做了题为《大众神经症的制造者》的演讲。后来他活跃于纠纷不断的电影编剧协会，并最终被选入执行委员会，尽管他一向被誉为愤世嫉俗者而不是坚定的革命者。反斯大林左派在纽约蓬勃发展，好莱坞却没有他们的一席之地，在这里，共产党及其同路人代表了唯一确立的政治文化，韦斯特的很多亲密好友都在其中。其中很大一部分仅仅是赶时髦，但韦斯特在很多方面尽心尽力（甚至签署了一份声明，攻击由可敬而公正的约翰·杜威领导的委员会，这个委员会是为了调查在莫斯科大清洗审判中对托洛茨基提出的可怕指控而成立的）。[21]尽管韦斯特出身优渥，（在布朗大学）受过常春藤盟校教育，但骨子里怀有对无产阶级真正的同情、对人类悲惨处境的凄凉认同，这在他的小说中得到了清楚的体现。

由于韦斯特在作品中基本将政治排除在外，由于他不涉及社会现实主义，并且似乎在处理精神上而不是经济上的匮乏，很少有人试图将他坚定地置于1930年代，或把他与这个时期的社会意识联系起来。像罗斯和艾吉一样，他在当时没有多少读者，也没有得到广泛的赞赏，直到几十年后他的作品再版，他才开始被誉为黑色幽默的先驱和肮脏与可笑的凄惨生活的玄学家。评论家对韦斯特令人耳目一新的玩世不恭和惊人的现代性感到不安，他们通过战后岁月的棱镜来审视他，例如W. H. 奥登将“韦斯特的疾病”描述为一种永恒的内在隐忧，“一种使其无法将愿望转化为欲望的意识疾病”。[22]

的确，韦斯特的人物遭受的不是饥饿或失业，而是厌倦、残缺和挫败。他们需要的是心灵上的新政，而不是救济金。这使人更不容易察觉韦斯特对大萧条，尤其是对其他人描写的大萧条是如何回应的。然而他的作品要比他同时代的人所认识到的更及时。

像1930年代其他一度被忽视的现代主义者一样，包括艾吉、罗斯和福克纳，韦斯特也深受前十年欧洲先锋派的影响。他始终恪守对新形式的追求，保持侨居国外那一代人的悲观主义和愤世嫉俗的态度。可以轻易看出超现实主义和弗洛伊德对韦斯特第一部小说《鲍尔索·斯奈尔的梦幻人生》（1931）的影响，这是一次在空洞幼稚的调侃方面的奇特冒险。但要揭示他在《寂寞芳心小姐》（1933）中如何将这些影响抛诸脑后就不那么容易了，这部作品和所有平民主义及无产阶级小说故意唱反调，同时又与它们在视野上具有某些共同特征。在与新平民主义错综复杂的交锋中，韦斯特将《寂寞芳心小姐》和《蝗虫之日》（1939）变成了反无产阶级小说，尽管他也把普通人的苦难用作一个主要题材。

与艾吉、罗斯和福克纳一样，纳撒尼尔·韦斯特在激进作家自己的地盘上向他们开战，同时大大改变了读者的看法。作为一个旅馆经理，他对人们的私密生活有着不同寻常的视角，把搜罗来的故事回炉重造，写进小说（或有时直接使用，例如《蝗虫之日》中霍默·辛普森的可悲遭遇)。在好莱坞，他生活简朴，喜欢去肮脏的街区转悠。好莱坞的浮华不是他的兴趣所在，他只关注那里的造梦工厂的悲怆。据编剧朋友西·巴特利特说，韦斯特花了大量时间接触犯罪调查记者和重案组的警察，“总是在寻找离奇的背景”，“非常热衷……生活的丑陋阴暗面”(Martin，272—273)。虽然他一直强调自己是喜剧作家，但他的喜剧展现的是钱德勒与凯恩笔下冷峻的洛杉矶，而不是大多数好莱坞小说中闪亮的穹顶。他的电影人是到处找戏演的不得志的临时演员，是首映式上渴望一睹明星风采的人群；在他的电影世界里，没有大亨，无论是第一个还是最后一个。

《寂寞芳心小姐》是1930年代典型的平民主义小说与新闻作品——尤其是“人民谈话”类作品——因为它是基于真实之人的真实来信，韦斯特对这些信件做了改动和夸大以增强效果。寂寞芳心小姐自己对小说情节的描述或许反映了韦斯特对原始文献的一些回应：

> 一个男人，受雇于一家报纸的专栏，给读者提供建议。这份工作纯粹是为了增加报纸销量搞的噱头，报社所有的人都把它当笑话看。……他本人也把这份工作当笑话看。可干了几个月后他发觉，不能把这份工作当儿戏了。他发现绝大多数来信，都真心实意、谦恭地寻求道德和精神上的建议，他们词不达意，可所受的痛苦是实实在在的。他还发现和他通信的人很看重他给出的建议。人生中头一回，他被迫审视自己赖以生存的价值观。这一审视向他表明，他其实是笑话的牺牲品，而不是讲笑话的人。[23]

在最简单的层面上，寂寞芳心小姐——我们从未得知他的“真”名——不过是个遭受过精神崩溃的人。但是那次崩溃的后果意义深远。他的匿名和某些不幸可能借自卡夫卡，他的“基督情结”与自我伤害可能来自陀思妥耶夫斯基，但是韦斯特把这些影响用出了惊人的新意。正如这段引文所表明的，这本小说可以被看作20年代作家在大萧条这个陌生的新世界里茫然不知所措的一个十分轻率的寓言。就像那些突然发现人世苦难的爱嘲弄的聪明人一样，寂寞芳心小姐是个失败的愤世嫉俗者，身不由己地深受感动，却无法保持他的玩笑式超然和优越感。

寂寞芳心小姐在日报的头版世界工作，这里既是强硬的愤世嫉俗的堡垒（至少在忠告栏里），又是大众幻想的焦点。为了提醒他以前他是什么样子，他的老板史赖克和他那帮德勒汉蒂酒吧（他们最喜欢的酒馆）的朋友，就关切与精神危机的修辞不知疲倦地进行戏仿；他们是幼稚的虚无主义者，什么都不信。[“上大学或刚毕业一年那会儿，他们或许可以寄托于文学及创作，寄情于美的含义，坚信自我表达是绝对的归属。他们丧失信仰之时，就失去了所有。……他们模仿史赖克的说话腔调，都不过是制造笑料的机器而已。”（14，15）] 站在1920年代这种愤世嫉俗和酸腐的唯美主义对立面的，是寂寞芳心小姐的女友贝蒂，她对乡村生活和传统家庭安排阳光般的信仰吸引着寂寞芳心小姐，却没法满足或拯救他。[“她的世界并非如他所想，绝不可能囊括他的专栏读者。她踏实自信的样子，是拜其武断限制人生经验的能力所赐。”（11）]

在这些不堪一击的挖苦讽刺与天真单纯的两极之间，是一个处境艰难的人。他所受的折磨既唤起了大萧条强加于人的利他主义共情的新福音，也是对它的滑稽模仿：

> “你这伪善的婊子！只要有人行为不轨，你就说他病了。虐妻的人、强奸幼童的人，照你看来都是病了。不用受道德谴责，服药就成。好吧，我可没病。我用不着你那该死的阿司匹林。我得的是基督情结。人类……我爱全人类。爱所有苟活落魄的杂种……”吼完，他短促一笑，声音像狗吠。（12—13）

簇拥在他周围的是所有苟活落魄的杂种，大写的类型、平庸之辈、和他一样没有名字的人——他们自称为“绝望的人、伤心的人、厌倦一切的人、丈夫得了结核病的幻灭者”——他把手伸向他们，一如伸向贝蒂，带着一种与暴力难以区分的强烈的爱。“他明白唯有暴力才能使自己顺从。”（11）贝蒂本人被比作“一只柔弱无助的小猫，叫人忍不住想去伤害它”（13）。这种从无助到施虐的暴怒之转变在小说中出现了好几次。寂寞芳心小姐试图殴打一个在公园里游荡的同性恋老头时，“他扭着的这条手臂属于所有疾病缠身、痛苦不堪之人，属于惨遭背叛、心碎欲绝之人，属于笨嘴拙舌、身心无能之人”（18）。

这种将软弱或同情转化为暴力的做法，犹如大萧条写作中激进利他主义隐匿的底层、怜悯激流中暗涌着的一丝残忍。韦斯特用直接师承陀思妥耶夫斯基和弗洛伊德的思路向我们揭示，没有一种简单的人道主义情感可以超脱于非理性的冲动——突然爆发的愤怒、暴力和纯粹的失望。在艾吉和韦斯特笔下，对无依无靠者的同情都具有精神层面的意义，都化为一种自我惩罚。就艾吉而言，这表现为内疚感，对自己受庇护的生活感到厌恶，一种痛苦不堪的自我意识。

艾吉对佃农生活的反应与寂寞芳心小姐回应来信者的方式一样：情绪失衡，时而是狂野的热切，时而是严重的抑郁，时而是隐约的自杀倾向。有些人认为《现在，让我们赞美伟大的人》中描述的艾吉开车，是对他父亲早逝的一种潜意识重演。然而由于那次汽车故障，他后来得以和其中一个佃农家庭一起生活。韦斯特驾驶不慎在朋友中间是出了名的，最终也真的与新婚妻子死于一场车祸。

从某种意义上说，艾吉终其一生都活在一种自我毁灭的热情奔放之中。他信奉波希米亚式的理想，要发出强烈、宝石般耀眼的光芒。这不是在说现代主义作家由于（大抵）更注重内在和精神，更容易自杀，而是以纪实形式讲述大萧条的作家懂得如何绷紧上唇，处变不惊。寂寞芳心小姐的问题在于，他会不由自主地发现普通人生活中司空见惯的苦难背后更深的伤痛。在他身上，殉难者的气质已经叠加在愤世嫉俗者的思想之上。他看透了别人的理想和幻梦，但不知为何再也不能嘲笑或轻视他们。他曾经觉得令人愉快的滑稽可笑的东西，即穷苦、寒酸的生活里廉价或肮脏的诗意，现在折磨着他。韦斯特的小说是在人类苦难的深渊面前发出的一声刺耳的沮丧尖叫。

当老板的太太、他偶尔的姘头玛丽·史赖克告诉他她母亲的悲惨死亡时，“他不再听下去，而是尝试让他那颗包容一切、善解人意的心再度活跃起来。理想的父母也是人生所求之一。……像玛丽这类人不讲这种故事是不行的”(23)。有些无产阶级作家在寻找一种日常生活的诗，但韦斯特实际上在大众文化的陈词滥调与普罗幻想的悲悯之中找到了这种诗。他的人物的种种痛苦与其说是记录下来的，不如说是由他们幻想的生活的花哨与绝望、他们的愿望和梦想的通俗诗意折射出来的。

韦斯特认为普通人是天生的艺术家，但经常被兜售集体梦想的小贩所操控。他的《蝗虫之日》出版的同一年，艺术批评家克莱门特·格林伯格发表了抨击大众文化的著名文章《前卫与媚俗》。不过格林伯格主张，“媚俗是机械的，按公式操作。媚俗是替代的经验、虚假的感觉……媚俗是我们这个时代的生活中所有伪造之物的缩影”[24]，而韦斯特却为这些粗糙的公式和幻想的核心的真实悲怆所打动，将其中的荒诞性夸大为一种绝望的喜剧。格林伯格不屑一顾、片面看待的地方，韦斯特却不愿轻慢，而是满怀同情：“很难去嘲笑对美的需求、对浪漫的向往，不论结果是多么乏味，甚至可怕。但感叹是容易的。很少有比真正的畸形怪异更叫人悲伤的了。”(61) 与格林伯格不同，韦斯特没有让自己从中脱身。寂寞芳心小姐“那颗包容一切、善解人意的心”中的反讽把两条路都切断了。

韦斯特的小说像是一份大众幻想的人类学清单：《寂寞芳心小姐》中粗糙、不合语法而又离奇辛酸的信件；《难圆发财梦》中美国机遇与白手起家的阿尔杰式梦想；《蝗虫之日》里好莱坞的穷途末路之徒廉价的电影梦。但这是带有严肃个人色彩的讽刺，尽管是基于冷静而残酷的观察。像所有好的讽刺画一样，韦斯特的作品传达了某种可识别的坚实而真切之物的大致轮廓，只夸大了其中已经做了自我夸张的部分。

韦斯特成功的独创性在于他将喜剧与悲情相结合，将陀思妥耶夫斯基式的精神深渊与连载漫画的风格并置。韦斯特曾计划用“一本漫画形式的小说”作为《寂寞芳心小姐》的副标题。[25]放弃这个想法之后，他通过添加可以形成立体透视画或流行连续剧的讽刺性章节标题，暗示了一种基于独立板块或画面的结构（例如，“寂寞芳心小姐外出采访”“寂寞芳心小姐参加宴会”）。韦斯特的风格最重要的特征是严格的经济节约。对一个立足于具体社会事实的散文时代来说，这些诗性的文字极为精简凝练，由轮廓鲜明的场景和段落构成，以朴素但惊人的意象作为点缀。

在《寂寞芳心小姐》中，只有普通人唠叨个不停，因为实际上尽管“人民”在“谈话”，人民从根本上说也是言不及义的。寂寞芳心小姐的反应以一种粗暴简短的方式勾勒出来。例如，菲·道尔说话时，她的言语似乎要将他压倒：“她口中的生活甚至要比她的身体更沉重。就好像一封巨大、鲜活的写给寂寞芳心小姐的信，形状如镇纸，重压在他的脑海里。”(29) 史赖克这个恶魔般的诱惑者和戏仿者也发表着精彩的长篇大论，正如《难圆发财梦》中将要成为法西斯独裁者的偶像式人物沙格波克·惠普尔一样。这种健谈的修辞才能恰恰显示了他们的伪善——美洲骗子变化多端的蛊惑性语言。

当寂寞芳心小姐——作为大众的疗愈师、世俗的教士——真的尝试开口说话，为了显示他是多么真诚和关切，他发现他“只不过是给他的报纸写了一次专栏而已”，或者更糟糕，“用史赖克的花言巧语代替了寂寞芳心小姐的慷慨陈词”。(49，50) 这个语言问题促使韦斯特塑造了他最显著的一些形象。瘸子道尔说话时，寂寞芳心小姐意识到“他压根儿不想让别人听懂。他不过是想把积压在心中的话一吐为快”(45—46)。夹在道尔夫妇借由语言泄露出来的不知所云的痛苦和史赖克高谈阔论的愤世嫉俗（全是语言）这两者之间，寂寞芳心小姐朝着一种沉郁的缄默向内盘旋，这预示了他的殉道。

道尔向他开枪——用一把恰好包着报纸的枪——正逢他在向他的专栏所有悲惨的读者伸出手去，除了在他的救赎幻想中，他不理解他们，也无法救助他们。他的基督梦现在比以往任何时候都显出他的痴呆：

> 他将拥抱瘸子，瘸子将再次变得健全，就像他自己，一个精神上的瘸子，变得健全一样……他没听懂瘸子在喊叫什么，只把它当作一种求救声，来自绝望的人、哈罗德·S.、天主教徒母亲、伤心的人、宽肩膀的人、厌倦一切的人、丈夫得了结核病的幻灭者的求救之声。他要向他们飞奔而去，用爱解救他们。(57—58)

詹姆斯·艾吉，即便备受困扰也是真正的基督徒，表达过类似的愿望，希望拥抱他的人民，与他们打成一片，解救他们，甚至羡慕他们生活中赤裸裸的、如基岩般的美。大萧条时期的作家面对真正的贫穷或苦难，不能总是保持预先设定的超然的怜悯或激进愤慨的态度。他们受到触动而介入，但有时因为公式化的介入并无希望而苦恼。艾吉和韦斯特放弃了社会记录员自称的客观性，令作家对其描写对象的回应成为作品的核心，用种种复杂的个人情感替换任何随意的社会或经济态度。他们的描写对象的困境更为有效地为我们所领会，当然也似乎更为缠结而难解。

有别于艾吉的作品，《寂寞芳心小姐》是本小说，主要人物肯定不能与作者混淆。但寂寞芳心小姐就像《蝗虫之日》中的托德一样，是韦斯特需要的那种地震感应器，或许是为了平衡他自己天性上的超然与反讽。然而在某一方面，这个人物不止于超然，以某种方式将他与作家联系起来。据韦斯特的传记作者杰伊·马丁用令人信服的证据表示，“内疚感，以及与痛苦和疾病的关联——这些在韦斯特身上与个人的克制和浪漫的向往有力地混合在一起——使他的性身份具有一种高度含混与未解的特征”(Martin，134)。在其名字指向性别混乱的寂寞芳心小姐身上，这表现为他与贝蒂毫无兴致的机械调情，以及他面对史赖克太太和菲·道尔时的厌恶与性麻木。和贝蒂一起时：“他记起上次见面行将结束时，曾伸手探进她的衣服里。他一时别无他法，便又伸手故技重施。”(12) 和玛丽·史赖克一起时：“他自己的身体倒没有类似的变化。他如同死人一般，只有摩擦才能让他温暖，暴力才能把他激活。”(19) 与菲·道尔在一起时：“约莫15分钟之后，像一个精疲力竭的游泳运动员离开激浪，他爬下床。”（28）后来还有一个水的意象，被动而厌烦：“他想把她推开，但她张大嘴不住地亲他，他把脸转开，她就用鼻子和嘴轻蹭他的脸颊。他感觉自己像一只空酒瓶，渐渐灌满了温热的脏水。”（50）

我列出这些麻木的意象，不是为了阐明韦斯特的风格——尽管它们确实阐明了，也不是借由他的人物对他进行心理分析——那对于这般有意识的技艺精湛者确实危险，而是为了表现他的人物所坠入的心灵与身体的深度。尽管他的风格具有很强的感官直接性，但韦斯特属于从但丁、班扬到陀思妥耶夫斯基和卡夫卡的寓言式作家，这些作家具体的现实主义细节服务于一个更大、更抽象的精神情节。斯坦利·埃德加·海曼曾经在我看来过于直白地主张说，小说中存在同性恋的潜文本——史赖克与寂寞芳心小姐，寂寞芳心小姐与道尔，寂寞芳心小姐与被他扭起手臂的肮脏老头儿①。似乎更有可能的是，主人公在性上的麻木与厌恶代表了他更大的木然——他情感的整体失败。他失去了他的愤世嫉俗，就失去了生命的趣味。小说分散的章节犹如圣徒行经的苦路。在经历了一种但丁式旅行，望向人类苦难的深井之后，他已经失去了感受尘世快乐的能力。他仅余的依靠是“不去感觉”，小说快结束时，他的情感自我已经变成“岩石”，一个他可以带着平静的超然从外部观察的稳固坚忍的实体：

> 这一发现让岩石都动心了。不是，不是岩石动心，岩石仍然不食烟火。动情的是他的心脑，是他和岩石息息相通的媒介……
>
> 他摸索着寻找岩石，感觉它还在那里，不喜不悲，浑然不觉风吹雨打。
>
> ……岩石经受住了全盘考验，依然完美无缺。他只要重新爬上床就好。（54，55，56）

① 小说原文为“干净的老头儿”。

手拿笔记本或相机观察记录社会灾难或人类悲惨境遇，这是大萧条文化的关键形象，韦斯特巧妙地破坏了这一形象。他呈现给我们的是一个在过度激动和麻木不仁之间来回摇摆的人物，他对曾经掌握的关切或慰藉的语言失去了所有的信心，也不需要很多作家口中的改革或变革的修辞。这本书的核心是一种巨大的无意义，既滑稽又可怕，在促使寂寞芳心小姐堕入绝望状态的那些绝望来信中得到了最好的表达。

韦斯特聪明地改变了他的原始材料——激发他写这本书的那些真实信件，将痛苦和痛苦的语言变得更加荒诞，从而更难使人严肃以待。他描述的麻烦如此古怪离奇、滑稽嘲讽，以至于我们几乎不知道该如何看待它们。在他最大胆的改动中，就在小说刚开始，一个“膝盖无力”“轻微跛足”的女孩成了一个“天生没有鼻子”的女孩，尽管她形容自己是“出色的舞者”，“体形婀娜”，父亲给她买了“漂亮的衣服”。

> 我整天坐着，看着自己的面容，痛哭流涕。我脸上正中位置有个大洞，能把人吓跑，连我自己都会被吓到，因此我不怪男孩不肯带我出去。我母亲很爱我，可她一看着我，就不停落泪。(2)

表面上看，韦斯特的改动令人想起考德威尔和伯克-怀特在《你见过他们的样子》中为了炮制纪实证据而进行的争议性创作，那些匿名的话语和具有民间风味的说明文字，是现实世界里从来没人说过的。不过考德威尔的虚构由社会抗议和非人化的单一重复调子表现（“几乎不值得活下去”），而韦斯特的创造像是更加刺耳的大声疾呼，既是恶作剧式的玩笑，又奇怪地感人肺腑。在一个对真实悲伤满怀社会虔诚的时期，韦斯特摆脱了公式，进入一个滑稽自由的王国。他掌握了怪诞的悲情，却没有其中嘲弄人的优越感。他的幽默是黑色的，和塞利纳的一样令人不适，像佩雷尔曼及马克斯兄弟的一样眩晕而无序。这是我们经常忘记的1930年代无政府主义的一面，属于《鸭羹》及神经喜剧的滑稽怪诞。它藐视禁忌，取笑儿童和跛子，让人想起W. C. 菲尔兹尖酸的幽默。它甚至还嘲笑穷人不规范的语法，这在某种意义上使他们的苦难变得更加深重，因为更加老套而难以言明。很少有作家将嘲弄用到这般深刻（以及不可预知）的程度。

艾吉和韦斯特的主要人物都因其观察对象而疯狂，都灾难性地超越了任何客观纪实的限度。艾吉希望向他的人民传达爱意，韦斯特的主人公因他们而迟钝麻木，被置于一个没有感情的痴呆境界。这两种情况下的后果是相同的：对人类悲惨境遇的社会分析持怀疑态度，对一切是否存在意义或是否应该改变感到悲观。毫不奇怪，只有到了下一代，当人们经历过战争浩劫及其后果，才能对他们的讯息做出充分的回应。

人民，是的

韦斯特、艾吉及沃克·埃文斯的作品得到后世读者的重新发现和赞誉，彼时30年代的社会意识早已成为过眼云烟。约翰·斯坦贝克在《愤怒的葡萄》中用更直接的方式表现社会抗议，他甚至比多斯·帕索斯更像这个时期本身的代表作家。他的作品总结了这十年间的很多抱负和矛盾，略有延迟地将它们传达给更多的读者。

斯坦贝克在30年代末开始写沙尘暴时，这并不是什么新的主题。1931年和1932年在堪萨斯州西部和科罗拉多州东部曾出现过小规模的尘暴现象。到了1934年春天，一场以达科他州为中心的可怕干旱已经毁坏了大批农田，带走了表层土壤，并导致巨大的黑云遮蔽整个西部的城镇与平原。1936年，移垦管理局资助了由帕尔·罗伦兹拍摄的纪录片《开垦平原的犁》，探讨这一自然灾害的成因与可怕的影响。自1930年以来，失去家园的穷困乡民一直在大量涌入加利福尼亚州的移民劳动力队伍，至1936年达到顶峰，当时有超过八万人进行了长途跋涉。

从文学术语上看，斯坦贝克的处理方式也不新鲜。1939年该书出版之际，无产阶级小说早已失去了左翼自由主义批评家和共产党官员的支持。1935 年，共产主义运动的世界性政策已从第三时期的激进主义，即紧跟列宁主义开创路线，保持一个由纪律严明的革命者组成的小型战斗先锋队，转变为人民阵线的改良主义，这时的党试图与自由派、社会主义者及新政拥护者建立起具有广泛基础的联盟。阶级意识的分裂性语言让位于更加模糊的平民主义词汇，甚至共产党人也开始自称“自由派”或“进步人士”（正如那个时期的一些幸存者在他们的余生继续做的那样）。

共产党的文化政策也发生了类似的变化。正如党内放弃了创立平行工会的政策，转而在产业工会联合会（CIO）的新兴工业联盟内部运作，它也终止了相对应的文学组织机构，例如约翰·里德俱乐部和无产阶级小说写作，过去这些努力在某种程度上是为了发现迈克尔·戈尔德所谓的“穿工装裤的莎士比亚”。现在，党开始致力于寻求读者众多的自由派作家及富有的好莱坞名人的支持。在 1935 年、1937 年和 1939 年的作家代表大会上，人们关注的都是沃尔多·弗兰克这样的美国老牌激进分子、肯尼斯·伯克这样的独立左派，以及海明威这样声名卓著的同路人，而不再是戈尔德这样认同无产阶级运动的战斗型共产党人。

约翰·斯坦贝克从来没有入过党——政治上他属于新政民主主义者——但他对共产党本身产生了兴趣，因为他们试图带领广大无组织的工人走向激进。1936 年初《胜负未决》出版之后，他成了加州移民劳工的权威。这促使他在 10 月为《旧金山新闻报》写了一系列文章，名为《收割的吉卜赛人》，其中包含了一个两年后发展为《愤怒的葡萄》终稿的提纲。同年，即 1938 年，这些文章连同一篇新的后记和多萝西娅·兰格的一些照片结集为《他们的血很强壮》——出版是为了帮助饥饿的移民筹集资金。

从 1936 年的《胜负未决》到 1939 年问世的《愤怒的葡萄》的最终版本中斯坦贝克在观点上的转变，可以窥见他对大萧条不断发展的回应。最重要的是，他从外部将流动工人视为社会的受害者、怜悯或剥削的对象，到后来认同他们是受困扰的个体，并通过他们的眼睛看世界。

这在1936年的春夏就开始了，当时他正在创作他的中篇小说《人鼠之间》，这本书将成为他最受欢迎也最容易理解的作品之一。该书讲述了美国文学中属最古怪之列的两个人物的希望和梦想，其中精明的乔治认为他想独自离开，不用负责任，而行动迟缓的大个子莱尼，他受挫的温柔与危险的力量总是有可能粉碎他所接触的任何东西，无论是老鼠、小狗还是男人女人。有的读者总是觉得这些人物过于简朴，然而他们反映了斯坦贝克在自己身上发现的原始需求——渴望动物般的温暖、安全感，以及其他生物令人安心的触碰。斯坦贝克无疑受到福克纳《喧哗与骚动》中班吉的启发，在莱尼身上创造了一个体现人类渴望的最小公分母的角色，展现了一种对简单感情的困惑的需求，以及在这个世界上有所归属之感。他也可能代表了普通而受限的人类未经考验的力量和感受能力。乔治与莱尼之间奇怪的关系，像《哈克贝利·芬历险记》中哈克与吉姆的组合，建立在有关独立的梦想之上，而周遭的人也开始做起这个梦来，包括瘸腿的老坎迪，他因工受伤，拿到很少的补贴，担心一旦他“扫不了地，他们马上就会把（他）扔出去”，还有佝偻而愤愤不平的黑人克鲁克斯，总是遭人唾弃。有那么短暂的一瞬间，这些人都共同怀着莱尼的梦想，即拥有一个属于他们自己的小家园。对莱尼和乔治来说，美国梦已经成为一种仪式化的冗长祈祷，成为行动中间一个个共享交融的时刻，每次重复都有不同的意义：它首先代表着荒唐的希望，接着是共同拥有的可能性，然后是失败和失望。通过相互依靠，憧憬属于自己的一块土地，莱尼和乔治为这些长久被蔑视为人类浮木的孤独者呈现了一抹团结与互相信任的微光。人人都说两个人，尤其是这两个人，结伴而行，相互扶持，是多么罕见，乔治反复不停地感叹，如果他是自己一个人，生活会多么自由和轻松。但是照顾莱尼，为莱尼解围，孕育一个真正属于莱尼的独立梦想，最后结果莱尼的生命，使他免遭私刑——这些是唯一能让他的生活有意义的事情。从某种程度上说，乔治和莱尼接续了《胜负未决》中麦克和吉姆未竟的联系，建立了另一段以破裂、牺牲和死亡告终的深厚情谊。

小说的象征意义过于模式化。乔治和莱尼代表着头脑和身体、思想和感觉、算计和本能的需求。莱尼心爱的老鼠和小狗意外死亡，它们毁于他温柔的抚摸，为柯利老婆的死埋下了过于精巧的伏笔；她也死于他强大但随性的手臂。她的角色在1937年的舞台改编及1939年的电影版本中增加了戏份；她也是一个孤独的灵魂，残暴的丈夫忽视她，农场工人鄙视她，她极度渴望人类的陪伴。还有更多的伏笔：坎迪的老狗必须结束痛苦，这预示着老人想象中自己的献祭性死亡，乔治将不得不对莱尼进行安乐死。在《人鼠之间》的宿命世界里，所有人都必须杀死他所爱的事物、他最在乎的事物，而所有的事件都象征性地预示了这样一个悲惨的结果。斯坦贝克像后期的托马斯·哈代一样，主动插手以确保人物的愿望不会得到满足，但他也努力赋予他们个性，单纯从他们的视角来看世界。在创作过程中，他希望他的人物"以现实世界所有不可预料的方式行事"，担心"过于精心地设计事件"会"落入把一切简化为其最纯粹形式的古老圈套"，这成了小说真正的弱点。他提醒自己，"生命的形式并非如此纯粹"。这与仅仅几年前他写短篇小说时的感受大相径庭，那时他为急于使人物显得真实而苦恼。

斯坦贝克视角的真正转变始于这一年晚些时候，当时他正在为《旧金山新闻报》写《收割的吉卜赛人》系列文章而探访棚户区营地。从1936年8月他开始做调查，到1938年2月和3月他被派去报道维塞利亚的洪水和饥荒，即他写作《愤怒的葡萄》前不久，斯坦贝克不仅像其他积极参与的30年代作家一样下壕沟，而且对移民的生活状况越来越感到震惊和无助地愤慨，他在《新闻报》的第二篇文章和信件中非常生动地描写了那些状况。《新闻报》这篇文章是效果最显著的大萧条新闻作品之一，在其中，他着重描述了棚户区三个家庭不可阻挡的分裂。在1938年2月和3月的信中，他描述了内陆河谷的可怕情形——洪水和饥荒，没有医疗和卫生设施，政府不作为，周围村镇的敌意，以及他感到要将这些情形公之于众的迫切需要。"我必须去维塞利亚。四千个家庭，帐篷都被淹了，真的要饿死了……在我们这些河谷里，儿童被饿死的情况实在骇人。”[26]他去了那里之后，发现情况比他预想的还要糟糕。“到田野里走了一会儿，帐篷里的水有一英尺深，孩子们都坐在床上，没有食物，没有火，县里把所有的护士都撤走了，因为‘问题太大了我们无能为力’。然后他们就什么也没干。”（161）

如果他们什么也不干，也许他可以。“报纸不会碰这些事，但在我的署名下他们会。”（159）“我想给那些对此负有责任的贪婪的混蛋贴上耻辱的标签。”（162）在这种压力下，斯坦贝克由一个旁观者变成了倡导者，由建构“群体人”理论的准科学家变成了揭露体制弊端的愤怒的改革家，但最重要的是，由认为移民是受到不公正对待的客体变成认为他们是在挣扎求生中竭力保持尊严的人。在其最终版本中，《愤怒的葡萄》不仅仅是对同一个题材的新诠释；它是一部不同类型的小说，具有斯坦贝克对移民困境的情感认同而带来的所有优势和缺陷。

尽管有人指责他是一个危险的激进分子，但斯坦贝克其实是在农业安全局的敦促下前去维塞利亚的，安全局希望他利用自己的名气宣传那里发生的事情。他为《愤怒的葡萄》所做的调查实际上是由一个较低级别的新政官员汤姆·柯林斯资助的，他小说的准确性后来受到埃莉诺·罗斯福本人的维护。但他逐渐为共产党投身的同一社会问题深深吸引。他从《胜负未决》中的工会组织者转向一个移民家庭的传奇故事，这与共产党由强调阶级斗争的革命纲领转向人民阵线的感性平民主义相一致，后者培养爱国主义和共同价值观的主题，强调其扎根美国民主传统的本质。

细心审视斯坦贝克令人印象深刻的新闻作品，可以看出他的报道如何为他提供了小说的素材。《收割的吉卜赛人》系列的主要文章包括第一篇，向读者介绍这些移民，并描述了他们的长途跋涉，以及第二篇，用真实而悲惨的细节探究棚户区营地的社会地理与生活条件。（后来一篇文章考察了政府营地的状况，其中一个营地为虚构的乔德一家提供暂时住所。）斯坦贝克在首篇中努力使读者确信这些人都是邻居，是和他们一样的人，受到不可控制的力量的驱使，而不仅是降临到他们头上的蝗虫灾害。“他们原本不是移民。他们是因环境所迫才成为吉卜赛人。”与过去的外国劳工（那可以追溯到修建铁路的中国人）不同，这些人是美国人，不会受到威胁或驱逐。不能强迫他们接受非人的生活标准。“应该明白，对于这个新的族群，所有压制、够不上吃饭的工资、监禁、殴打和恐吓的老办法是行不通的；他们是美国人。”[27]

斯坦贝克诉诸读者的道德同情与亲情意识，也诉诸他们的美国精神，在一个所有社会抗议都被贴上共产主义标签，所有共产党都被贴上外国煽动者标签的时期，这是一个狭隘但强大的主题。（因此像弗里茨·朗的《狂怒》这样的反私刑电影，也是在1936年上映的，不得不聚焦一个不太可能的白人目标，由斯宾塞·屈塞扮演。）在《愤怒的葡萄》中，斯坦贝克给予饥饿的穷人的处境一种地方气息。他让移民的事业给人感觉完全是美国的，但同时也将其写入一场席卷一切、无法阻挡的巨大历史运动中。

小说中这些特征被纳入了作者非常喜爱的书名本身。对他而言，“愤怒的葡萄”这个意象既是启示录般的，又具有典型的美国特色。他敦促他的编辑在卷首印上《共和国战歌》的全部歌词及乐谱。他将葡萄视作美国伊甸园般的丰饶形象，由一小撮财阀统治，而人民却在忍饥挨饿，然而它同时也是《圣经》中复仇的预兆，像自然本身一样肯定会结果。一边宰杀猪，犁掉水果和蔬菜，一边儿童死于营养不良和疾病。“这里有十恶不赦的罪行……在人们的灵魂里，愤怒的葡萄充塞着人们的心灵，在那里生长，结得沉甸甸的，沉甸甸的，等待收获。”[28]

共产党对于历史必然性有他们自己的版本，斯坦贝克在小说较弱的过渡章节中偶尔会呼应这一点。他的优势不在于宏大的主题，而是对事物具体、直观的唤起：收获的事实、营地、腐烂的水果、奄奄一息的孩子、无动于衷的父母，全是他亲眼所见的事物。尽管他的理性探讨非常朴实，或者尽管他用圣经指涉、民间风味，以及间或热情洋溢的散文来写一部史诗传奇，但斯坦贝克基本上是感性作家，他对物质现实的把握直接而发自肺腑。他在表现事物如何形成、如何发展方面无人能及。很多无产阶级小说都是意气用事，理论色彩过浓，但斯坦贝克擅长吸收数据，再将其转化成简单而直接的内容。在《愤怒的葡萄》中，效果最显著的莫过于宰猪、准备上路、做一顿无米之炊、修理出故障的车等细枝末节。这种直接性一直是他吸引读者的保证。甚至他的新闻报道也具有一种强大的叙事力量；他的第二篇《新闻报》文章可谓大萧条报道的经典之作。

首先，斯坦贝克描述了一个典型的营地（“从远处看它像一个城市垃圾场，而且很可能就是，因为城市垃圾场就是建造营地的材料来源”），然后是住在里面的三个家庭。第一家是个农民家庭，曾经有 50 英亩土地，银行里有 1000 美元存款，仍然努力保持着整洁、尊严和体面。“这家人仍然有自尊。无论他们在哪里停留，他们都努力让孩子们上学。可能孩子们会在学校待上一个月，之后他们又要搬去另一个地方。”（《他们的血很强壮》，6）这家父亲在他们的纸棚房屋附近挖了一个洞，建了临时厕所。“他初来乍到，他的意志、他的体面以及他自己的尊严感还没有完全被摧毁。”然而他的脸上刻着一种奇怪的表情，“不是担忧，而是对挤在营地边缘的饥饿的绝对恐惧”（6—7）。即使是他们暂做“家”的地方也没什么机会维持下去。“等到下第一场雨，精心建起来的房子就会塌成一堆棕色的糨糊”，就像“衣服会穿烂，从孩子们身上脱落”，使他们暴露在寒冷中。

一步之外，是另一家人，以前经营过一个小杂货店，现在住在破烂不堪的帆布帐篷里。一条被子、一块帆布，是这对夫妇和四个孩子仅有的铺盖。肮脏的环境，苍蝇在孩子们的脏衣服上嗡嗡作响，触目惊心。“这家人比建造纸棚的那一家流浪得更久。这里没有厕所，但附近有一丛柳树，旁边一堆排泄物，苍蝇乱飞——和帐篷里的是同一群苍蝇。”（7）还有一个孩子，四岁，刚死于发烧和营养不良。“这次死亡改变了这家人。父亲和母亲现在都处于那种麻木的迟钝状态，那是大脑因为承受不了太多悲伤与痛苦而进行的自我保护。”甚至有限的家庭收入现在也会减少，因为“父亲不再警觉；他做计件工作时变慢了，也没法摆脱驻扎在他身上的迟钝”。斯坦贝克用一个惊人的句子补充说，“他的精神在迅速退化”。斯坦贝克的结论有一种有分寸的反讽：“这是棚户区营地的中产阶级。再过几个月，这家人会沦落成下层阶级。”(8)

第三个家庭代表了营地的最底层，他们用树枝和废料建了一个“房子”，只有最简单的勉强可以算作墙和屋顶的东西。没有床，只在地上铺了一块破地毯。“上床睡觉就是全家人在地上躺下来，把地毯折起来盖在身上。”

> 这个三岁的孩子腰部系了一个麻袋当作衣服。他因为缺少营养而腹部肿胀。
>
> 他坐在屋前的地上晒太阳，黑色的小果蝇嗡嗡地围着他转，落在他闭着的眼睛上，爬到他的鼻子上，直到他虚弱地把它们赶走。
>
> 它们试图去叮眼角的黏液。这个孩子的反应似乎是更小的婴儿的反应。出生头一年他还有点奶喝，后来就没有了。
>
> 他很快会死去。大一点的孩子可能会活下来。

这里的画面跟玛格丽特·伯克-怀特拍摄的一些南方佃农的照片没有什么不同，同样带有哥特式的恐怖感，同样广泛刺激着我们的神经，尤其是我们的怜悯、我们中产阶级的厌恶与负罪感。然而，这些简单的段落摆脱了伯克-怀特的下层巡视使我们感受到的虚情假意和社会修辞。斯坦贝克的信件和他的日记《写作的日子》表明，他对那些年他在难民营中搜寻的人类残骸非常着迷，并决心写一部小说，把它如实呈现出来。然而他没有现成的解释或解决办法。像众多1930年代的自然主义者一样，斯坦贝克只是随性告诉我们他的所见所闻——正如他接着继续描述这个家庭：

> 四天前的晚上，母亲在帐篷里的脏地毯上生了一个孩子。是个死婴，这样倒好，因为她不可能用母乳喂养它；她自己的饮食不会

> 产生奶水。
>
> 婴儿出生后，她看到孩子已经死了，母亲翻了个身，默默躺了两天。今天她起来了，踉跄走着。上一个孩子出生在不到一年前，活了一个星期。这个女人的眼里是梦游者呆滞、飘忽的神情。
>
> 她再也不洗衣服了。对清洁的渴望已经从她身上消耗殆尽了，她也没了力气。这家的丈夫曾经是个佃农，但是没有维持下去。现在他甚至连说话的兴趣也没有。(8)

这是《愤怒的葡萄》生长的主题土壤。我全文引用这段话，是因为它提供了证词，它的组织方式具有小说特征却又是模式化的，而且斯坦贝克巧妙地在他的材料中添加了特殊的强调。他不满足于描述，而是追求类型，为我们打造了一个精心雕琢的微型社会的寓言——也是对这个微型社会的戏仿。它被分成了三个等级，与其说按照财富和出身，不如说是依据中产阶级价值观，例如骄傲与尊严，而这主要由清洁表现出来。(斯坦贝克的洞见后来在世界的另一端得到了证实。我们从纳粹集中营的报告中得知，那些不再清洗的人已经失去了生存的意志，并很快死亡。)

对大萧条的研究一再强调，那些失去所有自我价值感的人，特别是中产阶级男性，其情感和婚姻出问题的概率很高。(一般来说，女性和出身贫困的男性被证明能够更好地适应，往往是从事更多的琐碎工作。)斯坦贝克对骄傲和落魄的心理有一种小说家的直觉。在第三个家庭中，"孩子们甚至不再到柳树丛去了。他们就地蹲下排便"(9)。他对这些难民几乎不抱什么希望，然而他们正是其他家庭可能很快会变成的样子。像他们周遭的世界一样，他们是那个世界的缩影，这是一个仅有向下流动性的社会。大萧条将这些家庭置于悬崖之上，他们自己没有足够的力量可以抵挡自由跌落。第三家的父亲失去的不仅是生计，还有意志、精力和专注。他的倦怠界定了他的生活，正如它有可能吞噬那些还没有沦落到他这个地步的人：

> 这就是住在帐篷里的那个男人六个月后的样子；是住在纸棚屋的男人一年后的样子，等他的房子被水冲垮，他的孩子病的病、死的死，等他丧失了尊严和精神，降格到一种非人状况。(9)

这篇文章中的悲惨细节比小说中的任何内容都要残酷，部分原因是这些是以非常直白的方式呈现的，没有可以用来中和的欢乐、满足或自由选择的时刻。然而，它们揭示了乔德一家离开政府营地之后的无情堕落，那时他们前往加利福尼亚的传奇故事早已成为过去。这些细节也有助于解释为什么斯坦贝克将该书的情感中心置于两个强势而难对付的人物身上——一个母亲和她的长子①，他们的生存意志和保持家庭完整的决心是最强烈的。

斯坦贝克的早期作品很多时候都在处理男性关系——麦克和吉姆、莱尼和乔治，而女性（如柯利的老婆）是一种侵入性，甚至是威胁性的存在，但是乔德大妈的养育角色表达了作家与这一题材的情感联系。她集坚韧、隐忍和母性的共情于一身。这种了不起的女性在困难时期的决心引起了大萧条观众的共鸣，就像在《飘》中一样。这是该书广受欢迎的关键所在，其受欢迎程度远远超过了其他无产阶级小说。

《愤怒的葡萄》以逐出家园的故事开始，接着叙述一段旅程，一个家庭从旧世界前往新世界的艰难历程，最后以其成员到达这片应许之地之后降临到他们头上的幻灭的灾难结束。斯坦贝克通过穿插简短而诗性的通史章节来突出这个家庭命运的典型性，正如多斯·帕索斯在《美国》的叙事模式中将新闻短片、历史概要和美国名人小传相互交织一样。斯坦贝克的小说充满文学的回响。他从无产阶级小说借鉴了主人公，特别是汤姆·乔德和牧师凯西，他们逐渐明白了造成他们的苦难和压迫的社会原因；用后来的说法，这是他们的意识得到了提高。

斯坦贝克知道他在《胜负未决》中已经写过的那种意识形态小说的

① 应为次子。

吸引力很有限。这部新作始于30年代公路小说的冷酷世界，爱惹是生非的汤姆·乔德因杀人入狱刑满释放之后搭车回家。但是他发现他并没有“家”可回——乡村社会在瓦解。作家用精彩的笔触将30年代的事实和传说中的个人漂泊者变成了一个反映这种瓦解的移民家庭。他把冷酷的独行侠转变成一个坚决拥护家庭团结的人，揭示了这种中产阶级价值观本身是如何遭到企业贪婪与残酷的威胁的。对于沿途体面可敬的人来说，俄克拉何马州移民是外来者，肮脏而野蛮。[“那些该死的俄克拉何马人没有思想，没有感情，”一个旁观者说，“他们不是人类。人类不会像他们那样活着。”（301）］但斯坦贝克必须让他的读者相信，这是些和他们一样的乡村好人/美国白人。所以他写了饱受困扰的家庭，而不是孤独的无家可归者或陌生的异乡人。

正如马尔科姆·考利1939年指出的那样，这段家庭旅程呼应着很多别的故事，包括《出埃及记》和福克纳1930年的小说《我弥留之际》。[29]除了圣经典故，即穿越沙漠去寻找应许之地，乔德一家的向西跋涉还是美国历史的一个核心主题，从早期探险家和清教创立者的海上航行，到拓荒时期的篷车队伍，对此，斯坦贝克已经在他最好的故事之一《人们的首领》中探讨过。[30]这些神话指涉有助于解释为什么该书可以成为无产阶级小说中为数不多的超越时代的作品。此外，由编剧纽纳利·约翰逊、摄影师格雷格·托兰及导演约翰·福特改编的伟大电影给人物带来了斯坦贝克自己无法完全展现的真实性和即时性。作为一个家庭，乔德们甚至比《烟草路》中的吉特·莱斯特一家更充分地进入了美国神话。

这里我们遇到了一个悖论。由于亨利·方达、简·达威尔及其同僚的完美演绎，乔德一家不仅成功地呈现为“一家子”，而且是让人铭刻在心的鲜明个体。即使是牧师凯西那虚无缥缈的民间哲学——他经常用听起来很假的乡土语言告诉我们具体应该思考什么——也被约翰·卡拉丁那张瘦长的脸、惨白的四肢和铿锵的声音牢牢地定格了。然而，斯坦贝克的公开目的，一如多斯·帕索斯的《美国》，是为了使我们——以及他的人物——相信，个人，甚至单个家庭，几乎不再重要了。新的经济力量的集中已经让旧有的自由民式独立成为过去。那些适应不了的，如老祖父和祖母，死在了路上，没能走进应许之地。即使是最坚强、最有决心，从不像其他人那样丧失信心的妈和汤姆，最多也只能维持家庭的一部分。他们认识到。除非他们将自己的命运同别人——开始是威尔逊一家，后来是温莱特一家，以及被他们在不知情的情况下抢了工作的罢工者——连在一起，否则他们在大种植园主及其爪牙、警察以及为他们执行权力的治安官面前都是无依无靠的。斯坦贝克在《煎饼坪》中认同的外来者的天然社群，让位于那些被侮辱与被损害之人因为认识到他们的共同状况而自发形成的社群——现代社会已经使他们无能为力。

我们会对乔德一家记忆深刻，而且他们的故事继续为我们概述大萧条，这表明斯坦贝克与自我有分歧，因为这本书的主人公不是一个家庭，而更多是一个抽象的概念——人民。尽管其中出现了许多文学呼应和政治理论，但斯坦贝克为自己的创作能够接近如此困扰他的社会苦难而感到骄傲。“我试图在一切正在发生时书写历史，我不想出错。”（《书信人生》，162）他销毁了这部小说一个更具讽刺意味和论战性的版本，尽管当时已经宣布了要出版，因为那个版本嘲弄了种植园主和治安官，而没有公正地对待受害者的人性。“我父亲会说那是一本自作聪明的书。充满了使人显得可笑的花招。”[31]

像其他很多为 1930 年代的社会危机所触动的作家一样，他在努力捕捉历史的脉搏，将其人性化，变成每个人都可以把握和感受的叙事。尽管他对乔德家这样的移民持悲观态度，因为他们似乎没有什么力量来塑造自己的命运——他对他们生活状况的坦率描摹遭到了政客、报纸与商业利益集团的猛烈抨击——但斯坦贝克忍不住给他们的阴暗故事注入了一大剂平民主义的振奋剂，比如这可见于纽纳利·约翰逊在电影结尾强调的台词：（妈妈）“哎呀，汤姆——他们那些人都死了以后，我们还会继续活下去呀。哎呀，汤姆，我们这些人是会活下去的。他们是不可能消灭我们的。哎呀，我们这些人——我们会继续活下去的。”（383）[1] 换句话说，乔德一家也许会毁灭，但人民是打不倒的。

这是《愤怒的葡萄》与之前大多数无产阶级小说的另一个区别。虽然斯坦贝克根本不是共产党人，甚至不是一贯的同路人，但《胜负未决》是所谓第三时期的典型代表，它尽管对共产党的策略进行了冷酷的剖析，却强调罢工是促进阶级斗争的手段，把工人描绘成先锋队领导和战术指引下的被动容器。相比之下，《愤怒的葡萄》讲述人民的传奇，类似 1935 年之后的人民阵线，在这本小说中，除了作为有产者及其走狗的万恶之源，几乎就没有提到共产党。在一个著名的段落中，汤姆了解到“赤党都是些狗娘养的，我们给两毛五的工钱，他们偏偏想要三毛!”——这意味着，“我们都是赤党”。（407）此前，我们已经看到汤姆开玩笑地自称“布尔什维克”（263），在他和凯西用美国味十足的术语重塑激进主义的时候。而当汤姆发现如果采摘工不愿摘桃子，它们就会腐烂，斯坦贝克是在精心设计一门关于集体行动和人民力量的简单课程。“哎哟，你倒是想了个好办法，是不是?”一个年轻人对他说，“是用你自己的脑子想出来的吧?”——不是来自什么激进的赤色捣乱分子。（336）

小说随处可见这种说教式的微小场景，汤姆在这里学到了一些东西，斯坦贝克就能教我们一些东西，在这里将资本主义剥削或平民团契的小寓言演绎出来——用可以使其显得来自“真实生活”的方言。

> “还有一件事呢（汤姆的朋友说）。听说过黑名单吗?”
>
> “那是什么?”
>
> “嗯，你只要一开口，说让我们大家团结起来吧，就会知道了。他们会拍下你的照片到处发。然后你上哪儿都找不到工作。你要是有孩子——”

① 中文借用王一凡译《愤怒的葡萄》（湖南文艺出版社，2019 年）。下同。

> 乔德摘下帽子，在手里绞来绞去。“这么说，我们只能挣多少算多少了，啊，要不然就饿死；我们如果叫苦，也会饿死。”（336）

这些事实都是真的，正如该书出版之后遭到否认和谩骂一样。但这不是大家一直谈论的方式。斯坦贝克的道德剧的基础，即使他清楚表达了讯息和愤慨，于此也可见一斑。

斯坦贝克通常通过说明集体团结的潜力来结束他的揭丑场景。当乔德大妈带着可怜的微薄收入和不可动摇的尊严，在胡珀农场开的公司商店买东西，我们看到一个和她差不多境遇的人如何必须闷闷不乐地执行公司飞涨的物价。两人发生了争执，因为她少了一毛钱，没法为汤姆的咖啡买糖，尽管他们家很快就会挣到足够的钱来支付。这个职员夹在乔德大妈质朴的人性和他自己对给人赊账而失去工作的担心之间，感到越来越不舒服。最后，他突破防线与她建起潜在的联系，从自己的口袋里掏了一毛钱，放到收银机里。

这个场景过于巧合而有做作之嫌，但它灵巧地将该书的主旨变换成一次很小的戏剧性会面。不过斯坦贝克出于说教目的，无法做到适可而止。乔德大妈走的时候，转身加了一句：“我明白了一个很好的道理……总会体会到这个道理，每天都体会到这个道理。你要是有麻烦，或者受了伤，或者有什么需要——那就去找穷人。只有穷人才会帮你——只有他们。”（513—514）她说的几乎没错——穷人的确会帮助那些比他们自己更穷的人——但斯坦贝克把它就这么劈头盖脸地砸过来，削弱了这个场景，破坏了它作为小说虚构的可信度。他的愤怒给予这本书非比寻常的力量，而且他对这些人的生活、对他们的真实经历表现出真情实感。但他还是忍不住向我们布道，平铺直叙说道理，使他的素材流于感伤。像其他很多30年代的作家一样，他选择了社会抗议的需求而忽视了艺术的克制。

斯坦贝克擅长模仿乡言土语，但他直接让淳朴的乡民说出他自己的思想这种方式，常常给人虚假而故意为之的感觉。他的同情心与其说伸向了他所创造的人物，不如说是朝向他们的社会原型，即他在营地实际看到并在文章中写到的真正受苦的乔德们。

《愤怒的葡萄》的乡土气息与感伤情绪显露出人民阵线的氛围。它们将这部小说与其他作品联系起来，包括托马斯·哈特·本顿强健有力的地区绘画，他为小说配了插图，而且对美国的劳动人民怀有同样的感情；伍迪·格思里的歌曲，他把整个故事谱成了一首 17 节的民谣；维吉尔·汤姆森为帕尔·罗伦兹的纪录片《开垦平原的犁》和《大河》创作的配乐中无与伦比的民间素材；阿伦·科普兰和玛莎·葛莱姆 30 年代创作的芭蕾舞；甚至还有后来上映的大片《俄克拉何马》，由大名鼎鼎的阿格尼丝·德米尔编舞。然而除了罗伦兹的电影，这些作品都无法与斯坦贝克小说中的黑暗面相提并论，它最后以家庭的解体和维塞利亚洪水一样的终场结束。等到 1943 年罗杰斯与汉默斯坦的音乐剧出现时，美国已进入战时阶段，全国笼罩着一种自我陶醉的失忆情绪（正如我们在考德威尔和伯克-怀特的《瞧，这是美国吗》中看到的）。俄克拉何马人要么被遗忘了，要么在为国防工业效力，美国想要看到的是反《愤怒的葡萄》的作品，一个"风吹过平原"而不再是威胁的俄克拉何马，那里"玉米长得像大象的眼睛一样高"，所以应该没有人会挨饿了。斯坦贝克的平民主义思想有时听起来不真实，但他的小说可不是《美国人的歌谣》①；它代表了人民阵线感性的最好而不是最坏的一面。

斯坦贝克的平民主义思想，而非他的自然主义技巧导致他的作品如此迥异于纳撒尼尔·韦斯特，正如他们笔下的加利福尼亚仿佛来自不同的星球一般。同其他很多抗议作家一样，斯坦贝克认为人在本质上是好的，尽管往往会遭到他们所经历的事情，以及那些旨在为他们服务的机构的扭曲和破坏。虽然斯坦贝克宣扬社会团结，但他希望他的人物与自然和谐一致：与土地，与他们的动物本能（男人随心所欲的性、女人的母性联系），与季节的农业节奏，以及与辛勤劳作的汗水。加利福尼亚

---

① 1939 年问世的一首美国爱国颂歌。

是自然偏爱的一块宝地，在启程前往那里的人眼里是人间天堂。“我还是喜欢想一想加利福尼亚有多好——也许会好吧，”妈带着一种迷醉的神情说，“一年四季都不冷，到处都是水果，大家都住在最漂亮的地方，住在橙子树丛中的白色小房子里。我还想——要是，要是我们都找到了工作——也许我们也能买一栋白色的小房子。到时候，孩子们一出门，就可以直接从树上摘橙子吃。”（124）

汤姆立刻用他听到的一些关于没有工作，营地肮脏不堪，还有低薪的糟糕传言来纠正她的念头。但无疑，斯坦贝克留给我们的印象是，这个辛酸的大萧条幻想实在该是一切本来应有的样子，乔德一家在现实中的加利福尼亚遭遇的社会恐怖是对美国梦可鄙可避的背叛。

相比之下，韦斯特对大萧条时期美国人的幻想生活进行了细致的研究，他发现了动人的陈腐、可悲或怪异。由于他已经在《寂寞芳心小姐》中处理了牧歌式幻想，他发现整个向加利福尼亚的迁徙过程中存在一些骇人的东西，这些东西准确地反映在移民到达那里之后看到的那个俗气、脆弱的人造世界上。（伊甸园无处可见，倒是有个安拉花园①。）这几乎像是韦斯特以他对人民大众的怀疑态度，预见了乔德一家在停止追求他们的事业，战争给他们带来工作，而工作为他们挣得橙子树丛中的白色小房子之后，他们会成为的那种“普通”人。

在与《愤怒的葡萄》同年出版的《蝗虫之日》中，韦斯特笔下的人民大众不再是《寂寞芳心小姐》中绝望、伤心、厌倦一切的人，而是他描述为“到加利福尼亚来死”（60）的人。他们是从柏拉图到勒庞和奥尔特加等反民主理论家口中摧残性的、没有灵魂的“人群”，是大众社会的噩梦图景。在韦斯特的小说中，这是一些有着平庸的梦想，在无聊、不满及暴力方面具有巨大潜力的人。在小说结尾的启示录式电影的首映上，韦斯特写道：

① 位于西好莱坞的一家著名的公寓式酒店（1927—1959），颇受作家、音乐人及电影明星的欢迎。

> 假如把他们当成不怀恶意的猎奇之人，那就错了。他们既野蛮又痛苦，尤其是那些中年和老年的，由于无聊和失望而变成这个样子。
>
> 他们终其一生都在从事某种沉闷繁重的劳动，在办公桌边、柜台后面，在田间地头，在各种单调的机器前，省吃俭用，梦想着等他们攒够了钱，就会享受到悠闲时光。终于这一天到来了。他们每周可以取用个 10 到 15 块。除了加利福尼亚这个阳光和橙子之乡，他们还该去哪儿呢？
>
> 一旦到了那里，他们发现光有阳光还不够。他们厌倦了橙子，甚至厌倦了鳄梨和百香果。什么也没有发生。他们不知道该拿他们的时间怎么办。他们没有享受悠闲的脑力装备，没有钱，也没有享受快乐的体力装备……
>
> 他们的无聊变得越来越严重。他们意识到他们上当了，不由得怨恨迭生……太阳就是一个笑话。橙子刺激不了他们已然退化的味觉。没有什么东西猛烈到可以绷紧他们松弛的身心。他们受骗了，遭到了背叛。他们辛劳了一辈子，却什么也没捞到。(177—178)

韦斯特和斯坦贝克的小说都在一个充满革命希望的年代末问世，都用了启示录式的书名，也都指向了失望的大众不可调和的复仇心理。相似性到此为止。在斯坦贝克呈现以平等和公正为名的高涨革命气焰之处，我们在韦斯特那里看到的（尽管他信奉左翼政治），却是由于无聊、怨念，以及深受大众文化影响而滋生的一种莽撞粗鄙的暴力形象。斯坦贝克关注的是那些极度穷困的人，他们努力生存，同时维持着尊严。韦斯特的担心集中在那些已经满足温饱——也许只是刚刚满足，但是某种程度上身心皆匮乏的人身上，他们没有那种内在力量，可以产生乔德一家那种坚韧不拔的英勇气概和纯粹的隐忍。

在一个贫穷匮乏的时期，斯坦贝克强调经济人，即一个精神状态只为其物质福祉发挥作用的人。但韦斯特在一个作家和政客都将被遗忘的人理想化、神话化的时代，强调普通人的精神迟缓，以及他们受压抑的挫败和怨恨的破坏性潜能。两位作家都认为加利福尼亚——以及延伸开去，美国——背叛了人们所赋予的乌托邦梦想。不过韦斯特一直游离于不敬的20年代之外，一个可能被大众暴力的记忆所惩戒的犹太人，对所有乌托邦的承诺持怀疑态度；而斯坦贝克看到他心爱的河谷那伊甸园般的形象遭到了贪婪和不平等的破坏。韦斯特忠于他的陀思妥耶夫斯基式与现代主义的前提，对人和自然都抱着怀疑的看法；斯坦贝克由于对人在自然中的生物性怀有强烈的感情，希望看到他们发挥受挫的潜力。

韦斯特的悲观主义由来已久，自我表现为悲怆、揶揄或轻蔑。斯坦贝克的愤怒是针对特定的目标——种植园主、治安官、破坏土地的人，而且由一个具有英雄主义轮廓的主题来平衡——一个家庭的迁徙及求生的传奇。在电影版中，正如乔治·布鲁斯通很久以前在《从小说到电影》中揭示的那样，这一段艰难跋涉变成了一个更具主导性的母题。纽纳利·约翰逊和约翰·福特制作了一部不仅非常忠实于时代，而且在处理争议性问题上对好莱坞来说也是异常大胆的改编电影。然而，这并不妨碍影片淡化小说在性、宗教及政治层面的鲜明指涉。尽管斯坦贝克本人当时满心愧疚，因为他的外遇威胁到了他的第一段婚姻——他的妻子卡罗尔长期以来一直支持他，鼓励他——但在小说中，他通常把男性表现为好色、放荡之徒——充满自然活力的强壮生物。（汤姆的弟弟艾尔就是这种类型的完美典型，总是到处“找女人鬼混”，很少能够把眼光放长远，但最后凭借他本能的实用智慧，在帮助维系家庭团结上发挥了作用。）斯坦贝克竭力避免小说的这一层面遭到删减，特别是直白的语言，这导致那些确实反对其社会观点的人将其诟病为淫秽下流。电影里，这些事实上都没有保留下来。

斯坦贝克的自然主义也加强了小说的宗教讽刺，这开始于牧师凯西，他疏远自己的使命，部分原因在于他无法谴责或抑制自己的性冲动。这最终将他引向对人性的信仰，一种将爱默生的“超灵”思想与马克思的剩余价值理论结合起来的革命激进主义。对他来说，就像对1930

年代很多刚刚转向激进的预言家来说，祈祷的时刻已经结束，行动的时刻开始了。“万能的上帝从来不给我们涨工资。”他说。生命的生物节律，满足主要需求和基本体面的权利，是第一位的。“这些人多么想要过上体面的生活，也让他们的孩子都过上体面的生活啊。他们老了以后，只想坐在门口，看着夕阳慢慢落下去。而他们年轻的时候，只想跳舞、唱歌、睡在一起。他们想要吃吃喝喝，想要工作。”但在某种程度上，他感到他对普通人的看法麻木而简单化，打着赞美自我的幌子，表现出高人一等的姿态。“就是这样——他们只想活动筋骨，让自己累到没有力气。天啊，我到底在说什么啊?”（341）这就是事情的真相；没有道德秩序。这种反宗教的自然主义几乎没有出现在电影里。

在《从小说到电影》中，乔治·布鲁斯通展示了小说揭丑的一面如何在电影中被弱化了，首先是将介绍历史的过渡章节巧妙地变成了流畅的视觉蒙太奇——源源不断的快节奏事件，没有任何解释。这延伸到大量的对话台词中，以致这些家庭的困境在起源上变得更加模糊，而在冲击力上更加直接。正如布鲁斯通总结说：“如果说宗教讽刺没有了，政治失语了，那么对土地、家庭及人的尊严的热爱始终如一地被演绎成效果显著的电影形象。”[32]这些对土地和家人发自内心的感情，尽管也是斯坦贝克的观点，却更多属于约翰·福特的电影作品。这位导演从未声称该部影片是他最喜爱的作品之一，甚至还坚称“我从来没有读过这本书”（Bluestone，169），然而它包含了给人强烈印象的福特风格，这在小说中只有隐约的暗示。小说描述妈在离家之前烧掉纪念品的几个句子（148），在电影中变成了一个没有台词的场景，首先将妈呈现为一个年轻女人，接着是一个坚定而凄凉地向过去告别的母亲，具有难以估量的感染力。周六晚上在卫生营地的舞会是另一个特殊时刻，汤姆和妈伴着《红河谷》的旋律跳舞——这一幕带有强烈集体与个人温情的场景完全不是斯坦贝克的典型风格，但在战后由方达和福特在《侠骨柔情》的教堂献礼场景中进行了出色的重演。这就好比福特借鉴了《儿子与情人》的一页来揭露《愤怒的葡萄》的情感核心。小说讲述的是一场社会大迁徙；电影说的是一对母子。

通过调换两个片段的顺序，并去掉斯坦贝克花哨的（也许是拍不出来的）象征性结尾——对此他曾固执地维护说是他的写作初衷——约翰逊和福特巧妙地改变了小说的悲观色彩。在斯坦贝克那里，一切都在走下坡路，乔德一家最终也散了。但是电影将卫生营地的片段放在私人农场悲惨的破坏罢工事件之后，一下子就使新政与移民自己的集体民主一道成为解决移民问题的有效方案。[33]乔德大妈的平民主义修辞增强了这种乐观思想，这是借自小说中早些时候她对汤姆说的话。尽管在电影中，爸基本上已没什么用，也早不是一家之主了，但她告诉他，“我们是会活下去的。他们是不可能消灭我们的——他们打不倒我们。我们会永远继续下去，他爸，因为我们是人民”。在这种决心的基调下，影片结束了。

相反地，斯坦贝克阴郁的结局是自然主义小说中常见的表现主义手法，比如埃里克·冯·施特罗海姆把弗兰克·诺里斯令人毛骨悚然的世纪之交小说《麦克梯格》改编成他的杰作《贪婪》时，就明白这一点。沙仑的玫瑰由于惊吓和营养不良失去了她的婴儿，她把乳房伸向一个饥饿的男人，而这个人为了自己的儿子能够活下去，也停止了进食。两人都在别人的谷仓里躲避大水，在那里他们上了这堂微不足道且荒唐的集体与互助课，而这正是小说从一开始就在宣扬的。她的所作所为是一种绝望的表现，基于自然和培养的生物本性，与电影结局中那些令人安慰的平民主义老调相去甚远。

然而最后，小说和电影合在一起，成为一个文字与影像、虚构人物与表演几乎无缝的对接复合体，一个难以磨灭的时代证明。我们可能忍不住想回顾一下斯坦贝克的早期小说，正如我们喜欢弗兰克·卡普拉也开始宣扬平民主义的社会福音之前为哥伦比亚公司大量炮制的生动、质朴的电影一样。最终，斯坦贝克这部雄心勃勃的社会小说实现了他早期作品中的农耕田园梦，将它们置于令人敬畏的大萧条状况中，这给了他一个作家一生仅此一次才能获得的那种主题。斯坦贝克笔下圣经神话式的旅程，他将家庭作为防御解体的母系建构，逐渐取代了他的科学自然主义的道德义愤，打破他的冷静疏离的宣传倡导，以及与他的集体观念相悖的个人生命意义——所有这些代表了他对一场无法避免或忽视的社会与经济危机的全面回应，一场他使我们看见从而无法忘记的危机。

福克纳：家中全体

如果斯坦贝克的家族迁徙寓言确实如马尔科姆·考利第一个提出的那样，是受惠于福克纳的《我弥留之际》，这倒是为我们比较现代主义与自然主义作家如何探讨社会中底层人的处境提供了一个新的契机。福克纳的文学生涯出现在我们的研究中略显奇怪，因为他完全不是一个"大萧条作家"，尽管他最好的作品，从1929年的《喧哗与骚动》开始，正与这个时期相重合。福克纳在这个历史上似乎与他无关的时期若隐若现。没有他确立的榜样，将很难想象《安睡吧》或者《现在，让我们赞美伟大的人》这类文本。在一个发生重大危机的时刻，当社会记录的报道模式占主导地位，福克纳教给像罗斯和艾吉这样的作家一种将人物精准置于社会之中而不会使他们简化为抽象的社会身份的方法，正如他自己所做的那样。得益于海明威的影响，以及作家作为透明的观察者、不引人注意的"墙上的苍蝇"这种纪实观念，1930年代也是简单陈述句的全盛时期。福克纳为作家提供了名副其实的另一种思路：一种复杂的，有时是巴洛克式的文字，可以允许作家同时恰当处理人物的社会环境与内在生活。而且，也许令他们感到遗憾的是，他展示了如何成为一名晦涩而非通俗的作家，如何写出几乎没有销路的书来。[34]最重要的，他教他们如何描写穷人而不至于把他们变成穷人类型——这是大萧条时期的社会现实主义作家不断受到的诱惑。

1930年10月出版的《我弥留之际》是福克纳在技巧上最炫目的实验作品。"我是特意要写一部杰作。"他后来说。[35]该书甚至可以超越《喧哗与骚动》，成为现代主义透视论教科书级别的范例，将全知全能叙事分裂为主观视角的蒙太奇。在他那部更早的突破性作品中，福克纳已经把同一个故事讲了四次，始于一个白痴的头脑中最支离破碎而印象式的版本，而终于一个最连贯、客观的叙述，仿佛整本书就是这个故事本身渐渐显露的过程。《我弥留之际》更进一步发挥了这种断裂的作用，将有时看起来不过是个牵强而冗长无趣的关于死亡与反复延迟的下葬逸闻，揉碎分解成多达 15 个人物的简短内心独白，其中包括本德仑一家所有七个成员——从能预知未来、处于半疯癫状态的儿子达尔，到不停哀叹、善于摆布他人的父亲安斯，以及在小说中间仅出现了一次的已经去世的母亲艾迪，这个天翻地覆的世界中静止的视角。

表面上看，福克纳的本德仑一家，包括无能的父亲和坚韧的母亲、两个大儿子卡什和达尔、任性的三子珠尔、怀孕的女儿杜薇·德尔，以及幼子瓦德曼，与斯坦贝克的乔德一家非常相似，正如他们一家历经洪水和大火前去密西西比州杰弗逊城安葬艾迪的壮举，堪比乔德一家走过 66 号公路、穿越沙漠前往加利福尼亚的长路跋涉。这两次家族之旅，虽然都带有英雄主义与荒诞喜剧的混合色彩，但都充满了圣经隐喻。然而，两位作家都明智地避免使用讽喻，而具体关注导致前行如此艰难的物质及人为障碍。斯坦贝克精确地向我们展示废旧轮胎如何修补，漏气的曲轴箱如何密封；福克纳则揭示了骡队如何在激流中涉水过河。两部都是公路小说，都不厌其烦地使用了乡言土语——这是 1930 年代平民主义的两个标志。①

美国南方出生的批评家克林斯·布鲁克斯写过几本关于福克纳的书，他提醒我们，福克纳的人物尽管明显身无分文，但并不是真的那么穷，因为他们都有自己的农场。我觉得他可能是想说虽然他们是穷人，

① 福克纳这部小说的形式甚至预示了 1930 年代后期“人民谈话”类书的拼贴结构和层级访谈——一种奥斯卡·刘易斯和斯塔兹·特克尔后来采用的形式，区别在于福克纳对他的很多人物都有一种反讽的看法。像弗兰纳里·奥康纳表现她的“乡村好人”一样，福克纳对他了如指掌的各种人物类型，即便是他以自己的方式热爱的人类，都不抱任何情感上的幻想。——原注

但贫穷并非他们身上的突出特征。他们对钱频繁的关注代表了其他东西：安斯压榨性的贪婪，杜薇·德尔要堕胎，达尔和珠尔明知会错过母亲的临终时光，可还是为了一堆木头去挣三块钱，珠尔要弄钱从弗莱姆·斯诺普斯最后一批野马中买匹马，后来他父亲为了载艾迪去杰弗逊下葬又让他卖掉换了一队骡子。金钱代表了人物互相伤害的方式，特别是安斯对他的孩子的伤害，而他早晚会像耗干他们的母亲那样耗干他们。

只消稍微瞅一眼这些家庭动力学，就能发现这部小说与《愤怒的葡萄》的相似性止于何处。正如他在《胜负未决》中所做的那样，斯坦贝克严格从外部观察他的人物，从行为入手，把他们视为组成家庭单位的元素，而家庭象征了更大的社会现实。用埃德蒙·威尔逊的话说，斯坦贝克“动用了全部资源”来使他的人物具有人性，但结果是“不太真实。《愤怒的葡萄》中的人物经由他们的节奏得到激活与安置，而不是被赋予了生命”。[36]这些人物既是象征性的，又具有戏剧性——斯坦贝克拥有真正的舞台天分——因此，电影已经内在于小说中了，就像小说已经内在于斯坦贝克的新闻报道一样。在信息量巨大的过渡章节中，斯坦贝克将历史本身，即黑格尔说的无所不知的“时代精神”拟人化了，这通常相当有效地把这个家庭置于更广泛的社会运动之中，对此其成员自己几乎还无法开始理解。

自然主义作家总是比他的人物知道得更多，因为他们受到只有他才明白的力量的打击。与此相对，福克纳没有向我们提供特殊视角。我们从内部审视这个家庭，用它自己的眼光，以及诸如科拉与弗农·塔尔这样的观察者的眼光，他们使作者能够私运一些第三人称叙述的连接片段。然而，出人意料的是，构成这本书的内心独白并没有产生将其变成心理小说的效果。虽然每个人物都是一个独特的类型，但与能让他们正常运转相比，福克纳对他们的感知的音色与节奏更感兴趣，这体现在他自己丰富的语言中。小说的语言风格混杂多样，过滤了所有事件，每一个事件都是通过不断变化的棱镜来讲述及重述的，仿佛情节的每一个褶子，不论多么轻微，都只不过是产生差异鲜明的万千感知的场合而已。

对缺乏想象力的人物，比如务实的卡什和道貌岸然、拐弯抹角的安斯，以及像塔尔夫妇这样的外人，福克纳写出了自然主义、讲求实际的独白和想法，以及具有他们个人特征的直白腔调。但是对耽于幻想的达尔或怪异恍惚的儿童瓦德曼，福克纳极尽复杂之能事，似乎是要用生动的感性文字给他们精确的思想提供有节奏的对应和诗性的延伸。达尔的诸多独白中有几段最接近我们所认为的“福克纳式”散文。其中一些是意识流，相比《喧哗与骚动》，这个技巧在这本书中用得很少。有一节不可思议地说到了一个非常有趣而直接的奇闻，珠尔在15岁那个神秘的夏天“着了睡魔”[37]，因为他每个晚上都在偷偷挣钱买马。达尔有些部分的叙事用了严肃文学的方式：声音不可能真正属于达尔——太复杂、太文学了——然而这与达尔的差距既突出了他与福克纳的相似，也强调了他与发生在他周围的很多事情的奇怪疏离，实际上是他与自己的疏离。达尔很不一样，“敏感”，诗意，因而劫数难逃。他与他母亲之间的隐秘怜悯是如此强烈，以至于他必须尝试毁掉她在棺材中的腐烂尸体，为此他将遭到永久驱逐。

例如，达尔的一段独白是这样开始的：“煤油灯放在一个树桩上。灯已经生锈，遍体油腻，破裂的灯罩被一旁升上来的油烟熏黑，微弱而又沉闷的灯光照在搁凳、木板和四周的地面上。”（71）随后我们读到这样一段惊人的散文片语：“俺爹扬起脸，嘴角松弛，一圈又湿又黑的鼻烟紧紧粘在牙龈根部；在松弛面部呈现出的惊讶神情后面，他仿佛在做超越时间的冥思，想到了最终的愤怒。”（72）达尔如此敏感，善于观察，以至于他自己无处可见，一无所是。这段独白令人心碎的最后一句甚至不是他自己说的，而是由一个小角色守望人说的，针对埃斯库罗斯《奥瑞斯提亚》开篇未点明的一处翻译：“有多少次我躺在陌生的屋檐下又逢下雨，想念起家来。”（76）这强调了达尔的孤立，以及他作为一个家庭几乎无助的观察者的处境，这个家庭被福克纳大胆地比作残暴的阿伽门农之家。

这种非常福克纳式的语言的关键不在其指涉性的诗性散文本身，而是作者大胆使其出自达尔之口，跟着就是卡什极度务实的“我把它做成了斜面的”，指的是他给母亲打棺材时干得有条不紊的木活，然后是他简短的排成系列编号的观察结果（77），再后面是瓦德曼狂热地坚称“俺娘是条鱼”（79），五个字构成了一整节。围绕这样的主题，这本书就（用和声/声音）组织了起来。福克纳传授给艾吉等作家的，不只是一种复杂、内在的风格，而是一种从内心反思到具体的目录、清单，以音乐形式平衡内外两个世界的混合风格。

尽管他的作品中存在残酷而有力的自然主义元素，但在像《圣殿》这样的书中，同时也在他以小见大反映整个社会的“人间喜剧”整体写作规划中，福克纳努力摆脱了一切写实主义和忠实记录。他具有美国传统的罗曼史作家那种对非理性和未知事物、对心灵阴暗面的着迷。他天马行空地描摹像达尔和瓦德曼这样的人物，他们驰骋的想象使他们接近作者，并与他们更加实际的兄弟姐妹保持距离。

内心独白的诗性渲染突出了这些人对彼此的言简意赅与他们各自内心世界的丰厚浓密之间的反差。福克纳的技巧加强了他的人物的可怕疏离。本德仑一家与其说是个家庭，莫如说是一个充斥着斗争、残酷与巨大孤立的场所。对艾迪来说，婚姻和母性只是“我的孤独每天都得一再受到侵扰”（164）这个过程的代名词，一种被“爱”之类的空洞字眼所掩盖的侵犯。她的丈夫安斯是个索取者、幸存者，下决心自己永远不流一滴汗，而是像寄生虫一样靠别人的汗水活着。小说结尾，他得以带着一副新装的假牙和一位新太太胜利而归。

本德仑一家去杰弗逊，每个人都有自己的理由，有单独的计划，但安斯吞噬了他们所有的愿望和梦想。他造成了卡什（再一次）折断了腿，而且用水泥包扎断腿差点使他永久残废——这是福克纳写进故事里的那种怪诞滑稽事件的一个精彩例证，其本身即一个几乎令人难以置信的奇谈。（甚至对艾迪与维特菲尔德牧师通奸并生下珠尔的讲述，也更接近南方民间幽默而不是《红字》。）安斯拿走了珠尔漂亮的马和杜薇·

德尔的打胎钱，让人将达尔掀倒在地并当街拷走，余生都要在可怕的州立精神病院里度过。自始至终，安斯都在不停哭诉他是一个多么“背运的人”，总是受人摆布，他是一个狄更斯式的人物，喜欢不厌其烦地宣传自己与不幸的悲惨因缘。

安斯的人生中唯一罕见的特征是他不顾一切阻碍，悲剧也好，喜剧也罢，而坚持完成艾迪的愿望：在远离安斯、远离子女的杰弗逊，和她的娘家人葬在一起。随着不测接连发生，艾迪的尸体也开始腐烂发臭，这个大灾变一般顽固的使命呈现出荒诞，甚至可怖的一面。一个旁观者——萨姆森，将安斯近乎英雄式的矢志不渝归结为单纯的惰性：“我发现一个懒惰的人、一个怕动的人，一旦动起来就不会停下来，就跟他不动的时候决心一步也不走一样，像是他憎恨的不是动而是起步和停下脚步。”（108）这叫人想起安斯关于路带来厄运的惊人想法，因为人像树一样是直立的，显然要静止不动，而路和马或车一样是平平的，上帝是要它们不断在动的。他认为，他的太太“身体本来好好的、棒棒的，跟任何女人都一样。就因为有了路，她就躺下了”（36）——恰好是她希望最终可以借此离开他的路，这一点他本能地明白。路和各种流动是30年代文化的核心，其背景是一个受到停滞、不景气和衰落危及的世界。当乔德一家被赶出他们焦枯的土地，一向不动如山的安斯，在太太生前愿望的驱使下，竟使得他的家人一直向前，如果说这不是迁徙，也是一种使命。

在他各有私心的孩子们的帮助下，安斯锲而不舍地将这场古怪的旅程进行到底——当然，他自己没费多大劲儿：他在摆布别人给他干活方面是个专家。但艾迪，尽管在小说中已经去世或处于“弥留”之际，却在很大程度上是整个故事的支配人物。从我们初次瞥见她的儿子卡什在做棺材，每一块木板都要举给她看，到经过十几次可怕的拖延之后她终于得以安葬，整部小说都是在实现艾迪的愿望、她对生之荒凉的反讽意识，以及对她自己人生之苦涩的报复的重演。她就是标题中的“我”，尽管她自己在书的进程中仅有一节八页的独白。她的子女的生活是由她对他们不同程度的爱、她与维特菲尔德的私通，以及她对丈夫阴郁的仇恨的影响而形成的。她学会了依照她父亲的准则生活："活着的理由，就是为过那种不死不活的漫长日子做准备。"（161）这是对她丈夫一成不变的一个奇怪变体，特别是她想到安斯早已死了而他不知道这一点。（165）

她的"弥留"不仅是书中所"发生"之事，而且构成了书的形式语法——具有可塑性与延展性的时间序列，随机变换的主观视角。虽然她的"实际"死亡很早就由有洞察力的达尔宣告了——而他当时不可能在现场看到——她的棺材自始至终都被描述为主语或宾语的"她"，仿佛那是活生生的存在，安斯提到她的愿望也一直使用现在时。［"我是承诺过的，"他说，"她指望着这事办成呢。"（133）］小说独特的分词式标题及其所暗示的时间的延续和悬置，被拉长为一个纯粹的现在，完全契合了这个故事的形式和意义。小说的各个部分就像拼图的碎片一样，逐渐形成了一幅单独的画面，所有的事件都与她的弥留同步进行——仿佛同时进行。随着冲突由不同的视角讲述及重述，过去的事件——例如在艾迪自己的独白中——依照该书自身的展开次序重新出现。"死去"的艾迪和活着的艾迪一样鲜活生动。她主宰着她的家庭，以及这本书本身，就像乔德大妈主宰着《愤怒的葡萄》一样。所发生的一切都被笼罩在一个持续的现在、一个彼端边缘的视角、一个永恒的前厅里。当所有的碎片各归其位，我们发现了也可以用来形容其他现代主义文本的东西："故事"讲述的*方式*比它看起来所讲述的内容更关键。一旦对这个叙事加以理顺或总结，福克纳的东西就所剩无几了。虽然没有明显的自反性或自我指涉，但这是一本似乎主要在讲述自身的书。然而，我们对福克纳小说的"主题"，即构成其"情节"的近乎民间传说的素材，也不能完全置之不理，因为它以惊人的方式将悲剧元素与其荒诞的逸闻和炫目的技巧转换结合起来。

在《没钱的犹太人》中，迈克尔·戈尔德宣称要写臭虫，因为他的目的在于"写一本真实的贫穷之书"。于同一年随后出版的《我弥留之际》讲述了另一种真实的贫穷，但不是戈尔德强调的大写的贫穷。正如我们在佃农作品中看到的那样，南方和贫穷几乎是同义词，甚至在大萧条状况恶化之前就是如此。尽管不大可能把《我弥留之际》描述为一部“观照社会现实”或“无产阶级”小说，它与戈尔德的作品具有一个关键的共同特征：其社会单位都是家庭和周遭的群体，而不是更广大的社会。如果说戈尔德的小说尽管有其教条式的马克思主义，是“贫困文化”领域的先驱之作，福克纳的小说则形成了它特有的社会描写。它唤起了一个有点畸形的“穷白人”家庭的尊严、残忍、偏执、复杂、邪恶与带刺的独立性，他们是可笑的人物、令人恼火的源头，甚至一些邻居也这么认为。郁郁寡欢的艾迪是个“下嫁”的小学教师，毕生都在后悔这个决定，就像《儿子与情人》中有教养的莫雷尔太太嫁了一个粗鲁的矿工一样。

如果戈尔德记忆中的家庭是文学社会学的一个有力组成部分，那么福克纳想象中的家庭——像在他的其他小说里一样呼应着希腊悲剧的力量——几乎形成了一个人性的光谱，仿佛基于希腊幽默理论的某种变体，达尔是耽于想象的人，卡什是务实者（“我把它做成了斜面的”），珠尔类似“热刺”①，是个勇士，瓦德曼是华兹华斯式的成人-孩童，他不羁的想象尚未遭到牢笼阴影的限制，还有杜薇·德尔，怀有身孕，是幼稚与成熟女性气质的化身，天真烂漫，而她母亲则是伤心失望。通过将他们分成如此广泛的类型，并把他们的观点置于单独的章节，采用对比鲜明的文字，福克纳强调了将他们隔离开来的差异：很难想象他们属于同一个家庭。然而，他也赋予了他们极大的个人尊严，这一点很难被他们周围的人发现，那些人只觉得他们贫穷、不走运、冥顽不灵，而且非常令人恼火（尽管他们一路上也给了他们很多帮助）。

由于人物视角和文字风格的多样性，很难找到一本小说可以更好地符合俄国批评家米哈伊尔·巴赫金对杰出小说具有“复调”特征的描述

---

① 亨利·珀西爵士（1364—1403），英国骑士，曾在百年战争中多次与苏格兰人和法国人作战，因脾气暴躁而得绰号“热刺”。

了。《没钱的犹太人》中，人物受到压制，湮没在戈尔德自己感情强烈的声音里，福克纳则是多种声音和思想的腹语者，同时没有简单复制其中任何一个人。如果说戈尔德留给其他作家的遗产是他的社会关注强烈的个人特征——更容易为艾伦·金斯堡这样的诗人而不是无产阶级纪实作家所传承——那么福克纳的遗产就是他的混合声音、他的多层次反讽，以及迥异的风格。

福克纳是一位实验性作家，也是一名社会小说家，但他创造的世界是南方的一个角落，彼时与美国其他地方大相径庭。福克纳带来的巨大影响对后世的南方作家可能是致命的。用弗兰纳里·奥康纳众所周知的评论来说，“仅仅是福克纳出现在我们中间，就对作家可以允许自己做什么、不可以做什么，产生了如此深远的影响。没人希望与他的骡子和马车停留在迪克西列车呼啸而下的同一条轨道上”[38]。由于驾驭不了他的广阔视界，后来像威廉·斯泰伦或卡森·麦卡勒斯这样的南方作家通常重复他烂熟的文字或者模仿他的哥特式及大木偶剧场式①恐怖。然而在1930年代，福克纳醇厚浓密的写作是对海明威简约克制的行文的一种有益互补，后者强调没有言说、含而不露的东西，这在其他作家手里可能只会流于平淡无奇。两位作家都有办法吞没他们的追随者队伍。

福克纳与海明威同样都是“现代”作家，虽然各有各的风格。两人都推动了对全知叙事、注重讲述而非展示的维多利亚式冗长语言的摒弃；两人都找到了探索各自人物隐秘而丰富的内心生活的迂回方式，海明威使用了一种具有欺骗性而意味深长的朴素语言，福克纳则通过华丽的修辞来阐明感知与情感最难以捉摸的品质。两位作家创造出的小说语言，都避免了推论性与作者说明。他们的目的是在读者中间产生一种具体的——但没有言明的——情感效果，将情感演绎出来而不是描述出来。福克纳主要师承梅尔维尔和乔伊斯这样的多变文体大家，以及狄更斯与陀思妥耶夫斯基这样处理繁复素材的能手；海明威则受惠于建立在

① 1897年至1962年存世的一家巴黎剧场，主要上演以血腥和暴力为卖点的恐怖喜剧。

托尔斯泰、吐温、斯蒂芬·克莱恩及格特鲁德·斯泰因的秩序之上的朴实文风，他们用具有欺骗性的平淡方式写作。

事实证明，海明威的手法更适合效仿他的新闻与社会作家，以及从达希尔·哈米特开始的冷硬派通俗小说的创作者。福克纳的风格，除了主宰了他之后的南方文学传统，还推动了贯穿 1930 年代的现代主义潜流，为艾吉和亨利·罗斯等作家在社会学还原论之外另辟蹊径。福克纳的手法尤其适用于探讨错综复杂的意识状态，帮助其他作家找到弥合事物表象与感情细网的方式。福克纳的《八月之光》对岌岌可危的纯真、强烈的冲动、自我戕害和极端暴力进行了骇人听闻的探讨，这或许是康拉德之后的英语文学中最接近陀思妥耶夫斯基的作品了。《我弥留之际》是一部异常独特的书，他在其中讲述了一个我们后来之所谓功能失调的家庭，一个关于穷人但不是关于大写的贫穷的故事。这样一来，他不仅使《烟草路》的怪诞喜剧和丰富的方言特色成为可能，而且也使其他更具反讽性和想象力而不是纪实性与社会学特征的作品成为可能，包括弗兰纳里·奥康纳徘徊在喜剧与恐怖之间的别具一格的故事。

福克纳避开社会学与纪实的写法，可能和他本人及他所在地方的政治保守思想有关，不过他的小说之间的联系、相互重叠的故事和人物，将它们与 19 世纪的社会小说连接起来，而且部分地解释了他对后来的拉丁美洲小说的巨大影响。福克纳充斥着民间传说的南方、落后而近乎神话般的南方，为加西亚·马尔克斯的哥伦比亚提供了一个完美范本。（萨特甚至在福克纳对时间的大胆处理，即强调过去如何持续不断地困扰和决定现在的观念中，察觉到了浓厚的保守主义。）[39]随着 1930 年代的推进，福克纳带着他那整洁、独立的乡绅尊贵的气派，始终对所有的新政计划嗤之以鼻——没有表现出国家政治对他真的很重要的态度。如果有什么不同的话，那就是南方的种族问题开始吸引他在小说中的注意力，并最终引起他的公众注意力，这始于 1932 年的《八月之光》，他最有力量的小说之一，从某个层面上说，这是一部探究种族通婚影响的惊悚之作，并使其成为该地区混杂种族历史的象征。其中饱受折磨的乔·

克里斯默斯（他的身份冲突导致了谋杀），是理查德·赖特《土生子》中受到暴力困扰的别格·托马斯的直接前身。

福克纳的作品如此迥异于1930年代的其他主流文学，以至于我们会忍不住但误导性地将他单独归入“南方作家”或“20年代现代主义作家”这样的门类。我可以把这本书限制在对大崩盘之后的经济与社会危机做出特别回应的作家、电影制作人及其他艺术家的范围之内。这将划定这个十年的参数，却遗漏了其中最好的作家。福克纳在好莱坞担任编剧后，他的现代主义色彩锐减，但即使在他最大胆的实验性小说，包括《喧哗与骚动》和《我弥留之际》中，随着我们的解读，一个直接到令人讶异的故事最终也会显现。《我弥留之际》既是一次关于时间、意识及碎片叙事的尝试，也是一个几乎令人难以置信的民间故事、一场旅行传奇，以及一段家庭历史，它与这十年中许多其他普通家庭的悲惨生活有着讽刺性的联系。福克纳的声音和素材，像海明威的一样，为1930年代的文化增添了力量，却没有完全进入其中。

---

1. William E. Leuchtenburg, *The Perils of Prosperity, 1914 - 1932* (Chicago: University of Chicago Press, 1958), 101.

2. Arthur M. Schlesinger Jr., *The Coming of the New Deal* (Boston: Houghton Mifflin, 1958), 27.

3. William E. Leuchtenburg, *Franklin D. Roosevelt and the New Deal, 1932 - 1940* (New York: Harper & Row, 1963), 136 - 42.

4. 参见威廉·斯托特不可或缺的研究 *Documentary Expression and Thirties America* (New York: Oxford University Press, 1973)。

5. H. L. 门肯写过一些著名的关于文化落后和南方庸俗习气的娱乐性文章，强调“在这样的氛围下，智识不可能茁壮成长。自由探索受到无知之人愚蠢的确定性的阻挠”。当时离1925年引起举国关注南方宗教基要主义的斯科普斯审判还有好几年。对于南方的旧文化，门肯说，“遗留下来的……只有私人交往中某种迷人的礼仪了”。参见 “The Sahara of the Bozart,” in Mencken, *Prejudices: Second Series* (New York: Alfred A. Knopf, 1920), 136 - 54。

6. 参见 Cowley, “A Farewell to the 1930's,” in *Think Back on Us*, ed. Henry Dan Piper (Carbondale: Southern Illinois University Press, 1967), 349。这篇文章最

初刊在 1939 年 11 月 8 日的《新共和》上。

7. 在《考德威尔车队》［*Caldwell Caravan*（New York：World Publishing，1946）］这本他的小说和故事选集中，考德威尔比较典型地拒绝承认任何社会意义："本书作者对自己的作品没有妄想。我只能说下面的篇章具有可读性，有诚意，是努力的结果。我没有认为它们是艺术典范，或具有震撼人心的重要性；它们没有表明小说的发展趋势；不是为了宣传而写。它们仅有的功能在于讲故事；如果还有别的，那就是哪里出了问题。"当然，这是在"社会意义"远不如前一个十年那么风行的时候写的。

8. Erskine Caldwell，*Tobacco Road*（New York：Scribner's，1932），119. 下文皆引自该版本。

9. Erskine Caldwell and Margaret Bourke-White，*You Have Seen Their Faces*（New York：Modern Age Books，1937），48. 下文皆引自该版本。

10. 当然，埃文斯的风格不止一种。1938 年，佃农照片出现两年后，他在纽约地铁上用隐藏的照相机拍了一系列著名的抓拍照片。说来奇怪，即使在这里，他也几乎没有侵扰他的拍摄对象的私人空间，因为我们看到的脸几乎都没有表情：这些肖像古怪而清晰地揭示了平静的空虚，生活的烦恼暂时被框定而悬置。

11. Lionel Trilling，"An American Classic，" in *Speaking of Literature and Society*，ed. Diana Trilling（New York：Harcourt Brace Jovanovich，1980），376. 最初刊于"Greatness with One Fault in It，" *Kenyon Review*（Winter 1942）：99 - 102。

12. James Agee and Walker Evans，*Let Us Now Praise Famous Men：Three Tenant Families*（1941，1960；New York：Ballantine，1966），11. 下文皆引自该版本。

13. 参见 Stott，*Documentary Expression and Thirties America*，273。这至今仍是关于埃文斯和艾吉的最好描述之一，对他们在这部佃农之作里的贡献分别做了讨论。斯托特给埃文斯的评论极具洞察力，尤其是他对 1941 年版和 1960 年版之间的重大差异进行了分析，前者有 31 张照片，后者增至两倍之多。他对埃文斯的选择做了很多说明，并发人深省地探讨了两版都没有收录的几张相关照片。

14. John Szarkowski，*Walker Evans*（New York：Museum of Modern Art，1971），17.

15. Trilling，"An American Classic，" 376.

16. Vicki Goldberg，*Margaret Bourke-White*（New York：Harper & Row，1986），189.

17. Ibid，，88，111. 在描述其中一些引人注目的抽象作品时，戈德堡得出结论："在这个方面和其他方面一样，摄影在 30 年代超过了美国绘画。"

18. Trilling, "An American Classic," 378.

19. Sylvia Jenkins Cook, *Tobacco Road to Route 66: The Southern Poor White in Fiction* (Chapel Hill: University of North Carolina Press, 1976), 81.

20. 转引自 Jay Martin, *Nathanael West: The Art of His Life* (New York: Farrar, Straus and Giroux, 1970), 257。下文皆引自该版本。

21. 参见 Alan M. Wald, *The New York Intellectuals: The Rise and Decline of the Anti-Stalinist Left from the 1930s to the 1980s* (Chapel Hill: University of North Carolina Press, 1987), 132。

22. W. H. Auden, "West's Disease" (1957), in *Nathanael West: A Collection of Critical Essays*, ed. Jay Martin (Englewood Cliffs, N. J.: Prentice-Hall, 1971), 149.

23. Nathanael West, *Miss Lonelyhearts & The Day of the Locust* (New York: New Directions, 1962), 32. 下文皆引自该版本。中文借用夏雯韵译《寂寞芳心小姐》(南京大学出版社，2019 年)。下同，根据上下文略有改动。

24. Clement Greenberg, "Avant-Garde and Kitsch" (1939), in *Art and Culture: Critical Essays* (Boston: Beacon Press, 1961), 10.

25. West, "Some Notes on Miss L.," in Martin, ed., *Nathanael West: A Collection of Critical Essays*, 66.

26. *Steinbeck: A Life in Letters*, ed. Elaine Steinbeck and Robert Wallsten (1975; New York: Penguin, 1976), 159. 下文皆引自该版本。

27. 转引自 1938 年 4 月斯坦贝克开始写作《愤怒的葡萄》终稿一个月之前印刷的小册子《他们的血很强壮》: John Steinbeck, *Their Blood is Strong* (San Francisco: Simon J. Lubin Society of California, 1938), 3。下文皆引自该版本。

28. John Steinbeck, *The Grapes of Wrath* (1939; New York: Viking, 1958), 477. 下文皆引自该版本。

29. Cowley, "A Farewell to the 1930's" (1939), in *Think Back on Us*, 350. 考利还指出了多斯·帕索斯、"《烟草路》中拉长声调的对话"、佩尔·洛伦茨的电影，当然还有无产阶级文学的影响。"这本书总结了所有文学，"他写道，"其中很多都被提升到了一个新的高度。"

30. 1960 年代的移民新热潮，以及从东北部工业城市向南方阳光地带的迁徙，为这个西进主题赋予了新的生机。在他风趣的学院派小说《向西行》(*Stepping Westward*, 1965) 中，马尔科姆·布拉德伯里 (Malcolm Bradbury) 将一个英国人的西部之旅与对自由的追求联系起来。然而，1960 年代初适度解放了的美国世界被无情地讽刺为一个漂泊无根的无序而荒诞的场景，主人公最后回到了小英格兰的红砖省份那舒适但可以预想有种种约束的家中。

31. 转引自 Jackson J. Benson, *The True Adventures of John Steinbeck, Writer*

(New York：Viking，1984)，376。

32. George Bluestone，*Novels into Film* (1957；Berkeley：University of California Press，1968)，161.

33. Ibid.，166.

34. 在经历了出版《坟墓里的旗帜》(*Flags in the Dust*)，即《萨托里斯》(*Sartoris*) 手稿的麻烦之后，福克纳写《喧哗与骚动》时决定自娱自乐，不惜冒着永远不能再出版的风险。1931 年问世的骇人听闻的《圣殿》第一次为他赢得了相当高的声誉，以及恶名，这是一本他在长条校样上重写的作品，花了很多心思，"试图写出一些和《喧哗与骚动》以及《我弥留之际》相比不至于太寒酸的东西。"尽管该书在美国文学界引起了关于新"施虐狂"的公愤与辩论，但福克纳仍然是那个深奥晦涩、别具一格的"艺术家"典型，特立独行而有意为之——绝对不是 1930 年代的左倾批评家和品位一般的书评家喜欢的类型。

35. 转引自 Joseph Blotner，*Faulkner: A Biography*，vol. 1 (New York：Random House，1974)，634。

36. Edmund Wilson，*Classics and Commercials* (New York：Farrar，Straus，1950)，42.

37. William Faulkner，*As I Lay Dying* (1930；New York：Vintage，1964)，121. 下文皆引自该版本。中文借用蓝仁哲译《我弥留之际》(译林出版社，2015年)。下同。

38. Flannery O'Connor，"Some Aspects of the Grotesque in Southern Fiction" (1960)，in Flannery O'Connor，*Collected Works*，ed. Sally Fitzgerald (New York：Library of America，1988)，818.

39. "福克纳的作品里，从来都没有什么进展，没有任何来自未来的事物"，萨特写道。与一闪即逝、通常无形不定的现在相比，"过去呈现出一种超现实性；它轮廓分明，固定不变。现在则是无可名状、转瞬即逝的，在过去面前脆弱不堪。它充满了空隙，透过这些空隙，过去的事物侵入现在，它们固定、不动、沉默，一如法官或凝视"。很多现代作家都扭曲了时间，萨特说，但是"普鲁斯特和福克纳干脆砍掉了时间的脑袋。他们剥夺了时间的未来，也就是行动和自由的维度"。Sartre，"On *The Sound and the Fury*：Time in the Work of Faulkner" (1939)，in *Literary and Philosophical Essays*，trans. Annette Michelson (1955；New York：Collier Books，1962)，86，97，90.

第五章　诗人的艰难时世

作家让-保罗·萨特在战后关于文学之社会责任的论辩文章《什么是文学?》中，坚称作家别无选择，只能努力“介入”，但令人惊讶的是，他将诗人排除在外，因为他们的作品更多地取决于语言和技巧，而不是社会或意识形态的内容。但是 1930 年代的社会停摆如此严重，甚至诗人也被裹挟其中。数量可观的无产阶级诗歌出现在诸如《铁砧》和《新群众》等左翼杂志上，然而令最近试图复兴它们的学者感到沮丧的是，这些诗作几乎没有一首能进入现代诗歌经典之列。为了使它们看起来更容易为人所接受，卡里·尼尔森在他 1989 年出版的《压抑与复苏》一书中承认，经典的形成不可避免地要求作品长盛不衰，但他坚持认为，除了文学质量，我们还应该考虑其他标准；作为读者，我们必须将这些诗“语境化”，阅读其中的“历史与文化趣味”。他表示，从这个角度来看，“现代诗歌中一些比较知名的失败之作就会和地位稳定的成功作品一样有意思了”。实际上，我们“需要重新仔细评估那些我们通常视作平庸的文本”，因为“我们总是应该读人们使我们确信不好的东西”。[1]这样拼命发掘被遗忘的激进作品的策略让我想到了内布拉斯加议员建议即使是平庸之人也应当在最高法院拥有代表的事来。

兰斯顿·休斯无疑是 30 年代初成为激进分子和叛乱人士的年轻诗人中非常杰出的一个。即使在 1920 年代，他最早的两本诗集由克诺夫出版社隆重推出时，休斯就不是一个内省或个人化的诗人，而是一个具有精湛音乐天赋的蓝调变奏作家，对他周围的黑人社群有着强烈的认同感。但在1930年代，当他开始为一般意义上的受苦大众说话，他的诗就失去了重点。有一首这样开头：“我以百万黑人的名义说话/他们正觉醒投入行动。”[2]在他更为著名的激进诗歌、1936年最初发表于《时尚先生》的《让美国再次成为美国》中，他变得更加散漫：

我是贫穷的白人，受愚弄被抛弃，
我是身带奴隶伤疤的黑人。
我是被驱赶出家园的印第安人，
我是死抱希望而来的移民——
可我找到的只有同样的愚蠢、陈旧，
只见狗咬狗，强者压榨弱者。(190)

由于这是人民阵线时期，休斯没有抨击美国，而是试图使之回忆起自己的理想，“我们梦想过的梦/我们高唱过的歌/我们拥有过的希望/我们高举过的旗帜”(191)，但这是如此模糊而不真诚，以至于令人尴尬。大萧条是一场大灾难；诗人要如何应对这样的时刻？借着共情穷人的幌子，太多的激进诗人沉溺于喋喋不休的社会责骂和灵感提升。

在别的地方，休斯变得爱规劝说教，几乎像在写打油诗：

喂！
你们所有美的缔造者，
暂时放下美吧。
看一看严酷，看一看痛苦，
再看一看生活。
看饥饿的孩子在哭泣，
听有钱人在说谎，
看挨饿的中国在挣扎。
(《呼唤创造》，135)

这些激进而愤怒的诗只有在休斯保持利落风趣、简单抒情的时候才会奏效，比如《公园长椅》：

我住在公园长椅上。
你，住在公园大道。
我们之间
隔着十万八千里。(183)

在这首短诗结尾，这个无家可归的人威胁要“挪去/公园大道”，但即使这也只不过是一厢情愿的想法——公园长椅诗在无产阶级诗歌中是个专门的类别——公园长椅与公园大道的距离（却又紧邻）成了一种巧妙的并置。兰斯顿·休斯作为诗人的天分在于他不刻意的流畅，以及他与他的读者，包括普通的黑人读者之间轻松的默契，这成就了他的多产。在这首诗中，我们听到的不是一个忽然开始读马克思的流浪汉的声音，而是一个既讽刺又亲切的诗人的声音，其中的节奏总是漫不经心，又极其聪明。

但是随着美国经济持续恶化，大萧条造成的受灾惨状不仅对兰斯顿·休斯这一代的年轻诗人产生了影响，而且给已经处于职业生涯中期的美国主要诗人带来了冲击。即使是罗伯特·弗罗斯特这样几乎跟激进不沾边的人，也发现自己在《培育土壤》(1932) 中琢磨这时代是不是已经“陷入绝望的/深渊，竟然认为诗歌完全有理由/脱离爱的更迭——欢乐与忧伤/脱离季节的轮回——春夏秋冬，/脱离我们古老的主题，而去判断/难以判断的谁是当代的说谎者”[3]。弗罗斯特对于政治诗歌能做什么一向大而化之，尽管他本人青睐论说性诗句，也热衷于扮演圣贤。无产阶级运动没有产生伟大的诗；相反，社会危机激发了一大批模仿惠特曼散文体的作品，宣称与普罗大众永远休戚与共。但一些年长的诗人（包括弗罗斯特）发现他们的设想在这场危机中受到了挑战或刺激。威廉・卡洛斯・威廉斯在大崩盘发生时已经年逾45。诗人之外，他还是家庭医生和儿科医生，曾梦想在50岁之前从诊所退休，全职写作，但他在股市损失的钱使这个梦想破灭了。

像1920年代很多作家一样，威廉斯在股市崩溃之前就已经比较激进了，他全心全意地追随先锋派，几乎所有的诗作和散文都由小出版社和小杂志刊出，其中有些是他自己创办的，哪怕在他手头拮据的时候也如此。尽管威廉斯是位实验性作家，在整个1920年代不断尝试新事物，但他反感由T. S. 艾略特还有他的好友埃兹拉・庞德等旅居国外者所代表的世界现代主义。威廉斯摒弃了艾略特的《荒原》中在他看来是文绉绉的绝望、晦涩难解的唯美主义，他也杜绝使用一连串文学典故和脱离了语境的文化碎片来表现诗歌的技巧。威廉斯希望创作一种更扎根于美国生活，扎根于生活本身，而更少受到文学前辈界定的诗。“艾略特的作品因其矫饰主义的巨大盛行，阻碍了美国诗歌的发展20多年。”他1950年写道。[4]

威廉斯的激进思想与其说表现在他一贯特立独行的政治上，不如说表现在他对于——用他在1923年的杰作《春天及一切》中的话说——“为经验创作新形式、新名词”方面孜孜不倦的兴趣上。[5]这本书融合了零散、敢于尝试一切的文字，宣告了想象与质朴抒情的力量，属于他的最佳创作，它立足于平淡之美、寻常事物之美，用他此前的话说，“令我惊讶到无言以对”（《田园诗》，1：71）。这种诗描写的是片段和印象、荣幸之至而又普普通通的时刻，譬如他那极为著名的描绘——“一辆红色轮子的/推车/湿漉漉的沾满/雨水/站在一群白色的/小鸡旁边”（1：224），一首在视觉上押韵的诗，纸间立起它的形状，而语言上没有押韵。（每节都是三个词后面跟着一个词，而且看哪，是的，恰似一辆手推车。思想寓于物中，正如威廉斯喜欢说的那样。）

但是在1930年代初，用他告诉后来一个采访者的话说，威廉斯开始“为穷人的困境所困扰”，并且因为全国忽视了他们而感到愤怒。他解释说这如何促使他写起了小说，特别是那些他作为医生平常从穷人中间得来的原始故事。[6]尽管威廉斯对他在行医上投入的时间和精力颇有怨言，但诊所事务使他学会了观察和倾听，并将他与人们的日常生活状况联系起来。《脸上长粉刺的女孩》《使用暴力》《一个六月的夜晚》《珍·贝克》及《石头脸》等故事显示了威廉斯可以成为一个多么尽职的无产阶级作家，多么关注微不足道、匮乏贫苦的生命。但这些故事也显示出他的作品与规范的公式写作之间有多大的差距，以及他对上门出诊过的那些不幸的移民家庭是多么矛盾。[7]

在所有故事开头，医生总是对他的病人感到恼火，震惊于他们的无知和固执、他们盲目及粗暴的情绪，对于能否拯救他们的孩子于可怕的疾病一向是听天由命的态度。但在一个个故事中，他们也赢得了他的尊重，甚至是他不愿承认的爱，他们并非需要怜悯或理想化的社会受害者，而是据理力争、脾气暴躁的苛刻之人，他发现他们身上的反抗力量使他无法抗拒——其中一个少女似乎对小妹妹的病痛无动于衷，而只一心为她的粉刺寻找药方；一个女人一个接一个地生孩子，仿佛产科医生才是她的真正爱人，而不是她那不负责任的丈夫；还有一个孩子，强烈地护住身体，不愿让她倒霉的父母及医生爱打探的手和眼睛检视她的症状。对威廉斯来说，这些人身上有种带刺的正直吸引了他；他们也许不讨人喜欢，甚至具有自我毁灭性，但他们没有“说谎者的腐烂气息”。[8]最重要的，他既不怜悯也不美化他们。

令人惊讶的是，威廉斯最重要的大萧条诗歌《游艇》没有采用他早期诗歌和故事那种逸事性极简风格，而是使用了他所鄙视的艾略特的文雅形式。艾略特最喜爱的诗人是但丁，《游艇》的结构近似于但丁的三行诗，而且基于一个出自《地狱》本身的意象。《游艇》讲述了一次划船比赛，背后是一个财富、娱乐休闲和竞争的世界。这首诗以一幅印象派画布展开，但威廉斯很快就把船赛变成了一场游艇与环绕四周的大海之间的较量。正如那些痛苦的罪人在但丁和维吉尔经过地狱时向他们呼号一样，此处当线条流畅的游艇灵巧、毫不费力地驶过汹涌的海浪，穷人挥舞的手臂紧紧抓住了船头。如果说艾略特通过援引极为鄙视大众民主的科利奥兰纳斯[1]来回应大萧条时期的大众政治，威廉斯则在《游艇》中将富人美好丰足的生活与他们下面那个世界中的波希式[2]苦难——他们从不在意的那些处于水深火热之中的大众——相提并论。

但是，如果《游艇》只是一味强调富人的麻木与穷人的困苦之间的简单比较，它的力量将会大打折扣。这首诗也讲述了艺术及其与社会苦难的关系。威廉斯的游艇意象具有一些莫奈的海的空灵气韵：

他们看起来年轻，罕见

如幸福的眼睛闪着光芒，活得潇洒
心灵中一切无瑕、自由，以及
自然被人渴望的潇洒。（《诗集》，1：388—389）

相比之下，穷人被缠住的身体，“七损八伤，筋疲力尽，悲惨凄凉”，是真正可怕的，更像哥特而不是但丁式的可怕。当灵活自如的游艇驶过这恐怖的人类困境，诗人忍不住被艺术之美而不是良心和社会同情的要求所吸引。就像斯蒂芬·克莱恩《痛苦的实验》中的年轻人对他在廉价旅馆中的地狱式坠落感到厌恶一样，威廉斯的讽喻性语言在他的最后审判的图景面前因恐惧而退缩，然而这是诗中最强有力的部分：

紧握的手臂费力向前抓住船头。
狠狠甩过来的身体被砍到一边。
周围是有许多人脸的海，痛苦、绝望

直到竞赛的恐怖渐渐清晰，震惊了头脑，

① 莎士比亚同名悲剧的主角，为公元前5世纪一位具有传奇色彩的罗马将军。
② 耶罗尼米斯·波希（1450—1516），又译博斯，荷兰画家，善于表现恐怖的地狱、恶魔等形象。

整个大海成了一堆缠在一起的水淋淋的身体
迷失了世界，承受着他们无法承受的东西。

威廉斯在《春天及一切》中使用了类似的意象，描绘一个年轻女人被“很多只手臂的海”爱抚，那也是“浸满了死人眼泪而冰冷的海”（1：222）。此处叫人想起惠特曼的这个情欲之海，变成了恐怖的海。正如他故事中病人无声的痛苦来到他面前，尽管他感到厌烦而抗拒，但还是被牵扯其中一样，这里的连连厄运攫住了熠熠生辉的艺术世界，它冒着光彩照人但置身事外的风险对周遭的世界视而不见。通过把帕塞伊克河写进长诗《帕特森》，威廉斯终于执意要使自己暴露在污秽的经验洪流中。[9]但威廉斯也明白，艺术和医学一样，也会被泛滥的社会同情心所淹没，也会沉浸在人类苦难的污浊之海难以自拔。

再回到罗伯特·弗罗斯特，我们发现了一个尽管致力发掘乡野意象，却很少有过度同情之虞的诗人。他在一封信里将自己描述成一个需要“在政治、爱、宗教方面保持正统”的人，并神秘兮兮地补充说，“既然我来到这世上是为了发出没有热量的光，我就不能燃烧”。[10]无论我们把他当作早期传记中那个温和的新英格兰圣贤，还是他的授权传记作者劳伦斯·汤普森笔下的残酷好胜者，抑或最近的研究揭示的这个对人性抱持黑暗观点的更复杂的人，弗罗斯特都是一个达尔文式的幸存者，专一率直而不会被压垮。他可以像爱默生的散文《自力更生》那样，将自私作为一种自主与完整的形式为其辩护。

“我承认我并不真正喜欢/改邪归正或洗心革面”，弗罗斯特在《致一位思想家》中写道。（298）即使他没有大肆宣扬他的美国个人主义，痛恨作为国家社会主义形式的新政，而且蔑视左翼文学运动，但是在涉及其他人，包括他自己不幸的家人的问题上，弗罗斯特也未必是个好心人。他可以忽视他的妻子和孩子，却又强烈地热爱他们。弗罗斯特把他的妹妹，也是他唯一的手足同胞，送进精神病院后，写了一封连他最有同情心的传记作者威廉·H. 普里查德都觉得震惊的信。信是这么结尾的：

> 我觉得我是个混蛋，因为我在天性上不愿仅仅因为有人疯了就同情疯子，或者仅仅因为有人死了就同情垂死之人。随着年岁渐长，我发现我更容易为别人的麻烦彻夜不眠，但这是迄今为止我能做的极限。等时候到了，我会和他们一起死去，以显示我们共同的人性。（U103）

弗罗斯特的妹妹有暴力发作史，对战争越来越歇斯底里，然而弗罗斯特的信将她描画为一个自由主义者失控的典型，有一颗真的流血受伤的心。“我确实认为，她内心里觉得除了为之发疯，没有什么能对得起这场战争。”而他相信宿命论，自我保护意识很强，属于那种保守派，认为没人能对生活的基本状况做一丁点改变，哪怕是发疯和死去。对于他妹妹，他说：“世界的一半似乎坏到不可救药，另一半冷漠到不可救药。她把我划入冷漠到不可救药的一类。错了。我属于坏到不可救药的那一类。”[11]他后来写信给昂特梅耶说，“这注定是一个悲哀的世界；可悲的是，我们不会反复不停地奔走相告”（U259）。

与大多数保守派——以及自由主义者——不同的是，弗罗斯特不满足于在他的设想中安营扎寨，而是用他在诗歌里实践的象征戏剧来检验这些设想。一个令他着迷的状况是生命如何只是安静地流逝，这是任何社会同情都无法改变的事情。在《一个老人的冬夜》中，他描写了一个勉强能够独自生活的老农，却以某种方式继续生活，甚至在一个极度寒冷的冬夜。除了这种处理，这首诗没有任何慰藉：

> 一个老人——一个人——不能照管一所房子、
> 一座农场、一个乡村，或者如果他能，
> 也不过像他在一个冬夜里做的这样。（106）

弗罗斯特并不相信社会机构能够减轻老年的虚弱或孤独，以及所有人与生俱来的隔绝。他的诗的很大一部分力量来自这种注定发生之感，一种对事物现状的坦然接受。我们每个人都只能自己学会“如何去利用事物的衰替”，就像他在《灶头鸟》（116）中所说，或者我们要为“早防，早防”时间的侵蚀尽我们所能。［“沉湎于对昔日辉煌的回忆/既防不了晚年被漠然视之/也防不了临终时独卧枕席。”（280）］面对别人的麻烦，我们的防卫就是转向我们自己的事务，就像《家庭墓地》中不耐烦的朋友和哀悼者，或《“熄灭吧，熄灭”》中的旁观者，他们在一个男孩于一场怪异的事故中受了致命伤之后扭头走开。

听他脉搏的人猛然一惊。
谁都不相信。他们又听他的心跳。
微弱，更弱，消失——到此为止。
不再有指望了。于是他们都转身
去忙各自的事，因为他们不是死者。（131）

这个磕磕绊绊的突兀结尾有些笨拙，但无疑是故意为之。此前弗罗斯特曾温和地推测这个男孩“干着大人的活儿，但内心还是个孩子”，并且试图想象如何避免事故的发生。现在既已发生，需要同情的时机就过去了。一个生命消逝了：“不再有指望了。”但是既然“他们/不是死者”，围观的人继续过他们的日子，不再对无可挽回的东西流露感情，一如弗罗斯特自己在他的几位至亲死亡和离去后转身走开一样。《家庭墓地》中的丈夫在埋葬了他的孩子之后就是这样做的，他看似冷漠的态度激怒了继续无助地悲伤着的妻子。

对弗罗斯特来说，特定的自私（或自我保护）是个人生活组织的一部分，是保持其完整性的精髓。这对创造性的作家来说尤为如此。他在写给未来的心理学家 B. F. 斯金纳的信中说：“使一个作家成为作家的，是强烈而直接地从某种莫可名状而几乎不可动摇的个人偏见出发进行写作的能力。”他还补充说，那些没有坚持自己偏见的人，不过是在遵循别人的偏见，即公认的智慧。[12]一个强大的作家——他引用了马克思作为例证！——能够将他的偏见、他的支配性隐喻手法，强加于他周围的人，在面对所有对手的主张时能够锲而不舍，坚持到底。这是混淆了创造能力与个人抱负。

弗罗斯特的宿命论和自我推销成了一个奇怪的组合。他用自己的方式做一个尽责的丈夫和父亲，也是一个感情深挚的人，然而他又经常把感情投入作品里。如果弗罗斯特不会在他亲近的人身上挥霍感情，按理说他对社会的受害者，即他不认识的人花费的心思就更少了。但弗罗斯特把大萧条的苦难当作一种挑战，在《泥泞时节的两个流浪工》中，他开始标明仁慈与社会同情的界限。这首诗和《孤独的罢工者》《培育土壤》及《致一位思想家》等时事诗出现在他 1936 年出版的《山外有山》里，不过这本书也收录了他最伟大的一些诗篇，比如《荒野》《意志》《望不远也看不深》和《早防，早防》。《山外有山》为弗罗斯特赢得了他的第三个普利策奖，但是由于涉及政治与社会问题，也遭到了愤怒的年轻评论家如牛顿·阿尔文、罗尔夫·汉弗莱斯和 R. P. 布莱克默的严厉抨击。

弗罗斯特毕竟不是像威廉斯医生那样的先锋派作家，在同行小圈子里受到推崇，而是自惠特曼去世以来美国最接近公众诗人及官方吟游诗人的人物。他的诗歌不仅为大众所喜爱，而且由于其表面的通俗晓畅，充满质朴的智慧，似乎可以为左翼批评家及诗人声称属于他们自己的平民主义代言。弗罗斯特坚持认为，是他，而不是他的知识分子批评家，才是人民之人，这里引用了《波士顿以北》，即他关于家庭素描与谈话的早期杰作。[13]弗罗斯特秉持的立场不仅从公众意义上来说非常重要，而且对于界定诗在社会危急关头的作用也大有裨益。

在《泥泞时节的两个流浪工》中，弗罗斯特不仅与大萧条的阴影角力，还要对付伟大前辈华兹华斯的幽灵。华兹华斯在他 1802 年的诗歌《决心与独立》中讲述了他生命里一个特别低落的时刻，因为偶遇一个老朽之人干着在荒原上收集水蛭这样古老而行将消逝的营生，他的苦闷一下子给驱散了。看到一个如此接近人类生存边缘却仍然心满意足，全然不会为此郁郁寡欢的人，诗人投去了一道同情的光，但同时也窥见了人性的基岩，获得了继续生活下去的力量。

就像这个收水蛭的人仿佛从天而降般出现在华兹华斯面前一样，两个陌生人在弗罗斯特劈木头的时候“从泥泞中”走了过来。弗罗斯特和华兹华斯一样描绘了这个阳光灿烂的日子，不过这样的一天在两个季节——在凛冽的冬天与融雪的春天之间摇摆不定，恰似在诗的后面两种对立的价值没有定夺一样。这两人是伐木工，显然失了业，属于大萧条时期四处漂泊的流动工人。他们惊扰到他，不是由于他们的自给自足（像收水蛭的人一样），而是因为他们没说出口的工作需求，恰恰是诗人正在干的这种活儿。一开始他发现他们“搞得我劈错了地方”，不过不久，似乎是为了证明他要自己干这活儿，他有权利不雇用他们，他就劈起木头，劈得仿佛他生来就是干这个的，仿佛这是他所有身份和所有能力的完美表达。

我劈的是一段段上好的橡木，
每段橡木都有劈柴墩子那般粗；
我干净利落地劈开的每片木柴
都像片石坠地没有碎片裂出。
自制的人也许会把这份精力
都省下来为社会公益事业服务，
但那天我却想劈不足道的木柴，
让我的心灵彻底无拘无束。（251）

诗人内心有点想要刁难这两个人，挫败他们暗自对他的请求，反驳迫使他雇用他们代替他干活的仁慈观念。然而“省下”这个模棱两可的词转向了两个方向，既支持也反对“社会公益”。理论上，诗人接受他们对他的要求：

> 我这只是爱好，而人家是需要，
> 两者并存时人家的权利应占先
> 这可是普天之下公认的观点。(252)

但是这没怎么使他信服，反倒激起他的反抗，仿佛他的诗性生活，而不只是他的劈柴，受到了威胁，仿佛这关乎他自我指导的所有需求。击打在这“微不足道”的木头上的每一下都疏通了他的灵魂，仿佛每一块“没有碎片裂出”、完美劈开的木头都是一首诗里的恰当语词，是释放他的情绪并阐明他的观察方式的确切隐喻。他写信给昂特梅耶时说，“我的生活目标是亲身体验一些感官和心灵的事物，不做任何虚假的个人表达，以免使我的神经处于紧张状态”(U257)。

弗罗斯特不会把他的活儿交给流浪汉，不会施予社会公益，因为这个活儿正像他的诗歌一样，给他成就与表达。最后一节坚持如下可疑的主张：“我生活的目标是要让我的兴趣/与我所从事的职业合二为一。”弗罗斯特胜过大多数无产阶级诗人，他是个劳动者的诗人，歌颂令人满意的工作，强调共同劳动和单独劳动，这可以追溯到《花丛》和《补墙》等早期诗歌。他认为诗本身是一种表演、一份干得出色的工作。对于所有不是出自某种内在必要的需求，无论道德上多么公正或社会上多么有益，弗罗斯特都会犹豫退缩。

他在别处说过，诗歌来自我们的悲伤，而不是我们的牢骚，源于生存不可避免的痛苦，而非当下的社会不满，那在散文中表达得更好。[14]不幸的是，这首诗关于爱好与需求、工作与娱乐合二为一的寓意从逻辑上看是个陷阱，这个信息的基础，即他与两个流浪汉的偶遇，过于单薄。这是一种牢骚，不是悲伤，是对自由想象强加于人勉强采取的抗议。

《泥泞时节的两个流浪工》在面对所有进步的社会改良主张时，过于坚持个人的自主和自给自足，仿佛诗的力量是生活中一切重要事物的典范。然而，只需用上少许讥讽，弗罗斯特也可以持相反的立场。“我不是说不去感受别人的痛苦就是人性。即使我说了，最近的选举也会驳倒我，”他在 1936 年写道，“据我估计，投票给乐观阁下①的人有一半是乐意做他的仁慈的接受方的，而另一半极为乐意做给予的一方。全国的情绪是人道主义的。人道得很高尚——我可不会把这个从他们那儿拿走。”（U284—285）由于使用了“极为乐意”这样的短语，这句话没有看起来那么慷慨。但弗罗斯特从未厌倦过在这一点上的争论，显示出一定程度的社会内疚、一丝坏良心的成分，他对此竭力加以嘲弄或否认。这两个流浪汉允许他证明自己有理，但他几乎没有允许他们那么做。

弗罗斯特写信给一个年轻诗人，在称赞了他的作品后写道：

> 你希望世界比现在更好、更有诗意。你属于那种诗人。我则是另一种。我一点不在乎我们这个世界、美国或者哪怕是纽约变得更好。我希望它们保持原样，好让我在纸上把它们写得有诗意。我自己不会对它们做的事，我也不指望别人去做。大多数时候，我只不过是一个自私的艺术家。我对题材没有意见。悲伤仅仅在于我没法把题材转化为诗。（*Selected Letters*，369）[15]

对弗罗斯特来说，作家的职责不是改变世界，而纯粹只是写作，或者说通过写作改变世界——假如世界真的可以改变的话。

华莱士·史蒂文斯是 1930 年代人们最不指望会向左转的诗人，不会对穷人怀有任何程度的责任，抑或将他的创作转向这一时期的社会动荡。对他来说，最大的贫穷是感官、想象的贫穷：“不是活在/一个现实世界，感到欲望/很难区分于绝望。”[16] 对他第一本书《簧风琴》（1923）的许多读者来说，他是终极的文士——罕见，风趣，深奥——彻头彻尾

① 指当时的美国总统富兰克林·罗斯福。

的唯美主义者，有自己独特的词汇。30年代年轻的激进批评家对他和对弗罗斯特一样都不赞成，即便他们能够理解他在做什么。因此，他的第二本书《秩序的观念》1935年的出版成为一个决定性的时刻，很像弗罗斯特《山外有山》的问世。斯坦利·伯恩肖在《新群众》上对《秩序的观念》的评论是一个爆发点，是史蒂文斯得到的最著名的评论，主要是因为这篇评论激怒了他。（他写了一首令人费解的长诗《伯恩肖先生和雕像》来回应。）

然而，伯恩肖领会了大多数后来的批评家没有察觉的东西，那就是史蒂文斯几乎不由自主地在探寻对事物的新理解，《秩序的观念》可能会是他创作中的一个转折点。在写了《簧风琴》中伯恩肖之所谓"感官诗"之后，史蒂文斯在他的新作品里是"一个失足跌倒而现在挣扎着站起来保持平衡的人"[17]。伯恩肖敏锐的评论已经在艾伦·菲勒雷斯一本出色的书里得到了详细阐述，[18]对此我唯一不认同的地方在于，伯恩肖夸大了史蒂文斯的困惑程度。纵观《秩序的观念》，史蒂文斯非常清楚自己在做什么，就是告别《簧风琴》那个繁茂悦耳的世界，将目光投向他被指责没有重视的受苦大众。史蒂文斯在《簧风琴》出版之后的十年里很少写诗，但到了1934年，他感受到了持续整个年代的创造力的爆发，这要感谢大萧条给诗歌带来的挑战，不过也因为他自己在衰老、变化，不再安于曾赋予他的作品生命和活力的那种蓬勃的语言游戏与创造力。"我的旧船用了支架加固/不能出发航行"，他在《午餐后航行》中说。他觉得自己是"一个非常不合时宜的人/待在一个非常不顺心的地方"。就像威廉斯写他的游艇一样，他渴望给"这脏兮兮的出航一点小小的超越。/用光，人的感受方式，耀眼的白，/然后亮闪闪地驶过夏日的空气"。（99—100）

史蒂文斯在《秩序的观念》中反复不断地表达一种悲恸哀伤的感情。1936年克诺夫版的第一首诗为《别了，佛罗里达》，即向史蒂文斯的奢华想象这个热带南方告别，欢迎来到这个落光了叶子的严酷北方，那里有"冬天的烂泥/地上的人，天上的云，拥挤的人的烂泥"（98）。

《秩序的观念》里几乎没有一首诗不使用隐喻来表现这种世界已变样的感觉：秋天刺骨的风霜取代了春天芬芳的承诺；人的灾难之音置换了自然之声；想象的月亮让位于残酷现实的太阳；而且最重要的是，在一首接一首的诗中，再也听不到音乐，部分是因为这种音乐被消减或淹没了，但更因为史蒂文斯自己再也没有了鉴赏力。

死亡在这个世界里盘旋，不是像《星期天早晨》中那样作为"美的母亲"，而是作为瓦解的标记："每年春天回到他身边的越来越少。/音乐开始让他感到失望。""他的灵魂对快乐越来越不确定，/而这种不确定很确定。"（《在佛罗伦萨死去的英国人》，119）如果说华兹华斯的《决心与独立》的精神影响了弗罗斯特的《泥泞时节的两个流浪工》，那么华兹华斯其他表现衰落与新生的诗，特别是《丁登寺》及《不朽颂》，则隐现于《秩序的观念》，比如《在佛罗伦萨死去的英国人》的结尾："他就是那音乐及他自己。/两者都是秩序的微粒，单一的庄严：/但他想起了他独自挺立的时候……那时存在和快乐存在似乎是一回事，/颜色尚未加深，亦未变小。"（120）

有时年老和坏脾气可以解释这种衰落感。在《这个三月的太阳》里，春天本身似乎是对诗人冰冷思绪的一种侵扰："这初阳过于强烈的光/使我设想我已变得多么黑暗。"（108）济慈的夜莺"对我来说不是鸟儿/而是我从未听过——也不会听到的/鸟儿的名字和一种无名空气的名字"（《秋的副歌》，129）。在别的诗中，比如《莫扎特，1935年》，个人的失落感表现为不断受到压力去大胆面对世界本来的样子。年老的种种痛苦在敲门。他开口道，"诗人，坐在钢琴边。/弹一曲现在"。这是1935年，他说，"你练习琶音时/他们向屋顶扔石头"。但是他没有用怀旧，用"过去闪亮的纪念品"或"未来轻快的梦想"来抗衡，而是呼应了雪莱狂暴的《西风颂》：

汝为此声，
不是你。是汝，是汝

为这愤怒的恐惧之声，
这烦扰的痛苦之声。

汝为那寒冷之声
宛若大风呼啸，
吹得悲伤消散了，
离弃了，豁免了
只余抚慰的星空。（107—108）

《星期天早晨》那个华美的诗人真的可以变成亲密的“汝”：愤怒的恐惧之声，烦扰的痛苦之声，吹得悲伤消散的寒冷之声吗？他在一则早期的日记中（像弗罗斯特一样）思考他是否“过于冷漠，以至于不能深切感受人类的穷困”[19]。不过这恰恰是他在《快乐华尔兹的悲伤曲调》——史蒂文斯与大萧条打了主要照面的一首诗中为自己设定的任务。这首诗和《游艇》一样显著且相互补充地揭示了大众开始出现在文学想象那心不甘情不愿的意识中：

有一天华尔兹
不再是欲望的模式，
揭示欲望的模式，没有了影子。

那么多华尔兹都结束了。

华尔兹自成一体的礼节，属于一个爱、社会仪式、快乐及舒适的旧世界，不再符合任何当代的现实，一个“满街都是哭喊”的世界。还有那个浪漫形象，“那心怀山海的浪子”，一个具有纯粹想象力的阿波罗式的诗人，“在孤独中找到了所有的形式和秩序，/对他来说形态从来不是人的形体”。现在这些形态已失去了光芒。
忽然涌出这团团的人群，

忽然聚起这层层的脸和手臂，
巨大的压抑，释放，
这些声音叫喊着，不知为何叫喊，

除了要快乐，不知如何快乐，
强加着他们无法描述的形式，
要求他们无法言说的秩序。(100)

根据史蒂文斯的传记作者琼·理查森，这首诗的灵感来自佛罗里达——一个曾经如此异乎寻常的天堂里失业者汇聚的景象。[20]然而对史蒂文斯来说，普通人很难描绘，只能把他们塑造成具有威胁性的无名大众。在一首接一首的诗里，他回到了“拥挤的人的烂泥”这个主题，或“忽然涌出的团团人群”，从他们巨大的压抑中释放，不知所以地渴望着快乐。在《弹蓝色吉他的人》中，他们会变成一群从地上爬过的“机械甲虫”，还有“一根弦上的千百万人”，(137，136) 指的是将他们像木偶或珍珠一样串起来的线，但也是蓝色吉他的一根弦，这里提出了一个问题，即什么样的音乐、什么样的艺术，可以在不剥夺其人性的情况下反映普通人的生活。史蒂文斯将笔触伸向平常生活，伸向平民大众，与此同时又排斥他们。

这种既着迷又抵触的情绪，还有一种发现之感渲染着《快乐华尔兹的悲伤曲调》的最后几节：

那么多华尔兹都结束了。然而
这些声音为之哭喊的形态，这些或许
也是欲望的模式，揭示欲望的模式。

正如华兹华斯在《丁登寺》及《不朽颂》中致力于一种更成熟的诗，沉郁悲壮而不是充满年轻的狂喜一样，史蒂文斯表明，普通人的哭喊，他们因为困难时期而变得尖锐的苦难和渴望，或许很快就会找到它们的诗人，尽管他没有说那个人是否就是他。尚在酝酿中的必须找到它的形式：无法言说的仅仅需要发现它的声音。

> 不久，某个和睦的怀疑论者在怀疑的音乐中
>
> 会把这些人的形体结合起来，他们的形态
> 会再次舞动闪耀出光芒，音乐
> 会动起来，投下道道影子。（100—101）

由大萧条的社会苦难可以产生一种新的音乐，这一点史蒂文斯已经在他的朋友威廉斯医生的作品中赞赏过了。在 1934 年为威廉斯的《诗集》所写的序言中，史蒂文斯把他描述为“比一般的诗人更像一个现实主义者”，然而又是个感性主义者，在“反诗意”方面注入了深厚的感情，对他来说，“反诗意就是我们所有人一直在逃往的真理和现实”，[21]令他的朋友大为恼火。史蒂文斯给《秩序的观念》写书皮文字时，只是用不同的重点重新表述了同样的思想，称它“本质上是一本纯粹的诗歌”，但也是一部“试图说明想象力在生活中，特别是在当下生活中的作用”之作。“生活越是现实，就越需要想象力的刺激。”（《遗作》，223）

伯恩肖 1935 年清楚地看到，《秩序的观念》证明史蒂文斯在竭力“玩转现在”，用新的方式融合现实与想象。这就是为什么他对伯恩肖的评论反应如此强烈。“它将我置于一个新的环境里，”他写道，“我希望我在向左转，但是左派和左派是不一样的，我当然不会转向大众的那个极左。”[22]他向现实主义的转变不是源自马克思，而是他自己的《簧风琴》中的尼采式假设，像个异教徒一样确信这是唯一存在的世界。但在《秩序的观念》里，史蒂文斯早期想象中那个绚丽的感官世界（反映了他丰

富的内心生活），这时让位于大萧条简朴阴郁的种种现实。威廉斯奢华的游艇对它们周围手臂乱挥的海仍旧无动于衷，史蒂文斯却有意弄翻了他的小船，尽管他几乎不知道如何在这样湍急的水流中游过去。

史蒂文斯再也没有回到《簧风琴》那繁茂富丽的风格，但他也无法成为生活中平常苦痛的代言人，抑或大众，或《新群众》闷闷不乐的意识，一如内疚的华兹华斯也不能一样。和威廉斯、弗罗斯特或 1890 年代的现实主义作家不同的是，史蒂文斯无法进入世俗的大漩涡；他的思想需要更丰富的东西。然而大萧条彻底改变了他的作品，仅仅通过献身于一项新事业，他就获得了非凡的言说能力。

史蒂文斯觉得他周遭世界发生的变化很有趣；他的情绪可以变得诙谐，也可以哀伤。他开玩笑说“马克思已经毁了自然，/就目前而言”（109）。长诗《猫头鹰火焰草》（1936）大肆渲染民主与诗歌之间的紧张关系。（史蒂文斯最终从《诗集》中剔除了这些诗。）但在此后不久写的《弹蓝色吉他的人》的 33 个短章里，诗歌变成了闪亮的“与送葬人的二重奏”，史蒂文斯对想象力（蓝色吉他）与“事物本身”的关系做了绝妙的改变，这个词语可以折回到 1790 年代的革命动荡中去。这些诗句应该得到比我在这里所能给予的更多关注。“不要对我们谈论诗的伟大，/谈论在地下飘荡的火把，”他写道，“大地，对于我们，平坦而荒瘠。/没有影子。”（第 5 节）但看似贫穷的东西可以产生自己的诗，一种真实的异教诗歌，“没有影子，没有壮丽，/血肉、骨头、尘土、石头”（第 21 节）。这首，而不是《猫头鹰火焰草》，是史蒂文斯新情感结出的最好果实。

次年，史蒂文斯写了《我们季候的诗歌》，是对他 1930 年代作品的一种收场，他在其中存留了一种净化了痛苦、境况与偶然性的美。“人们渴望/远比这多，”他说，“不完美是我们的天堂。”（178—179）在思考“事物本身”的压力时，即使是从远处看，史蒂文斯也触及了人性的脉络，深化了他的作品。

要在大雨滂沱的深夜
才能使他回到人民那里，在他们中间发现
他在他们不在时发现的不论什么东西，
一种快乐，一种放纵，一种迷恋。
（《像黑鬼墓地的装饰》，128）

对史蒂文斯来说，就像对威廉斯和弗罗斯特一样，大萧条的挑战不是如何生活，或如何拯救世界，而是如何继续写作。30 年代没有将他变成大众或通俗的诗人、社会现实主义作家，也不是为这世上的穷苦人心怀内疚的代言人，但它以一种意想不到的方式把他和人民联系起来，开启了他与世界的对话，一个影响了他后来写的所有东西的世界。

---

1. Cary Nelson, *Repression and Recovery: Modern American Poetry and the Politics of Cultural Memory, 1910 - 1945* (Madison: University of Wisconsin Press, 1989), 51, 69.

2. Langston Hughes, "A New Song," in *The Collected Poems of Langston Hughes*, ed. Arnold Rampersad, with David Roessel (New York: Alfred A. Knopf, 1994), 170. 下文皆引自该版本。中文借用邹仲之译《兰斯顿·休斯诗选》(上海译文出版社，2018 年)。下一条同。

3. 罗伯特·弗罗斯特的《培育土壤—— 一首政治田园诗》，1932 年总统竞选期间在哥伦比亚大学讲演时朗诵，后收录在《山外有山》（1936）中。参见 Robert Frost, *Collected Poems, Prose, and Plays*, ed. Richard Poirier and Mark Richardson (New York: Library of America, 1995)。下文皆引自该版本。中文借用曹明伦译《弗罗斯特集》(辽宁教育出版社，2002 年)。下同。有改动。

4. 转引自 Louis L. Martz, *The Poem of the Mind* (New York: Oxford University Press, 1969), 145。

5. *The Collected Poems of William Carlos Williams, vol. 1, 1909 - 1939*, ed. A. Walton Litz and Christopher MacGowan (New York: New Directions, 1986), 203. 正如他后来写道："诗歌必须关乎想象的结晶和具化——完善新形式而成为对自然的扩充。"（226）下文皆引自该版本。

6. 威廉斯对他两本卓越的短篇小说集《时代的刀子》（*The Knife of the Times*, 1932）和《帕塞伊克河边的生活》（*Life along the Passaic River*, 1938）

出处的描述，参见 *I Wanted to Write a Poem* (1958; New York: New Directions, 1978), 49 - 51, 63。同一时期，兰斯顿·休斯也令人难忘地在《白人的行径》(1934) 中转向了短篇小说创作。迈克尔·丹宁指出威廉斯和休斯都对无产阶级写作产生了影响，参见 *The Cultural Front: The Laboring of American Culture in the Twentieth Century* (London and New York: Verso, 1997), 212 - 14, 217 - 19。

7. 这些故事出现在很多选集中，包括《医生的故事》，[*The Doctor Stories*, comp. Robert Coles (New York: New Direction, 1984)]，这个集子同时收录了几首诗、威廉斯 1951 年自传的重要摘录，以及威廉斯一个也做了医生的儿子的回忆录。

8. Williams, "The Girl with a Pimply Face," in *The Doctor Stories*, 44. 比较一下威廉斯在他的自传摘录中的描述：我们自己"言语与思想中的说谎习惯"(122—23)。

9. 诗人路易斯·辛普森 (Louis Simpson) 描述威廉斯的创作方式，"从题材之外或之上的一个点开始，然后被拖曳其中"。在《帕特森》里，"他将自己浸于'浑浊'的河水，得到重生"。Simpson, *Three on the Tower: The Lives and Works of Ezra Pound, T. S. Eliot, and William Carlos Williams* (New York: Macmillan, 1975), 288.

10. Frost, October 27, 1917, in *The Letters of Robert Frost to Louis Untermeyer* (New York: Holt, Rinehart and Winston, 1963), 59. 下文皆引自该版本。在同一封信中，他补充说："当火花向上飞溅，我确信我是被投进了幽暗。"

11. 这或许是因为他真的相信战争。普里查德的评论强调了一个很不一样的地方，即弗罗斯特的妹妹在"这个世界的粗粝与残忍"，包括他自己的粗粝与残忍面前的情感退缩。William H. Pritchard, *Frost: A Literary Life Reconsidered* (New York: Oxford University Press, 1984), 135 - 36.

12. Frost to B. F. Skinner, April 7, 1926, in *Selected Letters of Robert Frost*, ed. Lawrance Thompson (New York: Holt, Rinehart and Winston, 1964), 327. 另可参见 Pritchard, *Frost*, 171 - 72. 之前他写信给路易·昂特梅耶时说，"我最喜欢的是一个人有明确的立场。我不在乎是什么立场，只要足够明确就好。我是说我不太在意……上帝啊，我是多么崇拜那些在历史上具有鲜明意义的人啊"(U58)。

13. 参见《贫穷与诗歌》("Poverty and Poetry")，弗罗斯特 1937 年就《山外有山》引起的争议在哈弗福德学院做的讲演及朗诵。《波士顿以北》1914 年初版的献辞中称之为"人民之书"，弗罗斯特用这部诗集和他的近作来为自己争取无产阶级的衣钵。*Collected Poems, Prose, and Plays*, 759 - 67.

14. 参见他给埃德温·阿灵顿·罗宾逊的诗集《贾斯珀王》(*King Jasper*, 1935) 写的序言，这是他对新政及文学左派最犀利的反驳之一。"牢骚是一种不耐烦。悲伤是一种耐心……完美的日子依赖于一致的社会行动。再来两三次好的全国性选举就能办成这个事。" *Collected Poems, Prose, and Plays*, 742 - 43.

15. 参见普里查德在《弗罗斯特》中对这封信的评论（182—83）。

16. Wallace Stevens, "Esthétique du Mal," in *Collected Poetry and Prose*, ed. Frank Kermode and Joan Richardson (New York: Library of America, 1997), 286. 下文皆引自该版本。

17. 伯恩肖的评论和他自己的重要评论一起重印于《斯坦利·伯恩肖读本》，见 *A Stanley Burnshaw Reader* (Athens: University of Georgia Press, 1990), 22 - 32。

18. Alan Filreis, *Modernism from Right to Left: Wallace Stevens, the Thirties, and Literary Radicalism* (New York: Cambridge University Press, 1994).

19. 转引自 Denis Donoghue, *Reading America: Essays on American Literature* (New York: Alfred A. Knopf, 1987), 223。

20. Joan Richardson, *Wallace Stevens: The Later Years, 1923 - 1955* (New York: William Morrow, 1988), 121. 理查森在这一时期的诗歌中看到，"诗人似乎已经深深卷入自己以外的事物"，因为他"开始专注于'匿名'和'普通人'的问题"（117—18）。

21. Wallace Stevens, "Williams," in *Opus Posthumous*, ed. Milton J. Bates (New York: Alfred A. Knopf, 1989), 213 - 14.

22. *Letters of Wallace Stevens*, ed. Holly Stevens (1966; Berkeley: University of California Press, 1996), 286.

第六章　黑女孩与土生子

别格是如何诞生的

“贫穷有一种像死亡的气味，”佐拉·尼尔·赫斯顿在她 1942 年的自传《路上的尘迹》中写道，“死去的梦想好似干枯的季节里的叶子一般从心上飘落，腐烂在脚边；冲动在地下洞穴腐臭的空气中蒙蔽了太久。灵魂待在一个病态的环境中。人可能成为行走的贩奴船。”[1] 赫斯特的隐喻性语言让我们注意到的与其说是社会状况，不如说是心灵状态，一种负载着病痛、衰败和围困之感的精神状态。赫斯顿的意象取自自然，但她并非自然主义者。她最感兴趣的不是可能产生贫穷的等级或阶级制度，而是由此而来的无望的感觉。尽管批评家仍然将大萧条写作等同于直截了当、在政治上介入的社会批评，但赫斯顿以及她最强大的对手理查德·赖特的作品都表明其中涉及更多的东西。

没有任何一部文艺作品能够概括 1930 年代对贫穷的深切关注或对普通美国人的生活的新迷恋。像沃克·埃文斯这样的纪实摄影师的作品可能最为接近，部分原因在于他们的拍摄对象不加修饰的人性似乎超越了其历史语境。由于人们信奉经济个人主义和社会达尔文主义，穷人常常被指责为缺少干劲或品行不端。但是 30 年代的经济危机使人们不仅关注穷人的悲惨处境，也注意到其他人应对困难时期的日常经历。作家和摄影师呼吁的并非中产阶级的怜悯或慈善，而是普遍存在的对下落沉沦的恐惧，以及破坏了美国梦的那种深深的不安全感。普通人在成为政治口号的同时，也变成了人们强烈关注的对象。

从1930年戈尔德的《没钱的犹太人》开始的风潮，在1939年《愤怒的葡萄》和1940年《土生子》取得令人惊讶的商业成功时达到顶点。激进小说的成熟期恰逢其衰落期，遭到战争带来的爱国主义和经济繁荣的冲击。在斯坦贝克的书中，无产阶级小说为人熟知的被打败但宁死不屈的主人公，替换成了单纯质朴的美国家庭，他们四分五裂，失去了土地，但也认识到世界如何运转，甚至在挣扎着生存的过程中重建了破碎的集体感。只有埃文斯、多萝西娅·兰格、本·沙恩、卡尔·迈登斯、阿瑟·罗思坦、玛丽昂·波斯特·沃尔科特、拉塞尔·李、杰克·德拉诺以及其他农业安全局的摄影师拍摄的照片，可以和斯坦贝克的故事及其无与伦比的电影版本相媲美，为大萧条时期的边缘生活呈现了生动的形象。

在圆满结束这个十年的作品集萃中，理查德·赖特的书占据了一个特殊的位置，因为它们向城市阐明了大萧条状况，并强调了种族的特殊障碍，即使是佃农形象也在很大程度上回避了这一点。埃文斯和艾吉完全避开了种族问题，在《现在，让我们赞美伟大的人》中描绘了三个白人佃农家庭。得益于每月一书俱乐部的广泛发行，《土生子》以其惊险的情节、粗俗的暴力，震撼了全国，揭示了大多数美国人从未想象过的关于贫民区状况以及黑人对白人的恐惧和仇恨的坏消息。它也以不可磨灭的方式让人们了解贫穷的内在体验。

在一个很多美国人都过得不好的十年里，黑人过得更糟。他们在整个1920年代向北迁移所寻求的工作机会已经消失了。其中一些工作落到了穷苦的白人手中。在1932—1933年的冬天，大萧条最严峻的时候，有25%的美国人失业，50%的黑人没有工作。罗斯福政府不能或不愿直接处理这种不公正，因为它在政治上依赖其南方大本营，但新政在住房、贫民区整顿、就业及救济方面的计划起到了作用，因为这些计划的实施不考虑种族因素。根据历史学家威廉·E. 洛伊希腾堡的说法，“在许多地区，黑人在大萧条中受到的打击比任何群体都大，他们之所以能幸存下来，主要是因为有救济支票”[2]。然而，农业补贴只拨给土地所有者。政府付钱让他们退耕弃种，他们往往就赶走黑人佃农，这在农村加剧了很多佃户的萧条状况。建立佃农联盟的尝试总是受到地方当局和夜巡治安官的无情镇压。洛伊希腾堡说，“不应该因为新政继承的社会制度而责怪它，但新政政策导致现状恶化。农业调整管理局减少棉花种植面积，把租户和佃农从土地上赶走，而地主在他们主导的农业调整管理局地方委员会的纵容下，骗取佃农应得的那份救济”（137）。

相比之下，理查德·赖特决心要让美国白人看见黑人的生活状况和他们不为人知的内心世界，这或许是生平头一次。最直接的是，在最后几部关于贫穷与大萧条的主要作品之一中，他同时描述了农村和城市黑人的困境，这是他为《1200 万黑人的声音》（1941）中埃德温·罗斯卡姆精选的农业安全局的照片所写的附文。他的评论涵盖了黑人生活的所有阶段，但在描写芝加哥黑人聚居带典型的“简易厨房”，老鼠乱窜、没有隐私的单间贫民区公寓，其中滋生着疾病、嫖娼以及别格·托马斯那种阴郁的反社会暴力时，尤为引人入胜。

由于他经历广且具有苦涩的深度，赖特写这本书，描摹一幅美国黑人的集体画像，有独特的优势。他 1908 年出生于密西西比州，父亲是个不识字的佃农，母亲是学校教员，他在南方农村——密西西比和阿肯色州生活过，也曾住在孟菲斯和杰克逊等较大的城市，1927 年同家人移居芝加哥。贫穷和疾病迫使他们不断搬迁。理查德不到六岁的时候，他的父亲就抛弃了家庭，两年后他的母亲得了重病，经常需要她的父母、姐妹以及正在长大的孩子们来照顾。在杰克逊、孟菲斯，还有后来在芝加哥，为了养家糊口，赖特干过很多工作，使他接触到南方的种族压迫和北方更隐蔽的经济与社会隔离；家人的恶劣处境最终迫使他初中毕业之后就辍学了。

在芝加哥，他成了一名作家和共产党员，到了1930年代中期，他是这个城市生机勃发的左翼文学界一个关键人物，也是在芝加哥公共事业振兴署作家项目下工作的唯一黑人主管。1937年，他搬到哈莱姆从事党的事业，不过他在南方和芝加哥的经历为他的三部主要叙事作品提供了素材。在《土生子》之前，有一本鼓动性的中篇故事集《汤姆叔叔的孩子们》(1938)，之后是一本关于在南方长大的回忆录《黑孩子》(1945)。这本回忆录最初的标题为《美国饥饿》，其中还包括他在芝加哥及共产党内的北方经历，最后以他的幻灭而告终。但在每月一书俱乐部的敦促下，这本书的后三分之一部分被删除了，该俱乐部也负责审查《土生子》。①

赖特是一流的进步作家，属于不多见的其作品仍然有力回荡着激情和强烈痛苦的创作者。他没有经历从享受中产阶级的安逸到具有中产阶级良知的转变，这样的人生使他成了一个社会批评家。他在党内的经历给了他政治上的教育，但其中从来都不是没有紧张和矛盾的，因为党的政治路线从来没有充分阐明他作为一个黑人的经历。他在创作《汤姆叔叔的孩子们》中的故事时，是个十足的共产党人，这本书强烈地控诉了南方黑人遭受的凶残对待。

共产党人作为激进组织者的作用在1940年扩展版的最后两个故事，即《火与云》和《明亮晨星》中占据了突出位置。地方白人当局确信这些“外部煽动者”已经在他们自己快乐而温驯的黑人中挑起了麻烦，他们对所有反对迹象都进行了恶狠狠的打击（就像他们实际上对南方佃农联盟的组织者所做的那样）。1935年人民阵线政策宣布以后，共产党的文化委员就撇开了强调阶级斗争的无产阶级小说。他们淡化了他们的讯息，给它加上了爱国主义色彩（“共产主义是20世纪的美国主义”），

① 《黑孩子》遭审查部分的一些片段不久单独发表在杂志上，以及1950年一本广为传阅的书《失败的上帝》中，这是一本由前共产党人撰写的散文集，主编为理查德·克罗斯曼。后面整个部分于1977年作为一本单行本出版，名为《美国饥饿》，1991年美国文库重版了最初的全部内容。——原注

并与中产阶级自由派建立了同盟。但是赖特，尽管各方报道都说他本人出奇地温和，是一个愤怒的人，而且有各种迹象表明，他会成为一个具有无产阶级形式的自然主义作家，一个会同时聚焦阶级和种族的社会小说家。

这为日后他与共产党的矛盾种下了祸根，因为任何对种族的强调都削弱了共产党认为激进运动应该不分肤色的观点。（他们的口号之一是“黑人和白人联合起来战斗”。）这在《明亮晨星》中成了一个重要问题，因为女主人公苏不信任她的两个儿子与白人激进分子的合作，其中一人有个意味深长的名字“布克尔”（Booker），结果是背叛他们的警察内线。赖特1936年的重要宣言《黑人写作的蓝图》作于他职业生涯之初，他在其中细致地商讨了这个种族问题。他避开了官方规定的要不顾种族偏见地强调阶级问题，主张黑人写作一方面必须深深扎根于黑人的民间文化，其中体现了“美国黑人生活的集体意识”，同时也要扎根于黑人社会机构，包括教会、新闻界、社会与商业界，以及教育系统。他意识到他逾越了党的路线，决心避免“黑人沙文主义”的指责，他还坚持认为，“黑人作家必须接受他们的生活的民族主义指涉，这不是为了助长这些指涉，而是为了改变和超越它们。他们必须接受民族主义的概念，因为为了超越这一概念，他们必须先具备并领会这个概念”[3]。这表明，他在这个问题上再也没法施展巧计了。即使在他最热衷于马克思主义的时候，他在种族问题上与党的决裂看起来也不可避免。

《汤姆叔叔的孩子们》不仅说明了赖特的矛盾心理——作为一个黑人共产党员，他是在走钢丝——而且很好地介绍了他作为作家的优势和局限。虽然这本书相当于赖特的试笔之作，其生动的暴力描写有时让人几乎不堪卒读，但它仍旧是一部技艺精湛的作品，特别是1940年的扩展版。该书松散地遵循了无产阶级小说的模板，主人公从前两个故事中纯粹盲目的受害和绝望的逃亡，到第三和第四个故事中的反叛与激昂的思想转变，再到最后一个故事中坚决而不惜代价的对抗——这种抵抗在前面所有的故事中都有预示。这本书最大的优势在于其创作的外在直接性，以及赖特对黑人感受的惊人共情，他们身陷一个不允许他们享有任何权利的制度中，生活在那些无缘无故指责他们、毫不留情地殴打他们、毫无愧疚或顾忌地杀害他们的人当中。

赖特为那些使他的人物紧张到极点的极端情况所吸引。他擅长描写处于恐慌、惊骇或禁锢状态下的人的身心痛苦。通常情况下，他揭示这些人被一种麻木的无助感所困扰。他们感到完全不知所措；他们的世界已经失去了控制："他觉得头晕，忽然全身紧张发抖。他揉了揉眼。天哪，我发烧了。他头疼，感到昏沉；他想睡觉，想歇着。"[4]这里讲述了一个被洪水围困的人，仅仅因为求生存就不堪重负，精疲力竭，不过他身体上所受的折磨也是他局促生活的一个隐喻。局限于他们控制不了的情况，赖特的人物感到深陷其中无法逃脱，因为他们意识到他们的命运——强暴、残酷成性的肉体惩罚，甚至是迫近的死亡——已经吞没了他们。为了从肆虐的大水中救出家人，包括他怀孕的妻子，曼偷了一条船，接着下意识地杀了试图把船要回去的人。现在他感觉累散架了。"曼划着船：他听到姥姥在哭：他害怕得虚弱起来：他有种喘不过气来的冲动，想停下来：他觉得自己迷失了，因为他开枪杀了一个白人：他觉得再划下去也没有用：可是水流向船涌过来，他用桨顶了回去。"（80—81）这一连串环环相扣的短语，仅由冒号连起来，形成了一种叫人难以忍受的强度：这种句法本身就把这个典型的"曼"卷入某种铁律的后果之中，让他被逃脱不了的命运紧紧抓住。

在这些情况下，赖特的人物变得被动、麻木，否则就会有粗暴还击的冲动，把折磨他们的人也拉下水。随着故事的发展，这种本能反应由复仇的白日梦演变成一种不由自主的暴力抵抗行为，不论有多么徒劳。到了《土生子》，所有这些反应将得到更充分的发展：不仅是恐惧和逃亡，还有防卫、自毁性的暴力行为，这种行为打破了禁锢终生的限制，成为一种自我定义行为。生活在非人的重压之下，赖特笔下的人很少选择杀人，但不觉得这么做有任何道德上的顾虑。他们只有在走投无路时才会杀人，仿佛一生的麻烦都汇聚到了某一时刻。他们的行为不是基于任何理性计划的道德行动，而是一种总结并改变了他们的生存姿态。

《汤姆叔叔的孩子们》中的序列故事把其中的人物从受害者变成他们自己命运的主宰者，从被动的无助感发展成哪怕是蛮干的真正抵抗姿态。起初只是出于本能，但很快就变得更加审慎，好像马丁·路德说的那样，“这是我的立场，我别无选择”。这形成了赖特后期小说，特别是《土生子》的模式。在一个个故事中，抵抗行为有了更广泛的意义，变得越来越自觉，越来越有计划。最后一个故事里，作为两个年轻共产党员的母亲，苏遭到了威胁，甚至毒打。一个儿子已经被抓走了，可她开始保护她另一个儿子的朋友不被警长和他的暴徒发现，尽管她清楚这可能会要他的命，还有她的命。

> 她心中充满了一种痛苦的骄傲。此时她觉得，这个世上没有什么是他们对她做不出来的，可她没什么承受不了的。她站在一个逼仄的地方，可能还没被推开就要死了。就在那里，当她站在那里感觉到温热的鲜血顺着喉咙渗出去，她交出了约翰尼-博伊，把他交给了白人。她把他交出去了，因为他们踩着她的胸膛要求交出他，以为打她就能得到他了，以为吓唬她，就能让她说出他在哪儿。她把他交出去了，因为她想让他们明白，他们不能凭着恐吓和杀戮就得到他们想要的。(239—240)

甚至在警长和他的爪牙离开时，她还大声痛骂他们，叫嚣让他们再来打她。最后，当她得知这个儿子已经被捕，她把枪藏在一块卷起来的床单里，不是为了保护他，而只是希望在他受折磨之前杀死他。她也打算杀掉几个迫害他们的人，包括背叛他们的那个密探，而且很可能她自己会因此丧命。赖特曾经听过这样一个故事——他后来在《黑孩子》中讲过这个故事——但在这里他把它变成了一个几乎是《圣经》中关于母性反抗与自我牺牲的寓言。像《土生子》中的别格·托马斯一样，但更自觉、更鲁莽、更英勇，“她心中燃起她生命的全部意义；整个人随时准备豁出去，全面行动起来”(253)。

有关宿命选择的这些段落向我们揭示了为什么赖特不可能继续做一个共产主义作家，甚至严格意义上的社会小说家，就像传统观点仍旧这么看他一样。赖特强调情感的受迫害，这与一个政党的纲领，甚至任何激进运动所要求的最低限度的行动主义和乐观思想都不相容。为了证实他对南方种族关系的残酷描写，赖特在这些故事的 1940 年版本开头加了一篇简短的回忆录——《黑人行为准则》，从中可以窥见后来发展成《黑孩子》的个人历史。他讲述了年轻的自己是如何处处受到隶属于白人的当局随意的限制和纠缠。由于这种自传式的序曲，头两个故事的主人公比格·博伊（《比格·博伊离家》）和曼（《沿河而下》）成为黑人行为准则运作的个案研究，是我们刚刚接触的现实生活中的作家的延伸。

这些令人不寒而栗的故事是逸闻性的，但在赖特的讲述中，具有一种原型的力量。比格·博伊和其他男孩没有恶意地进入一个天然泳池之后，眼见着他的两个朋友被枪杀。出于下意识的自卫行为，他打死了那个杀害他们的人。其余的同伴遭到一群愤怒之徒的追捕，他从藏身的地方看到一个男孩被处以可怕的私刑，但他自己设法逃脱了。接下来一个故事里，曼被大水围困，一心只想救出他生病又有孕在身的妻子，也被激得杀了一个试图杀害他们的人。妻子死了以后，他也遭到了追杀，终至毁灭。第三个故事《黑人长歌》里，我们遇见了塞拉斯，他是少有的真正在蓬勃兴旺的黑人——有自己的农场，刚刚卖完谷物回来。可当他也杀死了一个他不在家时强暴他妻子的人（一个旅行推销员），他的世界就崩塌了。在层层包围之下，他决心坚持到底，在熊熊大火中和他的家同归于尽。从某种意义上说，他的自杀是一种道德上的清算，一个再没有什么可以失去的人不顾一切的绝望行为。

毫无疑问，黑人在南方处境悲惨，他们受制于铁一般的等级制度，没有法律可以求助，经常还有私刑强迫他们安分守己。然而，这些故事也渲染了偏执、愤怒、令人作呕的逼真暴力，以及一种更多归因于基督教而非马克思主义的自我毁灭性的坚忍。赖特怀着一种狂热的厌恶情绪揭露南方的种族痼疾，这限制了他作品的范围，束缚了其人物的人性。当然，无产阶级写作最糟糕的特点不是可以预料的种种公式——赖特的作品超越了这一点，也不是在社会抗议的祭坛上牺牲世界的复杂性，而是令人吃惊的宿命思想，是在意识形态上强制执行的受害模式，对此赖特的故事做了例示，但也没有完全克服。（《黑人长歌》中的）塞拉斯杀死了欺凌他妻子的油滑闯入者之后——尽管她试图阻止他不要费力去复仇，他发现他已经丢掉了他为之奋斗的一切：他的家、他的土地、他的妻子和孩子、他自己的生命。他对白人的痛恨、他们对他干过的事情，都让他心力交瘁，他“深深地，也最后一次感到现在一切都完了，什么也改变不了了”。

塞拉斯说出了这本书的其中一个主题：“白人从不给我机会！他们从来不给任何黑人机会！你这一辈子从来就没有什么能逃过他们的手掌！他们夺走了你的地！他们夺走了你的自由！他们夺走了你的女人！现在他们要夺走你的命！”他唯一的决心是：“要是上帝还能让我活，我就叫他们也尝尝这个滋味！”（152—153）塞拉斯的想法已经被他无能为力的妻子表达过了，她像欧里庇得斯笔下的特洛伊妇女一样，作为歌队无可奈何地旁观致命的最后一幕戏：“模模糊糊地，她似乎看到一幅人们相互残杀的画面。白人杀黑人，黑人杀白人。白人杀黑人，因为他们可以杀；黑人杀白人，以免被他们杀。”（146—147）赖特绵延起伏的节奏再一次表现了一种不可避免的气氛，一种既属于希腊式又属于福克纳式的宿命感。她看到，“杀戮开始之后，像一条血红的河流淌开去。哦，她为塞拉斯感到难过！塞拉斯……他正跟随那条长长的血河……他不想死；从他说起死的样子，她就知道他讨厌死亡。然而他跟随着那条古老的血河，知道什么用也没有”（153—154）。

一心想要展示像塞拉斯和苏这样的人是如何通过舍弃自己的生命，来实施报复并找回他们的一点尊严，赖特引入了会使这个情景变得复杂的一些母题，却没有继续探讨下去。塞拉斯的妻子不仅没有参与他的反抗，而且她自己没有完全反抗她的白人侵犯者，因为他挑起了她的情欲，而且可能让她想起了她在嫁给这个坚实可靠的塞拉斯之前所爱的另一个男人。在最后一个故事中，苏最有说服力的时刻是在她为失去儿子而感到母性的剧痛时，而不是她为了一个抽象的目标寻求殉道的时候。表面上看，她的目标似乎是进步的团结，捍卫她的儿子们拉她走到近前的政治事业，尽管她对此抱有怀疑态度。实际上，她的目标是赖特自己的目标，是形而上的、存在主义的；他促使她进行一种暴力的自我肯定的行动，这种行动将为《土生子》中的别格·托马斯奠定基础。因此我们了解到，苏已经走投无路，但也许更甚于塞拉斯，“她整个人随时准备豁出去，全面行动起来”。

在《汤姆叔叔的孩子们》和《土生子》中，赖特都采用了无产阶级小说激进的思想转变情节，并把它改得几乎面目全非。原有的模式可见于第四个故事《火与云》，主要讲的是泰勒牧师，他一直和当地的白人领导和睦相处，享受他们对他居高临下的尊重。他自认为负有使命，是照护人民、带领他们走向救赎的黑人摩西。但他的人民在挨饿；他们活在因为大萧条而更加勒紧的枷锁之中。白人当局希望泰勒不要参与一场由共产党组织的抗议游行；他不愿听从他们，他们就对他表示公开的蔑视。现在他明白了，原来他一直是他们的走狗，在他们残忍的权威面前迎合妥协，唯唯诺诺，如履薄冰。最终，在漆黑的夜里，他被绑架，遭到无情的殴打，然后被迫跪在地上，嘲弄性地像在祈祷。但他同时也因为自己坚忍不拔的力量而彻底改变。泰勒意识到他终其一生都在跪着，“向白人行乞、恳求。他们给我的都是面包屑！他们只对我拳打脚踢！现在他们拿着枪威胁我交出我的灵魂！如果我像个人一样开口说话，他们就要杀死我……”(209) 这种盲目的认识没有把他变成一个共产主义者；就像赖特在他的《蓝图》中一样，他的忠诚是“与人民在一起……是人民！对我们来说他们才是真实的！上帝与人民同在！人民对我们来说和上帝一样真实！”(210)。他的孩子们，也就是下一代，像赖特一样不再信奉旧时的宗教，但他用某种方式创造了他自己用基督教、政治抵

抗和黑人平民主义合成的理念。“他还是那个他，但他又不一样地回来了。”（212）

表面上看，泰勒牧师和苏向年轻一代斗争立场的转变似乎既俗套又可以预测，是1930年代激进写作的老生常谈。赖特塑造了一种共产主义主张，颇为不安地吸收了基督教精神与黑人民族主义的元素。但对于他后来与党的分歧，没有什么比这最后两个故事中阴森可怖、撕心裂肺的暴力表现得更清楚的了，因为它们挖掘出一种任何政党纲领都无法遏制的愤怒，其中像美国共产党的议程这样变化多端、善用战术的当然不行。在《汤姆叔叔的孩子们》和《土生子》中，自始至终，白人不仅恶毒，邪恶透顶，而且在像苏这样的黑人看来，好似笼罩在他们头上的“一团巨大的白色混沌”，是一种无差别的力量，永远支配着他们的生活。对苏来说，背信弃义的布克尔看起来就像一张“巨大的白脸”，让人想起“她对这一辈子见过的所有白脸的恐惧”。（242）《土生子》中，别格·托马斯眼里的白人好似“耸立的两堵巨大白墙”，他们的脸差不多是“危险的白色唱片”。赖特笔下的黑人把这些脸看作一种没有差别的威胁，几乎没有人性，是从他们头上压过来的一堵墙或一座山。

当他们殴打泰勒和苏来惩罚和恐吓他们，当他们为了使他开口而折磨苏的儿子约翰尼-博伊，当着他母亲的面先是打断他的两个膝盖，再打爆他的鼓膜，白人变成了粗线条的野兽，没有任何一丝怜悯或仁慈。种族关系的历史展现了很多这样残暴成性的故事，但文学需要比卡通式恶行更微妙的东西：用富有洞见的方式进行复杂处理，据此产生动机和意义。一部以受害者为中心的文学作品掩盖了对那些折磨他们的人的任何人性把握。尽管包括埃莉诺·罗斯福在内的很多读者发现这种暴力特别令人不安，赖特认为他还是轻易就放过了他们，并决心下一次要更严厉。“我发现我写了一本连银行家的女儿都能阅读并为之流泪而且感觉很好的书。我对自己发誓，如果我再写一本的话，没人能再为它流泪；那本书将会冷酷沉重到他们不得不在没有眼泪的安慰下去面对它。”[5]

为了做到这一点，赖特用模棱两可，间或卑劣可鄙的别格·托马斯这个人物—— 一个谁也不会为之流泪的人——取代了塞拉斯、泰勒和苏等受害者主人公，他们地位卑下但不失尊贵，能够激起人们的同情与钦佩。尽管《汤姆叔叔的孩子们》的写作具有丰富的感官细节，但其根源在于1930年代冷硬派小说使人头皮发麻的暴力。像达希尔·哈米特和《黑面具》[①] 的其他撰稿人等新硬汉小说作家，还有W. R. 伯内特（《小恺撒》的作者）和詹姆斯·M. 凯恩（《邮差总按两次铃》的作者）等犯罪小说作家，都是无产阶级的黑色孪生兄弟，他们的作品背景阴郁而俗丽，人物多为流浪汉、快餐厨师和轻刑犯，而不是陷入经济冲突的工人和老板。尽管这些作家有很多（例如哈米特）都是左派人士，但他们描绘的是一个两面派、暴力和腐败横行的世界，这些是如此普遍，以至于很难被归咎于任何经济制度或权利结构。在党或工人阶级的革命潜力中找不到解决办法。揭露这些情况的稍微有点英雄气概的人物——私家侦探、保险调查员——往往自己也卷入了腐败，而他们整顿清洗的手段很难与那些恶棍的行为区分开来。哈米特在他的第一部小说《红色收割》(1929) 中把这个用作了关键主题。

表面上看，别格·托马斯和他的弹子房朋友属于詹姆斯·T. 法雷尔《斯塔兹·朗尼根》三部曲（1930—1935）和罗伯特·帕克等芝加哥新城市社会学家作品中的街角社会。但理查德·赖特受到的影响也包括冷硬派小说中劣迹斑斑的主人公及其惊险情节与骇人场景，还有成为报纸头版头条的轰动性案件。别格迷恋他新雇主的女儿玛丽·道尔顿；当他突然担心在她的房间里被发现时，他半意外地杀死了她；她的尸体被肢解，放进家用炉子焚烧，令人毛骨悚然；在她的残骸被偶然发现时，赖特设置了可怕的悬念，直击别格的神经和骨髓；他的逃亡，当他担心女友可能揭发他，他无端地杀害了她，以及他在包围了黑人聚居区的警察警戒线内被捕：所有这些出自地摊文学和八卦小报的材料，都被赖特

① 新闻记者H. L. 门肯和剧评家乔治·吉恩·内森1920年创办的一份通俗杂志，主要发表犯罪、冒险、传奇、侦探等类型小说。

出色地用于严肃的目的。他知道这些内容会多么鲜明地在情感上吸引他的读者。

借助这个耸人听闻的情节，赖特使他的白人读者通过一个受人轻视、具有威胁性而又脆弱的人物的眼睛来看世界。他考验他们去理解是什么让别格（Bigger）——与“黑鬼”（nigger）押韵——之所以是别格，以及他为什么行他所行之事。如果说一个年轻的黑人强奸犯和杀人犯是白人读者最可怕的噩梦，那么赖特要探询他的沮丧与愤怒的深层原因，但又会揭示社会是如何创造出他的。赖特用别格的仇恨的幽灵来吓唬他的读者，最后又挑战他们敢不敢去理解，甚至同情他。

像加缪和萨特这样的法国作家喜欢冷硬派文学，因为它无处不在的虚无主义；它让我们坠入一个不受“文化”和传统价值影响，几乎超越了善与恶的世界。（《局外人》中）加缪没有感情的主人公默尔索冲破了所有简单的心理学解释，传达出一种无足轻重和边缘化的感觉。像别格·托马斯一样，他用一种胡乱随机的行为，通过杀人和被杀来定义自己。无产阶级和犯罪小说作家都受到海明威的影响，特别是《杀手》这样的故事，但无产阶级作家只借鉴了他平淡克制的手法和其中暗含的暴力；冷硬派作家理解他更深层次的悲观主义、他的虚无感，即在一个没有稳定价值观和理想主义目标的世界中，孤立的人只能通过自我定义的个人行为来证明自己：勇气、风度、凶残或坚毅的行为。对这些法国作家来说，冷硬派写作成了存在主义的爆发点之一，一个所有传统道德约束、所有理想主义动机和超越的意义来源都被消除了的场景。当加缪和萨特用《局外人》和《恶心》中麻木不仁、漫无目的的主人公和波澜不惊的情感景象来创立存在主义哲学，理查德·赖特在《土生子》中表达了一种类似的世界观，背景设在芝加哥充满暴力的黑人贫民区。

赖特掌握了其他作家把骇人听闻的材料用于严肃目的的手法，特别是写《罪与罚》的陀思妥耶夫斯基。他有一个现实生活的原型，即利奥波德与勒布案，其中两个年轻富有的（同性恋）芝加哥人绑架并杀害了一个男孩，仅仅为了寻求刺激，他们试图超越道德的束缚实施完美犯罪。（《土生子》好几次提到此案。）他还有一个近在咫尺的原型——罗伯特·尼克松案，一个黑人因为谋杀在芝加哥受审，媒体也对他进行了审判，随后他被处决。在《“别格”是如何诞生的》这篇赖特撰写并在小说出版之后不久发表的演讲稿中，他列举了他认识的很多在南方长大的不受管束的年轻黑人，他们是从本能上反抗种族隔离的叛逆者，拒不服从但最终被制服的“坏黑人”。赖特强调说他希望别格既是一个个人，也是一种原型，象征黑人灵魂中处处潜藏的反抗。

赖特总是试图创造一些有代表性的人物，来表达他的人民的整体状况。在《汤姆叔叔的孩子们》中，他把人物叫作比格·博伊（Big Boy）和曼（Mann），带领读者从少年的天真和恐惧经由成年的局促与压力——对无权无势的黑人男性来说这是个不稳定的过渡阶段——最后到达老年来之不易的智慧。在一个不寻常的转折中，老一辈被迫从他们长大的孩子的强硬和粗暴中学习，因为年轻一代在努力开启一个不同的世界。就像传记作者和批评家所表明的，赖特在创作《黑孩子》时，用记忆从他的过去塑造出一个黑人男孩在南方的种族隔离制度下成长的典型经历。而他为《1200 万黑人的声音》写的文本，震撼了他年轻的门徒拉尔夫·埃利森，他在其中以第一人称复数的形式创作了一段惠特曼式散文诗，试图以黑人群体的声音为他的人民说话。这甚至可以从照片的说明文字序列中看出来：

> 我们的生活被棉花包围/
> 我们犁垦、种植棉花/
> 我们砍伐棉花/
> 我们采摘棉花/
> 当棉花女王死去……/
> ……我们中有多少人跟着一起死去？[6]

赖特完全不同情黑人教会。通过别格虔诚的母亲这样的人物，他把宗教当作一种麻醉剂，它减轻了黑人的痛苦而没有质疑它，不过在《1200万黑人的声音》中，他利用讲坛布道的催眠节奏使人联想到黑人赤条条、没有保护的生活。在关于“简易厨房”——别格这样的家庭居住的肮脏不堪的单间小公寓——的有力片段中，赖特用长达七页的一系列断续文字穿插在令人反胃的照片之间：

> 简易厨房损坏了我们正在成长的孩子的个性，扰乱他们，浇灭了他们的希望，造成了问题，这些问题的影响多年后在当时是儿童的受害者的性格中仍可见到。
>
> 简易厨房使我们的农家女孩在十几岁的时候就和那些不安分的、被城市的喧嚣和灯火刺激着的男人挤在一起；我们的女孩比城市其他地区的女孩私生了更多的孩子。
>
> 简易厨房使我们的黑人男孩充满渴望，躁动不安，促使他们离家出走，和其他不安分的黑人男孩一起加入帮派，那是城市勇气的残酷形式。(110—111)

这几乎是对《土生子》开头的评论，它在一个与这里所描绘的一模一样的房间里展开，对别格和他的同伴也产生了类似的影响。

赖特已经把小说写到一半多了才偶然想到这个开头的场景，但它正好表达了恰当的情绪。作为一部都市现实主义与社会批判的作品，它不仅向我们介绍了这个家庭的贫困和窘迫的生活条件，而且也呈现了别格的暴力、叛逆和随随便便的残忍。这个场景可以描述为一次粗鲁的觉醒。它以闹钟粗暴、破坏性的铃声开始；这代表了这个小说本身，赖特希望可以借此警醒他有教养的读者。贫民区的楼房里老鼠猖獗，在房间里乱窜的老鼠凸显出这一家人的脆弱和他们不得不生活在其中的污秽环境。但是当别格追赶着打死老鼠，我们可怜起老鼠来，因为它陷入的困境让我们看到了被困在这个房间的一家人、被囚禁在聚居区这个种族隔离世界中的黑人群体，以及后来亡命出逃的别格自己。当他落入层层包围，被追捕的时候，他会羡慕老鼠的自由，因为它可以轻易地从墙上的洞里溜走。

但即使是这一幕和随后的弹子房场景，都具有贫民区社会学的典型特征，引入了使这部小说不同凡响的风格。围追并打死老鼠的别格，对母亲态度粗暴，用死老鼠戏弄妹妹的别格，无所畏惧，惹是生非，不服管教，是一场早晚要发生的灾难。但他也是一只被关在笼子里的动物，几乎没有选择，潜藏着大麻烦。“你要是有点男人气概的话，我们就不会住在这个垃圾堆里了。”他母亲对他说。[7]在管教所的日子已经过去了一段时间，现在他不情愿地接受了一份工作，去给道尔顿家开车；如果他不找工作，他的家人就不能再领救济。在有限的范围内，他明白自己的困境：“是的，他可以接受道尔顿家的工作，可是不痛快，也可以不干，那就得挨饿。一想到他没有更多的选择，他就很恼火。”（456）

但赖特并不满足于别格的看法是什么；他希望我们能从更大的角度去理解。所以，他开始时不时在小说中穿插一段解说旁白，引入一个反思的声音，在这种声音中，作者明确清晰的分析性洞见，与通过人物的神经和肌肉而不是大脑表现出来的片面性意识融合在一起。赖特违反了现代小说的一个基本规则，他自己也强调了这一规则，即需要“表达、描绘，而不仅仅是讲述故事”（878），他开始解释、解释，又解释，用别格自己绝不可能会用的方式详细阐述别格的观点。第一段这样的评论出现在小说开头几页里：

> 他憎恨他的家人，因为他知道他们在受苦，而他没有办法帮助他们。他知道，一旦他允许自己充分体会他们如何生存、他们活着的羞辱和痛苦，他就会恐惧和绝望得失去控制……他知道，一旦让自己充分意识到他过的是什么样的生活，他就会要么自杀要么杀人。因此他克制自己，表现得很强硬。（453）

赖特努力挖掘别格的自觉意识——实际上是在试图解释他闭锁思维的原

因——增加了读者对这家人如何生存的恐惧——赖特后来把这个描述为道德恐惧。他将主题转移到别格的思想机制上，即他的恐惧、羞耻、疏离、强硬和潜在的暴力。

一开始赖特似乎过于注重分析，根据场景加添意义。他最初的评论略显笨拙，不过这些评论最终为小说定下了基调，一种悲剧性而不可阻挡的沉思气氛。尽管赖特不信任黑人教会，但这些评论在很大程度上得益于牧师的讲道方式，以及他们的布道细述文本的方式。随着《土生子》情节的推进，这些思考渐渐与别格的观点更令人信服地融为一体。之后，赖特会把《黑孩子》的结构设计成一系列场景和说理，用阐释性的评论使人明了每一个片段。用托尔斯泰关于狐狸与刺猬的比较来说——狐狸知道很多事情（譬如赖特流利多才的对手兰斯顿·休斯），刺猬则知道一件大事——赖特是刺猬。别格使他找到了他的真正主题，即作为美国黑人所承受的极端心理压力，从这部小说开始，他的其他作品都是对这个主题的评论。

最终赖特弄巧成拙。这本书前两个部分的“旁白”段落卓有成效，但最后一个部分，尤其是别格的“进步”律师鲍里斯·麦克斯的法庭陈词，却分裂为一种说明性的结论、对先前发生的行为一系列拙劣的戏剧化观点。仿佛这样还不够似的，赖特接着写了《“别格”是如何诞生的》，然后是《1200 万黑人的声音》，最后还有《黑孩子》（《美国饥饿》），就像批评家罗伯特·斯泰普托观察到的那样，他在其中着手为《土生子》“做证”（一如《黑人行为准则》中选择性的回忆为《汤姆叔叔的孩子们》的恐怖气氛做证一般）。

年轻一代的黑人作家，包括拉尔夫·埃利森、詹姆斯·鲍德温和戴维·布拉德利，发现别格·托马斯是一个重负、压在他们心头的包袱，因为这不是一个他们可以认同的黑人。布拉德利一想到如果有个别格·托马斯住在附近就瑟瑟发抖。埃利森和鲍德温不明白，他们的导师既然为他们打开了一扇通往广大读者的大门，为什么不致力于创造一个和理查德·赖特一样复杂而敏锐的人物。但即使在他的自传性作品中，赖特也意在表达更基本的东西。之前的黑人作家，比如写《一个前有色人种的自传》的詹姆斯·韦尔登·约翰逊，写《流沙》和《身份伪装》的内拉·拉森，以及写《白人的行径》的兰斯顿·休斯，都写过一些特别的黑人——有些肤色浅到可以伪装成白人，另一些受过教育，凭借奋斗成为文化精英——他们仍然在偏见、盲目的仇恨，以及他们自己的身份斗争的浅滩中遭遇失败。赖特对于 W. E. B. 杜波依斯“有才能的十分之一”① 的难题或黑人中产阶级的伤心失望没有什么兴趣。“有钱的黑人生活在一个对我来说几乎和白人居住的世界一样陌生的地方”[8]，他在《黑孩子》中写道。他也不满足于记录穷苦黑人因为大萧条而进一步恶化的悲惨命运。他回忆说，只有来了北方之后，他才开始明白，美国黑人的生活“不只是种种外部事件、私刑、种族隔离政策及无休止的残暴行为，还是被摧毁的感受和心理上的痛苦”[9]。在与他成长的世界隔开一段距离之后，他发现自己身上有一种他确信所有黑人都有的东西在沸腾，一种高雅文学和白人社会对其视而不见的鼓动性的东西。这不是愤怒，应该说是一种比愤怒更具爆炸性而难以言表的内心紧张。

在小说原本用作开头的弹子房场景中，别格·托马斯就感受到了这种紧张，当时他和他的朋友正在讨论抢劫一个白人店主的计划。赖特在这里表现了压力与阻滞，恐惧转化成暴力的相互作用，它们会在别格与道尔顿家打的所有交道、他犯下的两桩谋杀、他的逃跑，以及随后对他的追捕和最终抓获的过程中，牢牢占据别格的头脑。《黑孩子》中，赖特回想起自己年少时每次与白人面对面，都会产生这种难以忍受的紧张感。这没有让他采取暴力行动——在南方那无异于自杀——而是逃到了北方。像别格一样，他在白人面前戴上一张坚不可摧的面具——一种不可侵犯的漠然，到了北方之后，即使是和他能够信任、关心他并把他当作人的白人一起，他也很难摘掉面具。因为被雇他干活的犹太店主发现

① 黑人种族中有才能的十分之一，通过接受教育、参与社会活动而成为非裔美国人的领导阶层，此说法最初由白人提出，1903 年，W. E. B. 杜波依斯发表了一篇很有影响的同名文章，主张这些有才能的十分之一应该利用他们的优势来改善黑人群体的状况。

他说了一个轻微的谎言，虽然那些人待他不错，年轻的赖特把自己藏得越来越深，最后纯粹出于尴尬还是辞去了工作。说出真相似乎是不可想象的；他也因为非常不自在、疑虑重重而没有说，即使他知道他也许可以安全地敞开心扉。

别格眼里的白人不是个体而是一个完全陌生的存在。“对别格及其同类来说，白人并非真正的人；他们是一种巨大的自然力量，就像暴风雨来临之前头顶上乌云密布的天空，或者黑暗中突然涌到脚边的湍急的深河。”（550）《沿河而下》中吞没了所有人的可怕洪水，在这里变成了对无差别危险的隐喻，一种威胁着要淹没他的陌生力量。他要远离它，或者当他走得太近就要注意保护自己。但即使在远处，它也逐渐滴出一片“恐惧和羞耻的严实泥沼，一点点侵蚀他生命的根基”（551）。

这在几个弹子房场景中表现得很明显，早早就向我们暗示别格的恐惧和自我憎恨如何突然闪现出凶狠的暴力。周围没有白人，只有一个抢劫白人的想法，仅仅是个计划，可这就在别格那里形成了一种身体上的紧张，在他的胃部肌肉上打了一个紧结。他拔出一把刀，按在他的朋友格斯的脖子上，把自己的恐慌转移给他的朋友，吓得他一阵呜咽。由于无法承认他的害怕，别格差一点就杀了格斯，只是为了制造一个严重的场面，确保干不成那个工作。“现在，只有非常暴力的行为才能让他忘记一切，从而恢复他的自信。”

当别格在半迷糊的状态下杀了玛丽·道尔顿，他变成了另一个人，玛丽和他逗笑，刺激他，但眼里并没有真正看见他。他对好心的道尔顿夫妇戴上了冷漠的面具，当玛丽和她的共产党男朋友简试图向他表示友好，他绷着脸，不愿搭理。他们笨拙地试图让他放松下来，却弄得他更加不自在。这种象征性的平等主义，是富人和激进分子的奢侈品，加强了他对贫穷的羞耻。他对玛丽产生的性方面的兴趣——1940 年的初版基本删除了——看起来如此没有意义，以至于他在她面前感到被抹除了。“他觉得就在那时自己的身体已不复存在；他成了他所憎恨的某种东西，一个耻辱的象征，这象征他知道是和黑皮肤紧密相连的。”（508）

他开车载着他们四处闲逛，玛丽和简在后座上亲热，这等于注销了他的人性，似乎他根本不在那儿，或根本不是一个真人。当别格把这个喝醉的姑娘送回家，扶她到床上，对于这纯粹身体上的接近——违反了一种根深蒂固的种族禁忌——他几乎要控制不住了。面对门口玛丽的盲人母亲那个“白色的人影”，他因为害怕在她的房间被发现而闷死了她。他将在没有强奸她的情况下被控告强奸，在没有打算杀死她的情况下被控告谋杀。在一个使小说具有独创性的矛盾转折中，他为自己更深层的愿望承担了罪名，仿佛那是象征性的行为，并且因为他的罪行奇怪地感到解脱。《土生子》成了一部关于一个人重生的小说。

别格的紧张被他犯下的可怕罪行一扫而空；这些罪行成了他对抗世界的盔甲，同时也是他留给世界的印记。他现在是报纸上轰动性报道的对象、大规模搜捕的目标、全社会害怕的人物，以及一场戏剧性审判的中心。别格的暴力解决了他是谁与他如何被看待两者之间的冲突，用赖特在《美国饥饿》中的话来说，“那种持续不断的想要而不能得的感觉、无缘无故被憎恨的感觉”（254）。别格“杀了人，为他自己创造了一种新生活。那是完全属于他自己的，生平头一次，他有了别人从他这儿拿不走的东西。……他感到他这辈子的生活都是为了这样的东西。……他生命的隐含意义—— 一种别人看不见而他一直想方设法掩盖的意义——现在涌现出来了”（542）。这部小说与其说是关于别格的行为，莫如说是关于他的生命意义，而他的行为就是要传达这种意义。小说的目的在于让读者感到震惊和恐惧，恰如别格的行为让所有人感到恐惧一样。

别格的欣喜、他的重生感，是一个惊人的转变。它把赖特推入了一个奇怪的虚构领域，追随尼采对奴隶道德的批判和陀思妥耶夫斯基在《罪与罚》中对拉斯柯尔尼科夫的描述，还有利奥波德与勒布，以及纪德的自由行为概念。这不仅是萨特与加缪思想的前身，而且预示了诺曼·梅勒的“白种黑人”与弗朗茨·法农得到萨特认可的理论，即暴力在殖民对象身上的炼狱作用。在探讨这种新的心理学，将强奸与谋杀转变成黑人状况的实际隐喻的同时，赖特并没有完全放弃传统意义上个人行为的道德责任感。道尔顿一家富有、激进而虚伪，读者对这样的粗线条人物很难感到同情——相比玛丽的死亡或其父母的悲伤，我们能更强烈地体会别格的恐惧。但赖特用令人毛骨悚然的细节描述她的尸体被肢解和焚烧的过程，正如他最喜欢的作家之一安德烈·马尔罗在《人的境遇》中强调人类肉体的纯粹反抗一样。赖特运用出色的笔法在别格的账簿上添了另一宗罪，即他在和他那倒霉的女朋友贝西·米尔斯做爱之后立即谋杀了她。这足以使别格变得卑鄙，也为我们对他的认同画上了一个句号。

“爱”几乎不是可以用来形容别格对贝西所作所为的恰当词语。如果说别格体现了黑人男性难以忍受的紧张，贝西则代表着他需要却在伤害的悲怆而脆弱的黑人女性。她的世界是一场接一场的劳碌和痛苦，只有通过酒精才能缓解。对由于杀人而新获得力量的别格来说，她无知又狭隘，就像他自己愚昧的家人一样。“他感受到她生活的窄小轨道：从她的房间到白人的厨房是她活动的最大范围。”星期天下午是她仅有的休息时间，她就去找乐子，“让她觉得她在弥补她过的这种贫乏生活”。对别格来说，她是一个有机可乘的目标，他利用她来释放他的紧张，供应温暖的时刻：“她想要酒，他想要她。所以他就给她酒，她也就把自己给他。”（573—574）据赖特所见，透过他残存的马克思主义的视角，酒精和乐趣对于贝西来说，一如宗教之于别格的母亲，是纯粹的缓和剂、被践踏者的鸦片。

虽然控方并不关心一个黑人妇女的谋杀，除了用来把别格描画成一个恶魔，但赖特竭力将这两起犯罪联系起来。玛丽引诱别格做不情愿之事；他胁迫贝西按他的命令行事。别格既没有强奸玛丽也没有蓄意杀她，但他强暴了贝西，然后因为害怕她会告发他而杀死了她。玛丽死时处于喝醉的昏迷状态；贝西喝酒是为了麻痹知觉，但也是因为别格在利用她的弱点。对检察官来说，玛丽被害是最重要的；对赖特来说，贝西的死更加重要。如果说别格生命的全部意义涌现于他的暴力行为，那么贝西生命的全部意义——她的被动、她对自己生命境况的无能为力——则涌现于她的死亡。

小说的一条轴线可见于遍布全篇的火与雪、热与冷的意象中。玛丽的尸体在道尔顿自家火势旺盛的炉子里燃烧，火炉代表着他们的社会权力和别格的内心骚动。别格用砖砸贝西的头，之后把她丢到一座废弃大楼的通风井里等死，当大雪用白色的毯子覆盖了这个城市，贝西冻死在那里。作为一个真实存在的人，现在受了重伤，她只是“不能出现在他前方的路上”（665）。贝西在具有象征意味的白雪之下死去，是白人支配和黑人暴力的双重受害者；两者都使她既无助又无望。书中没有什么比她象征性的反抗、她对命运的被动接受更令人沉痛的了：当别格进入她，“他听到她的叹息，他知道这种叹息，因为他之前听过很多次了；但这一次他在那熟悉的叹息底下听到了另一种深深的叹息，一种认命的叹息，一种屈服，撒手放弃某种比她的身体更加重要的东西。……不是话语，而是一种表示对可怕经历逆来顺受的声音”（663—664）。

贝西毫无意义的死亡使别格成为一个受谴责的人，带给他唯一的一丝悔意。然而，在小说的布局中，她孤苦无助地死去，而他将自由逍遥地死去。这是第三部分“命运”的主题。从赖特的朋友和编辑看到《土生子》的手稿开始，读者就对这个结局产生了疑惑。几乎没有任何行动。而实际发生的很大一部分——小说的所有人物都不可思议地聚集在别格的牢房，贝西遭殴打的尸体被推进去验尸，审判中的陈词，辩方律师的“进步”言辞与控方可怕的妖言惑众之对比——甚至都没有达到符合现实的最低标准（就像赖特自己在《“别格”是如何诞生的》一文中默认的那样）。其中一些内容，特别是检察官用心险恶的陈词，退回到了《汤姆叔叔的孩子们》的煽动性写作，显示出对赖特来说，创造一个令人信服的白人人物有多么困难。

这个材料不仅具有戏剧性，而且表明赖特在多大程度上是把小说构想为一部三幕剧。此后不久，他和剧作家保罗·格林不甚愉快地把它改编成舞台剧，多年以后，当赖特已不再年轻，他在布宜诺斯艾利斯拍摄的一部小成本电影版中扮演了别格。至少，这表明了赖特对别格的认同，包括渐渐体悟到自己生命意义的那个别格，好似赖特自己认为他去北方并成为作家所体悟到的一样。别格没理会他好心的律师，后者只把他看作他所处环境的产物，他说："我没想杀人！但我杀人的目的，正是我所追求的！"（849）别格面对死亡时的坦白叫律师——他叫麦克斯，有点像马克思——感到害怕，因为他对作为其种族与阶级的象征而不是作为个人的别格感到更自在。赖特直觉的存在主义战胜了他的马克思主义：别格新获得的自由感使他有力量直面死亡。

我一度认为第三部分只是对一部基本已经结束的小说多余的评论集合。更准确地说，另一部小说开始接续第一部，是关于一个人如何寻找新生活的。但它又是笨拙地堆砌在一部更有影响的小说之上，该小说讲的是一个戴着面具的人、身陷困境的人、突然爆发的人。别格的逐渐开悟，他对自己并非总有说服力的新的接受和理解，使这本书的后面部分更接近拉尔夫·埃利森的《看不见的人》，而不是被它作为起点的黑人版《斯塔兹·朗尼根》。别格决心弄明白发生在他身上的事，映射了赖特探究自身经历之意义的愿望，这将《土生子》与其自传性的续篇《黑孩子》（《美国饥饿》）联系在一起。"他的罪行现在众所周知，但他在犯罪之前心里想的是什么永远也不会有人知道，"别格想道，"想要讲述的冲动，就跟以前杀人的欲望一样深重。"（733）但这是作者的动机，不是别格的了。

别格不能令人信服地表达的东西，他的犹太律师鲍里斯·麦克斯和作者努力帮他表达了。麦克斯的观点在第一版中被大幅删减（后于1991年版恢复），但他的发声，赖特认为，对小说至关重要。"法官阁下，"麦克斯在法庭上说，"请别忘了，人可以因为没有实现自我而死去，就像因为没有面包而饿死一样！他们也会因此去杀人！"（820）杀人和强奸一样，可以是本意，也可以是象征性的。"他已经谋杀了很多次，不过没有尸体。……每次他只要跟我们接触，他就在杀人！……他本人的存在就是对这个国家的犯罪！"（821）这反映出我们已经看到的东西：

别格逐渐意识到他在某种意义上真的强奸了玛丽，因为“每次他只要像那天晚上一样感受，他就强奸了。……每次只要他把目光放在一个白人脸上，他就犯了强奸罪。……一天又一天，当他被生活压得喘不过气来，从心底发出仇恨的大喊，那就是强奸”（658）。这并不是他将被判决的那种强奸。

早在麦克斯发表他的长篇大论之前，赖特对别格思想的诠释就已深深印在小说里。别格“杀了两次人，但从真正的意义上说，这不是他第一次杀人。他以前就杀过很多次了，只不过在最近两天里，这种冲动才采取了真正杀人的形式”（670）。奇怪的是，他感到因此获得了力量，尽管他知道这会毁了他。“是他干的这事。是他造成了这一切。”他从来没有感受过这种行动感，也没有感到如此充满活力。即使是在绝望的逃亡中，“他在真正地、深刻地活着，不管别人会怎么想，怎么盲目地看他。他过去从来没有机会体验他的行为的后果”。（669—670）以前，他的生活对他来说是“一个奇怪的迷宫”“一片混乱”，分裂成他每天面对的和他心里所想的。“只是在仇恨的重压下，这个矛盾才得到解决。”（670）

在赖特看来，这种仇恨的替代物——强奸与谋杀的替代物，是别格对完整人性受挫的向往，渴望“他时常在杂志和电影里看到却感受不到的那种丰富感”（583）。在道尔顿舒适而安定的家里，他发现了它，一种他从不知晓的心理状态。在他对逃亡的设想中，别格感到“一种特别的力量，这力量源于生命的潜能”（598）。赖特赋予别格的一定是他自己“对完整感的深切渴望”，这种渴望他甚至在他所鄙视的黑人宗教和教堂音乐中都能感受到。《土生子》的最后一部分，是赖特试图让别格超越仇恨与暴力，超越种族与贫穷，“超越类别”（用艾灵顿公爵喜欢用的词来说），并让他在临死之前成为一个人。别格在结尾处最大的遗憾是想到自己要在“他们没看见我，我也没看见他们的感受与想法”（845）中死去，这预示着埃利森的《看不见的人》。

赖特一开始把别格塑造成一个震惊世界，从而使人们切身体会黑人痛苦与愤怒的人。他用内省与社会报道相结合的方式，将别格变成一个可怕的警告、一种末日启示的预言。别格是个了不起的人物，却是像“曼”或“黑孩子”一样的类型人物，不完全是个有血有肉的人。詹姆斯·鲍德温后来抱怨说，“当一切结束，我们对他的了解和开始的时候一样少”[10]。但他与其说是一个人，不如说是一个载体：他的愤怒和恐惧、他的内心冲突、他的挫败感和产生暴力的能力，都是为了探究黑人男性的内心。赖特经由别格不仅表现了他自己的种族意识，而且还有冲击他的读者、惹恼他们的文学志向。别格在被捕以前想象他的犯罪对白人公众产生的影响：他沉醉在“惊吓到他们的强烈兴奋中”。“他希望自己会成为他们头脑中的一个思想”，他的血腥行为“能在他们眼前盘旋，勾画出一幅可怕的现实图景，他们看得见，感觉得出，却毁不掉”。（565）这就是《土生子》本身所呈现的图景，确实这样惊吓到了1940年的美国读者。

但赖特用了一个醒目，即使不是完全可信的转变，小说以别格与自己和解、超越愤怒而结束。“他现在不再弯腰曲背了，肌肉也不紧张了。他轻轻地呼吸着，心里纳闷怎么会有一股平静的清凉气息在他体内荡漾。就好似他在努力倾听自己的心跳。”（781）面对处决，“他不得不把他的感情编织成一面坚固的盾牌，不是希望之盾就是仇恨之盾”。这个得到救赎的别格选择了希望，赖特认为这可以使他超越种族，迈入普遍人性的领地。这个令人惊讶的转变是否源于赖特思想中残存的马克思主义？他是不是在用他自己超越种族的梦想来取代一个比他更不善于表达、更没有自我意识的人物的想法？“生平头一次，他获得了一个感情上的立足点，他可以借此站着并看到他以前从未梦想过的那些模糊关系。”别格思忖着：要是“那座白色的隐隐约约的仇恨之山根本不是山，而是人，像他一样的人，像简一样的人”，那会怎么样？很多读者已经发现这不大可信。在一篇评论切斯特·海姆斯《孤独的征战》的文章中，鲍德温将别格描述为“走向他的死牢，拙于表达，被他对认同和复仇的需求所摧毁，对于是什么毁了他、他的生活可能是什么样子的最后想象，只有最微弱的暗示”[11]。这对粗野的别格来说或许是一个不大可能的转变，但它正是赖特心中的自我认知。赖特将一种超越种族的马克思主义普世论和他自创的新生存在主义结合起来，从而走向自我认识。两者将《土生子》这部原本会是黑暗与暴力之书的作品，引向了一种对普遍人性惊人而有希望的认识。

“作为有色人种的我感受如何”：解放的佐拉

如果这就是赖特想要传达的讯息，那这本书并没达到目的。作为描述黑人在北方的生活方式以及他们对白人的真实感受而敲响的一记警钟，《土生子》产生了巨大的影响，而且至今仍在回荡。别格详细具体的谋杀——以及在他杀人之前就将他推至边缘的压抑的暴力——令人生畏；我们禁不住会认同他的恐惧和逃亡，让人感觉异常真实。但是，赖特把强奸和谋杀象征性地处理成迈向别格完整人性的步骤，这在存在主义的巴黎比实行隔离制度、具有种族意识的美国更能触动人的神经。赖特的文学后裔既粗粝又温柔：既有切斯特·海姆斯和威拉德·莫特利这样的都市自然主义作家，也有拉尔夫·埃利森和鲍德温这样不安分的门徒，他们先是折服于他大胆讲真话和敏锐的心理洞察，之后又反抗他的愤怒榜样。但自 1970 年代以来，他最重要的对手——现在是美国课堂上讲授最多的黑人作家——是他抨击得最厉害的佐拉·尼尔·赫斯顿。对于年轻的赖特在《新群众》上评论《他们眼望上苍》时的不以为然，她的回应是在更主流的出版物《星期六评论》上发表对《汤姆叔叔的孩子们》的恶评文章。尽管美国的黑人经历当然容得下不止一种看法，但两人的分歧似乎越来越有代表性。就像哈泽尔·罗利在 2001 年的赖特传记中写道，“赫斯顿-赖特之争一直持续到今天”[12]。

从 1940 年代末开始，赫斯顿的作品几乎完全被遗忘了，直到 1970 年代初才被女权主义者重新发现。但是她和赖特交手的时候，已经赫赫有名，是最知名的黑人作家之一。她 1891 年出生于亚拉巴马州，这个日期她一生都没有透露过，她在佛罗里达州中部的黑人小城伊顿维尔长大；她的父亲是一位牧师，担任过那里的三届镇长。在她诗情画意的第一部小说《约拿的葫芦藤》（1934）中，她讲述了她父母的恋爱、父亲麻烦缠身的神职、他的不忠以及她母亲的早逝，不过她的小说及人类学作品的中心主题，都是她成长于其中的伊顿维尔的黑人独一无二的语言、传说、幽默和民风民俗。

赫斯顿拥有非常敏锐的听觉，她发现赖特不具备这一点——他习惯先用标准英语写对话，之后再“修改”成口语——而且她作品的口头特征偏向诗性抒情，不做自然主义白描。甚至在她还是孩子的时候，她那讨人喜欢的聪明才智就令来访的客人和镇上的居民惊叹不已，这磨炼了她的模仿及讲故事天赋。同样是这些天分帮助她成为或许是哈莱姆文艺复兴时期最多姿多彩的人物；她被普遍认为是天生的表演家，对白人资助者具有不可抗拒的魅力，不过她太急躁，太不受约束，从来没有创作多少作品。[13]赫斯顿早期的崇拜者和资助人非常多。包括安妮·内森·梅耶，巴纳德学院的创始人，1920 年代后期，赫斯顿是该校唯一的黑人学生；阿兰·洛克，他在具有里程碑意义的选集《新黑人》（1925）中发表了她的一个早期故事（《斯朋克》）；兰斯顿·休斯，两人在闹翻之前合作写过戏剧《骡骨》；范妮·赫斯特，这位备受欢迎的小说家与她结识，并聘她为助理，尽管赫斯顿几乎没有文员技能；弗朗兹·博厄斯，鼓励她从事人类学研究，并为她的《骡子与人》写了序言；夏洛特·奥斯古德·梅森，富有而专属的公园大道“教母”，资助过赫斯顿、洛克、休斯，以及其他哈莱姆文艺复兴时期作家；南希·库纳德，在她的鸿篇巨制《黑人选集》（1934）中发表了她的作品；亨利·阿伦·莫，古根海姆基金会负责人，给她的人种志研究提供了奖学金；以及其他很多人，都为她敏捷的才思和对南方黑人民俗与方言的广泛涉猎而着迷。

赫斯顿对赖特的其中一个指责是，他如此执着于黑人的生活如何受到白人的支配，如此坚决地揭露他们仇恨、恐惧和无能为力的核心，以至于他几乎没有关注黑人如何在黑人中间生活，又是如何发展出他们自己丰富繁茂的民间文化，以及最重要的，他们实际的说话方式。赫斯顿将此归咎于赖特在南方种族主义问题上坚持共产党的路线，不过这当然也深深扎根于他自己在成长过程中被灌输的恐惧。她在评论伊始就抱怨说“这是一本关于仇恨的书”，称赞了作品的某些部分之后，最后希望“赖特先生会在黑人生活中找到施展其才华的出口”。性别差异也是他们持久对峙的一个重要因素。“这里有太多的杀戮，”她写道，“或许多到可以满足所有黑人男性读者。”对她来说，赖特关于暴力压迫与复仇的寓言忽略的不仅是黑人的内部文化——他们彼此之间的关系，还有他们对各自生活的责任（“国家对一切负责，个人对什么都不负责，甚至不养活自己”，她写道）。[14]鲍德温十多年后也做了类似的批评，声称由于赖特在《土生子》中将别格变成一种“社会符号”、一个对于即将发生的灾难的预言，“一个必要的维度就此割裂……即黑人之间的相互关系、那种深入的参与，以及对共同经历的无言认可，这种认可创造了一种生活方式”。[15]

这种“生活方式”就是我们所说的文化；探索这种文化，尤其是从女性的视角，是赫斯顿的小说和人类学作品存在的全部意义。在 1928 年一篇名为《作为有色人种的我感受如何》的惊人之作中——如果不是它那漫不经心的口吻、洋溢的自我中心主义，这个标题可以用在赖特的作品集上——赫斯顿表示她几乎不知道自己是有色人种，直到 13 岁时，她母亲去世后，她从居民全部是黑人的小城被送到杰克逊维尔，和一个兄长住在一起。但即使那时，当周遭白人的存在提醒她自己是黑人，并且受到区别对待，她也坚称，“我不是悲惨的有色人种”。这不是悲伤，或抗议，或任何自卑感的来源；她觉得生命深层的源头在于内心——她在这里呼应了爱默生——唯一的迷失来自被迫体会任何限制性的种族感，这是很多黑人对自己干的事儿。“有时候，我感到受歧视，但这并没让我生气。我只是感到惊讶。怎么会有人拒绝享受我的陪伴呢！我不明白。”[16]

这些话是哈莱姆文艺复兴时期热情奔放、淘气顽皮的佐拉会说的典型言语，一个似乎具有传奇色彩的表演的自我。① 赫斯顿并没有想象她那满满的自信、她那振奋人心的美国式乐观思想和个人主义可以解决我们所有的社会问题。但她确实感到，黑人，尤其是“南方边陲”的黑人，拥有的文化资源给予了他们惊人的力量与活力。赫斯顿和赖特应该会一致同意，黑人生活在面具后面——用杜波依斯的话说，掩盖着“面纱”。她觉得穷人一般“都不愿意偶尔暴露灵魂所依附的东西。而黑人，尽管他会开怀大笑，看起来温顺，却非常隐蔽躲闪”。[17]但是，当赖特在礼貌的举止背后看到仇恨、恐惧和愤怒，赫斯顿却听到了一种博大精深的口头文化在吟诵传唱——讲故事比赛、神通广大的民间智慧、为人津津乐道的传闻、离谱的吹嘘、侃侃而谈的布道。据赫斯顿所见，“贫困文化”不是一系列社会疾病，而是一个共同智慧的有机体、一种日常生活的诗学。

赖特对《他们眼望上苍》的批评使其与他自己作品的差异变得非常明显。“赫斯顿小姐会写作，”他说，“但她的文字弥漫着自菲利斯·惠特利的时代以来就困扰着黑人表述的那种肤浅的感官性。”尽管《土生子》，特别是它的未删减版，大胆展示了黑人男性的性欲，甚至冒着证实种族主义成见的危险，但赖特身上有种鲜明的清教徒特征。像很多被共产党所吸引的人一样，包括那些对其自由性爱的氛围趋之若鹜的人，赖特把性和享乐看作政治麻烦；如同宗教带来的慰藉一般，它们吸走了不满情绪，使群众变得驯服。对白人来说，黑人性自由的代入感既是一种顽皮的消遣，也是一种屈尊形式的可怕的原始主义；黑人代表着他们自己由于中产阶级禁锢而被排除在外的野蛮状态。

在 1920 年代，很多白人确实被哈莱姆文艺复兴作家所吸引，就像他们迷恋爵士乐一样，喜爱它的“原始”品质：质朴的能量，身体的活

① 从赖特的角度来看，这篇文章则体现出他不喜欢的哈莱姆作家是如何讨好白人，取悦他们的同时安抚他们可能感到的任何愧疚。——原注

力，不加掩饰的情感，率性自由的情欲。（法国人出于同样的原因倾慕爵士乐，并把约瑟芬·贝克①奉为偶像，使之风靡全国。事实上，他们把整个美国文化看作逃避他们自己过于精致的文明的出路，这种文明使他们在道德的虚伪中窒息。）很多黑人作家和表演人士也确实迎合了这种需求，比如赫斯顿在她大量有趣的伊顿维尔故事中就是这么做的。

作为一个受到自身异禀天赋驱动的人，赫斯顿确实给人一种自由感，但她丝毫没有原始感。乡村黑人的生活故事正在时兴——到1935年，杜博斯·海沃德的《波吉》已经迅速经历了从小说到大热的百老汇戏剧再到格什温的歌剧的过程——而且在哈莱姆作家中，她与南方生活和传统的渊源最深。对热衷政治参与的赖特来说，这不亚于黑脸走唱表演，一种白人扮黑人的娱乐消遣。"赫斯顿小姐自愿在她的小说中延续过去戏院强加给黑人的惯例，也就是让'白人'发笑的黑脸扮装技巧。"在《作为有色人种的我感受如何》中，赫斯顿曾为自己的力量、自己的表演感到激动，不论付出过多大代价："我身边总是有人提醒我，我的祖辈是奴隶。这没有使我觉得沮丧……奴隶制是我为文明付出的代价，选择权并不在我……世界上没有人曾有过比这更大的荣耀机会。赢得世界，没什么可失去的……掌握国家舞台的中心，而观众不知道该笑还是该哭，这相当令人兴奋。"（827）赖特从愤怒的新一代的视角反击她："她的人物吃饭、说笑、痛哭、干活、杀人；他们像钟摆一样永远在那个美国人希望黑人坚守的安全而狭窄的轨道上摆动：在欢笑与眼泪之间。"[18]

赖特对赫斯顿的批评是他1936年的宣言《黑人写作的蓝图》中对哈莱姆文艺复兴作家的抨击所预示的，这是一个1930年代政治上积极介入的作家如何嘲弄其前辈的审美价值的经典例子。这些作家努力通过表现黑人也可以创作诗歌、小说和戏剧——简而言之，一种高雅文

① 约瑟芬·贝克（1906—1975），移居法国的非裔美国舞蹈家与歌手，法国抵抗运动特工，民权活动家。

化——来提升种族地位，赢得尊重。赖特形容他们为“一本正经、彬彬有礼的大使，在美国白人面前摇尾乞怜……穿着奴性的及膝裤，行着屈膝礼，表明黑人并不低劣，也是人，过着与其他人相当的生活”[19]。可是一旦赖特越过对这种讨好白人的丢脸行径的奚落，他的文章就出现了奇怪的转折。他说，黑人写作，在最好的时候，也很少是“针对黑人自己——他的需求、他的痛苦、他的愿望的”。黑人有自己的文化，主要来自“黑人教派”和“黑人民间传说”。他不明白，为什么黑人作家走的是高雅艺术的大道，却还没有开发并尝试丰富这一民间传统，其中的口头文化“体现了黑人为自由而斗争的记忆与希望”，以及“美国黑人生活的集体意识”。（198）他们不去创作这种共同作品，来实现“他们与他们的人民之间的艺术交流”，反而“幻想他们能够通过个人成就来逃避他们种族的严酷命运”。

赫斯顿无疑认为她和她的作品都是独具一格、不可化约的。但她使用的材料恰恰是赖特推荐的：《约拿的葫芦藤》中的黑人语言和黑人教派，这本书的结尾有点突兀，用了一段她自己曾听过的精彩布道；《骡子与人》和《他们眼望上苍》中的黑人民间传说与伊顿维尔的民风习俗。她最好的作品读起来像是在回应鲍德温后来对《土生子》的不满和赖特自己给黑人写作开的药方。赖特本人很少利用他如此雄辩地赞扬的民间文化，他的作品也不是主要针对黑人和他们之间的关系。他大体上也在迎合白人，不是为了打动他们，而是在向他们下战书。黑人生活的内在力量、其乡土文化的浓郁丰富，大都与他擦肩而过。他的《蓝图》读起来更像是为赫斯顿或拉尔夫·埃利森的作品写的宣言，而不是为他自己所写，因为他们的书都得到了黑人大众民俗的滋养。赫斯顿的主题不是种族主义的影响，而是黑人民族的内在生活，不是乡村穷苦黑人的糟糕处境，而是他们语言与文化的特质和华彩。

赖特强调赫斯顿小说的感官性可谓一语中的，她用繁复的意象和大胆浪漫、离经叛道的故事来表达这种感性。正如赫斯顿富有洞见的传记作者罗伯特·海门威最先展示的那样，《他们眼望上苍》更多的是围绕充满象征意义的隐喻轴线展开，而不是顺着情节线性发展。不满现状的女人受困于不幸福的婚姻，或者只是在寻找爱和满足，这样一种基本叙事是赫斯顿从1920年代的作家那里继承过来的，包括舍伍德·安德森（《小镇畸人》）、辛克莱·刘易斯（《大街》）、薇拉·凯瑟（《迷途的女人》《我的死对头》）、内拉·拉森（《流沙》），甚至还有《我弥留之际》中的福克纳，它与《红字》相呼应。这些作品中的女性都是不安分、受挫败、情欲上得不到满足的。她们的故事不仅暗含女性主义，认为婚姻是个陷阱，甚至是一种奴役，而且还有某种更深层的东西，一种受尼采、弗洛伊德和D. H. 劳伦斯的思想风潮影响的活力论、文化上对新精神分析的着迷。它强调每个人都有实现个人价值的权利，并把性和爱，把推翻维多利亚时代的谎言与压抑，作为通往幸福的康庄大道。开花的梨树象征着珍妮·克劳弗德的性觉醒，成为她寻找完满人生的过程中的圣杯，并且作为一个主题反复出现在她与男人的每一段感情中。

赫斯顿对这个意象的介绍具有令人窒息的性感，使人想到济慈和劳伦斯，然而它又大胆明确而生动地从一个女人的视角描述了这种性的渴望：

> 她仰面朝天躺在梨树下，沉醉在来访的蜜蜂低音的吟唱、金色的阳光和阵阵吹过的轻风之中，这时她听到了这一切的无声之声。她看见一只带着花粉的蜜蜂进入了一朵花的圣堂，成千的姊妹花萼躬身迎接这爱的拥抱，梨树从根到最细小的枝丫狂喜地战栗，凝聚在每一个花朵中，处处翻腾着喜悦。原来这就是婚姻！她是被召唤来观看一种启示的。[20]

16岁的珍妮，感官现在通体活跃起来，感到一种混合的悲伤与向往，一种对生活的渴望："啊，能做一棵开花的梨树——随便什么开花的树多好啊！有亲吻它的蜜蜂歌唱着世界的开始！……哪里有她的欢唱的蜜蜂？"（25）当然不是和那个种下初吻的游手好闲的男孩在一起，也不是和那个勤劳的农民，外祖母由于害怕她的性觉醒而逼迫她嫁的那个人。出生在奴隶制度下的老妇人，早已明白性和男性主导地位的爆炸性化学反应如何会让很多女人毫无防备，包括她自己和珍妮的母亲——母亲在遭到强暴并生下孩子之后逃跑了。在她看来，唯一能够抵挡激情的反复无常和遗弃的不是爱情，而是婚姻，“有一所买下来付清款的房子和紧靠大路的六十英亩土地”（41）。否则，“就我所知，黑人女子在这世上就是头骡子”（29）。她说，“这个爱情！就是它使咱们又拉又拽，汗流浃背，从天没亮一直干到天黑”（41）。

外婆的想法及其来之不易的谨慎和愤世嫉俗，为珍妮命运的上演拉开了序幕；老妇人提到苦涩的经验之谈，却是必须领悟之后再忘却的。[①] 对外婆来说，婚姻是一笔划得来的交易，一个使女人坐上“高椅子”的社会和经济后盾；性和爱只会确保女人被利用，并最终被抛弃。但是珍妮还不知道这一点，她想要幸福，而不是安全感，想要内心的成熟，而不是身份地位。她安心地等待着爱情开花，可她的前两次婚姻都没有满足内心那个女人。其中一次的前景似乎是“亵渎了梨树”（28）；她嫁给了第二个丈夫，尽管“他并不代表日出、花粉和开满鲜花的树木，但他意味着遥远的地平线，意味着改变与机遇”（50）。珍妮像她志趣高远的创作者一样，渴望当下的真正浪漫，但也渴望更遥远的自我转变的可能。所有这些都在赫斯顿精彩纷呈的意象中展开。

珍妮的第一个丈夫洛根·基利克斯起初对她很殷勤，但不久就把她当作公认的骡子、一头负重的牲口。她的第二任丈夫乔·斯塔克斯帮助建立了伊顿维尔，当了那里的镇长，开了一家大店，把她捧上了宝座，也把她拴在那里，尽管是一个高位。他试图控制她的穿衣打扮，言行举止。他一再在公众场合羞辱她，嘲笑她的年纪和长相，直到“他们婚姻的灵魂离开了卧室住到了客厅”。不久，“卧床不再是她和乔嬉戏的长满

① 拉尔夫·埃利森借鉴了这个策略，在《看不见的人》的开头，垂死的祖父用看透一切的口吻告诫年轻的主人公要过一种双重生活。——原注

雏菊的原野，只是她又累又困时躺卧的一个地方”。简而言之，“和他在一起，她的花瓣不再张开”（111）。他对于她的顶撞十分不满，他死的时候，她扮起丧偶者的角色，可内心不为所动。“在昂贵的黑丧服里面是复活与生命……她把自己的面孔送去参加乔的葬礼，她自己则随春天到世界各地去欢笑嬉戏。”（136—137）只有她的第三任丈夫、年轻得多的“甜点心”，允许她自由绽放，点燃她的欲望，烧成猛烈的激情，但也发自内心地把她当作平等的人、一个有活力的独立的人。

所有这些母题——开花的梨树，象征她生机勃勃的内心火焰；“高椅”，代表保护和获得的社会地位（嫁给镇长乔，珍妮“和权威人物同床共枕”）；骡子，一半是牲畜，一半是传奇，退化但坚不可摧，是普通人性的最小公分母；以及地平线，在小说开头作为充实和完整存在的终极目标，富有音乐性地发展成一组不时相呼应的主题和变奏。外婆把珍妮推向安全的“高椅”，而不是梨树象征的缥缈欲望，以及它对自然果实的诱人承诺。“她出生在奴隶制时代”，就像珍妮后来意识到的那样，“那时候人们，我是指黑人，不能什么时候想坐下来就坐下来……她就希望我能这样，不惜任何代价，爬上高椅子，坐在里面”。珍妮嫁给乔，他在他的世界中是个“大人物”、一个散发着权威的人，实现了外婆的目标。“但是费奥比，”她告诉她的朋友，“我在那上面差点都要枯萎死去了。”（172）

赫斯顿围绕地平线的意象演绎出相同的变化，她在书的开头引入地平线时，说它是“每个男人的希望”所在。（9）相反，珍妮听从外祖母的建议，发现自己落入了一系列陷阱，似乎这些陷阱是提醒她人性局限的阴谋。“外婆把上帝所造物中最大的东西——地平线拿来，捏成小到能紧紧捆住外孙女的脖子使她窒息的程度。地平线是最大的东西了，因为不管一个人能走多远，地平线仍在遥不可及的地方。”（138）地平线、梨树还有高椅进一步被内/外二分法联系起来。珍妮没有活在社会认可的角色——做听话的孙女、循规蹈矩的妻子，以及仅仅“把自己的面孔送去葬礼”的寡妇——和她自己的情感的分裂中，她渴望一种大多数人都无法实现的表里合一。当他们看到这一点时，会嫉妒地议论纷纷。她没有把自己禁闭在新寡的表演中，而是觉得“居丧的时间不应长于感到悲伤的时间”（143）。她转向内心寻找被前两次婚姻埋葬或玷污的珍宝。“她在自己心灵深处找到了一块宝石，希望在人们能够看见她的地方行走，使宝石到处闪光，然而她却被当作等鱼上钩的鱼饵，放到市场上出售。”（138）外婆把她变成了伊迪丝·华顿《欢乐之家》中莉莉·巴特的穷苦黑人版，一个在婚姻市场上待价而沽的女人。只有和“甜点心”在一起，在大沼泽的烂泥地里一块干活，她才能“展现她的光芒”（139）。

珍妮和“甜点心”结婚，再现了赫斯顿自己在写作中描绘并实践的社会下沉。正如赫斯顿回到伊顿维尔开展她的人种志研究，然后将其写进充满民俗和方言的小说一样，珍妮放弃了富有尊贵的遗孀的社会地位，先是交往了一个年轻得多的人，接着享受了一段浪漫的春梦，最后身体力行在沼泽的泥地里和众人一起过着艰苦的劳动生活。赫斯顿用她本人和一个比她年轻的男人之间的短暂恋爱为基础创作了这本小说；书的第二部分洋溢着一个年长女人对自己的美貌、个人自由，以及即便遭到社会谴责也要大胆面对困难那种不可剥夺的权利的自豪感。

在大沼泽地，珍妮和她的年轻丈夫还有季节工人一起摘豆子，她在包围着她的集体温暖和丰富的诗意言语中找到了幸福。第一次遇到他时，她发现“他会是花儿的蜜蜂——春天梨花的蜜蜂”，但她仍然很警惕。她知道一些愚蠢的寡妇被年轻爱人剥削和遗弃的故事。她向他提出了他们的年龄差距——她40岁了，他至多25——但他的甜言蜜语征服了她。“我都想过了，也和自己斗争了，”他告诉她，“但没有用。想到我自己的年轻并不能像和你在一起时那样使我感到满足。”（159—160）他早上来找她，这样她就能了解他，不只是作为一个情人，而是作为一个人。“我看你需要知道我白天的感情。我没法在晚上使你体会到这一点。”（161）当珍妮对泥地里一个年轻得多的女人吃起醋来，“甜点心”告诉她，“有你在，我要那个小胖女人干什么？……你能使一个男人忘

记他会老，会死”（206）。他对她的感情无法逃遁，是生命的开端：“你掌握着天国的钥匙。”（165）

“甜点心”散发着很难伪装的吸引力，他迷人的话语宽慰了珍妮，恰似小说浓厚的方言与繁复的意象打动并诱惑了读者一般。珍妮在结尾处说，“听那种谈话就和张开嘴让月光照进你喉咙一样”（285）。她如灌木丛般浓密的对话及其语音拼写，一开始对有些读者来说可能是个障碍。（我的学生证实了这一点。）不过一旦适应，就会进入一个不一样的世界，既丰饶又怪异。读者由书面语向口语的下沉近似珍妮（以及赫斯顿）由高雅向“原始”的回转。和众多现代经典作品一样，《他们眼望上苍》也是一场穿越下层的旅行。

赫斯顿写这本书的时候，哈莱姆文艺复兴已是明日黄花，被大萧条的经济需求和新的社会主题取而代之，但这本小说出色地挽回了对原始的迷恋、向下流动的梦想，以及标志着这些和其他 20 年代作家与艺术家作品的底层怀旧。然而，这种想象是建立在追求真实性的基础之上的，可能会变成对暴力的浪漫梦想、对文明的摒弃。但《他们眼望上苍》并不是对未遭破坏的自然状态或简单与贫穷的美好品德进行的粗糙理想化。正如赫斯顿在她的年轻恋人感觉受到她的事业威胁时，最终和他决裂一样，当“甜点心”被疯狗咬伤，失去理智转而攻击她，珍妮必须杀死他。这个结尾有时被看作情节上的一个仓促解决办法，但这或许是小说最精彩的转折。

一场猛烈的飓风袭击了大沼泽地，似乎是在说明这个理想化的热带天堂像自然本身一样，也有完全不受我们控制的黑暗和危险的一面。在随后的大水中，珍妮和“甜点心”必须撤离。一条疯狗威胁着珍妮，但在“甜点心”勇敢地营救她时，它居然咬了“甜点心”。他的疯狂，尽管凝结在这种充满爱的自我牺牲的方式中，表明他也有他黑暗的一面——嫉妒、不理性、暴力。“甜点心”教会了珍妮射击，当他试图杀她，她开枪打死了他。他的朋友组成了这样一个支持性的黑人民间团体，为这一行为粗暴地怪罪于她，但她被一个白人法庭开释了。

赫斯顿生动勾勒出自然狂野、不可管制的这一面，一如她让人们看到了自然孕育果实的潜能和情欲的超越。当飓风来临，泥地上的穷黑人知道他们被一种更大的无情而超然的力量所控制。风暴产生了一个不同的群体，受到威胁，非常脆弱，那些身在其中的人试图从恶劣天气的暴击中读出意义：

> 风以三倍的疯狂再次刮起来，最后一下把灯吹灭了。他们和别的棚屋中的人一起坐着，两眼拼命盯着粗陋的墙壁，灵魂在询问着：上帝是否意在让他们以微不足道的力量与自己较量。他们好像是在凝视着黑暗，但他们的眼睛在仰望上苍。

外面，在风和水、鱼和动物的漩涡中，上帝似乎是在重演诺亚的洪水，却是随意胡为，没有任何明确的逃生之路。人们只能试着去揣摩它。大自然倾覆了人类的秩序，进行了报复。“甜点心顶着风走到外面，立刻看到风与水给人们认为无生命的许多东西注入了生命，又将死亡带给这样多曾经活着的东西。到处都是水。离群的鱼在院子里游动。”（236）后来，当“甜点心”被拉去搜集并埋葬尸体——白人装进棺材，黑人洒上生石灰埋到一起——他发现受灾的人被突然降临到头上的神秘莫测的力量吓坏了。“有的尸体面容安详，双手显得放松，有的死者面露搏斗表情，双眼不解地大睁着。死神来临时，他们在望着，努力想看到看不见的所在。”（252）

这个“望”的母题是赫斯顿最后一个也是最有回响的隐喻。她在开篇第一句就提到了人们望着地平线上遥远的船——承载他们所有人类希望的船。整部小说中，她反复用一群不赞成地审视珍妮的观望者来把这个主题变得复杂——当她在“甜点心”死后第一次回到镇上，当她和他一起出现在泥地上，当她坐在法庭上被控告杀害了他。正如理查德·赖特抱怨之前的黑人作家，珍妮和她的创作者一样，作为个体追求自己的命运，对这些挑剌的旁观者置之不顾，他们构成了由于嫉妒、胆怯和从众而扭曲变形的社会共识。虽然有慷慨的资助人、她自己满不在乎的表面形象，赫斯顿本人也感到这些挑剔的旁观者眼光的压力。他们恶意地说着闲话，嫉妒地以她的麻烦为乐，对她评头论足，而这部小说是她骄傲的辩解。

赫斯顿的传记作者海门威有益地总结了各种对她在《骡子与人》中的人类学研究的批评，认为她回避了政治与种族主义，将她童年时的伊顿维尔的民间文化理想化，却绝口不提当下对南方黑人所犯的恶行。这些包括1931年轰动全国的斯科茨伯勒男孩案[①]，1920年就发生在伊顿维尔附近的一场著名的暴乱和私刑。理查德·赖特批评《他们眼望上苍》之后，在《汤姆叔叔的孩子们》中为这些恐怖事件勾勒了一幅令人难忘的画面。甚至她的前资助人阿兰·洛克也在一则比赖特的评论更让她生气的简评中，敦促她从事“政治与社会纪实小说创作”，而她从未对此产生过兴趣。

不过赫斯顿的民俗研究并不是强调个人主义的1920年代的延续。即使在1935年左派公布人民阵线的文化政策之前，查尔斯·西格和艾伦·洛马克斯等民族志学者和音乐学家就已经在南方乡村四处搜罗民歌、传说、方言以及其他口头传统。大萧条严峻的经济状况不仅导致人们在政治上关注贫困人口，而且引发了对他们生活与传统的文化兴趣。作为小说家和人类学家，赫斯顿是这场平民主义转向的先锋，这股潮流先是被左倾的政治界知识分子所反对，后来又被他们接纳。到1941年，就连理查德·赖特也通过《1200万黑人的声音》中的文字和照片，对这一文化转变做出了姗姗来迟的贡献，实际上五年前他就在《黑人写作的蓝图》中称赞过这种转变。

赖特聚焦充满敌意的黑白种族鸿沟，似乎是在把《土生子》置于《他们眼望上苍》的对立面。但这两本小说的主题发展非常相似，足以

① 1931年，在美国亚拉巴马州的斯科茨伯勒，九名非裔美国男孩被控强奸了两名白人女孩。尽管证据不足，九名男孩中还是有八人被定罪并判死刑，引发示威游行和集会，成为1950年代开始的民权运动的重要前兆。

说明他可能几乎不知不觉地受到了赫斯顿这部最好作品的影响。纵观《土生子》，别格一直受到某种他被剥夺的东西、一种生命的充实感的困扰。他感到“一种特别的力量，这力量源于生命的潜能”。正是珍妮由开花的梨树得到的暗示。早些时候，两个人物都处在他们的感受和别人对他们的要求，即他们必须戴的社会面具的分裂中。两本小说中，他们从疏离到主动，走向一种更完满、更统一的身份意识，而且都必须在这一路上杀人。对他们来说，向下的路即向上的路：他们实现了超越，但不是经由顺从或体面，而是通过向下的流动性，通过被鄙视的违规或越界行为。

珍妮并不像别格那样是个真正的杀人凶手，但她为了追求无法企及的真实生活可以变得冷酷无情。她像别格一样，从困惑走向坚定，从别人为她做规划走向她为自己做规划。她毫无顾虑地抛弃了她的第一任丈夫，通过当众揭露他失去的男性能力来羞辱第二任丈夫，并且残忍地迫使他面对即将到来的死亡。实际上，她用一种无情的诚实的名义杀死了他，正如她后来不得不杀死“甜点心”一样。我们可能记得赫斯顿早期两篇出色的故事《斯朋克》和《汗水》，都是以暴力死亡为结局的复仇寓言。其中一篇里，一个勤劳的妻子扭转局面，对她那不走正道、虐待欺凌她的丈夫进行了报复，用他希望会很快结果她的响尾蛇杀死了他。另一篇里，一个遭背叛的丈夫的鬼魂对偷走他妻子并夺走他生命的男人也实施了可怕的报复。这些仿造的民间故事的欢快气氛在《他们眼望上苍》中呈现出一种挑衅的女权主义色彩。珍妮获得的这种力量感、存在的充实感，与别格在杀人之后公开受到谴责而第一次感受到的真实人性并无二致。赖特从心理学的角度来看待这一重大进展，就像他看待别格之前的悲惨境遇一样；赫斯顿用的是自然主义角度，反映在她的盛开与结果的意象中。珍妮的丈夫乔在他的社群中是个“大人物”，但内心逐渐变得虚空。珍妮通过与自然相融相合找到了幸福，即使要付出被它勒索的代价，要面对它带来的恐惧。

“尽你所能去生活——不这样是错误的”，亨利·詹姆斯的一个人物说，这句话传递了《专使》的讯息。赫斯顿的小说同样以放手去做的主题结尾，这是一种最大限度地充分生活的劳伦斯式信条。这个信念与所有对大萧条或美国种族分裂的“政治”回应背道而驰。它强调的是个人的体验，不是群体的怨恨。它相信个人的勇气和冒险。珍妮告诉她的朋友费奥比，“你得亲历其境才能真正了解，这是尽人皆知的事实，爹妈和别的人谁也没法告诉你、指给你看。有两件事是每个人必须亲身去做的，他们得亲身去到上帝面前，也得自己去发现如何生活”（285）。不出所料，赫斯顿通过重现小说开头的意象来实现这一点。“我已经到过地平线，又回到这里，现在我可以坐在我的房子里，在对比中生活了。这所房子不像甜点心来到之前那样光秃秃的了。”（284）珍妮已经和“甜点心”一起到过山巅，现在可以回到家中，心满意足地生活了。小说在这样抒情的笔调中结束了：

> 他当然没有死。只要她自己尚能感觉、思考，他就永远不会死。对他的思念轻轻撩动着她，在墙上画下了光与爱的图景。这儿一片安宁。她如同收拢一张大渔网般把自己的地平线收拢起来，从地球的腰际收拢起来，围在了自己的肩头。它的网眼里充溢着如此丰富的生活！快来看看这多彩的生活吧！她在自己的灵魂中呼唤。(286)

---

1. Zora Neale Hurston, *Dust Tracks on a Road* (1942), in Hurston, *Folklore, Memoirs, and Other Writings*, ed. Cheryl A. Wall (New York: Library of America, 1995), 635. 除非特别说明，文中赫斯顿的作品均引自此版本或指南卷，Hurston, *Novels and Stories*。

2. William E. Leuchtenburg, *Franklin D. Roosevelt and the New Deal, 1932 - 1940* (New York: Harper & Row, 1963), 187.

3. Richard Wright, “Blueprint for Negro Writing,” in David Levering Lewis, ed., *The Portable Harlem Renaissance Reader* (New York: Viking, 1994), 198 - 99.

4. Richard Wright, *Uncle Tom's Children* (New York: Harper Perennial, 1993), 64. 这一版重印了 1940 年的扩展版，增加了第五个故事和一篇自传式序言，是为他 1945 年的回忆录《黑孩子》写的概述。

5. 理查德・赖特，《“别格”是如何诞生的》，为 1940 年在哥伦比亚大学的一次演讲，后以小册子的形式出版。这里引自 Richard Wright, *Early Works*, ed. Arnold Rampersad (New York: Library of America, 1991), 874。

6. Richard Wright, *12 Million Black Voices: A Folk History of the Negro in the United States*, 与埃德温・罗斯卡姆挑选的照片 (New York: Viking, 1941), 50 - 55。

7. Richard Wright, *Native Son*, in *Early Works*, ed. Rampersad, 452. 下文皆引自该版本。

8. Richard Wright, *Black Boy: A Record of Childhood and Youth* (New York: Harper, 1945), 222.

9. Richard Wright, *Black Boy* (*American Hunger*), in Wright, *Later Works*, ed. Arnold Rampersad (New York: Library of America, 1991), 254.

10. James Baldwin, *Collected Essays*, ed. Toni Morrison (New York: Library of America, 1998), 27.

11. Ibid., 581。

12. Hazel Rowley, *Richard Wright: The Life and Times* (New York: Henry Holt, 2001), 138.

13. 华莱士・瑟曼 (Wallace Thurman) 在他的影射小说《春天的婴儿》(*Infants of the Spring*) 中写到她时说，“她在那些四处搜罗黑人天才的白人中间非常受欢迎”。他把以她为原型创作的人物描述为“一个南方方言大师、讲起故事来妙语连珠的人，但她对文学创作太不上心，没有把她善于谈论的东西写下来”。转引自 Robert E. Hemenway, *Zora Neale Hurston: A Literary Biography* (Urbana: University of Illinois Press, 1977), 64。

14. Zora Neale Hurston, “Stories of Conflict,” in Hurston, *Folklore, Memoirs, and Other Writings*, 912 - 13. 最初刊于 1938 年 4 月 2 日的《星期六评论》。

15. Baldwin, *Collected Essays*, 27.

16. Zora Neale Hurston, “How It Feels to Be Colored Me,” in *Folklore, Memoirs, and Other Writings*, 826 - 29. 最初刊于 1928 年 5 月号《明日世界》。

17. Zora Neale Hurston, Introduction to *Mules and Men*, in *Folklore, Memoirs, and Other Writings*, 10.

18. Richard Wright, “Between Laughter and Tears,” in *Critical Essays on Zora Neale Hurston*, ed. Gloria L. Cronin (New York: G. K. Hall, 1998), 76.

19. Richard Wright, “Blueprint for Negro Writing,” in Lewis, ed., *The Portable*

Harlem Renaissance Reader, 194 - 95.

20. Zora Neale Hurston, *Their Eyes Were Watching God* (Urbana: University of Illinois Press, 1978), 24. 下文皆引自该版本。中文借用王家湘译《他们眼望上苍》(浙江文艺出版社，2017 年)。下同。略有改动。

第二部分　成功与失败

第七章　美国梦之外

成功的神话与大萧条现实

我们已经看到，大萧条使人们前所未有地关注曾经不为人知的那个穷人的美国——过去和现在所有令人窒息的贫民区中的扭曲生活；耕种着枯竭荒瘠的土地的赤贫佃农；移民家庭和流浪儿童，以及他们破旧不堪的胡佛村，那是对家和庇护所概念的讽刺。卡罗琳·伯德不惜用略带夸张的语气强调，“大萧条并没有使穷人的状况变得萧条。只是将这些状况公之于众。穷人始终都很穷。只是以前没人留意他们”[1]。大萧条文化提供了一种关注方式。它改变了那些关心美国人现状的有识之士的关注对象。

但是，挤压穷人的经济崩溃也严重损害了中产阶级甚至富人的生活，因为他们已经享受了美国生活的诸多承诺，所以会失去更多，包括他们的自尊。就像罗伯特和海伦·林德 1937 年描述印第安纳州的曼西时所说，

> 虽然米德尔敦几乎所有家庭都在大萧条中遭受了种种困难，但对于相当大比例的工人阶级来说，这些困难并不像对商业阶层那样

> 是一个新的经历。后者在面对诸如失业等突如其来的重创时没有那么多适应能力，而且他们与“进步”和“机遇”的象征性世界的个人认同，在过去是比较持续和自信的。[2]

这多少有点优越俯就的意味，因为它低估了工人阶级成员的损失；由于长期失业，他们没有缓冲余地，没有任何依靠。他们面对的是生存困境，不关乎地位，是对无家可归甚至忍饥挨饿的恐惧。

“大萧条时期，在恐惧面前，人人平等，”T. H. 沃特金斯写道，

> 恐惧困扰着南方的非裔美国佃农的梦想，他手里捧着一抔贫瘠的尘土，担心社会制度现在会怎样欺骗他和他家人的生活。它跟踪着爱达荷州的中产阶级白人商人，当一度友好的银行家冷漠地强制他破产时，他看到几十年的辛劳化为乌有。它在底特律墨西哥裔铸造工人的耳边低声传着恐怖，他曾把自己的未来交给将他从墨西哥带到这个陌生寒冷的北方的郊狼①，现在他发现自己没有了工作。恐惧击碎了北美大草原农妇所有美好的盎格鲁-撒克逊式信念，她望着天边滚滚而来的黑色烟云，明白她的梦想很快就会被卷入那团沸腾的尘烟。

更糟糕的是，大萧条似乎看不到尽头。“我觉得它可能会一直、一直地持续下去，”芝加哥一名教师说，“人们将永远生活在丢掉工作的恐惧中，你知道的，恐惧。”[3]像其他很多勉强称得上中产阶级的人一样，我的父亲在服装业的一个中间商那里工作，在整个大萧条期间保住了他小小的饭碗，但就像他很久之后告诉我的那样，他从未摆脱过失业的焦虑。

卡罗琳·伯德写道，缠绕在中产阶级心头的幽灵是一种铺天盖地的

① 专指美墨边境非法偷渡中美洲移民的人口走私犯。

“下沉的恐惧”：“大萧条时期的中产阶级恐怖故事倾向于‘穷途落魄’的羞耻。一位妇女记得她丈夫第一次穿工作服去上班的那个早晨。另一位妇女念念不忘她典当了订婚戒指。一个男人还记得他把手伸到救济办公室的门把手上，伸了五次才鼓起勇气打开门。”[4]对很多相信美国实质上是中产阶级国家、一块充满进步与机遇的土地，每个人在这里都会成为中产阶级的人来说，大萧条不仅挑战了美国的经济与政治制度，而且破坏了这个制度赖以建立起来的核心神话和信念。

在某些方面，这些信念是有根据的。在美国历史的很多阶段，都存在进步与机遇的现成途径。我的父母和祖父母从乌克兰的犹太村落和波兰南部的小城来到这里，寻找的正是这样的机会，即使不是为他们自己，也是为他们的孩子。南欧农民和南方邦联奴隶的后代也是出于同样的原因而迁徙，但偏见与歧视，尽管也影响到天主教徒和犹太人，却使棕色、红色或黄色皮肤的人活得更艰难。不过，虽然有种族排斥、本土文化偏见，有时还有恶劣的工作环境，但在一个不断扩张的经济下，总是有价格低廉的大片土地和工业生产运作。劳动可能非常艰苦，工作时间长到惊人，但社会流动真实存在。

理论上（往往实践中也一样），美国诞生于启蒙运动的世俗多元主义和事业上以才智而不仅是出身或财富取胜的革命性理念。由于没有贵族世袭，由于其阶级结构疏松多孔，美国人喜欢想象他们没有阶级。“美国从来不是一个封建国家，”大萧条最严峻的时候，曼西一家报纸的社论说，借此说明为什么这些地方永远不会发生革命，“因此，尽管有些人变得非常富，其他人非常穷，但国家主权取决于一个庞大的中产阶级群体，我们喜欢把他们称作典型的美国人……正是从这些中产阶级家庭的孩子中间，产生了我们的工业与政治领袖……只要美国避开阶级划分，维持这个庞大的中产的美国，我们就会摆脱不幸的西班牙眼下所面临的此类麻烦。”（《变迁中的米德尔敦》，446）

另一篇社论强调，从某种意义上说，所有美国人都是“工人阶级”，因为我们的富人也在努力工作，而我们的穷人，只要足够勤奋，最终也会变得富有。

> 在美国……所有有雄心壮志且有机会去实现抱负的人都在努力。不存在无所事事的富人阶层。一般的实业家和领薪水或日结工资的人投入一样多的工作时间，而且他常常会自豪地指出，通过自己的节俭、智慧与勤奋，他能够为别人提供很多工作。
>
> 亚伯拉罕·林肯表达得很贴切，他说："我们中间没有永远受雇佣的劳动阶级。25 年前，我就是个雇佣工人。过去的雇佣工人现在为自己干活，将来会雇别人为他干活。"
>
> 这里体现了真正的美国进步原则。正是由于认识到这样的原则，我们在一个半世纪多一点的时间里筑了人类有史以来最伟大的经济帝国。（《变迁中的米德尔敦》，447）

一种亘古不变、毫不掩饰的传统美国品质贯穿于这些文献。[最后一句中故意使用古语的"筑"（builded），特别能说明问题。] 但是很难忽视专属于大萧条时期的那种防备性语气，当时这样对流动性和美国经济命运的乐观态度遭遇了前所未有的围攻。这些社论从天真的职业信仰发展到攻击那些宣扬阶级意识，提倡效仿俄国"通过逐渐增高税收进行财富再分配"的人。他们对新政的反应是重申个人机遇的古老理想，而这些理想正经历着最严峻的考验。

关于 1930 年代的纪实冲动，人们已经写过很多，普遍都在努力审视人民的真实生活，从而展示他们如何应对似乎是空前的不利条件。但大萧条也挑战了美国意识形态的关键信条。长期存在的信仰受到质疑，特别是"美国梦"概念中蕴含的成功神话。30 年代是"美国梦"这个词语第一次被广泛使用的时代，恰逢它无限机遇和经济富足的前提似乎突然受到怀疑。美国经济早先也有过很多次衰退，甚至萧条，但没有一次持续时间如此之长，破坏性如此之大——最重要的是，没有一次像大萧条这样产生了巨大的心理影响。大萧条削弱了很多美国人最常见的设想：商业周期的逆转是短期和暂时性的，只要愿意工作就总会有工作机会，商人是社会的神谕和先知，年轻一代永远能够崛起，超过他们的父母一辈。[5]

文化历史学家已经对这些信念的根源进行了详尽的研究。成功的神话可以追溯到清教徒的理念，即工作是一种世俗的使命，财富是内在风度的外在表现。在他广为阅读的《自传》，以及诸如《穷理查年鉴》《致富之道》和《给一个年轻商人的忠告》等作品中，本杰明·富兰克林把这个使命的概念进一步世俗化为凭借个人奋斗获得成功的理想。富兰克林本人从一贫如洗和默默无闻到成为伟大人物的过程即一个传奇，被他的很多读者变成了童话故事，其中强调财富是成功的唯一指标。富兰克林的《给一个年轻商人的忠告》写于他自己从商界退休，转而致力于科学和公共事务的时期，但其中似乎体现了在追求财富上对性格、慧黠和坚持的功效持有一种单纯的信仰："总之，如果你渴望获得财富的话，致富之路和通往市场之路一样平坦。主要取决于两个词，勤奋和节约；就是说既不要浪费时间，也不要浪费金钱，而是两个都充分利用。"[6]伟大的社会学家马克斯·韦伯在建立新教伦理与资本主义精神之间的联系时，把富兰克林用作关键示例。

尽管他在宣传这种公开提升的神话方面具有重要意义，但富兰克林并不是成就自我之人（self-made man）的唯一发明者，他也没有把自我完善的概念局限于企业家的工作。19 世纪，当数以百计的作家、传教士和演说家都在阐述成功的福音，这一概念的发展深深扎根于美国的个人主义、大众的宗教、高度简化的爱默生式"自力更生"，以及最重要的，扎根于不断增长的资本主义经济的现实。一个从农业经济向工业经济、乡村社会向都市社会转型的国家—— 一个阶级界限模糊，官方信仰是平民和民主的国家——为竞争性个人主义的道德规范提供了物质基础。

霍雷肖·阿尔杰朗朗上口、程式化的小说标题说明了一切：《努力向上》《勇往直前》《名与利》《拼搏就会成功》《运气和胆识》《注定崛起》。这些在 1867 年至 1899 年出版的小说是镀金时代的史诗材料，不是对社会变迁的现实描绘，而是关于一个积极扩张的工业经济中所发生之事的丰富隐喻。正如约翰·卡维尔蒂在他的《成就自我之人的使徒》中指出，阿尔杰本人对19世纪晚期正在形成的经济力量的高度集中知之甚少。他的经济模式仍然属于一个古老的小企业的世界。[7]弗兰克·诺里斯的揭丑小说《章鱼》里的世界——铁路大亨、大型垄断和工业巨头的世界——对他来说完全是陌生的。但他协助宣扬的个人机遇的神话是一个生产和自由放任扩张时代的完美意识形态，也正是后来大萧条时期令人产生怀疑的神话。

外国观察家和有偏见的美国知识分子总是喜欢把成功描述为美国生活的宗教。威廉·詹姆斯曾经说过，“对成功女神的一味崇拜是我国人民的通病”。德国经济学家维尔纳·桑巴特带着一丝欧洲人的优越感指出，“美国人的生活理想不在于自我的愉快发展，抑或完满生活的美好和谐，而只在于‘出人头地’”。[8]然而，成就自我之人的概念最初是一种民主理念、一个社会流动的梦想——甚至是文化的梦想——不只是少数精英，普通人也竞相追求。据理查德·休伯评论说，“穷小子翻身发迹，是对抗傲慢自大的欧洲社会和艺术优越感的有力武器”。因此，“基于贵族美德和才能的杰斐逊式领袖概念不敌人人都可以统治的杰克逊式信仰”。[9]这种普通人从农家小木屋一路走到白宫的理想，在亚伯拉罕·林肯的政治生涯与随后对他的神化中达到了顶点。只有到了内战之后，成就自我之人才几乎与商人同义。随着这一理想的政治和文化特色——伟大的政治家、伟大的作家、伟大的演说家的典范——开始减弱，这个神话呈现出强烈的保守，甚至平庸的色彩；成为对现状的维护，指责受害者、失败者的一种方式。当时正是社会达尔文主义的全盛时期，还有创造了“适者生存”一词的赫伯特·斯宾塞的影响。在镀金时代无情的竞争气氛下，成功的概念僵化为一种达尔文式的公式，谴责穷人不是懒惰就是低劣。这样一种对天定命运说的道德阐释将成功等同于美德、性格，以及个人奋斗。

在19世纪末体量庞大的成功文学作品中，有相当比例的作家和传播者一开始都是神职人员。[10]根据孜孜不倦的马修·黑尔·史密斯的说法（他曾是名牧师，后来成为演说家和华尔街记者），“不论谁来写我们的商人、机械或农业生活的历史，都必须写宗教的历史”。史密斯自己对成功之路做了富兰克林式的描述：“在所有声誉良好的职业中，勤奋、诚实、坚持不懈、心无旁骛始终都会领你走向成功。”[11]在内战之后迷恋成功的巅峰时期，史密斯出版了《华尔街看涨看跌二十年》（1870）和《成功人士》（1878）等书。另一位神职人员威尔伯·F. 克拉夫茨，日后成了研究成功现象的准社会学家。1883年，他出版了《当代成功人士及其对成功的看法》，其中对数百名杰出领袖进行了调查，展示他们获得声名、财富和成就的关键。克拉夫茨的世俗神谕为追求尘世财物涂上了无可挑剔的道德色彩。他们宣扬个人不可限量的能力，对个人努力几乎给予了神圣的认可。正如威廉斯学院①院长富兰克林·卡特在给克拉夫茨的信中所说：“每个人都是他自己命运的建筑师……不，我要收回这句话……上帝创造能力，人培养性格。”“你不能梦想自己成为一个人物，你必须把自己铸就成一个人物。”[12]这个素材被用在数以千计的布道、毕业典礼演说、报纸社论和热门演讲中，例如罗素·康韦尔的演讲《钻石遍地》，这位创建了坦普尔大学②的浸信会牧师及慈善家，在1870年代至1920年代，把这个题目演讲了六千多次，获得了巨大的反响。

“我说你们应该致富，致富是你们的职责，”康韦尔对他的听众说，“金钱就是力量，你们应该有适当的雄心去获得金钱。你们应该这样，因为有了钱你们可以做比没钱时所能做的更多的好事。”他告诉他们，没必要成为冒险家而满世界去寻找财富：他们自己的社会、他们自己的城市、他们自家的后院，都是创造财富的完美场所。“世界历史中，没有资本的穷人从来没有像在我们现在的城市这样有机会迅速而诚实地致富。”[13]在这个混乱的时代，大量有雄心抱负的人沉迷于对财富和权力无

① 一所位于美国马萨诸塞州威廉斯敦的私立文理学院，创建于1793年，为全美最好的文理大学之一。

② 又译天普大学，位于美国宾夕法尼亚州费城的一所公立大学，创建于1884年。

节制，有时残酷的追求，像史密斯、克拉夫茨和康韦尔等神职人员和宣传家为这种追求平添了一丝值得效仿的道德意味，一种由高尚的“财富管理”而不是令人讨厌的达尔文式生存抗争所界定的职责感。尽管它标榜社会科学与观点调查，克拉夫茨的书强化了社会与经济流动时期人们对自助自立的狂热，一些人由此得到巨大财富的回报，另一些遭到了难以形容的痛苦的惩罚，这是进步的副产品。克拉夫茨的书属于大众传记和预言占卜的杂乱文化，它把道德和世俗的恩赐，甚至是神性的祝福，投向了对世俗成功的渴望。

正如这一时期很多制造神话的传记一样——霍雷肖·阿尔杰自己就写了三部，分别是林肯、加菲尔德①和丹尼尔·韦伯斯特②的传记——克拉夫茨的对象是值得效仿的典范、自由放任心态的偶像，一如我们这个时代最畅销的李·艾科卡③和唐纳德·特朗普。在内战与股市崩盘之间的这个时期，受到尊崇的商界人物是大众羡慕与模仿的主要偶像，是竞争性胜利的光辉典型，也是聪明、合乎道德规范、对社会有益的典型。这是 1937 年曼西中心地带的那些社论仍然微弱而犹疑地呼应着的信念。恢复“信心”是大萧条初期的普遍主题，从赫伯特·胡佛开始，他一直坚持认为“情况基本良好”，而大崩盘的影响在很大程度上是精神面貌问题。广告商鼓励更多的促销活动，强调大萧条主要是开销问题：忧心忡忡的消费者只是变得太吝啬了。根据罗兰·马尔尚的说法，为了鼓励商家做广告，他们“选择不把大萧条时期的消费者描绘成穷人或失业者，而是抵制花钱的敛财者”[14]。

信心问题的另一面是同样普遍的恐惧主题，最著名的阐释出现在罗斯福 1933 年激励人心的就职演说中：“首先，请允许我表明自己的坚定信念，我们唯一需要恐惧的是恐惧本身——莫可名状、不讲道理、毫无

① 詹姆斯·A. 加菲尔德（1831—1881），美国第 20 任总统，任职六个月后遇刺身亡。
② 丹尼尔·韦伯斯特（1782—1852），美国政治家、律师，曾三次担任美国国务卿。
③ 李·艾科卡（1924—2019），意大利裔美国企业家，曾任福特汽车公司总裁，后加入克莱斯勒汽车公司担任总裁，其间成功使公司起死回生并成为美国第三大汽车公司。

根据的恐怖。”这一恐惧在 1932 年选举和 3 月初罗斯福就职之间的四个月里达到了顶点，当时经济几乎已经崩溃，持续了两年的银行危机最终爆发，今天这被认为是大萧条的关键所在，甚至超过了股市崩溃。“在胡佛执政的最后几天，旧秩序在灾难的边缘摇摇欲坠”，洛伊希腾堡指出，到就职典礼时，有 38 个州关闭了他们的银行。[15]罗斯福智囊团的一位早期（也是相对保守的）成员雷蒙德·莫利后来把整个大萧条比作银行危机：“大萧条就像银行挤兑。是一场信心危机。人们惊慌失措，紧紧抓着手里的钱不放。”[16]这种历史的概述过于崇高威严，对真实的人类生活过于无动于衷，人们的恐惧让这种生活岌岌可危。1932 年《纽约时报》的一位观察家做了一个更贴切的心理学类比，他将当时的情绪比作躁郁症周期的抑郁阶段，表现为绝望、恐慌、萎靡不振，以及对未来深深的忧虑。他甚至将“当下预测的永久萧条”与“病人担心自己永远不会康复”相提并论。[17]

这或许比较肤浅，就像莫利描述的形象——好像过错只在于人们的头脑，而非他们的真实状况——但它确实触及了股市崩溃之后几年的一个决定性特征。在美国人的内心世界中，严重的抑郁成了大萧条的一个标志，人们倾向于将危机转向内部，责怪自己，矛头指向自身的缺点和失败，而不是制度的缺点和失败。这种自责起源于美国的个人主义和自力更生，还有个人责任的新教观念，是仍然占主导地位的美国成功准则发挥其有害和破坏性作用的地方。正如一位曾与弗洛伊德一起受训的精神病学家后来告诉斯塔兹·特克尔的：“所有人或多或少都因为自己的过失，或没有才能，或运气不好责怪自己。有一种成见认为那都是你自己的错，是你自己好逸恶劳，你没有本事。对此你默认了，无言以对。”由于这种“关于你自己个人失败的羞耻……极少有人引起骚乱”。一位当时年纪还很小的酒保对特克尔讲了一个类似的故事，在那时很多其他讲述中都重复过。他记得他在农场地带的大人谈话中听到的担忧和宽慰感，当抵押品丧失了赎回权，其他农民被迫离开土地时那种“对灾难的沉迷”：“占据主导的是这种无助的绝望和屈服。有些人表现出愤怒和反抗，但总的来说，只是那种安静的绝望和屈服。”[18]与那些困难时期转向法西斯主义、共产主义或军国主义的欧洲人不同，大多数美国人在面对大萧条状况时保持消极，甚至自责。他们既没有反抗，也没有屈从于一个可能的救星的专制统治。这在今天看来甚至比当时更了不起。

由于大萧条的经济状况和心理影响，1930 年代初的结婚率、离婚率（人们根本离不起）、出生率，甚至就目前所知，性生活频率都在下降。“粗略的证据显示，由于困难时期产生的紧张压力，婚内性生活减少了，”苏珊·韦尔写道，“担心怀孕是一个主要因素，但男性感受到的信心不足，以及失业丈夫得不到妻子的尊重也起了作用。”[19]一位妇女告诉洛雷娜·希科克她害怕怀孕，又担心拒绝和抑郁的丈夫做爱不好：“我想你可以说最简单的办法就是不要做。但不是这样。你不知道，一旦你丈夫丢了工作，会是什么情况。他整天都很沮丧，闷闷不乐。人生很惨。你必须一直努力让他不要发疯。很多时候——那是唯一的办法。”[20]

历史学家罗伯特·S. 麦克尔文研究了普通公民写给埃莉诺·罗斯福、总统和其他政府工作人员的大量信件；从这些信件和其他私人材料中，他构建了一幅大萧条时期美国工人阶级的内心生活肖像。关于他们的“家庭麻烦”，他写道：

> 失业打乱了父亲、母亲和孩子的传统角色。由于父亲的地位是建立在他的职业和他养家糊口的责任上的，没有了工作很可能意味着他在家中地位下降。没有地位的人，唉，就是没有地位……
>
> “接受救济”全家都会感到耻辱，但尤其难堪的是父亲。[21]

在一个片段中，麦克尔文描述了申请救济的典型屈辱，要被盘问，要证实一个人的落魄和贫穷。这样的折磨与中产阶级对“下沉的恐惧”相去甚远。[22]约瑟夫·赫弗南在 1932 年 5 月的《大西洋月刊》上发表的一篇文章也显著地强调了发放救济的形式产生的心理影响：断崖式“体面的下滑”，刻骨的羞辱。“这就是我们发放救济和设立施粥场取得的成就，”

他总结说，“我知道，因为我见过成千上万这样受到挫败、心灰意冷的男男女女，他们前来寻求公共援助时畏畏缩缩，曲意逢迎。这是一个国家衰落的景象。这是美国的根本悲剧。”[23]《愤怒的葡萄》中的一个妇女在描述救世军的救济工作时，对成为怜悯和冷漠操纵的对象表示了同样的恐惧：“我们很饿——他们让我们跪着吃饭。他们夺走了我们的尊严。”（432）新近变得潦倒的阶级虽然穷，但仍然不失骄傲。他们需要帮助，但施舍不是办法。

接受者的羞耻感，就像施恩者无意识的羞辱欲望一样，建立在美国自助自立的心态上，以其成功的奥义为基础。麦克尔文将自责和个人的失败感描述为“大萧条最显著的心理问题”，认为妇女通常从事较低层次的工作——包括家政服务、初级教学和文职工作——对工作的情感投入较少，因此更不容易受到大萧条和这种可怕的愧疚综合征的不良影响。一方面，大萧条“使女性在找工作方面相对男性处于更好的位置——当然，是报酬很低的工作”。另一方面，“经济崩溃对那些不招女工的经济部门（尤其是重工业部门）打击最大”。[24]

大多数观察家一致认为，大萧条期间女性的境况胜过男性，事实上，很多妇女被推到养家糊口的位置上，她们往往从事着琐碎的工作，并在情感上维系着一个家，男性则方寸大乱，六神无主，开始垮了。这在当时的小说中得到了证实，其中最令人难忘的是《愤怒的葡萄》，它围绕着一位坚强的母亲；我们反复听到“这个家要散了”，他爸已经“失去地位”，这不仅意味着失去住所和工作，还有他在家中、在世上、在一个安定宇宙中的位置。“世道好像变了，”爸挖苦地说，“以前都是男人说了算，现在好像是女人说了算。”妈对汤姆说，“当然了，一个男的要是一直担心这个，担心那个，就会伤到肝，要不了多久，就只能躺下来，伤心得死了”（481）。后来她强调说，“女人比男人更能适应变化”（577）。

但是像《没钱的犹太人》和《愤怒的葡萄》等作品是从男性的视角，基本上是儿子理想化的视角来描绘用心呵护而不屈不挠的母亲。这种英雄主义绵延的伤痛从女性的角度来看会非常不同，一如我们在蒂莉·奥尔森的未竟之作《约依迪俄》中所见，该书写于30年代，但很久之后才出版。其中，粗野的丈夫在工作上遭到极大挫败，被生活境况摧垮，没有能力养活家人，变得像另一个苛刻、不懂事的小孩，是几乎手足无措的母亲要养育和安抚的又一个负担，尽管她自己早已筋疲力尽。这个女人生病以后，仍在惯常的麻木和机械的活动中继续操劳着。"她冷淡地给孩子做饭穿衣，洗刷，向吉姆交出身体，握紧拳头对抗她已经毫无力气去感受的痛楚。"[25]她无非是操劳到死。这与乔德大妈那著名但老套的描述大相径庭，即脆弱的男人如何"生活在各种大的变化里"，而女人体现着人民富有韧性的精神，"一直流动下去"。(577)

坚信大萧条期间女性的境况更好，并不意味着她们没有受苦，而是她们没有因为尊严而不去从事低薪的服务工作。成功准则没有损害到她们，但对于它施加在丈夫身上的影响，她们却付出了情感代价。巴斯比·伯克利的大萧条名曲《想起我那落魄的爱人》(《1933年淘金女郎》的终曲）以阿尔·杜宾和哈里·沃伦创作的感伤情歌为基调，是一个遭遗弃的女人两次被夺走爱人的深切哀叹——第一次他被送上战场，后来回家之后，他被剥夺了所有尊严，这很有启示意义。

也许通常强调女性的道德力量本身即对大萧条时期人们心目中的成功与失败奥义的挑战。当严肃作家开始注重美国梦的局限性和扭曲性，通俗艺术家则沉迷于塑造奇异甚至魔幻的成功形象。第一类作家包括克利福德·奥德茨、F. 斯科特·菲茨杰拉德、纳撒尼尔·韦斯特、詹姆斯·T. 法雷尔、约翰·斯坦贝克和约翰·多斯·帕索斯。振兴流行文化的是黑帮电影和后台歌舞片，它们用大萧条时期观众喜爱和需要的方式重新演绎了白手起家的幻梦。与此同时，很多新政拥护者和激进知识分子正试图用共产主义的术语重新定义美国的个人主义，淡化个人努力和竞争性成就。就在新政为资本主义引流注资，创造联邦资助的就业机会以恢复个人的自我价值时，他们坚持新的共同福利的理想。新政的核心在于个人主义与集体之间、私人倡议与公共规划之间的矛盾。从这种矛盾中，资本主义以福利国家的改良形式得到了拯救；成功准则得以保留，但联邦政府开始在大多数美国人的生活中发挥更积极的作用。一种新的社会思潮占据了上风，直到 1980 年代罗纳德·里根开始说服美国人贪婪有益，财富并不令人尴尬，而政府本身就是问题所在，这一思潮才受到严重挑战。

黑帮与歌舞女郎：从卡格尼到伯克利

由于经济危机，由于大萧条的苦难经历侵蚀了对整个制度，包括其主导神话的信心，对成功与失败的压倒性迷恋深深印刻在 30 年代的文化中。它在时代心理和它对文化神话的重新审视之间形成了一种联系。没有人比那些来到这里追求美国梦并取得了成功的移民更热衷于相信美国梦了。黑帮电影在很大程度上是移民的寓言，同时也是霍雷肖·阿尔杰式故事狂野、近乎戏仿的版本。由于这一联系，安德鲁·伯格曼认为这些电影“只是加强了我们国家关于个人成功最受珍视的一些神话”。这并不令人信服，因为伯格曼必须补充说，“只有匪帮才能使向上流动变得可信，这说明合法机构没有起到作用”。[26] 1930 年至 1932 年出品的经典黑帮电影在官方道德的管制大手落到它们头上之前，都是惊心动魄的故事，轻快、迅疾、刺激。但是它们对成功和美国梦明显地表现出矛盾的态度。

这一时期最著名的三部犯罪电影——《小恺撒》（由爱德华·G. 罗宾逊饰演）、《国民公敌》（吉米·卡格尼饰演）和《疤面人》（保罗·穆尼主演），都是围绕黑帮分子本身极具争议性的形象展开的，大致以阿尔·卡彭昙花一现的生涯为原型，当时他已成为某种法外民间英雄、美国最有名的人物之一。（《疤面人》拍摄时，卡彭本人正试图进入电影业；他的两个心腹，甚至可能是卡彭自己，都前来考察电影的拍摄，确保他能得到公平的待遇。）[27] 安德鲁·伯格曼风趣地展示了《小恺撒》中里科的崛起是如何紧随安德鲁·卡内基著名的商业成功准则的。黑帮电影成了镀金时代的福音的当代版本。但是，黑帮电影总是同时处理崛起与没落；当“高高在上”的黑帮大佬孑然一身，孤独死去，他的成功最终只落得虚空而稍纵即逝，就像1920年代巨大繁荣的泡沫。他既是一个靠自我奋斗获得成功的人，同时又自取灭亡，这是对成功奥义一种悲剧性的含混致敬。

经典时期的黑帮电影不是道德说教式的；尽管这些电影开头都被迫加了免责声明，但故事本身促使观众认同有缺陷的主人公，不仅认同他的成功，而且认同他的风格和胆识，认同他勇敢的姿态和自我戏剧化的天赋。但正如罗伯特·沃肖在他的经典文章《作为悲剧英雄的黑帮》中所展示的，黑帮的职业生涯给人一种美国大众文化臆想的乐观主义假象。“他生涯的全部意义是对成功的强烈欲望”，他说，不过这些电影也揭示出“人会因为成功而遭到惩罚”，以及“失败是一种死亡，成功既邪恶又危险，最终——不可能实现”。这种两难困境解释了为什么在他看来，这些电影“对悲剧的现代意义进行了一致而令人吃惊的完整呈现”。[28]

这些故事除了是变形版的霍雷肖·阿尔杰神话，也和这一时期的怪物电影密切相关，后者聚焦的生物——金刚、弗兰肯斯坦式的怪物、隐形人——本质上并不邪恶，而更多是对爱或接受的需求受到了阻挠。与后来，比如50年代的怪物所不同的是，他们不是入侵的外星人，并非全然陌生、邪恶到不可救药；我们害怕他们，但了解他们，我们可以与他们建立联系，对他们感到惊奇，同情他们。他们有其成因；社会导致他们成为现在的样子。就像这些来势汹汹的人物一样，黑帮分子变成了一个巨大的恐怖生物，令社会感到畏惧。在获取财富、恶名和女人的闪电过程中，黑帮分子不仅杀了别人，也毁了自己，损害了他最亲近的人，也牺牲了自己的人性。一个聪明的编剧不需要做太多改动就能将《麦克白》改编成一部黑帮电影。

卡格尼的明星生涯始于1931年威廉·韦尔曼执导的《国民公敌》。

他在影片拍摄初期扮演主人公无关痛痒的副手，但在头几天的工作样片中，他的演技显然引起了轰动。于是他接过了主角的位置，赋予其积蓄的所有能量和漫不经心的态度，以及所有使表演成名的惊人举措。电影没有从成年的卡格尼开始，而是呼应了阿尔杰模式，向我们展示了将他塑造成他的少年时代；这反映出在整个 1930 年代变得越来越重要的社会和环境方法。在一个严肃的开场警告中——毫无疑问是后来粘贴上去的，这一点变成了整个电影的正当理由：其目标在于“描写一种环境……而不是颂扬罪犯”。

在以世界大战之前为背景的早期场景中，我们强烈地感受到爱尔兰家庭、都市环境——城市生活一触即发的紧张、活动，以及声响——和一个硬汉生命中最初的蹒跚学步，这是“城里最坏的男孩”。还是小孩时，他就成了窃贼，就对女孩很不敬。当他被父亲用皮带抽打，他为自己忍受疼痛，既不退缩也不屈服的坚忍能力感到自豪。有一个费金[①]式的人物（“油灰鼻”），他把少年领上犯罪之路——给他们唱下流的歌曲，让他们有第一把枪，充当守护人，但一旦事情暴露，就消失得无影无踪。为此，很久之后，卡格尼杀了他，那时他一边弹琴一边唱歌，绝望地哀求念在旧日的分上饶他一命。在这个精彩的场景中，真正的杀人行为发生在镜头之外：我们听到了恳求声，听到了枪响时音乐戛然而止，身体猛然倒在琴键上。我们看到的是卡格尼的朋友马特那呆滞而定格的脸，紧紧盯着一个他以前从不认识的人。在马特茫然的目光中，我们看见卡格尼变成了一个冷血、无情的杀人犯。他杀死了那音乐所代表的他自己的青春，杀死了他内心残留的任何温情或善感，然而同时又对使他成为罪犯的人进行了报复。

同样的问题在《小恺撒》中也得到了强调，其中多疑而愤怒的爱德华·G. 罗宾逊决心表明没有人能够离他而去，他要着手破坏跟他交情最久的朋友、他唯一的朋友。这个人因为坠入爱河，受到一个女人及其

① 查尔斯·狄更斯的小说《雾都孤儿》中一个儿童窃贼团伙的首领，常用来指教唆犯。

价值观的影响而背叛了他：现在他想退出帮派，做一个全职舞者。胆大包天、冷酷无情的里科，靠枪说话，所向披靡，而坐到高位，他第一次杀不了人时，他的毁灭就开始了。在一个著名场景中，这位老朋友勇敢地坚持自己的立场，做好了赴死的准备，就在此时，镜头给了我们一个罕见的特写——罗宾逊扭曲的脸，饱受折磨，向后退去，渐渐失焦。如果说卡格尼的堕落可以用丧失人性来衡量，罗宾逊则是为一丝残存的人类情感所击倒。

在《国民公敌》中，随着卡格尼的个性变得越来越浮夸，他与他较为柔弱的朋友马特和他的哥哥迈克等循规蹈矩的人物形成了对照，马特因为对他的忠诚而遭到杀害，迈克避开所有通往成功的捷径，选择了勤奋和学习、努力和节俭这样的霍雷肖·阿尔杰式既定路线。对卡格尼来说，这是“贫穷之路”。同样地，卡格尼也不愿效仿马特去成家立业。像大多数电影中的黑帮分子一样，他把女人视作战利品，随时可以丢弃。在一个不寻常的转折中，忧郁的迈克实际上是个比他的小弟弟更强大的人物：他走了一条正途，入伍上战场，拒绝卡格尼不干不净的钱，有一两次甚至把他打倒。但他不苟言笑，乏味而毫无幽默感，就连出人头地的方式也是如此。“在 1931 年，”安德鲁·伯格曼说，“人们去电影院可不是为了看电车售票员上夜校发奋图强的。”[29]

卡格尼具有这些寡淡人物所没有的一切，大萧条时期观众所要求的一切：紧张的风格，活力，争强好斗的魅力。像所有著名的黑帮分子一样，他把自己看作一个戏剧性的人物。他把西柚推到梅·克拉克的脸上时，感觉就像他在为镜头即兴表演。在单枪匹马射杀了一个敌对帮派之后，他踉跄着走出来，满身都是子弹，走到黑色电影中常见的大雨滂沱的街上，说：“我没有那么坚强。”躺在医院的床上，全身包扎，他仍然可以在他母亲的下巴上戳一下，半是怜爱半是挑衅；这是别人期待他会做的标志性动作。即使已经死了，他的登场也很有戏剧性，包裹得像个木乃伊，来自远古王朝的一个工艺品。而所有这些能量都在法律之外，使观众既能代入性地支持这个亡命之徒，又能看着他被绳之以法。

很难找到比卡格尼、罗宾逊和穆尼在这三部电影中更有感染力、更装腔作势的表演了。穆尼造作的滑稽举止不如卡格尼暴躁的说话方式和罗宾逊牢骚满腹的阴沟咆哮来得经典，但这三人都超越了任何自然主义的框架而跃然于我们面前。然而，经典的黑帮角色只是1930年代电影中“个性”普遍存在的一个例子，那里群“星”云集，周围还有一大批性格演员，那由几乎无名但令人难忘的狄更斯式人物组成的专业剧团，他们具有轮廓分明的特征、令人惊叹的特异行为，以及播音员般的天籁。与这些绚丽多姿的美国普通类型的漫画相比，备受瞩目的明星具有传奇色彩，栖居在一个更遥远，甚至是禁区的个性领地。没人会想把贝蒂·戴维斯和卡格尼混为一谈，但她愿意扮演《小狐狸》中的蕾吉娜这样难缠、专横，甚至骇人的角色，吸引了30年代离经叛道的一派。（对另一部分观众来说，总是有像秀兰·邓波儿，以及后来的迪安娜·窦萍这样的完美典范。）

据我所知，从来没有人将克拉克·盖博和卡格尼相提并论，但盖博作为性感男主角的一部分力量在于他扮演的是近似法外之徒的角色，一个不知从哪里冒出来的人，有一种几乎不受约束的潜在（性）暴力。他在《红尘》等《电影制作法典》[①] 颁布之前更露骨的影片中的情欲张力，继续出现在《一夜风流》和《旧金山》中，特别是他大胆无畏的瑞德·巴特勒一角，弥漫着塞尔兹尼克对老南方的肥皂剧幻想。《乱世佳人》的魔力不在于它与《一个国家的诞生》及老南方神话的情感联系，而依靠的是盖博对一个法外之徒及冒险家的演绎，完美匹配费雯丽古怪、造作、铤而走险的表演，她活脱脱演出了一个摆脱了她所在阶层某些传统顾虑的出格女人。像卡格尼一样，他们周围都是老实、墨守成规的人，是“好人”，这些人的平淡无奇构成了他们自己的贪婪意志与能量——

① 即《海斯法典》，是美国电影行业1934年至1968年实行的电影审查法规，由时任美国电影制片人与发行人协会主席的威尔·海斯等人制定执行。

他们过剩的个性的背景。①

《乱世佳人》和黑帮电影一样，揭示了好莱坞的价值观在1930年代的主旨是多么含糊。犯罪类型片是当下的，具有话题性与即时性——“取自今日头条”，华纳兄弟吹嘘说——而历史浪漫片似乎代表了逃避现实的高峰。然而两者都描绘了一个动荡、破坏严重的世界，这在一定程度上是对大萧条时期美国的隐喻（尽管两者都不是“关于”大萧条的）。② 有一次，我在电影课上让学生比较《乱世佳人》与《愤怒的葡萄》：社会灾难，家庭解体，由一个坚定的女人勉强维系的世界。《乱世佳人》的相关性因其不够明显而更加突出：瑞德和斯嘉丽都是幸存者，个性坚强，一路披荆斩棘度过困难时期。瑞德是为社会所摒弃的人，在他的家乡查尔斯顿早已声名狼藉。他斥责他的南方同胞对即将到来的战争抱有幻想，之后，他做投机生意而大发横财。斯嘉丽是真正的霍雷肖·阿尔杰式人物，她从一个任性幼稚的小女孩成长为一个狡诈的成功女人，对地位和金钱远比对性更感兴趣。尽管决心要重建塔拉，但她避开了女性心理和追求“浪漫”的陷阱。对旧秩序没有任何怀念的她，劲头十足地体现着后来被称为“新南方”的商业觉醒。对她来说，的的确确，“明天又是新的一天”。

一些以大萧条为主题的电影，例如《亡命者》或弗里茨·朗的《你只活一次》，将个人描绘成受困于冷酷无情和不公正的社会状况而无依无靠；其他一些影片，如《民以食为天》，把富有传奇色彩的人物替换为集体行动。但大多数好莱坞电影都是通过聚焦传奇性人物，为保守和激进两个层面的美国个人主义传统做佐证：钦佩叛逆者和被放逐之人，

① 另一方面，在米高梅拍的《旧金山》中，盖博也扮演了一个堕落者和好色之徒，与平淡无奇的珍妮特·麦克唐纳很不相称。他必须得到一剂好莱坞的宗教信仰，才配得上牧师女儿的爱情。——原注

② 这一点适用于那个时期的许多其他浪漫冒险寓言：《旧金山》（不是关于内战，而是著名的1906年大地震）、《绿野仙踪》（一场旋风）、约翰·福特的《飓风》，甚至还有《叛舰喋血记》，它满足了1930年代反抗不公正权力的愿望。关于《乱世佳人》时效性一种令人信服的观点，参见Lawrence W. Levine, “American Culture and the Great Depression,” *Yale Review* 74 (Winter 1985): 209。——原注

欣赏棘手、麻烦不断的个性，这符合主张所有成功和成就必须从个人的角度来看的公认智慧。

然而在这一时期，新的大众传媒，特别是广播，为全国在经济灾难面前保持团结一心做了很多贡献。正如1920年代观赏性体育比赛的激增一样，大众传媒除了成为各种政治影响的载体，包括富兰克林·罗斯福的安慰性炉边谈话和库格林神父散播怨恨的布道广播，也为人们提供了情感宣泄和集体神话。[30]即便如此，在一个与新政相关的公有社会试验时期，好莱坞对明星体制的商业依赖，以异彩纷呈的品牌名人为特征，仍然是一种保守的社会力量，哪怕它燃起人们的希望，照顾到人们在被大萧条压抑的生活中对多样化、激情和情感能量的需求。

由此可见，在逃避现实和社会关联之间不能进行简单的对比——画一条大萧条文化的基准线。集体性的出逃和娱乐完全可以像严肃的社会批评一样富有启迪。如果很多人在黑暗中舞蹈，那他们或绝望或激昂的舞步与周遭的阴影同样重要。好莱坞最出色的社会电影中存在大量幻想与闹剧的成分，而它的“逃避主义”和类型电影尽管往往很公式化，却都蕴含着丰富的意义。[31]30年代初，同一家制片厂——华纳兄弟公司，既制作了新犯罪片和后台歌舞片，也从《亡命者》《英雄何价》和《路边的野孩子》开始，以同样的热情拍摄了一针见血的社会电影，更直观地反映出大萧条时期的状况；在某种意义上，这成为另一种可界定的类型片。这些契合热门话题的电影由制片厂同一批处理类型片的专家执导——威廉·韦尔曼、茂文·勒鲁瓦——并且具有华纳兄弟公司新兴的剧场风格那种轻快利落的节奏和平价低廉的风范。[32]

华纳类型电影的主题和故事与当代社会抗议电影一样，都属于大萧条时期。整个20年代，百老汇都在演后台歌舞剧，整个30年代，好莱坞也都在拍后台歌舞片，先是在华纳，后来在米高梅，特别是1939年巴斯比·伯克利搬到那里之后。但这个系列在1933年和1934年，即从胡佛时代向新政之初过渡期间达到了顶峰。它表现出最伟大的文化内涵，在大萧条影响下的成功故事——流行杂志小说的主要内容结合了伯克利独具匠心、令人心醉神迷的编舞。伯克利的编舞以怪异、群集、抽象，往往去人性化的视觉形式著称。这种编排本身即对大萧条幻想生活的一种反映。此类电影的范本是《第四十二街》。它出人意料的成功（是其主题的写照）一举重振了好莱坞歌舞片的命运，在第一部有声时事讽刺歌舞片的新鲜感过去以后，这一类型已基本没落。

这些电影的所谓逃避现实是一种用词不当；时事掌故赋予了它们浓郁的华纳风味。《第四十二街》的原始海报将其描述为“开启了娱乐界的新政”。（有了“14个明星”和“200个女孩”的承诺，这似乎是一个相当不错的待遇。）关于巴斯比·伯克利的标准著述错误地表示：“在大萧条的最初几年，华而不实的后台片是逃避现实的完美娱乐方式，但随着经济状况好转，公众期望歌舞片能有更多的现实。”由于早期电影中强烈的大萧条色彩后来消失殆尽，这是对“现实”的一种奇怪定义。

同样是这些作者称赞《1933年淘金女郎》中的“轻松喜剧和精心制作的成功模式”，认为“正适合人们在令人沮丧的1930年代渴望逃避的心情”。[33]然而，这部电影讲了一个（很像伯克利的）男人冲破万难尝试排演一部关于大萧条的歌舞剧，直到电影终曲他才完成的故事。矛盾的是，这些自鸣得意的评论是由滑稽、超现实的《我们很有钱》这样俗套的歌舞场景来表现的，其中全是身材火辣、衣着暴露、贴着炫目的金币装饰的女人。但是，甚至在歌曲尚未结束之时，这些合唱团的姑娘就已经丢了工作；警长关停了整场演出，因为制作人没钱付账。忽然就是大萧条了：他们毕竟没有钱。逃避性的幻想就是这首歌的主题——在没钱的时候假装自己有钱。《华清春暖》中，他们被迫叫停一首《兴旺》之歌。甚至之前更早的时候，我们就听到跳舞的人一直在抱怨他们闷闷不乐的编导：“瞧他一脸抑郁的样子，我们怎能表现出兴旺呢？”

这些并非只是油腔滑调、与时俱进的台词；它们是“淘金女郎”系列的核心，继承自轻浮的1920年代。这一主题最早出现在1919年的一出戏中，并且已经拍过不止一次。但在大萧条时期，这个俗滥老套的剧情，即所有的歌舞女郎都在寻找有钱的老男人，呈现出了新的意义。它变成了一种不同形式的逃避：那些只有自己的身体可以交换的人，要逃避饥饿和不安全感。在这些电影中，演艺事业与其说能展示你的才华，不如说是出卖你的身体——兜售给变幻无常的匿名观众、压榨员工的演艺界老板，或者私下里兜售给好色但衰朽的阔佬。所有这些都成为对大萧条的评论。如果说《我们很有钱》因其突然终止，是逃避现实的行为，那么这可以用来描述任何舞蹈和音乐，甚至是 1933 年电影的力作《想起我那落魄的爱人》，伯克利编排大萧条全貌和意义的惊人尝试。

这支非同凡响的歌舞使用了 150 名临时演员，他们先是扮演列队行进的士兵，然后是饥饿的失业退伍军人，在街头游荡，排队领救济面包，为工作苦苦哀求，这些视觉模式借鉴了当时的新闻短片，也借鉴了 1920 年代非写实的表现主义电影，特别是弗里茨・朗 1927 年的《大都会》，该电影也涉及工作条件和劳资关系。这些恳求的男人围着一个来自《大都会》的女性人物，在他们身后的背景中，又是一个美国步兵以万花筒般的模式列队行进的朗式意象。音乐是精彩的集锦作品，混合了感伤情歌与行军曲，结果有点荒唐可笑——大萧条作为装饰，作为口头和视觉的幻景。然而这是一首强有力的歌曲，就一个严肃主题进行的一场铺张华丽、略带疯狂的表演，受到了津贴游行大军（“一战”老兵要求及时发放承诺给他们的薪饷）的真实抗议与《亡命者》的严肃剧情的启发，后者在战后也引起了人们对授勋老兵处境的关注。

专门呼吁——还从一个女性的角度——国家对其平民士兵的亏欠，是表达失业者并非外国人或不适应社会之人，而只是运气不济的美国主流的一种方式。这是 1932 年流行歌曲《兄弟，能给我一毛钱吗?》的舞蹈设计版。冒着生命危险为国征战的人，现在却被他们曾经保卫的制度所害。伯克利的技巧是风格化而奇幻的——超现实想象力的爆发冲破了“有声”电影的自然主义框架——但他以自己的方式努力赋予大萧条的受害者以人性。

尽管这些电影备受轻视的故事情节和大制作的歌舞是分开执导的，

但它们促成了后台歌舞片的即时性。成功主题将它们与黑帮电影联系起来。正如禁酒运动时期的啤酒大战和私酒贩子成为大萧条的隐喻一样，亦如很久以前谢尔曼[①]进军佐治亚州的劫掠代表了1930年代的灾难性破坏一样，娱乐业成为大萧条时期繁荣与萧条经历的理想隐喻。后台歌舞片大变数、高风险的氛围，对一个风云突变、处在后“崩溃”时期的世界来说，堪称完美娱乐。在演艺界这个要么成功要么毁灭，更接近赌博而不是艺术的丛林中，鲁比·基勒可以从完全因为饥饿而晕倒在合唱队中的小人物，一跃成为百老汇苍穹中最闪耀的明星。由于《第四十二街》的意外成功，这就是真实发生在基勒、伯克利以及词曲作家杜宾和沃伦身上的事，甚至还包括华纳兄弟制片厂，否则它就已经破产了。这些电影属于一个时好时坏、摇摇欲坠的世界，这个世界也是它们的主题。这种在运气和胆识上突破最后防线的冒险，正是电影里面发生在沃纳·巴克斯特身上的事，他导演了一场叫作《美丽佳人》的表演秀。

《第四十二街》伊始，巴克斯特（饰演的朱利安·马什）这个知名导演已经穷途末路。我们从空中看到纽约的天际线依然壮观，但巴克斯特像百老汇一样，渐渐乱了方寸。他失败过很多次，并且已经倾其所能。他经历过一次精神崩溃，而《美丽佳人》，他知道，是他的“最后一搏”。电影中，他一直都很拼命，神经紧张，处境岌岌可危；他迫切地需要来一次爆场，需要大赚一笔。他的明星多萝西（贝比·丹尼尔斯饰）有个阔佬赞助人（难以形容的盖伊·基比），资助了整场表演，但她也有个秘密的老搭档和相好（乔治·布伦特饰），他的事业从杂耍时代起就萎靡不振，而她成了红极一时的明星。在这个主要是关于女性成功的故事中，此处又是一个男性失败的标志。

布伦特厌倦了偷偷摸摸，“男子气概突然发作”，希望丹尼尔斯离开舞台，结婚隐退。为了确保演出的投资不出问题，巴克斯特找黑帮分子

---

① 威廉·特库姆塞·谢尔曼（1820—1891），美国南北战争中的北军将领，奉行侵略性的焦土政策。

给他一通警告——这是 30 年代常见的礼貌性施压方式。（罪犯和黑帮如此活跃在公众眼皮底下，以至于歌舞片和喜剧中也能见到他们的身影。）和黑帮电影一样，后台歌舞片也是都市类型片——那是事件的发生地——以城市生活的快节奏和日常危险为线索，这一点伯克利在他的《第四十二街》的主题曲中表现过，两年后又在百转千回、以悲剧的狂喜结尾的《百老汇摇篮曲》（《1935 年淘金女郎》）中演绎过。《第四十二街》里有一场精心拍摄的谋杀，预示了罗杰斯和哈特的《魂系足尖》中著名的芭蕾舞剧《第十大道的屠杀》，是年轻的乔治·巴兰钦向犯罪电影和纽约的穷街陋巷在编舞上的致敬之作。黑帮电影本身即一种都市舞蹈设计；像卡格尼和乔治·拉夫特这样的人，以及罗宾逊在《小恺撒》中虚构的副手，兼任舞蹈家和黑帮分子，这并非偶然。正如在娱乐界一样，都市生存需要娴熟的步法。

当明星丹尼尔斯扭伤了腿[①]，鲁比·基勒扮演的质朴天真的少女——她被选进合唱团，仅仅是作为两条腿——现在却得到了进阶的机会。这是一个童话故事：与她周围那些见多识广、愤世嫉俗、说话不饶人的女孩不同，基勒初来乍到。她“年轻、美丽、清新”。在一个人们碰得头破血流、疲惫不堪的世界里，在前审查时代的尖刻对话中，楚楚动人的基勒代表了一个新的开始。她得到迪克·鲍威尔扮演的男主角的支持，鲍威尔作为一个面色红润、有少年感和学院气质的年轻歌手的生涯，也是从这部电影的成功开始的。

尽管他呼之欲出的“青春健美”的形象有一种挑逗的气质，但鲍威尔的银幕性格平淡无奇。（后来他出其不意地现身 1940 年代中期的黑色电影，最早是爱德华·迪米特里克受钱德勒启发的冷酷电影《谋杀吾爱》。）在这些早期歌舞片中，鲁比·基勒懵懵懂懂、自然做派的甜美更能打动人心。基勒对于自己的处境总是有点惊讶，她毫不费力地用优雅和魅力演绎出灰姑娘的主题。30 年代初的观众轻而易举就喜欢上了这对

① 原文“breaks a leg”还有“祝愿大获成功”之意。

清新可人的年轻情侣，因为他们喜欢涉及成功与失败之戏剧性转变的故事情节。他们也欣赏强悍的合唱团女孩和她们粗俗的情人之间活泼生猛的对话——娱乐界潜规则的一面——这些都将随着那十年的推移被清理一空。在审查制度和新的清规戒律的压制下，30年代后期的神经喜剧将以暗示和影射的方式进行。即使是格雷戈里·拉·卡瓦轻松愉快的《摘星梦难圆》（1937）——最利落的后台喜剧，其中的诙谐对话也在1930年代更加感伤、刻板的阶段最终变得无病呻吟。

在早期的伯克利电影中，口无遮拦的对话与轻浮油滑的编舞一脉相承，他的舞蹈设计将女性个体隐匿于非人格肉身千变万化的群集中，像花朵一般绽放又合拢，既有色情意味，又具有天真、搞怪、前弗洛伊德式的赏心悦目。这种温和的东西与阿尔·杜宾和哈里·沃伦欢快的歌曲相结合，例如著名的《舞到布法罗》，是他们对婚姻、蜜月和离婚的偏见。搭上蜜月列车——命名恰当的“尼亚加拉特快号”（Limited），一个个两人组合步调一致地表演，我们从中了解到“婚姻很扯淡/一年左右/她就会想要赡养费”。在《华清春暖》中，这般忸怩作态、略显下流的俗套将会重新演绎为《蜜月旅馆》；到了《1933年淘金女郎》，变成《公园里的调情》；华纳和伯克利对于重复成功的曲目并无任何顾虑。

《第四十二街》的所有独立元素都汇集在一起——故事、音乐、表演、舞蹈——但真正的胜利属于伯克利。他在这部电影中对歌舞片做了再创造，将它从舞台上解放出来，以电影的方式进行重新审视。后台歌舞片最大的缺点，正如我们在《第四十二街》的前面部分看到的那样，是它们如实地把音乐和舞蹈完全用来反映娱乐业的现状，而不是用于戏剧性地表现人物。它们只有在排练歌舞或在观众面前表演时才使用音乐。歌舞节目受到戏剧节奏的束缚。它们不像歌剧咏叹调、内心独白或莎士比亚戏剧独白那样，是为了推进情节或传达内在的思想和感情。（这就是为什么劳伦斯·奥利弗在他伟大的1948年电影中，用画外音演绎哈姆雷特的独白，表现无声的思考。）

在典型的后台歌舞片中，歌舞是公共表演，受到排练室和舞台的空间限制。但随着他底气渐增，伯克利开始为摄影机眼而不是现场的观众编舞。他用变幻莫测的俯拍、特写和移动镜头，将我们置于任何剧场观众都无法企及的位置。伯克利教弗雷德·阿斯泰尔如何在电影中进行编舞，但阿斯泰尔擅长的是舞蹈家的动作设计，总是尊重整个身体的舞动，而伯克利的设计是表演者的一堆特效、令人目瞪口呆的壮观场景。作为电影剪辑师，他沉迷于技术诀窍，灯光与拼接和多重曝光的效果，这可以追溯到法国电影人乔治·梅里爱的魔力，而不是舞台制作方法，甚至也不是他努力想要超越的弗洛·齐格菲的华丽表演。

像《第四十二街》和《舞到布法罗》这样的歌舞是在舞台上搭建的布景中开始的，但动作的发展超出了任何舞台可以容纳的范围；随着镜头在舞台上及周围引人入胜地移来移去，舞台的幻觉让位于摄影棚巨大的电影空间：影片陶醉于自身的技术进步更甚于现场制作。我不相信有任何观众能看懂《美丽佳人》，这些演员据称要表演的节目。（我想你可以称它为活报剧。）到最后，它完全被抛在了脑后，我们所知道的是，开始时懒洋洋、死气沉沉的歌舞，忽然就流畅顺滑起来了；并且持续下去，大获全胜（！）。这种融合（大萧条的一个重要主题）反映在这些电影的节奏里，所有乱糟糟的排练和人为的复杂因素过后，在快要结束之前，真正的歌舞登场了，既完整又圆满，几乎没有提及我们已经看过的那些混乱的排演——通常是不相关素材的排练。巨大的音乐回报，与成功带来的喜悦密不可分，使大萧条时期的观众对这些不连贯的细小片段异常宽容。

我们不禁好奇，观众在看《华清春暖》这样的电影时，会有多少耐心。三首伯克利的重要“序曲”①，用绚丽的音乐、奇景和舞蹈结束了这部电影。在此之前，几乎没有发生什么，或者至少没有顺利发生什么，而这正是个中深意。演出的确在进行，演出本身就是主要的成功故事，包含了所有参与者的个人胜利。这是一个完美的 30 年代悖论：演艺界

① 电影开始之前在影院里现场表演的歌舞短剧。

的成功属于个人，但整体的胜利，至少在伯克利的视野中，属于全员的配合，属于整体的努力。

伯克利的想象力是如此抽象，如此致力于更大的模式和组合，所以他竟然能够整合华纳风格的大萧条素材，真是令人惊讶。他喜欢控制一切；剧场风格随性、质朴，关乎当下，几乎没有被米高梅的光彩和精致所影响。得益于片场制度巅峰时期罕见的创作自主权，他的作品在一大堆自然主义特征越来越明显的电影制作中有如一座孤岛，展现着惊世骇俗的超现实主义和公然、肉欲的感官色彩。他用精确的队形组织大批演员的技巧，属于1930年代观念的集体性的一面，就像纳粹电影人莱妮・里芬斯塔尔在现实世界的编排一样。伯克利喜欢按自己的意愿行事；他的歌舞仿佛自成一体的影片。他对待人的方式里有一种可怖、非人化的东西——好似车轮上的齿轮，宏大设计中可以随意互换的零件。他采用了哲学家亨利・柏格森对喜剧的定义——机械对人类领域的入侵——并从中创造出了令人震惊的事物。

伯克利最好的作品与新政早期，即国家复兴管理局阶段并进，后者致力于规划和社会共识，而不是凯恩斯式的政府注资。虽然是个人成功的故事，但伯克利的电影从形式上看，是对集体规划和精准运动而非个人积极性的赞歌。在《华清春暖》中，也许是为了取悦富兰克林・罗斯福的朋友杰克・华纳①，他加入了一系列变幻多端的俯拍镜头，其中列队行进的合唱团先是组成了一面美国国旗，接着在国旗上摆出一个抚慰人心的罗斯福本人的头像，然后是一只巨大的NRA老鹰（这在当时华纳的其他电影，例如《路边的野孩子》中也出现过）。伯克利也能利用当时的情节和时事掌故来玩大萧条的游戏。如果没有排队领救济的队伍，他的电影将失去一些意义。

他同时参与多达八部电影的制作，把华纳兄弟公司推到了前所未闻的奢华级别，在某种意义上，伯克利变成了好莱坞最大的雇主之一。像

① 华纳兄弟电影公司的四位创始人之一，是年纪最小的弟弟。

新政计划一样，他为所有那些挨饿的合唱团女孩提供了工作，不管她们自己的勇气和运气如何。但除了这些善举，他也是个疯狂的具有远见卓识的人，编排出了高楼大厦、白色钢琴、人体瀑布等巨型合演。虽然带有大萧条的特征，但伯克利最大胆而超现实的曲目（例如《美女》中的《我的眼里只有你》和出自《华清春暖》的《在瀑布边》）都是作为梦境呈现的，摆脱了现实与可能发生之事的束缚，就像巴斯特·基顿1924年的杰作《福尔摩斯二世》中的惊人特技一样。

如果说娱乐业满足了伯克利想象力中狂野、乖张的一面，那它同时也是他对大萧条所做的隐喻。他用古怪的方式表达了成功与失败、声名或灾难的迫切性。对他雄心勃勃的制片人来说，拔得头彩就是电影能卖座。对他的合唱团女孩来说，回报也可以是嫁得金龟婿——从娱乐业本身的种种不确定性中逃脱。当旧的成功模式似乎不再奏效，当商业和企业精神不再提供任何可靠的获取成就的途径，犯罪和娱乐业——两者并不总是容易区分——的世界为大萧条时期的观众提供了一些近乎神奇的选择。它们对成功的理解有许多模棱两可的指涉，但像大多数流行的娱乐形式一样，它们提供了使人愿望成真的途径，突显了观众缺乏并急需的东西。

正如匪帮的没落已经暗藏在它的发迹中一样，少数人的成名意味着很多人的失败和挫折。即使是成功的表演者也会以蔚为壮观的方式落幕，令他们的拥趸扼腕长叹。查利·帕克、詹姆斯·迪恩、杰克逊·波洛克、詹尼斯·乔普林、吉姆·莫里森、吉米·亨德里克斯、约翰·列侬、赖纳·维尔纳·法斯宾德、约翰·贝鲁西、让-米歇尔·巴斯奎特这些人的英年早逝成了他们各自传奇的一部分、他们惊险人生的证据，为他们所代表之物、他们的生活方式画上了句号。巴斯比·伯克利职业生涯中最动人的时刻来自他对纽约夜生活极富创造力的致敬，即《百老汇摇篮曲》。这支歌舞出现在他较不知名的电影《1935年淘金女郎》中，一名歌手兼夜间工作者从一栋摩天大楼上坠下死去，这是夜幕下的纽约，由灯火通明的建筑形成的狂野森林。这一坠落是和着《百老汇摇篮曲》的简单旋律设计的，是诸如《白热》等黑帮电影擅长表现的那种结局——从世界之巅一落千丈。就像《想起我那落魄的爱人》一样，这首效果奇绝的歌曲完全不是对现实的逃离，尽管其中充斥着超现实的意象。

到了30年代末，歌舞女郎已是俗滥的老套，而黑帮分子成了过时的人物，会让观众联想到混乱的禁酒令时代。尽管《海斯法典》的种种限制1934年才真正开始生效，但到了1932年，新的道德审查制度迫使电影公司削弱黑帮的身份。整个1930年代后期，亨弗莱·鲍嘉的事业一跃而起、如日中天，他扮演了这些受限的角色：《化石森林》(1936)中神经质、凶狠强硬的黑帮头目；《死角》(1937)中精神错乱的孤家寡人，在贫民区长大，遭到亲生母亲的唾弃；《怒吼的20年代》(1939)中背信弃义、两面三刀、胆小懦弱的私酒贩子。在这最后一部影片中，要由卡格尼来坚守黑帮的英雄模式，然而他的角色也因为对体面的辛酸向往而背叛并弱化了这个模式。更糟的是，在华纳的《一世之雄》(1938)中，卡格尼（像《旧金山》中的克拉克·盖博一样）受到帕特·奥布莱恩扮演的一个朋友的影响，这个口若悬河、道貌岸然的牧师使他相信自己对穷街陋巷的孩子们来说是个糟糕的榜样。他怂恿他狼狈地死去，在坐上电椅之前就害怕起来，从而击毁他自己的形象，而这正是孩子们非常崇拜的。“你是在让我丢掉我唯一仅存的东西”，他对牧师说。但他的屈从又很模糊，我们只能从剪影中看到。牧师用诡计、用一种虚伪的操纵取得了胜利，而电影本身戏剧性地表现了华纳兄弟公司面临的社会压力，即削弱黑帮的地位。他们通过歪曲和贬低来戳穿这个神话。

摧毁黑帮的与其说是道德的影响，莫如说是新政促成的文明社会改良的新气氛。尽管黑帮分子身为一个成功人物有其模糊之处，但他首先是一个个体，卑鄙龌龊，又具有传奇意味。新政帮助宣传了一种偏共同性的成功理念，一种对社会福利的集体责任感；是自由主义版的集体主义，吸引了这十年的激进知识分子。安德鲁·伯格曼将《死角》和《一世之雄》等影片的观点描述为“环境论”：认为犯罪属社会问题，是贫穷与贫民区的产物。① 这是30年代的重要主题，从《没钱的犹太人》等作品就开始了，结果产生了内在于所有社会工程的乌托邦乐观主义：我们能够解决这个问题，我们可以摆平它。《没钱的犹太人》结尾，迈克·戈尔德视革命为“真正的救世主”，拆除了贫民区，“在那里为人类灵魂建造一座花园”。《死角》中鲍嘉的对手是个爱做白日梦的建筑师，由乔尔·麦克雷饰演，他就想用这种方式推倒并重建这个城市。一旦犯罪变成社会问题，乐观主义便破土而出，而经典的黑帮分子，一个神话般的悲剧性人物，就失去了立足之地。

拉乌尔·沃尔什导演的两部挽歌式电影——《怒吼的20年代》和鲍嘉最后一部也是最好的黑帮电影《夜困摩天岭》（1941）——结束了这个十年与黑帮的不解情缘。两部影片中，黑帮都日渐式微，属于前一个时代几乎绝迹的物种。（卡洛斯·克拉伦斯简明扼要地把这类电影称为“末路狂徒片”。）[34]《怒吼的20年代》中，干脆利落的《时代进行曲》② 式的序幕回顾了第一次世界大战及禁酒令开始以来的黑帮历史。它告诉我们，“这部电影是一种回忆”。尽管有麻利的对话和飞快的节奏，尽管卡格尼的表演非常精彩，但这部电影给他的角色蒙上了一层怀旧的阴霾，使他显得极其高贵又极其可悲。在《小恺撒》和《国民公敌》中，黑帮分子这个模棱两可的形象既富有感染力又无关道德是非，既有巨大的生命力，又凶险无比。在这里，核心人物被分成了正派的黑帮、老式街头混混（卡格尼），以及邪恶、精神错乱的黑帮（鲍嘉），呈现为阴险奸诈的新会议室风格。

卡格尼的角色渴望脱离犯罪行业。他把那个他在前线时给他写信的

① Bergman, *We're in the Money*, 149 - 165. 整个主题可以用约翰·加菲尔德的首部电影《他们让我成为罪犯》（1939）来概括。导演正是巴斯比·伯克利，这是他去米高梅之前为华纳兄弟公司拍的第一部“纯正”电影，也是最后一部电影。加菲尔德与克利福德·奥德茨及同仁剧团合作，是30年代进步主义的代表人物。“陋巷小子”也参演了这部影片，他们演过很多关于犯罪和青少年犯罪的环境论影片。——原注

② 1935年至1951年由时代公司赞助、路易斯·德·罗什蒙制作的一系列新闻短片。

淳朴女孩理想化了，这个女孩最后嫁给了一名地方检察官。像其他资本家一样，他被大萧条毁了，特别是被禁酒运动的结束给毁了。罪犯遭到了清洗；新时代属于市郊和检察官办公室。黑帮过时了，也无关紧要了，因为“现在人民正在建设事物”。随着新政和人民阵线的乐观主义开始深入人心，卡格尼沦为醉醺醺的酒鬼。不过至少他死得很隆重，在纷飞大雪中踉跄着走到教堂的台阶上。“他是干什么的?”有人问道。“他以前是个大人物。”

鲍嘉在《夜困摩天岭》中也死得其所，像一头几乎绝种的原始猛兽被困山中。他扮演的角色和卡格尼的一样，具有相同的隐匿的高贵气质与相同的旧式的无关紧要。两鬓开始斑白、看起来完全无所适从、不再年轻的罗伊·厄尔，有着一个可以显示阶级的名字。他出狱来到一个与他离开时不同的世界。别人告诉他那些好身手的家伙都不在了，不是死了，就是蹲了监牢。他以前的老板病了，快不行了（“岁月不饶人”），他很厌烦年轻小流氓的奉承，他们把他当作行走的传奇。像卡格尼一样，他把自己对尚未被玷污的纯洁的向往寄托在一个“正派”的姑娘身上，却无视一个坚韧忠诚的女人（由艾达·卢皮诺扮演），后者在很多方面是他的女性翻版。他付钱给那个姑娘的跛足做矫正手术之后，她失去了唯一能让她与众不同的东西。在一个精彩的转折中，她不仅反戈相向，而且更糟糕的是，变得庸常无奇了。她只想“玩乐”，想和其他人一样。她预示着已经让他感到倦怠的那个平庸的战后世界。

面对这般令人麻木的后大萧条常态及其花哨庸俗的中产阶级价值观，罗伊·厄尔无处可去。这是一部忧伤的电影，一部思考男性宿命的经典之作。像所有伟大的黑帮分子一样，罗伊也在“匆忙赴死”。在同样的宿命论思想下，没有人对另一个人的爱在这里得到了回报；所有人都徒劳地渴望着别人。但罗伊终于做了他从一开始就想做的事：他“逃狱了”。在内华达山脉蜿蜒的山路上越驶越高，他呼吸着清新的空气，身后追捕人员逐渐逼近。这是另一种意义上的“世界之巅”，迥异于拉乌尔·沃尔什后来弗洛伊德式的《白热》（卡格尼主演，1949 年），不是一个大火熊熊燃烧的末日世界，而是清澈的山间空气中一种超然的神话转变。

这些后期的黑帮电影显示了成功的奥义在多大程度上属于 30 年代初，那是大萧条最严峻的时候。到了 30 年代末，随着经济恐慌多少得到缓解，成功开始与正常和平淡，与即将到来的战后繁荣、玩乐和家庭生活联系在一起。在这里，经典的黑帮分子将无处容身。随着鲍嘉躲进山中，《夜困摩天岭》的结局发展更像是一部西部片，而不是黑帮电影，因为西部片的意象更好地表明了他与新秩序格格不入。甚至在影片伊始，他就已是迟暮的枪战能手，不合时宜了。此处，这部有意识地制造神话的电影与经典模式背道而驰。正如杰克·沙杜安在《梦想与穷途末路》中所说："这里没有上升，只有下坠，但主人公通过下坠获得了升华。他没有卑劣地死在阴沟里，而是崇高地死在山脚下，他的死等同于自由。"[35]

菲茨杰拉德的第二幕

这些后期的忧郁影片显示了大众文化与严肃艺术在描绘成功方面的逐渐融合。声称通俗艺术家向大萧条时期的观众灌输成功的幻想，而严肃作家探讨失败的严峻现实，这未免过于简单。照这些说法来看，后期的电影更贴近作家，甚于接近早期的电影制作人。从豪威尔斯的《塞拉斯·拉帕姆的发迹》（1885）和亚伯拉罕·卡恩的豪威尔斯式《戴维·莱文斯基的发迹》（1917）等商业小说开始，一个又一个作家将物质上的成功等同于精神上的贫乏和失败。这预示了随着《巴比特》和 20 年代现代主义而出现的对资本主义与中产阶级生活更加批判的态度。在《戴维·莱文斯基的发迹》的著名结尾中，主人公怀着不安、困惑与割裂感回顾他的商业生涯：

> 我好像怎么也习惯不了我的奢侈生活。我总是多多少少因为我的好衣服、我办公室的优质家具、对向靠我吃饭的人行使权力而觉得不自在。像我在另一个场合说过，我私下里对饭店服务员仍然有些害怕。
>
> 我永远也忘不了我受苦的日子。我没法逃脱过去的那个我，我的过去和现在并不相称。大卫，那个在布道者犹太会堂的《塔木德》经书前晃荡的穷孩子，似乎比戴维·莱文斯基这个有名的披风制造商更符合我的内在身份。[36]

大萧条期间，出于显而易见的原因，作家们甚少关注成功的空洞虚无，而较多注意令人痛苦的失败，包括莱文斯基这里描述的那种内心失败。由于经济危机及其对美国梦的挑战，1930 年代的几乎所有严肃作家都与成功和失败做过抗争，但其中一些人，例如 F. 斯科特·菲茨杰拉德、詹姆斯·T. 法雷尔、纳撒尼尔·韦斯特和克利福德·奥德茨，将其用作他们作品的框架，在映射周遭文化价值观的同时，也揭示了很多关于他们自己的东西。菲茨杰拉德是美国在讲述成功的梦想与失败的必然性方面最伟大的小说家；他自己在从 1920 年到 1940 年的两段写作生涯中，以惊人的对称性实践了这两个方面。对很多人来说，他一直是 20 年代的代表人物，那个时候他声名鹊起，作品盛行于世。然而，在某种意义上，当他的事业开始走下坡路，一度支持他的杂志开始拒绝他的作品，实际上，当文字本身变得枯竭，他的生活进入他写过的一些非常动人的故事中的下行轨道，这时，他的才华得以充分施展。

像很多作家一样，菲茨杰拉德个性丰富却充满矛盾。他是一个来自圣保罗的中西部外乡人，仰慕普林斯顿大学，但未曾从那里毕业，他是一个永远长不大的少年，写起爱来比其他任何美国小说家都要成熟。他对有钱人的矛盾态度是他那背信弃义的朋友海明威一次著名嘲弄的对象。他是爱尔兰天主教的道德家，对性古板而拘谨，然而也是不折不扣的浪漫主义者，他推广了“飞女郎”，成为爵士时代离经叛道的青少年文化的代言人。1920 年，他的首部小说《人间天堂》出版，几天之后，他与泽尔达·塞尔，一个来自伯明翰的了不起的南方淑女结婚。她起初拒绝了他——他看起来没有前途——一种浪漫的失望，甚至是衰落的怀旧感已然渲染着这本书。但它成了畅销书——对很多人来说，它起到了定义新一代的作用——尽管他的大学同学埃德蒙·威尔逊两年后把它描述为“有史以来出版过的最为拙劣的好书之一”。就像 1812 年的拜伦一样，他一觉醒来发现自己名声大噪，菲茨杰拉德夫妇成了这十年中最受追捧的年轻伴侣。这是一个童话故事，一个比他写过的任何故事都要简单的成功故事。

他们似乎是为了魅力、风格和刺激而活。他还不到 24 岁，就已经是传奇人物：玩世不恭的战后青年一代的化身。她是个大美人，她的个性、信件和日记是他最好的素材来源。泽尔达在《纽约论坛报》上评论他的第二本小说，并轻描淡写地指责他借用了自己的很多话时，那一定看起来是个美妙的恶作剧。“事实上，”她说，“菲茨杰拉德先生——我相信他是那么拼写自己的名字的——似乎认为剽窃始于家中。”这在当时非常有趣——那是她发表的第一篇文章——但这预示了他们之间后来愈演愈烈的紧张、怨恨和相互较劲，特别是当她开始从事创作，而他指责她盗用他的材料。后来，他甚至试图使她的精神科医生相信他的作品比她的更重要（“因为我的写作是正经事，而泽尔达的写作属于奢侈享受”）。但早在 1930 年（仿佛标志着一个时代的终结）她精神崩溃之前，他们的婚姻就因为酗酒、过度竞争、支持和相互理解过少而一败涂地。除了把他挣的所有收入挥霍一空，他们还肆意挥霍自己的青春、美貌和才华。

他们的婚姻和他的职业生涯壮观而悲剧性的发展轨迹，与经济的普遍瓦解和这两个十年之间近乎天翻地覆的感性转变形成了一种怪异的呼应。菲茨杰拉德在 30 年代的大部分时间都被认为已经身败名裂，特别是 1936 年他在《时尚先生》上突然发表“崩溃”系列文章，令对自白式新闻报道尚无经验的读者措手不及。他的坦率让世界感到尴尬，甚至震惊，以为他的自我描绘是自哀自怜，与他所表达的恰好相反。他是在致力于一个作家新的开始。1940 年底，他在好莱坞早逝，其象征意义促使讣告作家为这个传奇写下定论。“大致来说，他本人的生涯始于 1920 年代，也终于 1920 年代，”《纽约时报》说，“他的辉煌事业的承诺从未实现。”[37]

尽管埃德蒙·威尔逊出版了他未完成的小说《最后的大亨》（1941）和一本忧郁的散文、书信及日记集《崩溃》（1945）之后不久，菲茨杰拉德就声名再起，但传记作者仍然倾向于将他的写作生涯象征性地锚定在 1920 年代，把随后的十年看作一个分裂与衰落的可怕收场。[38]然而也可以做出相反的判断：菲茨杰拉德作为一个不断进步的作家在 1930 年代进入了全盛期。正是在那时，他生命中的灾难使他能够追求从一开始就存在的更黑暗的主题。菲茨杰拉德敏锐地意识到他自己的生活和更广大的社会之间的类比。在后来的岁月中，每当他写到繁荣与崩溃，就像他经常做的那样（在《爵士时代的回声》等散文以及《重访巴比伦》等故事中），他也在思考自己的繁荣与崩溃。他在 33 岁那年的分类账簿里写着，“大崩溃！泽尔达加上美国”，这几乎就是他后期作品的公式了。[39]到 1931 年，他领悟到，自己作为爵士时代的记录者，他给幼稚的幻想披上了彩虹般的浪漫光泽，他的作品和那个时代本身一样，遥远得无可挽回。

但早在 1922 年一篇名为《冬天的梦》的故事中，接着又在《“明智之举”》《赦免》和《富家子弟》等故事中，以及最重要的，在 1925 年的《了不起的盖茨比》中，菲茨杰拉德逐渐为他笔下人物的爱与成功的梦想注入哀歌和悲剧色彩。大战之后普遍感到幻灭的那些岁月里，其文学基调由《小镇畸人》的怪诞不经、门肯和刘易斯的凶狠讽刺、《荒原》的枯萎绝望，以及海明威早期的冷峻气氛所奠定，菲茨杰拉德为年轻一代光明而遥不可及的向往赋予了闪烁的光芒，正如歌德、席勒、拜伦、济慈和雪莱等作家在他之前做过的那样。他比他的大多数批评家更了解这些作家，因为在他的情节安排中，在激发这些行动的情感中，他让我们意识到济慈和雪莱是如何将失意与梦想，将不可避免的失败与奢侈的希望结合起来。

值得注意的是，菲茨杰拉德在写失败、迷失和失望的时候，还没有经历这些东西。等到他的人生和美国社会一起开始走下坡路，菲茨杰拉德已经做好准备要在小说中处理这一切。他在一篇叫作《早年成名》的文章中回顾他的早期作品时指出："我头脑中构思的所有故事都有某种灾难的意味——我小说中可爱的年轻人毁灭了，我短篇故事中的钻石山灰飞烟灭，我笔下的百万富翁和托马斯·哈代的农民一样，虽然美好，却时运不济。我的生活中尽管还没有发生这样的事，可我非常确定，活着并不是这些人——只是比我年轻的这一代人——所想的那样，是轻率、随便的事。"[40]那些早期故事特别好地表明了这一点，因为它们基本上是一个悲剧性的棱镜所投射的霍雷肖·阿尔杰式幻想。

在《赦免》(1924）这个据说最初是为了填补杰伊·盖茨比早年生活而写的材料中，我们看到这个男孩睡在"他的阿尔杰小说中间"，要么就是幻想一种完全不同的尊贵而成功的生活。在这个替代身份里（他在其中叫作"布拉奇福德-萨纳明顿"），"他身上流露出一种文雅的高贵气质"。同时，他那笃信宗教的父亲，拥有像菲茨杰拉德一样失败的人生，执着地遥望着他自己的成功典范詹姆斯·J. 希尔，这位铁路建设者和银行家自1870年来到圣保罗至1916年去世，一直掌控着那里。这位父亲沉湎于严苛的天主教和他的英雄崇拜，"一辈子从未在他的任何所有物中感受到平衡。他那令人厌烦、精力充沛的矮小身体在希尔巨大的阴影下慢慢老去。20年来，他怀着对希尔的名字和上帝的忠诚孤独地活着"。他靠对儿子的苛责压制来发泄他的挫败感。（"与其说他害怕挨打，不如说害怕挨打背后野蛮的残暴，那是一个无能之人的宣泄出口。"）[41]

在阿尔杰的书里，通常会有人替代缺席或不称职的父母，一般是个乐善好施的商人（像《破衫迪克》中的格雷森先生），引导年轻人走向更高的层次。此处，一个天主教神父不经意间承担了这一角色。说他是不经意间，是因为他自己也烦恼重重：他比这个男孩更深地遭受着克制和欲望之冲突的折磨。对于如果男孩持续生活在父亲的阴影下就可能变成的模样，他是个活生生的警示。不过神父自我谴责的罪恶感在某种程度上对男孩产生了作用；他可怕的崩溃，尽管难以理解，却有助于解放这个年轻版的他。他在胡言乱语中告诉男孩去游乐园看看（“就像个集市，只是更加光彩夺目”），告诉他不要担心在告解室撒了谎。男孩惊讶地看到这个苦修威严的人，在他眼前瘫倒下去。“可在他的恐惧之下，他感到自己内心的信念得到了证实。某个地方有一种难以言喻的崇高，那种崇高与上帝无关。”（150）

像往常一样，菲茨杰拉德用流光溢彩和璀璨生辉，甚至用画意诗情来表达这种梦幻般的生活：“他不再认为上帝会因为他起初撒谎而对他生气”，因为他“在忏悔时说谎是为了使事情变得美好一点，用闪光而骄傲的话来点亮他灰暗的悔过”。他的谎言是创造性的，富有想象力，是他为自己规划的一种别样的生活。神父的妄想是他压抑的情感不由自主的表达，坚定了男孩对另一种生活的初始向往；这些向往减轻了他日渐深重的负罪感，而负罪感正在摧毁神父。于是，更年长的这个男人，自己如此困扰，却反常地给予男孩他所需要的赦免。

因此，像菲茨杰拉德这一时期的很多作品一样，《赦免》既是一个关于成功的故事，又是一个关于失败的故事。随着神父的崩溃瓦解，男孩获得了解脱。这种得失相伴在他 1920 年代的其他作品中更加突出，例如《冬天的梦》《“明智之举”》《了不起的盖茨比》，以及紧随其后的那个特别精巧的故事《富家子弟》。从成或败的主题来看，这些故事给霍雷肖·阿尔杰模式增添了一种引人入胜的变化。菲茨杰拉德把自己看作一个阿尔杰式人物、一个局外人，但他的故事解开了爱情与金钱之间的关系，表明他不是根据功名利禄而是他对理想女性的追求来衡量成功的。这样的女性契合一种不可获得的完满生命的梦想，一个结合了浪漫与阶级、完美情感与完美地位的梦想。金钱本身似乎是随意、工具性的，只是抱得美人归的一种方式——这种物质的成功几句话就说完了——而爱情的梦想、金钱的目的，被证明是不可能拥有，也不可能保留的。

美国梦的观念牢牢盘踞在菲茨杰拉德的心中；他专属于此，但往往独辟蹊径。甚至在他对失败最直截了当的记录——《崩溃》的开头，他写道："一个人应该……能够看出来一切毫无希望，但又打定主意要改变这种局面。这种哲学与刚成年时的我颇为合拍，那时我眼看着未必会发生的事、难以置信的事，通常是'绝无可能的事'，都成了现实。只要你不是一无是处，生活就是你可以主宰的东西。"[42]这种掌握人生的计划存在于美国人的天性中；这是一种自信的思想，而 1930 年代——以及菲茨杰拉德自己的 1930 年代——对这种思想提出了尖锐的质问。不过他在向我们呈现前一个十年"所有那些忧伤的年轻人"的命运时，就已经在质疑它了。

《冬天的梦》提供了一个典型模式。德克斯特·格林的父亲拥有"黑熊镇第二大杂货店"，他在当地一家俱乐部做球童，在那里他爱上了朱迪·琼斯，一个备受欢迎、反复无常的富家女孩，她成了他的梦想对象。历经很多起伏波折，她不愿意接受他，因为他的事业"主要还得看将来"，但这反而激发了他的抱负。"不过可不要有这种印象，"菲茨杰拉德告诉我们，"看他那些冬天的梦碰巧跟富人的念头有关，就觉得这个男孩只不过有些势利眼。他不是想和辉煌闪耀的事物及辉煌闪耀的人扯上关系——他想要追求辉煌闪耀的事物本身。"几个灵巧但不大可信的句子之后，他发迹了，几乎可以为所欲为。"他赚了钱。相当了不起……还不到 27 岁，在他这个片区就已经拥有了最大的连锁洗衣店。"[43]

但他还是没法得到她。他迷恋她的魅力、她的美貌，最重要的是她的难以企及，而她对待他"时而兴致勃勃，时而尽力挑逗，时而恶意作弄，时而无动于衷，时而又满眼不屑"，使他遭受"在这样一个处境中可能出现的无数细小的怠慢和侮辱——仿佛她因为喜欢过他，就得这样报复他一样"。

> 她曾给他带来心醉神迷的幸福和无法忍受的精神痛苦。她曾给他造成数不清的麻烦和很多的苦恼。她羞辱他，欺压他，她还利用他对她的热情，来消磨他对工作的热情——以此为乐。她什么都对他干过，除了批评他——她未曾批评过他——在他看来，那只是因为批评可能会玷污她对他表现出的、一如她真实感受到的彻骨冷漠。(67)

她对他的短暂关注，仅仅发生在他放弃了她，和别人安顿下来之后。自然而然地，一旦那计划中的婚礼取消，她就丧失了兴趣。德克斯特处理掉生意，去了纽约，而菲茨杰拉德将最妙的部分留到了最后。几年以后，德克斯特偶然间听说她婚姻不幸，嫁了一个虐待她的丈夫，甚至已经风采不再，泯然众人了。那一刻，他没有感到大快人心、谢天谢地，而是第一次发觉自己失去了什么，仿佛这世界上的某道光熄灭了，仿佛生活欺骗了他。“梦幻逝去了……多少年来第一次，他流下了眼泪。但现在那是为他自己而流。”(75)

传记作者已经将这个故事追溯到菲茨杰拉德本人为吉内芙拉·金所拒的往事，评论家也从中贴切地发现了黛西最终拒绝盖茨比的影子。[44]尽管盖茨比的早年生活没有明确交代，但他和德克斯特·格林或《赦免》中的男孩鲁道夫·米勒一样，都是阿尔杰式人物。较之于破衫迪克①向理查德·亨特先生的转变，由詹姆斯·盖兹打造出杰伊·盖茨比的过程更是一个了不起的自我发明（就像《无人知晓的人》中布鲁斯·巴顿笔下耶稣的推销生涯和敏锐的商业意识一样，这本书和《了不起的盖茨比》同一年出版，是1920年代的成功圣经）：“他的父母是碌碌无为的农民——他在想象中从未真正将他们当作父母。事实在于，长岛西卵的杰伊·盖茨比是在他对自己的柏拉图式构想中诞生的。他是上帝之子——

① 霍雷肖·阿尔杰系列小说《破衫迪克》中的同名主人公，是个流浪街头的擦鞋童，凭借努力和机遇改变命运，成为受人尊敬的“先生”。

这个词语如果有什么意义的话，就是这个意思——他必定要为他的天父效命，献身于一种巨大、庸俗、华而不实的美。”[45]很难重现这几句话的冲击和大胆，也许是被引用的次数太多了。

像阿尔杰的主人公一样，盖茨比也不是完全自我创造出来的。他在丹·科迪那里找到了替代父亲，这位镀金时代的海盗是一个冒险家版的詹姆斯·J. 希尔式人物，“内华达银矿区、育空地区的产物，自 1875 年以来所有淘金热的产物……具有开拓精神的浪荡子，在美国生活的某个阶段将边疆妓院和酒馆的野蛮暴力带回了东海岸”（106—107）。盖茨比和他的导师一样，最终将毁在一个女人手里，但他的成功也是科迪版的成功。在盖茨比与沃尔夫山姆——原型来自犹太黑帮分子阿诺德·罗思坦——打交道的过程中，菲茨杰拉德预见了 30 年代初犯罪电影的风潮。最重要的是，他明白黑帮与私酒贩子即当代的美国经典企业家。正如布鲁斯·巴顿将耶稣塑造成营销和推广天才，从而把生产时代的成功福音调整为消费文化的福音，菲茨杰拉德也使盖茨比成为炫耀式消费者、庸俗的暴发户，像公民凯恩一样，认为财富即追求爱情的手段。① 如果说巴顿的耶稣，一个曲意逢迎的巴比特，是“耶路撒冷最受欢迎的晚餐客人”，盖茨比则是特里马乔②，他举办的宴会是那个时代的俗丽象征，但除了作为重新俘获黛西的一种方式，对他来说毫无意义。

盖茨比死后，当他真正的父亲出其不意地来到现场，对儿子的生活级别感到惊叹与迷惑，我们则对早年的盖茨比有了弥足珍贵的一瞥，那更接近最初的阿尔杰模式。他留下了一本小时候用的笔记本，里面详细

① 参见 Warren I. Susman, *Culture as History: The Transformation of American Society in the Twentieth Century* (New York: Pantheon, 1984), 122 - 31。萨斯曼呼应马尔科姆·考利在《流放者归来》中提出的一个区分，认为巴顿版的成功故事有助于缓和从具有传统价值结构、以生产者为导向的旧制度，向以消费者为中心、价值结构变化了的新制度转型。巴顿富有感召力的作品（从某种意义上包括他出色的广告文案）找到了一种方法，弥补了强调勤勉、克己、节约的加尔文主义生产伦理与注重挥霍、享受和铺张靡费的享乐主义消费伦理日益增长的要求之间的差距。当然，在很多方面，没有什么比 1920 年代的青少年文化更能体现这些新要求了，而菲茨杰拉德是其主要代言人和阐释者。——原注

② 公元 1 世纪罗马佩特罗尼乌斯小说《萨蒂利孔》中的一个人物，出身低下，经过努力获得财富，因举办奢华盛宴而闻名。

记着敦促自我进步的日程表，还有像“每隔一天洗澡”和“每周读一本有益的书或杂志”这样的“个人决心”。(180) 他父亲说，“假使他还能活下去，他会成为一个大人物。像詹姆斯·J. 希尔那样的人。他会协助建设国家的”(175)。然而，没人来参加盖茨比的葬礼。

菲茨杰拉德赋予成功福音古老的语言一种喜剧性的阴郁及幻灭的特征。他公然挖苦沃尔夫山姆是个文盲，不敢来吊唁，讽刺那些聚会常客在盖茨比活着的时候利用他，但还没完全意识到“派对已经结束了”。通过尼克·卡拉威的康拉德式叙述，他为我们描绘了一幅令人胆寒的富人画像，汤姆和黛西这样“漫不经心的人”，他们“砸碎了东西，撞死了人，然后就缩回他们自己的钱堆或者他们那无边无际的漫不经心，或者不管什么把他们拴在一起的东西中去，然后让别人来收拾他们弄出来的烂摊子”(186)。最重要的是，通过盖茨比的记录者及第二自我尼克，他对盖茨比做出了一个模棱两可的裁决，一方面尊重他的梦想，敬佩他那圣杯般的追寻不可动摇的忠诚，但又坚持认为其中充满幻想，其对象之虚空。黛西最终和朱迪·琼斯一样不值得他去寻梦，只是一个中西部来的穷小子用他那狂热的头脑臆想出来的某种可爱到不可言喻的东西。

菲茨杰拉德用尼克做叙述者，使我们与盖茨比的希望和失败保持距离。尼克从一开始就对盖茨比有清醒的认识，他首先看到他是“一个风度翩翩的年轻汉子……说起话来文绉绉的，几乎有点可笑”(54)。不过他逐渐转向了盖茨比的观点，透过他浪漫广博的视野，他那“令人惊骇的感伤”平衡了他“无与伦比”的神奇感 (118)。在对盖茨比的梦想及最终失去的诗性处理中，菲茨杰拉德的文字近乎浪漫小说的陈词滥调，但不知何故又完美避开了那些老套。

菲茨杰拉德可以用绚丽华美的散文形容盖茨比渴望“吮吸生命的浆液，大口吞下那无与伦比的神奇的奶汁”(118)。但是，当他的梦想因为黛西的懦弱和汤姆的冷酷而遭搁浅，与金钱无法突破的阶级壁垒相碰撞，盖茨比构建的人格崩塌了，就像理查德·亨特重新幻化为破衫迪克一样。接着他向尼克讲述了他年轻时候的故事，“告诉我是因为‘杰伊·盖茨比’已经像玻璃一样被汤姆无情的打击砸得粉碎，那出漫长的秘密狂想剧也演完了”(154)。

作为西部人，尼克后来沉思道，“也许我们具有什么共同的缺陷使我们无形中不能适应东部的生活”(183)。像小说的其他很多地方一样，这感觉就是菲茨杰拉德本人在说话。通过协调盖茨比的“龌龊”和他那“毫不龌龊的梦”(160)，菲茨杰拉德在他自己对“辉煌闪耀的事物本身”的诗意渴望与冷眼描绘它们所需的代价和那辉煌闪耀背后的现实之间保持了一种均衡。甚至有关荷兰水手第一次望见新大陆的著名结尾都有一种冷硬、悲剧的意味。这将他们笨拙的神奇感置于模糊的过去，阴郁地强调了这片大陆后来变成的样子。

菲茨杰拉德这一时期的其他故事，例如《“明智之举”》和《富家子弟》，缺少《了不起的盖茨比》的文化深度及其对美国社会更广阔潮流的巧妙影射，但它们揭示了菲茨杰拉德在其他层面对成功神话的尖锐质疑，尽管写于他将失败作为他的一个核心主题之前很久。这两个故事都表现了爱情的转瞬即逝如何令世俗的成功变得了无意义。《“明智之举”》中的穷小子没有抓住时机俘获女孩的芳心，而是像德克斯特·格林一样转身去奋斗了。对他所爱的女孩来说，这似乎是个“明智之举”。他轻而易举就发了财——这是必然的——当他荣耀归来，他实际上就赢回了她。但是，爱的时机不知何故已经与他们擦身而过。“他知道，15个月前的那个男孩曾有过什么东西，一种信任，一种温暖，现在已经永远地消失了。明智之举——他们做了明智的事。他用自己的第一次青春换取了力量，从绝望中打拼出成功。但随着他的青春走远，生活带走了爱的新鲜。”(103) 他错过了激情的时刻，凭着明智之举得到了空洞的“成功”。

就在《了不起的盖茨比》之后写的长篇故事《富家子弟》中，菲茨杰拉德揭示了富人如何可以像努力奋斗的穷人一样，将自己完全地、宿命般地排斥在生活之外。《“明智之举”》只是一篇小品，而《富家子弟》则耐心积攒成了一个长篇故事。它摒弃了《了不起的盖茨比》的留白和快速剪切，那让我们对神秘的主人公只能匆匆瞥过，这个故事预告了菲茨杰拉德将在《夜色温柔》中描摹迪克·戴弗逐渐的、几乎不可察觉的分崩离析的方式。安森·亨特以菲茨杰拉德的一个大学同学为原型，他可以说拥有一切：金钱、关系、门第、魅力，工作和交游都得心应手。但是，或许是由于某种天生的优越感，他也没有能够把握时机，将难以驾驭的欲望转变成长久的爱的纽带。这种可遇不可求的纽带是女主人公自己在她死于分娩之前（和另一个人）实实在在找到的。最后，安森不仅变得孤独、肥胖、郁郁寡欢——只是自己的一个影子——而且还要忍受看着她幸福又看着她逝去那种甜蜜且悲伤的羞辱。

尽管他擅于交际，处境优渥，安森身上有一些东西使他无法掌控自己的经历、拥有经历。菲茨杰拉德的主题和亨利·詹姆斯后期对未曾体验的生活令人不寒而栗的再现非常相似，这是《专使》《快乐角》，以及最重要的，《丛林猛兽》的主题。不过菲茨杰拉德避免了詹姆斯的戏剧性效果。《富家子弟》洞悉一切的基调、精致的社会肌理，甚至它的主题，都最接近伊迪丝·华顿的老纽约故事，其中探究了金钱和性格对过上完满生活的机遇施加的限制与障碍。

华顿的主人公常常受到“审慎的老纽约方式”的摧残，他们在这种行为准则的束缚下长大，被强制要求沉默慎言、情感内敛，从而可能使他们生命中所有重要的事情都无从表达。因此，《欢乐之家》中的劳伦斯·塞尔登只有在莉莉·巴特刚刚死去之后才找到恰当的话要对她说，而《纯真年代》中的纽兰·阿切尔放弃了奥兰斯卡夫人，尽管她使他“第一次窥见了真实的生活”。阿切尔的内心沉思，与《丛林猛兽》的主题异曲同工，亦可以轻松拿来用在菲茨杰拉德的安森·亨特身上：“忽然间，他整个的未来似乎都在他眼前展开；沿着无穷无尽的虚空望去，他看见一个逐渐远去的男人的身影，对他来说什么事情都不会发生。”[46]

菲茨杰拉德在故事伊始就强调了与华顿的世界的这种联系，写下一段由于海明威的反驳而闻名于世的话：

> 让我来给你讲讲富人吧。他们跟你我都不一样。他们很早就拥有财富并尽情享受，这对他们很有一些影响，我们粗暴刻薄的地方，他们温和以待；我们倾心信任的东西，他们却冷眼相对，除非你生来富有，否则很难理解他们这种方式。他们打心眼里认为，他们比我们好，因为我们必须亲自寻找生活的补偿和庇佑。即使他们深入我们的世界，或者降到比我们还低的位置，他们还是觉得他们比我们好。(239)

菲茨杰拉德精心刻画的着眼点，一如在《了不起的盖茨比》中，使这个故事变得特别而与众不同。华顿从来没有假装从穷人的视角，或者哪怕是志向远大的外省年轻人的视角，来看待纽约社会。这样的人物（像《欢乐之家》中的犹太人罗斯戴尔或《世风》里的中西部新贵莫法特）在她的作品中的确占有一席之地，但仅仅是作为粗俗、掠夺成性的外来者。然而菲茨杰拉德尽管因为迷恋富人生活而受到指责，却有意从局外人的角度来写富人：小地方来的中产阶级，或者奋力想在一个远在他之外的世界站稳脚跟的穷小子。

从某种意义上说，安森是渴望成功的又一个牺牲品，因为他像华顿的一些男女主人公一样，由于没有或者不需要追求成功而受到损害。事实证明，财富对他来说是灾难，亦如贫穷之于盖茨比。斯科特·唐纳森发现，如果说盖茨比成了他的理想和幻梦的牺牲品，“安森·亨特的金钱则给予他一种致命的幻想无能”（111）。像《“明智之举”》中的主人公和华顿作品中一些重要人物一样，安逸自在的安森根本没法把握时机；他没有动力，没有什么能驱使他去把握机会。他通过醉酒、错过约会、表现恶劣来进行反抗。“在他的自尊心和自知之明面前，他绝望透顶。”（247）终于，时机不再——只有到了那时，他才能真正醒悟。

安森开始通过代入朋友们的生活来生活，但随着他们结婚生子，他们的世界和他的世界渐行渐远。他援用家族的名声，残忍地破坏了一个婶婶的婚外恋情，使自己更加远离他亲手放开的那种爱情。他转向其他女人，发现“在独身生活中，遇到真挚感情实属罕见”（260）。我猜想，“独身生活”（a single life）这个奇怪的短语在这里有两层意思：指“一个单身者的生活”，一个只在偶然的相遇中与他人产生联系的人，也指“在任何人的一生中”，暗示对任何人来说爱情都是稀有的。[47]在所有这些故事中，菲茨杰拉德似乎都在说，真正的爱，如果真的出现的话，也只会出现一次，而且必须在它落到地面之前就要抓住它的翅膀。“四月已逝，四月已逝，”他在《“明智之举”》的结尾写道，“这个世界上有各种各样的爱，但从没有一种爱可以重来。”（104）

为了说明这一点，菲茨杰拉德用双重经历来构建这些故事：实现爱情的第二次尝试，令人心碎地讽刺了第一次。伊迪丝·华顿的传记作者 R. W. B. 刘易斯在交谈中告诉我，华顿在一个题为《长远计划》的故事（收录于《欣古及其他故事》，1916 年）中就使用过这样的方法。正如菲茨杰拉德笔下的年轻情侣选择了“明智的事”，等到一切都太迟了，华顿故事中的男人在他所爱的人——一个婚姻不幸的女人将自己交到他手里的时候，过于得体地退缩了。仓促之间，她提出要离开她的丈夫，搬来和他同居。由于对社会习俗过于敏感，他迟疑了；他们决定“从长计议”，看看将来会怎么样。几年以后，她丈夫去世了，他试图向她求婚，最终却没有开口。“但是，在我们之间，是我不曾做出的行动的记忆，永远在戏仿着我正在尝试做出的举动。”随着时间的推移，她走进了另一段不般配的婚姻，而他像安森·亨特一样，退回到他自己的空壳中去。现在他们只在晚宴上见面，在那里他们交谈、打桥牌。那句毁灭性的话再次出现：“长远计划，哎，我们已经虚度完了，她和我。”就像菲茨杰拉德后来会说的那样，美国人的生活没有第二幕，尽管他自己在 1930 年代开启了第二幕。

安森·亨特的堕落和消沉预示了菲茨杰拉德后来的主人公的命运。在 1931 年的文章《爵士时代的回声》中，他描述了 20 年代的恣意狂欢看起来是多么遥远，而早在那个年代结束之前，他的一些同龄人就已经多么一蹶不振。一个同学杀了他的妻子，另一个自杀了；两个在酒馆里被杀，还有一个在精神病院遭到谋害。“这些不是我费心去搜罗的灾祸——这些都是我的朋友；不仅如此，这些事不是发生在大萧条期间，而是发生在繁荣时期。”[48]同一年发表的精彩故事《重访巴比伦》，预告了《崩溃》的问世，在这个故事中，菲茨杰拉德用自传色彩很浓的言外之意，向我们呈现了一个 20 年代的示例人物、一个改过自新的酒鬼，试图使自己的生活重新走上正轨。

这个故事远比《爵士时代的回声》更加残酷和苦涩，是 20 年代美国人在巴黎无休止地饮酒作乐、纵情挥霍的侨居生活的墓志铭。“他忽然意识到‘浪荡’这个词的意思——飘荡消散在稀薄的空气中；一切挥霍殆尽，一无所获……他想起花出去一张一千法郎的钞票就为了听乐队演奏一支曲子，扔给看门的一百法郎就为了叫辆出租车。”（214—215）这是生意人查利·威尔士失去他的妻子、他的健康，还有当大崩溃来临，失去他的财富的世界。现在，脚步不稳但已经康复的他回到了巴黎，要把女儿从充满敌意、紧抓不放的姨姐手中夺回来，他待在疗养院期间，是她承担了监护人的角色。他的任务以失败告终，因为不巧两个喝得烂醉的老熟人出现了，不合时宜地让他想起了以前的生活。

对于这个故事，我们首先注意到的是坚韧清癯的文字，映照出其中来之不易的自我认知。几乎看不到过去那种色彩斑斓的闪烁、那种浪漫的光芒；菲茨杰拉德后期作品中探讨的不再是梦想和失意，而仅仅是活下去，拾起碎片拼凑人生。查利·威尔士只允许自己保留一个金色的回忆，实际上是斯科特和泽尔达的回忆：“我们有点像王公贵族，简直不可能犯错误，好像会魔法似的。”但是这段追忆因为他的姨姐刺痛了他，即使是美好的时光，现在也给破坏了。“回想起来，那是一场噩梦”，他说，记起了他自己早年的胡闹。（225）

《重访巴比伦》也运用了早期故事中的双重效果，不过这里不是单一的关系，而是整个文化在我们面前重现。痛改前非的主人公回到了他当年醉生梦死的巴黎。通过重新获得女儿的抚养权，他试图从废墟中挽救一点爱和家庭。然而，他受到他的姨姐的奚落，为“往昔的幽灵”所困扰，那归来的亡魂，叫他想起了曾经的自己。一切都让人感觉很多东西都变了，然而过去似乎无法摆脱。归来是一场灾难，不过故事以一丝决心结尾。“他总有一天会回来的；他们不能永远让他付出代价。”（230）

菲茨杰拉德在1936年的三篇“崩溃”文章中竭力保持同样的乐观基调，它们是他在经历了《重访巴比伦》中预言的那种因为酗酒而导致的精神崩溃之后写的。泽尔达1930年第一次住院；此后她好几次试图自杀。酝酿了九年的《夜色温柔》终于在1934年出版，评价褒贬不一。对侨居富人的描绘不再流行了；心理小说也不再流行——同年，亨利·罗斯狂热的普鲁斯特式《安睡吧》惨遭滑铁卢，尽管它的背景是纽约下东区的移民聚居区。

对很多人来说，菲茨杰拉德似乎是一个遥远的年代遗留下来的人物。那一年，年轻的评论家菲利普·拉夫与人共同创办了马克思主义文学期刊《党派评论》，他在《每日工人报》上撰文呼吁菲茨杰拉德从他的海滩阳伞下走出来；法国里维埃拉海滨侨居富人的世界对一个30年代的作家来说不合时宜了。一位年轻的崇拜者约翰·奥哈拉1934年也出版了一部杰出的失败小说《相约萨马拉》，他后来评论菲茨杰拉德的作品“恰恰是在全国历史上一个错误的时间面世的。不论它有多好，它讲的都是坏人，那些吃得好、住得好、学上得好、出身也好的人——大萧条时期的罪魁祸首。这是克利福德·奥德茨及其模仿者的时代，也是斯坦贝克及其模仿者的时代”[49]。

这听起来像是私人辩护，因为奥哈拉已经开始将这个富裕阶层的萎靡不振用作他作品的基础，而奥德茨和斯坦贝克在1934年的时候还完全不为人知。但可以肯定，这表达了一部分真相，尤其有助于解释该书被批评家勉强接受的原因。更糟糕的是，菲茨杰拉德的故事在通常接受他的商业杂志上越来越难发表了，那可是他真正的生计来源。他喝酒喝得更凶了。他和泽尔达的婚姻早已成了一场噩梦，然而他仍然感到对她负有巨大的责任，即使他继续打压她，破坏她的形象。对彼此、对她的医生，甚至在相互较量的虚构作品中，两人不断努力出色地证明自己，控制对他们的婚姻有争议的叙述，那在很久以前就被添油加醋演绎成了一个公共神话。[50]最后，1935 年的时候，菲茨杰拉德败下阵来，遭受了布鲁科利所说的“信心机能障碍”：他作为一个作家最宝贵的资源都在消失。这就是菲茨杰拉德写作《崩溃》的背景，文章让他的朋友们大为难堪。他创造了自己已然落魄潦倒的形象，却导致他的处境每况愈下。

菲茨杰拉德在《崩溃》中没有讲出全部的故事——他对自己的酗酒行为直接撒了谎——但是这些散文发掘出几分严酷的诚实和懊悔的反讽，给他的作品增添了新意。菲茨杰拉德的自知之明向来是他才华的核心所在。这使他能够以惊人的速度和洞察力把他的经历写成小说。他可以用一个词语界定一个人物，用一种令读者颤抖的方式唤起一种情感。在更快乐的年月里，这种情感上的诚实是他的散文参差明丽的关键——挽歌式的浪漫基调，使他能够在梦想与幻灭之间、乌托邦式的遐想与初生的逼真客观现实主义之间取得平衡。现在，菲茨杰拉德将他过去的幸福天分描述为“自我欺骗的天分”，转而专注于一种更加深思熟虑、更加眼光敏锐的智慧。旧有的快乐与期待的前瞻语言让位于作家的职业责任、政治良知以及智性成熟的清醒的安慰。

这恰好是菲茨杰拉德最喜爱的诗歌模式，即伟大的浪漫主义诗歌的自我审视，例如华兹华斯的《不朽颂》和济慈的夜莺诗，都被小说家融进了他自己的想象。他直接提到雪莱的《尤根尼亚山中抒情》，并且在他雄辩的结尾，几乎转述了华兹华斯对其伟大颂歌的著名散文注解。在那里，诗人在晚年回首往事时，描述了他少年时代的狂喜体验，那体验如此强烈，遮蔽了他对物质世界的把握。“我自己过去的幸福，”菲茨杰拉德写道，“经常接近这样的狂喜，我没法跟哪怕最亲爱的人分享，只能带着它走开，走到静谧的大街上、小巷里，只留些许碎片，用来提炼成书中的只言片语。”现在，菲茨杰拉德发现这样的情感是“一个例外”，一种反常怪异的不成熟，碰巧与他周遭广阔的世界相吻合：“那并非浑然天成，而是造作失真——就像‘大繁荣’时期一样失真；而我近来的经历亦与‘大繁荣’告终时横扫全国的绝望浪潮差可比拟。”[51]

仿佛是为了给自己打气，华兹华斯在他的颂歌中把失去“幻想的光辉”描绘成一种成长的经历、一种走向成熟与现实主义的进步。菲茨杰拉德竭力赋予他那一连串的崩溃、失败和绝望同样的希望之音。正如华兹华斯拥抱“通达心灵”的慰藉一样，他告诉我们，他已经学会了思考，对社会有了更多的了解，而且最重要的，放弃了对个性的要求，即“在歌德-拜伦-萧伯纳的传统中成为一个完人的古老梦想”。相反，他对自己的时间和精力要更加吝啬，再少些讨好奉承。“我现在终于只是个作家了。”（419）他最后一部也是没有完成的小说《最后的大亨》，将是一本比他写过的任何作品都更加超然、更少自我神话的书。不过眼下他正试图从历史的角度来看待他的困境，使他的问题看起来像是从繁荣的十年到大萧条的创伤性转变的典型，着重强调的是大萧条压抑的一面及其带来的心理影响。就像他在其他地方敏锐而辩护性地说过的一样，“我是时代分裂的一部分”[52]。

即使是迫于压力要振作起来，《崩溃》也是一份特别的大萧条文献，因为这是一个人们的确都在努力振作起来的时代。新政本身为之前不存在希望的地方提供了可以希望的充分理由；它给胡佛的空洞保证增加了事实根据，使人们相信可以有所作为。但是《崩溃》作为《夜色温柔》的后记也很有趣，这本书是菲茨杰拉德对成功与失败的文学最伟大的贡献。在这些散文中，他坚持认为自己并非不加批判地仰慕富人，这在小说中应该是显而易见的。《崩溃》描述了诸多失意，其中一桩是他最初向泽尔达求爱遭拒，“那是一段因为没钱而注定悲剧的爱情”，不久金钱就拯救了他。他说这使他“始终对有闲阶级怀着不信任和敌意——并不是革命家的信仰，而是那种潜伏在农民心头的仇恨”。（413）

为大萧条时期的读者量身定做的这最后一招——唯信仰论的激进分子斯科特，愤怒的农民斯科特——也许是菲茨杰拉德最不可信的一种自我设想。然而，这表明他是如何作为一个局外人，从下层审视富人的。假如30年代的文学是外来者的文学——如卡津所说，新作家“哪里来的都有”[53]——那么这个来自圣保罗的爱尔兰裔美国男孩、普林斯顿大学的辍学生、“从未复原”的士兵，和他们所有人一样感到自己是个外乡人。尽管他向往“辉煌闪耀的事物本身”，但《冬天的梦》《了不起的盖茨比》《富家子弟》，特别是《夜色温柔》——毫不留情地描写了尼科尔的家庭，讽刺了整个里维埃拉——的作者对富人几乎不抱幻想，除了故事本身消解的幻想。文章中，菲茨杰拉德过了几句之后获得了平衡，他描述自己“对富人缺乏信任，却又努力赚钱，借此分享某些富人表现在生活中的左右逢源和温文尔雅”。这是他依然认同的成功准则的一部分，坚信金钱和流动性是丰富内心生活的经济基础。像亨利·詹姆斯在《一位女士的画像》中所表达的一样，他看到闲暇和文化密切相关，尽管他很难相信一个可以保证另一个。

《夜色温柔》主要讲述了金钱和社会是一个陷阱、一种诱惑，尤其是对有天赋的人。当富有的沃伦夫妇为他们生病的女儿聘请了一名医生，他们就启动了一个不可阻挡的进程，他将随着她的成长而衰落；等她振作起来，他则渐渐瓦解。迪克·戴弗是很有前途的精神科医生，一旦他与自己无助的病人及其傲慢的家人扯上关系，几乎就是在品尝致命的苦果。这确立了我们对这个讨好奉承的男人内在脆弱的感觉，他起初抗拒，后来轻而易举就爱上了他一直在治疗的姑娘。菲茨杰拉德可能没有完全掌握精神病学的伦理，但他揭示了迪克在慢慢消磨自己的独立性时是如何违背职业精神的。

我们首先透过一个青春无邪的小明星罗斯玛丽·霍伊特的眼睛观察迪克和尼科尔的婚姻，她只看到了他们生活的魅力、迷人和精致，没有看到内部的神秘或潜在的腐朽。罗斯玛丽是着了迷的局外人，我们通过她见识了戴弗夫妇婚姻的公众形象，就在这场婚姻开始失去平静的时候。目前，罗斯玛丽是这篇小说的尼克·卡拉威、不完美的旁观者，她的局部观点既渲染了情节，又使我们与之拉开了距离。因为在电影《爸爸的女孩》中一鸣惊人、早早成名，她也是菲茨杰拉德本人，少年得志，在杰拉尔德和萨拉·墨菲侨居沙龙的童话世界里欢腾嬉戏。但是，作为爸爸的女孩，罗斯玛丽用她的清新和爱慕吸引着迪克，亦使我们想起了早年更加无助的尼科尔，当她被专制的父亲性虐待，她就开始出问题了。

小说的技术问题在于菲茨杰拉德没法保持罗斯玛丽的视角，他转向迪克·戴弗的视野，最后转到尼科尔的角度，从而描述迪克的背景和最终的衰落。随着尼科尔的崩溃，随着他们的婚姻和迪克的士气开始瓦解，耽于幻想的罗斯玛丽在一个她无法理解的现实面前退缩了。菲茨杰拉德没有使用《了不起的盖茨比》中巧妙的视觉陷阱，让盖茨比的人物发展快速掠过，而是像个老派的现实主义者一样，讲述了戴弗婚姻的整个内部历史。伊迪丝·华顿写信祝贺《了不起的盖茨比》出版时，曾抱怨说，“为了让盖茨比真正成为‘了不起的’，你应该为我们讲述他早年的事业……而不是给一份简短的履历。那样可以给他定位，并使他最终的悲剧真正成为悲剧，而不是早报上的‘社会杂闻’”。然后，意识到他们之间的文学代沟，她补充说：“不过你会告诉我那是老路子了，因此不是你的路子。”[54]对此，菲茨杰拉德写了华顿式的《富家子弟》，用大量的详尽细节来回应；他也继续在其他表现逐渐衰落、预示了《夜色温柔》的故事中使用此法，例如痛苦的《出国旅行》，由他自己生活中发生的事情激发的婚姻场景组成；[55]最重要的是，通过小说本身的大约17稿，他提供了基本上是同一个故事的漫长发展轨迹，一种小说的丰富性，比他写过的所有东西都更接近传统小说，但也更有雄心。

我第一次阅读《夜色温柔》的时候，对其中的一些“现代”元素感到惊讶：把主人公刻画成一个精神科医生，对乱伦和性虐待的直白处理，菲茨杰拉德大胆地将泽尔达持续的病症以及他们动荡的婚姻直接写进小说，还有他执意让戴弗不可阻挡地走向沉沦，尽管这本书具有自传的意味。这不完全是自白式写作：不是自我吹嘘或出风头，也不是出于复仇或为自己辩解的动机。但是，它假设生活和艺术之间存在一种几乎不设防的亲密关系，没有理会1930年代施加于艺术的公众压力。菲茨杰拉德总是节俭地使用自己的经历，将自我投射到作品中去，甚至在

《了不起的盖茨比》中，随着小说的进展，他开始接管主人公，使之变得丰满。他的作品中总是有个人的成分，即使是最商业化的作品。但是，随着写作对他来说变得越来越困难，随着他的人生在走下坡路，他开始把小说用作个人危机的载体，就像拜伦勋爵在他的婚姻濒临破裂时曾用诗歌来左右自己的盛名和恶名一样。“菲茨杰拉德实际上是活在他所写的小说中”，詹姆斯·梅洛评论说。他指出，这种相互作用可能会对小说造成损害，尽管菲茨杰拉德尽力修改，但没有一个新的版本可以完全整合这本书。“《夜色温柔》的问题在于，菲茨杰拉德试图用文学的方式解决他在私人生活中无法解决的问题。”[56]尽管他确实达到了一定的程度，但这不完全是华兹华斯在宁静中回忆起来的情感。

迪克·戴弗作为一个精神科医生并不绝对可信，尽管他写了不少德语论文，加上菲茨杰拉德与泽尔达的知名医生进行过许多徒劳的交流。菲茨杰拉德没有完全理解移情这个关键概念（正如杰弗里·伯曼在《谈话疗法》中指出的），[57]而且他倾向于使用即便在当时，即弗洛伊德学说在1920年代流行的风潮过去之后，听起来也必定很古怪的方式谈论病人。“她是精神分裂症患者——一个不大可能改变的行为古怪的人”，很早的时候，迪克就这么说尼科尔。[58]但作为小说家而不是诊断医生，菲茨杰拉德关于精神疾病及其对婚姻的影响的描述是绝对可靠的。在压力之下，尼科尔会迅速从迪克的妻子变成他照顾或怜悯的对象，一个需要特殊关照的医学病例。“他对她的看法所表现出的双重性——他既是丈夫又是精神科医生——越来越叫他无能为力。”（208）菲茨杰拉德与泽尔达的交流已经使他产生了痛苦的新领悟。“尼科尔是个有时什么都不用向她解释的人，有时又是个什么都无法对她解释的人……疯狂的时候表现出来的睿智和多才就像水有无孔不入的本领，总能渗透、漫过或是绕过一道堤坝。”（211）

一方面，这部小说的一个弱点是，菲茨杰拉德做了太多的分析和解释，填补了空白，补充了我们没有看到的东西——作为该书生命力和即时性基础的“真实”经历。其中一些段落，尽管跳过了小说情节，但对婚姻和感情的阐述雄辩得令人吃惊，标记了菲茨杰拉德从未写过的场景；其他段落只是向外指向斯科特与泽尔达两个人，就像我们听到“她喜欢的人，多半是一些桀骜不驯的人，他们叫她心神不安，对她有害无益——她想在他们身上找到那种赋予他们独立精神、创造才能或坚强意志的活力，但是白费力气——因为他们的秘密给深深地埋在他们早已忘却的幼年的奋斗中”（200）。这是彻头彻尾的精神分析，没有融入一部偶尔会失去控制的小说。

另一方面，迪克的沉沦，尽管以很多试探性的方式做了解释，但对我们来说，要比尼科尔实际上不可触及的心理状态更加生动和令人信服。他的苦行之路牢牢驻扎在这本书的情节发展中，几乎总是以细微、渐进的方式：他酗酒，职业纪律丧失，在罗马愚蠢闹事，与罗斯玛丽迟来的恋情，和医学老同事弗朗兹决裂，他的身体状况开始恶化，挥霍曾经对他那么有用的魅力和“讨人喜欢”。菲茨杰拉德的优势在于他的微妙之处、他的神秘感，以及他对显而易见的事情的含蓄不露。在迪克渐渐失控的过程中，不存在廉价的闹剧；他逐步的瓦解既隐晦又来势汹汹。

虽然迪克最后和他的父亲一样是个失败者，但他并不是一个单纯出卖自我的人，他在尼科尔的金钱保护伞下找到了庇护所，就像他庇护她不受内心恶魔的侵袭。长久以来，他真正爱着她，一如她爱他一样；虽然被奢华的生活所包围，他还是努力奋斗，从而维持他“合格的财务独立”，以及由此决定的职业斗志。菲茨杰拉德在描写成功与失败之间的中间状态时表现得最为出色，此时迪克·戴弗仍然能够保持良好的形象，把他的日渐消沉，甚至对他自己，都隐藏起来。“你有没有听说我颓废堕落了?”他在靠近结尾的时候对罗斯玛丽说，“变化早就出现了——但一开始并不明显。精神垮了之后，举止神态在一段时间里仍不受影响。”（304）这最后的认识恰当而关键，因为这本书以表象开始，从里维埃拉海滩上的罗斯玛丽开始，也就是说，通过一双年轻而天真的眼睛看到这对美好的夫妇，现在她自己已经成长了，或许也变得睿智了。

对1930年代政治上积极介入的读者，如菲利普·拉夫来说，这样微妙地关注斗志和外表本身就是一种奢侈，因为人们正在挨饿，而制度本身看起来就要崩塌。比起许多读者，拉夫更能明白菲茨杰拉德并非在美化富人，但不理解他为何还要追随他们和他们内心生活的琐事烦扰。但是，正如我们之前发现的那样，斗志和外表问题是大萧条时期心理问题的核心。一旦士气低落，即使是劳动人民也找不到工作，或者不能把工作干下去。“一个人应该保持良好的形象，确实”，爱德华·安德森的无产阶级小说《挨饿的人》中一个失业者说。他指的是他剃干净的胡须和体面的西装，但他的意味更深。“这是心理上的问题。一个人如果看起来像个流浪汉，或者感觉像个流浪汉，是找不到工作的。”[59]菲茨杰拉德自己缺乏无限的信心——泽尔达和海明威都非常清楚怎么可以打击他——他懂得自信、尊严和外表与社会运作的关系。就像写《美国》的多斯·帕索斯和写《斯塔兹·朗尼根》的法雷尔一样，他有意将小说的最后场景设置在1929年之后，这样戴弗人生的急转直下就会与大崩溃的影响同时发生。他使人物的情感与社会更激烈的动荡对应起来。

小说中，迪克的衰落成了一种检验标准，让其他人物也用自己的方式去审视。对弗朗兹和他的妻子这样非常欧式作风的人来说，迪克“不再是一个稳重老成的人了”（359）。然而，如菲茨杰拉德所示，是他们自己的需求和敌意促使他们把他从他的诊所和他们的生活中赶走。对表达富人观点的巴比·沃伦这个他们家庭的执法者来说，迪克最终被证明是个不自量力的人，追求超越他出身和教养的东西，然后又不能留住那些东西：“人一旦脱离了他所熟悉的范围，就会不知所措，不管他外表装得多么冠冕堂皇。”（331）这和弗朗兹的判断一样，基本上是真实的，可这忽略了巴比自己在把他带出“深渊”上所扮演的角色，那可比她知道的或在乎的要深得多。

在这个存在诸多解释的棱镜中，菲茨杰拉德本人似乎更倾向于强调迪克的“讨人喜欢”和魅力，他需要被爱、被利用，这使他暗中与那些试图占用他的人合谋。值得注意的是，他在文集《崩溃》中将这种特质归到他自己身上，嘲弄自己舒缓的微笑和嗓音，总是急于取悦别人，并且立誓以后要保护自己，带上“那种既彬彬有礼又老辣尖刻的调调，好让人觉得他非但一点儿都不受欢迎，甚至已经到了让我受不了的地步，而且每时每刻都得经受我毫不留情的剖析”[60]。在对镀金时代的自我形象如此重要的老阿尔杰制度下，穷小子可以凭借努力、凭借勤勉和节约获得成功。菲茨杰拉德笔下的当代人物则依靠他们致命的魅力、他们被人喜爱的需求。这反映了1930年代新的成功准则，正如戴尔·卡内基在他著名的《人性的弱点》（1936）中所阐释的那样。假如说《了不起的盖茨比》相当于布鲁斯·巴顿的小贩耶稣的文学翻版，那么《夜色温柔》则怪异地对应了卡内基热情讨好的个性伦理样本——但在两种情况下，菲茨杰拉德都添加了一丝悲剧性的告诫意味。

从安德鲁·卡内基的达尔文式价值观到戴尔·卡内基的社会伦理的进程，也见证了戴弗父亲的失败与他自己的失败之间的差别。菲茨杰拉德的父亲在1931年去世，他从欧洲乘船回家安葬父亲，就像迪克·戴弗在《夜色温柔》中一样。在一篇未发表的文章里——其中一些内容被直接搬到了小说中——菲茨杰拉德说他的父亲“来自陈旧古老的家族，活力和内心能量所剩无几，但他设法为我积攒了一点”[61]。在小说中和在文章中一样，他向老头子表示了敬意，认为他是一位道德向导，在做内心判断时，他会本能地向他请教。但在世俗方面，他告诉我们，“他是镀金时代人们会自以为是地下这种结论的一个人——‘非常绅士，但没有多少果断去闯的劲头’”（224）。在以詹姆斯·J. 希尔为代表的社会达尔文主义的世界里，力量和干劲比道德更显重要，这里的父亲因为他的传统价值而丧失能力，但他把这些价值观传给了儿子。值得注意的是，迪克真正违反自己的道德准则——他与罗斯玛丽的恋情，他在罗马的冲突纠葛——只是在他向父亲道别之后才发生的：“‘别了，我的父亲——别了，我所有的先人。’”（225）在书的最后一页，当迪克越来越模糊地从纽约州北部的一个小镇漂到另一个小镇，他漫无目的的行进变成了对他父亲从未有过的“果断去闯”的模仿，这种成功准则对他们俩都不适用。

似乎是为了说明这一点，菲茨杰拉德顺便提到了格兰特在加利纳的重要典故，即格兰特将军[①]在1850年代退役之后那段波澜不惊的过渡年月，当时他在弟弟的杂货店默默无闻地干活，等待着也许永远不会到来的时刻，等待着伟大使命的召唤。菲茨杰拉德一开始填写迪克的背景时，已经向我们指出了格兰特的阿尔杰式历史。“上面这番叙述带点儿传记的意味，”他写道，“并没有让读者满意地了解到本书的主角，正如在加利纳的一家杂货店里闲荡的格兰特一样，随时准备听从高深莫测的命运的召唤。”他用微妙的讽刺接着说，“最好还是让读者放心——迪克·戴弗一生的重要时刻此时就要开始”（22）。甚至在最后一页的重复部分，菲茨杰拉德也没有说他的所有希望都已破灭。相反，我们通过完全康复的尼科尔的眼睛来看他：“她总爱这么想，也许也跟格兰特在加利纳时的情况一样，他在等待事业发展的时机。”（334）

迪克的“时机”最终无迹可寻——他的失败确定无疑——但或许尼科尔需要抱有希望，一如菲茨杰拉德在《崩溃》结尾也会暂时为自己抱有希望一样。《夜色温柔》中，菲茨杰拉德试图通过创造一个有天赋的人来定义自我，不仅是一个舞蛇人，而且是一个有代表性的梦想拥有一切的美国人。一方面，他一开始就告诉弗朗兹，他想成为“一个出色的心理学家——也许是有史以来最伟大的心理学家”（37）；另一方面，弗朗兹却有一种欧洲人的极限感。然而，即使在这个早期阶段，迪克的目标也自相矛盾：“他时常想自己要做一个正直的人，要做一个善良的人，要做一个勇敢的人和一个聪明的人，但这一切做起来都相当艰难。他也想被人爱，如果他能办到的话。”（39）最终，他被爱的需求破坏了所有其他的需求。因为迪克是一种人类意识的艺术家，他的志向的领域在于

① 尤利塞斯·S. 格兰特（1822—1885），美国南北战争时期联邦军总司令，后成为美国第18任总统（1869—1877）。

精神和道德，不是经济；他的失败也是如此。这让30年代的激进批评家产生了怀疑，似乎迪克的麻烦是作者的些许自我放纵，对大萧条来说太高深精妙了。假如迪克仅仅是沃伦一家的受害者、欺压弱小的富人的玩乐对象，而不是对自己的堕落也负有责任，那事情会简单得多。

《夜色温柔》最终成为两种看似对立的文学模式，即亨利·詹姆斯的世界小说和德莱塞的成功与失败小说的奇怪结合。菲茨杰拉德承认他与詹姆斯的联系，他在1925年写信给批评家范·威克·布鲁克斯时说，两人都“以爱情为主要关注点，因为我们的兴趣都在经济斗争或暴力生活之外”[62]，但这更适用于《了不起的盖茨比》，而不是《夜色温柔》，后者中的经济因素变得更加重要。因为用乱伦主题制造了资本主义的堕落氛围，《夜色温柔》是弗洛伊德或劳伦斯版的《金钵记》，其中沃伦先生是更邪恶的亚当·弗维尔，尼科尔是更无助、更被动的玛吉·弗维尔。当沃伦夫妇在欧洲雇了一位医生，弗维尔夫妇更巧妙地以美国富人家庭的古老方式获得了一个头衔。①

然而，菲茨杰拉德通过把主人公塑造成局外人，将詹姆斯和德莱塞结合起来，就像曾经的他一样，这些人渴望一方更大的天地，但也很容易失去他们拥有的整个世界。《嘉莉妹妹》《美国的悲剧》以及其他德莱塞小说为后来很多关于成功与失败的小说提供了原型。克莱德·格里菲思的故事，即他对财富和地位的渴望导致他因为有部分意图的谋杀而被处决，是个反向的霍雷肖·阿尔杰故事，其中懦弱的主人公几乎无法决定自己的命运。《嘉莉妹妹》中赫斯特伍德可怕的堕落阴郁而影响巨大地记录了一场不可阻挡的衰落和灾难，是对美国大众文化中的乐观主义倾向的彻底驳斥。这一部分故事对三四十年代的作家特别有意义，他们都对美国生活的承诺失去了一些基本的信心。在《夜色温柔》中，菲茨杰拉德还借鉴了《嘉莉妹妹》的“明星诞生”结构：随着赫斯特伍德的

---

① 诺曼·梅勒的《美国梦》中如神话般强大的父亲和腐化败坏的女儿将成为这一母题的后期变体。还有罗曼·波兰斯基的《唐人街》中由约翰·休斯顿扮演的迷人又危险的乱伦父亲。——原注

沉沦，嘉莉崛起了；随着迪克·戴弗的退隐，尼科尔变得更加强大。导演威廉·韦尔曼在1937年的首版《一个明星的诞生》中出色地使用了同样的跷跷板模式。

当然，在现实生活中，泽尔达并没有好转，但菲茨杰拉德感觉她在消耗他，她在某种程度上以牺牲他为代价而变得强大。他感到她的创作热情、与他竞争的热情，是对他们一起度过的那种疯狂、迷人的生活的夸张讽刺。他一手打造成神话的20年代风格，现在在他的积极合作下，已经把他耗费殆尽。在《夜色温柔》中，就像在《出国旅行》《重访巴比伦》《疯狂星期日》和《崩溃》等其他1930年代的作品中，他试图通过探讨自己如何像大繁荣年代的美国本身一样过度扩张、自我毁灭，来建立新的事业。尽管当时很少有人能看到，但菲茨杰拉德使他的个人困境——他的婚姻、健康和事业的衰落——在某种程度上定义了那个时代。他给它们的编辑写信时，照常把自己和海明威相提并论："我用失败的权威说话，欧内斯特用成功的权威说话。"至少在大萧条时期，这是一种需要被听到的权威。

空洞的人：斯塔兹·朗尼根和他的世界

失败的权威：这里我们窥见了大萧条思想至关重要的一面。大萧条时期的作家和艺术家在他们自己的生活中、在他们的作品中，和其他人一样希望取得成功。然而，由于对他们这一代人的那么多美好承诺都化为乌有，他们被失败的概念所吸引，这也就成了一个逃避不了的当代主题。其中一位——詹姆斯·T. 法雷尔——在1938年写了一篇强有力的文章，讲述他是如何写出《斯塔兹·朗尼根》三部曲的。这篇文章阐述了这位年轻作家对失败的恐惧，他在崇高的理想和精神痛苦之间疯狂摇摆。

这个年轻的作家这一刻还活力充沛、希望满怀。下一刻就被推到了绝望的境地……他用他几份未发表的手稿来估量自己，与伟大作家的成就相比，他的理想似乎就像是精神失常。纵然他不是特别在意衣着，但有的时候，他盯着自己的寒酸相——脏兮兮的鞋子，皱巴巴、磨得发亮的西装，破旧的外套，乱糟糟的头发——他把所有这一切看作自己悲惨平庸的标记。一种挫败感尾随着他的脚步。和自我相处变得几乎不可忍受。[63]

正如法雷尔在这里描述的一样，从外表来看，这位年轻的作家已经走上了失败的道路。由于对大学的常规感到厌烦，他在学校的表现一直很差。他头发蓬乱，不修边幅，邋里邋遢。他没有背景。他不能也不愿保持"形象"，但他也不确定自己是否具有某种内在的天分，可以弥补外在的贫穷。他没法像先辈那样在经济竞争和进步上搞出点名堂。"他们大都是穷苦的移民。其中一些人不识字。……他们跟他们之前和之后的其他移民群体与种族一样，在美国社会努力向上打拼。……他们的生活就是努力工作，提高自己的地位，储蓄和节俭，养活家人。"虽然他们达到了美国向他们承诺的目标，但结果毫无意义（正如对卡恩的戴维·莱文斯基来说那样）。"他们相信美国关于成功和进步的神话。他们相信他们教会的教义和信条。他们相信，可以通过说教、关于信仰与工作的老生常谈，以及有关好榜样的寓言故事来教育他们的孩子。"这意味着，尽管他们取得了成就，"他们的精神资源仍然贫乏"（87）。他们没有典范可以传给他们的孩子，没有办法真正教育他们。那种"精神贫困"状况就是《斯塔兹·朗尼根》的主题，这部以芝加哥为背景的小说三部曲曾经很有名，现在已快被遗忘了。① 它揭示了年轻人的生活如何反映出老一代的破产、美国理念的脆弱及其精神文化的浅薄。小说始于1916年，彼时伍德罗·威尔逊再度被提名为总统候选人，全国似乎正处

① 这些一部长过一部、一部比一部更有雄心的小说，最初是以《少年朗尼根》（1932）、《斯塔兹·朗尼根的青年时代》（1934）和《最后审判日》（1935）出版的。——原注

在巅峰状态。但到了被恰当地题为《最后审判日》的第三部分，大萧条开始了，经济破产只不过暴露出了精神破产的状况；年轻一代和他们困惑的父母没有了可以依靠的稳固价值观。那些侥幸熬过来的人和他们的父母一样，变得肥胖、自满，处于中下阶层。到最后，我们看到他们正在变成他们的父母，回到教堂，口中念叨着他们曾经反抗过的老生常谈。他们和那些注定早逝的人，比如斯塔兹，一样迷惘。在他们的成长过程中，在他们的环境里，没有什么能真正支撑他们。

与《小镇畸人》《大街》，以及其他关于第一次世界大战一代的作品类似，《斯塔兹·朗尼根》讲述了一个人和他的身世背景的分离——对它痴迷，却又急于拆毁它。在作家身后，总是那个一边逃离一边愤怒地回头看的人，他从未忘记他所见过的一切。法雷尔自己在书中的替代者丹尼·奥尼尔扮演了一个次要角色，他是一个崭露头角的读书人，徘徊在街头帮派的边缘，一个从未被接受的傻小子，那个最后离开的人。在一个著名的段落中，他向自己保证，“总有一天他要用一本书把这个街区连同他对它的所有记忆都赶出他的头脑”[64]，但这本书本身、他愤怒的证据，也是他失败的第一个标志：法雷尔不得不反复再三地不断重写这本书。他不仅没有把它赶出他的头脑，而且从来就没有和它做过了断，这部庞大、使人麻木的作品最终还削弱了他的文学地位。

三部曲的主题在1929年的故事《斯塔兹》中就已经出现了，一切都是由此萌发的。设定的背景是一个街头硬汉的葬礼。年纪稍小一点的叙述者曾经很仰慕他和他的团伙；现在，显而易见，长大成人的他瞧不起他们了。像厄普代克的兔子一样，假如他自己一直待在家里，他们就是他可能会成为的那种人。在最后一页，他向我们原原本本地说了他的想法：“他们继续说着，而我越来越觉得他们就是一群混子。他们身上曾有过的那种冒险精神都被扼杀了。混子，变得油腻的中年人，吹嘘着他们愚蠢的打斗，啰唆着他们日常司空见惯的事物。”从这个意义上说，斯塔兹是幸运的：“他也是个混子；可他死了，不必再过那数不清的混着的日子了。”[65]写这部小说时，法雷尔的技巧已经运用得更加精到：“混子”的元素——直截了当的谴责、不自然的优越感、紧张的独立宣言——都不见了，但字里行间都可以读到。这是一个封闭僵化、摧毁灵魂的世界，是乔伊斯的《都柏林人》在芝加哥爱尔兰人街道上的一个分支，具有前者完整的道德瘫痪感。

这部小说作为族裔城市中下层天主教徒的庞杂文献记录，将永远具有非凡的意义。但赋予其生命力的不仅是法雷尔的回忆的力量和大量的自然主义细节。与《斯塔兹》这样的练笔之作相比，法雷尔在这里不仅将自己排除在外，而且从另一种不同的意义上参与其中；他将斯塔兹视作他注定要毁灭的第二自我，把他塑造成这个街区苦恼、迷惘的灵魂。书中很多内容都是斯塔兹的遐想：首先是他少年时的梦想，要有所作为，出人头地，然后，随着他开始走下坡路，他喋喋不休着怀旧和懊悔，沮丧地感到虽然他还年轻，已经错过了最好的事物。“他试图把自己想成一个英雄。他是自己心目中的英雄。他痛苦极了。”（182）通过这一切，我们感到他在某种程度上对纯洁和自由的渴望、他不断出现的对死亡的恐惧、充满内疚的性幻想、对身体的矛盾心理，以及他越来越多的失望与自怜。“他很难过，因为他已经长大了，也因为岁月如河水般流逝，无人能够阻挡。”当他不大注意地听着弥撒，他淹没在这种悲伤的情绪里。“他的思绪很缥缈。他的身体和头脑似乎分离了，思绪在忧郁的海洋中自由地游走，他的身体沉重而迟缓，像是拖着重负。”（306）和《安睡吧》（同一年出版）中年幼的大卫·希尔一样，斯塔兹也萌生出精神的渴望。但这些渴望并不能从教会本身得到满足，教会已经使他变得如此煎熬而分裂，对自我感到如此不适。早在他的小学毕业典礼上，一个自命不凡的神父就预言了他的命运，做了一场阴郁而浮夸的讲道，主题是“时光飞逝”，时间是“黑夜中的小偷”，抢走了我们的青春。（33）

后来他对这种感受有了深刻的认识：“他所有的希望都一去不复返了，像是掉进了阴沟里。”（207—208）整部作品有条不紊地以理想与失意、希望与衰落为框架铺陈开去。原本第二部小说的结尾是要走向斯塔兹·朗尼根的葬礼，也就是原始故事的素材。但法雷尔像写《夜色温柔》的菲茨杰拉德一样，肯定发现了他所拥有的不仅是一部传记，不仅是一段个人历史。在整个社会都处于危机之中的情况下，他给了斯塔兹一个暂时的缓刑，将第三部小说《最后审判日》写成了大萧条纪实，用电影、新闻短片、报纸头条、墨索里尼相关材料来映衬斯塔兹的生活。他向我们展示斯塔兹和他父亲在股市上输得一干二净，将斯塔兹的堕落不只是用来象征他们没有灵魂的街区、人不可阻挡的衰老过程，以及天主教徒的有罪感和忧郁感。他用这个来代表美国及其理想的衰落，代表物质富裕的承诺没有兑现之后所固有的精神贫困，代表破碎的成功之梦。

菲茨杰拉德含蓄、隐约地表现的东西，法雷尔像其他纪实小说家一样，过于奋力、直接地表现了出来。《斯塔兹·朗尼根》讲的是美国梦的毁灭，但可怜的斯塔兹几乎没能肩负法雷尔委以他的重任。他在股市上的损失和他对墨索里尼的崇拜一点也没有说服力。这些对他的性格来说太微不足道，过于典型了。法雷尔使他和他的朋友们成为他在美国所憎恶的一切，包括反犹主义和种族主义。他没太认真地考虑把这些人物用作美国本土法西斯主义的原材料。就像1890年代的自然主义者，例如弗兰克·诺里斯，作者也对斯塔兹做了手脚，过于无情地将他框定起来。迪克·戴弗的衰落尽管不可阻挡，至少一部分还是他自己造成的。但由作者操纵来表达自己观点的斯塔兹，主要是创造了他的环境的产物。正如莱昂内尔·特里林评论法雷尔的故事时所说：“无论是谁读到这些人物，都免不了会以同情的眼光看待他们，但总是隔着一段距离，而且是由上而下的俯视。”[66]一种超然，甚至屈尊的态度，包含在法雷尔的规划中。

言下之意，法雷尔和菲茨杰拉德都用艺术的理念来回应追求成功的美国梦，这是一种通过技艺和创造性努力来实现精神上的自我满足的想法。丹尼·奥尼尔逃避现实去写书，等同于迪克·戴弗作为精神科医生前途光明；是他写的和原本可以写的书的“精髓”。这种艺术作为一种自由和救赎形式的观念，对二三十年代反叛的一代来说，比起自那以后它所经历的变化更为可信。菲茨杰拉德在书中就对此进行了探讨，向我们呈现了一个到头来只有两三个想法的人、一个“思维的锋刃已经磨钝”（221）的人、一个委实每况愈下的人。我们当代的“怀疑阐释学”已经教我们把对艺术和天才的崇拜看作一种靠不住的理想主义，如果称不上意识形态的话，是对复杂动机和社会矛盾的掩饰。但是，在二十世纪二三十年代，它仍然代表着一种对狭隘的（即使不总是小镇）美国价值观的逃避。艺术家通过自由表达和近乎乌托邦的充实存在来寻求满足，被表现为乡野价值观的对立面。

这样一来，作家可以在摒弃美国人对成功的崇拜的同时，憧憬他们自己的成功。菲茨杰拉德所谓的“失败的权威”其实是一种陀思妥耶夫斯基式（或福楼拜式，或乔伊斯式）的成功理念：我们失去了世界，可是得到了灵魂——通过贫穷和自我牺牲，通过羞辱，通过献身艺术。我们积累的不是肮脏的钱财，而是法国社会学家皮埃尔·布尔迪厄所说的“文化资本”，它不应该被简化为一个关乎声望，甚至名气的问题。如果真如纳撒尼尔·韦斯特所言，“阿尔杰之于美国，就相当于荷马之于希腊人”——他最好地定义了自我提升与商业志向的史诗性进取精神——那么陀思妥耶夫斯基、乔伊斯和福楼拜等作家则定义了美国年轻人在从事艺术生活时所追求的相反目标：在他们视为庸俗的社会中，有一个波希米亚式的理想、一个精神理想。随着大萧条的恶化，这种遁入艺术的梦想在30年代黯然失色。更准确地说，它面向的是眼前的社会物质。但是，这个更古老的概念仍然存在于像《斯塔兹·朗尼根》这样以愤怒的审判为基础的书里，它们的作者受其中产阶级出身的熏陶，在别处寻找精神家园。

一直到1960年代，艺术家和知识分子都步伐一致，对美国生活中实实在在的物质现实嗤之以鼻，因此在《成功》（1967）这部早熟的自传中，诺尔曼·波德霍雷茨可以宣称，他在揭露一个将震惊文坛的“肮脏的小秘密”，那就是“成功好过失败”。[67]最终，这种对成功的欣然接受获胜了：艺术和商业之间、智识理想和社会理想之间的界限越来越模糊。弗洛伊德定理赢了：作家写作，画家作画，都是为了追求金钱、名声和爱。艺术作为一种使命的理想化概念被解构为单纯的故弄玄虚。到了1980年代，即安迪·沃霍尔和罗纳德·里根的时代，艺术家们公开追求金钱和名气，并且大肆炫耀他们在市场上获得的战利品。与此同时，自白派作家模糊了公共与私人的界限，尝试把失败的母材变换成臭名昭著那叮当作响的钱币。他们发现成瘾、酗酒和性虐待都回报丰厚。

这使我们远离了思想单纯的法雷尔，他用“精神贫困”的主题，抨击朗尼根一家及其朋友们的低劣梦想和价值观。法雷尔也许是以福楼拜的《情感教育》为蓝本，采用了循环、讽刺的结构。在福楼拜的作品中，主人公在最后两章伤感地回顾了早年的一次简单经历——逛妓院。在这期间，没有任何东西真正影响到他们；他们的情感教育根本就不是教育。同样地，斯塔兹仅有的胜利也出现在开头：那天他和露西·斯坎伦坐在树上唱着《弗吉尼亚蓝岭山》，还有那天他因为鞭打本地流氓韦尔利·赖利赢得了其他孩子的尊敬。这些温暖闪亮的时刻总是萦绕在他心头，回忆凸显了他的挫败和失望。在延续大约九百页的浩大篇幅中，似乎只有很少的事情真正发生在斯塔兹身上。他的生活和思绪由作者在各章之间反复使用的少数几个主题建立起来。尽管斯塔兹在堕落，但从来没有一本书有这么少的实际进展；他的苦行之路，与迪克·戴弗的不同，从来没有变化。

《斯塔兹·朗尼根》既有以罗伯特·帕克等研究者为代表的芝加哥新城市社会学的基础，同时也与大萧条初期的黑帮电影和硬汉小说紧密相连。这不仅是经典犯罪电影（它们很多都设定在卡彭的芝加哥）走红的时代，而且也见证了达希尔·哈米特的小说、詹姆斯·M. 凯恩的头一批小说、雷蒙德·钱德勒早期故事的出现。《最后审判日》中，斯塔兹去看了一场由“宏伟电影公司”发行的黑帮电影，叫作《注定胜利》——是对这些通俗经典的成功与失败主题的精彩演绎。他与其中的硬汉主角产生了共鸣，但对悲观的结局感到恼火。正如我之前说过，这一时期的冷硬派小说很少提及大萧条，却又与之密切相关，揭露了一个普遍愤世嫉俗和腐败的世界，而这是由一个与腐败有部分关系的“主人公/英雄”来展现的。

斯塔兹是这个硬汉模式的青少年模仿版。菲茨杰拉德在20年代曾推动将青少年提上议程，使这个群体成为活泼新潮事物的先锋，代表一种不同的道德观。法雷尔向我们呈现了青少年的另一面：“没有奋斗目标的反叛者”，他们的豪言壮语毫无意义，他们的离经叛道空洞无物。从一开始，15岁的斯塔兹就为自己没有“感伤情绪”而骄傲；就像让-保罗·贝尔蒙多在《精疲力尽》中模仿亨弗莱·鲍嘉一样，斯塔兹凝视着镜中嘴角叼着香烟的自己。“他看起来比较冷硬，带着一丝讥笑。”（15）结果，斯塔兹一点也不强硬或自信。露西是他浪漫情感的核心，就好像蛮横的韦尔利·赖利暴露出自己疯狂绝望、缺乏安全感的内核，这将在《土生子》中被理查德·赖特赋予种族色彩。

这个空洞的核心是法雷尔的主要观点：在他的逞强和叛逆日渐磨损的表面背后，斯塔兹像他的世界里几乎所有人一样，循规蹈矩得不可救药。他的梦想和他小小的胜利一样可悲。虽然斯塔兹想要成为硬汉，但他是又一个版本的“小人物”，这在30年代如此受人喜爱，例如卓别林的流浪汉和汉斯·法拉达[①]畅销书《小人物，怎么办?》（1933）的主人公。随着斯塔兹越来越胖，健康状况越来越差，他对一切都感到恐惧。遭到以前的死对头，甚至鄙视他的弟弟的殴打，他只能勉强维持表面的尊严。但法雷尔不愿对他的不足抱以感伤的态度。事实证明，斯塔兹的人生目标不是不能实现，而是廉价、不值得去努力。在法雷尔看来，大萧条毫不留情地给已然薄弱的价值结构——空洞浮夸、道貌岸然、肤浅、物质至上——来了致命一击，这些特质注定要将失意的斯塔兹跟他心胸狭隘的父母、意志软弱的朋友，以及思想僵化的教会联系在一起。大萧条只不过为作者愤怒的独立宣言、他的报复，提供了额外的素材，

① 汉斯·法拉达（1893—1947），德国现实主义小说家。

是对缔造出他的那个可憎世界的重新创造。

送阿尔杰去西部

1931 年，一个 20 多岁的年轻人在声望很高的《斯克里布纳杂志》上发表了一篇愤怒的自传文章。其中描述了六年前他从大学直接进入一家大公司的广告部工作，罗列了他和他热切的同事所遭遇的挫折。满脑子新鲜想法、跃跃欲试要征服世界的他们，却不能把那些想法付诸实际。他们感到被上司的小心谨慎牢牢地缚住，那些人害怕诉讼，害怕得罪远方的市场，对任何不是团队成员的人都不信任。当时，广告业是个令人兴奋的新领域；不断扩展的商业世界具有权力和冒险的魅力。这些新成员被吸引到公司来，正是因为它的现代性和活力，以及从中散发出的“微妙的权力感”，但这种力量似乎飘浮在他们之上，神秘而不可触及。“在安静的上层办公室里，进行着外国公司、大面积人员和商铺的交易。然而我们的工作节奏却是如此缓慢，受到破坏，因此我们在工作中很是苦恼。”[68]

他说，这些年轻人看到了战后社会结构的巨大变化。小镇已经被大城市赶超，小企业被大公司吞并：“市政发电厂被纳入一家公用事业单位。汽车和新修的道路克服了小城镇之间的特殊障碍。连锁商店接管了古老的商业机构。我们看到公司的名称缩写被贴在煤矿、五金店和炼钢厂上面。村镇变成了城市的附属。”因此，志向远大的年轻人纷纷聚拢到“世界的大决战——大公司来”，从其队伍中产生了很多英雄和榜样，而年轻人受到鼓励以他们为典范来规划生活。

这篇文章的作者从未能够进入大企业的行列。他就是未来的影评家和纪录片导演帕尔·罗伦兹，他在《大河》和《开垦平原的犁》中富有节奏感的魔咒般叙事或许就借鉴了他在广告业学到的那种为他所鄙视的技巧。在这篇文章中，他用的是一个典型的幻灭年轻激进分子的口吻，但他的目的不仅在于揭露公司制度，而且要揭露美国关于成功的整个意识形态。罗伦兹和同事们选择了企业生活，因为它很强大，因为它被普遍地理想化了，但同时也是因为它似乎提供了最广阔的活动天地。公司看起来就像现代社会的边疆。“我们从未想过从气质上说我们并不适合公司的工作。……我们仍然以为我们是把世界的边界向前推进的双枪手，我们平静地写着广告，告诉人们我们的公司如何正在为人类开疆拓土，并试图让自己相信我们就是驾驶篷车的人。”

相反，他们遇到了恐惧、竞争、相互不信任。“一班律师要审查从办公室送出去的每一行广告词。”最重要的是，他们发现晋升的道路被封锁了，部分是由于公司生活的僵化刻板，部分是由于他们自己不适合。“他们发现了一个高度齿轮化的机器世界，而不是广袤的荒野。”他们受到“伟大的美国神话”，即“无处不在的从底层向上奋斗的传奇”的诱惑，然后又被它绊倒。大型企业集团重新定义了成功这一概念，将它的新奇掩盖在从富兰克林到阿尔杰等作家都完美阐释过的老美国观念中。对勤奋、个人主义和流动性的信仰，现在仅仅成了公司框架的装饰，篡改了它的真正本质。罗伦兹的文章是一个年轻人的醒悟宣言。“对一个有尊严和体面的年轻人来说，美国不再是充满机遇的土地。从公司的底层开始向上努力的人是个傻瓜。”

在经济的结构性变化正在使之变得无关紧要的时候，罗伦兹和他的朋友们真的还相信这种富兰克林-阿尔杰愿景吗？难道他们还真诚地认为公司是现代版的边疆，还是说这种比喻不过是为了使他们的批评更加犀利而进行的一种笼统修辞？他们是天真呢，还是只是在事后重述他们的经历？我们后面将会看到，事实是，边疆的比喻在1930年代和整个成功的观念形态惊人地交织在一起，而此时边疆本身正在成为一个遥远的回忆，日渐消逝在神话的迷雾中。值得注意的是，罗伦兹指责的并不是大萧条，而是像很多年轻的激进分子一样，指责第二十二条军规般的基本经济结构。“每一家企业、每一个行业都受到了影响。……发明一个飞机、轮船、铁路发动机的装置。没有资本，你无法竞争。有了资本，你就会受到控制。”

罗伦兹的结论显示了他对一种古老的不屈不挠个人主义的怀念。他渴望权力，渴望有机会留下自己的印记；作为一个受过良好训练的中产阶级的孩子，他希望身处行动的现场：“当大学给了他到外面更广阔的天地去闯荡的冲劲，没有一个有抱负的年轻人愿意专心致力于小镇的琐碎活动。”不过现在，他感叹道：“白手起家的伟大美国游戏显然已经结束了。”确实如此。新政计划虽然试图规范企业的权力，如果能有什么区别的话，但这导致联邦政府本身成了一个大型企业集团。罗伦兹后来作为这个政府雇用的导演将会创造出他最好的作品。

正如我们在本章可以看到的那样，罗伦兹并不是唯一一个批评美国成功意识形态的作家。霍雷肖·阿尔杰最权威的传记作者显示，虽然他作为青少年作家被广为阅读是在第一次世界大战之前的时期，但他“被奉为文化英雄”，即理解我们国家理想的关键，主要都是后来的发展。“阿尔杰声誉的彻底转变，他作为美国成功神话缔造者的经典化过程，主要出现在1920年之后，那时他的受欢迎程度已经下降，他的书也最终不再刊印。”得益于1920年代的商业理想——正是帕尔·罗伦兹1931年抨击的价值观——“阿尔杰的股票英雄在这十年间被重塑成商业大亨。……‘霍雷肖·阿尔杰主人公’这个词语在1920年代的话语中风靡一时——可能要迟至1926年，它才首次出现在印刷品中，甚至是在更多图书馆开始下架阿尔杰作品的时候”[69]。这种迟来的经典化不可避免地使下一个十年的年轻人集中抨击阿尔杰，认为他是美国资本主义和个人主义的理论家。

正是纳撒尼尔·韦斯特写道，“只有傻瓜才会嘲笑霍雷肖·阿尔杰和他笔下发迹的那些穷小子。聪明的只要认真考虑一下这位杰出的作者，就会意识到阿尔杰之于美国，就相当于荷马之于希腊人。”[70]韦斯特出版了这个十年中最野蛮也最愤世嫉俗的失败小说，事实上太过野蛮了，大多数当代读者都无法接受。和阿尔杰的广受追捧不同，他是去世之后才出名的；他作品的基调更契合60年代启示录式的黑色幽默，而不是30年代盛行的自然主义。他唯一一部从未得到恰当赏识的书是《难圆发财梦》，他1934年对霍雷肖·阿尔杰小说的讽刺作品。（它和《夜色温柔》《安睡吧》及《斯塔兹·朗尼根的青年时代》同一年问世，这些作品没有一部是出版即获好评的。）尽管韦斯特的手法和菲茨杰拉德还有法雷尔的不尽相同，他也聚焦梦和幻想，尤其是成功的梦想。正如我们之前所指出的，韦斯特的三部成熟之作都是关于文化神话的；根植于他对美国大众文化既着迷又矛盾的态度。《难圆发财梦》是他唯一一部直截了当的戏仿作品，而且，由于它最终关注的是粗陋的美国法西斯主义的崛起，也是他仅有的一部勉强可以称作政治小说的作品。

作为一部戏仿之作，《难圆发财梦》将我们带到了韦斯特的乖僻天才妹夫S. J. 佩雷尔曼的领地，他那时已经非常有名，为《纽约客》撰稿，在马克斯兄弟最成功的时期也偶尔给他们写剧本。《寂寞芳心小姐》前一年出版时，佩雷尔曼写了一篇非常超现实的斯威夫特式韦斯特简述，把他描述为"仅有18英寸高"："他对自己的身高非常敏感，只有天黑以后才出门，并且拿着一把小伞，用来赶走试图攻击他的猫。"（这几乎是在讲述20多年以后拍摄的恐怖电影《不可思议的收缩人》。）佩雷尔曼的专长不是简单的模仿，而是荷马史诗式即兴重复，语言在这里开始了狂野的放飞：满是奇怪标语的滚动目录，庄严华美的散文，从乏味的语境中挣脱而出的粗俗的陈词滥调。他对韦斯特的描摹以下面这段纯粹的混乱结束，其中的词语脱离了所有的指代意义：

> 我最喜欢他的是他的嘴，在他那张令人难忘的空白的脸上刻着一道锯齿状的猩红伤口。我爱他突然露出的顽皮笑容、那双警觉的绿眼睛的闪烁，还有他在灌木丛中的分趾脚印。我爱他那卷曲的一绺绺棕色头发由微秃的前额垂下；我爱柳林里的风、灌木中的男孩、七将攻打底比斯。我爱咖啡，我爱茶，我爱姑娘们，姑娘们爱我。无论妈妈说什么，我长大了都要成为一名土木工程师。[71]

佩雷尔曼就像韦斯特在他的第一部小说《鲍尔索·斯奈尔的梦幻人生》中一样，将我们带回1920年代的达达和超现实主义，但佩雷尔曼的虚无主义似乎总是比韦斯特的更无恶意：完全沉醉于语言，给我们带来了一种微妙的愉快，同时又没有冒犯到任何人。佩雷尔曼对陈词滥调乐此不疲，文采飞扬，风格指向了后来伍迪·艾伦和唐纳德·巴塞尔姆的《纽约客》小品文，韦斯特则预见了弗兰纳里·奥康纳的《好人难寻》、托马斯·品钦的《拍卖第四十九批》以及拉尔夫·埃利森的《看不见的人》更加阴郁的讽刺意味。然而，佩雷尔曼和韦斯特都属于30年代初嬉笑戏谑、混乱无序的一面，那在当时培养出了马克斯兄弟和W. C. 菲尔兹恣意妄为的荒唐举止，以及梅·韦斯特具有性暗示的喜剧。好莱坞的《海斯法典》尚未生效之前，电影仍然散发着一些歌舞杂耍和滑稽剧的自由精神。这种幽默大肆嘲讽所有人、所有事物，属于大萧条的低潮期，当时无政府主义是一种安全的文化反叛形式，但也反映了美国生活如坐过山车般起伏不定。这种幽默在譬如1934年的《鸭羹》和《难圆发财梦》中带上了古怪的政治意味，而甚至在此之前，它就既是一种异议和民族表达方式，也是完全躲进荒谬世界的方式。（1934年后，它让位于别的东西：一种更隐晦、更矜持的以阶级为基础的荒谬——神经喜剧。）

《难圆发财梦》以“莱缪尔·皮特金的肢解”为副标题，是一部反向的霍雷肖·阿尔杰小说——使用了阿尔杰作品中的一些实际片段，因此阿尔杰的传记作者执意要将其描述为抄袭，而非戏仿。[72]但《难圆发财梦》还有许多其他的文学范本，特别是经典文学对乐观主义的抨击之作——伏尔泰的《老实人》。韦斯特借用了阿尔杰的基本情节：来自外省的年轻人出来奋斗打拼。莱昂内尔·特里林曾将这个主题单独列出来，认为它是19世纪欧洲重要小说的一个关键特征。他在一篇著名的文章中，把这些小说的主人公，例如司汤达的于连、巴尔扎克的拉斯蒂涅，描述为具有传奇色彩的浪漫人物，他们的梦想、征服和失败反映了法国大革命之后新的社会流动性：

自18世纪末至20世纪初，西方的社会结构特别适合于——亦可说设计成——神奇和浪漫的财富变化。上层社会的精神气质强大到足以使年轻人跨越阶层，但又脆弱到足以允许特殊情况下的阶层跨越。[73]

特里林继续引用卢梭和拿破仑，作为这些虚构作品在现实生活中的范例。美国因其开放性和公开宣称的平等主义，为这个成功故事的粗糙版本提供了完美场所，依据的不是卢梭，而是爱默生（以及塞缪尔·斯迈尔斯①）自力更生与自助自救的福音。霍雷肖·阿尔杰寓言中的年轻人没有于连或拉斯蒂涅那样的道德自由，但他也受到了善与恶的教育，学会了在现代的丛林社会披荆斩棘。他过于依赖赞助人和机遇，不能说是完全自力更生。阿尔杰的传记作者拉尔夫·D. 加德纳做了一份典型情节变化的有趣总结，启发了韦斯特：

恶棍们密谋用麻醉、殴打、下药或诱拐等手段来伏击主人公。他们试图偷他的钱包，有时也把他扔到废井里。他在大胆的逃走间隙做出了一些英勇举动：从一匹脱缰的马蹄下救出一个小孩，跳进东河救人，挥手叫停一辆飞奔的火车，或者制止一个老头遭到胁迫或抢劫。[74]

在阿尔杰的笔下，这些可怕的跌宕起伏，除了构成流行的冒险小说的故事主干，也是对人物的考验。主人公的勇敢与积极给他带来了认可和奖励，使他走上了稳定以及受人尊敬的道路。正如加德纳补充说，

他得到了现金的回报（这些钱进行了妥善的投资）和一份更好

① 塞缪尔·斯迈尔斯（1812—1904），苏格兰作家，社会改革家，成功学开山鼻祖，因《自救》（1859）及系列书籍闻名于世。

> 的工作，也许成了每周收入高达十美元的职员。由于他表现出的积极和精明，他被派去进行秘密的危险旅行。这个任务总是以胜利结束，在这个过程中，他可能发现了某个秘密，解开了他本人的身份谜团，或者意外地碰到了帮助他恢复遗产的人。虽然主人公很多时候并没有发家致富，但他正走在致富的路上，阴霾已经散去，照例必有的幸福结局预示着光明的未来。

这个走向成功的光明进程，被韦斯特替换成了不可阻挡的衰落和瓦解——是字面意义上的，因为随着故事的发展，莱缪尔·皮特金失去了一部分接一部分的肢体，确实瓦解了。像阿尔杰小说中的很多年轻人一样，莱缪尔·皮特金——他的名字是斯威夫特笔下倒霉的格列佛和布鲁克林一条大街的滑稽结合——在到处是机会的土地上开始奋斗打拼。但在这个过程中，他失去了牙齿、眼睛和腿；他作为歌舞杂耍的“小丑”每晚被人剥下头皮，遭人暴打，最终被观众中的暗杀者打中心脏。

莱姆[①]的“肢解”超越了韦斯特对成功小说的戏仿：这是他对政治体、对大萧条深渊中一个分崩离析的国家进行的大胆设想。当局本身往往就是解构莱姆的动因，就像他第一次进监狱，就被拔光了所有完全健康的牙齿。其他时候，灾难发生在好莱坞电影和低俗小说的滑稽暴力场景中：韦斯特处理蛮荒西部的陈词滥调有点力不从心，但在运用粗俗的东方脸谱方面得心应手，这在30年代很流行，部分原因是1931年日本入侵满洲里，每天都有来自中国和日本的战争新闻。（继约瑟夫·冯·斯登堡的《上海快车》获得成功之后，弗兰克·卡普拉的《袁将军的苦茶》刚刚在纽约洛克菲勒中心新建的无线电城音乐厅作为开幕大戏上映。后来，这个十年中其他以东方为主题的电影包括《大地》和流行的陈查理侦探系列。）

韦斯特用“高深莫测”的东方人创造了一些有趣的时刻，它既是美

① 莱缪尔的简称。

国孤立主义的表现，也是其本土主义或种族主义的表现——让人感觉外面的世界是遥远、大不相同的异国，基本上无法管辖。韦斯特书中诡计多端的中国人欢喜地搓着手，笑得高深莫测，但他最喜欢的主题是对白奴的流行幻想。他把饱受虐待的女主人公扔进吴鸿的“万国宫”，完美地模仿了很多低俗小说中淫荡和说教的混合，这既反映出我们清教文化的虚伪，也呈现了我们幻想生活的贫瘠和半压抑的暴力。

《难圆发财梦》中主要的欲望对象是贝蒂·普雷尔，所有流行的连载作品里纯洁但无休止地陷入困境的少女，她不断地遭到强暴、虐待和奴役，这和主人公的肢解相似。韦斯特曾考虑将《寂寞芳心小姐》题为“一本漫画形式的小说”，但标题采用了佩雷尔曼式俗套的《难圆发财梦》才是他在漫画写作上的真正冒险，尤其是在修饰每一次危险和陷阱的“文学”手法上。普雷尔小姐即将被强暴时，她的美国施暴者站在她面前（“他那猪一样的小眼睛里闪烁着兽欲的光芒”），咂巴着嘴的作者，就和人物本身一样睁大眼睛，谨慎地为这个场景拉上了帘子：“我真不情愿把普雷尔小姐留在汤姆·巴克斯特淫荡的怀抱里而开始讲新的一章，但是，出于体面，我不能再讲下去了，因为下面那个混蛋就要脱那不幸姑娘的衣服了。”[75]

有时，韦斯特似乎和他戏仿的伪善“作者”一样，也卷入了淫欲和暴力。尽管莱姆和贝蒂只是一个疯狂激增的情节的系数，但他们没完没了的煎熬所表现出的幽默似乎是虐待性的——在不只是粗俗和幼稚的情况下。例如，莱姆试图搭救又要被强暴的贝蒂时，踩在了一个捕熊器上：

> 它那带锯齿的夹片猛地夹住了他的小腿。锯齿刺破了他的裤子、皮肤、肉，直扎在了腿骨上。犹如枪弹射中了他的大脑一样，莱姆一下子倒在了地上。
>
> 看到莱姆浸在血泊之中，贝蒂晕了过去。密苏里人不再受到阻挠，泰然自若地干起了罪恶的勾当，很快便满足了他的兽欲。

(153—154)

这种怪诞的暴力和戏剧性的委婉说法一直是大众文化的重要组成部分，反映了我们自己压抑的幻想。然而，小说的主要构思在于，这些人像永远怀有希望的老实人康迪德，或者哔哔鸟动画片中的生物一样，对降临到他们头上的任何坏事都无动于衷。尽管他们在身体上分崩离析，他们没有从挫败和打击中学到任何东西，甚至没有培育出自己的花园。正如康迪德用一种乐观哲学武装自己，莱姆凭借个人主义和机会的老生常谈来振奋精神。①

莱姆的导师像康迪德的一样，是位哲学家，他叫“沙戈波克”·惠普尔，曾当选美国总统，是美国梦的小镇理论家。这个人物大略取材于卡尔文·柯立芝，在他身上，韦斯特戏仿了美国政治中存在了很久的“从小木屋到白宫的神话”[76]。惠普尔的演说给了莱姆父亲般的忠告，对自美国内战以来所有关于成功的说教进行了滑稽讽刺，例如罗素·康韦尔随处可见的《钻石遍地》。“美国还是一个年轻的国家，”惠普尔说，

> 可办事员与老板的女儿结婚，装运工成为铁路总裁的事情屡见不鲜。几天前我才在报纸上读到，一个开电梯的工人赌赛马赢了十万美元，成了一家经纪公司的合伙人。尽管左翼分子对个人主义进行恶毒攻击和诽谤，这个国家仍是一片充满机遇的土地。人们甚至在自家的后院里发现了石油，山间僻静之处仍然可以找到金矿。(102—103)

当然，惠普尔把莱姆和他的寡母等同于他们拥有的所有东西；这也属于“机会的黄金地带”，是骗子的机会。莱姆再一次碰到他是在监狱

① 拉尔夫·埃利森后来在《看不见的人》中，库尔特·冯内古特在《五号屠场》和其他小说中都挪用了《老实人》的模式。它成为后来复苏的流浪汉小说的主要内容，重复不断地描摹一个残酷而虐待成性的世界中纯真受到伤害的形象。——原注

里，但这只是暂时的挫折，是运气或命运之轮的又一次转动，这在成功的布道，包括阿尔杰的书中起着非常大的作用。惠普尔只是莱姆一路走来遇到的众多骗子和伪君子中的第一个，也是最大的一个；在这一点上，韦斯特紧随阿尔杰视野中粗粝逼真的一面，而文化历史学家往往会忽略这一点。阿尔杰小说是关于城市生活肮脏一面的精彩指南，尤其是形态各异的狄更斯式骗子，他们为总是容易上当的主人公设下了狡猾的陷阱。韦斯特喜爱这些能说会道的骗子，他们一再骗取可怜的莱姆所有的一切，但是，他们也体现了惠普尔宣扬的、吴鸿在他的“万国宫”实践的企业精神。韦斯特和阿尔杰一样，都热爱无赖身上那种活力：这些骗子和小贩，以他们巧妙的交谈和狡诈、旺盛的力量，象征着他对城市的感觉。作为自我创造的人物上演他们自己的人生，这些人代表了典型的美国性格。①

然而对韦斯特而言，城市也是一个贫穷、痛苦、暴力的场景。当莱姆终于一瘸一拐地到了纽约，大萧条使他隐形不见了：“这个大都市已没有了往昔热闹繁华的景象，居民的境况越来越艰难。莱姆面黄肌瘦、衣衫褴褛的外表没有引起任何不好的评论。他可以将自己淹没在失业大军中。”莱姆本人已经成为大萧条时期分崩离析的美国的有形标志；讽刺的是，韦斯特将这一点呈现为一种美德，一种不会引起注意的方式，几乎是一种团结一致。虽然肢残体破，他比他那些同伴还是要强一些：“首先，他定期洗澡。每天早上他都在中央公园的湖里洗个冷水澡，因

① 拉尔夫·埃利森像他的朋友索尔·贝娄一样，也持有韦斯特对骗子和欺诈者的这种仰慕态度。在《看不见的人》中，埃利森除了挪用《老实人》形象，在创作他自己的骗子人物——无处不在的莱因哈特时，可能也借鉴了韦斯特和黑人民间素材，这个人物象征着使人可以在哈莱姆动荡的街头世界幸存的多变诡计和身份。他肯定注意到了莱姆的玻璃假眼（往往会在不合时宜的时候蹦出来），因为这也在关键时刻发生在杰克身上，是他把埃利森的主人公招入兄弟会，这个组织代表了埃利森对共产党的一般看法。
总而言之，《看不见的人》以1930年代为背景，是一部非常阿尔杰式的小说，这不仅体现在其中的城市感方面。像《百万富翁》一样，它是戏谑式的成长小说，讲述了一个外乡来的年轻人被他遇到的所有人虐待和不公正对待的故事。埃利森和韦斯特一样，糅合了阿尔杰元素和《老实人》，他的书最终成了一本政治小说。天真的主人公最后幻灭了，退隐到他的地下巢穴，正是在那里，他讲了自己的故事，埃利森借此评论了幼稚的美国乐观主义以及关于成功和流动性的美国梦——只是白人的梦。完成了这场驱魔之后，他承诺他会回来。——原注

为他就住在湖边一个装钢琴的板条箱里。”韦斯特的句子在结束之前有种特别的引爆方式。“而且，他每天都去仍然开门的职业介绍所，毫不心灰意冷，也没有牢骚满腹，一直唠叨着事情就是这样。”（168）韦斯特也许知道“事情就是这样”是1790年代一部伟大的革命小说——激进思想家威廉·戈德温[①]所著《凯莱布·威廉斯传奇》的副标题。就像狄更斯控诉维多利亚时代中期工业体系的《艰难时世》一样，其标题恰好成为经济大萧条的同义词，戈德温和韦斯特的寓言与其说关注的是制度本身，不如说是关注其思想基础。狄更斯对杰里米·边沁[②]功利主义的广泛嘲讽，犹如韦斯特对阿尔杰的滑稽模仿，是对不屈不挠的乐观主义及其漠视人类痛苦的攻击。埃利森的主人公幻灭了，但莱姆自始至终都保持着乐观态度，而此时很多知识分子因为大萧条而变得激进，成为资本主义的猛烈批评者。

韦斯特预言性地揭示了对大萧条的不满也可能导向一个颇为不同的方向。《难圆发财梦》的最后一部分不祥地聚焦莱姆的殉难，以及惠普尔如何变成一个美国本土法西斯的元首。小说成了对怨恨政治的研究，像韦斯特在《寂寞芳心小姐》和《蝗虫之日》中一样，表现了大众幻想如何可以迸发为暴力。重要的是要明白，这本书写于1933年，也就是希特勒在德国掌权那一年。（韦斯特在写这本书时，除了凭直觉钻研霍雷肖·阿尔杰，也研读了《我的奋斗》。）在构想“皮衫党”时，韦斯特戏谑地评论了墨索里尼和希特勒的上台，但也想象了一种可能的本土变体。他一下子预言了1950年代的两种怪现象，即约翰·伯奇协会[③]和大卫·克罗克特[④]热。惠普尔在描述他的民族革命党，“俗称‘皮衫党’”时说，“我们的‘风暴突击队’的制服是浣熊皮帽，就是我头上戴的这种，鹿皮衬衫和一双鹿皮软靴。我们的武器是小口径步枪”（113）。读

---

① 威廉·戈德温（1756—1836），英国哲学家，发展了无政府主义、功利主义和个人主义等学说。

② 杰里米·边沁（1748—1832），英国哲学家、法学家和社会改革家，现代功利主义创始人。

③ 美国一个右翼反共组织，创立于1958年。

④ 大卫·克罗克特（1786—1836），美国政治家、西部拓荒者。1954年，迪士尼制作上映了迷你剧《大卫·克罗克特》，此后相继推出相关电影，风行一时。

到这里，托马斯·品钦对南加州作为邪教和奇事陈列室的视角还会远吗？

惠普尔指着排成长队的失业者说，“我必须从这些人中吸收我的党员”（113）。惠普尔指责“犹太国际银行家和布尔什维克劳动工会”，因为就业机会太少。像很多真正的平民主义煽动家一样，惠普尔利用失业者合情合理的怨恨，并把它引向通常的替罪羊。在莱缪尔·皮特金的命运中，韦斯特以滑稽但恐怖的方式描绘了1929—1933年陷入混乱和绝望的状况，以及对秩序的承诺，这是法西斯主义吸引人的一个关键。莱姆的身体被肢解，滋生出疾病、颓废和腐朽的意象，这在法西斯主义的言论中占有重要地位。在这种修辞中，犹太人是毒害政治体的细菌，而赤色分子则是需要切除的腐烂部分。

小说最后，莱姆作为一个杂耍小丑，每晚都被殴打，直到他彻底瓦解：

> 最后，他们拿出一个巨大的木槌，上面写着“善行”。用这根木槌，他们把莱缪尔彻底“拆卸”了：他的假发被打飞了；假牙和假眼被敲了出来；假腿被打到了观众席上。
>
> 看到腿也是假的，这一点观众根本没有想到，他们笑得前仰后合。（171）

这是一个四处游荡的暴徒在德国和其他城市的街上随意打人的时期。莱姆被暗杀之后，他被转变成神话，就像纳粹“殉道者”霍斯特·韦塞尔，或约翰·伯奇，或“霍雷肖·阿尔杰主人公”一样。民族革命党把他的历史据为己有，小说以惠普尔在他的遗骸面前演讲结束，这个演讲混合了美国梦的老生常谈和法西斯蛊惑人心的陈词滥调。他说到了“每个美国青年都有权步入社会，得到公平的待遇，得到靠勤奋正直发迹的机会，而不是被腐败堕落的外国佬取笑和暗算”。他亲切地详述了莱姆的“肢解”过程，假惺惺地结束了发言：

> “但他没有白白地活着，也没有白白地死去。由于他的殉难，民族革命党取得了成功。革命的胜利把这个国家从腐化堕落中，从马克思主义、国际资本主义者的手中解救了出来。民族革命为人们切除了外国毒瘤，美国又回到了美国人民的手中。”(176)

他的追随者听到这里高呼起来：“致敬，美国小伙子。”

韦斯特“倒置的寓言”在好与坏的意义上都很荒诞。像很多不具备他的文学天赋或胆识的30年代左派人士一样，韦斯特将美国思想看作法西斯主义的雏形或潜在形式。尽管右翼平民主义者和煽动家整个30年代一直在挑起事端，尽管历史上出现过三K党、休伊·朗运动、库格林神父以及美国第一集团这样的孤立主义组织，但后来发生的事情很少能证实这一点。不过，《难圆发财梦》在把握大众文化所推崇的美国神话的基本要素方面也极为荒诞，包括一无所知的状态、道貌岸然的虚伪，以及对暴力的热爱、对天定命运说的信念——相信个人可以尽其所能主宰他们自己的命运。他觉得大萧条给了这种企业家心态当头一击，但是由于他天生的悲观主义和怀疑精神，他担忧其结果不是社会革命，而是怨恨、找人替罪和仇外心理。在惠普尔一次花言巧语的演讲之后，随即发生了一场暴乱：“街上设了路障。黑人的头被挑在棍子上游街。一个犹太推销商被钉在了他住的饭店的门上。当地天主教教士的女管家被强奸了。”(167) 然而这个看似宣传鼓动的片段，比任何肆意谩骂都要宽泛，同样是这位作家，向我们呈现了一个名为“美国恐怖会所”的博物馆，其中充斥着从该国大众艺术中收集来的物品，主要展览是“一个巨大的痔疮，被电灯从里面照亮”。在这类精神错乱的时刻，无产阶级小说与卡夫卡以及菲利普·罗斯携起手来。

韦斯特从末日启示的角度看待P. T. 巴纳姆[①]和霍雷肖·阿尔杰的作品，不只是作为大众受难和庸俗的例子，而是作为集体暴力的征兆。

① P. T. 巴纳姆（1810—1891），美国马戏团经纪人、表演者、商人。

像F. 斯科特·菲茨杰拉德和詹姆斯·T. 法雷尔一样，他的故事框架基于对美国年轻人的承诺，低劣、虚假的承诺。他和法雷尔一样，认为美国史诗不是一部成功的历史，而是一个失败的故事，一出“精神贫困”的戏剧。但韦斯特的文学手法相比法雷尔描述详尽的现实主义，更接近马克·吐温的地域性胡说八道。吐温的幽默在于他从美国的粗俗中获得健康的愉悦。在韦斯特更加不幸而疲倦的方式中，哈克·芬恩沿河遇到的江湖骗子和鲁莽之人都变成了充斥《难圆发财梦》书页的投机者和骗子，它毕竟是一部骇人的滑稽小说。但它也是一部主题小说；其预见性的意图有时令幽默变了味，具有了虐待性质。由于同情心的严重缺失，这本书不仅比不上典型的少年小说《哈克贝利·芬历险记》，也逊色于韦斯特自己在前一年出版的杰作《寂寞芳心小姐》。

《寂寞芳心小姐》也是一部失败故事集。但是，尽管他对那些给报纸专栏来信的人的痛苦进行了讽刺，韦斯特还是设法使他们的痛苦既荒诞又令人痛心地真实。当他们的苦恼与寂寞芳心小姐自己的忧郁和沮丧交织在一起，这本书在戏仿的另一边达到了一种罕见的悲怆。韦斯特突破了他的嘲讽的言语修饰，几乎实现了对宗教狂喜的梦幻描摹。即使作为一个失败故事，《寂寞芳心小姐》也比他尽是无情玩笑的下一部作品更加由衷，后者始终是一个讽刺性的建构，一出美国人如何将特定词语用作主题和神话来向自己解释他们的世界的滑稽剧。莱缪尔·皮特金从来都只是语言的一种效果。尽管他毁灭了，其实并不能说他受苦了；我们一直知道是韦斯特自己在施加惩罚。像基督一般的寂寞芳心小姐，摆脱反讽而承担起世界的忧虑，痛苦得更真实。

由于莱姆最后被提升为某种殉道者或英雄，他的命运终究讽刺性地变成了一个成功故事。莱姆是大萧条小说中所有普通人主人公里最奇怪的一个——是大众思想一个纯粹的人工制品，其创作者不能容忍无产阶级陈词滥调，但自己又醉心于大众文化，尽管又对它大加批判。一如在他所有的作品中，韦斯特向媚俗进行嘲弄性的致敬，在国家的精神生活中给予它一个含糊的尊严地位。他用这样一种贬低的表现形式，揭露了他的读者对神话和幻想的渴望。韦斯特赋予美国梦一种不同的品质，部分是因为他把做梦和幻想看作一种普遍而有启迪作用的需求。他凭直觉知道在成功的意识形态背后有一种绝望，正如在它的孪生子西部与边疆梦的背后，有一种对无拘无束的自由和重新开始的渴望。前面引用过他在《蝗虫之日》中所说的："很难去嘲笑对美的需求、对浪漫的向往，不论结果是多么乏味，甚至可怕。但感叹是容易的。很少有比真正的畸形怪异更叫人悲伤的了。"(61)

等待奥德茨：成功的酸臭味

克利福德·奥德茨是表述大萧条时期的恐惧与渴望，痴迷成功，精神上又畏怯成功的伟大诗人。他被视为1930年代的典型剧作家，但这主要是因为他的宣传性短剧《等待老左》一举成名，使人们误以为他是一位政治作家、一位坚定的激进分子。哈罗德·克勒曼描述了1935年1月5日该剧在第十四街剧院的劳工义演中出人意料的首演，结束时观众起立自发高呼"罢工！罢工！"：

> 《老左》的第一场戏还没演两分钟，一阵欣喜的认同感就像潮水一般冲击着观众。发自内心的欢笑，热切的赞同，一种快乐的热诚似乎把观众推向了舞台。演员不再演了；他们仿佛被一种交流的狂喜所感染，忘乎所以了，这是我以前在剧院里从未见过的。观众和演员已经融为一体。一句又一句的台词引起了掌声、口哨声、喝彩声和由衷的亲切欢呼声。
>
> ……戏的结尾，当观众面对台上的激进问题"那么，答案是什么？"，不由自主地高喊"罢工！罢工！"，那不仅仅是对这部戏有效性的赞美，甚至也不仅证明了观众对建设性社会行动的渴望。那是30年代新生的呐喊。我们的青年找到了他们的声音。[77]

克勒曼讲述的这部剧的热烈反响，得到了其他看过该剧的人的证实，包括当时还是个小演员的斯坦利·考夫曼和《新群众》的戏剧评论家斯坦利·伯恩肖。伯恩肖描述说，观众和演员之间的激烈交谈在戏演完之后持续了很久。今天，我们几乎不可能再次感受到奥德茨的系列幽默短剧第一次在舞台上掀起的热情，该剧大略取材于1934年纽约的一次出租车罢工，至今仍然体现着1930年代激进戏剧的战斗性。[78]这类政治上积极介入的活动大都是话题性的，持续时间也不长，例如公共事业振兴署联邦戏剧项目著名的“活报剧”①。这些活动包括国际女装工人联合会流行的劳工歌舞戏《四肢发麻》；布莱希特的说教短剧，譬如《措施》；马克·布利茨斯坦模仿布莱希特和韦尔②创作的《大厦将倾》，但由于政治压力被WPA关停；以及奥逊·威尔斯和约翰·豪斯曼其他一些激动人心的水星剧团作品，威尔斯这位少年奇才最终离开剧团前往好莱坞，制作出了《公民凯恩》。这些剧中有几部后来重新上演，《大厦将倾》及其开幕引起的闹剧甚至成为1999年蒂姆·罗宾斯向它致敬的电影的基础，但是，《等待老左》仍然是这类激进戏剧的典范。这一方面是由于它适宜的标题（在1950年代很奇怪地得到了塞缪尔·贝克特的呼应），成了“红色十年”的口号，另一部分原因在于这部戏的成就和恶名：几个月内，百老汇上演了这部戏，随即全国各地劳工组织的无数业余作品也一起出现了。在原班人马的爆发力和奥德茨大胆的街头风语言的作用下，这部愤怒而充满希望的戏剧捕捉了时代的情感要义。然而《等待老左》是一个讽刺作品，相当于剧场版的鼓动性演说，奥德茨再也没有创作出类似的作品，尽管他写了一部较弱的独幕政治剧《至死不渝》，以纳粹德国为背景，旨在和《老左》同时在百老汇上演，并且在1930年代中期和后期致力于创作一部较长的劳工剧《合伙人》，该剧同仁剧团排练

① 用时事报道、社会问题等素材创作的戏剧，多为宣传目的。

② 即库尔特·韦尔（1900—1950），德国作曲家，后加入美国国籍，与布莱希特合作了《三毛钱歌剧》等作品。

过两次，但从未上演。（最终在1972年由演员工作室[①]搬上舞台。）

据后来的评论家得知，奥德茨真正的剧作家生涯始于《老左》上演六周之后，即1935年2月19日，一部写于两年前的多幕剧《醒来歌唱!》首演，这是一部关于中产阶级生活的充满激情和渴望的戏剧。奥德茨写这部戏时，还是克勒曼的公司同仁剧团里一个不知名的演员，和这位思想更深邃的导演处在一种合作的关系中，而他将会成为奥德茨作品的助产士、理论家以及最善于表达的解读者。克勒曼在他记录同仁剧团历史的《激情岁月》最好的篇章之一中，讲述了他和奥德茨在1932—1933年那个糟糕的冬天怎样一晚接一晚地在纽约街头游荡，当时经济已经降到了最低点，但他们才第一次发现萧条这回事。克勒曼和他的剧团朋友们一直没有注意到股市大崩溃之后逐渐形成的经济危机。“你还记得，20年代是一个聚会的时代，”这本书一开始就写道，“每个重要人物，或希望成为重要人物的人，都尽可能频繁地举办聚会。……那时候真是美好时光。”（1）他说，股市崩溃时，“它没有给我留下太深的印象。……当时不论是我还是我的同事，都没有提过它。我们中显然没有人直接牵扯其中”（50—51）。克勒曼在1920年代去了巴黎和另一位年轻的侨居者阿伦·科普兰住在一起，后者当时正在纳迪亚·布朗热那里研习作曲。1930年代，克勒曼和他的波希米亚朋友尽管都出身中产阶级，但长期处于资金紧张状态。不过生活很便宜，大家一起分享，他们似乎都一样穷，生活还跟以前差不多。

但是，到了1932—1933年那个可怕的冬天，随着经济状况逐周恶化，大萧条带来的心理负担，尤其是对中产阶级的影响，终于显露出来了。一种普遍的焦虑笼罩了一切。

> 我可以在我父母的家里看到它。表面上，现在和从前的好日子几乎没有什么变化，我不太明白为什么他们不能充分享受他们的好

① 纽约一个著名的戏剧学院，成立于1947年。

> 桌子、他们相对的平静生活。在我看来，毫无理由地，他们和他们的朋友越来越害怕，仿佛四壁很快就会消失，而他们将赤身裸体，孤零零地待在黑夜里空旷清冷的街上，看不到明天。（114）

关于大萧条时期极度贫困的人已经写了很多了，关于中间阶层更隐蔽的梦想与恐惧则写得较少。这些人的外在生活似乎很稳固，但他们已经失去了立足点，没有了安全感，对他们的价值观失去了一种基本的信心。即使那些有工作的人也担心会丢掉工作：恐惧已经进入他们的生活。他们的希望和理想、对他们的承诺，似乎都建在流沙上。这就是最终为奥德茨的剧作提供养分的精神氛围，一个充斥着移民的抗争，以及中产阶级的渴望、焦虑和失意的世界。

> 是的，我们可以在空气中闻到萧条的味道。它就像一阵阴冷的风；我们住的房子似乎正在缩小，根本没有真正的舒适。在这些身外有忧郁和恐惧，工作中有个人挫折的日子里，我在街上游荡，我自己的黯淡状态似乎反映在成千上万的面孔、标牌和征兆里。（114）

奥德茨和克勒曼沉浸在当时阴郁凄凉的夜生活里。“我们在街头巷尾听着古怪的交谈，经过我们以前从未感觉有问题的小路。……我们奇怪地被那些可以描述为面带羞愧、邋里邋遢和低级趣味的人和地方所吸引。”他们去了歌舞厅。“那些表演对我们没有性的诱惑；它们有一种俗艳花哨的沮丧的魅力。不知怎么回事，我们觉得和那些垂头丧气的喜剧演员非常亲近，对合唱团伤痕累累的美人感到一种奇怪的温柔。”（114—115）他们的夜间闲逛，是30年代知识分子自发进行实地考察的典型代表——走到人民中去，在下层中间揭他们的疮疤——阐明了心灵抑郁与经济大萧条、个人失意和社会停摆之间的联系。《醒来歌唱!》——关于一个烦恼的家庭，而不是关于这个地下世界——的首版题为《郁郁寡欢》，克勒曼反对它的不幸结局所表现出来的阴郁宿命思想，其中的儿子和女儿都没能冲破他们被束缚的生活。即使是以那个著名的行动号召结尾的劳工剧《等待老左》，也包括几个大萧条造成家庭不幸的尖锐插曲：一对情侣结不了婚；另一对虽然结了婚，但是过得不好，正处于分裂的边缘。“我们郁郁寡欢，宝贝——1935 年的郁郁寡欢”[79]，一个年轻人说，引用了奥德茨正在写的长剧中的话。

克勒曼自己在那段严峻时期的挫折，部分来自同仁剧团的麻烦，该剧团始于 1931 年，是戏剧公会①的一个特别分支。他关于同仁剧团时期的精彩回忆录《激情岁月》记录了崇高的戏剧理想，与之相对立的，是长期的资金问题、无休无止的艺术争执以及个人恩怨。照克勒曼的说法，同仁剧团不只是一家公司，还是一种生活方式、一个集体梦，是刚刚成年的这代年轻人追求乌托邦理想的几乎不可能的载体。它由不知名的年轻演员和有天赋的导演（所有人都才刚刚学会各自的技艺）的巨大才能支撑着，受到克勒曼关于集体进取精神不是致力于娱乐而是致力于作为个人和集体追求的严肃艺术的视野启发，在 1941 年倒闭之前，一直为财政压力、相互争执的自我、乏善可陈的戏剧、考虑不周的出品以及百老汇时好时坏的经济所困扰。它为了躲避商业和自我陷阱而成立，恰恰还是这些东西摧毁了它。

然后是好莱坞的诱惑——对奥德茨，对克勒曼，对公司里几乎所有的人，只要他们展露出一点成功的迹象。电影制片厂也面临着巨大的经济压力，一些公司濒临破产，但不知何故，电影成为美国人民适应大萧条的一个重要部分。整个 30 年代，得益于有声电影的出现和片场制度的稳定运行，好莱坞对表演和编剧人才产生了巨大的需求，特别是来自舞台的人才。同仁剧团一直褒贬不断，但从未确立稳固的地位，其成员总是来来去去，又去而复返，作为百老汇自己的一家股份公司，它变成了成功与失败之肥皂剧的一部分，融合了它制作的很多戏剧，尤其是奥德茨的戏剧。（在战后的十年里，李 · J. 科布和伊利亚 · 卡赞等公司的

① 1918 年在纽约成立的戏剧协会，旨在创作高品质、非商业性的国内外戏剧。

毕业生将主宰百老汇和好莱坞——他们在剧团时从未完全达到的成就。其他人，包括斯特拉·阿德勒、桑福德·迈斯纳和罗伯特·刘易斯，将成为主要的表演教师。通过李·斯特拉斯伯格的演员工作室，新一代演艺人士将得到培训，而著名的斯坦尼斯拉夫斯基“技巧”① ——去除了同仁剧团的激进政治——将成为主导的，几乎是令人窒息的电影制作理念。）

对克勒曼来说，同仁剧团不仅是一家戏剧公司，《激情岁月》也不仅是一部剧团史。正如《现在，让我们赞美伟大的人》成为30年代纪实运动的尾声一样，克勒曼的书是那个时代社会介入戏剧的动人证言：对30年代的讲述，本身就是这个十年思想的一部分。它同时也是大都由克勒曼执导的奥德茨戏剧在话语层面的对应物。克勒曼对《等待老左》首演盛况的兴奋描述表明了他对“激情岁月”的感受：“同仁”的联结，舞台边界的消除，艺术家和观众为寻求更美好的世界而结成的狂喜、非个人的联盟。对克勒曼来说，这的确是“30年代新生的呐喊”。

克勒曼与奥德茨之间的融洽关系令所有人印象深刻。“他们会用省略的只言片语交谈，只有对方才能听懂”，奥德茨的传记作者玛格丽特·布伦曼-吉布森说。他们给彼此写的信犹如一场内心对话：既舒适又坦率，既唠叨又深情，既腼腆又犀利。若是遇上更好的演员，克勒曼可以扮演埃德蒙·威尔逊，奥德茨则是菲茨杰拉德。（菲茨杰拉德曾经把威尔逊称作他的“艺术良知”。）克勒曼风趣地说过：“我尊重克利福德，就像他已经死了一样。”根据演员们的说法：“哈罗德最开心的时刻莫过于他孕育克利福德戏剧的时候了。”[80] 事实上，剧团本身就是他们的孩子；他们的合作最能体现出公司的特殊愿景。《激情岁月》向我们呈现的不仅是奥德茨戏剧几乎第一手的“官方”解读，还有与观察家给同仁剧团及其时代贴的政治标签颇为不同的一种审视30年代的视角。

---

① 康斯坦丁·斯坦尼斯拉夫斯基（1863—1938），俄国著名戏剧教育家和表演理论家，著有《演员的自我修养》。斯坦尼斯拉夫斯基技巧强调“体验基础上的再体现”。

同仁剧团表达了这十年的乌托邦精神。它的成员夏天隐退到乡下去构思一些既是精神练习又是潜在作品的东西。他们成了一个致力于戏剧的公社。克勒曼不断地给他们讲课，他的理论洞见胜过了他的导演技巧，然后他们可以在情感、性和艺术上自由地交流，不会受到观众、评论家或商业赞助人的干扰。同后来朱利安·贝克和朱迪思·马利纳的生活剧团，或者耶日·格洛托夫斯基的波兰实验剧团之类的尝试一样，同仁剧团既是一个表演艺术机构，也是一种宗教派别。

大多数当代评论家都将奥德茨和剧团成员视为激进分子、马克思主义者、政治上积极介入的艺术家。克勒曼却不这么认为。对他来说，奥德茨和其他 30 年代艺术家与其说受到政治的激励，不如说是被一种宗教和想象的人文主义、一种巨大的青春向往所启迪。像别的乌托邦社群一样，剧团变成了一个往往功能失调的大家庭，受到爱和冲突的困扰，是无情的世界中的一个避难所。“它必须提供社会本身未能提供的东西。……它必须成为社会中的社会，一个受保护的单位，一个乌托邦，城市中的一块绿洲，在那里人们可以追求他们的事业，实现他们的救赎。”(211)“救赎”这个词和“事业”放在一起是多么奇怪啊！而且关于这个时代，它告诉了我们这么多。克勒曼的书写于战争期间，当时这个运动早已分崩离析；这使它的最后几页具有落空的希望那种既甜蜜又苦涩的意味深长。他说，“在 30 年代，人们的意识发展到了一个高点，渴望一个精神上活跃的世界，一种充满人性的有意义而相关的艺术”(283)。然而，同仁剧团从未找到一个安全的立足点。像这十年中的其他很多事情一样，它遭受了“根本的经济动荡”。“它那零零散散、领救济队伍式的存在，”他用一个引人注目的比喻说，“解释了它大部分的忙碌的内在生活。”(284) 在他看来，同仁剧团的解体不是因为个人问题，甚至不是因为经济问题，而是因为这个时代本身已经进入尾声。“1940 年的冬末春初和 1933 年银行放假休业之前的日子一样，是个特殊时期，”他写道，“纽约的气氛也许可以概括为一种严重的停滞。历史正在标记时间。……所有人似乎都在等待。所有事都不确定，所有旧的答案

在黑暗的现实面前都显得有些虚假。”（261—262）

这是他对奥德茨1940年的戏剧《晚间音乐》反响惨淡的解释，对此，心烦意乱的剧作家本人先是怪罪评论家的迟钝，接着又说是克勒曼制作不充分的问题。[①] 这时，奥德茨短暂、一炮走红的戏剧生涯已经开始衰落——与成就了他的那个时代一起。五年前，他的戏剧恰好表达了克勒曼认为是整个时代核心的青春向往的抒情观点。年轻的拉尔夫在《醒来歌唱!》中的结束语就像《玩偶之家》中娜拉的最后退场一样，与其说是戏的一部分，不如说是对中产阶级令人窒息的价值观的大胆告别，一种既是作者的也是人物的独立宣言。

像很多以移民环境为背景的故事一样，《醒来歌唱!》是一部关于几代人的戏：理想主义但无能为力的第一代，代表人物是外公雅各布，他有着感情用事的马克思主义和严重的挫败感；贪婪、物质主义的第二代——母亲贝西（是她刺激雅各布去自杀）和她成功、粗俗的兄弟莫蒂（他认为老头子已经老朽无用）；还有极度不耐烦的年轻一代，特别是拉尔夫和他的姐姐亨尼，他们不愿和父母一样谨小慎微，不敢为自己追求更完满的生活。如果有反派的话，那反派就是贝西，她砸碎了她父亲的卡鲁索[②]唱片，那是他仅存的乐趣，并且无情地诱使一个毫无戒心的年轻人和她已经怀孕的女儿结婚。然后她索要父亲的保险金，那是老人打算死后留给外孙让他寻找自由的。整部戏燃烧着青春的怒火和抒情的渴望。

当拉尔夫放弃了外公的小笔遗产，亨尼与她粗鲁但深情的爱人私奔，把孩子撇在家里，他们是在否定他们的母亲乏味呆滞的体面和对贫穷耗人的担忧。亨尼抛弃了她的丈夫和孩子，选择了粗俗的性的活力，而不是像她母亲那样选择便利的婚姻，嫁一个她可以支配并削弱的怯懦男人。拉尔夫尽管没什么能力，可希望能像外公一样重生，做着远大的

---

① “哈罗德必须缩小他对我的戏剧一流的批评洞见和制作意图，与他最终在舞台上呈现出来的表演之间的差距。他无法将他开始排练时的精彩想法运用到实际制作中去，这一点是非常奇怪和难以理解的。” *The Time Is Ripe: The 1940 Journal of Clifford Odets* (New York: Grove Press, 1988), 50. ——原注

② 恩里科·卡鲁索（1873—1921），世界著名意大利男歌唱家。

梦，渴望改变世界，却不要有老人要命的胆怯。“钱让妈拿去好了，”他说，“我才22岁，活蹦乱跳的！我好歹总可以凑合着过下去。难道杰克是为了要我们争取几个小钱才送命的吗？不！‘醒来歌唱’，他说。他就站在这里，亲口这么说的。他过世那天夜里，我才猛醒过来！我看到他死了，而我新生了！说真格的，我生下来才刚满一个星期！我要整个城市都听到——新生力量，准备战斗吧。我们有力量了。我们庆幸自己获得新生。”（100—101）这是真正的奥德茨特质，优点与问题并存：热烈的言辞，风格化、稍微有点虚假的口语，有缺陷的结构，青春的狂热，以及最重要的，对生活的强烈渴望。一个演员和导演可能会把这看作空洞的一时逞强；奥德茨不会。对他来说，这是布莱克式的“我要！我要！”，揭示了一个在一无所有中长大的人，一个害怕不能全身心投入生活的人。20年后，奥德茨仍会告诉采访者：“我所有的戏剧都涉及一个主题——努力不要让生活被环境、错误的价值观，或者无论什么摧毁。”[81]然而，他的文本可以有不同的解读。

正是这种悲哀狂热的绝对特质，这种紧张、无法平息的对生活的渴望，被克勒曼用作解读30年代和奥德茨——这两者不容易区分——的关键。克勒曼本人曾鼓励奥德茨修改更早版本的“受虐式悲观结尾”。不过，克勒曼理解其中的沮丧和失败意味、不安全的思绪，就在艾尔弗雷德·卡津称为奥德茨的“自愿乐观”的表面之下。根据克勒曼的说法：

> “反抗的触须”贯穿了奥德茨所有的作品，但这与始终如一的革命信念是两回事。奥德茨的作品表现的甚至不是高尔基作品那种意义上的无产阶级。相反，它深刻地体现了中下层阶级所有的摇摆不定、双重忠诚、恐惧、摸索、自我怀疑、沮丧、力量的迸发、对上帝的颂歌、皈依的誓言以及为求解脱的祈祷。……奥德茨作品里中产阶级的（也许是普遍的）忧虑感尖锐而具体；思想则是宽泛而劝诫性的。

不过，克勒曼仍然坚持认为“他的戏剧的品质在于青春、抒情、渴望——就像生命刚刚开始时一样”（151）。

一旦我们注意到这种青春的反叛在多大程度上根植于中下层阶级的焦虑，就不难发现拉尔夫（奥德茨的理想主义替代角色）和亨尼（他的情欲替代角色）如何类似于他们贪婪、专横的母亲，她也决心要把握生活，按照自己的方式来塑造生活。奥德茨对成功的关注是他作品的一个关键，但与詹姆斯·法雷尔或纳撒尼尔·韦斯特不同，他对成功的态度并不轻松。贝西的物质主义使我们想起了另一个移民家庭——朗尼根一家的“精神贫困”。但法雷尔和韦斯特同情美国普通中产阶级的价值观；他们以外科手术般的精确方式揭露了这些人自命不凡的空虚，鄙视他们梦想和志向的悲怆。然而，奥德茨是一位真正的剧作家：在一个显著的层面上，他与他所有人物的欲望都有牵连，并且让我们有机会从他们的角度看世界。最后一点，贝西并不是反派；我们渐渐明白（如果不是原谅）了驱使她的那些恐惧。

这就是他作品中著名的“契诃夫”元素：不只是愁苦的渴望和怀旧的懊悔的基调，而是使他的人物生动鲜活的悲怆、沮丧、欢笑和特殊的习语。尽管他在艺术和物质成功之间所做的对比具有粗略的二元象征特点——仿佛欣赏卡鲁索就可以弥补为钱结婚，或小提琴演奏可以抵消拳击运动一样——奥德茨将这些剧本作为他自己的矛盾心理的载体，在获得第一波赞誉之后，他在自己的生活中痛苦地表现了出来。

这就是奥德茨的人物其实都活在舞台上的缘故，这也是他为他们找到语言的方式。《醒来歌唱!》不是字面意义上的自传——奥德茨本人并不是在移民家庭长大的；他的父亲是一个专横、靠自我奋斗发迹的人，远比他活得长久——但这部戏的节奏和情绪都带有强烈的个人色彩。像契诃夫的人物一样，他的人物常常各讲各的；在他们的言语背后，在那些另类的比喻和过时的俚语背后，是他们需要并感受到的音乐。奥德茨的语言带有方言土语的活力，但又具有强烈的风格特点。在《醒来歌唱!》中，奥德茨不仅创造了一种可信的民族语言，而且创造了整个美国犹太文学的混合语言。

这部戏最著名的是其有趣的对话变形；如果没有这些对话，后来的作家，像德尔莫尔·施瓦茨、伯纳德·马拉默德和格雷丝·佩利，甚至是去民族化的阿瑟·米勒，就无法想象了。当雅各布说“我喂狗吃了”或叫某人“十足的二流子”，当贝西说“姑娘家长到26岁可不会越长越年轻”或“他叫我心都操碎了”，我们听到的不是当时一些人以为的口语现实主义，而是一种英语的诗性炼金术，是克利福德·奥德茨的语言发明，是我们后来在施瓦茨、佩利和马拉默德的故事中听到的音符。年轻的艾尔弗雷德·卡津从楼座上听到的是“生硬的犹太语言经过抒情的提升，沸腾，然后爆炸”。他觉得奥德茨偷走了他的生活，他自己的家人就在舞台上，但同时，他在刹那间得到启示，原来他了解的那个私人世界可以用作文学素材。[82]后来当奥德茨在他的戏剧语言中消除了犹太色彩，试图成为一个主流作家、一个“美国”剧作家，他剥夺了自己最有力的资源。

奥德茨对移民环境的把握，就像法雷尔一样，与他对成功的强调紧密相连。《醒来歌唱!》首先是一个家庭的故事：肥皂剧的素材被转化为艺术。“这哪里还像个家呀?”雅各布说，“马克思说过——消灭这种家庭。”(55) 与唠叨的朗尼根一家、理想化的乔德一家，以及（福克纳的代表作《我弥留之际》中）可怕的本德仑一家一样，伯格一家也跻身1930年代重要文学家庭之列。他们揭示了犹太移民中产阶级的精髓及其所有焦虑。贝西和她的兄弟体现了大萧条版的成功准则，也就是卡恩的《戴维·莱文斯基的发迹》中为人熟知的移民物质主义，而她的丈夫迈伦，像乔德爸和帕迪·朗尼根一样，是另一版的怯懦、被削弱的大萧条父亲，一个可以凝望自身无能的平和之人。奥德茨在这部戏的印刷本中对其人物的稚嫩描述充斥着诗意的含糊和作者的不确定感。贝西“怕过赤贫的日子”，迈伦“悲伤而不自知”，年轻的拉尔夫“尽力想知道为什么一定先要扫除那么多的垃圾才能‘有个出头日子’”，他的姐姐亨尼“陷入了生活的罗网，对此抱着听天由命的态度，但如有可能，也想挣脱出来。她对心上人一片忠贞，至死不渝”。（37—39）这些笨拙的记录，基于对演员和读者也许不能“领会”这些人物的担忧，暴露了一种几乎不能承受的伤感、渴望与泛泛而谈之诗——是作者自己的诗。

没有哪位剧作家可以比他更贴近他的人物或更无法评判他们。（在奥德茨最有才华的竞争对手中，可以比较一下莉莲·海尔曼对生动有趣的恶棍和高尚的受害者的热爱。）没有人比他更沉湎于将戏剧用作欲望的载体，来表达他所谓的“在琐碎的条件下为生活而抗争”（37）。《醒来歌唱!》中，奥德茨融合了原始的家庭回忆和他在1932—1933年那个痛苦的冬天在街头及歌舞厅看到的绝望与挫败感。他最直接的灵感来源是约翰·霍华德·劳森的《成功的故事》，1932年同仁剧团出品，奥德茨作为演员，在其中为主角卢瑟·阿德勒做替补。1920年代，劳森和迈克·戈尔德、约翰·多斯·帕索斯一起，为前卫的新剧作家剧团写过实验性剧本。到了30年代末，他成为知名的编剧，经历了政治思想的转变，成了共产党在好莱坞的文化委员，并最终在和众议院非美活动调查委员会（HUAC）的争吵中，被证明是好莱坞十君子①中最有对抗性的人。（他关于剧本创作和编剧技巧的书，即使在他的文学声誉消失之后，仍然是标准作品。）但《成功的故事》是一部自然主义戏剧，其中雄心勃勃、不择手段的民族英雄和一些严厉、尖锐的对话至今仍然令人赞叹。尽管它情节粗糙，人物扁平，但据克勒曼说，《成功的故事》是同仁剧团的一个转折点，这部戏确立了它既有个人色彩又有论战性的犀利现实主义风格。

《成功的故事》预言性地以一家广告公司为背景，那是1920年代的标志性革新；劳森肯定属于最早一批将广告业描绘成出卖自我的终极方式的作家。索尔·金斯伯格曾经是个激进分子，可现在他说：“回顾我们过去常常迷恋的那类激进思想，我觉得很刺激——那东西是不合群者

① 第二次世界大战后，美国的反共思潮愈演愈烈。1947年，好莱坞十位剧作家和导演因为不愿透露任何人的政治背景和思想倾向，拒绝向众议院非美活动调查委员会提供证词而被传讯，后以藐视国会罪遭逮捕。

的宗教。”在几乎失去工作之后，他变得愤世嫉俗和善于操纵；他看透了一切，除了他自己不择手段的野心：“一旦你摸到了门道，大多数东西都是空话——诀窍是，怎么在不被欺骗的情况下去利用这些空话。”[83] 像1950年代一些设置在会议室和工作场所的戏剧一样，劳森的剧本围绕一个外来者-英雄-坏蛋的角色展开，他踩着所有人向上爬，但最终栽在他自己不分是非的出格行为上。

索尔·金斯伯格是一个令人不快的人物、一个粗俗的野心家，身边全是傲慢的主流精英分子，但他的语言、他的精力、他那穷小子的志向，刺激着这部戏。办公室里有个女人让他想起曾经年轻、“理想主义”的自己，想起已被他踩在脚下的温柔情感，但他忽略了她。“告诉我，”他问她，“他们还在那么干吗？他们还在那些拥挤的集会上卖力吗？我们这里，在高楼上，在清新的空气里，我们连句传闻都没听过！”（196）大萧条使其他人成为激进分子，却把他变成了完美的钻营者，远比他周围的精英分子更内行，而那些人逐渐失去了一切。

金斯伯格现在一心专注于自身利益，专注于成功和羞辱那些曾经对他颐指气使的人，包括他以前的上司和一个出身高贵的老对手，他们现在都紧跟着他，听凭他摆布。他对权力的渴望、他对成功的追逐，与怨恨和报复的情绪交织在一起，这也许是他仅存的真实感情。同仁剧团的一些演员认为这部戏是反犹太主义的；十年后，这个人物将以巴德·舒尔伯格的萨米·格里克①重新出现，但是没有了干脆利落的语言、情感暴力和自我背叛的感觉，而这正是劳森留给奥德茨的遗产。劳森的《成功的故事》是更严酷版的《戴维·莱文斯基的发迹》，是一部没有诗意的奥德茨戏剧。它风格辛辣、一触即发、丑陋：一则没有渴望与幻想等温柔情感的欲望寓言。根据克勒曼的说法，它“使奥德茨意识到了一种

---

① 巴德·舒尔伯格的小说《什么让萨米奔忙?》(1941) 中的主人公，该作以作者父亲为原型，讲述白手起家少年的人生故事，后被改编成同名音乐剧在百老汇上演。

新的戏剧对话。它是高尚的道德感、愤怒以及大城市狂热俚语的混合体”（150）。① 但是奥德茨也受到成功主题的激励：族裔下层阶级的贫困所助长的贪婪野心。

与奥德茨的主人公相比，索尔·金斯伯格更像是一个投射物，而不是人物角色；他吐出的话语在舞台上肆意挥洒。“我已经死了很久了!”他在终场被枪击之后说。他是个善于表现的天才，试图在舞台上把自己的死亡安排得像自杀一样。“那把左轮手枪到底在哪里？我希望它在我手里。把那把枪给我，我们要让它看起来合理。”（242）然而，一个人物将索尔描述为一种“革命者”：“永不满足，追求理想，你想用你的自我形象来改变整个世界。”（183）奥德茨的人物也是自我的革命者，不是只有政治头脑的动物，而是对生活提出绝对要求的狂热的局外人。正如对劳森笔下自我厌恶的主人公一样，我们几乎可以身临其境地感受到他们在渴望、抗争、屈服、向往、失败。

在奥德茨的《天之骄子》（1937）中，无所顾忌的乔·波拿巴②像他的帝国本家一样，纯粹靠意志力闯入了格斗游戏。他的意大利裔老父亲希望他去拉小提琴，但他决心不做穷人，正如奥德茨那时决心写一部商业戏剧，尽管（充满悖论的是）该剧关注的是成功的陷阱。这部戏适时地引起轰动；复兴了同仁剧团，尽管它让一位评论家想到了“戏剧性的电影”。[84]奥德茨做了过于简单的对比：拳击代表着名利，音乐则是艺术，是自我表达。拳击象征着国内竞争残酷的社会的暴力、国外迫在眉睫的战争；音乐是乔的灵魂中温柔、诗意的一面：“演奏音乐……那就像在说，‘我是人，我属于这里……’我不害怕别人，也不怕他们说什么。

---

① 1934年在波士顿举行的一场重演开幕式上，其中奥德茨仍然是索尔·金斯伯格角色的替补演员，他自己如此受触动，因为反响平平如此愤怒（“冰冷的沉默，恐怖的沉默……贵族观众的对立情绪”），以至于他回到旅馆之后，迅速写完了新戏《失去的天堂》的关键几页，在那一场戏中，母亲对她即将死去的儿子讲了摩西和金牛犊的故事。参见 Margaret Brenman-Gibson, *Clifford Odets: American Playwright: The Years from 1906 to 1940* (New York: Atheneum, 1981), 303。——原注

② 法国皇帝拿破仑一世（1769—1821）的姓氏，1804年至1815年在位。

音乐中没有战争。跟街上的情况不一样。”（263）乔的父亲，就像索尔·金斯伯格过去的激进女友或者拉尔夫·伯格感情用事、信奉马克思主义的外公一样，希望他不仅能获得成功，而且是“真实的成功”，当之无愧，令人敬仰。（他有一个哥哥，是产联[①]的组织干部，那倒是一个保持贫穷的好办法。）《天之骄子》显示了奥德茨在自我戏仿的边缘徘徊，这部戏在象征意义上过于敷衍而笨拙，作为一部个人寓言却引人注目。

乔希望成为艺术家，想要表达自我，他的一些风格在他的拳击和音乐中都有所体现。但是像其他很多城市男孩一样，像吉米·卡格尼、保罗·穆尼、爱德华·G. 罗宾逊扮演的黑帮角色一样，乔也需要别人的认可。他希望成为了不起的人。“如今他穿的是最好的，吃的是最好的，住的又是最好的。他走在大街上，处处受人尊敬——当他天之骄子！”（309）但他也很飘飘然，想碰运气；他具有很多奥德茨人物都有的典型风格，疯狂却困惑地醉心于生活。“他野心勃勃——把他害苦了”，他父亲说。乔的姑娘附和道，“他有雄心大志，要出人头地，正大有作为呢”。（295）

到最后，雄心已经成为他的一切。他对成功上了瘾，用第三人称谈论自己：“波拿巴的主要任务就是要赢。”（304）（不久，我们甚至看到提到了滑铁卢！）他变成了一种帮派分子，像他结交的那伙人一样，最重要的是一个叫富塞利的大约是同性恋的恶棍（最初由伊利亚·卡赞扮演，给人非常强烈的紧张感，他在《失去的天堂》里扮过恶毒的丘比）。奥德茨回到了30年代对成功的经典隐喻，即黑帮。乔失手打死了另一位拳击手，一个黑人拳击手，同时也毁了他自己的双手。但即使在这之前，他的主要受害者就是他自己。改变生活可能意味着生活变得更糟。“瞧你渐渐变成个杀人凶手了！”他的姑娘说，“你越来越像富塞利了。你不是我过去心里惦着的那小伙子了，不是原来的你了。你把那个宽宏

① 产业工会联合会，美国的一个工会组织，成立于1935年。

大量的小伙子害死了——天知道你把尸首藏在哪儿！我不认识你了。”(307—308)

乔的野心中自我毁灭性的一面体现在他对飙车的热爱上。“你怎么也开不过我”，他说。(277) 他想要享受生活，把它全部吞下。成功使他能够买到昂贵的汽车，这后来夺去了他的生命——他叫它“德森堡小姐”，带着性的意味。一旦他在拳击场上摧毁了自己，这辆车将成为他的逃生工具，也是他走向自我消亡的火箭。“兜风！对啦，咱们去兜风——让我头脑清醒清醒。咱们要开车冲破黑夜。开亮车前灯，在夜色里杀出一条路来，这时候，谁也赶不上你！那时你就高居世界之巅——谁也笑不了你！对啦——飞速前进！咱们离开了地球——跟谁也不牵扯！”(316)“世界之巅”：卡格尼在 1949 年《白热》高潮部分的崩坏瓦解中也使用了同样的词语。驾车——快道——成为另一种形式的格斗，另一种对无名的冲击，然而也是一种退出角逐的方式、进入轨道的方式。奥德茨的下一部戏剧，也是他最好的作品之一，就叫作《月球火箭》。

可以看到奥德茨的雄心壮志以及他作为一个族裔外来者的自我感知，与 1930 年代的梦想与匮乏是多么地契合。奥德茨希望改变世界，但也想在这个世界里找到自己的位置。他需要成为艺术家，也想做明星，一个拥有财富和权力的人物，就像他那盛气凌人、动辄评头论足的父亲一样，他总是不赞成他的生活，却又会向他寻求支持。这样相互矛盾的欲望使他注定要时不时陷入内疚的自我憎恶，特别是他在好莱坞的那些时期。这些对立因素常常在他的戏剧和电影剧本中粗糙却难以磨灭地表现出来；在《醒来歌唱!》中，它们带上了一种诗性的力量，剧名出自《圣经·以赛亚书》(26：19)：“睡在尘埃的啊，要醒起歌唱!”我们需要更仔细地阅读这部肯定是他最好的戏剧，从而理解他是谁，以及他的想象力是如何肆意驰骋的。

母亲贝西，一个在早先的草稿中更加讨厌而贪婪的人物，希望她的儿子和女儿能够舒舒服服地结婚，不用再遭受整天折磨她的恐惧。“拉尔夫能跟你一样飞黄腾达，那就好了，”她告诉她的商人兄弟，“说真的，我只要活着看到他坐了辆大轿车，由司机开着车，车上还有收音机，一直开到家门口，我就死也瞑目了。”他们柔弱无能的父亲，那个老激进分子，“一个曾经有过不少大好机会的人，只落得喝杯清茶的份儿”（78），看透了这一点：“我年轻的时候人家净宣传上帝。如今净宣传发迹。一个小伙子，随他到哪儿，总会碰到别人来硬塞给他这个应当发迹的大道理。”（71）

应当发迹的压力不仅来自他们焦虑的母亲，甚至也不是来自大萧条状况，而是来自文化的梦想机制，尤其是电影，它提供了一个与雅各布的乌托邦相对立的版本。“他整夜都梦见发大财，”雅各布说，“电影里不是说他应该有一艘私人游艇、一套值 50 块钱的睡衣，还有一间像纪念堂那样讲究的浴室吗？可是到了早上醒来，他连补牙齿的十块钱都没有。”（71—72）对他的资产阶级儿子莫蒂来说，所有这些都是“血汗工厂一类的论调”，是穷人的报复心理。他是以美国方式起家的：“我出身是个穷小子，在一辆送冰车上干活儿，一星期才挣两块钱。”（71）对狡猾奸诈的摩——一个彻头彻尾的玩世不恭者，只是尽可能地攫取生活——来说，“从赛马说起，一切都是不花本钱的买卖。婚姻啊、政治啊、大企业啊——人人都在玩敲诈勒索的玩意儿”（71）。摩对拉尔夫[①]最后的忠告是“你要不豁出去干，就该下半辈子活受罪”（99）。

摩是一个小混混，却是个实干家，与雅各布软弱无力的理想主义相去甚远。（在第一版《郁郁寡欢》中，他最终进了监狱。）然而在这里，他呼应了雅各布关于死亡和复活的圣经意象，那导致老人为了成全外孙而结束了自己的生命：“小鬼，好好看看我，学学该怎么办。……好好看看这个倒霉蛋，他 70 年来尽是高谈阔论，头脑里有的是好主意，不过总是在头脑里罢了。……所以我才跟你说——干吧！……你应当行动才是。不要学我的样。”（77—78）这和他女儿贝西说的其实并没有多大区别。她也是看向将来的，是个行动派。但她只相信触手可及的事物，

① 实为亨尼。

对于幻想没有耐心，不论那幻想是来自好莱坞还是来自经由卡尔·马克思的以赛亚：

> 贝西：对我来说这一点最要紧——青年人应当珍惜自己的前途。去睡吧，你脸色憔悴。睡到早上你就忘了。
>
> 雅各布："睡在尘埃的啊，要醒起歌唱，地也要交出死人来。"外面冷不冷？(83)

这是典型的奥德茨对话：人物各讲各的，迷失在他们自己的诗意凝思中，每个人都在不同的轨道上，彼此呈斜角，与其说是通过对话，不如说是靠他们整个存在无言的驱动力交会在一起。

正如在契诃夫笔下一样，他们经常用自言自语的片段来表达；他们不当的推论显露出一种深深的隔阂以及深刻的内在逻辑。但这些散漫随意的场景，看似毫不相关，也是密切交织的。雅各布的自杀与其说是由他说过的话预示的，不如说是之前关于其他大萧条失败者——走投无路的资本家的一段对话所预示：

> 摩：那些倾家荡产的大人物都像没头苍蝇似的还在纷纷跳楼呢。扑通一声就此丧了命！
>
> 雅各布：自杀吗？
>
> 摩：不少人都受不了啊——走运时还行，倒了霉就经不起打击了。(60)

后来是摩通过挥舞一张假的遗书，试图为拉尔夫保住雅各布的保险金。如果遗书是真的，就会使保险单失效。但它只是一张白纸，就像雅各布珍视的那些边都没有裁开的马克思主义文本。如此一来，雅各布就给拉尔夫留了话，但同时又没有留话；他抨击成功的福音，也斥责了自己的失败。同样地，贝西试图阻止她的孩子们离开，阻止他们努力实现自我并得到幸福，最后却承认她也渴望逃离："我要告诉你一个大秘密。我这一生中也想过要出走，但一个妇道人家有了儿女就只好待在家里，哪儿也去不了。我心里也曾有过一团火，但现在已经太晚了。"（96）

这似乎是该剧显而易见地在努力使一位不讨喜的女性表现得有人情味。但就像方式各异的雅各布和摩一样，贝西是在告诉她的孩子们要把握时机，掌握未来，而不要像她那样。这是她心目中的另一种未来，远离金钱的烦恼。对她来说，移民的穷困和大萧条的焦虑是比任何浪漫的信仰或社会理想更大的鞭策。她是和平年代的大胆妈妈①，推崇达尔文式的生存抗争："美景大街、道生街、贝克街——天天都有家具给搬到马路边上。……在这儿啊，身上要没一块钱，你就挺不起腰板来做人。随你扯淡吧——美国的生活就是这样。"（95）如果说大萧条在一些人身上点燃了炽热的理想主义，它也在另一些人身上诱发了对金钱和安全感抑制不住的渴望。它尖锐地挑战了成功准则，同时又赋予它一种绝望的当下性。战后很久，大萧条一代的成员仍然很容易通过他们的社会良知或经济担忧辨别出来，尽管他们的生活早已步入舒适安稳的状态。

贝西由年轻的斯特拉·阿德勒演得很有张力，在这个人物身上，奥德茨当然没有理想化廉租公寓的母亲，像迈克·戈尔德和亨利·罗斯做过的那样，带着忧郁的怀旧心情回顾他们的早年生活。但奥德茨在很大程度上既是贝西，又是拉尔夫或亨尼、雅各布或摩。《醒来歌唱！》是完完全全的奥德茨戏剧，原因在于它一点也不简单或说教，而是充分表现了剧作家的矛盾情感。那个老激进分子，像契诃夫的梦想家一样，得到了大部分的好台词，那是剧中的诗，但都只是空谈：老旧、过时。雅各布的激进思想属于过去，属于战前移民社会主义的梦想家世界。他希望拉尔夫"创造历史"，改变世界，可拉尔夫想和他的姑娘结婚。"儿女情事小，还有更重大的事呢"，他的外公说（76—77），但是奥德茨两者都

① 源自17世纪德国小说家格里美豪森的流浪汉小说《女骗子和女流浪者库拉舍》。布莱希特据此创作了戏剧《大胆妈妈和她的孩子们》之后，这个说法常用来指小人物为了生存而必备的勇气。

不认同：他想成为激进分子，却也想得到姑娘。他想要"在琐碎的条件下"过上丰沛的生活，想要有钱，但也想拥有理想，想同时满足贝西和雅各布。

这些剧作本身解释了为什么奥德茨在处理突如其来的意外成功时如此困难。在一个短暂的时刻，他刺耳但抒情的声音代表了年轻的一代，就像菲茨杰拉德十年前曾经做的那样。但这不是一个他能轻易维持的声音。菲茨杰拉德起步时是个中西部来的人，而他更加是个外来者，不确定自己的立足点，受到拿破仑式梦想的困扰，但也有同样的不安全感。《等待老左》和《醒来歌唱!》双双走红之后，他发现自己很难集中精力。克勒曼感到困惑的是，他如此在乎他们两人都不尊敬的人的正面评价，那些专栏作家、油滑的作家、商业戏剧人士。像很多30年代的作家一样，他渴望有所作为：转变人的思想，而不只是打动他们。然而同时，克勒曼说，"他希望得到他们的钦佩、他们的赞美、他们的友善。他需要他们的爱；或者在没有爱的情况下，需要驾驭他们"。（165，180—182）

头两部戏问世之后，评论家在他重复自己的时候抱怨，在他改变风格的时候也抱怨。在《失去的天堂》和《天之骄子》中——前者是他最大的失败，后者则一炮走红——他试图"去除犹太特色"，淡化他无与伦比的对话的民族风味。然而像玛丽·麦卡锡这样的批评家（绝非"社会意义"戏剧的朋友）攻击他重复自己："《天之骄子》再次证明了奥德茨《失去的天堂》的教训——作者似乎从精神上脱不开他第一部剧的素材。他无法超越《醒来歌唱!》，只能用不同的服装、布景和（有时）口音来重新诠释。"[①]《月球火箭》的评论者，包括一些过去曾抨击奥德茨

① Mary McCarthy, "Odets Deplored," *Mary McCarthy's Theatre Chronicles, 1937-62* (New York: Noonday Press, 1963), 9. 该文首次发表在1938年1月的《党派评论》上，这份杂志因其对人民阵线和戏剧作为一般品位的机制持有毫不妥协的严苛态度而闻名。例如，麦卡锡以一种"比你更革命"的口吻，抨击国际女装工人联合会（ILGWU）的《四肢发麻》中的新政看法："如果你的政治视野是《全国劳资关系法》，你就不可能创作出尖锐的政治讽刺剧——至少在这个时期的美国不可能。"（22）麦卡锡发现自己居然喜欢桑顿·怀尔德以乡土气息浓厚的小镇为背景的《我们的小镇》时，感到颇为惊讶，也略显尴尬。——原注

写宣传剧的人，责怪他失去了政治敏锐性，像其他资产阶级剧作家一样探讨单纯的情感冲突。墨守成规的露丝·麦肯尼在《新群众》上说，他现在写的剧是关于“人们前天解决的问题”。她一定是以为革命已经到来。

然而，这部戏剧——尽管以牙医办公室为背景，使用的却是肥皂剧的素材——也许是奥德茨对他的人物难以形容地梦想和渴望过完满的生活、渴望月亮、渴望远方最有诗意的表达。他们在对浪漫的需求和支付房租的需求之间挣扎。就在牙医办公室外面的阿尔及尔酒店，代表着必需品王国之外的东西、他们单调的日常生活之外的东西，代表着异国情调、神秘和危险。在克利奥小姐身上，奥德茨以令人惊讶的女性主义转折，创造了一个非凡的女人，她是所有人欲望的化身，唤醒了每个人的不满和可能的意义，但结果是她自己也有欲望。她最终拒绝了所有人，令他们每个人都感到不安，也许是改变了。她违背了百老汇情节发展的铁律，选择了孤独的自主性，而不是他们拱手送上的那种爱。她以最新鲜、最诗意的方式体现了奥德茨对生命的渴望。

自主性是奥德茨自己从未能实现的东西。虽然他一出道就非常大胆前卫，但他需要更广泛的成功作为一种认可，一种对爱的确认。克勒曼说，

> 尽管他取得了成功……奥德茨仍然感到被排斥、不寻常。他不是，比如说，像罗伯特·舍伍德、菲利普·巴里、S. N. 贝尔曼、西德尼·霍华德或乔治·S. 考夫曼等剧作家那种意义上的被“接受”。尽管他为那个时期乐意称自己为“革命者”而自豪，但他并不希望一直是个左翼剧作家。他希望能够处于优质的标准剧作家的中心。他想进入那个大多数美国人可能都认为属于自己的圈子内部，而不是在外面。在那个中心是安全的。(181—182)

像很多充满矛盾的作家，尤其是那些来自移民背景的作家一样，奥德茨

想同时做个革命者和普通人。他想要金钱和声望，但也想要“高级”人士的尊重，对那些人来说，金钱和大众声望——至少在他们得到它们之前——都是失败而不是成功的标志。奥德茨的矛盾心理不可避免地将他吸引到了好莱坞，就像他在戏剧界的成功将好莱坞拉向他一样。同样的诱惑也出现在剧团的其他成员面前，包括伊利亚·卡赞和奥德茨在舞台上的第二自我朱莉·加菲尔德[①]，后者在《醒来歌唱!》中演绎了拉尔夫。

1935年大获成功之后不久，奥德茨就去了好莱坞，待了十个星期，在那里写了《将军死于黎明》，并且认识了电影演员路易丝·赖纳，后来成了他的第一任妻子。“对这个时候的奥德茨来说，好莱坞就是罪恶”，克勒曼说。这对整个剧团来说都是如此：“那时在同仁剧团，好莱坞是娱乐业赚钱发家的象征，与其他任何理想都不相关。”（169—170）奥德茨在他的后半生继续在纽约和好莱坞之间、在戏剧和电影之间穿梭，尽管他从1944年至1948年，以及1955年直到1963年去世，一直在好莱坞居住和工作，第二任妻子贝蒂·格雷森去世之后，他要抚养两个年幼的孩子。

对那个时期的剧作家来说，这样的日程安排并没有什么不寻常。据克勒曼说，“不论是要躲避成功还是失败，剧作家都会去好莱坞”。满怀愧疚抱负的奥德茨，既逃避成功也逃避失败，把自己塑造成了一个传奇。部分因为他在大萧条时期的出身是一个积极介入的作家，奥德茨的名字变成了向好莱坞出卖自己的戏剧人士的代名词，他是30年代流星一般转瞬即逝的人物，没有实现他早期的承诺。对奥德茨感到失望，就他的衰落进行道德说教，在接下来的20年中成为戏剧批评家的一个主要工作。1952年，他在面对众议院非美活动调查委员会时的私人和公开证词中都坚持自己的职业道德，直截了当地答复，从未卑躬屈膝或寻求赦免，但他自觉他在外表上毁了自己，破坏了他的信心，粉碎了他仍然

① 应为约翰·加菲尔德（1913—1952），朱莉·加菲尔德是他的女儿，也是演员。

需要的那种理想主义自我形象。他在隐退中变成了一个受雇的工匠，为别人的剧本做具名或不具名的工作。

奥德茨的神话经久不衰，以至于科恩兄弟在他们晦涩的电影《巴顿·芬克》中对他做了歪曲嘲弄，该片主要通过奥德茨的头发来辨识他。（好莱坞时期的福克纳是另一个他们喜欢开低俗玩笑的人物。）奥德茨本人助长了这种刻板形象。他在临终时发了一通狂躁、絮叨不止的独白，充满了妄自尊大和自我厌恶。据一位去医院看望他的人说，“他做了各种‘最后’声明……比如‘我真的搞砸了，可你一切都有了，不要虚度！’”两年前，他在日记中曾自夸地写道：“我很可能不仅是在我们的时代，而且是所有时代中最著名的不得志剧作家。”[85]

1938年初，奥德茨从好莱坞回到纽约，他敦促作家留在戏剧界，因为电影对“争议性主题”避而不谈，使“作家难以表达哪怕只是生活中平常的痛苦和悲剧——例如恋爱男女之间到底发生了什么”。不过，从《天之骄子》开始，奥德茨就在创作某种意义上已经是电影的冷酷、耸人听闻的剧本——实际上，它们最终无须他的帮助就变成了非常有力的电影：《金童》《夜间冲突》《大刀》《乡下姑娘》。他在《大刀》中抨击好莱坞摧毁了一个理想主义者，一个（用杰拉尔德·威尔斯的话说）“既热爱也憎恨自己成就”[86]的有才之人。腐败成为他的重要主题，成功带来的腐败、失败带来的腐败、凌驾于别人之上带来的腐败，例如他在《成功的滋味》中用尖酸的笔触刻画了一个恶毒的纽约八卦专栏作家（始终由伯特·兰卡斯特扮演）及其跟班（托尼·柯蒂斯）。他一直担心自己的成功稍纵即逝，担心他会是“只能命中一次，再也不努力的男孩”，就像他1939年在笔记本里倾吐的一样。“美国使人对成功有强烈的意识……有脸面要维持，有位置要保留。以前你是自由的；现在你是个囚犯。”20年后，他还在执导一部（非音乐类）埃尔维斯·普雷斯利电影，去世前，还在为《理查德·布恩秀》写电视脚本。他为赚钱而工作，但几乎都是匿名创作，仍然努力使所有剧本成为严肃的作品。他在临终时，依然忠于他自我折磨的主题。“我可能会愚弄你们所有人……

要知道，我可能会活下去，”他愤怒地喊道，“那样的话，克利福德·奥德茨就会来补救过去这荒废的 16 年了。”[87] 在电影人中，他受到包括加里·格兰特和让·雷诺阿等亲密好友的悼念。

奥德茨对成功的迷恋以及他对好莱坞的矛盾态度是他本人性格的反映，但也是移民后代的典型特征，是 1930 年代那一代人的典型特征，对他们而言，成功和失败呈现出一种可怕的迫切性。奥德茨代表了他自己，也代表了他的时代，一如 30 年代所有人即刻就可以领会的那样。奥德茨也不是 30 年代后期唯一一个关注好莱坞这个成功机器的人，彼时 30 年代初的歌舞女郎和黑帮分子已经让位于初涉影坛的小明星和产业大亨，这个转变在《公民凯恩》中达到顶峰。

奥德茨和同仁剧团的遗产不仅在于演员工作室以及斯坦尼斯拉夫斯基“技巧”对战后表演的重要意义，它将很多主要演员推向了辉煌的事业，也可见于 1940 年代最好的美国戏剧中对白日梦和幻想的黯然神往：尤金·奥尼尔的《送冰人来了》，写于 1938 年，但在 1946 年首次上演（很糟糕）；田纳西·威廉斯的《玻璃动物园》和《欲望号街车》；以及阿瑟·米勒的《推销员之死》。所有这些戏剧都有着深厚的大萧条渊源，表现了那些做梦和渴望的人空虚、得不到满足的生活，他们的希望和伤感的向往被点缀成一种诗，但他们沉闷的经历使之变成了散文。

---

1. Caroline Bird, *The Invisible Scar* (1966; New York: Longman, 1978), 37.

2. Robert S. Lynd and Helen Merrell Lynd, *Middletown in Transition: A Study in Cultural Conflicts* (New York: Harcourt, Brace, 1937), 472. 下文皆引自该版本。

3. T. H. Watkins, *The Great Depression: America in the 1930s* (Boston: Little, Brown, 1993), 13.

4. Bird, *The Invisible Scar*, 277, 274.

5. 对这类设想的精彩总结，参见 Frederick Lewis Allen, *Since Yesterday* (1940; New York: Harper & Row, 1972), 125。

6. Benjamin Franklin, *Autobiography and Other Writings*, ed. Russel B. Nye (Boston: Houghton Mifflin/Riverside, 1958), 167.

7. John G. Cawelti, *Apostles of the Self-made Man: Changing Concepts of Suc-*

cess in America (Chicago: University of Chicago Press, 1965), 120 - 22.

8. 转引自 Richard M. Huber, *The American Idea of Success* (New York: McGraw-Hill, 1971), 440。

9. Ibid., 34, 35。

10. 参见 Irvin G. Wyllie, *The Self-made Man in America: The Myth of Rags to Riches* (New Brunswick, N. J.: Rutgers University Press, 1954), 55 - 74。

11. 转引自 Huber, *The American Idea of Success*, 97, 95。

12. Wilbur F. Crafts, *Successful Men of Today and What They Say of Success* (1883; New York: Arno Press, 1973), 38. 像他的很多同时代人一样，克拉夫茨为成功的理念赋予了一种浓厚的宗教色彩，主张宗教在世俗的进步中举足轻重，并且成功本身即一种必要的精神修行。“是的，侍奉上帝有回报，是有回报的。”然而，“大多数受苦的穷人都是邪恶的牺牲品”。参见 Huber, *The American Idea of Success*, 62 - 64。

13. 转引自 Huber, *The American Idea of Success*, 59。

14. Roland Marchand, *Advertising the American Dream: Making Way for Modernity, 1920 - 1940* (Berkeley: University of California Press, 1985), 301.

15. Leuchtenburg, *Franklin D. Roosevelt and the New Deal*, 39.

16. In Studs Terkel, *Hard Times: An Oral History of the Great Depression* (1970; New York: Avon, 1971), 289.

17. Elisha Friedman, “Business Psychosis,” *New York Times*, May 15, 1932, cited by Leuchtenburg, *Franklin D. Roosevelt and the New Deal*, 29.

18. Terkel, *Hard Times*, 102, 121.

19. Susan Ware, *Holding Their Own: American Women in the 1930s* (Boston: G. K. Hall, 1982), 8.

20. 转引自 Robert S. McElvaine, *The Great Depression: America, 1929 - 1941* (New York: Times Books, 1984), 180。参见 *One Third of a Nation: Lorena Hickok Reports on the Great Depression*, ed. Richard Lowitt and Maurine Beasley (Urbana: University of Illinois Press, 1981), 325。

21. McElvaine, *The Great Depression*, 180 - 81. 这是其中名为“‘恐惧本身’——大萧条生活”一章的部分内容，属于弗雷德里克·刘易斯·艾伦和其他社会历史学者日常生活传统的出色篇章。参见我对麦克尔文的书评，“Poverty, Shame and Self-Reliance,” *New York Times Book Review*, January 22, 1984, 9 - 10，以及麦克尔文对这些未出版信件的珍贵选集和其中的序言，*Down and Out in the Great Depression: Letters from the “Forgotten Man”* (Chapel Hill: University of North Carolina Press, 1983)。也可参见劳伦斯·W. 莱文和科妮莉亚·R. 莱文的书信与评论，Lawrence W. Levine and Cornelia R. Levine, *The*

People and the President: America's Conversation with FDR (Boston: Beacon Press, 2002)。

22. McElvaine, *The Great Depression*, 176 - 77.

23. 转引自 Milton Meltzer, *Brother, Can You Spare a Dime?: The Great Depression, 1929 - 1933* (1969; New York: New American Library, 1977), 102。

24. McElvaine, *The Great Depression*, 185, 183, 转引自 Alice Kessler-Harris, *Out of Work: A History of Wage-Earning Women in the United States* (New York: Oxford University Press, 1982)。

25. Tillie Olsen, *Yonnondio: From the Thirties* (1974; New York: Dell/Laurel, 1975), 70.

26. Andrew Bergman, *We're in the Money: Depression America and Its Films* (1971; New York: Harper & Row, 1972), 6 - 7.

27. Carlos Clarens, *Crime Movies: From Griffith to the Godfather and Beyond* (New York: W. W. Norton, 1980), 86.

28. Robert Warshow, "The Gangster as Tragic Hero," in *The Immediate Experience* (Garden City, N. Y.: Doubleday, 1962), 132 - 33, 129.

29. Bergman, *We're In the Money*, 13.

30. 关于广播对美国公众的影响一个出色的早期研究，特别是它对"扩展社会环境"力量的强调，参见 Hadley Cantril and Gordon Allport, *The Psychology of Radio* (New York: Harper & Brothers, 1935)。

31. 伟大的法国电影批评家安德烈·巴赞曾经说过，好莱坞在其喜剧中往往是最严肃的。如理查德·H. 佩尔斯强调："1930 年代的'严肃'情节剧常常没有喜剧见解深刻；社会抗议影片经常比犯罪、恐怖或言情的'避世'电影更不切实际。" Pells, *Radical Visions and American Dreams: Culture and Social Thought in the Depression Years* (New York: Harper & Row, 1973), 287.

32. 包括华纳兄弟公司在内的个人制片厂，关于其风格形成方面的企业历史，参见 Thomas Schatz, *The Genius of the System: Hollywood Filmmaking in the Studio Era* (New York: Pantheon, 1989)。亦可见 Peter Roffman and Jim Purdy, *The Hollywood Social Problem Film: Madness, Despair, and Politics from the Depression to the Fifties* (Bloomington: Indiana University Press, 1981)。

33. Tony Thomas and Jim Terry, with Busby Berkeley, *The Busby Berkeley Book* (Greenwich, Conn.: New York Graphic Society, 1973), 28, 58 - 59. 很难说伯克利在把他的作品汇编成这个有用的分类目录中发挥了什么作用。

34. Clarens, *Crime Movies*, 168.

35. Jack Shadoian, *Dreams and Dead Ends: The American Gangster/Crime Film* (Cambridge: MIT Press, 1977), 82.

36. Abraham Cahan, *The Rise of David Levinsky* (1917; New York: Harper & Row, 1966), 530.

37. *New York Times* obituary, December 23, 1940, 19, 重印于 Matthew J. Bruccoli, *Some Sort of Epic Grandeur: The Life of F. Scott Fitzgerald* (New York: Harcourt Brace Jovanovich, 1981), 4 - 6。

38. 例如,可参见 James R. Mellow, *Invented Lives: F. Scott and Zelda Fitzgerald* (Boston: Houghton Mifflin, 1984),仅仅在最后一百页中勾勒了菲茨杰拉德 30 年代的生活——他的一半写作生涯。

39. 转引自 Bruccoli, *Some Sort of Epic Grandeur*, 307。

40. F. Scott Fitzgerald, "Early Success," in *The Crack-Up*, ed. Edmund Wilson (New York: New Directions, 1945), 87. 中文参考黄昱宁、包慧怡译《崩溃》(上海译文出版社,2011 年)。下同。有改动。

41. F. Scott Fitzgerald, "Absolution," in *Babylon Revisited and Other Stories* (New York: Scribner's, 1960), 142, 144.《富家子弟》和《重访巴比伦》亦引自该文本。

42. *The Fitzgerald Reader*, ed. Arthur Mizener (New York: Scribner's, 1963), 405.

43. F. Scott Fitzgerald, "Winter Dreams," in ibid., 58.《"明智之举"》亦引自该文本。

44. 关于吉内芙拉·金,以及菲茨杰拉德在书里书外对遥不可及女性的追求,例如,可参见斯科特·唐纳森的《为爱痴狂》,*Fool for Love: F. Scott Fitzgerald* (New York: Congdon & Weed, 1983),特别是"'I Love you, Miss X'"与"The Glittering Things"两章。

45. Fitzgerald, *The Great Gatsby* (1925; Harmondsworth: Penguin, 1950), 105. 下文皆引自该版本。中文参考巫宁坤等译《了不起的盖茨比》(上海译文出版社,1997 年)。下同。有改动。

46. Edith Wharton, *The Age of Innocence* (1920; New York: Signet, 1964), 97, 195, 183.

47. single 一词在牛津英语词典(OED)中占据了不下七栏,这提醒我们,"独身生活"(single life)曾经被普遍用来指禁欲生活。这个含义的影子在菲茨杰拉德的词语中仍然存在;安森尽管并没有打算这样做,却将自己完全封闭起来。

48. Fitzgerald, "Echoes of the Jazz Age," in *The Fitzgerald Reader*, ed. Mizener, 329.

49. 转引自 Bruccoli, *Some Sort of Epic Grandeur*, 367。

50. 例如,1933 年,菲茨杰拉德夫妇住在巴尔的摩,经常在泽尔达的私人诊所进行联合治疗，这时候菲茨杰拉德开始给她的医生长篇大段地写信。据詹姆斯·R. 梅洛描述，“他和泽尔达……争相向医生证明各自的可信度”。梅洛参考南希·米尔福德（Nancy Milford）的纠正性传记《泽尔达》，为我们提供了他们其中一次会面的精彩速记记录。其中显示，菲茨杰拉德表现恶劣，没理会她想要写作和跳舞的尝试，并和往常一样声称“她在盗用他的材料”。参见 Mellow，*Invented Lives*，408－12。亦可见 Milford，*Zelda*（1970；New York：Avon，1971），323－31。

51. *The Fitzgerald Reader*，ed. Mizener，420.

52. 转引自 Richard D. Lehan in *Tender Is the Night：Essays in Criticism*，ed. Marvin J. LaHood（Bloomington：Indiana University Press，1969），70。

53. Alfred Kazin，*Starting Out in the Thirties*（Boston：Atlantic Monthly Press，1965），12.

54. 华顿的信强调了现实主义与现代主义之间的联系和分歧，被埃德蒙·威尔逊重新收录在《崩溃》中（309）。

55. 这个故事最初发表在 1930 年 10 月 11 日的《星期六晚邮报》上，几个月前，D. H. 劳伦斯去世，他曾写过一些特色故事，用简短迅捷的片段来展示一对夫妇的情感生活。（例如，参见他后期的短篇《东西》）菲茨杰拉德故事中的女人叫尼科尔，阿瑟·迈兹纳指出，菲茨杰拉德从未再版这个故事，因为它“几乎是后面小说的概要”。这个故事也用了双重经历，因为结尾奇怪地带了一个双重自我的转折：这对失去爱情和健康的夫妇，惊恐地看到了另一对以他们自己的形象出现的夫妇。故事由迈兹纳首次重版于 *Afternoon of an Author*（1957；New York：Scribner's，1958）。

56. Mellow，*Invented Lives*，410，422.

57. Jeffrey Berman，*The Talking Cure：Literary Representations of Psychoanalysis*（New York：New York University Press，1985），60－86.

58. F. Scott Fitzgerald，*Tender Is the Night：A Romance*（1934；rev ed.，Harmondsworth：Penguin，1955），57. 下文皆引自该版本。此为小说重订版，由马尔科姆·考利根据菲茨杰拉德的建议校订而成。中文借用主万、叶尊译《夜色温柔》（人民文学出版社，2011 年）。下同。略有改动。

59. Edward Anderson，*Hungry Men*（1935；New York：Penguin，1985），157，52.

60. *The Fitzgerald Reader*，ed. Mizener，418－19.

61. 转引自 Bruccoli，*Some Sort of Epic Grandeur*，312。

62. 参见 Donaldson，*Fool For Love*，99。

63. James T. Farrell，“How *Studs Lonigan* Was Written，” in *The League of Frightened Philistines and Other Papers*（New York：Vanguard Press，1945），

82 - 83.

64. James T. Farrell, *Studs Lonigan* (New York: Signet, 1958), 431.

65. Farrell, *The Short Stories of James T. Farrell* (New York: Vanguard Press, 1937), 354.

66. Lionel Trilling, "Studs Lonigan's World," *Nation* 141 (Oct. 23, 1935): 485.

67. Norman Podhoretz, *Making It* (New York: Random House, 1967), xi, xvii. 他也"发现":"有钱好过没钱",权力"令人向往","发号施令好过听命于人",诸如此类。

68. Pare Lorentz, "A Young Man Goes to Work," *Scribner's Magazine* 89 (1931): 205 - 08.

69. Gary Scharnhorst, with Jack Bales, *The Lost Life of Horatio Alger, Jr.* (Bloomington: Indiana University Press, 1985), 152 - 53.

70. Nathanael West, with Boris Ingster, "A Cool Million: A Screen Story," in *Novels and Other Writings*, ed. Sacvan Bercovitch (New York: Library of America, 1997), 745.

71. S. J. Perelman, "Nathanael West: A Portrait," 重印于 Jay Martin, ed., *Nathanael West: A Collection of Critical Essays* (Englewood Cliffs, N. J.: Prentice-Hall, 1971), 11 - 12。

72. Scharnhorst and Bales, *The Lost Life of Horatio Alger, Jr.*, 162.

73. Lionel Trilling, "The Princess Casamassima," in *The Liberal Imagination: Essays on Literature and Society* (New York: Viking, 1950), 64.

74. Ralph D. Gardner, foreword to Horatio Alger Jr., *Silas Snobden's Office Boy* (Garden City, N. Y.: Doubleday, 1973), 9.

75. Nathanael West, *A Cool Million* (1934), in *Miss Lonelyhearts and A Cool Million* (Harmondsworth: Penguin, 1961), 85. 下文皆引自该版本。中文借用张文等译,钱满素编《韦斯特小说集》(作家出版社,1998 年)。下同。根据上下文略有改动。

76. 参见 Edward Pessen, *The Log Cabin Myth: The Social Background of Presidents* (New Haven: Yale University Press, 1984)。阿尔杰神话在 1994 年理查德·尼克松的葬礼上再次浮现,亦曾出现在他自己的回忆录中。它们唤起了他卑微的出身,热情赞扬了他永不言败的决心,尽管尼克松无疑是靠个人奋斗成就自我的人中道德上有问题的一个示例。韦斯特对成功神话的滑稽讽刺这方面的细致讨论,以及对这本被忽视的小说不多见的赏析,参见 Charles R. Hearn, *The American Dream in the Great Depression* (Westport, Conn.: Greenwood Press, 1977), 166 - 73。也可参见 Jonathan Veitch, *American Superrealism: Nathanael*

West and the Politics of Representation in the 1930s（Madison：University of Wisconsin Press，1997），88－112。这是少数几本有效地将韦斯特置于大萧条背景下的著作之一。

77. Harold Clurman，*The Fervent Years：The Story of the Group Theatre and the Thirties*（1945；New York：Harcourt Brace Jovanovich，1975），147－48. 下文皆引自该版本。

78. 1930年代，《等待老左》在各地上演，有时会删去几场，也改过剧本。对于这段复杂的演出历史，加勒特·艾斯勒（Garrett Eisler）在一篇未发表的文章中重新做过梳理。

79. Clifford Odets，*Six Plays of Clifford Odets*（New York：Random House，1939），22. 下文皆引自该版本。中文借自陈良廷、刘文澜译《奥德茨剧作选》（上海译文出版社，1982年）。下同。根据上下文略有改动。

80. Margaret Brenman-Gibson，*Clifford Odets，American Playwright：The Years from 1906 to 1940*（New York：Atheneum，1981），321. 关于其中一个透露内情的片段，即克勒曼因为奥德茨的修改意见癫痫发作，参见第482页。另可见重印于第553—559页中引人注目的往来书信。

81. Ibid.，649.

82. Kazin，*Starting Out in the Thirties*，80－82.

83. John Howard Lawson，*Success Story：A Play*（New York：Farrar & Rinehart，1932），111. 下文皆引自该版本。

84. 参见 Brenman-Gibson，*Clifford Odets*，477，485。

85. Ibid.，10，13.

86. Gerald Weales，*Clifford Odets：Playwright*（New York：Pegasus，1971），163.

87. 转引自 Brenman-Gibson，*Clifford Odets*，552，3。

第八章　好莱坞的代价

成功的欲望深深地刻进了美国人的心中，这基于一种信仰——在这个国家有无限的机会和社会流动性。法国大革命宣传的是人尽其用的就业思想，声称无论什么出生，来自哪个阶级，都有上升的机会，而美国引以为傲的是把这种思想付诸实践，完全不顾美国历史充满了阶级差别、种族和宗教歧视、长时间的不平等和你死我活的贪婪。大萧条给了美国人这种基本自信重重的一击。尽管政客、银行家和商人给出了空洞的承诺：经济复苏会马上到来，但是，整个国民经济并没有起色，反而好像在不可避免地下滑。“30 年代早期，”小说家约瑟芬·赫布斯特说，“谁不认为资本主义制度要完蛋呢？”[1]

知识分子的鸦片可能是相信资本主义即将被推翻或垮掉，但普通美国人用其他方式表达自己的关切，包括支持休伊·朗和库格林神父这样的领袖人物领导的平民主义群众运动，以及贪婪地阅读那些能够抵消他们的无力感的小说。如果说两位犹太漫画艺术家面对希特勒的上台创造出了超人这一形象——迈克尔·沙邦的长篇小说《卡瓦利与克雷的神奇冒险》即受其启发而作——那么受困于大萧条并对未来忧心忡忡的美国人还有其他无数种发泄情绪的出口。1930 年代，我们现在所知道的经典好莱坞电影业日臻成熟，电影制品厂完善了一套工业化的制片、推广和发行方式。好莱坞新拍摄的电影类型和演员性格特征完全符合大萧条时期美国人的需求。冒着牺牲作家独立性的巨大风险，奥德茨、福克纳、菲茨杰拉德和多萝西·帕克入驻好莱坞，因为那里有钱、有观众，还有跟时代最贴近的故事。如果现实不足以让电影引人入胜，他们就用虚构来弥补——逃避现实的虚构故事，有着童话般的结尾，也有更暗黑的寓言，有助于人们直面并克服他们的恐惧。历史学家小阿瑟·施莱辛格在他的回忆录《20世纪的生活》中写道："电影正好可以满足由疑虑、幻灭、绝望所制造的心理需求。它不只是对放松和逃避的需求，也是对安慰和希望的渴求。整个群体被现实击垮了，个人无能为力。人们渴望某种东西来证明个体的身份，渴望恢复个体的力量感。"[2]这个创作源泉让好莱坞在1930年代赢得了美国观众的青睐。这些电影启用了富有传奇色彩的演员，表现了丰富多彩的美国风貌，还有诱人的浪漫偶像和老于世故的银幕形象。很多电影细致入微地讲述了跌宕起伏的成败故事。

飞黄腾达之梦最早出现在1930年代早期的经典黑帮电影中，例如《小恺撒》（爱德华·罗宾逊的出道电影）、《国民公敌》（有詹姆斯·卡格尼的火爆表演）和《疤面人》（由保罗·穆尼和乔治·拉夫特主演）。然而，即便在这个时期，也就是1930年到1932年——还没有到大萧条最糟糕的时候，富兰克林·德拉诺·罗斯福还没有当选，还没有给人们带来希望——美国人的成功理念已经有些模糊，可能这就是为什么远非完美的黑帮人物，成为大众心目中的英雄。一批富有影响力的少数民族人物形象仍没有淡出好莱坞电影银幕，观众不仅为黑帮人物的所向披靡、力大无穷和威风八面欢呼，也为他们的出身叫好，他们来自城市底层，来自对清教价值观一无所知的移民贫民窟。从某种意义上说，黑帮杀人是被允许的，只要能向上爬，他们做什么都可以。危机时代，固有价值观出现动摇，黑帮人物成了自立自强的典范。这是带着暗黑、暴力色彩的美国梦，黑帮的崛起已经预示了它的覆灭。当严厉的哥哥明白痛哭流涕的小卡格尼已堕入深渊，将他打倒在地，当少年卡格尼冷酷地杀害了他早年的师傅（一个费根①一样的人物，带他走上犯罪道路），观众对黑帮人物的认同感变得不那么确定了，观看《教父》《好家伙》和

① 查尔斯·狄更斯《雾都孤儿》里的黑帮头目，他教唆小奥利弗从事偷盗等违法犯罪活动。

《黑道家族》的时候也一样。30年代早期的道德卫士很难理解这种复杂的认同感，即便在前海斯法典时期，他们也坚持认为，不应将黑帮人物塑造得过分高大，塑造成一般的坏蛋（通常是令人不齿的那种）就行了。

随着令人眼花缭乱的犯罪情节遭到打压，对成功的幻想转入另一种影响力巨大的神话：演艺界故事，特别是后台剧。到了1932年，其他制片公司几乎没有感觉到大萧条的到来（尽管他们很快就要倒闭了），而华纳兄弟公司却在凭借强有力的时事剧赚钱，包括黑帮电影、冷峻的编辑部故事和大胆揭露司法系统黑恶的《逃亡》。在早期有声电影中被当作技术创新的歌舞剧已经日薄西山，制片厂把最后的赌注压在了《第四十二街》上。《第四十二街》、“淘金女郎”系列剧、《华清春暖》和《美女》之所以大受欢迎，与巴斯比·伯克利的超现实编舞以及阿尔·杜宾和哈里·沃伦令人怀念的演唱分不开，也得力于贴近现实的素材、明快但常有伤风化的对话以及轻快的舞步，这种舞步成了华纳兄弟的标志。节省成本的措施慢慢成了制片公司的特色，像梅尔文·勒罗伊这样反应快的华纳导演将后台歌舞剧排成了轻松治愈的大萧条寓言剧。为了一场演出，被人围追堵截的导演、入不敷出的制片人、好色的赞助商、劳累过度的舞蹈队员、年轻的新手、以自我为中心的明星、饿着肚子的女合唱队员一起努力，他们不仅要克服演艺行业日渐衰落的困境，还要面对大萧条下的恶劣经济形势。《第四十二街》剧中剧里有位明星真的摔断了腿，活泼可爱的鲁比·基勒饿到头昏，还是在一天之内记住了自己的台词，大萧条时期的观众突然看到了一个新人物，这个人物让他们觉得自己过得还不错。

回想起来，大萧条时期的观众好像不可避免地会将演艺行业当作一个文化隐喻，尤其是成功的隐喻。1920年代的新媒体——收音机、小报、专题片，加上广告业和公共关系的蓬勃兴起——让玛丽·碧克馥、鲁道夫·瓦伦蒂诺和道格拉斯·范朋克这样的电影明星，还有杰克·登普西和贝比·鲁斯这样的体育英才一跃成名。曾几何时，成功主要是指商业上的成就，但在整个 1930 年代，商人电影形象却不多见，并且声誉不佳，只有沃尔特·休斯顿在弗兰克·卡普拉执导的电影《美国疯狂》（1932）和威廉·惠勒执导的《孔雀夫人》（1936）中的表演让人觉得他们正派而富有魅力。但这些人物是理想化的，他们敦厚善良，有独特的气质，试图在成功和利润之外寻找生命的意义。30 年代唯一真实的商人形象是个黑帮头子，他行为出格，用胆量、攻击力和坚定的意志力让腐败的体制为他服务。演艺行业的成功通常围绕一位女主人公展开，需要同样的毅力和决心——真正的坚持不懈，也需要性吸引力、一点才干、关键时刻一位男性的出手相帮，当然，最重要的是，运气要好，在正确的时间出现在正确的地方。大萧条时期，电影本身也极大地鼓舞了人们的士气。

黑帮头子的不屈不挠、无所畏惧让观众认识到，尽管存在千差万别，个人仍然有可能打造自己的命运。但是，一名合唱团女歌手一跃成为明星，一夜之间，万众瞩目，还是很神奇的，就像中彩，极少数人能遇上迅速暴富。在威廉·韦尔曼参与编剧和导演的《一个明星的诞生》（1937）里，珍妮·盖诺扮演一位天真乐观的女孩，喜欢读影迷杂志，这些杂志让她暗淡的世界变得光亮起来，她从北达科他州进军好莱坞，开始了她的演艺事业。她想在一家制片厂找一份临时演员的工作时，一位好心的接待员告诉她，他们在两年内没有雇过任何人，十万个人中，只有一个人能成功。“那个人有可能就是我。”她羞涩又满怀希望地说。电影业经常被比作早年加利福尼亚出现过的一种现象，那就是淘金热，并肩劳作的人有可能一夜暴富，也可能一朝破产。巴德·舒尔伯格的小说《什么让萨米奔忙?》中的一个人物说：“这座城市可不简单，因为它让人有淘金热的感觉……这么多人，摩肩接踵，有人能拿走全部赌注，有人却失去所有。”[3]《一个明星的诞生》的各个版本都有一个突出的特点，那就是成功和失败跷跷板似的起落不定。故事情节清楚地表明，有人成功，就有人失败，先看那些一事无成的人。克里斯托弗·埃姆斯在《关于电影的电影》一书中称这些电影为“警示电影”（cautionary tales)，以区别于“更广为人知的在好莱坞取得巨大成功的白手起家题材的电影”[4]。这种结合了魔力和悲悯、魅力和牺牲的混合基调指向好莱坞和大萧条相交的地方。电影用幕后视角让我们看到电影的制作过程，特别是造星过程，在揭穿好莱坞内幕的同时也在打造更光鲜亮丽的神话。他们既展现人们的理想生活，也表现人们对制片公司和明星所制造出来的形象扭曲的或强烈的认同。

1920 年代初，好莱坞出了一系列丑闻，其中，“胖子”阿巴克尔涉嫌谋杀受到审判，此后，它开始制作树立自我正面形象的电影，以洗白电影界颓废和堕落的恶名。它们刻画的都是在电影里功成名就的普通人。正如加利福尼亚的历史学家凯文·斯达在《虚构梦想》中所言，这些电影试图表达的是“好莱坞的光怪陆离不应该遮蔽最基本的美国道德准则，以及有才能并愿意努力的人向上跃升的机会”。影迷杂志和电影公司的推广人让电影明星这一行变得亲民，他们让普通人有机会不断了解富翁和名人的生活方式。斯达说：电影明星“在性行为、结婚和离婚方面有更多自由，他们只需要保持年轻、魅力四射、在银幕上露脸就行”。他的名字正好是明星的意思。[5]好莱坞被塑造成了人间天堂、青春之泉、一个生产幻境的奇妙所在，它成了商业性推广的主打元素，加利福尼亚，特别是洛杉矶，作为新的伊甸园被推向全国。经济繁荣靠的是养生热和土地买卖。女孩子飞往好莱坞拍戏，退休老人涌向加利福尼亚享受宜人的气候，年轻的家庭梦想去那里发大财，他们都是移居加利福尼亚热潮的一部分。

大萧条给这些乐观的神话投下了一片阴影，加利福尼亚欢迎有钱人移居此地大把花钱，但斯坦贝克在《愤怒的葡萄》中把这片应许之地写成了一个令人望而却步的地方。靠剥削廉价劳动力换来的繁荣需要维持下去。这必然引发工会组织和权力争夺的激烈阶级冲突，1934 年，由厄普顿·辛克莱领导的“消除加州贫困”群众运动将冲突推向高潮。电影公司强力介入，反对辛克莱竞选州长。新出的关于好莱坞的“警示电影”在表现成功要义、大萧条和加利福尼亚天堂般生活等主题方面唱响了现实主义的先声。此类混合寓言中最早也是最好的电影于1932年出品，即由乔治·库克导演的《好莱坞的代价》，《一个明星的诞生》基本照搬了它的情节。《好莱坞的代价》和《第四十二街》于同一年拍摄，此时，大卫·O. 塞尔兹尼克在雷电华电影公司短暂主事，但这部电影的基调比巴斯比·伯克利的电影更暗淡一些。大萧条时期的细节里透出华纳兄弟歌舞剧有限的现实主义元素，快速、有节奏的对话背后是娱乐业的故事，闪现出伯克利大作的奇特效果，如《1933年淘金女郎》中的《我们有钱了》和《想起我那落魄的爱人》。《好莱坞的代价》的片名提出的问题就有些沉重，正如大卫·汤姆森在不乏溢美之词的塞尔兹尼克传记中所言，"真实、酸楚，直到电影结尾也没有答案"[6]。塞尔兹尼克五年之后拍摄了《一个明星的诞生》，这个问题还是没有最终答案，只是这一次终于有了一个伤感而乐观的回应。两部电影都清楚地表明，代价是巨大的。

淘金热与加利福尼亚息息相关，它的拥护者很珍惜拓荒者的勇敢神话。这也成了好莱坞（也是加利福尼亚）自我形象的一部分，在这个地方，敢于冒险的人定能飞黄腾达。珍妮·盖诺扮演的人物打算进军好莱坞的时候，全家人都嘲笑她，但经历过艰难的拓荒岁月的祖母给她提供了路费。同时，祖母根据自己的经历警告她说："你每一次梦想的实现，代价都将是心碎。"这也是影片《好莱坞的代价》和《一个明星的诞生》的主旨所在。在这两部电影里，都有一位一脸天真的女性几乎是奇迹般地踏上了星途，先是引起了一位有钱有势的男人的注意，然后迅速赢得了影迷的追捧。她们的重大突破都来自一位厌倦了自己的成功、对这个给他赞誉和回报的世界报以冷嘲热讽的男性。因为头脑太清醒，所以，他郁郁寡欢，选择远离伪装的套路和一片阿谀奉承背后的薄情寡义。他酗酒、颓废，初看起来兴致勃勃，让人开心，却反映出他对体制的厌恶和对作为体制一部分的自己的憎恨。那个女孩子之所以吸引他，部分原因是她天真无邪——身处体制之外，渴望进入体制，但对成功可能带来的恶果茫然无知。他像很多影迷那样接近她，正是因为她的单纯，但事实证明，这最后的一根稻草太虚无缥缈，他抓不住。他的星日渐暗淡，而她的却正冉冉升起，最终，他选择了自我了断。这两部电影都以圈内人的视角，将好莱坞体制的残酷现实——位高权重的制片人、愤世嫉俗的推广人和变幻莫测的影迷——与精心包装的关于魅力、声誉和个人成功的故事以及随之而来的代价交织在一起。两部电影都以诙谐、深刻的喜剧形式开头，慢慢陷入无言的悲剧，影片表现了一个年轻女孩哀伤的渴望和一个更年长的男人阴郁而真实的厌世。

《好莱坞的代价》虽然导向一个较圆满的结局，但它是一部讽刺意味更强的电影。它具有很多前法典时期电影的大胆、粗粝的直白。影片呈现了一幅有关名气的巨大吸引力及其威力的罪恶画卷，我们一旦获得名气，它就会腐蚀并毁掉我们的意识，让我们不知道自己是谁。我们第一次见到康斯坦斯·贝内特扮演的女主人公的时候，她还在老家，正端坐在镜子前——这是影片中第一次出现镜子的镜头，后面还会多次出现——她穿戴整齐，正在翻看一本影迷杂志，寻找她心目中的偶像。（用镜子作为遮挡，她最后像小女孩那样把克拉克·盖博的照片抱在怀里。）电影结尾部分有一个对应的场景，由洛威·舍曼（也是一位转行做了导演的酗酒的演员，拍完此片后不久就去世了）扮演的那位当初发现她的导演，盯着另一面镜子看，他第一次看清自己已经落到了什么田地。他不再工作了，贝内特把他从醉汉收容所带回自己家，让他上床休息。在镜子前面，他看到他曾经送给她的一张签名照片，那个清爽、年轻的自己。在镜子里，从他淹没在阴影里的脸旁，我们看到了他的所思所想，俄式蒙太奇呈现的正是他大红大紫时的画面。他朝着自己的太阳穴开了一枪，在他重重倒下的时候，又一批照片闪现，完成了他的人生相册。

正如贝内特曾经在个人幸福上付出了巨大的代价，急切地把自己打造成好莱坞偶像，舍曼不动声色而充满好奇地看着深渊中自己正分崩离析的脸。那是张饱经风霜而变得黝黑的脸，整个画面透出暗黑电影的诡异格调，但是电影本身并不暗黑。他对好莱坞的态度一直是矛盾的，现如今，他对自己的没落表现出冷峻的自嘲，不抱幻想，从未试图挽回困局。贝内特躲到了用于拍摄法国乡村的外景地，与她的前夫重归于好，他是位有钱的圈外人，总是看不起电影这个圈子。自从舍曼在她家里自杀之后，她的演艺事业全毁了，她渴望东山再起的时候，她的前夫选择了退一步，接纳了她的圈子。

故事就这样在一个令人难以置信的地方结束了，因为之前并没有发生任何让人期待圆满结局的故事。前面的故事辛辣地讽刺了小报和影迷的残忍，他们曾经捧红了她，又突然开始疯狂地攻击她。影片还嘲笑了她的花花公子丈夫对好莱坞一副势利、高高在上的嘴脸，喜欢加入他讨厌的内容，即电影圈子的底层少数民族之渊源。她丈夫在和她分手之前对她说："在你的圈子里，那些下贱又粗俗的人根本没有自知之明。"他所说的粗俗，在电影里却是乐天、不拘小节和热爱生活。由格雷戈里·拉托夫扮演的亲切、对她爱护有加的善良制片人赢得了观众的喜爱，这个角色属于半文盲的山姆·戈德温那个类型。（有一次，为了确定一个剧本是否合适，他让别人用50个字给他介绍一遍。"在买下来之前，为什么不找人把剧本读给你听？"导演问他。"我自己会读。"拉托夫操着重重的口音回答。）在很长一段时间里，好莱坞是不会如此坦然地接纳犹太裔移民的，犹太人创造性地称好莱坞为"我们自己的帝国"。

成功和失败，灿烂星途和黯然退场，在《一个明星的诞生》里，这些情节更紧密地联系在一起，因为发生地位改变的一对男女也是夫妻。珍妮·盖诺扮演的人物爱上了一位名气很大但染上酗酒恶习的男演员，这一角色由弗雷德里克·马奇扮演（剧中有很棒的喜剧戏份）。她嫁给了他，做了他的搭档，风头几乎马上就盖过了他。电影里看不到她的表演——表演技巧不是问题的核心——我们只听到他们的第一部电影上映时观众的反应，很快就看到她的海报覆盖了他的。（斯坦伯格的《蓝色天使》上映的时候，这种地位改变真的在现实中发生了，新人玛琳·黛德丽的表演让大明星埃米尔·雅宁斯老式夸张的表演黯然失色。）马奇在遇到她的时候，已经在走下坡路，但此后他的声誉一点点消失，一起消失的还有他的自尊和自控能力。她获奥斯卡金像奖的时候，他酒后发表了一通自黑的演说，不久，他就只是她的配偶和附庸了（就像《好莱坞的代价》里那位有钱的丈夫）。由阿道夫·门吉欧扮演的一位好心的制片人试图帮他渡过难关。（这个人物是塞尔兹尼克为给自己的脸上贴金而设立的。）真正代表好莱坞的是由无与伦比的莱昂内尔·斯坦德扮演的满嘴脏话的影片推广人，马奇红得发紫的时候，他把他吹上天，过气的时候，被他踩入烂泥。最后，过气明星结束了自己的生命，为避免成为盖诺新的演艺事业的拖累，他静悄悄地走进了太平洋。

因为她真的爱他，所以，他死后她一蹶不振。但是，她已经把自己献祭于名气的祭坛，她的个人悲伤无处宣泄。葬礼上，她被一群人包围，他们扯下了她的面纱，就像《好莱坞的代价》里，康斯坦斯·贝内特的遭遇一样，她当时在一个小教堂里举行婚礼。（那一次，制片人先通知了媒体，将婚礼变成了好莱坞的一场大型娱乐表演，事后吹嘘说："我们创造了该教堂来访人数新纪录。"）在盖诺心灰意冷地躲起来不愿见人的时候，她充满朝气的祖母出来帮她，和她一起重温当初激励她立志成名的边疆英雄形象。祖母曾对她说："人生总有不毛之地需要耕耘，好莱坞可能就是你的不毛之地。"她们当时没有意识到，这个预言竟是如此准确。祖母发表了一番令人不快的大萧条时期的说教，称她为哭包、胆小鬼、怂货。她说，既然"悲剧是对勇气的考验"，盖诺就应该坚持，看远一点，不要老盯着自己的那点儿伤心事。好莱坞的代价就是失去个人生活，成为一个明星，一个影迷热爱的人造偶像。但是，在有名的结尾部分的台词里，盖诺对观众说，她是"诺曼·梅因太太"，这样做可以激活她丈夫的名字，消除她的个人身份。这是个暖心的、令人兴奋的高潮，但好像和电影内容并不协调，电影一直在警示我们，对于一位好莱坞明星来说，个人感情敌不过公众对一举成名的需求。

这种带泪的胜利，和《好莱坞的代价》的圆满结局一样，既鼓舞人心，又显得不真实。但这是这部影响深远、广受欢迎的影片必不可少的一点。众所周知，这部电影被重拍了两次，加上了音乐。1954 年版由朱迪·加兰主演，1976 年版的主演则是芭芭拉·史翠珊。大萧条时期的观众尤其需要这种精神洗礼。如同他们喜欢黑帮电影一样，他们喜欢成功寓言，即便他们知道里面的陷阱。加兰和史翠珊演这部电影的时候，都已经是知名歌舞剧明星，盖诺则不然，她吸引大萧条时期观众的地方是她在成名作《日出》和《第七天堂》里的普通、脆弱和易受伤害，这两部默片让她获得了奥斯卡金像奖的第一个最佳女主角奖。《好莱坞的代价》和《一个明星的诞生》让观众熟悉了演艺界的理想图景和普通人的白日梦，有愤世嫉俗，有面对现实，也有烦恼。《一个明星的诞生》上映之后，伴着心碎的成功模式被完美移植到了影片《摘星梦难圆》里，这是部大获成功的百老汇喜剧，由乔治·S. 考夫曼和艾德娜·费勃编剧。最初的样式是一出关于剧院的后台剧，背景是公寓里的一群苦苦挣扎的年轻女演员。该剧传达出一个主题：背叛好莱坞没有好下场。全剧机智幽默但有点势利——伊丽莎白·肯德尔称其为“一群小势利眼的狂欢”[7]——但是，每次将他们的作品改编成电影，作者都做得很好。雷电华电影公司的改编不仅仅是纽约版的《一个明星的诞生》，而且是一个熠熠生辉的团队作品，这个优秀的团队由一群女孩子组成，她们俏皮话随口就能来，沉着冷静，有担当，她们已经习惯了失业，渴望在演艺界有一席之地。演员阵容里全是才华横溢的人，雷电华的两大头牌——凯瑟琳·赫本和金杰·罗杰斯——领衔主演，此外，还有伊芙·阿登、露西尔·鲍尔、吉尔·帕特里克和安·米勒。詹姆斯·哈维指出：他们扮演的角色“和现实生活中的自己是有联系的”。[8]影片《摘星梦难圆》是从舞台剧彻底改写的，由 1930 年代的喜剧天才之一格雷戈里·拉·卡瓦执导，从某种意义上说，他即兴创作了该剧，当时他的另一部电影《我的戈弗雷》刚获得圆满成功。

（用哈维的话说）观看《摘星梦难圆》“如同参观俏皮话乐园”，金杰·罗杰斯在剧中扮演一位坚强的劳动阶层女孩，与赫本演对手戏，赫本扮演的是一位骄傲的富家女。另一大看点是扮演反派的吉尔·帕特里克（她在《我的戈弗雷》里也是扮演反派）。伊芙·阿登则用带讽刺口吻的俏皮话插科打诨——就凭这个本事她能做个好演员。让人难忘的不是她们的台词，而是她们所制造出来的气氛，那是一种带着诙谐意味的放纵情绪，佐以克服困境的辛辣幽默。和《我的戈弗雷》一样，这部喜剧片里的家庭有钱但愚蠢，充满各种争吵和不正常的纠葛，比当时的大部分正剧包含了更丰富的大萧条主题，连剧中的情景剧也是如此。这些女性是巴斯比·伯克利淘金女郎的冷硬版，但更理智，她们拖欠租金，渴望找到工作，吃了上顿没下顿。安德烈·利兹扮演一位挨饿的女演员，她的表演获奥斯卡金像奖提名，这是上一年演艺界引起轰动的事，剧中，因为她天生善演的那个哭哭啼啼的角色被赫本抢走，所以她自杀了。当其他女孩子以经典的大萧条时代的方式，用俏皮话维护自己的心态，保护自己被暴露的生活时，利兹的软弱性格既不够机智，也缺乏生存技巧。

上演之夜，就像《好莱坞的代价》里的贝内特和《一个明星的诞生》里的盖诺，面对自杀惨剧，赫本拒绝上台。她的表演教师具有和盖诺的开拓者祖母一样的精神气质，给她传授"剧院"的规矩：戏比天大。"光有化妆油和脚灯是成不了演员的，"她说，"还得有心碎的经历。"这些老生常谈的说教还是有作用的。经过了生离死别，按设定，赫本第一次体会到什么是真正的悲伤，她登上了舞台，把一个排练时怎么都演不好的角色，表现得淋漓尽致。这就是那个女孩，带着贵族出身的自信，曾经教训别人缺乏勇气和主观能动性（"听你们说话好像这个世界欠你们的"），她还给她们讲她祖父的拓荒经历，他曾经坐大篷车穿越全国。（这些电影毫无廉耻地互相抄袭。）赫本出生富庶之家，她父亲不赞成她的选择，却在背后悄悄资助她，她对霍雷肖·阿尔杰奖的获奖标准深信不疑，这可是那些大富豪和胡佛领导下的共和党人常挂在嘴上的。如今，她变得谦虚而人性化了，她认识到，按她自己的想法生活是多么艰难。

《摘星梦难圆》的真正女主人公不是赫本，也不是罗杰斯，更不是利兹扮演的那位心地善良、精神错乱的受害者，而是那个勇敢、友爱的群体。赫本堕入大萧条生活的漩涡，在这里，勇敢的背后是匮乏，她发现女孩子们其实很团结，尽管她们表现出诙谐地竞争和基本需求。她学其他女孩子说话，这让她和她们有了些许共同的地方。她问自己：“为什么我们想帮别人的时候总是太晚?”和很多大萧条寓言一样，对个体的关怀让位于社群意识和相互依存。演艺业成为共同努力的隐喻，而不是满目疮痍的个人胜利的战场。取得成功的女主人公从周围人的失败中振作起来。这一点在赫本和罗杰斯身上表现得特别突出，二人从长时间的唇枪舌剑，慢慢走向相互尊重，弥合了她们之间巨大的阶级鸿沟。伊丽莎白·肯德尔的《逃跑新娘》写得很棒，书中有一章专门讨论《摘星梦难圆》，她认为这二人无异于神经喜剧中吵吵闹闹的异性夫妻，只是阶级冲突取代了性别矛盾。这样的讨论很有必要，但转移了重点，重点即住在脚灯俱乐部的一群女孩子，这个女性社群是大萧条社会的一个精致缩影。

《摘星梦难圆》里只有一位主要男性人物——由阿道夫·门吉欧扮演的制片人，他看上去温文尔雅，实际上极端堕落，和《一个明星的诞生》里那个好心的制片人完全不同。他对女演员心怀不轨，搞潜规则，将试音和提供工作机会与性贿赂掺和在一起，翻云覆雨。门吉欧这个角色代表了一种狡猾、险恶的权威，这些女性只有屈从于他才能生存。其他女孩子可能只是嘲笑他，但凯瑟琳·赫本斥责了他；她是唯一一个不用靠他的恩惠也能活下去的女孩子。他收了她父亲的钱，把角色给了她，后来，梅尔·布鲁克斯的《制片人》中也有这样的情节——她父亲希望她演砸，然后彻底放弃当演员的想法——但是，在那群女孩子的激励和支持下，她成功了。就这样，故事的开始是争吵、较劲、文化差异、阶级冲突，结尾是团结与和解。女孩子们表面上的要强和内心的多愁善感融为一体。这就是潜藏在演艺业寓言下面的大萧条主题——在个人的成功之外，完成整部戏的集体付出，和你自己、和彼此、和观众联系在一起。《摘星梦难圆》里的女孩子们调侃食物，取笑共患难的室友，对境遇不公冷嘲热讽。但是，即便她们中有人倒霉了，她们的高昂斗志和共同的善心还是战胜了大萧条。事实证明，诸如《好莱坞的代价》《一个明星的诞生》和《摘星梦难圆》这样的电影能满足大萧条观众情感宣泄的需求，不是靠精心打造的励志故事，而是通过化解焦虑——对贫困的恐惧、孤独、颓废、绝望，这些焦虑出于对成功有着强烈而急迫的需求。通过对代价的评估，再给它一个可信的情绪化事实，这些电影表明，一个大众媒体的乐观态度至关重要。

30 年代末，那些以好莱坞为题材的著名小说走的是另一个路子。这些小说为后来处理电影题材提供了样板，有克利福德·奥德茨的剧作《大刀》（1949 年出版，于 1955 年拍成电影）和诺曼·梅勒的《鹿苑》，还有迈克尔·托尔金的小说《大玩家》（1988），于 1992 年由罗伯特·阿尔特曼拍成电影，成为他后期作品中的佼佼者。电影给人的感觉是圈内人的作品，在美化娱乐业的同时，还列举出了这个行业的艰辛和苦楚，而文学作品则为圈外人所作，大部分作家来好莱坞是为了挣钱，但他们感觉到好莱坞的体制对他们很苛刻。同时，他们对电影圈外围的南加州抱有期望，那里有符合他们的奇妙文化。这些小说主要塑造了制作电影的人——制片人、剧作家、电影公司老总——而不是出现在电影中的人。它们的主题是权力，而不是明星身份；赤裸裸的野心，而不是对一举成名的渴望。这些人手握大权，他们的生活是另一种成功的故事，他们道德上的堕落也更为深刻。很多情况下，他们出身低微，身无分文，大字不识几个，但成功找到了美国的上升通道，常常会为此付出巨大的代价。巴德·舒尔伯格笔下的萨米·格利克（小说《什么让萨米奔忙?》的主人公）在下东区的犹太人居住区长大，成长环境让他有了赤裸裸的野心，他相信弱肉强食，这种人生观让他得以在好莱坞你死我活的竞争环境里大权在握。F. 斯科特·菲茨杰拉德笔下的天才制片人门罗·斯塔尔（小说《最后的大亨》的主人公）这个人物要复杂得多，他更理想化，是按照米高梅电影公司的神童欧文·塔尔伯格塑造出来的霍雷肖·阿尔杰式人物，在其 36 岁英年早逝之前，塔尔伯格早已成为好莱坞的一个传说。而纳撒尼尔·韦斯特《蝗虫之日》的主人公托德·哈克特与其说是位电影制作人，不如说是位画家。像韦斯特本人一样，他对现实中的工作不满意，于是，他做起了电影背景和服装设计。他所看到的奇奇怪怪的一切让他重燃绘画的热情。戈雅和杜米埃这样的冷酷讽刺画家替代了温斯洛·荷马和阿尔伯特·平克汉姆·赖德尔，成为他眼中的宗师。不仅他的职业境遇让他烦恼不堪，他的爱情生活也是一团糟，他以一个旁观者的身份，目睹南加州这个没有任何艺术家准确表现过的广阔、不祥的奇葩之地。

菲茨杰拉德、舒尔伯格和韦斯特各自与电影业有着不同的关联。菲茨杰拉德在他倒霉的时候来到好莱坞，这几乎是他的唯一选择。他寄予厚望的小说《夜色温柔》（1934）卖得并不好，1936 年，他写给《时尚先生》杂志的自白文《崩溃》将他的困境公之于众。他已负债累累，最糟糕的是，他当作家的自信心也发生了动摇。所幸他还有名气，米高梅电影公司付给他可观的报酬，他还享受到不少文学家的尊贵地位，但最终，他只获得了一次电影署名权。舒尔伯格就不同了，他是好莱坞二代，父亲 B. P. 舒尔伯格曾是派拉蒙电影公司的制片主任。小舒尔伯格在达特茅斯上的大学，回到好莱坞写电影剧本，发表过短篇小说，在被《冬日嘉年华》剧组解雇后开始写长篇小说，和他一起被解雇的还有菲茨杰拉德。1939 年 2 月，他们一起去达特茅斯写电影剧本，旅程颇不顺利，结局也很惨，菲茨杰拉德开始酗酒，在一次豪饮之后，进了医院。不过，他们之间的谈话在激发了舒尔伯格的艺术志向的同时，也为菲茨杰拉德好莱坞题材的小说提供了更多的素材。韦斯特来好莱坞也是因为他小说家的路走不通了。他的头三部作品没有赚到钱，好在其中一部——《寂寞芳心小姐》，得到了同时代批评家威廉·卡洛斯·威廉斯和埃德蒙·威尔逊的高度赞扬，现在这部小说已然成为经典。菲茨杰拉德从米高梅得到了可观的报酬，但他感觉电影剧本的写作要求限制了他，他非凡的描述能力得不到发挥，这个创作体制还要求他和其他作家合作，或者眼睁睁看着他们改写他的作品。韦斯特虽然没有他报酬高，但获得了无数署名权，他为默默无闻的小电影公司大众影业写节目脚本，这家公司专做低成本西部片，后来又和雷电华和环球影业合作。有声技术的引入让电影对对话和叙事有了巨大的需求，这一点，只有作家才能满足。然而，电影公司体制也将权力从导演手中转移给了制片人。他们至多将作家看作他们雇用的写手，他们的作品可以被当作煲汤的食材一样切切剁剁。（塔尔伯格本人应对这种体制的存在负一部分责任。）好莱坞题材的小说里总有一位民族志学者讲述奇怪的土著习俗，但是，这一点几乎总是成了小说家报复的工具，以发泄他们对待遇不公的绵绵恨意。福克纳和韦斯特将剧本写作和他们自己的创作截然分开，菲茨杰拉德却是小说家中的另类，他一本正经地学习剧本写作技巧。他对制片人这一角色也很感兴趣，他们总能构思出迎合大众品味的故事，他自己曾经也有这个天赋，现在好像离他远去了。像詹姆斯·M. 凯恩和W. R. 伯内特这样有新闻写作背景的冷硬派作家很容易适应好莱坞电影的体裁分类和叙事经济。他们的写作强调动作而不是回忆，他们很快成为成熟的好莱坞职业剧作家。还有些作家视制片人和电影公司老板为践踏艺术的大老粗，但菲茨杰拉德在《最后的大亨》里塑造了一位懂艺术的制片人，他很有眼光，能修改作家的作品，纠正导演的创作和演员的表演，指导制景师的工作，并将他们统领起来，成为一个整体，展开实质性的交流，而不只是发号施令。

菲茨杰拉德早年拜访好莱坞的时候，对欧文·塔尔伯格有一些了解。与其说他是被他的神秘气质所吸引，不如说是被他的年轻有为、倾力付出和他周身散发出的权威感所折服。那位制片人的果断、对整部电影的把握，以及同时关注好几部电影的能力都给他留下了很深的印象。《最后的大亨》以一次飞机旅行开头，在第一章结尾部分，斯塔尔被比作伊卡洛斯，他飞得太高，靠太阳太近，但能欣赏到令人窒息的美景。小说的结局是，斯塔尔死于飞机失事。遗憾的是，《最后的大亨》并没有写完，大部分内容还只是概述和草稿，或者只是基于作者的笔记和打算的设想。然而，一整套连续的事件让我们窥见了这位制片人的一生，我们看到斯塔尔同来自不同剧组的作家、导演、演员、摄影师打交道，带着让菲茨杰拉德觉得不可思议的本能的叙事感觉，质疑和优化他们的成果。他教训一位看不起好莱坞的作家，给他讲电影是什么，电影人如何工作。在现实中的好莱坞，菲茨杰拉德就是那个被教训和指责的作家，直到米高梅拒绝和他续签合同为止。但是，他佩服斯塔尔的能力，这种能力他曾经有过：站在剧院的角度思考，而不是玩纯文字游戏，切合大众品味，年轻时的菲茨杰拉德也能做到。菲茨杰拉德将斯塔尔塑造成一位电影艺术家、一个筑梦人，这个形象既是他自己，又是自己的对立面，他是一个新的艺术形式的探索者，这正是菲茨杰拉德孜孜以求的目标。

斯塔尔身上还有很多作者的影子，包括和菲茨杰拉德很像的年少成名，以及他虚弱的体质，他做的所有事情都带上了这种强烈的暗示，这让我们想到菲茨杰拉德强撑病体，顽强写作这部小说的情形。斯塔尔思念亡妻，表面平静，内心却濒临崩溃，而菲茨杰拉德痛失泽尔达，他们曾共享荣华，如今她却只能待在东部的一家疗养院里。亡妻之伤让斯塔尔陷入了情感的真空，他将他与凯瑟琳的恋情视作重生的机会，这一点毫无疑问反映出斯科特与希拉·格雷厄姆之间的抚慰性新关系。（“他对那个女孩有种无法抑制的冲动，她承诺说会让他活过来。”菲茨杰拉德在笔记中写道。）[9]就像希区柯克的电影《迷魂记》里的吉米·斯图尔特，斯塔尔总是想把失去的东西找回来，甚至会再造一个已经失去的女人。这段恋情的微妙之处部分再现了菲茨杰拉德的老式恋爱魔力，尽管整体的风格是朴素的，没有任何抒情意味。

在加利福尼亚的一次地震后，电影公司的拍摄地来了一批奇怪的地震难民，斯塔尔看上了其中一名女子，因为她长得像自己已故的妻子。这个场景明显受了韦斯特的影响，简直像是《蝗虫之日》剪下来的余片。凯瑟琳坐在一尊巨大的湿婆神像上，和一位朋友一起“漂浮在一条刚刚才有的河流上”，像梦一样漂入了他的生活。[10]在韦斯特看来，电影公司的拍摄地有些怪诞和变质，那就是一个充斥着庸俗文化和平庸幻想的垃圾场，而菲茨杰拉德却将其变成一个变幻莫测的背景，在这里安排浪漫的相遇，好像这一切都是电影的魔力。不久，斯塔尔发现，凯瑟琳给他的不只是碰巧和他爱的人长得像；她让他的生活发生了翻天覆地的变化，比那场地震剧烈多了。曾经的他，工作就是一切——他选择自杀性疲劳来麻痹自己——现如今，他感到“兴奋而幸福”，他“很高兴这个世界上有一种美不是用演员部门的销售额来衡量的”。（82）凯瑟琳是来自现实生活的使者，给了他重生的机会，让他重现活力。尽管他自称爱情勃发，但还是没有抓住这次机会；她嫁给了别人，原因说不上可信，倒更像是错综复杂。

菲茨杰拉德起伏不定的文字里充斥着这种疲惫感和突如其来的兴奋时刻。小说中的快节奏、若有所思、带着苦笑的现实态度很接近菲茨杰拉德草草写就的书信和文章，与他早年小说中的华丽质感大不一样，但偶尔也会冷静地呈现。“当他走向她的时候，人们纷纷退后，直到像壁画一样完全靠在墙上。”（89）写到斯塔尔工作状态的时候，他写道：

> 他像个“打杂的小子”一样灵活地跑进跑出——但总体来说，我得承认，他肯定不是个打杂的。但是他知道什么时候三缄其口，什么时候做个旁观者，什么时候听取别人意见。他站在自己的角度（尽管他个子并不高，但总给人一种高高在上的感觉），就像一个自豪的年轻牧羊人，不分昼夜地守护着人世间的熙来攘往。他总是无眠，不会休息抑或不想休息。（22—23）

就像这样，菲茨杰拉德可以从描写转向隐喻而不影响自己简明、直接的表达方式。小说的语言得到提升，变得更精炼，其别具一格的对话仍不失流畅。

这种对话式语气意在表现叙事者塞西莉亚·布雷迪的小女孩视角，她是电影公司老总的女儿，这位老总品行低下，是斯塔尔的合作伙伴也是对手。她脑子里塞满了从好莱坞诸如《第四十二街》这样的电影里获得的浪漫想法［她说：“（这部电影）深深地影响了我。”（26）］。菲茨杰拉德将自己的女儿斯科蒂和具有圈内人经验的好莱坞二代巴德·舒尔伯格结合起来，创造了这个人物。她天真，深深爱上了斯塔尔，周身散发着青春气息，就像《夜色温柔》里的罗丝玛丽·霍伊特，那也是一个初入影坛的年轻演员，一脸天真，对男主人公迪克·戴弗心生情愫，想象着他婚后举止如何文雅、有教养。像康拉德一样，菲茨杰拉德需要一位叙事者带着我们走近主人公，同时又拉开距离，以保护他们的秘密和神秘性，避免被近距离探查。在《了不起的盖茨比》中，这一特点发挥得极好，在《夜色温柔》中也时不时出现。在《最后的大亨》里则极少用到这种手法，因为塞西莉亚和罗丝玛丽一样，没法看到作者想让我们看到的，更谈不上理解。有时，她只是化身为一位全知的第三人称叙事者，然后又极不自然地重回自我。不过，塞西莉亚确实起到了证实小说中一些手法的合理性的作用，如不时出现的俏丽风格，不太成熟的英雄崇拜腔调，还有制片人模糊不清的形象，这个人物过于复杂，而她太年轻，理解不了。像了解盖茨比一样，我们通过斯塔尔的作品了解他，而不是通过他的内心生活。在菲茨杰拉德看来，在好莱坞，创造性出自本能，而不是内心，不是对艺术的感觉，而是靠直觉掌握大众的品位。在一个场景中，斯塔尔正与一位愤怒的作家（以奥尔德斯·赫胥黎为原型）讨论问题，作家觉得自己无法把握电影的视觉叙事手法，这位制片人说：“我们得把人们最喜欢的民间故事拿来，打扮一番，再还给他们。除此之外，其他都是假的。”（125）

菲茨杰拉德本人正是这样被不耐烦的老板无情教训的。他对斯塔尔的仰慕并未削弱他对电影这一大众媒体的复杂态度。在给女儿的信中，他这样写道：“这个行业讲的是适合孩子看的故事，只在某些方面有趣。”[11]有时候，他觉得，电影只不过是些粗制滥造的东西，或者是些讨好大众的幻想。在《最后的大亨》中，他尽力避免《一个明星的诞生》里他讨厌的煽情手法。作品一会儿天真，一会儿清醒，他还在笔记里提醒自己不要塑造非黑即白的人物。（“不要给人留下他们都是坏人的印象。”）[12]尽管没有写出有着一流口语对话的电影剧本，但菲茨杰拉德对梦想、野心和浪漫故事很着迷，这一点使他和好莱坞这座梦工厂有种本能的契合。这也正是好莱坞吸引纳撒尼尔·韦斯特的地方。在韦斯特眼里，和洛杉矶这座城市一样，电影就是一个巨大的梦想垃圾场，它是长满世俗欲望的马尾藻海，露出普通人苍白、绝望的人生。很像《寂寞芳心小姐》里写给人生指南栏目的诉苦信件。和舍伍德·安德森的情况一样，人们廉价的梦想和痛苦的欲望中那些怪诞的哀愁，以及他们沉默的不满所具有的爆发力，点燃了韦斯特的想象力。然而，这里也有政治层面的东西：韦斯特感觉到，法西斯主义作为一种正在瓦解的平民主义力量充满了真正的群体暴力的可能性。在《蝗虫之日》的结尾处，就有群体暴乱的场面。而菲茨杰拉德则视梦想和渴望为人们生活的核心，是他们希望和经历里的诗意。他连对好莱坞生产的低级梦想也表示尊重，大萧条给电影这种大众艺术注入了新的力量。为了描述他写《最后的大亨》的文学意图，菲茨杰拉德用边疆做了类比。用马修·J.布鲁科利在菲茨杰拉德传里的话说，《最后的大亨》的背景是“美国最后的边疆，那是一座建在梦想与希望的矿脉上、正蓬勃发展的城市”。菲茨杰拉德说过，好莱坞代表的“不仅是美国梦，也是人类之梦，就算我排在队伍的最后，那也是拓荒者战线上的一个位置”[13]。这也是为什么菲茨杰拉德曾经考虑称这部小说为西部小说，布鲁科利在修订版中用了这个副标题。

菲茨杰拉德在《了不起的盖茨比》一书的结尾，神奇地再现了一个崭新的大陆，他不仅把好莱坞看作西部，并且将其看作最后一站。对菲茨杰拉德来说，将斯塔尔塑造成一位改革家、一位新的制片体制的创造者，像瓦尔特·本雅明对电影的总体看法那样，彻底改变（并工业化）艺术的本质，这是一件再容易不过的事。然而，他将斯塔尔描述为“最后的大亨”（正如在他的笔记里，他称自己“在今后相当长时间里是最后的小说家”），这样一来，他选择将好莱坞描述为西部的终点，标志着个人主义时代的结束，那个年代，自成一体的企业家能包办一切。这是一个普遍的大萧条主题：个体被集体所取代——被不具人格的机械性体制或群体的社群意志所取代。菲茨杰拉德意图让《最后的大亨》成为第一部真正的大萧条时代的小说。正如大萧条让菲茨杰拉德的写作生涯开始走下坡路，好莱坞内部爆发的阶级冲突，伴随着减薪和劳工纠纷，眼看斯塔尔成了一个时代遗留下来的古董。连那些速记员也“不再像1929年那会儿，对老板毕恭毕敬。他们下岗了——他们看到了老板们的紧张不安”（50—51）。大萧条导致大环境每况愈下，再加上路易斯·B. 梅耶式的电影公司负责人布雷迪的暴行，反映在斯塔尔身上就是身体衰弱和活力下降。（菲茨杰拉德在笔记里记下了还没有写出来的部分，降薪风波将愈演愈烈，布雷迪和斯塔尔阴谋杀害对方。）

斯塔尔阻挡风暴来临的方法是用他自己的方法拍电影，搞大制作（这是米高梅的传统），但对简单事物表现出敏锐的洞察力。他有家长式作风，保持着过时的技术标准，站在工人一边，反对整个行业的降薪和下岗潮。在工人眼里，“斯塔尔是英雄”，他“不让他们受到伤害”，他是“最后的王子”。（37）这种老派性格影响到他拍的电影，这些电影适合普通人的品位。斯塔尔在屋里走来走去，思考一个剧中人物需要什么。（剧中人物需要的，也是他本人在现实生活中需要的，后续会看到这一点。）

> 剧中她是个挺好的女孩，虽然有些小毛病，但是，她是个好女孩不是因为大众的要求，而是因为他斯塔尔本人想在这样的电影里看到这样的女孩……她是健康、活力、梦想和爱的化身……要做一件正确的事，还要做一件错事……这部电影就得这么拍——苗条、干净、阳光，就是这样。（52—53）

他还特别加上：“她没有听说过劳工纠纷这种事……她可能生活在1929年。”当然，生活在1929年意味着生活在悬崖边，那是坠落前的世界。然而，这种天真的人物，还没有被暧昧不清的东西所熏染，会作为好莱坞体制的主流而存在，正如斯塔尔这个类型的强大制片人并没有英年早逝。由塔尔伯格和他的公司在大萧条时期所创造的制片体制一直延续到了 1950 年代，甚至更晚。

在《什么让萨米奔忙?》中，巴德·舒尔伯格实际上写的是有关好莱坞的经济类小说，这是菲茨杰拉德在《最后的大亨》里没有写到的一个方面。和菲茨杰拉德的小说一样，该小说的故事也发生在 1935 年[“这是大萧条最严重的时候。”塞西莉亚说（5）]，当时电影公司正实行减薪政策，作家们正组织工会，担心自己的饭碗不保。菲茨杰拉德在一篇笔记里写道，电影公司解散工会的企图是“阶级斗争进入好莱坞”的表现。[14]总之，舒尔伯格写出了菲茨杰拉德和韦斯特无论如何也写不出来的作品，是关于好莱坞的最好的报道性小说，从圈内人的视角，讲述了那个体制是如何运行的。别人在写好莱坞的魅力四射，把它捧上天，他则着手揭露好莱坞“作为工厂的一面”，直到最近，电影史学家们才开始做类似的工作。《什么让萨米奔忙?》是一部揭露好莱坞体制阴暗面的小说，这个体制由贪婪、自私、市侩气和背叛所供养。但这并不是这部有问题的小说长盛不衰的原因，该小说在长达 60 多年时间里不断再版。在当时的共产党员舒尔伯格看来，萨米·格利克代表的不仅是好莱坞还是整个资本主义社会的野心勃勃和恶性竞争，是个体和整体之间的斗争。然而，正是他恶魔般的能量推动了小说的叙事。

萨米·格利克这个人物最早出现在《自由杂志》分别于 1937 年和 1938 年刊登的两个短篇小说里，人物刻画粗糙但令人难忘。1941 年，经过大幅度的修改，这两个短篇小说被收入长篇小说里。由于萨米性格中的不择手段、简单粗暴和勇猛好斗过于接近反犹主义的刻板印象，舒尔伯格做了修改，将小说里的主要人物，尤其是叙事者改为犹太人。相比之下，菲茨杰拉德在《最后的大亨》里完美避开了种族话题，然而，让人没想到的是，他对好莱坞的犹太人表达了尊重。他将斯塔尔的对手——无耻的布雷迪，他痛恨斯塔尔的理想主义和铺张浪费——之犹太人（以米高梅的重量级人物路易斯·B. 梅耶为原型）身份改为爱尔兰人。格利克是一位在犹太人居住区你死我活的环境里长大的霍雷肖·阿尔杰式人物。不可思议的是，他身上看不出犹太人的特征。他以自己的出身为耻，从家里搬出来，住得远远的，以至于他母亲几乎认不出他了，他仿佛实现了自我造就的美国梦："萨米不再是个真正的犹太人。他和那些意大利人和爱尔兰人的小兔崽子没什么两样，骂人、打架和骗人。有时候，她不相信他是从她肚子里生出来的。他是从瑞文顿街的肚子里生出来的。"[15] 有人曾提醒叙事者："他家附近曾流行过一种传染病——比小儿麻痹症传染性还要强——他感染的是最厉害的一种。"（90）

对成长环境的强调在 1930 年代司空见惯，是理解《什么让萨米奔忙?》的关键，但也是它的不足。《什么让萨米奔忙?》标志着创作一部好莱坞无产阶级小说的不懈努力。小说不仅着重写到了劳资冲突和工会组织，还写到了决定人物行为的出身背景。叙事者是一位名叫阿尔·曼海姆的作家（一个被同化了的犹太人），他一心想知道"什么让萨米奔忙"。姬特是位精明能干的独立女性，曾经是萨米的情人，她劝他"了解童年"，让人吃惊的是，他真的去了解了（108）。曼海姆最初是在纽约的一家报社做他的送稿员和勤杂工的时候认识他的，后来，他俩都到了好莱坞，他就有了近水楼台，目睹萨米飞黄腾达。萨米先利用他，然后弃用，后来又开始利用他，但是阿尔（这点不太可信）好像从来都没法和他翻脸。在不同时期，他充当了萨米的良心、为他惊叹不已的观众、他的批评者、"唯一为他鼓掌的人"、他的记录者，他以一种奇怪的方式，做了那个人的朋友，但那个人从来不交朋友。然而，曼海姆陷入了对他的关注而不能自拔。他再次造访萨米常去的下东区时，小说转向了情节剧风格，显得不可信：它成了迈克·戈尔德的小说《没钱的犹太人》的一个派生版，只是缺少了戈尔德在犹太人居住区长大的第一手经验带来的富有激情的真实性。戈尔德获得了将廉租公寓作为小说素材和故事媒介的正当性；舒尔伯格却没有，小说已经塑造了令人难忘的人物萨米，现在却成了一幅社会学漫画和 B 级情节剧。

尽管在创作《什么让萨米奔忙?》的时候，舒尔伯格还是一名共产党员，但按他自己的说法，当共产党试图影响他工作的时候，他退党了。据他说，同志们批判了这本书，不是因为里面的刻板印象，而是因为该书存在专注描写个体的资产阶级倾向；他们还说，该书忽略了好莱坞进步人士的功绩。舒尔伯格很在乎自己的独立性；后来，他成了一名激进的反共人士，1951 年，他在众议院非美活动调查委员会做证，说出了另外 15 名前共产党员的名字。《最后的大亨》和《蝗虫之日》这两部小说的作者都对好莱坞的左派持同情态度，而这部小说则不同，它是典型的 30 年代社会小说，把一切都解释为环境的影响。小说的缺点是，它最终回答了题名中提出的问题，给出的答案是，犹太人居住区让萨米奔忙，包括他生活过的街道和左邻右舍。萨米奔忙不止，因为他生来如此，他成长在森林法则下，贫穷让人一心想逃离，逼迫他们不惜一切代价，追求成功。

为了弱化贪婪无度的犹太人刻板印象，舒尔伯格不提萨米对本民族的忠诚，还拿他和其他犹太人相比，形成强烈反差——他的哥哥就始终是虔诚的教徒，在社区服务中心做义工，跟家人和邻居关系密切；还有才华横溢但性格腼腆的作家朱利安·布鲁姆伯格，萨米无耻地窃取了他的创意并偷走了全部书稿——但这些仍是另外一种刻板印象。那位哥哥在犹太人居住区生活了一辈子，从未离开，而朱利安则是个任人宰割的可怜虫。如果萨米将生活看作长跑、对抗赛、拳击赛，朱利安就是他的对手，“他牺牲自己，因为他没有学会如何奔跑”（169）。舒尔伯格想表达的观点是，同样的环境有可能造就完全不同的人，那些异类会颠覆任何机械决定论。他几近在为自己辩护，试图表明不是所有犹太人都像萨米·格利克，甚至好莱坞的犹太人也不都是萨米那样的。书中另一位善良的犹太人是塔尔伯格型人物西德尼·法恩曼，他是位老派的绅士，人如其名—— 一位制作高质量影片的创造性制片人，一位曾经的懂视觉叙事的大师，在大萧条中，他失去了信心，这一点和斯塔尔不同。好莱坞已经成了一个竞争异常激烈的地方，“充满恐惧”，但这才是萨米·格利克这类人能成功的大环境。在萨米看来，“本着良心生活如同开车的时候踩着刹车”（55）。

萨米作为小说人物总有可能被当作一个抽象概念，这个形象过于清晰，所以不完全可信，然而，小说在我们面前有条不紊地展开，因为有他雪貂般的凶猛，这是他在好莱坞你死我活的环境中存活的本能。舒尔伯格对他的反道德冲动很感兴趣，这是一种不惜一切代价追求成功的需求。萨米的行为毫无良心，他的电影都是抄袭他人的作品，他的爱情和友谊不过是冷冰冰的向上爬的手段。他成功了，不过也成了孤家寡人，在空荡荡的别墅里像公民凯恩一样喋喋不休，他的花瓶娇妻背叛了他，当初在他企图利用她的时候反被她利用。这是对好莱坞成功神话的讽刺，这种成功神话热衷于大团圆结局。这个行业自身的达尔文式伦理观是自相矛盾的。作为马克思主义者，舒尔伯格比政委们认为的要好，因为他将这部好莱坞题材的小说写成了一部批判美国个人主义和资本主义的残酷性的作品，正如他将移民生活描述为社会病理学研究基地。舒尔伯格将萨米和他的出身简约化为一个类型，这种做法损害了小说本身，却成就了这个人物，使其成为一个永久的神话，成为在溜滑的成功之梯上攀爬的龌龊的少数民族攀爬者的代名词。作为一个辨识度高的人物类型，萨米很快就超越了塑造他的小说本身。这是一个罕见的成就，但严格来说，这不能算文学成就。

萨米的孤独命运早就成了老生常谈的反成功故事，更早的同类作品至少有亚伯拉罕·卡恩的《戴维·莱文斯基的发迹》（1917），然而，尽管有那些不利因素，这部小说还是火了，萨米身上动物般的能量爆棚，那是他“自我驱动的天赋”（59）。下东区部分写得很失败，因为萨米不在场，不能用他自己狂热的机智和活力丰富这本书的社会意义和道德说教。“好玩的萨米”网站（www. whatmakessammyrun. net）上列出了一个“格利克语录”，这是些用方言拼写出来、用来调侃好莱坞式伪善的词语。像“switcheroo”和“happytown”这样的词使小说有了粗俗的一面，并且，和电影制作者打交道的人都会注意到，在这一领域，夸张的宣传和真诚是一枚硬币的两面。但是，萨米身上也有一种难以预料的恐怖气质，尽管他会曲意逢迎。那是黑帮的影子，是犹太人居住区生活和电影业早期艰难岁月的延伸。[“总有一天，我想要宰了你。”他开玩笑说。(129)] 这是一片波涛汹涌的大海，萨米在其中紧张地游动，叙事者是另一种犹太人，他的眼睛紧盯着萨米，被深深吸引，感到惊恐不已，我们的眼睛紧跟着他，盯着萨米的暴行，例如，他一开始支持作家联盟，后来为了讨好他的上司，又毁了它。

舒尔伯格的写作受到了冷硬派悬疑小说简洁、反讽和画外音手法的影响。“她开始让人讨厌了。她小小的世界已经装不下萨米·格利克。”这是我们听到的关于萨米深爱着的犹太女友的故事，他在去好莱坞的路上把她甩了。与钱德勒和哈米特的小说一样，侦探型叙事者是一个探寻者的角色，他带着我们一步步走入堕落的沼泽地。小说的题目就开始具有了探寻意味，接着是萨米，带着我们深度了解好莱坞的内幕。

舒尔伯格还借用了他的老师菲茨杰拉德的创作技巧，尤其在《了不起的盖茨比》一书中，让叙事者兼有目击者和调查者的身份——同时也是读者的替身。曼海姆被塑造成尼克·卡拉韦式的人物，萨米即下东区的盖茨比，像尼克一样，在小说的结尾，他不情愿地向他的对象表达了敬意，在这种情况下，是对一个可疑人物的努力和力量的敬意。但是，舒尔伯格明显和曼海姆的立场是一致的，他从不反思自己的自以为是和清教道德观、他的傲慢，或者他的革新派德国犹太教背景，更不用说那些把他反复拉回萨米生活圈子的模糊冲动。当然，他的动机远不止好奇心。舒尔伯格是在达特茅斯读过书的好莱坞二代，他能看到来自犹太人居住区、正努力摆脱贫困的那个犹太人眼里的一粒尘埃，却看不见挡住了那个归化了的犹太人视线的那根巨大梁木，因为他拥有“高级的”文化价值观。在他一心想把萨米归入一个社会类型的时候，他对叙事者反复提出的问题给出了一个虚情假意的答案，这种做法差点毁了这本书。他驱散了萨米身上的神秘感，菲茨杰拉德从来不会这么做，盖茨比始终处于幽暗之中。菲茨杰拉德自己曾十分担心这位门徒会如何处理好莱坞题材，他对成书很失望，但在去世前不久，他在一封信中为这本书说了好话，后来被出版商拿去做了推广语。他对他自己的编辑马克斯韦尔·珀金斯说：“写得还行，但完全没有将我的材料处理到位。”但私下里，他在笔记中冷酷而有失公允地给他贴了标签：“巴德，乃平庸之辈。”[16]

菲茨杰拉德对另一位年轻作家的才华没有任何怀疑，迄今为止，他的才华仍在很大程度上没有得到认可，这是一位和他大不相同的作家，他在《了不起的盖茨比》现代文库版前言中提到他。纳撒尼尔·韦斯特在30年代作家中是独特的一位，他在作品中令人信服地将野蛮和悲怆混合在一起。在写给菲茨杰拉德的一封感谢信里——他奉上了《蝗虫之日》的厚重校样——韦斯特称自己就像一名细密画画家，写不出恢宏大作，应付不了政治和全人类宏大叙事，只能写自己讽刺范围内的小打小闹。和所有的讽刺作家一样，他善于发现荒诞的事物，且具有漫画式的写作天赋，而好莱坞的不足之处正好满足了他的需求。但韦斯特不像有的作家那样，蔑视低俗品味和人性愚蠢，而是把它们当作社会污点或者绝佳素材加以摹写，他对低俗感兴趣是因为他认为低俗是被压抑之欲望的间接表达。对韦斯特来说，诸如电影和地方建筑这样的通俗文化并不是艺术，而是白日梦的幼稚表现形式，它打开了一扇窗，让人们看到不设防的生命，因其处于极端匮乏之中，所以充满危险。《蝗虫之日》中的好莱坞没有明星和大权在握的制片人，只有每周挣30美元的制景师、吃了上顿没下顿的未来小演员，筋疲力尽还要挨家挨户兜售神奇抛光剂的杂耍艺人，到处寻找机会在西部片中做临时演员的牛仔。他们周围都是些更变态的人，会让人觉得文明已不复存在：在别人的车库里上演恐怖斗鸡比赛的臭墨西哥人，来加利福尼亚疗养的病歪歪的中西部人，渴望得到明星蛛丝马迹的疯狂影迷，满腹救世热忱的宗教狂热分子。加利福尼亚是美国西进运动的最后一站，在这里，无根的美国人走到了尽头，前方是大海，背后是沙漠，头顶不协调的朗朗晴空。《蝗虫之日》涵盖了电影业之外宽广的加利福尼亚文化。韦斯特偏爱洛杉矶地下组织题材，吸引他的是夜间法庭和警察局而不是高雅的好莱坞舞会。《蝗虫之日》最初受到了冷遇，卖了不到2000册，后来，在幻灭的剧作家们的好莱坞小说里较少看到这部小说产生的影响，倒是在弗兰纳里·奥康纳的《慧血》和《好人难寻》，以及托马斯·品钦的《拍卖第四十九批》这种包含天启式的怪诞和不和谐的悲喜剧里找到了回声。和韦斯特的小说一样，这些讽刺作品里有阴郁的精神回响。

和他的代表作《寂寞芳心小姐》相比，《蝗虫之日》目标更高远，结构更松散，少了很多限制（有点像菲茨杰拉德结构更铺张的《夜色温柔》与简单的《了不起的盖茨比》的对比）。但它取得的效果远比它俗套的情节要好。小说围绕着五六个生活毫无目的的男人展开，他们在费伊·格林纳未必存在的圈子里转悠，她是一名私娼，有种低俗的魅力，但跟谁都没有关系，她和其他满怀希望的女主人公一样，努力想打入电影圈。她周围的男人包括她弥留的父亲，他曾经是一名杂耍艺人；叙事者托德·哈克特，比寂寞芳心小姐还要阴郁；瘦高个牛仔厄尔·舒普；他的墨西哥朋友米格尔；成功的编剧克劳德·埃斯蒂；阿贝·库斯奇，一个说话硬气的侏儒；还有腼腆、富有、性压抑的荷马·辛普森，他在艾奥瓦的一家酒店里工作了20年，因为一个性侵未遂事件吓得逃离了那座城市。

如果说小说情节中有个关键人物的话，那就是荷马。他对费伊卑微的付出换来对方更冷酷的对待，最终导致突然的崩溃，他一脚踩在一名挑衅他、让他难以忍受的小演员身上。事件引发了新影片首映的时候出现的一场骚乱。这些是荷马的人，尽管他和他们没有联系。他们是“来加利福尼亚等死的人”，在中西部，他们对生活感到厌倦和不满，被商人、媒体推广人和房地产开发商无底线的夸大宣传招到南加州来了。“一到那里他们就发现，只有阳光是不够的……他们没有休闲的心态，也没有可供享乐的金钱和物质……阳光就是个笑话。橘子他们已经吃够了。没有任何事情能让他们松弛的大脑和懒散的身体紧张起来。他们上当了，攒了那么久的钱，什么都没得到。”（177—178）这段话摘自小说的结尾处，紧接着就是骚乱——是小说一直在酝酿的末日大爆发。小说的题目曾经就叫《被骗的人》，将这些被骗的、狂暴的人变成一群像蝗虫这样一个具有破坏性的群体，韦斯特等于在对这些贫乏、失望的生命表达一种可怕的傲慢。

《蝗虫之日》并不真的在“写”这几个人物。尽管故事背景的描述如相片般保真，但我们看到的只有这些不健全的人物的轮廓和部分，还有他们微不足道、没有得到满足的欲望，他们更像机器人，而不是丰满的小说人物。例如，荷马就是舍伍德·安德森《小镇畸人》中的“畸人”翻版，他的身体与他本人是脱节的，连他焦躁不安的双手都有了自己的生命；甚至在他醒来的时候，它们还没醒。“他像个装配不当的机器人，一点一点地起床，把他的双手举到洗手间。他打开凉水。等洗手盆满了，他把双手浸入水中，让水漫到手腕处。它俩安静地待在洗手盆里，像两只奇怪的水生动物。在它们变得完全冰冷的时候，它们开始爬来爬去，他把它们拿出来，藏在毛巾里。”（82）这段话是典型的韦斯特的写法：全部都是陈述句，像宝石一样精确；机器人般的人物，支离破碎，只有部分人性，通篇小说都能看到他出没；“奇怪的水生动物”这个大胆的意象提示我们韦斯特有法国超现实主义渊源。这些象征畸形人类的意象替代了扩展性描述或人物塑造。例如，那个卑鄙的侏儒，被费伊扔了出来，一开始托德还以为自己看到的是一捆破布，后来才发现是个“小个子男人”，长着个“脑积水患者的大脑袋”。（63）

这种将人类退行至物或机器的手法在韦斯特简单而意味深长的意境中得到了升华。在介绍瘦高的牛仔厄尔·舒普的时候，韦斯特写道：“他两肩瘦削，既没有大腿也没有屁股，这让他看起来更像一根电线杆子……事实上，他两腿笔直，因太阳暴晒和过度洗刷已经变成浅蓝色的工作服上一个褶皱也看不到，仿佛空荡荡地垂在那里。”作者仿佛在细致地描写厄尔的外貌，结果却把他写没了，他的身体从标配的衣服里面消失了。我们还了解到，“他从发际线到咽喉部位的皮肤都晒得发红，仿佛是某位专家涂上去的，这让他完全像一张机械图纸”（109）。那个墨西哥人和费伊跳舞的时候挑逗她，厄尔暴打了他一顿，托德“听到响声，看到那个墨西哥人跪在了地上，仍在跳舞，他的身体不愿意或者不能接受有人中途打断他跳舞”（117）。如同荷马的手和厄尔的裤子，米格尔的身体装配有问题，它不听使唤，有自己的行动轨迹。闹剧变得名副其实，滑稽剧却一本正经。作为机器人，他们随时可能成为危险的一群，这是一个没有任何个人意志在起作用的、充满戾气的群体。

《蝗虫之日》强化了将人性化约为动作和空洞的重复这一手法。这些“人物”都是些没有个体身份的怪人，这些机器人的独特之处暗示他们有一位随随便便的创造者。在韦斯特看来，这些人的生命都是拙劣的表演，而不是正常度过。对于费伊的父亲、老杂耍艺人哈里·格林纳来说做鬼脸是不由自主的行为，就像荷马不受控制的身体动作。“哈里的舞台表演生涯刚开始的时候，他很可能只是在舞台上演小丑，但是现在他不停地在演。这是他自我防卫的唯一手段。他发现，大部分人不会跟一个小丑过不去。”（77）一旦开始，甚至在他的心脏出问题的时候，他也停不下来。“他真的病了。让他在自怜的道路上保持平衡的最后一个障碍物被撞飞了，他正从滑道上滑下来，势头越来越猛。”这是真正的韦斯特风格，嘲讽的同时抱有同理心，无情的同时流露出怜悯，就像围绕狄更斯讽刺夸张的描写所做的即兴发挥。“他一跳站了起来，开始扮演真实的哈里·格林纳，贫穷的哈里，诚实的哈里，心眼儿好、谦逊、实至名归的好丈夫、模范父亲，虔诚的基督徒，忠实的朋友。”（91）韦斯特让我们透过纱幕看到人物的自我戏剧化，仿佛透过好莱坞的制型纸板看那些甜蜜的幻象，没有多少嘲讽意味，更多感叹和悲伤。“没有什么比真正的丑陋更令人悲伤。”（61）

韦斯特笔下的好莱坞，就像他建构的加州版美国梦一样，是一堆廉价的仿制品，好笑又可怕，但很容易转向严肃的一面。托德在制景地穿行的时候，我们跟着他的脚步按颠倒的顺序从一个历史时期走向另一个历史时期；当他看着“最后的垃圾场”，我们有些许不真实感，那是一个墓地，在那里“没有任何一个梦想会彻底消失”（132）。韦斯特有种异乎寻常的预见性，在历史学家丹尼尔·布尔斯廷对伪事件展开论述，让·鲍德里亚提出类像概念和混成艺术作品的后现代感之前，他预见了这一切。其他写好莱坞题材的小说家只是有幻灭感，相比之下，韦斯特将剥去这些幻象作为自己的使命。小说人物的妄想和自我投射是移动版的仿制建筑和粗糙制景。费伊失去了一次演出机会，她扮演了一个小演员，赋予了这个角色自己的生命，彻底与情感分离。“奇怪的是，她的手势和表情跟她说的话没什么关系。它们几乎是纯手势和表情。”和她父亲做鬼脸一样，她的表演也在消除敌意和自我保护。“她的身体仿佛发现她说的话很蠢，尽力打动她的听众，让他们不要对她太挑剔。”(159) 她的确打动了他们，但这种效果是机械的、无关联的。她的性别投射让她好像很随便但又难以接近。她没有自己的感情可以顾忌，只能将影迷杂志和商业新闻作为自己的榜样。她给托德讲到她的梦想的时候，称其为电影思想，模仿好莱坞出品的大量令人落泪的、励志的、浪漫的故事片，在大萧条时期电影业得以兴旺发达，这些影片功不可没。韦斯特在“贫民街”的小制片厂工作，他深知这是怎么回事。他发现好莱坞用假东西娱乐大众，但同时也有种不祥和令人沮丧的东西。

如果说《一个演员的诞生》里的成功伴着失去，星途伴着心碎，韦斯特走得更远：他给我们呈现了一群无路可走的人，他们是梦想家、小演员和攀附权贵的人，对于他们来说，加州之梦无法实现。他的故事背景不是萨米·格利克受困其中的那种明星和制片厂老板们住的大别墅，而是破破烂烂的圣伯纳迪诺湾，这是韦斯特笔下的部分人物居住的公寓。他没有写好莱坞首映式的流光溢彩，而是着力表现了人群的疯狂，一群被骗的、感到厌倦和失望的人疯狂地喊打喊杀。整部小说一直在暗示这个充满暴力的高潮的到来，有时是不经意地暗示，常常具有喜剧色彩。托德在画一幅名为《洛杉矶大火》的油画，画中“大火发生在正午时分，所以，火苗和沙漠烈日将竞相辉映……他打算让这座城市在火海中有点节日气氛，看上去几乎是欢乐的”(118)。电影厂在拍摄滑铁卢大战时，做了一半的布景在由临时演员组成的大军脚下坍塌了，就像现实中被打败的拿破仑大军。“现场演变成了一场大溃逃，在波希纳、莱比锡和奥斯特里兹打了胜仗的军士们像打破了玻璃窗的小学生一样只顾逃命……英格兰军队及其盟军还在景物的远处，无法逃离。”（134—135）模拟让灾难性的事件又发生了一次，第一次是一出悲剧，第二次则是一场闹剧。

韦斯特想象里的暴力极少这么温和，尽管他描述的恐怖里总透着这种喜剧性的犀利。托德在寻找绘画素材的时候，拜访了像“实体基督教堂”和“第三次降临的会堂”（“在那里一个穿着男装的女人宣扬‘反盐运动’”）这样的邪教教堂。和电影公司里里外外那些奇怪的东西一样，这些在光天化日之下冒出来的邪教组织让韦斯特觉得很有意思，移民记者路易斯·阿达米克同样对此感兴趣，在他 1932 年出版的回忆录《森林里的笑声》里，用好几页的篇幅写到这些奇怪的邪教组织，其内容可以直接搬到《蝗虫之日》中去。但是，阿达米克——特别是在他书中写到的 1920 年代——崇拜愤世嫉俗的 H. L. 门肯，在门肯看来，美国就是一个充斥着暴行的马戏团，给人们带来无穷无尽的笑料。经历了十年的大萧条，韦斯特本人也快要抑郁了，在他看来，娱乐被恐惧和厌恶捆绑着。为了将这些信徒画进他的画里，托德试图“将他们疲惫、羸弱的身体和他们疯狂、混乱的大脑之间的对比戏剧化。他不会像杜米埃和贺加斯那样讽刺他们，但他也不会同情他们。他会带着敬意画出他们的愤怒，欣赏那种可怕的、无法无天的力量，他意识到他们的这种力量足以毁掉人类文明”（142）。在加州的暖阳下，奇异的花朵已经绽放。这些人是不健全的，但他们激情下的残暴却相当可观。

韦斯特总是——遗憾地，但是可能具有讽刺意味地——说他没法将进步政治观写进小说里；他的想象力流向了其他地方。他曾给他的激进朋友写道歉信，解释他为何不能用自己的作品去推动他们的事业。但是，和韦斯特的小说一样，托德的画作也具有一个政治潜台词：它将法西斯主义的兴起当作大众心理的显现，探索卷入群体暴力中的那些充满仇恨、痛苦不堪的生命。作为一个真正的 1920 年代之子，韦斯特绝对不是一个平民主义者。1939 年 5 月，在写给批评家马尔科姆·考利的一封信里，他提到那位人民阵线的女主人公时使用了引号："就拿斯坦贝克大部头小说中的'母亲'来说吧——我想信任她，但说心里话，我没法这么做。"他不会以人民阵线的方式将群众理想化，他对他们感到恐惧，然而，在他所有作品里，他都会贴近大众文化，将其视为大众需求的激烈表达。托德自己和被欺骗的大众一样通过幻想来应对自己的烦恼：他在想象中炸掉丑陋的建筑和强暴高冷的费伊，不过他只是将暴力融入他的作品里。小说结尾部分，在骚乱中，一股人流吞没了他：深陷人潮的他，对自己的身体完全失去了控制，我们强烈地意识到被一股无法控制的力量裹挟是怎样的感受。在韦斯特看来，一切都导向一个结局——俗不可耐的建筑、可笑的布景、空洞无爱的性、虚假的魅力、廉价的娱乐、抽搐的机械身体、残缺的人性、梦想、诺言、厌倦、失望——直至致命的爆发。大萧条得到缓解之后，好莱坞给普通人提供了一种替代现实；很多人得到了滋养，还有些人有自己的打算，或者成为群体的一部分，对外面的世界做出机械的反应，甚至像弗兰克·卡普拉 1941 年的电影里的群体那样，残忍地攻击他们以前的英雄约翰·多伊。希特勒和墨索里尼群众大会上的喧嚣让美国人明白，这种很容易被操控的群体情绪的高涨将是什么结局。

不少作家驳斥了好莱坞和通俗文化中的成功幻想，那是将加利福尼亚作为最后边疆的乌托邦式承诺。韦斯特带有更多的同理心但也有厌恶感，使它们成为悲情和激烈的末日幽默的怪诞源泉。结果就是他的作品对大萧条时期的观众来说太尖锐了，但二三十年后更愤世嫉俗的读者会喜欢，而他早在 1940 年就已在车祸中丧生。最终，他几乎单凭自己的一己之力改变了南加州的形象，从自然的天堂变成了变态、堕落和垃圾的集聚地。他揭露了梦工厂的运作方式，勾画出它噩梦般的周围环境。和大部分 30 年代的作家相比，他是真正的美国作家。

1. Josephine Herbst, "Moralist's Progress," *Kenyon Review 27* (Autumn 1965): 772.

2. Arthur M. Schlesinger Jr., *A Life in the Twentieth Century: Innocent Beginnings, 1917 - 1950* (Boston: Houghton Mifflin, 2000), 142.

3. Budd Schulberg, *What Makes Sammy Run?* (1941; New York: Bantam, 1961), 213.

4. Christopher Ames, *Movies about the Movies: Hollywood Reflected* (Lexington: University Press of Kentucky, 1997), 22.

5. Kevin Starr, *Inventing the Dream: California through the Progressive Era* (New York: Oxford University Press, 1985), 336, 335.

6. David Thomson, *Showman: The Life of David O. Selznick* (New York: Alfred A. Knopf, 1992), 134.

7. Elizabeth Kendall, *The Runaway Bride: Hollywood Romantic Comedy of the 1930's* (New York: Alfred A. Knopf, 1990), 162. 书中有一章专门讨论《摘星梦难圆》，写得非常好。

8. James Harvey, *Romantic Comedy in Hollywood, from Lubitsch to Sturges* (New York: Alfred A. Knopf, 1987), 178.

9. Matthew J. Bruccoli, "*The Last of the Novelists*": *F. Scott Fitzgerald and The Last Tycoon* (Carbondale: Southern Illinois University Press, 1977), 135. 该书收录了经过精心选择的菲茨杰拉德工作笔记，本书引用部分出自该书。

10. F. Scott Fitzgerald, *The Last Tycoon: An Unfinished Novel,* ed. Edmund Wilson (New York: Charles Scribner's, 1941), 35. 下文有关此书的引文皆出于此。

11. Scott Donaldson, *Fool for Love: F. Scott Fitzgerald* (New York: Congdon & Weed, 1983), 207 - 8.

12. Bruccoli, "The Last of the Novelists," 145.

13. Matthew J. Bruccoli, *Some Sort of Epic Grandeur: The Life of F. Scott Fitzgerald* (New York: Harcourt Brace Jovanovich, 1981), 493.

14. Bruccoli, "The Last of the Novclists," 140.

15. Schulberg, *What Makes Sammy Run?,* 194. 下文有关此书的引文皆出于此。

16. Andrew Turnbull, *Scott Fitzgerald* (New York: Scribner's, 1962), 320.

第九章　1930年代的最后一部电影：有一种成功叫失败

奥森·威尔斯和赫尔曼·曼凯维奇根据威廉·兰道尔夫·赫斯特的生平写了一个剧本，最开始剧本名叫《美国人》，后来改编成电影《公民凯恩》，影片通过不同的叙述者从不同的角度讲述了一件挥之不去的神秘往事。《公民凯恩》梳理了传说、生平事迹和大众刻板印象的脉络，创造了一个关于一位美国巨人的神话，将已经是大众想象的一部分的赫斯特这个人物归入永恒的美国神话。这部电影一直被看作一部标志性作品，它的影响涉及方方面面，从闪回结构、黑色电影的表现主义灯光，到跳切技术和新浪潮的个人视角，以及后来的独立制片人。但这些还只是故事的一部分。在过去的几十年里，通过无数电影评论，在我看来，有关《公民凯恩》的两个方面已彻底改变：它与过去的关系，特别是与1930年代的关系，以及它所表现的人性共鸣。随着威尔斯自己从长期的媒体热门人物退回到电影史中，这部电影的人文特质神秘地加深了。批评家们透过电影上映后的反应来看《公民凯恩》；我开始了解促成这部电影的著作和电影。对大部分批评家来说，《公民凯恩》是一个新时代的第一部电影，是黑色电影和一种导演主导下的独立电影制作的先驱。在我看来，它已经成为1930年代的最后一部电影，从其处理由野心、支配和成功带来的灾难这类题材的方法来看尤其如此。

宝琳·凯尔写了她最长、最雄心勃勃的电影评论《培养凯恩之路》，她真的是唯一一位讨论这部电影前因的批评家。然而，她把优秀的描述才能、独特的研究和电影史的整体回顾写成了辛辣、风趣但完全不可信的论述。她的目的是证明赫尔曼·曼凯维奇在《公民凯恩》中贡献更大，以恢复其名誉，她将问题放在他业已被忘得差不多了的职业生涯里加以讨论。曼凯维奇愤世嫉俗、反传统、滑稽地自毁，事实证明，他是个娱乐性话题。但在《公民凯恩》之前，即便追溯到很久远的时候，他的作品也很少，后来的学者如罗伯特·L. 卡林格尔充分地证明了威尔斯对剧本的贡献远大于凯尔所指。凯尔怀着为曼凯维奇正名的热忱，她的言论被卡林格尔总结为对威尔斯工作的“公然歪曲”[1]。

为了说明《公民凯恩》是如何出现的，凯尔举出了 30 年代对剧本有启发作用的文类，包括报纸的电影栏目和专写大富翁的故事栏目。但是，因为曼凯维奇和他的朋友们——那些从百老汇转移到好莱坞的阿尔冈昆才子（the Algonquin wits）——主要写的是喜剧，凯尔重点关注了 30 年代文类中相对而言对《公民凯恩》影响较少的一个：疯狂的浪漫喜剧。“作为一个群体”，凯尔说，阿尔冈昆才子们“让我们称为‘30 年代喜剧’的轻松娱乐形式长盛不衰。我认为，《公民凯恩》是其巅峰之作”(13)。

《公民凯恩》可能确实借用了神经喜剧里文绉绉、有时重叠的对话，我将在下一章里讨论这个问题；可能它们对富人的津津乐道和性别冲突在凯恩的两次婚姻中有牵强地表现。但是，将《公民凯恩》称为喜剧，甚至“哥特式喜剧”(5)，是在误导我们。《公民凯恩》告诉我们，光鲜的富人不是很幸福，但这个有争议的老生常谈出现在 30 年代一个更大的流行神话潮流中，而不只是神经喜剧——在这些流行神话里，没头脑的富人通常挺幸福的，或者至少他们不知道他们不幸福。

像《我的戈弗雷》《轻松生活》和《育婴奇谭》这样的电影将富人塑造成冷酷无情或愚蠢轻浮的人，但严格限制在表现滑稽方面。愚蠢的富人虽然愚蠢但不是不可救药，他们甚至有点可爱，我们喜欢他们——同样，大萧条时期的观众也会喜欢他们——把他们的行为看作自发的行为和不负责任的自由。而《公民凯恩》更像很多文学作品里塑造的大富大贵之人，从弗兰克·诺里斯的《章鱼》这样的揭黑小说，到伊迪丝·华顿、辛克莱·路易斯、F. 斯科特·菲茨杰拉德、约翰·奥哈拉和J. P. 马昆德等人带着辛辣讽刺意味的社会小说，都表现了那些非常有魅力的富人如何对他人行使权力：魅惑他们，收买他们，或者吓唬他们。在这些作家的作品里，富人被揭露而不是被拯救；在他们的社会权威和格调背后，他们的生活看起来空虚、残酷或者具有很强的毁灭性。有时候，他们让别人苦不堪言，如《欢乐之家》或《世风》中，有时候，他们最终被自己的手段反噬，如《章鱼》中，抑或像《了不起的盖茨比》里的汤姆和黛西，“他们把东西砸烂，然后躲回自己的金钱和空旷的舒适圈里……让别人来为他们收拾残局”。[2]

1930 年代，大萧条的环境引发了针对富人的嫉妒和愤怒——富人被泰迪·罗斯福称为“有巨额财富的恶人”——在大众文化中，商人很快成了恶棍而不是英雄。凯恩是这些大亨人物系列中最引人注目的一位——他们一开始挺厚道，然后变得越来越邪恶——沃尔特·休斯顿、沃尔特·康诺利（他曾出演卡普拉的《一夜风流》和《百老汇比尔》）、尤金·佩里特都曾演过这一角色，演得最多的是爱德华·阿诺德，他在《约翰·多伊》里扮演的一个角色很像凯恩（该电影比《公民凯恩》早两个月上映）。（他同样收购了一家报纸，紧接着大规模裁员，然后将报纸变成他个人政治野心的煽动工具。）甚至《公民凯恩》用闪回表现人物的手法也模仿了普莱斯顿·斯特奇斯的《权力与荣耀》（1933），这部大亨电影的剧本深受赞誉，由斯宾塞·屈塞主演。

大亨电影是“传记电影”的一个分支，传记电影在 1930 年代最为盛行，有乔治·亚理斯擅长的历史人物扮演和保罗·穆尼主演的重现巴斯德、左拉和华雷斯的通俗剧。这些有关“真人”的电影几乎都是按英雄模式塑造人物；他们将卡莱尔英雄推动历史的理论运用于好莱坞的实践之中，将过去人格化为光彩照人，充满勇气、毅力和人格魅力的典范。

因为大萧条时期的经济危机削弱了人们对体制的信心，1930 年代的观众特别渴望英雄的出现——但同时又对他们有种罕见的怀疑。法西斯主义的吸引力部分来自人们对于强有力的领袖人物的怀念，一位元首，一个骑在白马上的人，让议会制下的重重矛盾烟消云散，以人民的名义和个人意志行使统治权。赫斯特自己就曾经在格雷戈里・拉・卡瓦执导的《白宫风云》1933）里植入了这种类法西斯主义思想，由沃尔特・休斯顿扮演的总统拯救了美国，他宣布国家处于紧急状态，终止了国会和公民自由，由他直接命令警察部队接管国家。作为平民主义改革家，公民凯恩在竞选中慷慨激昂地鼓动人们反对犯罪和腐败，背景就是他的巨幅画像，他将成为这样一位仁慈的专制暴君。

因为大萧条期间广泛出现恐惧和无助感甚至绝望感，这个时期的无数电影都给观众呈现了任性、专横的人物形象，他们中的很多人都有精神创伤，尽力在短时间里获得对环境的掌控。在历史传记电影、大亨电影和政治寓言类电影后面，我们还可以加上黑帮电影、魔怪电影和以《约翰・多伊》和《公民凯恩》为巅峰之作的媒体电影圈。作为一个电影人物，凯恩是这些专横又脆弱的人物之集大成者：以赫斯特为原型，他既是历史上的真人，又是一位胆大妄为的大亨、一位为了人民的利益而控制人民的未来的政治家、一个发迹史里已经预示了堕落结局的道德流氓、一个笨拙的只需要爱的弗兰肯斯坦怪物、一个控制人们思想的无耻媒体大鳄。

《公民凯恩》是一个关于权力的寓言，它是众多大人物电影中的第一个，威尔斯后期的电影，从《午夜钟声》到《不朽故事》，大多属于这个类型。威尔斯自己已经是个传说，他 24 岁入驻好莱坞并签下一份享有空前自由和电影项目控制权的合同。宝琳・凯尔发现一个明显事实：某种程度上，威尔斯就是凯恩。她暗示说，曼凯维奇巧妙地将他写进了角色中。更大的可能性是威尔斯已经形成了对他在后期电影里表现出来的专横魅力不置可否的态度。在采访中，他明确地批判了他扮演的角色，否认跟他们有任何现实中的契合。谈到《历劫佳人》中，能凭直觉准确判断谁是真正的罪犯的腐败警察汉克·昆兰，他告诉《电影手册》的记者：

> 谁如果认为我喜欢昆兰，他肯定错了。我对他深恶痛绝。他性格中没有任何不确定的东西。他不是什么天才：他是他那个领域的专家，一个乡巴佬专家，但他是个让人讨厌的人……但是对一个混蛋产生同情心的情况总是存在的。再说，恻隐之心，人皆有之。因此我对那些我不加掩饰地憎恶的人也会心有戚戚……我认为凯恩是个令人讨厌的人，但他毕竟也是人，所以我非常同情他。

谈起他对这些人物的批判，威尔斯补充说："我演过很多令人讨厌的角色类型。我讨厌哈里·莱姆这个黑市小骗子，讨厌我扮演过的这些可怕的人。但是这些不是小人物，因为我是名演员，演的角色多种多样……我总是扮演领袖人物，那些人视野不是一般地宽广：我必须高于生活。这是我天性的问题。"[3]

威尔斯否认自己在塑造人物的时候存在模棱两可的情况，但他同时承认这些人物在人性的层面吸引他。作为演员，他至少感受到了他们的野心，即便在道德上无法与他们共情。他发现在他们的伟大和局限形成的对比中有一种真正的悲怆；他看到他们对控制的渴望不可避免地导致控制的失败，迫使那些可能陪在他们身边的人离开他们。晚年的凯恩动作机械僵硬，绝望无助，是恐怖电影里一个可怜的人——这个人如今虚弱到不可能威胁任何人——和高大的昆兰一样，死在一片浅水里，活像一条搁浅的鲸鱼。

《公民凯恩》揭示了玩弄权术的人性代价，这一主题贯穿于 30 年代影响这部电影的所有文类。权力使人腐败；权力也会让一个人成为孤家寡人。那些主人公需要的是爱，结果得到的只有别人对他们的恐惧。他们想控制人民，结果却孑然一身。很多此类电影，甚至魔怪电影，背后的秘密就是人物公共生活和私人生活的并列、他们在世界上的高大形象和他们在私人关系及亲密场合的情感需求——对控制和无条件的爱的渴望——的并列。

这里有一把理解《公民凯恩》的钥匙。在影片开头的新闻短片里，我们看到查尔斯·福斯特·凯恩的生平简介，肤浅而喧闹——那是个人在公共生活中的表面点滴。从这里开始，接下来就是记者汤普森出场了：他冷峻、随便、好奇，下决心找到这个传说以外的东西，突破还活着的那些人的防备。历史传记电影注重偶像塑造和道德说教，很少超出官方报道，而媒体电影则是愤世嫉俗和反传统的。这些记者无所不晓；电影透过他们看穿一切。

几乎所有的 30 年代媒体电影多脱胎于《犯罪的都市》，原剧于 1928 年走红，于 1931 年拍成电影，之后，又于 1940 年由霍华德·霍克斯改拍为表现两性之争的电影《女友礼拜五》，比原片还要好。另一部由话剧改编成电影的通俗媒体故事片是《最后的五颗星》（1931），爱德华·G. 罗宾逊在片中扮演一位语速很快、为发行量拼命的编辑，艾琳·麦克马洪扮演他的秘书，为他说出深埋心底的良心之语，至少在他变坏之前是这样。故事发生在一个你死我活的背景下，很像黑帮电影和社会意识剧中的背景。这些电影里的编辑和记者个个愤世嫉俗、擅长操控，简直是毫无廉耻之心——他们为了报纸卖得好，随时准备暴露任何人和所有人的隐私。他们向最邪恶的人献媚，他们在目光所及之处总能找到最邪恶的事物。但是，报社里的这些厉害人物个个充满活力和灵感。他们精力充沛，从不耽于幻想，很鼓舞人心，尽管他们道德方面很堕落。他们玩世不恭、厚颜无耻、毫不留情。越成功，他们就越令人厌恶——这正是威尔斯对他所扮演的人物的看法。

下面来讨论下电影《公民凯恩》究竟属于何种类型，它有很多渊源，将该影片置于 1930 年代的文化大观里。首先，《公民凯恩》是一个成功故事，它终止了猛烈质疑老一代美国成败典范的十年。我曾在上文中提到，《第四十二街》之后的后台音乐剧都是成功故事。后来反映演艺行业的故事片《摘星梦难圆》和《一个明星的诞生》也是，后者还诚实地表明，有人赢就有人输，还有黑帮电影、大亨电影，以及将恐怖和悲怆混合在一起的魔怪电影也是成功故事。

我在前面几章里论述过，在这十年里，这种悲观的、非美国的成功观在作家中更常见。他们的作品反映了大萧条时期低迷的一面。克利福德·奥德茨关于移民子女强烈渴望的戏剧揭示了一个事实：你得到这个世界的代价只能是失去你的灵魂。詹姆斯·T. 法雷尔关于中下层爱尔兰人的小说《斯塔兹·朗尼根》会告诉你，你没有得到这个世界，也会失去你的灵魂。纳撒尼尔·韦斯特一部接一部的小说嘲讽了大众幻想里的成功，包括他滑稽戏仿阿尔杰的小说《难圆发财梦》和描述了好莱坞末日景象的《蝗虫之日》。F. 斯科特·菲茨杰拉德把表现美国梦的强烈吸引力及其彻底失败变成了自己的专门主题，从他早期的长篇小说和短篇小说，直至整个大萧条时期的作品都是如此，包括《重访巴比伦》《夜色温柔》《崩溃》和《最后的大亨》。菲茨杰拉德的门徒和崇拜者约翰·奥哈拉在 1934 年出版了他的第一部小说《相约萨马拉里》，并创造了“作为失败的成功”这个小说类别。他在写给《新闻周刊》的《公民凯恩》简评里两次提到他不久前离世的朋友。

菲茨杰拉德和《公民凯恩》电影剧本之间的联系很复杂，但是几乎没有人关注。[4]菲茨杰拉德善于创造十分难以捉摸的人物，如盖茨比、迪克·戴弗（《夜色温柔》中的人物），以及门罗·斯塔尔（《最后的大亨》里塔尔伯格式人物），他们身上都有种奇怪的魅力，但道德上靠不住。我们觉得他们很神秘，因为我们从外人的角度在看他们，从尼克·卡拉韦这类小说人物的角度，被他们吸引，感觉好奇和神秘，思考他们的意义。菲茨杰拉德的这一写作策略来自约瑟夫·康拉德，该策略在《黑暗的心》和其他作品中得到充分运用，叙事者海军上校马洛深深地沉浸在人性深不可测的道德谜题之中。

威尔斯入驻好莱坞后接的第一个项目就是改编《黑暗的心》，他最初的计划是一人分饰马洛（作为画外音）和让人闻之色变的库尔茨两个角色，库尔兹是马洛探寻的对象，他一开始是个理想主义者，后来被凌驾于民众至上的权力所毒害和腐蚀。这部电影在按计划开机拍摄之前被雷电华放弃了，但是，正如批评家们看到的，它的探寻结构出现在《公民凯恩》中。（另一部中途流产的拍摄项目是一部叫《笑里藏刀》的恐怖片，作者是英国诗人C. 戴·刘易斯，《公民凯恩》的剧本也有它的影子。）在他们的共同努力下，康拉德和菲茨杰拉德成为对《公民凯恩》剧本文学影响最大的人，不仅因为有探寻结构和主要人物的神秘特质，还因为凯恩发迹和堕落的道德模式。

30年代的大部分成功文学，还有主要电影类别，如黑帮电影和后台音乐剧，表现的都是外来者的成功——爬上财富或权力巅峰的移民、成为明星的无名合唱团女孩、征服大城市的中西部青年、逐渐掌握公共话语权力的报人——然而，他们的成功背后是巨大的代价。要么他们在私人生活中表现得像他们在公共生活中一样冷酷无情，要么他们彻底忘记他们还有私人生活。有时候，他们最终会认识到，人在高处方知何为孤独：他们牺牲得太多，他们的人性被削弱了。也有时候，仿佛命运的安排，那些被他们在向上爬的路上踩踏过的人，携起手来对付他们。

所以，罗伯特·沃肖认为，黑帮电影是悲剧的现代形式：

> 没有任何一种黑帮电影传统像这样牢不可破：孤身一人是很危险的。然而，成功的条件使得不孤身一人是不可能的，因为成功总是一种必须强加给别人的个人卓越成就，它会自动地激发出别人的恨意；成功者皆不法之徒。

在其后的一篇文章里，沃肖提到黑帮人物时这样写道："他是完全敞开的，没有任何保护，也不完整，因为他无法接受边界，也无法与自己的天性和解，满怀恐惧，不知爱为何物。他的职业生涯就是一场噩梦，是其由野心和机会组成的价值观的倒置。"（136—137）这段评论不仅适用于《公民凯恩》，也适用于为其铺路的那个电影系列：反资本主义的大亨故事片、报业戏剧，以及极富同情心的魔怪电影如《科学怪人的新娘》，它将攻击性和孤独及缺爱联系在一起。

大部分成功故事记录了主人公一步步“发迹”的过程，而《公民凯恩》则不同。凯恩神奇地得到了一笔财富，如同赫斯特继承了父母的遗产。他走上媒体之路不费吹灰之力，几乎是个玩笑：“我觉得办个报纸应该很好玩。”电影开头的场景欢乐而忙乱，充满青春力量。但闪回结构投下了一道阴影：即使在快乐的场面出现之前，我们也已经从仙乐都的铁链篱笆感受到了一丝哥特式阴郁，从一系列怪诞的扭曲画面体验到了凯恩的死亡。在那段不协调的欢快纪录片里，我们观看了他整个职业生涯的闪回，看到他被崩溃的第二任妻子苏珊·亚历山大冷漠地拒绝，目睹了小凯恩被强行带离他童年生活的地方。即便是撒切尔在回忆录里“讲述”的凯恩的辉煌岁月也是以大萧条时期他的各种不顺结尾，配以撒切尔图书馆那陵墓般的气氛——类似的表现方式还有，以电报的方式发送的新闻报道很快被切换到试图解读新闻的记者阴郁的剪影上。

凯恩不需要艰苦奋斗就能走上巅峰，但他生活中任何美好的事物都会很快变质：孩童时期在雪地尽情玩耍、他的第一次婚姻、他对苏珊歌声的欣赏、他的“爱巢”、他的政治生活、他与杰德·利兰的终身友谊、他的第二次婚姻——我们目睹这些陷入糟糕境地，在影片的下一段，一切从头再来。随着影片的声音和图像出乎意料的巧妙转换，幽静宜人的背景很快变得宏大和空洞，每一个专属的时刻都会变成对这一时刻的滑稽模仿，并毁掉它。这些令人眼花缭乱的对接成就了这部电影，堪称天衣无缝。苏珊歌唱的画面带着她走出了一个简陋的房间，她在那里唱歌给一个刚认识的男人听，她走进了一个装潢考究的包养女的套间；凯恩为她的歌唱鼓掌的画面切换到观众为凯恩的政治宣传鼓掌；利兰演讲的画面切换到凯恩的演讲画面，此时我们从他的受害者和复仇者伯斯·吉姆·盖提斯的视角看到这个画面。转了一圈之后，我们又回到了苏珊和她的套间里，这个套间被凯恩式的新闻媒体扒了出来，将毁了他的婚姻和政治前途。当受挫的凯恩凭借一己之力强迫苏珊、她的老师、她的乐评人、她的听众接受苏珊的歌唱的时候，整个循环又开始了——就在一个男人令人震惊的掌声和鼓掌的画面里，这一次，不是在剧场里欣赏音乐，而是在人群中。

当凯恩开始险恶地强加于人的时候，电影的风格和气氛开始改变。苏珊仿佛活在他的影子里——在有些场景里，真的就处于他投下的阴影里；低机位拍摄使他显得更阴森可怕；办报初期轻松活泼的喜剧气氛换成了黑帮电影和恐怖电影里的表现主义意境；早期仿佛单纯无邪的深焦摄影开始揭示紧张的权力关系。早期，这种权力是针对他的：在一扇窗户背后，在他还在雪地里玩耍的时候，有人决定了他的命运。后来，他掌握了权力。在苏珊倒霉的歌唱课上，凯恩出现在背景里，或者，在歌剧表演结束后的新闻办公室里，他小而清晰的聚焦身形和冰冷的声音确立了他对房间里所有人的控制权。他站在他们的对立面，也站在现实的对立面，用个人意志逼迫他们就范："人们会想……我让他们怎么想他们就怎么想。"当凯恩边篡改利兰的负面评论边轻率地开除利兰的时候，他的身体占满了整个前景，同样表现了绝对的控制力。当老年的利兰讲述他的故事的时候，在分镜头里，他占据了凯恩的位置：此刻他控制了叙事。

但是，在后来的场景里，凯恩的掌控力逐渐削弱。苏珊晕过去那一场，她用过的玻璃杯占满整个前景，昭示她在用自杀的方式脱离他的控制，他可以强行进入镜头，但他没法强迫她回到舞台。他隐居起来，将他年轻的妻子关在屋里玩拼图游戏，但仙乐都洞穴般的空间溢出了他的控制。他的动作变得僵硬，声音空洞，面容怪诞，像死人一样，而苏珊发现，她可以从他的影子里走出来，如今，这个影子不再是权力的魔影而是绝望的幽魂。甚至他最后向她求情的悲怆以及他砸烂她屋子的暴力都显得空虚而不真实，仿佛房间里并没有人——他的灵魂早就先于她逃走了。当他在仆人们的默默注视下踉跄走出房间的时候，走廊变成了一个装满镜子的大厅，默默地预演了《上海小姐》（1947）高潮部分的景象。他的影像在增殖，他四周的空间在膨胀，这些曾经（如在竞选宣传活动现场）表现了他延展的自我——至高的权威、不可抗拒的意志、对爱的索取——如今仿佛在嘲讽他，无动于衷地将他推向孤独的死亡。

凯恩的堕落轨迹在每一部空洞的30年代“成功”故事里都能看到，如《小恺撒》《国民公敌》《寂寞芳心小姐》《夜色温柔》《一个明星的诞生》和《金童》。正如那十年里民众对钢铁英雄和单纯行动的信徒又爱又怕，电影观众梦想成功和魔术般的变化，但对失败也能产生共鸣，失败仿佛离现实中人们的生活更近一些。公众喜欢新漫画书里的超人，但是，那十年后期，人们对成功和失败以及对个人权力的迷恋已经不再单纯。随着国际形势的恶化，经济有所好转，有强大意志和权威的人成了法西斯主义的隐喻，而不是救世主。在《约翰·多伊》中，爱德华·阿诺德启用了自己的突击队员去实行赫斯特植入《白宫风云》中的那种思想。“这个国家需要的是，”他说，“铁腕手段，纪律。”

对于公民凯恩来说，政治只是获得爱和保障对人民的掌控权的一个渠道。像赫斯特一样，凯恩一开始是一位扒黑幕的平民主义者和改革家，是有特权的护民官，但事实证明，他的“原则声明”是空洞无物的，和他的人际关系一样。他的成功是买来的，代价是失去妻子、朋友，还有他的原则。《公民凯恩》的非凡之处在于，它运用回溯的手法将一个成功故事变成一次调查，神秘的调查过程不是指向一个罪犯，而是领悟一个意义。尽管玫瑰花蕾作为故事情节的麦格芬①作用是有限的，但它能让记者汤普森去寻找这个词的不同意义（就像苏珊的巨大拼图），他让每一位证人参与解开一个人一生的谜题。“必须找到这个玫瑰花蕾，”他的老板告诉他，“它很可能就是某个再平常不过的东西。”“可能是他丢失的东西，”伯恩斯坦说，“凯恩先生几乎丢失了他曾经拥有的一切。”“他一生真正想要的东西就是爱，”利兰说，“这就是查理的故事，

① “麦格芬”（MacGuffin）是一个电影术语，是推动整个剧情发展的重要动力，尤其多见于悬疑片中。麦格芬虽非希区柯克首创，却是通过他所创造的各类“麦格芬”类型，才成为广为人知的电影元素。

他失去了爱。你懂的，他没有爱可以给予。”有些威尔斯电影的优秀评论家，包括安德烈·巴赞和威廉·约翰逊，将这种强烈的丧失感视为其作品的情节推动力。然而，贯穿整部影片的追寻结构却有自己的叙事逻辑。它强调谜题本身，而不是答案。

汤普森的探寻中另一个隐喻是物品清点。在凯恩见到苏珊的时候，他正在去仓库的路上，他去那里清点他已故的母亲留给他的物件；这样一来，苏珊的魅力和天真与他突然丧失的童年联系起来了。他去世之后，在一段较长的、不可思议的移动跟踪拍摄里，镜头扫过他一生中收集的所有东西，人不在了，但那些东西还在。物品清点和影片开头部分的纪录片相吻合：它检视了他所积累的东西，这些东西无法定义他，这加重了丧失感。汤普森寻找一个简单答案的努力失败了，但观众的探寻更成功。我们不仅看到了作为重要意象的“玫瑰花蕾”在燃烧，它的秘密被揭开，还看到了汤普森和威尔斯共同拼接的拼贴画面。汤普森总结说：“我认为没有任何一个词可以解释一个人的一生。”过程即解释。

在整个过程中，甚至凯恩自己也尝试为自己做解释，探寻他自己的奥秘。“如果我不是很有钱的话，”他若有所思地说，“我有可能成为一个真正伟大的人。”这种说法和其他解释一样不能说明任何问题，开头的纪录片也是如此。解释和渴望被解释不仅属于人格的奥秘，也部分构成了凯恩（和威尔斯）本能的炫耀。凯恩的行为举止总像置身舞台：控制语速以达到理想的效果；预估听众的反应；以威风或魔力消除任何抵抗。配合很好的妻子、老朋友、雇员、医生、音乐老师，就连报纸读者和歌剧观众都成了他的卫星，构成了他运行的力场。他引诱或控制他们，但他和任何人都没有深入的接触。他的臣民最终都背叛了他，剩下他孤零零一个人，和那些他从来就没有看过一眼的物品在一起。

电影的结尾和开头一样，出现哥特风格，暗示神秘和恐怖，以及疏离的气氛：锁链组成的篱笆、一个“不得入内”的警示牌、一座假宫殿、一位老人的离世。铁链篱笆的后面是一个私人的故事，比公众知晓的故事还要恐怖。那位热爱新闻办公室里忙碌景象的报界大佬，那位雇了很多人为他做事的大亨，他还是政客、经理人、怪物、魔法师、通奸者——这个孤独冷清地死去的人身上集中了这些身份。影片以大人物的不幸这种俗套作为结尾，但更加意味深长。“啊，那把银匙总是让我想吐。”

30 年代电影对失败的成功这一主题的探索以《蝗虫之日》中壮观的暴力场面和《最后的大亨》里的沉静反思收尾，而《公民凯恩》却将这一俗套深化为悲怆。威尔斯将浮夸和自我怨恨赋予了他所有的主人公，但是，他们还是赢得了我们的尊重，甚至喜爱。从凯恩、麦克白和奥赛罗，到汉克·昆兰和福斯塔夫，他们对自己的伤害大于对别人的伤害。从塑造普通人的十年开始，威尔斯不断在扮演不普通的人，他的自我保护、拉开距离的技巧让人惊奇，而不是同情，而最终惊奇和同情一并收获。玛琳·黛德丽在《历劫佳人》中的赞语指向威尔斯最怪诞的表演，但最终适用于所有人：“他是一类人。”但她接着补充道：“你怎么评价别人又有什么关系呢?”

---

1. Pauline Kael, “Raising Kane,” in *The Citizen Kane Book* (1971; New York: Bantam, 1974), 1 – 124. Robert L. Carringer, *The Making of* Citizen Kane (Berkeley: University of California Press, 1985), 34.

2. F. Scott Fitzgerald, *The Great Gatsby* (Harmondsworth: Penguin, 1950), 186.

3. Terry Comito, ed., *Touch of Evil* (New Brunswick, N. J.: Rutgers University Press, 1985), 204 – 5.

4. Robert L. Carringer, “*Citizen Kane, The Great Gatsby*, and Some Conventions of American Narrative,” *Critical Inquiry* 2 (1975): 307 – 25. 这是个值得注意的例外。

5. Robert Warshow, *The Immediate Experience: Movies, Comics, Theatre and Other Aspects of Popular Culture* (Garden City, N. Y.: Doubleday, 1962), 132 – 33.

第三部分　优雅文化

第十章　幻想、优雅和流动性：1930 年代的梦想生活

《公民凯恩》的主题很严肃，却有烟火展的气氛，还有超炫的技术创新，将大萧条文化的多条主线聚合到了一起。影片涵盖了成功和失败、权力和财富、野心和权势，然而，它给人的感觉是一场声光表演，是魔术师挥手之间的杰作。它的演艺技巧可以追溯到十年的早期，尤其是受歌舞杂耍表演影响的活力四射的电影场景。对 1930 年代感兴趣的社会研究学者很少关注这十年中显得肤浅、随心所欲的一面，娱乐文化经常被视为只是逃避主义的东西。为了寻找严肃的政治批评话题，他们重点关注无产阶级小说、纪录片和社会意识电影，如《亡命者》。但是，尽管发生了经济危机，1930 年代，通俗艺术引人瞩目的是其无忧无虑、漫不经心。这是那十年的一个悖论。

在 1930—1934 年这段时间，也是大萧条最严峻的时刻，好莱坞还没有执行严苛的《海斯法典》，仍享有最大的自由。百老汇音乐剧——除了格什温兄弟于 1931 年创作的辛辣但令人喜爱的《我为你歌唱》——仍然轻松活泼，颇有 1920 年代之风。这几年的娱乐节目有时候过于放肆，游走在野蛮的边缘。格什温兄弟跨越边界，创作了《我为你歌唱》的续集《让他们吃蛋糕吧》(1933)，观众不喜欢这部了不起的音乐作品，因为剧本里充斥着愤世嫉俗的，几乎是虚无主义的价值观。(这两个剧本都是乔治·S. 考夫曼和莫里·里斯金德的作品，二位都是

百老汇文笔辛辣的讽刺作家，但取得了商业上的成功。）马克斯兄弟在这些电影中的表演最滑稽，这使得他们有机会在1934年参演了最疯狂的作品《鸭羹》（他们唯一在商业上失败的电影），其编剧之一S. J. 佩雷尔曼正在《纽约客》上尝试他自己的超现实主义和语言幻景，而他的姻亲纳撒尼尔·韦斯特在《寂寞芳心小姐》和《难圆发财梦》里相当于创造了黑色幽默。梅·韦斯特和W. C. 菲尔兹的讽刺喜剧达到了巅峰，之后，韦斯特受到了审查机关的限制，好莱坞对菲尔兹的动作喜剧和故事的任意性也越来越不信任，更不用说，那些近乎厌世的冷嘲热讽。

也有时候，这种流行文化是成熟和老于世故的，例如《一夜风流》和《瘦子》系列里的怪诞幽默，科尔·波特、罗杰斯和哈特、格什温兄弟的诙谐歌词与滑稽顺口溜歌曲，此后还有很多疯狂的浪漫喜剧。同一个时期，出现了表演戏剧化的保罗·穆尼，他在《疤面人》中，像个幼稚、危险的傻子一样，始终踏着沉重的步伐走路；也出现了这个时代的偶像之一，瘦削、轻巧、古灵精怪的弗雷德·阿斯泰尔代表了这个时代的优雅和精致，而穆尼毫无疑问表现了这个时代沉重、忧思而严肃的一面。

伍迪·艾伦的《开罗紫玫瑰》和普莱斯顿·斯特奇斯的《苏利文的旅行》中的大萧条观众，看电影或听收音机是为了逃避生活中的烦恼——去做白日梦或者索性去幻想——传统电影几乎起不了什么作用。虽然宾·克罗斯比满怀希望地唱道“尽管钱袋空空，衣袋里却装满了梦想”，但是，艺术和社会情绪的关系要复杂得多。一种文化的逃避形式和社会批评一样意义重大并富有启发性，如果它们可以被称为逃避的话。在纯娱乐的招牌下，《阿莫斯和安迪秀》将人们日常遇到的问题，特别是金钱问题，转化为另一种形式，让它们变得仿佛可以解决——节目可能有点冗长，但是毕竟可以解决。在一段时间里，当每个人都感到焦头烂额的时候，广大观众甚至能与黑人融为一体。

像《飘》和《风流世家》这样广受欢迎的历史传奇将读者带入不同的时代，例如内战之后遭受战争蹂躏的美国南部，但是，他们正在经历的大萧条与那些时代有惊人的相似之处。和《愤怒的葡萄》一样，《飘》也取材于一场社会性灾难之后的状况，重点表现的是生存，主人公是一位强壮、能干的女性，她竭尽全力撑起自己的家和她的世界。1930 年代早期无政府主义风格的喜剧片，以神奇的速度、诙谐、色情和粗俗无礼告诉我们，大萧条如何拉低了我们的道德底线，并毁坏了我们的社会传统。最后，如此多的神经喜剧、舞台音乐剧、阿斯泰尔-罗杰斯电影都是以富人的世界为背景，这并不是偶然的，因为那个世界不仅有钱，还有大萧条时期大部分美国人所没有的流动性。

这是一个巨大的讽刺，世界上那么多人在路上，却很少有人拥有真正的流动性。由保罗·穆尼扮演的逃犯詹姆斯·艾伦是从铁链囚徒中逃出来的，不知逃往何方；男人和青年爬货车，在郊外扎帐篷，城市不要他们；约德一家长途跋涉，穿过城市和沙漠，住过贫民窟和收容站：这不是旅行，这是另一种形式的停滞不前，或者叫原地踏步，像那些马拉松舞者，在地板上打转直到筋疲力尽，几乎站着就睡着了，彼此依靠着，就为了一件小小的礼物。正如尼古拉斯·莱曼在《应许之地》中论述的，来自南方的黑人移民大潮也减速了；工作太难找。像约德一家这样的流动工人在为生计而挣扎，而不是在争取自由。为何在 1930 年代摄影成为如此重要的一个表达方式，这就是原因之一。这些移民照片角度尖锐、线条冲突，诉说着无处可去的境遇；人像社会标本一样被钉住，以各种姿势冷冻起来，无法动弹，无处可逃。

然而，1930 年代的幻想文化都是关于移动的，并非像公路电影那样是对移动的绝望模拟，而是指向真正自由的移动。这就是为什么，对于巴斯比·伯克利和弗雷德·阿斯泰尔、乔治·巴兰钦和玛莎·葛莱姆来说，这十年里，舞蹈变得和摄影同样重要。30 年代的优秀音乐剧看起来一点不像多萝西娅·兰格的摄影作品《迁徙的母亲》或《高原女人》那样线条尖锐而缺乏活力。只有旋转和飞舞，只有挪移和流动。想想看吧：伯克利大作里的玫瑰花瓣效应、装饰艺术系列那流畅的优雅曲线；阿斯泰尔和罗杰斯精彩的舞蹈，二人抱在一起，翩翩起舞，他戴着礼帽，扎着白色领结，穿燕尾服，她穿着华丽的长裙，在空中划出洛可可式的线条。

我们还忘记（或低估）了这些电影中至关重要的戏剧张力。那些音乐作品总是被置于一个故事线里，这个故事线制造了一切让阿斯泰尔和罗杰斯分开的冲突、犹疑和误解。像神经喜剧里的情侣一样，他们最初给人的印象仿佛很不协调，总是南辕北辙。显然，没人提前告诉他们，他们是多么完美的一对，或者用一句评论界的老话形容他们——“他气质超群，她性感迷人”。他们之间的谈话就是两个不相配的人之间的调侃，除了跳舞，他们没有一件事是协调一致的。有一首代表作叫《舞起来》；另一首叫《再也不跳舞》。跳舞不仅仅是他们做的一件事，而是那些电影的全部。欧文·柏林在《海上恋舞》一首插曲的歌词中写道：就算前路崎岖，“我们也要勇敢面对，跳起来吧”。

当他们开始跳舞的时候，令人惊奇的改变发生了。他们无法表达的情感在舞步中流露出来。像所有真正的情侣一样，在一起时，他们是不一样的自己，不仅仅是浪漫情愫，也不仅仅是从 20 年代的夜总会里传下来的时髦和优雅之风，而是那些生活陷入困境的、焦虑的、不体面的、没有活力的人渴望看到的动感梦境。

随着有声电影的诞生，30 年代也成了对话式喜剧的繁荣时代，对话相当于阿斯泰尔的舞蹈和科尔·波特的歌。30 年代喜剧中扮演情侣的知名演员——威廉·包威尔和玛娜·洛伊、凯瑟琳·赫本和加里·格兰特、加里·格兰特和艾琳·邓恩、卡洛儿·隆巴德和扮演她伴侣的所有男演员——都是对话的高手，而非理想爱人。1934 年，《海斯法典》像一幅天鹅绒幕布似的降临了，在其实行期间，仅有的表达性感（不只是情感）的方式是带有暗示性的巧妙对答和表情，加上进攻和推挡的动作。快速而响亮的对话，像疯狂、滑稽的行动节奏一样，代表了另一种形式的自由和流动性。

神经喜剧的背景通常是喜剧式歌剧里的有钱有闲世界，但那个世界也被令人窒息的传统和严格的家规所约束。隆巴德或赫本在《我的戈弗雷》或《育婴奇谭》这类电影里扮演的那些充满活力、反复无常的女性代表了逃避性别或社会责任感的诱惑。难以想象，赫本和格兰特对别人屋顶上的豹子唱“除了爱，我什么都不能给你”，这有多疯狂！金钱造就了他们行为里的荒唐自由，还有力量、精神、无忧无虑和独立自主，这些都是让重压之下的观众立刻产生共鸣的元素；这是他们自己的生活里缺失的那头野兽。《育婴奇谭》的结尾部分，巨大的恐龙骨架倒塌了，它代表着过去的枯骨，僵硬、无性、不育，而赫本疯狂的活力和流动性昭示了无法阻挡的生命力量，勇敢地朝着未知，走向未来。大萧条年代，面对陷入泥沼无法自拔的停滞感，很多具有创造性的人爆发出了力量、轻盈和动感。这种心理冲击力和罗斯福鼓励自力更生的新政一样鼓舞人心。

这意味着，1930 年代，表达文化的真正梦想不是金钱和成功，甚至也不是优雅和精致，而是这个冲向未来的流动性之梦。我们在格什温的歌曲和钢琴曲的切分节奏里就听得出来，还有科尔·波特列表歌曲①的“叠加”效应：城市、现代、时尚的精致。当然，30 年代建筑和设计的要素也是致敬流动性之梦，著名的流线型设计、现代派设计里圆环和曲线的运用，在清爽和实用的外表下，表现出极强的装饰性和独特风格。最初建造诸如洛克菲勒中心、克莱斯勒大厦和帝国大厦这样的大工程，是出于大萧条最艰难的岁月激发出来的盲目信仰。但 1933 年之后，庞大的建筑工程很少见了，一种新的、真正充满希望的思潮促进了这种建筑风格在消费品、家具风格和工业设计领域的应用。

流线型设计将消费品和机器的动态能量联系起来，将速度和运动融入其中，此时正值消费需求低迷，大量的劳动力和工厂处于赋闲状态。伊娃·韦伯在《美国的装饰艺术》一书中写道：“这种风格的主要功能

① 列表歌曲（catalog song，orlist song），也叫洗衣店清单歌曲或目录歌曲，指的是一首全部或部分内容为一个清单的歌曲，它不像主题歌曲那样有故事和人物，典型的清单歌曲会罗列很多信息，常常风趣幽默或富有喜剧性，用叠加的方式唱出一个个形象，有时候，所列事物会依次递进，越来越荒谬。作为口头传统的一个决定性特征，这种形式可以追溯到早期古典时期。列表歌曲是 20 世纪流行音乐的一个常见元素，并成为百老汇的一种重要表现形式。

是通过具有说服力的现代主义、新锐风格、效率和速度的元素吸引新顾客。”（145）从1933年在芝加哥举办的“世纪进步博览会”到1939—1940年宏大的“纽约世界博览会”，在这次博览会上，美国通用汽车公司的“未来展”声名远播，在这几乎停滞的十年里，世界滑向了极权主义和战争，但这十年也全心全意地想象出了一个健康的、流线型的消费文化，直到1945年之后，现实中才见端倪。

一个工业衰落的时代却是工业设计的黄金岁月。那个修改了设计、将发动机从冰箱顶部拿下来的人赚了一大笔钱，因为即便在经济不景气的30年代，销售额仍直线上升。通用汽车公司“未来展”准确预测（但低估）了1960年美国的汽车业发展状况，新的高速公路星罗棋布。装饰艺术风格的圆环和曲线最终变成了州际高速公路系统的四叶草设计，取代了市区交通网络的直角设计。30年代从当下的停滞中发明了未来。美国人再一次上路了，但这一次，他们不再是流浪者和难民。在战后的岁月里，随着郊区的发展，美国人终于实现了流动性，这是在苦难岁月里他们无法获得的。

所以，最初仿佛只是幻想，是对大萧条的拒绝，本质上却是一种回应，是一种有效的解药。那么，30年代这种内涵丰富的幻想文化是怎么发生的呢？它满足了怎样的内在需求？它为何在当时能蓬勃兴起？与无产阶级小说或《公民凯恩》不同，它是一种地道的商业文化，但同时也是真正的大众艺术，可观、可歌、令人难以忘怀。无论乔治·格什温在给百老汇或好莱坞写歌和给音乐厅或歌剧院写歌之间，到底遇到了怎样的冲突，如果有冲突的话，在任何一种背景下，他都是一个迎合大众的音乐人，但同时，他也是那个提高了大众品位的人。在讨论30年代娱乐文化之天才的时候，首先应该关注的就是乔治·格什温，正是他让美国的音乐剧中有了摇摆乐，之前他已经将爵士乐节奏引进了音乐厅，让古典音乐焕发出新的活力。

迷人的节奏：乔治和艾拉

他 1898 年出生时，名叫雅各布·格什温尼，比他的哥哥伊斯雷尔（即艾拉）小将近两岁，父亲名叫莫里斯·格肖维茨（又名格什维），母亲的闺名是罗丝·布鲁斯金，夫妇二人刚从圣彼得堡移居纽约下东区。他完全是天生的演奏家，几乎是莫扎特式的神童，只是他没有一位演奏家父亲在背后敦促他。当别的男孩子在学习打棒球和踢足球的时候，他开始弹钢琴。（十几岁时，他有过老师，30 多岁时，又有一位，但在他的一生中，在他已经形成了自己了不起的风格之后，他仍然在向莫里斯·拉威尔、伊戈尔·斯特拉文斯基、阿诺德·勋伯格和阿尔班·贝尔格这样的大师求教，希望他们能提高他的技艺。他们给他的教诲都一样，让他做自己就好。）从 1914 到 1917 年，格什温在叮砰巷的一家音乐出版商那里找到一份工作，坐在钢琴前写新歌。几年之后，他终于有了点自己的东西，艾尔·乔森的演唱让《斯旺尼》这首歌成为他的代表作。

这是 1919 年，那一年，格什温写出了他的第一部（不怎么有名的）百老汇音乐剧《拉拉露西尔》，当时他还没开始与哥哥合作。这一阶段，美国的音乐剧受到外来影响，正在发生改变，回头看，一种新的、地道的美国艺术形式仿佛正进入鼎盛时期。比格什温年长的同时代音乐家欧文·柏林 1888 年生于俄罗斯，原名伊斯雷尔·巴林。1911 年，他活力四射的《亚历山大爵士乐队》已经名噪一时，它和拉格泰姆音乐没什么关系，但对流行音乐形势产生了很大的影响，原本这一领域主要由音乐厅音乐、情歌和欧陆风轻歌剧浪漫世界里的甜歌所主导。柏林的成功掀起了一股拉格泰姆热，为 20 年代和 30 年代爵士乐与蓝调对流行音乐产生巨大影响铺平了道路。

与此同时，有299个座席的公主剧院上演了一系列内容温馨、结构松散的音乐剧，它们已经改变了纽约戏剧界——大部分都是由盖伊·博尔顿和P. G. 伍德豪斯创作，由无与伦比的杰罗姆·科恩编曲——它们强调台词和音乐，而不是舞台呈现。尽管因为剧本的疯狂和异想天开，这些音乐剧不可能再上演，但剧中新颖的活泼幽默以及抒情的优美使其成为百老汇美国本土音乐剧的典范。尽管这些音乐剧的背景都是伍德豪斯式奇思妙想里的乌有之乡，但这也是它们贡献给美国戏剧的部分遗产，这些音乐剧成为更综合的渠道，给那些比时事讽刺剧和轻歌剧更鲜活的歌曲提供了机会，那些讽刺剧和轻歌剧都是由西格蒙德·龙伯格、鲁道夫·弗里姆尔、维克多·赫伯特这样的作曲家引领的。这些歌曲有可能本身就是一个小故事。有时候，它们还能推动情节的发展，甚至反映歌唱者的人物性格。不过，《演艺船》和《俄克拉何马!》里的综合戏剧和音乐属于遥远的未来。

改变是渐进式的。理查德·罗杰斯和洛伦茨·哈特还是哥伦比亚大学本科生的时候就为大学写剧本，他们之前的奥斯卡·汉默斯坦也是如此，科尔·波特早几年在耶鲁大学也是这样，他于1891年出生在印第安纳州的贝鲁市。波特的第一部百老汇戏剧《初见美国》(1916)，只演了15场，直到1928年，他才走红，但是在1920年代，他自己作词作曲的私人表演在经常出入夜总会和娱乐场所的人士中间小有名气。直到1925年，罗杰斯和哈特才凭借自己标志性的浪漫幽默及都市范儿有了名气，这一年，一曲《曼哈顿》简直成了纽约城市风情的颂歌。1924年，即乔治和艾拉·格什温合作的《小姐，对我好点儿吧!》大获成功的那一年，最成功的音乐剧（选自在百老汇上演的40多部音乐剧）是弗里姆尔的《罗丝·玛丽》和龙伯格的《学生王子》，都是精心制作但内容牵强的轻歌剧，轻歌剧剧团还会偶尔在夏日场安排重演。

《小姐，对我好点儿吧!》是格什温一年内的第三部音乐剧，此时，在纽约风神音乐厅第一次公演、与保罗·怀特曼的管弦乐队合作的《蓝色狂想曲》已让他一夜成名。就这样，在一年时间内，格什温就将一种切分节奏的爵士乐带进了音乐厅，并引入了主流音乐剧。盖伊·波顿和弗雷德·汤普森荒诞的情节与对话，不过让弗雷德和阿黛尔·阿斯泰尔姐弟俩的歌舞与格什温优秀的编曲，以及广受欢迎的“尤克里里·艾克”（克里夫·爱德华兹的绰号）① 颇有特色的演唱有了发挥的空间。剧中连续不断的优美乐曲、诙谐幽默的表演和欢快的气氛引人瞩目。格什温兄弟的合作激发出了他们和别的合作者之间所没有的东西。

为一对姐弟而不是恋人写一出戏不会很容易，但弗雷德和阿黛尔的开场二重唱《抓住我》就交代清楚了剧情——他们对彼此的忠诚——并成为一首关于舞蹈本身的歌。它成就了阿斯泰尔姐弟的明星之路。最好的歌曲包括无与伦比的《迷人的节奏》，它确立了该剧的爵士乐风格；《哦，女士要乖！》（这首歌成为那十年里引诱的代名词）；《瑞士小姐》，以及（在伦敦演出中加入的）《我宁愿跳查尔斯顿舞》，在这首歌中，阿黛尔用她那少女般的、兴高采烈的声音演唱，唱出了 20 年代摩登女郎的精髓。格什温传记作者爱德华·雅布隆斯基说：“尽管一些评论家注意到了这些歌曲，但他们没有提到声音的创新，就是那种朴素而有力的旋律——那绝对不是轻歌剧的节奏——还有歌词的诙谐幽默。”编曲“闪烁着实实在在的当代性的火花”，“标志着格什温音乐剧时代的来临”。[1]

《小姐，对我好点儿吧！》一剧的制片人亚历克斯·阿伦斯和文顿·弗里德利会上演格什温兄弟所有最好的轻松剧目，包括由格特鲁德·劳伦斯和维克多·摩尔主演的优美动听的《噢，凯伊！》（1926），由阿斯泰尔姐弟主演的《滑稽的脸》（1927），由格特鲁德·劳伦斯和克里夫顿·韦布主演的《宝藏女孩》（1928），以及让埃塞尔·默尔曼和金杰·罗杰斯一举成为明星的《疯狂女孩》（1930）。阿伦斯和弗里德利合作的最后一部作品《原谅我的英语》（1933）失败了，和《宝藏女孩》一样，

① 从史密森学会于 1977 年发行的历史专辑里可感受到原创版的一些韵味，它收录了一些接近原版的早期录音。另有一张非常好的修复版，由汤米·克拉斯克尔制作，埃里克·斯特恩任指挥，Elektra Nonesuch 唱片公司出品（1992）。——原注

主要是由于无法解决的剧本问题。所有这些剧目的剧本都不够好，虽然偶尔诙谐幽默，但只是让观众一首接一首地听歌。作曲团队在创作的时候，往往只对故事有一个大概的了解。“这是当时的常规操作，”雅布隆斯基说，“曲作者经常只了解剧本的一个大概，甚至当一部剧的开头已经在排练了，该剧的最后一场还没写出来，这种情况并不罕见。”（172）被一部剧弃用的歌曲，可能出现在另一部剧里，如果还是不行，那就再换一部剧。按照《俄克拉何马!》之后的音乐剧标准，剧中歌曲必须和剧情有关，这种将剧中歌曲进行随意置换的做法太原始了，但也赋予了作曲家在叙事音乐剧中所没有的自主权。如今，格什温兄弟、科尔·波特、欧文·柏林、罗杰斯和哈特抑或杰罗姆·科恩这些人，仿佛属于一个格什温或科尔·波特的宇宙，而不是与某一部剧相关联。作曲家们就像在好莱坞为制片厂工作的个性导演，有时候，他们在无法把握或低劣的素材上留下自己的印记，但有时候，他们又会超然其上。

毋庸置疑，这些元素让美国的音乐剧取得了巨大的进步：科恩和汉默斯坦的《演艺船》（1927）中令人难忘的戏剧性，包括它的种族主题；格什温政治讽刺剧中一本正经的打油诗，这些讽刺剧包括《笙歌喧腾》（1927、1930）、《我为你歌唱》和《让他们吃蛋糕吧》，都深受吉尔伯特和萨利文的影响。但是，随随便便和前后矛盾正是早前那种音乐剧的魅力和效果所在。这种滑稽、不拘小节的风格一定会被复制和更新，即使在新剧本创作中也不例外，例如在林肯中心上演时轰动一时的科尔·波特的《海上情缘》，成了1987年的热剧。没有传统音乐剧“万事皆可”的思维框架，洛伦兹·哈特、波特和艾拉·格什温的歌词也不会那么诙谐幽默、无忧无虑，或具有当代性，那些传统音乐剧完全围绕着歌曲展开，很少顾及故事情节。

如今，我们怀念这些情节站不住脚的音乐剧，实际上是对歌曲创作者自由的一种向往，他们可以充分发挥他们的机智幽默，探索情感原型，甚至爱情这个永恒的主题，不受“人物塑造”、故事脉络和动机的羁绊。因此，戏剧性就在歌曲里面，而不在围绕歌曲的故事里面。在后来的音乐剧中，情节经常停下来让位给歌曲；歌曲就像一段独白、一个合唱，或者一段二重唱。在这些音乐剧中，歌曲（或舞蹈）就是表演，它揭示人物性格，展开人物关系。歌曲本身就是故事情节，特别是表演者是一位表现力强的演员的时候。这类剧作仍根植于时事讽刺音乐剧中，剧中一切都要靠单曲来完成。这些“保留曲目”后来被收录在《美国歌曲集》中，它们不仅单独成曲，并且像文学经典一样，不断有新的诠释出现。

1930 年代，怀念更简单的世界已经是这些音乐剧的主要诉求，华丽精致的世界、高级娱乐场所——或者阿斯泰尔电影和神经喜剧里的世界——仿佛完全和大萧条时期的现实无关。对此，常见的解释有，这些音乐剧只是 1920 年代遗留下来的东西，或者它们的诉求只是一种欲望满足形式，并不向我们传达什么，因为我们可以从任何时代的流行娱乐方式中学到很多。很多大萧条时期的观众沉浸在 1920 年代的回忆中自娱自乐，那是“轻松生活”、无忧无虑的幻想，在 1920 年代，这已经是一种理想。1930 年代希望从轻松的过去中寻找未来的投射，不是实在的未来，而是乌托邦故事里的幸福谷，在那里，梦想都可以实现，哪怕只有几分钟，就像丹尼斯·波特的《天降财神》中由悲哀事实和迷幻音乐梦构成的宇宙。

1920 年代的每一个艺术门类都形成了一种当代的艺术风格，以期将自由自在的梦想用更有吸引力的方式表达出来。芭蕾、古典音乐和轻歌剧毫无疑问都属于中产阶级文化；它们代表了不朽的传统。拉格泰姆、爵士乐、踢踏舞、切分音节奏、布鲁斯演唱——一切可以从黑人文化中借鉴的形式——仿佛更新潮、更少压抑、更直接地表达性，而从犹太人或俄罗斯音乐中借鉴的小三和弦则仿佛表达了更深刻的情感体验。从我们现在的立场看，这种对黑人文化的淡化和挪用有其不堪的一面，如同哈莱姆的夜总会（例如棉花俱乐部），台上表演的都是黑人，可是黑人不能观看演出。不过，很多借鉴、改编和淡化黑人艺术风格的人真心热爱这种艺术，认为自己只是将这种激动人心的、非传统的精神引入主流文化的工具。他们中有相当一部分人是犹太人，他们对黑人文化的认同——甚至，有一段时间，对扮演黑人的表演的认同——是特别强烈的，可能是因为黑人文化像犹太文化一样，也处于白人新教文化的情感节奏和社会秩序之外。[2]艾萨克·戈德堡后来成了乔治·格什温的传记作者，他在一篇于1927年发表在H. L. 门肯主编的《美国信使》杂志上评论阿伦·科普兰的文章中，将当时的“爵士乐”描述为“音乐混种”，是“美国黑人音乐和美国犹太人音乐的融合”。[3]很多人认为，凭着犹太人的娱乐见识和表演才能，他们是黑人音乐不可或缺的推广者。

格什温在他1932年出版的《乔治·格什温歌曲集》的前言中，对单页曲谱读者说：“我们的流行音乐需要断奏效果……美国流行音乐的节奏多少有点弱；应使其断裂，有时甚至可以爆裂。演奏越有力度，效果越好。”[4]在美国音乐中，格什温是最具创造性的模仿者，容易受到各种影响，他自学成才，创作黑人歌曲，他也力劝来自中部、出生于富裕家庭的耶鲁学生科尔·波特创作犹太人歌曲。对于格什温来说，《斯旺尼》就是一个灵光一现的作品，但是他与布迪·德西瓦尔合作完成了独幕歌剧《蓝色的星期一》，这本来是为1922年的《乔治·怀特的丑闻》创作的，但只演出了一次就被弃用了。这个独幕歌剧早于《波吉与贝丝》(1935)，后者被认为是第一部真正的美国歌剧，尽管有些地方还带有百老汇风格。剧中有组织紧密的《鲶鱼街组曲》和其他名曲，如《夏日》《我一无所有》《贝丝，现在你是我的女人》，使得乌托邦之梦有了一丝田园色彩。(后面的相关章节将对格什温的歌剧创作展开讨论。)

在《疯狂女孩》中，格什温兄弟甚至创作了一首“西部歌曲”，因为该剧讽刺了度假农场的流行文化，尽管它也为犹太喜剧元素留有空间，故事围绕着一个叫吉贝尔·戈德法布的人展开，他的扮演者是威利·霍华德，这个角色本来是为伯特·拉尔写的。这种种族类型人物是自歌舞杂耍剧开始的百老汇传统的一部分，这方面，霍华德曾是当红巨星。西部题材的歌曲有《等待时机》《野马老兄》《亚利桑那的仙人掌时间》和（带拉丁节拍的）《快乐骑手之地》。（若干年后，科尔·波特不可思议地写了一首牛仔民谣《不要限制我》，后来大获成功。）然而，尽管《等待时机》立刻广受欢迎，这部剧里出现的格什温真正的保留曲目是《可拥抱的你》《我找到了节奏》《山姆和达利拉》，以及《但不是为了我》，这表明格什温的声音和情绪在任何背景里都可以得到很好的表现。格什温的歌曲不止一种，但他作品的标志之一就是节奏曲，如《迷人的节奏》或《我找到了节奏》，在这些歌曲里，速度和爵士切分音是主题，歌词只是顺便带上而已。在《我找到了节奏》中，乔治和艾拉使用了一个绝妙的技巧，用重复的手法而不是押韵来写副歌（我找到了节奏/我找到了音乐/我找到了我的爱人），乐句得到了增强，重音落在每个音节上面，包括*我的*（my）。在《迷人的节奏》中，他们不停地重复曲名，只改变节奏，制造出一种自然和原初的效果。格什温在创作歌曲时，经常先是脑海里出现一段节奏或旋律，挥之不去，最终他由此构思出完整形态。于 1925 年将爵士乐元素引入他的《剧场音乐》的阿伦·科普兰称《迷人的节奏》（最初名为《切分的城市》）“不仅节奏最迷人，也是迄今为止最具原创性的爵士乐歌曲”[5]。这些歌曲以其非同寻常的和弦进程及多节奏，像许多其他格什温作品一样，对爵士乐歌手和音乐家具有永远的吸引力，成为他们即兴演绎的素材，这表明，从黑人音乐衍生出来的爵士乐——尽管在某种意义上，除去即兴发挥，它根本不是爵士乐——比一些人想象的更符合真正的黑人爵士乐。格什温本人就是一位优秀的、不知疲倦的即兴钢琴演奏者——这是他作曲的方法——他可以让他的音乐听起来是自发的、即兴的。格什温对爵士乐的尊重是相互的；他的作品曾经遭到政治正确的批评家的鄙视，但绝少被爵士音乐人鄙视。

相比而言，《可拥抱的你》表现了乔治和艾拉鲜活、精妙的押韵技巧，配以澎湃的旋律，创造出一种不同寻常的爱情歌曲。以“可拥抱的你”（embraceable you）与“无可替代的你”（irreplaceable you）押韵，并且，在重唱部分，甚至用“丝绸和花边般的你”（silk and lace-able you）押韵，或者以“我的心醉了”（grew tipsy in me）与“我的心浪了”（the gypsy in me）押韵，他们给浪漫的感情佐以喜剧的味道，卿卿我我的爱情场景不乏风趣幽默，和莎士比亚的喜剧人物所做的一致。他强化了无法抑制的冲动和沉闷乏味的传统之间的反差（用“欢喜”覆盖“体面”），一如所有风趣的恋人表现的那般。典型的格什温式押韵满怀希望地从观察过渡到行动——从可拥抱到拥抱——还有推论的所有必然性（“我爱所有/你有那么多可爱的地方；/最重要/我的双臂将你环绕”）。像格什温兄弟的其他作品一样，这是一首与众不同的爱情歌曲，将朴素但带着忧伤的情感同幽默和精巧结合在一起。

《疯狂女孩》中另一种格什温式歌曲是《山姆和达利拉》，那是一首悲伤的恋歌，表现了不对等的爱情导致的可怕后果，歌曲将《圣经》里力士参孙的故事改编为一首《现代爱情故事》风格的民谣。科尔·波特后来将一首类似风格的歌曲《所罗门》收入他 1933 年在伦敦上演的《少女历险记》中，此曲由优秀的年轻黑人歌手伊丽莎白·韦尔奇演唱，效果很好。（斯蒂芬·桑德海姆的《理发师陶德》在基诺大剧院演出的风格有可能来自这首歌。）然而，《疯狂女孩》中还有另一种歌曲，即带着强烈不快的爱情歌曲，例如那首有名的《但不是为了我》，或者与之对应的那首有趣的《呃！爱情对我做了什么》，前一首是关于一个女人失去所爱之人的故事，另一首则是一个不快乐的妻子莫名其妙的哀叹。在《但不是为了我》中，一个女人不断发现自己的感情，之前她并不知道自己怀有这种感情，同样，诙谐与浪漫、韵律与诗意结合在一起，令人神往：

> 我听说爱情是一场游戏；
> 我还是不解这个谜——
> 我是飞蛾还是烈火……？我只有惶惑。

最后一句与歌名押韵，歌名来自“他们在写爱情之歌/但不是写给我”，转为“我猜他不是为了我”，得出十分有趣的结论：

这出戏的佳境
应是永结同心，
但他的心不属于我。

这是一首歌融入一部剧的薄弱情节中的例子——人物渐渐认识到，她拒绝了向她求爱的人，这是个错误——但歌曲还是很宽泛的，任何与爱人分开的男人或女人都可以唱。（一位名叫迈克尔·费因斯坦的格什温迷于 1985 年出了他的第一张专辑《格什温歌曲集萃》，该专辑收录了这首歌的演唱，很不错。）不只是格什温兄弟在浪漫情感和音乐旋律中加入幽默的歌词——1930 年，在最初的《疯狂女孩》中，这首歌有一段喜剧性重唱，由威利·霍华德模仿不同歌手的风格演唱，如莫里斯·切瓦力亚、埃迪·坎特、和艾尔·乔森——但是歌手始终意识到歌曲结束时的老套，很想表现那些老套。《疯狂女孩》的故事可能不怎么样，但这首歌的小情节太鲜活，无法轻易结束，或者来个大团圆的结局。歌曲雅致但不肤浅，自然但并不简单或缺乏创意。这是一首给那些从未想过唱爱情歌曲的人写的爱情歌曲，带着想入非非和忧郁的回忆，幻想有可能发生的事。[6]回忆逝去的过往和作为叮砰巷的乐观主义传统的局外人的感觉，这是明显的犹太人歌曲特色（“让爱引路/我却看到更多迷雾/比一出俄罗斯戏剧/还要多”）。格什温兄弟创作戏剧歌曲，尽管歌曲内容和戏剧可能关系不大，而不是直接给叮砰巷写歌，他们完善了这种失恋歌曲，后来，在为弗雷德·阿斯泰尔和金杰·罗杰斯创作最后一部大片《跳个舞吧》时，又完美运用了这种歌曲的创作技巧。

你至高无上：科尔·波特，黑暗与光明

格什温兄弟发现，自然的高雅并不需要以上流社会为背景。这是一种内在的优雅，在鲶鱼街和西部度假农场这种地方也很容易找到。这种

风格不会阻止情绪释放，它就是情绪本身。它是了悟而不是感伤——是成熟和世故，而不是愚蠢。格什温兄弟将叮砰巷 32 小节的爱情歌曲同爵士乐的切分节奏和谐趣诗的趣味结合起来，创造出鲜活、青春和当代性。而科尔·波特则用具有感染力的原创活力打破了流行音乐的形式。1930 年，在《疯狂女孩》上演两个月后，迎来了《纽约客》的首演。1937 年，严重的车祸不仅撞断了波特的双腿，还让这位正值创作黄金时期的作曲家停止了创作。自《纽约客》首演到车祸发生这几年里，他创作了一系列优秀剧目，它们事实上表现了 1930 年代文化轻松随意的一面。这些剧目包括《愉快的离婚》（1932）、《少女历险记》（1933）、《海上情缘》（1934）、《禧年》（1935）、和《艳娃情事》（1936）。格什温兄弟在《让他们吃蛋糕吧》和《波吉与贝丝》这些作品中表现他们 1930 年代风格的社会意识的时候，波特的严肃创作仿佛在唤起人们对无忧无虑的 1920 年代的回忆——他比他同时代的音乐家受过更广泛的音乐训练——并且，当他的作品遭受冷遇的时候，在相当长的时间里，他过着流亡的花花公子和个体演员的生活。

1920 年代真正的骄子 F. 斯科特·菲茨杰拉德在 1922 年出版的一本短篇小说集里将这个时期命名为“爵士时代”，他形容说，波特具有一种常春藤名校的冷幽默，他自己如果不是被艺术良心所困，也会有这种风格。通过一稿又一稿的修改，菲茨杰拉德越来越努力地写每一本书，他的创作确实越来越好，而波特的创作则不是这样。1930 年代，菲茨杰拉德的生活出现了许多波折，他将痛苦写进了书里——波特受的苦更多，但他不会刻意这么做。具有悖论意味的是，也正是这一点让波特成为大萧条十年的经典人物。在多灾多难的年代，他对此嗤之以鼻。在那个年代，很多富人跳楼，而他却表现得好像天下真有不散的筵席——事实上，他是一位未出柜的同性恋者，娶了一位女性为妻，她像母亲一样照顾他、支持他，他还有严重的抑郁症。

《海上情缘》一共演了 420 场，是波特 30 年代最成功的作品。制片人是文顿·弗里德利，还有半个格什温曾经的创作团队帮助他，1933 年

《原谅我的英语》失败后，这个团队就解散了。弗里德利构思《海上情缘》的时候，将其视为公主剧院和 1920 年代幻想音乐剧的回归，他雇用了 P. G. 伍德豪斯和盖伊·博尔顿来写剧本，灵感来自跨大西洋游轮游的新时尚。他的理解很准确，以游轮甲板为背景，可以将大萧条的现实境况隔离在剧情之外，当时，新政实施之初的乐观反应已经让大萧条没有那么可怕了。（不幸的是，此剧还没有进入排练阶段，豪华游轮“莫罗城堡号”着火，在新泽西海岸附近被烧毁，人员伤亡惨重，剧本只得紧急进行临时改写。）事实证明，该剧给了埃塞尔·默尔曼一展才华的机会，她在《疯狂女孩》中一举成名，剧中的男声四重唱、四人组合，还有维克多·摩尔和威廉·加克斯顿的滑稽表演都很棒。然而，迄今为止，《海上情缘》的长盛不衰靠的是优秀的作曲，此剧音乐很可能是波特最好的作品，但也有人会说，战后取得巨大成功的《刁蛮公主》才是他最好的作品，那是他最幽默、最完整的剧作之一。

《海上情缘》里有很多好歌——其中五首立刻引起轰动——但该剧同名曲、埃塞尔·默尔曼优秀的出场曲《我为你迷醉》，以及另一首很好的清单歌曲《你至高无上》才是整部剧的核心，赋予波特的歌词和音乐极强的时尚感。（1981 年，林肯中心的制作借用了波特其他剧的歌曲，包括《艳娃情事》中那首好听的《美妙的夜》，让该剧作曲更丰富。）在所有这些歌曲里，波特呈现出一个享乐主义的、超道德的、难以自抑的异教徒形象：“你一眼就能看清/这夜多么适合说爱谈情，/你能听见亲爱的自然之母喃喃低语：/‘解放你自己。’”这是波特时刻，传统和规矩让位于自然和冲动，他愉快地告诉你这一切。激怒清教徒：那是他的座右铭。

歌手们总是在探究是什么唤起了“我内心流浪的冲动”。与此同时，唱着这些歌的剧中人物也非叛逆者：他们是社会化的人，习惯隐退，感受到约束。他们并不是自由自在的人。面对“万事皆可”的美丽新世界，他们很兴奋，但也坦率地承认他们感到困惑。剧名同名曲和诸如《旅途愉快》《旅行最治愈》这样的歌曲，无论音乐还是歌词都是兴高采烈的。就像沃尔特·惠特曼令人眩晕的诗《向世界致敬》一样，《旅途愉快》很有趣的一点是，它只是连续唱出发音好听的地名，如维也纳、格拉纳达、拉文纳和锡耶纳，并尝试用不同的语言说出旅行用语。这是一次盛大旅行，豪华游轮，五星级酒店，足迹遍布欧洲。然而，在表面的奢华之下，我们能感觉到作者“在长久的倦怠感之下做无谓的挣扎”，努力寻找消遣（见歌曲《我为你迷醉》）。当一个人表现得无忧无虑的时候，他的另一个自我、一种更晦暗的情绪从未远离。

波特的歌曲有一种特质，这是别人无法模仿的，赋予这些歌曲这种特质的不只是激昂的情绪，还有背后悲伤和厌世的潜流。无聊、厌倦和不高兴使波特沸腾的世界有了绝望的阴影。他的歌曲不是逃避主义的，而是关于逃避的——也是关于逃避失败的。《我为你迷醉》里描述的事情没有任何一件让歌唱者迷醉；歌词在讲述一个故事，“故事太伤感，让人无法讲述”，讲故事的人发现“一切的一切都让我心凉透”，包括香槟和可卡因，它们让歌声听起来大胆、放肆、云里雾里。这是一首很新潮的歌，歌中提到毒品，说到“迷醉”，这和关于幸福抑或快乐的歌曲完全不同。

所有试图让这首歌变得更适宜的努力都完全偏离了核心，包括将“有些人喜欢西班牙香水”或“有些人喜欢一首比波普副歌”这样的词句替换掉的做法。这些做法不仅在回避可卡因问题，也在回避真正的副歌，它本来就在强调负面的情绪。哀伤的歌手连续唱出所有“没有让我迷醉”的东西，除了让她倾心而又对她的爱没有回应的那个人。（“我醉了但我很清醒/我很清楚你不爱我。”）

一个甚至更极端的例子证明波特本能地用自我贬低来为致敬做铺垫，那就是《你至高无上》，这首歌的每一段副歌都以这类句子结尾：“我是一张一文不值的支票，一个大废物，一个一败涂地的人，/但是，宝贝，我是那个垫底的/而你则至高无上。”当然，任何人听到这首歌都会听出性暗示；他们听到的是不停地加码，挑衅地让意指高雅的和低俗的词押韵，将一连串时髦的东西成双成对地列出来：班德尔太阳帽

（Bendel bonnet）对莎士比亚十四行诗（Shakespeare sonnet），圣雄甘地（Mahatma Gandhi）对拿破仑白兰地（Napoleon Brandy），《地狱篇》里的但丁（*Inferno*'s Dante）对大人物杜兰特的鼻子（the nose of the great Durante），沃尔多夫沙拉（Waldorf salad）对柏林民谣（Berlin ballad）。波特忠实于基尔伯特和萨利文的曲目，他甚至也忠实于古老的彼得拉克的浪漫传统，用夸张的对比歌颂自己的爱人。然而，所有和至高（top）这个词完美押韵的词都是它的反义词：失败（flop）、流行的（pop）、"多余的"（"de trop"）、停止（stop）、元老会（GOP）、跳（hop）。

著名演员埃拉·菲茨杰拉德听出了波特歌曲中的阴郁暗流。她1956年的歌曲专辑系列中第一辑就是《科尔·波特歌曲集》，其中有些演绎听起来非常哀婉。但她强化了他令人惊异的与蓝调音乐的联系，表现出民谣中晦暗的甚至悲剧性的一面，如歌曲《整夜》，这首歌不仅表现了与匿名的人做爱，还有事后的境况：日日醒来，面对空荡荡的床。那首臭名昭著的《出售爱情》是一首关于卖淫的歌，曾经被禁播，让《纽约客》的观众震惊不已，制片人只好把故事背景改为哈莱姆。对于1930年代的人来说，波特的歌曲显得特别大胆：性赋予它们搏动的活力，上流社会形象给了它们光明和快乐，而某种基于性爱不快的自我厌恶给了它们沉重和阴影。

这一时期，爱情歌曲是每一位流行歌曲创作者的主打歌曲——这对艾拉·格什温来说特别不容易——但波特经常用爱情歌曲的形式来发泄自己的抑郁情绪。波特的每一首歌都是一个故事，也是一部迷你剧。波特为埃塞尔·默尔曼创作了《站在高楼往下望》，于《艳娃情事》在波士顿试演时演唱，歌曲描述了站在世界之巅感觉压抑和孤独的情状——身处实际上或比喻意义上的第90层楼，俯瞰城市，却感到自己与下面的熙来攘往相隔绝。歌曲开头直呼城市本身，对话繁华的市中心曼哈顿，波特本人对曼哈顿有种特别的亲近感。被所爱之人拒绝的歌唱者看着远方"百万霓虹灯构成的彩虹在我下方燃烧/百万灯光闪耀着的出租车在喧嚣”，想象着人们在安摩洛哥俱乐部彻夜跳舞作乐，还有“21”俱乐部里热切的情侣——这算不上大萧条时期极端痛苦的场景。歌唱者感觉到自己已远离这一切，远离波特自己的曼哈顿表面上的中心：“我已被抛弃感到压抑/在我豪华的鹰巢里/在第90层楼的深处。”这最多是一个曲高和寡的情况。金钱不是问题：“当你唯一爱着的人却爱着别人/漂亮优雅和银行里的大把钞票又有什么用?”

无论波特自己的问题是什么造成的，1930年代的很多人都能理解他的烦恼，因为他将自己的压抑情绪植入大萧条中，使这个社会问题有了个人的内核，再以活力四射的愉快旋律加以包装，这是他的主要情绪。在大萧条早期灰暗的日子里，人们会对这种混合的情感做出回应；只有在那个时候，科尔·波特才能自由地召唤他们。1930年代早期，宾·克罗斯比忧郁的演唱屡屡爆红也是这个原因。优雅的文化总是有代价的。伴唱和语调听起来像是有人急切地想让自己开心起来。

尽管有这种暗影存在，带着歇斯底里或抑郁的痕迹，抑或可能正因为有这些，观众喜欢波特；他的音乐和歌词的完美搭配抓住了转瞬即逝的社会风尚。波特没有歌颂或者诅咒这种社会风尚，他总是有一种局外人的姿态，他是那个来自印第安纳贝鲁市的中西部人，他甚至是名清教徒，很清楚自己不守规矩的样子招人喜爱。[7]像艾拉·格什温和拉里·哈特一样，波特从W. S. 吉尔伯特滑稽歌曲的歌词里学到很多，但他也从萨利文貌似单调实则恰如其分的音乐中学习。《万事皆可》的歌词很巧妙，语气里有天真的惊讶，漂亮地融入跳动的乐句中，让埃塞尔·默尔曼和波特自己这样的演唱者可以完美地唱出这些词。这是卡巴莱音乐，是弹唱，是抒情滑稽歌曲。埃塞尔·默尔曼是出了名的金嗓子——她的歌喉是大自然的奇迹之一——但她早期演唱《万事皆可》《我为你迷醉》《你至高无上》和《美妙的夜》的录音表现出她作为一位歌唱家的特别精微之处，特别是她能够清晰地表现出乐句之间细微的差别。这些歌曲中的歌词是至关重要的。弗雷德·阿斯泰尔对格什温、柏林和科恩的作品干净、完美的呈现也是如此，这些作曲家懂得根据他的声区来写歌，正如波特会根据默尔曼的声区创作歌曲。

在《万事皆可》中，用押尾韵和部分句内押韵的方式，波特找到了一种轻快活泼的曲调［“今天世界疯了/今天好人变坏了，/今天黑人变白了，/今天白天变成了黑夜……”（“The world has gone *mad* today / And good's *bad* today，/ And black's *white* today，/ And day's *night* today...”）］，然后总是不断循环模进——还有曲调——来个意外转折［“今天那位绅士/今天你给了他一分钱/曾经有好几栋别墅”（“And that gent today / You gave a cent today / Once had several chateaux”）］。在那些清单歌中，波特的声音被赋予了某种冷酷。它们可以无限延展，清单可以一直列下去。音乐要求歌词必须伴着重重的节拍，有节奏地喊出来，而不是全部唱出来。韵律围绕着它们，但不会塑造或充满它们。在上文引用的歌词里，正如菲利普·菲里亚在《叮砰巷的诗人》一书中所言：“歌名的意思就发生了很大的转变，在喧嚣的 1920 年代，‘万事皆可’是一句道德堕落的口号，而到了 1930 年代，这个短语成了股市崩塌的简明提示。”[8]这不是普通的大萧条，而是用童话包装起来的大萧条化身，富人失去了他们的豪宅，而平民的孩子衣不蔽体。不过，这首歌确实准确表现了大萧条岁月的不确定性，有些人可能觉得这样很刺激，即便它给大多数人带来了严重的焦虑。这不是伊普·哈伯格的《兄弟，能给我一毛钱吗?》，而是同一主题的不同尝试。波特用人类学家的眼光来观察大萧条事件，成功地将安全感的缺失用生机勃勃的方式表现出来，仿佛他正在火山口上跳舞。

他能做到这些，靠的是语言的力量和制造了“叠加”效应的节奏。在这些歌曲中，我们感觉到我们在观看一个走钢丝的艺人，他身手敏捷地在空中表演，不知道他将在何处落地。他所涉及的主题，如今的歌曲创作已无可匹敌；我小时候，可以在奥格登·纳什的幽默诗里找到同样的内容；在《纽约客》的圣诞节诗里可以看到些许传承，间隔十年后，此剧于 2008 年重演，竭尽全力地表达快乐，向那些名字被用于滑稽押韵的时髦人物表达了温柔的敬意。波特从未因为“爆红”而自鸣得意。

他的精妙总是带着嘲讽，正如他的愤世嫉俗总有几分温情。在《美妙的夜》这首歌里，他在抬高自己的时候也在嘲笑自己，根据需要对语言进行了打造和锤炼，在每一段的结尾处，快速地唱出所有带“de-”的词，“delightful”“delicious”“delectable”“delirious”，最后摒弃标准英语，奇妙地唱出“de-lovely”这个英语词汇里没有的词。歌曲本身描述了婚姻中会出现的场景，就是波特自己从未体验过的那种温馨、传统、教科书般的婚姻；歌曲充满了局外人对普通生活里你来我往的懵懂好奇。婚姻生活也并不算太普通吧：在这个世界上，还有新婚夫妇乘坐小型飞机飞越尼亚加拉瀑布呢。

最接近波特的精妙之处的是弗雷德·阿斯泰尔的舞蹈，但不是因为波特的社会题材，或者因为他表现的是戴礼帽、系白领带、穿燕尾服的世界。阿斯泰尔使用更多的是柏林、科恩和格什温的音乐。他的最后一场百老汇演出，也是他姐姐退休之后的第一场，就是波特的《愉快的离婚》，但搬上银幕之后，只留下了《日日夜夜》这一首歌。波特不是阿斯泰尔的理想作曲家，然而，为我们所喜爱的阿斯泰尔舞蹈作品中出乎意料的旋转、我们心目中那个不动声色就能不断超越自己的人，几可与波特用灵巧的语言和复杂的旋律线表现出来的精湛技艺相匹敌。在 1930 年代，波特和阿斯泰尔都是现实的引路人，是礼仪和修养的导师，引导那些永远不会踏入他们那个世界的年轻人，其中很多人是移民的后代，或从南方和中西部到经济快速增长的城市的年轻移民。

传统意义上，二人并不适合他们所扮演的角色。波特身上总有那种大学里富家子弟的影子，头发总是梳得油光闪亮，曾为耶鲁大学足球队写过两首队歌。阿斯泰尔既没有好嗓子，也没有传统意义上的漂亮外表。他们所做的一切多半像不经意间而为之；他们努力让一切看起来很轻松。但是，他们和那个时代著名的摇摆表演者一道，向年轻一代诠释了什么是镇定自若和潇洒惬意。他们的言谈举止成为绅士的行为规范，在这种规范被第二次世界大战的炮火毁灭之后，替代他们的是亨弗莱·鲍嘉等人，他们表现出另一种风格的镇定自若。尽管 30 年代是经济停滞、可能性有限的时代，但在他们的作品中，这些人好像永远处于运动状态。很多作家和演员对大萧条做出反应，表现出对社会苦闷或极端沮丧的极度关切——对制度表示愤怒，热切希望改变或替换现有制度；而阿斯泰尔和波特则显露出巧妙的讽刺和不动声色。阿斯泰尔和金杰·罗杰斯一起塑造了那十年里最引人注目的情侣；他的演唱和二人的舞蹈成为更冷静的爱情表达方式的典范，避免了以往的俗套，或者说给旧的表现方式注入了新的活力。

作为一位作曲家，波特慢慢感觉到这种高端的方式害了自己。他觉得这种作品难以长久流传，渴望能够更传统一些，最终，他成功了。他对采访者说："复杂的典故只能有六个星期的热度。如同用希腊语演出索福克勒斯的剧作一样，无法打动观众——复杂的歌词更有意思，但只有我和大约 18 位观众这样认为，反正我们都是头场的观众。在音乐界，精美的、文雅的、成人的创作，严格来说，是一种创造性的奢侈。"[9]《愉快的离婚》被改编为电影后已面目全非，这个例子说明大众文化可以把他的作品毁成渣，再丢弃掉，因为该电影在制作的时候，好莱坞对音乐剧还半信半疑，对百老汇要小聪明、低级趣味的审美能否作为健康向上的娱乐形式表示怀疑。当格什温兄弟最终被请到好莱坞的时候，他们感到非常吃惊，需要他们写的音乐很少，他们的作品被丢掉或删减的很多。为一场百老汇表演，他们有时候要写 20 多首歌；而一部电影有时候只需要 5 首歌就够了。

跳个舞吧：阿斯泰尔和罗杰斯

《海上情缘》取得巨大成功之后，一直到 1950 年代，好莱坞都在给波特提供更多的用武之地，出了很多原创音乐作品，1936 年将《海上情缘》搬上银幕，由宾·克罗斯比主演，还为他拍了一部自传性电影《日日夜夜》(1946)，由加里·格兰特和亚历克西斯·史密斯主演，电影还可以，但是不要信以为真。（好像他的主要问题是过于投入工作。“我们最近见面太少了，”他妻子说，“你把我放在你生活的一个小角落里。”我们不用看该剧的首演，就能看到《海上情缘》的成功过程。）最终，波特的作品失去了1930年代曾经拥有的特殊韵味。无论如何，该剧后来被改名为《柳暗花明》，这次不是为波特打造的，而是为阿斯泰尔和罗杰斯，之前，这对偶然的组合在烂片《飞到里约中》（1933）担任配角，跳了一曲《卡里奥克》，获得了意外成功。

《柳暗花明》与其说是一部舞蹈电影，不如说是一出卧室笑剧，然而，它为接下来的阿斯泰尔-罗杰斯系列电影定下了基调。① 它引入了一批才华横溢但常常枯燥乏味的人物，包括埃里克·布洛尔、爱德华·埃弗雷特·霍顿和埃里克·罗德斯，他们在一部接一部的电影中为这对组合增加喜剧气氛。故事线就很有趣。为了达到离婚目的，罗杰斯必须在和一位职业第三者约会的时候被抓现行，这位第三者是个傻乎乎的小白脸，由惊为天人的罗德斯扮演，而她却错将阿斯泰尔当作了那个第三者。因为他爱上了她，所以，他尽力——在可能伤风败俗但不违反道德的前提下——担当起这个角色。“那么，您就是我在等的人。”她说这话的时候，并不知道她说的是实情。（她咬牙切齿地说出这句话，带着鄙视和失望的口吻，因为她对他的印象已经好一点了。）他到达她的房间来完成午夜幽会，经过很多阴差阳错之后，他送走了罗德斯，由他来扮演第三者。“这是我的分内事。”他态度坚决地说。

这些男女间的游戏源于传统笑剧，很难延续至后来的电影中，不过，它们还会时不时出现在逗趣的场合。在表现挑逗、一语双关、男女窘境方面，波特才是行家里手，而不是阿斯泰尔。阿斯泰尔的方式是在音乐和舞蹈中让爱和性得到升华。但电影会继续用各种误会编织出一个

---

① 在詹姆斯·哈维看来，它还促成了神经喜剧的流行，还有1934年的另外三部电影，霍华德·霍克斯的《20世纪快车》《瘦子》（改编自达希尔·哈米特的最后一部小说）和卡普拉的《一夜风流》。参见：James Harvey, *Romantic Comedy in Hollywood, from Lubitsch to Sturges* (New York: Alfred A. Knopf, 1987), 108－10, 125－30。——原注

脉络，其中会插入好听的歌曲，这部电影里就有阿斯泰尔随着波特的《日日夜夜》翩翩起舞，还有《卡里奥克》又长又好听的续歌——《大陆风》，这是一首真正的剧院合唱曲，长达 17 分半，随着阿斯泰尔和罗杰斯的舞蹈，插入了所有人物的画面，最后到达极度兴奋的高潮部分，除了其他道具，还使用了旋转门。结尾的反复部分转向私密，只剩下两位主演，群体场面转为私密的家常氛围，几乎是剧中剧的效果。

《柳暗花明》由马克·桑德里奇导演，此后，他还导演了另外五部该系列的电影，形成了一种模式：冲突和冲突化解不仅出现在罗杰斯和阿斯泰尔之间，也出现在电影的话语世界和音乐世界里。在话语世界里，一切都是拧巴的，因为为了让这对夫妇分开，电影设计了相互纠结的误解、犹豫和抗拒。但是，电影也为我们呈现了一个歌舞世界，在这里，貌似不般配的两个人可以恰到好处地联结起来，组成一个二人世界，所有的尴尬和约束都被消除了，所有的动作都显得非常优雅、流畅、意味深长、赏心悦目。尽管他们生活在童话的世界里——这里，还有后来的《礼帽》，都借用了恩斯特·刘别谦和山姆森·雷佛森令人赞叹的《天堂里的烦恼》（1932）里的背景威尼斯——剧中的矛盾冲突可以看作大萧条的移位，表现了普通人的烦恼，而此后的和谐统一则是一种带有梦幻色彩的浪漫乌托邦，超越了压抑和不和谐。波特的欢快表演在晦暗的背景下效果最佳，阿斯泰尔和罗杰斯的舞蹈被置于冲突和拖延的框架中，在大萧条观众面前也会取得更好的效果。

阿斯泰尔和罗杰斯初次见面时，他们之间出现的一个笑剧式误会奠定了全剧的基调：她的裙子卡进了关闭的箱子里，他为了帮她拉出裙子，把裙子撕烂了。他想尽办法接近她，而她则怒气冲冲地躲开。但另一个基调是对浪漫的渴望，第一首重要的插曲《草堆里的针》定下了这个基调。阿琳·克罗斯将其描述为："这首歌首次在银幕上确立了阿斯泰尔的人物形象。他出现在观众面前，敲着壁炉台，在地板上试探，躬身在沙发上，这些行为表明，他一心想着出去满大街找寻他心爱的姑娘。"[11]但是，让我印象最深的是这首歌的变化。阿斯泰尔先坐下，唱了一首康·康拉德和赫布·马吉森的严肃民谣（我上文提到过，因为雷电华将科尔·波特的作曲都放弃了，只保留了《日日夜夜》这首歌）。当他站起来开始走动的时候，音乐开始加速。不久，他试探了几个地方，最后找到可以敲打的壁炉台。力量的突然释放和舞蹈复杂的切分节奏将我们远远地带离了原来的歌曲，像一位爵士乐手，反复演奏着一个简单的乐句。但是，在歌曲结束的时候，他还是一个人，从而导向那首优美的《日日夜夜》，这时候，阿斯泰尔消除了罗杰斯的反感，将她揽入怀中，二人翩翩起舞。甚至在他们开始跳舞之前，《日日夜夜》中阿斯泰尔演唱的部分，只有节奏，用于表达渴望的程度（“鼓儿咚咚咚地响，雨点啪啪啪地落”），这部分是连接前一首歌孤独舞蹈的桥梁。这样就确立了这个系列的一种模式：歌曲只是表达渴望的咏叹调，“难耐的思念在我心中燃烧”，而舞蹈则是满足，是夙愿得偿，是合二为一。起初，他们私下走到了一起，最后，他们在公开场合起舞，通常是一场大型集体歌舞表演。

在巴斯比·伯克利如《华清春暖》这样的后台音乐剧中，大型集体歌舞表演被安排在最后：困难终会过去，包括大萧条带来的困难，歌舞终于开演。阿斯泰尔-罗杰斯电影围绕这对夫妇的舞蹈制造悬念，让观众体验到了他们的延迟满足。他们会成一对吗？他们什么时候成一对？他们怎样才能成一对？紧张感围绕着他们，镜头外不和与职业竞争的传言更增加了紧张感，从影片一开始，这种紧张感就是电影结构的一部分，从《罗贝尔塔》的插曲《我不想跳舞》到《摇摆乐时代》中的《再也不跳舞》（最开始也叫《我不想跳舞》），直至这个系列的巅峰之作《跳个舞吧》。到最后两部电影的时候，阿斯泰尔和他的合作者明确地在制作关于舞蹈本身的电影，但是，对于观众来说，镜头内和镜头外的问题可能太多了。票房收入的下降促使雷电华将二人暂时分开，他们自己也正求之不得——罗杰斯去拓展自己的演艺事业，阿斯泰尔也可以避免再一次被一个团队锁死。尽管三部电影之后，他们再一次合作，但再也无法重现之前的魔力。

最重要的六部电影包括《柳暗花明》和《跳个舞吧》。这里有基本的浪漫寓言，将优雅文化的每丝每缕都拢在一起：包括喜剧式歌剧情节里有钱有地位的神经喜剧世界，由雷电华的艺术设计师制作的有助于表现阔气和优雅的装饰性背景，以及伟大的百老汇作曲家们所配的音乐作品，特别是柏林、科恩和格什温，他们为这些电影创作了最好的插曲。多首音乐作品中以爵士乐为基础的节奏，赋予这些电影鲜活而高级的气息。最后，还有舞蹈、歌唱，以及罗杰斯和阿斯泰尔的舞蹈艺术，他们将音乐转换成动作和戏剧性。

这个系列的第四部电影是《礼帽》(1935)，这部电影让阿斯泰尔成为十年中高雅的标志，从各方面看，都有其重要意义：社会差异、经济阶梯和个人风格。在紧跟30年代"左倾"大方向的作家看来，等级是剥削、不平等和社会冲突的舞台，并且也是引起巨变的潜在动力。对于《礼帽》中的阿斯泰尔来说，在欧文·柏林作曲的协助下，等级成了很不一样的东西，等级是一种纯粹的风格："我出门了，亲爱的，/去呼吸弥漫着高雅味道的空气。"这两句歌词里有种自嘲的可爱腔调，特别是"弥漫"这样的词，但是，阿斯泰尔不是这样唱的。相反，他表现的是一种几乎让人喘不过气的想出门度过良宵的渴望。歌曲的开头描述接到邀请的情形，阿斯泰尔先描述自己着装的细节，然后扔掉礼帽，揉乱衣服，准备跳舞，只是跳舞。阿斯泰尔将自嘲融入自己的性格，而不是融入歌唱。《礼帽》之后，他会变换自己的形象，经常带点讽刺意味。在《摇摆乐时代》的开头，我们看到的是一文不名的阿斯泰尔，他戴着礼帽，穿着燕尾服，而他的婚礼却被取消了，正想从烟卷售卖机里弄出一枚25美分的硬币，然后爬上一列货运列车出发，在30年代，这象征着他的霉运快结束了。在这两部电影之间上映的是《海上恋舞》这部被低估的电影，在这部电影中，电影公司担心大萧条观众不再喜欢阿斯泰尔戴礼帽的形象，试图将其塑造成一个普通人——名叫弗雷德里克·奥斯特里兹，是一位酿酒商的儿子，来自内布拉斯加州奥马哈市，和阿斯泰尔本人的背景一样。

阿琳·克罗斯说，《礼帽》是“30年代拍摄的关于20年代的浪漫故事，那个年代的罪恶被抒情性的乐观主义洗刷得干干净净”[11]。阿斯泰尔扮演的是一名踢踏舞演员，这部电影就是关于踢踏舞的；事实上，每一个重要的场景中都有踢踏舞。影片开头部分，他在伦敦的一个俱乐部里被困住了，真的无法动弹，甚至连卷报纸这样的动作都不能做，为了不惊动某个人。自由活动、跳舞、放飞——这就是这些电影的主题——阿斯泰尔逃出来之后，他跳了一段，用他的脚趾说话，而不是摸他的鼻子，他对这个令人窒息的、纯男性化的、旧世界的上流社会表达了自己的看法。这只是一个滑稽场景，但是，那间“萨克雷俱乐部”让他表现出了性格中恶作剧的、叛逆的、“美国的”一面。对阿斯泰尔来说，等级就是动作、活力、快乐，而不是一成不变的阶梯。阿斯泰尔不像菲利普·巴里的剧作中那些上流社会大人物，他总是让人开心，穿戴整齐，喜欢做一个见多识广的人，从来都不单单是个生就的有钱人。在闷闷不乐的彼得罗夫——《跳个舞吧》里的那位像俄罗斯人的芭蕾舞演员——的背后是彼得·P. 比德斯，那个一心想在百老汇工作的普通美国人。在阿斯泰尔热爱装扮背后，是一个天生的民主派在主导（和表演）。

阿斯泰尔在自己形象上的左摇右摆，在《礼帽》的主题曲中表达得非常清楚。他的背后有一个由男性组成的舞蹈队，都和他一样的打扮：戴礼帽和白色领带，穿着他不喜欢的燕尾服，他挥舞着一根手杖，手杖成了踢踏舞的一部分（阿斯泰尔和卓别林均在舞蹈中使用无生命物体）：手杖充当了转轴，他围着它跳舞，他还会像挥舞权杖一样，舞动手杖，让手杖敲击地面仿佛是舞者的第三条腿，他还会将手杖当步枪，将整个舞蹈队扫射在地，他甚至将手杖变成一张弓，射倒最后一个人。（1927年，阿斯泰尔曾经在《滑稽的脸》一剧中，与一个男性舞蹈队合作过一曲《礼帽》，1930年，他在《微笑》一剧中，拿着一根夺命的手杖，演绎了这首曲子。）所有的观众也戴白色领带，都是他的翻版，他也向他们“射击”。正如卓别林的哑剧表演很接近舞蹈，阿斯泰尔的舞蹈与哑剧表演同样相得益彰。

如果说阿斯泰尔的踢踏舞会激怒俱乐部里的先生们或舞蹈队和观众席里的社交人偶们，那么这种舞蹈对金杰·罗杰斯就是纯粹的诱惑。一开始，他独自在旅馆的房间里跳舞，那是一个“无牵无挂”的人心花怒放的表现。他的朋友希望他成家立业，但他很享受自由自在的生活，到处留情，随时准备开始一段浪漫佳话，“自由自在，专等好事到来”。然而，他自顾自的激情抒发打扰到住在楼下房间的金杰·罗杰斯，在她表示抗议时，他自愿当了她的“正式催眠精灵”，在她楼上的房间里，他轻轻地在沙上起舞，助她入眠。舞蹈是冲动，是情感，是自然流露，是一种爱的表示；你甚至可以伴着舞蹈入眠——她慢慢睡去，他的舞蹈也慢慢隐去，他重新认识到，此刻他不想孤身一人。

在戴礼帽的男人的另一个版本里，他将自己装扮成一名双轮马车车夫，带着她在城市里穿行，他的踢踏舞步出卖了他。之前她曾对他说，他不由自主的舞步“对人是种折磨”，而现在她说：“去买顶新帽子吧。”金杰的拒斥，再加上误解——她把他当成另一个戴礼帽的男人，就是他那位已婚朋友——开始瓦解，因为他们遇上了一场雨，她躲进了一个大露台，这是个完美的舞台背景。“我可以救你吗？”他问。“我宁愿遭罪。”她说。可是当下，她真的无计可施——“这日子好不好/出门遇上一场雨？/你正在行走在路上；/这下你只能滞留此地”——在他们共舞的时候，雷声成了音乐的一部分，他们的关系也近了一点点。

当然，他们最终在柏林最好的歌曲之一《脸对脸》中走到了一起，歌中哀伤的呼唤“跟我跳舞吧”与副歌的开头（“天堂！我在天堂……”）相应和，是舞蹈本身一个赏心悦目的开场。在片尾曲《皮卡利诺》里，他们又走到了一起，这是《卡里奥克》和《大陆风》一个随意的后续，歌词带有自嘲的意味。《脸对脸》的舞蹈是技艺和雅致的顶峰，那对恋人慢慢离开人群，罗杰斯逐渐接受了阿斯泰尔的爱情。她穿着她最神奇的舞裙之一，带一簇鸵鸟羽毛，蝉翼纱材质，丝光缎镶边，别一枚莱茵石胸针。舞蹈非常优美，音乐完美无缺，她的舞裙和身体变成一个巨大的动作和形态的螺旋，他们倾心交谈的时候，音乐仍在背景中继续。

后来，充满误解的话语世界重新占据主导：她还以为他是有妇之夫，当他向她求婚的时候，她扇了他一个耳光。金杰是否会终身错付，嫁给她的服装师——喜剧人物拉丁人罗伯特——还是由埃里克·罗德斯扮演，他在《柳暗花明》中扮演油滑的小白脸，二人重续上一部电影中的情爱游戏。事实上，她已经“嫁”给了他，只是主持结婚仪式的是假扮牧师的埃里克·布洛尔。金杰已经住进了新人套间，踢踏舞来帮忙了，阿斯泰尔又一次在楼上跳舞，惊扰到金杰，他正竭尽全力阻止这场婚姻。与此同时，他的朋友引开了激情澎湃的新郎，她也最终醒悟过来。

在下一部电影《海上恋舞》里，弗雷德和金杰又分开了。他一气之下参加了海军，因为由金杰扮演的舞蹈搭档和他吵了一架，并终止了演出。但主要原因是在困难时期，电影公司希望打造他们平民化的形象。鲍勃·托马斯在研究阿斯泰尔的书中说：“雷电华主管们的逻辑是，如果他们最受欢迎的男演员总是戴白色领带、穿燕尾服，他有可能失去普通民众的青睐。”[12] 当然，影片结尾处，我们看到他戴领带，穿燕尾服——这是整部电影中最精彩的部分——但那是为了在甲板上举行的一场慈善演出而穿上的演出服。欧文·柏林的精美配乐不像在《礼帽》中使用得那样克制，《礼帽》仍被限定在《柳暗花明》的喜剧模式里。曲调作为戏剧和音乐主旋律被不断重复，为《摇摆乐时代》和《跳个舞吧》创造了一种音乐形态。《海上恋舞》的情节不出彩，喜剧效果也一般，但比它前面的几部电影更具音乐性。

该剧的作曲风格多样，开头是一首吉尔伯特和萨利文风格的小调《我们看见大海》，由阿斯泰尔和水手们在甲板上演唱。这是一个寻找真命女主的开场，接下来就是他们离开军舰到旧金山休假，在那里，他们辗转到了金杰独自工作的夜总会。接下来就是这部电影中最具爵士乐风格的插曲《舞起来》，也是这个系列的标志性主题之一，歌曲内容涉及从世俗个性中解放自己，从沉闷的、被冲突和禁忌压垮的个性中解放出来，投入舞蹈的个性中，轻盈自在，充满爱、自由和满足。这也是一首大萧条歌曲，有助于我们了解那个时期的舞蹈热和摇摆音乐。歌词非常治愈："放松！你把自己打成了一个结"，到舞池里来，把烦恼忘掉吧。这不是一个一劳永逸的解决方案，但是，正如霍勒斯·麦科伊的小说《孤注一掷》里冗长乏味的马拉松舞蹈一样，它是整个时代的一个恰当隐喻。

爵士乐实际上就是这部电影的主题，正如踢踏舞是《礼帽》的主题——爵士乐是音乐、舞蹈、情爱，也是百无禁忌的自我表达。《舞起来》最开始由罗杰斯演唱，后来，在爵士时代，曾在一场舞蹈大赛上表演，它是阿斯泰尔对大乐队时代的注解，他们动人的舞蹈无与伦比。她身着锦缎长裤，侧边有一根吊带，与他的水手服相配：二人同样身材高挑——飞腿、弹跳、撞击、滑行——他们一起创造了非凡的视觉节奏。不久之后，他尝试在甲板上用同样的曲调教人跳舞，有一半的人在演奏《女士们》。（"你们知道的，"他告诉他们，"跳舞和摔跤是不一样的。跳舞的时候，最重要的是让舞伴的双肩离开地面。"）后面还有一首歌，将爵士乐和军乐做了对比。整部电影都在比较不同的音乐和舞蹈，从交谊舞、进行曲和缓慢、深情的民谣到爵士乐热烈的节奏。

单飞的金杰并不顺利。"由于某种原因，"她说，"他们对独自跳舞的女孩不感兴趣。"她继续独自试音，甚至还用过《舞起来》的音乐，但阿斯泰尔决心阻止她得到这些工作。阿斯泰尔戏谑的形象显得鲁莽而自信、反复无常、含混茫然，有点反讽，甚至有些笨拙，当然，他跳舞的时候一点不笨拙。在一段欢快的舞蹈中，使用的音乐是柏林的《我把所有的鸡蛋装进一个篮子里》，音乐轻快活泼，二人仍不在一个频道，竞争，相互模仿，打空拳，甚至将彼此打下了舞台，音乐节拍不断变换，从华尔兹变到爵士乐。作为逗乐的常规打斗，它戏剧性地进入了弗雷德和金杰的神话中，二人在充满摩擦的引诱、竞争和激烈的抗拒之间不断转变，最后终成眷属。

相爱的故事出现在有名的片尾曲《让我们随歌起舞》中，这是一个独立的短剧，正如观众所期待的一样，男女主人公在装饰艺术风格的背景下成为完美的一对。这是一场表演、一个假面舞会，罗杰斯穿着带亮片的裙子，围一条狐皮披肩，阿斯泰尔戴白色领带，翻领上别着一支康乃馨，黑色燕尾服上下飞舞。柏林的这首歌是大萧条作品，和《舞起来》比，显得烦躁、阴郁。歌里唱道，及时行乐，或者说，珍惜良宵，因为烦恼和眼泪可能就在前方；此刻，让我们随歌起舞。当然，“facing the music”可谓一语双关，玩了个文字游戏，既可指逃避到浪漫爱情中去，也可指抓住时机，勇敢面对现实问题。在剧中剧里，二人扮演的是两个蒙特卡洛赌徒，在输光之后，准备自杀——这是一个耸人听闻的大萧条隐喻——但他们彼此安慰，回心转意，为彼此留下……为了舞蹈。这也是整个系列的一个隐喻：随歌起舞并不意味着逃避到浅薄的虚名和浪漫爱情中去，而是通过发现彼此、迈着优美的舞步一起旋转来战胜困厄和灾难。在黑暗中起舞即面对不断侵入的黑暗，坚定地表现出至关重要的优雅、统一和风格。因此，这个系列的主旨与《愤怒的葡萄》这种社会意识更强的灾年寓言相比，并无太大不同：单个的我们会失败，变得懦弱，陷入惶惑；团结起来，我们就有机会。这只是一个剧中剧、一场表演，但比以前的任何作品都显得真实。

这是阿斯泰尔和罗杰斯的胜利：在一个希望渺茫的历史节点，他们不仅创造了无法抵御的灵巧优雅形象，还让在大众文化里已落入俗套、变得廉价的浪漫爱情显得来之不易和真实可信——优雅而水到渠成。这就是对这一文化时刻的倾情回应，如今仍在对我们发出呼唤。到了《摇摆乐时代》和《跳个舞吧》，这一神话已成了完全的自觉。此外，《跳个舞吧》将格什温兄弟召回了好莱坞，再度回到音乐喜剧的世界做最后的尝试，创作了十多首金曲，直到1937年，乔治·格什温不幸英年早逝。

《摇摆乐时代》由杰罗姆·科恩作曲，多萝茜·费尔兹作词，它不仅模仿了《海上恋舞》的摇摆舞主题，还借鉴了剧中的赌博主题。影片开始，阿斯泰尔赌博输了钱，他和贝蒂·弗内斯（1950年代电视节目里的西屋电器女孩，再后来，成了一位热情的消费者代言人）的婚礼被取消，他只得坐火车去纽约赚钱以赢回自己的声誉。和在《柳暗花明》及

《礼帽》中一样，弗雷德和金杰总是面临一种风险：和错误的人结婚，安居乐业，平淡过一生，永远不知道自己错过了最合适的人。（金杰“差一点”和可怕的拉丁人乐班主理查多·罗梅罗结了婚。）第一首插曲是《爬起来》，这是一首乐观的大萧条歌曲，和《舞起来》很像。我们看到笨手笨脚的阿斯泰尔跟着金杰学习舞蹈，假装向她学习踢踏舞。歌词将这段写成学习生存技巧和面对逆境。生活中总难免摔倒，他轻松地说道，但是“我爬起来，掸掸灰尘，重新上路”。其他好歌包括《美妙爱情》《今晚你的模样》和《再也不跳舞》，还有一首化妆成黑人演唱的新奇歌曲《哈莱姆的波杰克斯》，献给伟大的黑人踢踏舞演员比尔（即波杰克斯）·罗宾逊。

在《爬起来》中，弗雷德想引起金杰的注意，但也让她有点烦，他假装有个和我们一样的普通身体，笨手笨脚，不停滑倒。她的训练课失败了：和《海上恋舞》里一样，他的笨拙表现导致她被开除了，但他在老板面前表演了一段，证明自己可以跳得很好，保住了她的工作——他用的音乐和他滑倒那段一样。这是一首很好的爵士乐歌曲，表演也很棒，只是他们跳得太好了，毕竟他们是未经排练的。他们创造的亲密形象在整部电影中一步步达成。下一首插曲是一首民谣，名为《今晚你的模样》，他们的关系更近了一步。他用音乐赢得了她的心，尽管她的头发是乱的，上面涂满洗发水。接下来，她的拉丁追求者用演唱肥皂剧的方式演唱了同一首歌。在异常复杂的《春天里的华尔兹》里，弗雷德和金杰的关系更亲密了，阿琳·克罗斯称这首歌是“一条宽阔的白色溪流在欢快的不同节奏中流淌，一刻不停地流过错综复杂的路径，经历许多惊喜，见证许多彼此勇敢和忠贞的行为，无法一一引证，更无法加以描述”。她称其为“他们所有的舞蹈中，最令人欣喜的延续、无限延伸的重复可见”。(105) 从视觉上，他们在百叶窗后面移动，然后微笑着走出来，歌舞仿佛在谨慎地呈现一个亲密场景的高潮部分，借用了默片词典里的词汇。

但他们回到了现实中，总有那么点不协调，来了段《你今晚的模样》的重奏，然后，他们进入雪地场景，曲调是科恩和费尔兹的讽刺歌曲《美妙的爱情》，围绕弗雷德的冷淡和这位高冷表演者纯洁的表白手法（“没有亲吻”）做戏。这首歌表明，歌曲作者可能被这对恋人和谐的美妙时刻所打动，也可能从他们看起来无休止的冲突中得到启发。（在下一部电影中，格什温兄弟特别喜欢他们长期不在一个频道的情形，这部电影创作的时候，他们早形成了自己的程式。）这一次，他们是风趣的词作者多萝茜·费尔兹的贵人，费尔兹走的是拉里·哈特和艾拉·格什温的路子。（“你就像法兰西岛一样难以抵达。/我毫无办法。/这就是美妙的爱情吧。”）有人让他们亲吻，他们亲吻了——在一番逗笑之后，他们小心翼翼地在门后亲吻了——这是第二个高潮，不仅避免了爱情戏的俗套，因为阿斯泰尔坚持这么做，还保持了这对恋人之间的戏剧张力。在整个系列中，有没有他们直接亲吻的戏呢？至少在《乐天派》之前没有，传说那一次是新的尝试。让他们亲吻的挑战利用这种玩笑性的克制制造效果。

他们之间保留的张力在影片高潮部分的插曲《再也不跳舞》中至关重要，歌曲将之前插曲里的点点滴滴加以概括，让他们的相互吸引、犹豫不决、相爱和怀疑流畅地再次呈现出来。富丽的双层装饰艺术背景里有分开的楼梯，这个背景本身就是这个场景里的一个主角。她跟着他的情敌走到楼梯的一半位置，阿斯泰尔深情的演唱使她回头。他们随着音乐起舞，但还是未能建立起关系；她离开，他将她拉回，他们从不同的楼梯上楼。歌与舞将负能量清晰地表现出来，对阿斯泰尔和罗杰斯的关系形成极大冲击。歌曲充分抒发了被拒绝但仍饱含深情的复杂哀愁。舞蹈将这一切转换为戏剧性和动作，结尾非常精彩，避免了过于简单的化解方式。如果阿斯泰尔得不到爱，他就不会跳舞；他拒绝跳舞，以及他表演拒绝跳舞的舞蹈，成了整个系列的高光时刻之一。

单从片名就可以看出，《跳个舞吧》——该系列中最后一部真正不同凡响的电影——正好接上《摇摆乐时代》的故事。然而，格什温兄弟的加盟让这部电影多了一层复杂性。此时，这类电影的人气略有下滑，但作为当代艺术的出色作品得到了越来越多的认可。人们意识到，除了弗雷德和金杰，舞蹈也是这些电影的表现对象，《跳个舞吧》正好反映了艺术和舞蹈与浪漫爱情之间的关系。乔治·格什温自己在艺术和大众娱乐、音乐厅和歌剧院以及百老汇舞台之间的地位就是不确定的。毫无疑问，在《原谅我的英语》和《让他们吃蛋糕吧》失败之后，格什温兄弟希望在好莱坞恢复他们在通俗音乐上的地位和《波吉与贝丝》带给他们的文化声望（但是这部电影的收益不尽如人意）。制片公司一直不懂如何用好他们；他们认为格什温兄弟过于阳春白雪，太有文化、太高端，格什温回应说，他只是想创作广受欢迎的歌曲而已。所以，在电影里，弗雷德·阿斯泰尔扮演了一位淳朴的美国人，需要假装成一位上流社会的欧洲人—— 一位冒用俄罗斯人姓名、带浓重口音的芭蕾舞演员——私下里，他很喜欢百老汇和踢踏舞，赋予他这个形象的是由金杰·罗杰斯扮演的一位同样有名的女性。

这部电影不仅涉及上层和底层文化，还含蓄地探讨了剧院本身，它对人像及其复制品表现出极大的兴趣。阿斯泰尔看到纸牌上罗杰斯跳舞的形象而爱上了她；不久，二人的照片和有关他们甲板“恋情”的传闻一同出现在报纸上。后来，他保存了她惊悚的真人复制品，影片结尾，因为她拒绝和他跳舞，他就和几十个她的形象跳舞——都是戴着金杰·罗杰斯面具的女人。有了这个程度的自我意识，这个系列可能过于成熟了，不过是那种赏心悦目的成熟。1936年，罗杰斯和哈特的《魂系足尖》取得了成功，该剧呈现了俄罗斯芭蕾题材和巴兰钦舞蹈，因此，芭蕾舞和俄罗斯风尚流传开来。（格雷戈里·拉·卡瓦执导的著名神经喜剧《我的乂弗雷》中的小白脸，或“门生”，由米沙·奥尔扮演，有着一副阴郁的、有教养的俄罗斯人派头。）

电影开头呈现的是舞蹈演员们的剪影。我们看到傻乎乎的芭蕾舞演员在练习表演海浪。阿斯泰尔也会这种表演——他演得如此逼真，让爱德华·艾沃瑞特·霍顿有了晕船的感觉——但接下来，我们看到他独自一人，他正沉溺于一项秘密的罪恶，他真正想跳的是活力四射的、不入流的踢踏舞。但是留声机的唱针卡在了唱片的沟纹里，音乐不断重复，然后慢了下来，直至完全停止。他和这台机器的舞蹈是一段滑稽的独白、一次私密的呈现。我们看到罗杰斯表演结束，有个家伙要亲吻她，还有些男人跟在她后面。二人都不知道去往何方。他们仿佛身处文化的两极，但都需要一个伴儿，一个可以一起跳舞、彼此相爱的人——这两种需求难分彼此。因为没有舞伴，他在一条船上的锅炉房里和机器跳舞，还有一个黑人合唱队。她想放弃表演，却做了聚光灯的囚徒。希望他们在一起的公众追随他们，希望看到他们同框的形象，希望将二人放在同一盏聚光灯下。整个世界都以为他们疯狂地爱着彼此；流言已经让他们结了婚——但是，和在这个系列的早期电影里一样，他们好像就是合不来。

这里该格什温兄弟发挥作用了，他们受到阿斯泰尔-罗杰斯神话的启发，写出了在任何时代都是最优美、最没有平庸之气的爱情歌曲，他们不仅为这部电影写插曲，还为阿斯泰尔的下一部（单飞）电影《少女落难》写了插曲，接着，又为一部时事剧《水城之恋》创作歌曲，这一次，乔治·格什温中途去世了。《跳个舞吧》的插曲和情节并不是很吻合，但与阿斯泰尔-罗杰斯故事的超情节十分贴切，如今，他们的势头正在减弱。在整部电影的进程中，两首重要歌曲仿佛是相互矛盾的。《我们再不要这样》是一首很棒的滑稽歌曲，歌里列举了使人分离的种种行为，《无法磨灭的回忆》是一首让人无法忘怀的民谣，历数让人们不分开的东西，表达即便他们不在一起，也永不分离。

第一首可能是主题曲，表现了阿斯泰尔和罗杰斯之间关系的起伏：“你我好像永远不会在一起。/应该做点什么来改变。”与其说它是一首爱情歌曲，不如说它是一首关于性别之争的歌曲，有一点可以肯定，这是唯一一首围绕不同的发音展开争论的歌曲，发音的不同意味着阶级、背景和性情的差异。但是，歌曲很巧妙地变成一首爱情歌曲，成为这个系列中每一部电影的微缩版，因为歌手发出一声长而哀怨的“噢——”，不是一次，而是两次：“但是，噢——如果我们再也不这样/那么我们就得分开，/并且，噢——我们一旦分开/那会使我心碎。”由此引出绕口令和难以理解的结论，伴着断音节奏演唱“因为我们知道我们需要彼此，/所以我们最好不要再说不要这样”，又一次回到改正习惯的主题，巧妙地保持了这个系列中来回反复的模式。（钟摆是《跳个舞吧》中一个反复出现的隐喻。）

那句令人心疼的“噢——”其实是音乐里的一声抽泣，是不由自主的感情迸发，将《我们再也不要这样》和另一首歌里痛彻心扉的副歌联系起来（“不，不，记忆永远无法磨灭”），也和同样令人难忘的过渡部分的重复强调联系起来：“我们可能再也不会、不会想见/爱情的道路崎岖，/但我会永远、永远记得——”这个过渡很高明，与副歌的顺序结合得很完美，副歌将琐碎和宏大、爱的点滴和它的巨大作用混合在一起，十分精彩：“你拿刀的样子，/我们跳舞到凌晨三点，/你改变了我的生活，/不，不……”在长达 15 年的时间里，格什温兄弟一直在创作这种痛苦但又很巧妙的爱情歌曲，早年的歌曲有《我要建造通往天堂的阶梯》《星光守护》《如此美妙》《多久了？》和《我为你着迷》，这些歌均创作于 1922 年至 1928 年之间。在这段时间里，格什温兄弟几乎总是写出出人意料但特别自然的措辞和韵脚。但在《无法磨灭的回忆》的副歌中，每一段里的细枝末节和重大话题达到了完美的平衡。这是爱情之诗，爱情道路上的种种障碍是阿斯泰尔和罗杰斯之间崎岖而美妙的关系之音乐表达。

格什温兄弟把有些歌带到了好莱坞，在这之前，他们连剧本都没有见过。（人人都知道阿斯泰尔-罗杰斯电影的内容。）这些歌曲和这个系列的电影相一致，表现考验爱情的各种困难，并风趣地告诉我们如何战胜这些困难。当然，它们常常是喜剧性的，也很巧妙。《他们都笑了》很像一首波特的清单歌，包括很多有趣的名目，涵盖古今，节奏难以预料。（“他们都嘲笑过洛克菲勒中心。/现在却争先恐后往里进。/他们都嘲笑过惠特尼和他的轧棉机。”）但是，最基本的隐喻——拓荒、发明、怀疑态度——是纯格什温风格，还有那些新颖的韵脚，如“against me”

与“incensed me”押韵，或者“Marconi ”与“a phony”押韵。（除了格什温兄弟，谁还会把哥伦布、爱迪生、怀特和马可尼写进一首爱情歌曲呢?）乔治·格什温并不十分欣赏阿斯泰尔的歌唱，特别在他看完制作完成的电影之后，但是，他歌曲里的节拍和歌词里的上流社会/底层社会幽默，却非常适合阿斯泰尔冷峻而带点反讽的个性。阿斯泰尔好像总是对他正在做的事情保持超然的态度。他的浪漫情绪里没有感伤，他带有戏谑口吻的“美国式”幽默也并不粗俗。也难怪率真的罗杰斯常常无法理解他的心思。

《跳个舞吧》努力为歌舞找到新奇的背景，这通常是非常成功的：轮船的锅炉房作为大受欢迎的爵士乐插曲《奏响低音》的背景，遛狗活动（而不是跳舞）作为歌曲《遛狗》的背景，在中央公园的圆形大厅，穿溜冰鞋跳踢踏舞，这是歌曲《我们再也不要这样》的背景，霍博肯轮渡是《无法磨灭的回忆》的背景，而《让我们跳舞吧》的背景则是一场半芭蕾半舞台剧的诡异表演，这首歌像《摇摆乐时代》里的《再也不跳舞》那样概括了整部电影的内容。音乐的变化反映了那对恋人之间感情的起伏。首先，在一个夜总会里，金杰被叫上台一本正经地演唱了《他们都笑了》，然后，弗雷德被从观众席上叫上舞台，开始炫耀舞技，最后是音乐、聚光灯、观众提要求（也是电影观众的要求），他们一起跳舞，音乐是同一首歌更偏爵士乐的一个版本。每一首插曲都是电影的缩微版，从一个人唱歌、一个人跳舞、与错误的人跳舞，或者随着错误的音乐跳舞，到一起唱出美妙的歌声。

正是音乐和舞蹈才让这种家喻户晓的浪漫爱情故事避免落入俗套。摄影记录了大萧条，而舞蹈则消除了大萧条。它让“闷闷不乐的”人振奋起来，让那些感觉被困住和被抛弃的人感受到运动和关系的存在，它表现了一种民主的等级观念，以替代森严的等级制度，哪怕是幻想而不是现实。尽管阿斯泰尔与“上流社会”息息相关，但在《跳个舞吧》中，由杰罗姆·柯万和威廉·布里斯班扮演的两个上流社会傻瓜却是人们取笑的对象，而阿斯泰尔则试图脱离他的阶层和“文化”，融入下九流生活。为了表现这一点，影片中，他从古典音乐和芭蕾，转向爵士乐、踢踏舞和音乐喜剧，从喜欢怪异的哈丽特·霍克特——那个更像体操队员的芭蕾舞演员——到喜欢充满活力的罗杰斯，她终于从她的画像背后走了出来，那些假人只能代表她的公共人格。

这是《让我们跳舞吧》这首歌最精彩的部分，是创新歌曲中最具创新性的一首歌。歌曲本身和《舞起来》和《爬起来》一样，又是一首大萧条时期鼓舞人心的歌。它证明舞蹈是一种疗愈沮丧情绪的药方（“让我们跳舞吧，还是继续愁眉苦脸？……我们要不要向绝望低头？”）。但是，像“人生苦短，/我们在变老”这样的歌词里隐含着悲伤，我们不由得想到阿斯泰尔和罗杰斯，以及乔治和艾拉·格什温之间的合作，都快走到了尽头。这个系列电影也在走向衰落；悲伤和失去的元素渐渐增多；观众和影星们都不耐烦起来。经过多次分分合合之后，他们回想起电影中的自己，阿斯泰尔和罗杰斯又合作拍了三部电影，但这对老搭档最光辉灿烂的时光在这里结束了。1937 年，乔治·格什温死于误诊的脑肿瘤，《跳个舞吧》的首发式只过去了两个月，兄弟俩合作的最后一首歌曲《不朽的爱情》将他们在好莱坞经历的所有令人感动和好玩的事情串联起来。各种哀伤和《无法磨灭的回忆》相关联：

> 我们熟悉的收音机、电话和电影
> 可能只是一时的好东西，迟早会一去不回。
> 但是，噢，亲爱的，我们的爱情会不朽

参照的范围很广，有末日情绪：

> 落基山脉会垮，直布罗陀海峡会塌，
> 它们只不过是泥巴，
> 但我们的爱情一定会不朽。

这是音乐时代的一部分，对大萧条时代的心灵是莫大的慰藉：生命短暂，甚至多灾多难，但优雅、记忆和联系会留存下来。阿斯泰尔和格什温兄弟所代表的高雅文化，与其说是关于领带和燕尾服的款式，不如说是关于情感的类型，内在光芒是应对社会苦难的真正堡垒。他们在幽默、节奏和流畅的动作中保留了被大萧条夺走的东西，那就是美国人的昂扬斗志，他们年轻而现代，曾经觉得自己注定会成为所有时代的继承人。

答非所问：浪漫喜剧的全盛时期

然而，同样的高雅文化里充满了恣意的幽默和情感的优雅。从《柳暗花明》到《摇摆乐时代》和《跳个舞吧》，阿斯泰尔-罗杰斯电影系列与卧室笑剧和神经喜剧有着很紧密的联系。在《跳个舞吧》中，埃里克·布洛尔拿着某个房间的钥匙——“你通往幸福的新钥匙”，等他能够确定到底谁跟谁结婚，他才把钥匙交给他们。《跳个舞吧》达到了笑剧的极致，斯坦利·卡维尔称其为“重新结婚的喜剧”，是美国制作的电影中最滑稽、最适合成人的电影之一。阿斯泰尔-罗杰斯电影系列和神经喜剧都有性别之争这个基本主题，1934 年，严格执行《海斯法典》之后的那些年里，这些主题只能隐晦地表达出来。神经喜剧朝气蓬勃，动作敏捷，很像阿斯泰尔的踢踏舞，并且，尽管它们有愤世嫉俗的一面，但情感的核心也是解放和浪漫，不过，它们会避免老套的爱情场景。这些电影决定性的特征是它们的节奏，可以和波特和格什温的切分节拍与精巧的歌词加以对比。弗兰克·卡普拉的《一夜风流》（1934）成就了神经喜剧，他在自传中讲述了他如何剪辑场景，放弃出场，避免溶镜，加快演员的表演速度，使电影具有格什温在他的音乐中表现的那种劲头。霍华德·霍克斯在《育婴奇谭》（1938）和《女友礼拜五》（1940）中走得更远，他使用重叠对白，不仅比舞台对话更真实，而且实现了速度和力量的非凡呈现，比单纯的性强度暗示更为有效。

这里谈到的文化形式中，神经喜剧是唯一完全源于 1930 年代的一种艺术形式，有声技术的诞生，再加上幽默、高水平、受过百老汇训练的作家们入驻好莱坞，使神经喜剧成为可能。但是，像弗兰克·卡普拉和莱奥·麦卡雷这样的主要导演缺乏舞台经验，他们的电影事业始于默片时代，在更“原始”、纯视觉的喜剧形式上初试身手——卡普拉同哈里·兰登拍了《强人》这样的电影，莱奥·麦卡雷和乔治·史蒂文斯一道，在哈尔·罗奇工厂制片室为劳雷尔和哈迪精心制作了双卷无声喜剧片。神经喜剧保留了早期打闹剧和纯动作喜剧中很多无拘无束的风格，靠完全无法预料的情节推进，但也有像凯瑟琳·赫本在《育婴奇谭》中扮演的那种人物，她单纯的疯癫是情节的源泉。无声喜剧在 30 年代仍在上演，不仅有拒绝将它们改为有声电影的卓别林，还有 W. C. 费尔兹这样的歌舞杂耍界的老戏骨，他将长期的舞台表演程式在电影中做了完美呈现，劳雷尔和哈迪的故事片永远也赶不上他们早年默片的绝佳效果，马克斯兄弟将哈博作为他们双关语和误用语的天使般、无拘无束的陪衬。最终，视觉喜剧在 30 年代新的艺术形式动画片中得以留存，神经喜剧和动画片有着不为人知的、深刻的亲缘关系，霍克斯在《育婴奇谭》的致谢名单里加上了动画师的名字，后来，布莱克·爱德华兹在拍摄《粉红豹》系列时也这么做了。

神经喜剧本身有一些纯视觉叙事的瞬间，例如，琼·阿瑟（出演米切尔·莱森 1937 年的电影《轻松生活》，该片的编剧是普莱斯顿·斯特奇斯）在自动售货机里，饥肠辘辘但身无分文，突然，一个个小食品柜的窗户突然大开——一个略有改动的大萧条想象，因为所有无家可归的人和流浪汉都冲过来，把那个地方荡平了，就像劳雷尔和哈迪毁坏喜剧里的场景。静默的暗示可以作为间接表达，也可以指强化，尤其在神经喜剧总是缺乏表达性行为的模糊隐喻的情况下。在麦卡雷执导的《春闺风月》（1937）的结尾处就有这样的情形，布谷鸟自鸣钟的两只玩具布谷鸟卷入同一个空档里，像很多神经喜剧一样，这部电影尝试兼顾笑剧和成人剧的元素。

神经喜剧不同寻常的优势并不是源自早期喜剧，甚至也不是源于恩斯特·刘别谦所擅长的复杂的“维也纳”喜剧，奇怪的是，它竟然源于与喜剧好像没什么关系的冷硬派写作。神经喜剧将当时仍属于犯罪小说、侦探小说和报人传奇的冷静简洁和愤世嫉俗引入了喜剧创作。30 年代早期，华纳兄弟制作的大量类型电影为那十年的后期出现的热闹喜剧铺平了道路；的确，爱德华·G. 罗宾逊、吉米·卡格尼和保罗·穆尼在经典黑帮电影里夸张的手势和形式化的表演、那种蓄势待发的表演，已经接近喜剧了。当然，它们的强度和速度已经是喜剧的先声。造诣很高、冷峻、职业的本·赫克特曾写出过像《地下世界》和《疤面人》这样的黑帮电影，他的另一部愤世嫉俗的剧作《毫不神圣》（1937）也表现出此等素养。侦探小说里复杂的情节是冷硬派小说的另一个元素，如达希尔·哈米特的第一部小说《红色收割》（1929），这一元素为神经喜剧所用，故事无一例外地具有巴洛克式纵横交错的情节以及滑稽的反转。

赫克特和查尔斯·麦克阿瑟合作的《犯罪的都市》使用了逃狱题材，取得了成功，于是，冷峻的记者强势报道的故事流行起来，出现了几十部类似题材的电影。《女友礼拜五》的导演霍华德·霍克斯突发奇想，改变剧中记者希尔迪的性别，将全剧变成了性别之争的战场。但在 1930 年代新女性的伟大形象出现之前，这是不可能发生的，她们包括胆大、有冒险精神的多萝西·汤普森或坚持职业平等的玛格丽特·伯克·怀特这个类型；或者像多萝茜·帕克和丽莲·海尔曼那样，犀利，机智，有社会能量；或者其他类型的女性，代表人物如赫赫有名的克莱尔·布思·卢斯，她是著名的剧作家，还有著名的飞行员阿梅莉亚·埃尔哈特，她曾独自飞越大西洋，但于 1937 年在太平洋上空失踪。没有多萝茜·汤普森，就不会有围绕女性记者展开的电影故事；没有达希尔·哈米特指导下的丽莲·海尔曼，就不会有《瘦子》，在这部电影中，我们看到冷硬派写作被改成了夫妻喜剧，故事情节围绕着不同性别的两个朝气蓬勃的人唇枪舌剑，甚至真的动起手来，他们很难生活在一起，也很难分开。

当然，在经典的黑帮电影里没有真正的女人。对于黑帮人物来说，女人只是一种私有财产，情妇只不过证实了他的飞黄腾达和权倾一方。在少数民族黑帮人物那里，真正的女人就是他的母亲，尽力抚养他，并原谅他的一切。但同时期在《黑面具》之类的杂志上刊登的冷硬派侦探小说角度大不相同。听话的女人，无论是圣母还是荡妇，都变成了难对付的女人，这种叛逆的女人在 1940 年代的黑色电影里还会以红颜祸水的形象出现，最早有鲍嘉-休斯顿版的《马耳他之鹰》。但神经喜剧里难对付的女人形象出现得更早，甚至比黑色电影中的同类形象更彻底地主导和搅乱了男人们的生活，在黑色电影中，这类形象与其说是一个独立自主的真人，不如说是一个男性的想象物，让他们害怕的同时又念念不忘。

通常，神经喜剧中的女性并非像罗莎琳·拉塞尔在《女友礼拜五》中扮演的干练职业女性，或琼·阿瑟在《轻松生活》中扮演的女工。多数情况下，她们是任性的富家女，例如《一夜风流》中的克劳黛·考尔白，《我的戈弗雷》中的卡洛尔·隆巴德，或《育婴奇谭》中的凯瑟琳·赫本。或者，她们是像玛娜·洛伊和艾琳·邓恩这样的高雅女性，她们很有气质，幽默风趣，朝气蓬勃。因为这些女演员的存在，替代了由玛丽·碧克馥、莉莲·吉什、玛琳·黛德丽或葛丽泰·嘉宝扮演的深入人心的女性形象，促使神经喜剧日臻成熟，成为当今的文明娱乐作品。男演员也是如此，先有《一夜风流》中的克拉克·盖博和《瘦子》中的威廉·鲍威尔，还有加里·格兰特，实际上，在 1930 年代后期，在他出演的所有电影中，他都是那么温文尔雅，神采奕奕。

盖博在《一夜风流》中扮演了一位《犯罪的都市》里那种态度强硬的报社记者，而考尔白扮演的是一位离家出走的女继承人，她愚蠢地嫁给了和她在一起的第一个男人——“我祖祖辈辈都是顽固的白痴”。如今，她有钱又有能量的父亲在到处找她，他一直牢牢地控制着她的生活，而她正试图逃出魔掌。盖博在自己生活中的地位也岌岌可危。他酗酒，被老板开除，正试图以咄咄逼人的男性气质维护自己的尊严。追踪报道她的故事有可能得到让他重返岗位的独家新闻。如同很多30年代的寓言，该片本质上是一部公路电影，只不过这一次在路上的是一对恋人，作为发现彼此人性的一个路径，性别和阶级层面的斗争徐徐展开。

二位与其他乘客一起坐上了一辆公共汽车，这情形使他们与自己的世界完全分离——她父亲派去的侦探完全想不到她竟然在车上——他们几乎身无分文，这让他们和剧中大萧条时期的普通人建立起联系，那些人甚至更穷。与卡普拉后来的电影，特别是平民主义三部曲（我将在后面的相关章节中写到）相比，这部电影很少直接涉及大萧条主题。一位一整天没有吃东西的母亲饥饿难耐，晕倒了。但公共汽车上的很多小人物很好地体现了卡普拉的平易近人和社群意识——20年后，路易斯·布努埃尔在这里发行的短片《墨西哥巴士奇遇》中也有类似表现手法。表现普通人自娱自乐的这些手法为两位主要人物的受挫心理提供了一个很好的背景。有一个意外的转折，在某个困难的时刻，他们很饿，跑到地里去找蔬菜吃，仿佛他们已失去所有，连饭也吃不上了。

和大部分神经喜剧一样，也很像莎士比亚的喜剧，该电影的核心是他们之间的给和取。盖博模仿她的优越感，而她则让他暴躁的男性气质变得温和，直到这时，这一点对他很有好处。他为她制定了预算，因为她好像会挥霍掉仅剩的4美元。当他们不得不共享汽车旅馆里的一间房时，众所周知，他拉起了隔帘，一堵“耶利哥城墙”（Walls of Jericho），这代表了《海斯法典》所规范的男女间的游戏。然而，这也巧妙地表达了一种亲密和分离的模式，它构成了这些浪漫喜剧中的爱情之舞。

从某种意义上说，《一夜风流》是一部关于试婚的电影：她与她自己阶层一个自命不凡的人之间错误的婚姻，幸运的是，他们并没有完婚；她与盖博跨阶层的权宜婚姻，中间隔着“耶利哥之墙”之情感障碍；与她父亲派来找她的侦探遭遇的时候，他们甚至扮演了一对吵吵闹闹的草根夫妻；最后是盖博粗暴的外表下酝酿的浪漫爱情之梦。当他们真正结婚的时候，我们看到他们房间的灯熄灭了，这个淡出效果很像《春闺风月》的模糊结尾。

尽管二位导演自觉地保持得体，但两部电影里都不乏有趣的性暗示。好莱坞的道德卫士们要求电影做到伪善的假正经，电影制作者只能探索并不般配的一对恋人了解彼此的微妙步骤。结果显而易见——耶利哥之墙总是会倒塌——但卡普拉这样的导演绝不会让片中的恋人突然一起躺倒床上去。（让他们在一间屋子里睡觉，盖博还脱掉了衬衣，这已经够大胆了。据说，他裸露的胸部让男性贴身内衣的销量大跌，影响了整整一代人。）

第一部神经喜剧可能是《驯悍记》，其后是莎士比亚中期的喜剧作品，受到《皆大欢喜》中的罗萨琳德、《无事生非》中的比特丽丝这些强大女性的启发。性别之争不是这些剧作的发明，至少可以追溯到阿里斯托芬，但它们提供了斗嘴作为男女爱情游戏最鲜活的例证。（“唇枪舌剑”是比特丽丝和班尼迪克相较量的最确切描述。）与其他神经喜剧相比，《一夜风流》的驯服主题更加明显——盖博的大男子主义和卡普拉的因循守旧，驯服在所难免。（在后来赫本和屈塞搭档的电影中，还会出现这种主题，独立自主的女人往往会遭报应。）考尔白有时候好像只是想有个合适的男人来照管她。但是，她作为神经喜剧女主人公的角色不在于她的机智，而在于她的勇气和独立精神，她限制了盖博的自我，但又与他幻想中愿意一起私奔或结婚过日子的那种女人相契合。［这就是那个和珍·哈露演过对手戏的盖博，他还在《海斯法典》实施前拍的火辣电影《红尘》（1932）中让古板的玛丽·阿斯特放弃了抵抗。］但是，在《一夜风流》的结尾部分，考尔白又差点错误地嫁给了她那个阶层的某个人，那人是个花花公子，只会让她回到她曾逃出来的那个圈子，重新过上那种生活。但是，她必须脱离她的阶层，再次离家出走，从她自己安排的盛大婚礼现场逃走。（甚至她父亲的态度也变了，支持她出逃，部分原因是因为他认为盖博是那种能够掌控一个固执女人的男人。）

弗兰克·卡普拉绝不是一个仇富的反资本主义者，特别是在他走上职业之路的最初阶段。他自己的移民背景和自强之路在他心中铸就了对美国梦的敬仰。在关于金融恐慌的电影《美国疯狂》（1932）里，主人公是一位颇具同情心的银行行长，由值得信赖的沃尔特·休斯顿扮演；这一次考尔白的父亲不再是个控制型家长，他暗中怂恿女儿的叛逆行为。考尔白演出了神经喜剧女主人公那种纯粹的古怪，卡洛儿·隆巴德在《我的戈弗雷》和《毫不神圣》中进一步完善，凯瑟琳·赫本在《育婴奇谭》中一举夺魁。（最后这部由霍华德·霍克斯执导的故事片有着高级笑剧的惊人速度，事实证明，对当时的观众来说，实在太快、太激烈了，甚至现在的大学生观众也会有这种感觉。）在这些电影中，富有的男人要么枯燥、缺乏活力，要么颐指气使，而那些任性的女继承人则容易冲动、活力四射，她们拥有真正的生命力量，经常被误导，总是引起混乱，但象征着野性的自由。在财富的庇护下，女主人公与世隔绝的天真本身就是一种速效补剂，即便它在复杂的现实面前不堪一击。不难理解，大萧条观众会迷恋这类人物。当那么多人的心思都在维持生计甚至活命这类事情上时，这位女主人公却跟他们说高雅气质，还有流动性、自由和无忧无虑。她情绪高昂，虽然经常显得很傻，但这对于情绪低落、忧心忡忡、对未来紧张不安的人来说是有效的抚慰。

对于《一夜风流》里的盖博、《我的戈弗雷》中的威廉·鲍威尔或者《育婴奇谭》里的加里·格兰特来说，这些女人都是陌生、神秘、相当危险的生物。“你这样的女士怎么会糊里糊涂的?”盖博问道，有点恍惚，还有点害怕。驯服独立女性也是男性社会化的过程，不是1950年代的驯化——回归家庭——而是受女性的同理心和活力的影响而变得温和。在《一夜风流》中，这个人来自另一个阶层，是个劳工；《我的戈弗雷》里的男人表面上来自底层，而实际上是个任性的富家子（曾经尝试自杀）——波士顿的帕克家族，J. P. 马昆德曾在他的第一部小说《波士顿故事》（1937）里对这个文人雅士的圈子加以讽刺。影片《育婴奇谭》拉进了一个完全不同的人，一个无趣的知识分子，他一成不变的日常要被打破，他是个腼腆的人，受制于感情枯竭的未婚妻，她需要注入新的活力。

《我的戈弗雷》是少数几部直接表现大萧条的神经喜剧之一，不过，影片的视角是大富翁，而不是穷人。影片开头是纽约东河岸边一个贫民窟的垃圾场，灰堆上生活着一群被社会抛弃的人。布洛克家的女孩子们正在参加寻物比赛（当然是为慈善事业），寻找 1930 年代的特别物种（《1933 年淘金女郎》大结局里的目标）—— 一个"被遗忘的人"。卡洛儿·隆巴德找到了威廉·鲍威尔，从而赢得了比赛，后者扮演的是位垃圾堆里的王子，此时还是青蛙。隆巴德有一种社会责任感——这一点像她母亲，她想收一位"门徒"——布洛克家雇他做了管家。（这部分情节和让·雷诺阿于 1939 年拍摄的《游戏规则》一样，是关于主人和仆人的崇高社会喜剧。）

布洛克家庭代表了 1930 年代的另一流行主题：古怪的家庭。所有家庭成员住在一起，日子过得一团糟，都是自然状态下的生物，只按冲动行事。（那十年中最流行的戏剧是乔治·S. 考夫曼和莫斯·哈特合作的《浮生若梦》，由卡普拉于 1938 年拍成电影。）约翰·斯坦贝克和威廉·萨洛扬这两位年轻的加利福尼亚作家专门记录这种"自然状态的"群体，将这些生活在严苛的社会规范之外的人理想化，无论怎样，大萧条下，这些社会规范已严重受损。处处冲动行事的古怪家庭将这一主题变成了闹剧。"有人告诉过你某些……礼节吗？"鲍威尔问隆巴德。他自己出生富贵之家，"从来没人教他面对生活"，在他给那些家庭成员讲述大萧条的一些真相的时候，他将理智和优雅带进这个家庭。最终，他将他们的一部分钱做了投资，这甚至拯救了整个家庭免遭破产。由著名演员尤金·佩里特（他们当时叫他"人蛙"）扮演的一家之主对此大加赞赏，他和冷峻、爱说俏皮话的女仆说了许多绝妙的台词，揶揄他的妻子和女儿们。他说："这个家不需要兴奋剂。"后来，他还说："如果我真的去坐牢，那将是我 20 年中第一次获得安宁。"（几年后，在普莱斯顿·斯特奇斯的《淑女伊芙》中，佩里特再次出色地扮演了一位受气的家长。）

这家的女人整天无所事事，她们不仅性情乖张、固执任性，还低幼化。而在哈佛读过书的戈弗雷也很晚才找到生活的目的。在一个河边棚户区居住的难民们将他从绝望中救了回来，这是美国很多城镇的郊区都有的棚户区之一，他于是开始救助他们，给他们寻找工作机会。他的心得是："流浪汉和平常人之间的唯一区别是一个有工作，一个没有。"在一位老同学的帮助下，他将贫民窟改造成一个主题公园，建了一家叫"垃圾场"的夜总会，无家可归者可以在这里工作，富人在帮助穷人的同时还可以娱乐。他们还将建一个码头，开展游艇业务，戈弗雷的办公室就是原来的棚屋所在地，透过窗户可以看到皇后区大桥的如画风景。在开头的致谢名单背后我们看到的就是"垃圾场"夜总会的霓虹灯招牌。电影最后又回到了开头场景。既然制片厂可以把大萧条变成营利的娱乐产品，体格健全的棚户区难民为何不能拿它来赚些钱？

尽管给人们找到工作没任何问题，但这个结尾是愚蠢的。好莱坞给出的大萧条"解决方案"，即便是随便一说，也总是令人尴尬。拯救被遗忘的人和惯坏了的富家子弟的想法，不如将他们放在同一部电影里的想法那么有趣。另一部电影《死角》安排富人和穷人住在同一个河滨区，是这部笑剧的同类电影。（该电影是根据1931年一个真实的建设项目改编的，在一个臭名昭著的贫民区中间建起了豪华的萨顿广场大楼——"河屋"。）《我的戈弗雷》这部电影中高涨的情绪是大萧条更好的解药，比1920年代夜总会世界里所有的告诫都更有效，这个世界还活在阿斯泰尔、欧文·柏林和科尔·波特的想象里，但不能被夸大为失业问题的解决方案。

理智的爱

如果说大萧条需要的是高昂的情绪，至少有时是这样，那么从来没有一部电影比霍华德·霍克斯的《育婴奇谭》有更疯狂的高昂情绪了，它可能是 1930 年代疯狂富人的一个权威版本。最初的观众不喜欢这部电影，但它一直是影迷和电影学者的最爱，部分因为该电影是一部巧妙构建的弗洛伊德式心理笑剧，每一个细节与总体效果完美地关联在一起，非常接近真正的疯癫。霍克斯和编剧达德利·尼科尔斯很擅长戏耍和躲避好莱坞的审查员；在《育婴奇谭》的每一个场景里，到处都是一语双关的用法，从加里·格兰特和他古板的未婚妻斯沃洛小姐的对话开始就是如此，因为这部电影主要表现的是性冲动，这是一种推动神经喜剧剧情发展的动力，通常不明说，但总是被暗示。关于电影如何在没有性的情况下表现性，这部电影提供了比阿斯泰尔-罗杰斯电影更多的经验。

霍克斯是唯一能塑造出强大、独立的女性并让她们和男性势均力敌的著名男性情节导演。凯瑟琳·赫本明显是一位有主见的女性，有上流社会的派头，有一段时间，她是位不太好用的女演员，这段时间，人们还喜欢没有被惯坏但过分天真的秀兰·邓波儿和狄安娜·窦萍。在专门为她打造的戏里她的表现最好，例如《摘星梦难圆》，但是《育婴奇谭》的商业失败结束了她与雷电华的长期合作。（作为弥补，她几乎立刻拍了《休假日》和《费城故事》两部电影，接着就开始了与斯宾塞·屈塞的长期合作，其间，他们重拾“驯服”主题，1930 年代末一种本能的女权主义让这一主题从电影中淡出。）赫本活力四射，又彬彬有礼，对自己健美的身材和上流社会的说话方式超级自信，她表现出的教养和大众审美相去甚远，一副假小子的样子，绝不是那种让你把她当作性对象的女演员。但这正是神经喜剧传统让霍克斯和尼科尔斯展现的东西。斯沃洛小姐不允许格兰特请蜜月假，她认为婚姻只是史前化石研究工作的延续，相比之下，赫本代表了眼花缭乱的生活和娱乐，生活中全是突发奇想和反复无常，想过这样的生活，有钱人比普通人要容易得多。

没有任何一部电影将反智主义题材运用得这么好，连霍克斯自己另一部关于一群知识分子的笑剧《火球》（1941）也不例外。我们见到的格兰特在《育婴奇谭》里扮演一位名叫戴维的科研工作者，这是个卡通式人物，全身心投入拼组一副恐龙骨架。尽管他有些反对，但他的未婚妻仍坚持他们的婚姻就是工作——不要孩子，不度蜜月，不耽于床笫之欢：恐龙就是他们的婴孩。苏珊（由赫本扮演）会让他把那些古代的枯骨变得有血有肉，她彻底搅乱了他的生活，将他带入了这里无法一一复述的千奇百怪的冒险之中。她用一种绝妙的疯狂让他步步退让，用她的疯癫作为一种本能的手段让他敞开心扉，打掉了他的自尊。在他放置恐龙骨架的地方，她将"宝贝"（Baby）带了进去，带入了他的生活，那是一只宠物豹子，但一路上他们必须应付另一只豹子，一只和"宝贝"外貌上难以分辨的野生豹，这仿佛在警示我们，这种放任的生命力量可以增加活力，也可能是种威胁和破坏力。然而，赫本自己也是和"宝贝"一样的存在，对戴维来说，她是来自另一个世界的奇异物种。

尽管《育婴奇谭》像大部分神经喜剧一样，故事背景都是莽撞的富人，但很多隐喻——与其弗洛伊德心理学主题相一致——均来自动物世界。这部电影就是早几年发表的《文明及其不满》的滑稽喜剧版。但是，弗洛伊德的著作最后认为，克制欲望是我们创造文化必须付出的代价，而《育婴奇谭》提醒我们，在康涅狄格州的文明社会里仍有豹子，既友好又可怕；我们必须与我们本性中的动物性和解。豹子总是在逃跑，一旦它们逃走，两只豹子根本无法分辨。无论如何，无所畏惧的赫本，在不可战胜的天真和决心的庇护下，成功地捕获并拖回了那只野生的豹子（在不知情的情况下）。那只豹子爬上了屋顶，她和格兰特不得不唱歌引它下来，"我只能给你爱，宝——贝——"这是一种得到启示的癫狂，特别是那座房子属于电影中戏仿的一位维也纳神经病学家。他的通用智慧是，"人的爱欲冲动经常以冲突的方式表现出来"，这一认识对他毫无用处，但准确描述了电影中的其他事物，连节奏也是如此。

戴眼镜的戴维沉浸在工作中，被未婚妻控制，苏珊和她的豹子代表被压抑的欲望的回归，同样，康涅狄格州就像莎士比亚戏剧里的花园或森林（哲学家斯坦利·卡维尔在《追求幸福》一书中有论述），我们必须逃到那里去，或进行自我修复，以重新建立我们和自然的联系，包括我们自己的天性。在这个地方，城市里的约束、职业生涯和超我都放松下来，或被搁置起来。这和纳撒尼尔·韦斯特笔下的是同一个康涅狄格州，在那里，“答读者问”专栏作家寂寞芳心小姐无法感受到田园牧歌的修复力量，反而加剧了她的抑郁。在这里，戴维不得不取下眼镜，脱掉衣服，取消性别身份。他被迫穿上女式浴袍，对苏珊的姑妈说，他已经“变成同性恋”。有人问他：“你是谁?”他答道：“我不知道。今天我不大像我自己。”在令人头昏目眩的混乱中，他获得了大型动物猎手这个假身份，还有个意味深长的名字——“波尼斯先生”（Mr. Bones），这也戏仿了他寻找恐龙骨的行为，他想拼完那具恐龙骨架。

尽管戴维碰巧扮演了猎人的角色，但实际上，他才是猎物，因为这个想象的康涅狄格州也是富人的游乐场，其中一个娱乐项目就是大型动物狩猎。他见到了一位“真正的”猎人阿普盖特少校，他被塑造成很胆小的样子，由查理·鲁格斯扮演，他坚持认为“康涅狄格州没有豹子”，但这位少校真的看到一只豹子的时候，已经太晚了，他没带枪，感觉自己毫无招架之力。这些场景中有很多性暗示，包括潜鸟求偶的叫声和豹子。少校对野生动物叫声的专业模仿，不仅让潜鸟和豹子变得很兴奋，还有苏珊的孀居姑妈。他是海明威式男性气质的趣味性模仿，同时以喜剧的方式证实了交配本能的普遍存在，甚至在一些模仿性的形式中也不例外。

从男性的角度看，神经喜剧呈现给我们的是作为捕食者的女性，对男人紧追不舍，直到他接住她。我们看到她离自然更近，所以也更有能力征服它。这也是神经喜剧最接近冷硬派写作的地方。如果说《育婴奇谭》是《文明及其不满》的动画版，它的基本故事情节——一个男人和一个女人纠缠在一起，最终女人彻底改变他的生活方式——则是詹姆斯·M. 凯恩的第一部小说《邮差总按两次铃》（1934）的成功改写。这是一部被拍成电影次数最多、被模仿最多的 1930 年代硬汉小说。（它至少四次被拍成电影，包括卢基诺·维斯康蒂的《沉沦》，这是一部战争时期的影片，触发了意大利新写实主义的诞生。）另一部是哈米特的《马耳他之鹰》。后来低俗小说家和黑色电影导演吸收了凯恩小说中男性对爱和激情的思考，将其看作无法逃避的命运；神经喜剧与其类似。与1940年代电影中邪恶的红颜祸水相比，《邮差总按两次铃》中的柯拉算不上是个坏女人，尽管她推动了一个杀掉她希腊丈夫的计划，以便于她和年轻的情人自由、舒适地生活在一起。她嫁给呆板无趣的尼克，因为她渴望获得尊重和安全感（毕竟，这是部大萧条小说），而尼克在格兰代尔开了家路边餐馆，离洛杉矶20英里①。她不喜欢那个希腊人——这里有一个强烈的种族元素——有一个叫弗兰克·钱伯斯的漂泊者来到此地，他们之间立刻擦出火花，尤其是他。“然后，我看见了她，”他在第三页告诉我们，认定我们能理解为何这第一眼会逃无可逃地导致通奸、谋杀、相互背叛、无法避免的曝光和受到惩罚——在凯恩后来的小说如《双重赔偿》中就是这样。事实上，凯恩就是写致命激情的现代低俗小说的鼻祖；他的书一出版，同一年里，神经喜剧的导演就开始有意无意地将小说的想象转化成喜剧。

和《一夜风流》一样，《邮差总按两次铃》也是部公路小说，不过，它的情节是倒过来的，是一部反向的公路小说：是定居下来的漂泊者的致命历史。弗兰克·钱伯斯成年后就一直生活在公路上：他习惯了流浪，到处搭顺风车、爬货车，走遍了美国西部的各个城市。有时他会遇到麻烦，但相比他遇到柯拉，并接受她丈夫强加给他的工作之后发生的一切，其他都不是事儿。尼克一离开，这两个人就像野兽一样。“咬我！咬我！”她说。[13]他狠狠地咬她，吸她的血，她嘴唇上的伤好几天都好不了。他们之间的性兴奋总是伴随着暴力行为。第一次谋杀失败后，弗兰克试图带着她私奔。“就只有你和我，还有公路，柯拉。”他说，有那么一会儿，她赞同他的浪漫想象。但是，公路所代表的东西让她感到屈辱和丢脸：不稳定，乞讨，失去她喜欢的那点社会地位。她不像《一夜风

① 1英里约为1.6千米，20英里约为32千米。

流》里的克劳黛·考尔白，她觉得，像流浪汉和吉卜赛人那样搭顺风车很丢人。

她回归家庭后，他尝试了很多次逃离中的第一次，结果又被拉回到她的生活中，最后发展到谋杀她的丈夫，迎来了他们之间最好的性爱。无论用什么借口，每次拉他回来的都是纯粹的动物性吸引，可能也伴随着一点不可抗拒的自杀冲动。弗兰克把她看作一只“野猫”，因为他是故事的讲述者——小说写的是他在死囚牢里的自白——这个形象在小说中贯穿始终。他见到她的第一刻，她是只“美洲豹”，一只“野猫”。后来，她离开去看望她生病的母亲，他有一周的时间和另一个女人在一起，这个女人实际上就是抓获和训练野生猫科动物的，包括老虎和美洲豹，当她送他一只美洲狮幼崽时，真相大白了。他们第一次试图杀死她丈夫时，一只过于好奇的猫科动物给电死了。柯拉笑道：“真可笑，猫在你这儿有多倒霉？”

柯拉被他的不忠激怒了，她对他们的关系有了不同的看法。他们只是简单地在一起的日子里，他们很快乐：“我们在高高的山巅。”（136）但是，谋杀、保险金、法律上的周旋，甚至因为某种原因他们好像可以逃避惩罚——这一切让他们开始相互猜忌、仇恨，但相互的不信任把他们捆绑在一起无法分开。他们都觉得对方会出卖自己。这是他们曾经不可抗拒的吸引力的滑稽模仿，恐惧代替了爱情。命运仍然将他们绑在一起，但现在他意识到：“我们是一条线上的蚂蚱，柯拉。我们曾经以为我们在山巅。事实却不是这样。我们被压在山下面，那天晚上之后，我们一直被大山压着。”（175）这也是一种幻觉，因为绑着他们的还有爱情。小说最后出现了一个反讽：他救了她的命，但她在交通事故中丧生，他被控谋杀——情形很像他们为了杀死她丈夫而故意制造的那次车祸。在书中暴风骤雨般的浪漫里，他们的爱战胜了恨和恐惧，尽管社会让他们为自己的罪行付出了代价。他们相遇的那一刻决定了他们的命运。

这是瓦格纳《爱之死》的庸俗版，背景是黑暗的加利福尼亚肮脏的公路边，仿佛将我们带到了离高雅文化千里之外的地方。然而，尽管这种文化带着漫不经心的幽默和兴高采烈的魅力，它却像自阿里斯托芬和莎士比亚以来的大部分喜剧一样，坚实地根植于关于我们本性的物理事实中。《邮差总按两次铃中》半形而上意义上的野猫和美洲豹与《育婴奇谭》中豹子的作用是一样的。它们与剧中的女人一样，但它们还代表了大自然，令人激动又充满危险，是我们永远无法否认和逃避的世界。正如冷硬派小说里的腐败世界基于动物性吸引力和身体力量，神经喜剧中的世故和讽刺与强烈的性感觉密不可分，无论表达方式多么隐晦。这些流动的性能量被升华为流动性和文明幽默的双人舞。阿斯泰尔和罗杰斯将其转化为舞蹈，格什温和科尔·波特转化为俏皮话和流动旋律，而神经喜剧转化为激烈的语言和身体能量，其强度具有推进力。如果这种正能量被用于某种更大的社会目的，就像新政希望的那样，有可能迅速结束大萧条。用幻想的方式表达出来，只能让那些艰难的岁月好过一点，这给我们留下了很多作品，证明了那些曾经度过艰难岁月的人所具有的永不磨灭的精神力量。

---

1. Edward Jablonski, *Gershwin* (New York: Doubleday, 1987), 86 - 87.

2. 参见迈克尔·罗金（Michael Rogin）对扮演黑人的滑稽说唱歌手艾尔·乔森（Al Jolson）和电影《爵士歌手》（*The Jazz Singer*）的研究："Blackface, White Noise: The Jewish Jazz Singer Finds His Voice," *Critical Inquiry* 18 (Spring 1992): 417 - 53。后来，该文被扩充为一部专著：*Blackface, White Noise: Jewish Immigrants in the Hollywood Melting Pot* (Berkeley: University of California Press, 1996)。如想了解更倾向于认为犹太人对黑人身份着迷的观点，包括电影《爵士歌手》，参见 Marshall Berman, *On the Town: One Hundred Years of Spectacle in Times Square* (New York: Random House, 2006) 和 Alex Ross, *The Rest Is Noise: Listening to the Twentieth Century* (New York: Farrar, Straus and Giroux, 2007), 122 - 23, 142 - 43。

3. 转引自 Rogin, "Blackface, White Noise," 437 - 38。

4. 转引自 Jablonski, *Gershwin*, 230。

5. 转引自 Howard Pollack, *George Gershwin: His Life and Work* (Berkeley: University of California Press, 2006), 330。波拉克也是科普兰的传记作者，他指

出，《迷人的节奏》“不仅在格什温作品的某个方面成为范式，也是爵士时代的范式”。

6. 霍华德·波拉克在书中写道，自从朱迪·加兰在 1943 年米高梅拍摄的电影版《疯狂女孩》中演唱了《但不是为了我》之后，这首歌已经成为大众保留曲目，这部音乐剧至少有三次被拍成电影，这是第二次。该剧的舞台演出长盛不衰，至 1992 年好莱坞的热剧《为你疯狂》达到顶峰，为了适应时代和不同的表演者，剧本进行了大量的改写。参见 Pollack，*George Gershwin,* 474–78。

7. 威尔弗里德·希德（Wilfrid Sheed）说，波特身上有一面是“感伤的乡村男孩，可以毫不费力地拨动你的心弦”。参见希德智慧而有趣的著作：*The House That George Built*（New York：Random House，2007），143。

8. Philip Furia，*The Poets of Tin Pan Alley*（New York：Oxford University Press，1990），168.

9. 转引自 Robert Kimball，ed.，*The Complete Lyrics of Cole Porter*（1983；New York：Da Capo Press，1992），205。

10. Arlene Croce，*The Fred Astaire and Ginger Rogers Book*（New York：Galahad Books，1972），33.

11. Ibid.，56.

12. Bob Thomas，*Astaire: The Man, the Dancer*（New York：St. Martin's Press，1984），121.

13. James M. Cain，*The Postman Always Rings Twice*（New York：Alfred A. Knopf，1934），15。以下有关此书的引文皆出于此。

第十一章　大众的品位：平民化的高雅文化

幸运先生：加里·格兰特的艺术

高雅文化包含了很多30年代的娱乐元素，很难说它的外部界限在哪里。但找到它的核心并不难：就在阿斯泰尔和罗杰斯的歌舞里，在科尔·波特复杂的歌曲里，在艾拉·格什温和拉里·哈特幽默的歌词里，在艾灵顿公爵的音乐和艺术人格里，在无数装饰艺术设计师的诙谐和优雅里，可能最重要的是在加里·格兰特饱满的力量和清新的风格里，在这十年里，他一路走来，成了大明星。1904年，他出生在英格兰西部布里斯托的一个中下层家庭，原名阿奇博尔德·亚历山大·里奇。他父母中有一个有犹太人血统，或两个都有；至少他是这么认为的，因为他们对他实施了割礼。他父亲有酗酒习惯，在一家服装厂做熨衣工。在小阿奇9岁的时候，他母亲从他生活中消失了——他很久之后才知道，母亲是进了疯人院；20年后，他才又一次见到了她。14岁时，他离开家，加入了一个杂技团，16岁那年，他到了纽约，在那里慢慢开始他的演艺生涯。1932年之后，他在20多部电影中扮演相对不怎么重要的角色。在这个过程中，他改了名字，去掉了大部分口音，但并没找到后来完全属于他自己的银幕形象。派拉蒙电影公司不知道如何用他，只能让他扮演对梅·韦斯特和玛琳·黛德丽这种主动进击的女性有一种被动魅力的帅哥。在《依本多情》和《我不是天使》这两部由韦斯特主演的电影中，我们还找不到那个勇猛、不拘小节的形象，后来证明这个形象如此有活力，男性和女性都无法抗拒。1937 年，他的合同到期了，他选择自己创业，他是第一批独立创业的大明星之一。从此之后，他的事业有了起色。后期的格兰特——有男性气质但不残忍，有趣但不会借助嘲弄的手段，在社交场合沉着冷静，但没有丝毫的优越感，有时甚至没有明确的性别——成为 1930 年代末主要的银幕形象，从此开启了一段像弗雷德·阿斯泰尔和艾灵顿公爵一样的职业人生，在此后的 30 年里，持续传播大萧条时期高雅文化的精神实质。

具有悖论意味的是，格兰特作为男性的榜样和女性梦中情人的成功秘诀，与其说是他见多识广的都市气质，倒不如说是某种神秘的品质，一种轻松自在、容易接近的品质。他的行为表明他是个含蓄内敛的人，包括他深不可测的过去。这些品质很少有人会归于像威廉·鲍威尔和梅尔文·道格拉斯这些温和的大明星，或者甚至归于有着神奇的才华但令人捉摸不透的阿斯泰尔，尽管他出生在中西部的普通家庭，但他好像完全属于另一个阶层。格兰特的观众能够认同他，认为他和处于社会另一端的一位演员最接近——他就是 1930 年代唯一最受欢迎的艺人宾·克罗斯比。他怡然自得的性格，当然也是虚构出来的，让他看起来就像邻家哥哥。格兰特还是那个不变的格兰特：无论在神经喜剧中，还是在《古庙战笳声》和《天使之翼》这样的冒险故事片、像《深闺疑云》这样的希区柯克恐怖片、像《美人计》和《捉贼记》这样优秀的影片里，还有《西北偏北》这样的准喜剧片影片中——该片是詹姆斯·邦德电影的先驱，肖恩·康纳利充当了苏格兰版的加里·格兰特，而托尼·柯蒂斯在《热情如火》中则直接模仿格兰特。以类似的方式，克罗斯比异乎寻常的冷静和普通人的魅力通过广播节目、无数部电影（大部分都记不住）和各种类型的流行歌曲得到很好的展现，他的吐字和音乐才能，更不用说他浑厚的男中音，都非常动人，无可挑剔。克罗斯比在职业生涯中形成的轻松活泼的普通人形象表明，在普通人的那十年里，高雅艺术也可以平民化；格兰特以一种不同的方式继续证明这一点。

写得最好的有关格兰特的著述试图找出他表演天赋的奥秘，也试图搭建起他低微的出身和他后来的成就之间的桥梁。尽管他和他扮演的人物都不是没有一点反省，但他自己倒是坦率地承认他是自我造就的结果。1981 年，他对记者说："我完全不知道我有什么风格……我假装是某个我想成为的人，最终我真成了那个人。或者他成为我。"[1]但是，和查理·卓别林一样，格兰特从未忘记曾经的自己，也没忘记他离开的那种环境。卓别林经历了狄更斯笔下那种恐怖的童年成长环境，包括他亲生母亲的精神崩溃。在乔治·库克糟糕的电影《西尔维娅传》（1935）里，格兰特扮演了一位伦敦人，和凯瑟琳·赫本演对手戏，他在《古庙战笳声》（1939）中再次扮演这种角色，但在他成名多年之后，在 1940 年代初，他大胆接演了两个更严肃的伦敦人角色，出演《幸运先生》（1943）里的赌徒骗子，在《寂寞芳心》（1944）中扮演了一名浪子，正要回家照顾弥留之际的母亲。他买下了该剧版权，并说服他的朋友克利福德·奥德茨进行改编并执导。① 一旦我们注意到格兰特自我暴露的冲动（包括他在银幕上提到阿奇·里奇这个名字），就可以解释为什么他扮演的那些更具个性的角色涵盖范围大得出奇：《春闺风月》《我的爱妻》和《费城故事》中不安分的上流社会丈夫；《育婴奇谭》里被欺负的迂腐科学家；《休假日》里攻击凯瑟琳·赫本的白手起家的人；《女友礼拜五》里绞尽脑汁控制他人的报社编辑和前夫；最后是他在希区柯克的影片《深闺疑云》和《美人计》里非常出色地扮演了两个近乎邪恶的人物。

戴维·汤普森指出，格兰特的吸引力在于他形象的模糊性，而不是他寓言性的魅力和复杂性："他可以同时既有吸引力又没有吸引力；他

① 该影片改编自威尔士作家理查德·卢埃林（Richard Llewellyn）的畅销小说，该故事翻转了奥德茨最著名的戏剧《醒来歌唱！》，剧中有个年轻人，为了表达他那一代人的反叛精神，宣布与他谨小慎微、什么都要管的母亲决裂。——原注

有光明的一面也有黑暗的一面，无论是哪一面占主导，另一面也会悄悄显现。”[2]那些反派角色尤其如此。在《美人计》里，他咬牙切齿地说着尖酸刻薄的话，充满指责和说不出的愤怒，被嫉妒深深折磨，他几乎要了英格丽·褒曼的命，但他爱着她。关于模糊性，宝琳·凯尔的说法不同，言辞更加犀利，她在1975年《纽约客》上一篇写得很好的人物简介中写道：“加里·格兰特浪漫优雅的外表包裹着一个傻瓜乐观、坚韧的内核，美国人梦想着有教养的人，但会和傻瓜打成一片。全世界的电影观众都是如此。”在他的喜剧表演中，格兰特在杂技演员的身体灵巧之外还加上了冲动的力量和生气；电闪雷鸣般的说话速度显然不属于上流社会。凯尔补充说：“最伟大的电影演员从来都不是出身名门；他们都是些意志坚定的（经常是贫困的）孩子，他们来实现自己和公众的梦想。”[3]对于大萧条观众来说，梦想的实现是特别重要的，因为他们在周围的世界里看不到什么希望。

凯尔和格兰特的传记作者理查德·什克尔都曾指出，格兰特从来不抢戏，甚至在很容易抢戏的时候他也不会去做。相反，像阿斯泰尔一样，他总是让与自己合作的明星有好的表现机会。我最近又看了一遍《费城故事》，让我印象深刻的是格兰特自信满满地充当捧哏的配角，和表演更标新立异的凯瑟琳·赫本、吉米·斯图尔特演对手戏，这表现了一个人内心的安全感。这个角色破坏了所有的计划，他不惜玩花招在前妻与他人结婚的前夜赢回了她。格兰特的表演有种恶作剧的特质，与《春闺风月》和《女友礼拜五》里的拉尔夫·贝拉米这样忠诚可靠的傻子搭戏正好合适。他眼中危险的光芒和声音中的反讽意味预示着不可预测的冒险事件，这是贝拉米这样的人物无法比拟的。就像《育婴奇谭》中的赫本自己，他代表了罗宾汉所说的“不用负责的诱惑”，那是自由的呼唤。选择格兰特意味着选择生活本身，有魅力，有惊奇，也有陷阱。

《费城故事》是反过来的《一夜风流》，因为由约翰·霍华德扮演的格兰特的情敌发迹前曾经做过某个家庭的仆人，而格兰特则出生富贵之家。电影里公然的势利思想证明神经喜剧正走向衰落，但格兰特的表演表现不出丝毫的势利，只有沉着冷静和一些优越感，无论他有什么人性弱点。（当然，赫本庄园的仆人都喜欢他，欢迎他回来，他们不喜欢那个暴发户。）没有哪个贵族比他更亲民了。什克尔说："他演的花花公子身上总有普遍人性的平民情怀，在他演的更放荡的角色身上总能看到一丝自然而然的良好教养。"（30）这就是格兰特的形象如何在他扮演的不同角色身上起作用的，这也是为什么大萧条时期的观众会喜欢他。他强健的体魄散发着活力和动感，他像机关枪一样简洁而有力的对话也是如此。他带给我们的不是别致和优雅，而是生命的活力。格兰特和赫本所演的男女之争的戏是自莎士比亚的爱情戏之后最好的。她的新欢被豪华的环境震住了，对赫本敬重有加；格兰特将她拉下神坛，允许她自由自在，像小女孩那样，无拘无束。格兰特使高雅人性化，再不是遥不可及。这使得他在《费城故事》中扮演的上层社会角色与他在菲利普·巴里早期的《休假日》中所扮演的出身卑微的局外人有了连续性，对此，什克尔说："在剧院里，他第一次成了普通观众的代言人，成了他们价值观的高级典范。"（86）

宾·克罗斯比的位置

如果说弗雷德·阿斯泰尔和科尔·波特将无忧无虑的高雅文化转化为艺术，加里·格兰特赋予它令人难以抗拒的韵味，那么，宾·克罗斯比则让它对于艺术和推理剧来说都似乎太随意了。他于 1903 年出生在华盛顿州塔科马市的一个天主教大家庭，兼有爱尔兰人和英国人血统，他对学习不甚上心，只是不知不觉地玩起了音乐，他和他的搭档艾尔·林克最初在当地表演，后来到了洛杉矶地区，很快，他们就被自称"爵士乐之王"的保罗·怀特曼发现。后来有了哈里·巴里斯，他们创建了一个三人组合，取名"节奏男孩"，克罗斯比早期最好的歌曲都是巴里斯写的，他们和怀特曼的爵士乐团走向了全国。克罗斯比与怀特曼乐团里最好的乐手合作过，包括比克斯·贝德拜克，但他也慢慢有了不好的名声，醉酒、赌博、玩女人、错过演出。有些档期他直接无视，为了去听他崇拜的音乐家的演唱，特别是路易斯·阿姆斯特朗。他一度因为醉驾而入狱数周。他从来没有真正摆脱这些20年代伴随着爵士乐和底层同伴的痼疾，尽管他后来树立了传统已婚男人的形象，成为正常人。他最好的传记作者加里·吉丁斯将他的转变归功于大萧条时期的平民主义情绪，有了创作一个普通人形象和一种接纳所有人的流行音乐的需求。"在这个过程中，宾成长起来了，"他说，"他自己的道德倾向让他成为一名演员和一个人物。他的歌唱少了强劲有力，多了深刻感人。"吉丁斯认为，宾的蜕变和查理·卓别林一样，"他减少了他最初扮演流浪汉时的那种虐待狂倾向，转而选择了一种能给他带来更细微差别的悲情。像查理一样，宾从未完全丢掉他顽皮的无礼"[4]。尽管加里·格兰特很难被当作一般人，但在他最好的作品里，这种顽皮的无礼也增加了活力和不可预测性。

就在宾打着早期音乐的爵士乐节拍的时候，他于1931年丢下了有多年友谊的合作伙伴，得到了一个独立发展的机会。他不断重塑自我，从不回头。这部分得归功于他的唱片制作人杰克·卡普，他坚持认为宾应该拓宽自己的艺术广度，在各个方面紧跟主流，从圣诞节音乐到夏威夷歌曲，宾抗拒唱圣诞节歌曲，他的夏威夷歌曲在南加州掀起了一股夏威夷热。克罗斯比的榜首歌比任何歌手的都多，从1934年到1954年，一直占据排行榜，几乎影响了他之后的每一位男歌手。他之前的很多人都接受过歌剧的训练，或者是从杂耍表演出来的喊唱和混声唱歌手，他们的声音可以传到最远的包厢。他很赞赏他们中的很多人，例如艾尔·乔森，但他坚持走自己的路。就像罗斯福总统利用他的炉边谈话一样，宾意识到麦克风可以让他把每一首歌变成一个亲密短剧和情绪高涨的谈话，他是最早认识到这一点人音乐人之一。像罗斯福总统一样，还有杰克·班尼和弗雷德·艾伦，他是为广播而生的，他每周的节目，一次直播，一次录播，持续红火了很多年。他的天赋包括饱满的男低音（可能有两个半八度的音域），真诚地尊重一首歌的歌词和情绪，分毫不差的乐句、节拍和吐字，最后这一点他归功于耶稣会的训练。最重要的是，他有丰富的素材，这是其他歌手没法比的。甚至当他从他的风格中去除“节奏强烈的”早期声音的时候，剩下的特点给他的演绎增加了鲜活和力量，不然，这些歌曲便毫无新意。威尔·弗里德沃尔德在其权威著作《爵士乐演唱》里将宾·克罗斯比和他最仰慕的路易斯·阿姆斯特朗相提并论，称他们是现代美国流行音乐的创始人。“让我们期待克罗斯比，”他说，“将真正的爵士音乐完美无缺地注入大众市场音乐，不过乔森曾暗示那种声音将如何发展。”[5]阿姆斯特朗说，克罗斯比的声音就“像从杯子里倒出来的金水”。克罗斯比反过来称赞阿姆斯特朗“是美国音乐的开始，也是美国音乐的结束”[6]。

我成长在1950年代，所有这一切对我没什么影响。接下来，克罗斯比的低声吟唱好像也没什么特别的，跟我没什么关系，不过是排行榜上的名字。摇滚乐时代来临，宾仿佛变得慵懒、过时、与时代脱节。弗里德沃尔德和吉丁斯实际上营救了这名歌手，在《白色圣诞节》和《静静的夜》被播了上百万次之后，不仅这名歌手的价值被低估，而且他作为一位艺术家，快要被人遗忘。尽管他的歌迷不会忘记他，但他们在迅速老去。一种重新体验克罗斯比全盛时期精彩演唱的途径是去听弗里德沃尔德（和托尼·纳塔利）独具慧眼的四碟合集《宾！他的传奇岁月，1931—1957》（1993）。合集筛掉了很多内容，包括他早期与怀特曼合作时的爵士乐录音，这些可以在《比克斯和宾合作金曲》这样的专辑里找到，这个专辑里，他轻快的声音和有节奏的力量与他成熟时期的演唱形成了鲜明的对比。在1920年代，歌手还不是管弦乐队的领唱，在这些歌曲里，宾还不完全是一名独唱歌手。他的声音只是器乐混奏的一部分，在一首歌里，常常出现得很晚，几乎像后面加上去的，就是在完整的曲调和节奏这块蛋糕上撒上糖霜而已。有些演唱非常好，充满了放松的、两性之间的细微差别，包括《你在利用我》《那是我现在的弱点》

《因为我的宝贝没有说现在可以》。持续不断的迪克西爵士乐节奏让这些歌听起来像当时的录音技术一样过时。歌词限于表达宏大主题，没什么个人化表达的空间，不过，音乐表达空间还是挺大的，特别是比克斯的圆号和宾的声音，它们可以随时跳开一会儿。1931 年，宾开始独唱以后，表演的总体特点发生了很大的变化，尽管它们轻松愉快的节奏保留下来了，有时会重现。

基于后来克罗斯比作为主流歌手的形象，他早期独立制作的作品给我们留下最深印象的是爱情歌曲——准确地说是不爱的歌曲——和公开的大萧条题材。这两种类型的歌曲并不总是容易区分。弗里德沃尔德选集的第一张碟里面有近一半歌曲与浪漫的误解、冲突和求而不得的渴望有关。有时候，看题目就知道歌曲内容：《我道歉》《请再给一次机会》《不再爱》。克罗斯比有一种成年人对直白爱情歌曲的憎恶——其实是对陈词滥调的憎恶——但这些主要在他开始独唱时录下的歌是不一样的，都是关于曾经可能、仍然可能的事，关于背叛、忏悔、祈求原谅。“原谅，放下，试试吧。”他祈求道（《我听你的》）。“对不起，对不起，我还能说什么？”他在《我道歉》的开头如泣如诉地唱道。心潮起伏，他试图用爱的记忆来战胜背叛之痛：“不要说你早忘了我们曾经的爱；/毕竟我们不只是普通朋友。”在有些歌曲里，歌手发誓改变自己的生活方式；那首难忘的《黑暗中的两支烟》里，女主角投入了他人怀抱。对于我们这些听着宾悠闲的歌长大的人，那才是沉着的本质，这是些不带感情色彩的歌曲，它们的情感温度有点出乎意外。它们那种成人的直白制造出相当于 1930 年代早期《海斯法典》实施前那些开放电影的听赏作品的歌曲，但是，这些歌曲也让我们想起神经喜剧里那些误会和不般配的关系。处理这个题材时，克罗斯比的有些情感源泉毫无疑问是个人化的。他与第一任妻子迪克西·李于 1930 年结婚；六个月后，她出走墨西哥，公开宣布她准备起诉离婚。他们和解了，她慢慢让他改掉了单身时的习惯，特别是酗酒，这为他后来改变个性、成为普通美国人打下了基础，他逐渐成了一个普普通通的顾家好男人。但在婚姻开始的这几年里，宾总是沉默寡言，经常被认为是情感上处于封闭状态，他通过唱男性视角的感伤恋歌以表达心痛的感觉。

此外，这些歌曲还有一个更广阔的文化共鸣，因为宾录音的年代正值大萧条最严重的1931—1932年，歌曲表达了他的个人心境，也表达了整个国家的情绪。在他极度浪漫的歌曲《在黑暗中舞蹈》的录音里，这一点是显而易见的，这首歌是阿瑟·施瓦茨和霍华德·迪兹合作的时事讽刺剧《篷车队》的插曲（为弗雷德和阿黛尔·阿斯泰尔所作——这是她的最后一次表演）。这首歌在演唱的时候经常被当作一首纯粹关于跳舞的歌曲，其中，西纳特拉于1958年录了唱片。但是，克罗斯比将歌中的暗影展露无遗。他的演唱环绕整个舞池，又有超越；它生动地唤起了我们对周围暗影的感觉。它延伸到方方面面，可能就是指灯光昏暗的舞厅、我们自己幽暗的感情、人类状况的存在局限，或者正在持续的大萧条困境。

> 在黑暗中起舞直到乐曲结束，
> 我们在黑暗中起舞，乐曲很快结束，
> 我们跳着华尔兹思虑我们为何在此，
> 时光匆匆，我们在此……转瞬即逝；
>
> 找寻新的爱之光，
> 来照亮黑暗，我有你，
> 我们就可以一起随歌起舞，
> 起舞在黑暗中。

克罗斯比带给这首歌的情感领域是忧郁和希望的混合，再也没有什么比这更适合当时的形势。情感不只在歌词里，也在起伏的韵律里，他强化了“waltzing in the wonder of *why* we're here”和“time hurries *by*, we're here”的押韵，一个停顿之后，紧接着的是无情的“and gone”。

“我们就可以一起随歌起舞”的想法是陷入绝望爱情无法自拔的灵丹妙药，也成了新政的主旨。宾成了连唱和抒情的大师，在他的标志性作品中，他将这些技巧发挥得炉火纯青，如《当夜晚的蓝（遇上白天的金）》、他对霍基·卡迈尔克的《梦幻》无与伦比的演绎，以及超级美的《落日红帆》，这些歌曲充满渴望，伴着些许克制的忧郁。

后来，在 1935 年之后那些更充满希冀的日子里，他录下的大萧条歌曲倾向于表达安慰，如《飞来横财》（1936）和《我的口袋装满梦想》（1938）。加里·吉丁斯认为，他在鼓舞国民士气方面的贡献不比另一位广播明星罗斯福总统差。这些歌曲尽力表达无忧无虑的情绪，与著名的伊普·哈伯格和杰伊·戈尼版的《兄弟，能给我一毛钱吗?》形成鲜明的对比，克罗斯比在 1932 年罗斯福总统赢得大选前不久录了这首歌。很少保留曲目能达到这首歌的情感复杂性，特别是克罗斯比圆润而饱含热情的演唱，从男人的自尊和对战时友情的回忆，到控诉、哀伤和直接认可人性的诉求，情绪丰富饱满。开头一句提到了美国梦的承诺；接下来的合唱部分描述了成就和背叛。“给我一毛钱”的真正含义是“看着我”，记住我做过的事，了解我现在的状况。说话者是无产阶级写作中普通大众的一员，通常是一个模糊的形象，但这里注入了真正的激情。他是一名工人，曾经建造了铁路、工厂和摩天大楼，在欧洲泥泞中跋涉过，最后落得人们口中“被遗忘的人”的下场，这些人不久就会助罗斯福当选。他是变成噩梦的美国梦，成了没有工作、无家可归的人。他感到困惑，有挫败感，觉得很受伤。他为受伤的人和易受伤害的人代言，请求听众关注并负起责任。在这首歌里，没有什么比呼唤人类共同体、共同面对现实问题更激进的了，就像前一年的暗黑情歌《在黑暗中舞蹈》。

1936 年，克罗斯比拍电影《飞来横财》的时候，大萧条已经持续了六年多，新政已经实施了三年。片名曲和《兄弟，能给我一毛钱吗?》一样，成了时代的圣歌，它在试图安抚同时，很清楚这是一个苦难的世界。艰苦的岁月如同坏天气一样不可避免，但美国人内心坚信一切都会过去，好日子总会到来，仿佛有神的庇佑，命运定会反转。（“如果你想要得到你爱的东西，你得经历风雨。”）这首“解决方案歌”里梦幻般的人物在后来的歌曲中变得清晰起来，如《用梦想打包苦难》和《我的口袋装满梦想》。当愿望达成和崇高相接，从来没有过将这样有问题的想法用如此凄切、抒情的抚慰形式表达出来。由于丹尼斯·波特的努力，很多年后，《飞来横财》这首歌成为流行音乐这个梦幻世界的象征—— 一个破烂不堪的世界的避难所。波特认为，收音机、自动点唱机、留声机为那些干着使人麻木的工作或无爱的孤独之人，为穷苦的、情感饥渴的人带去幻想。宾·克罗斯比和他的词作者约翰尼·伯克[7]都不像波特一样是玄学家，但他们知道在大萧条的后几年那些更有希望的日子里，人们需要什么。在作曲家亚瑟·约翰斯顿的帮助下，他们在《飞来横财》中将这种需求细腻地表达了出来，《请再给一次机会》也是约翰斯顿作曲。

宾的天才演绎，部分在于他对那八行歌词的处理带有叙事的说服力，很多演唱者忽略了这一点，匆忙过渡到合唱曲调部分。在30年代早期的忧伤恋歌里，宾学会了将一首歌变成一个非常紧凑的短剧，用第一句歌词来设定场景。在这首歌里，场景切到了古代，有乌托邦色彩，无忧无虑，当“天空总是那么蓝，没人欣赏；/太阳总是那么新，没人颂扬”。他说，没有时不时出现的苦难，我们就不会欣赏生活中美好的事物。“风暴由此产生/你不用害怕……”从这里直接过渡到合唱部分，艰难岁月如同甘霖滋润生命，四月的雨浇开五月的花。直到吉恩·凯利伴着《雨中曲》翩翩起舞，没有一个演唱者给坏天气带去如此明媚的信念。《飞来横财》是忧郁心情的良药，因为克罗斯比苍劲的声音传达出坏天气的可怕之处，告诉我们乌云会遮住天空。哀伤的恋歌还没有过时。《飞来横财》让荒谬的乐观主义显得可信，因为它承认苦难而不是像那些乐观主义者那样试图否认。

《用梦想打包苦难》用类似的表现手法，用一段难以抗拒的韵律来包装一个简单的想法。（“当天空是灰色的，布满乌云，/乌云遮日不过一天，/那么请用梦想打包苦难，/在梦中忘掉它们。”）《我的口袋装满梦想》加了一段轻快的切分曲调，用优美的旋律传达出它要表达的信息，将歌者塑造成一个无忧无虑的自然之子，还没有受到金钱或用金钱能买到的那些东西的腐蚀。（“我不是富翁/但我并不在乎/因为我的口袋装满了梦想。”）这是乐天的穷人兴高采烈的声音，威廉·萨洛扬、亨利·米勒以及早期朴实的约翰·斯坦贝克笔下，有很多这种乐观正派的人。这类歌曲让克罗斯比成为大萧条时期的声音之一，与那些阴郁的恋歌不同，与《兄弟，能给我一毛钱吗?》也不同，这首歌属于这十年中更令人绝望的那一类歌曲，新政还没能让大多数美国人满怀希望，克罗斯比自己也还没开始试图成为全民热爱的大师，成为普通人喜欢的声音，演唱让普通人觉得他们也能唱的歌曲。摇摆乐时代已经开始了，虽然克罗斯比已经减缓了他的快节奏，但他现在是正能量场的一部分。

摇摆乐时代

像很多根植于1920年代的音乐人一样，包括路易斯·阿姆斯特朗和艾灵顿公爵，克罗斯比从未完全承认自己是摇摆乐的一部分，尽管在他演唱的有些歌曲中有爵士乐的痕迹，这表明他和其他人一样可以演唱摇摆音乐。如约翰尼·默瑟诙谐的绕口令歌曲《鲍勃·怀特（你今晚跳什么舞?）》，这是一首与康妮·博斯韦尔合作的欢快的二重唱。摇摆乐大约以本尼·古德曼1935年8月21日在洛杉矶的帕洛玛舞厅的精彩表演为起点，开始了长达十年的大流行。它以古德曼和他的乐团一次不受欢迎的巡回演出宣告终结，它制造了一种周期性的轰动，这种轰动效应是20世纪美国青年文化的每一波浪潮的标志。摇摆乐热仿佛不知从何而起，但是，就像其他1930年代的文化现象一样，它深深根植于那欣欣向荣的十年。弗莱彻·亨德森是来自佐治亚州的一位才华横溢的黑人音乐家和乐曲改编者，他于1923年创建了第一个大型爵士乐团，不久，艾灵顿公爵紧随其后，他在 1927 年至 1931 年受聘纽约棉花俱乐部，它是如此时尚，从此大乐队爵士乐广为人知，逐渐取代了保罗·怀特曼和他的天才编曲人菲尔德·格罗菲推行起来的交响爵士乐，格罗非也是格什温《蓝色狂想曲》的编曲。

这是由 F. 斯科特·菲茨杰拉德命名的爵士时代，但是，就究竟什么是爵士乐精髓，仍存在很多相互矛盾的观点。在菲茨杰拉德和他的朋友们看来，那就是一种激情澎湃的年轻的反主流文化，再加上非法饮品和自发的毫不在乎的态度，还有对美国中产阶级古板的清教戒律的强烈鄙视。它和音乐的关系不大，与性和道德关系紧密；富家子弟在展示新一代人的风格。对于保罗·怀特曼来说，它就是切分音乐，有着强烈、“原始”的节奏，可以与流行的交响传统相混合。[8]这种混合对受过古典乐训练的年轻作曲家也有吸引力，如阿伦·科普兰和乔治·格什温，格什温的起点是叮砰巷。对于其他人来说，爵士乐始于新奥尔良，创始人有杰利·罗尔·莫顿、短号手金·奥利弗，以及他的大发现路易斯·阿姆斯特朗，1922 年，他将阿姆斯特朗带到芝加哥，与金·奥利弗的克里尔奥人乐队一起演出。阿姆斯特朗最终加入了纽约弗莱彻·亨德森的乐队，在那里，他的才能没有得到充分的认可，至少没有被亨德森认可，尽管他的演唱几乎无人能比，但亨德森还是不给他演唱的机会。但在芝加哥，他创造了爵士乐历史，在 1925 年 11 月到 1928 年 12 月录制了唱片《热力五人组》和《热力七人组》。与怀特曼的大部分歌手不同的是，阿姆斯特朗认为爵士乐表演的核心是即兴，但在这些唱片中，他不仅表现了“热爵士”节奏的精要，还让每一位乐手充分展示技艺从而合成了一个小合奏。

由金·奥利弗乐队表现出来的经典迪克西兰爵士乐不只是一个群体对话。泰德·乔亚曾写道：该乐队的乐手们“努力让他们的乐器听起来像人的声音，具有模仿对象有的所有变化、瑕疵和音色”。[9]多年之后，在艾灵顿公爵的唱片里仍能听到这种接近人类的声音，独奏乐手成功模仿了人的嗓音，让真正的歌唱演员显得多余，他们只是纯粹为了满足大众需求。而阿姆斯特朗专心于蓝调演唱，他将自己低沉的声音变成一种特别有表现力的乐器，但他演奏的短号或小号宛如天籁。他使用简单、常常带蓝调色彩的旋律作为基本旋律以供即兴发挥，仿佛是独奏乐手和其他演员自发的表演，这奠定了后来爵士乐表演的形式。他用即兴的无意义的音节演唱，使节奏和分句比歌词突出，他也开始使用流行金曲（如《除了爱我什么也不能给你》）作为基本旋律进行即兴创作，在熟悉的旋律和创新的内容之间制造了某种特殊的默契。通过大胆的节奏和音调的跳跃，以及令人眼花缭乱的即兴重复，阿姆斯特朗就像一位把握主题和变化的经典大师，能将熟悉的曲调，从陈腐庸俗到超凡脱俗，转化为鲜活或陌生的旋律。在他漫长的职业生涯中，他将继续化腐朽为神奇。

阿姆斯特朗出身低微，曾是一名穷苦的新奥尔良流浪儿，后来，作为吟游艺人，他扮演过快乐的小丑，他不可能成为1930年代影响力巨大的高雅艺术的代表。但他的即兴重复在《土豆头蓝调》和《西端蓝调》这样的歌曲里引起了轰动，是爵士乐演奏的巅峰时刻之一，就像阿斯泰尔的舞蹈和科尔·波特的歌一样有腔调。拉尔夫·艾利森在接受采访的时候说："如果阿姆斯特朗在《土豆头蓝调》中的沉思算不上高雅的话，那这个词就太不高雅了，无法形容其风格所特有的极度的精致，对细微差别的把握，对曲调、节奏响亮的铜管乐器和叮当响的铙钹有品位的编排。"[10]总之，阿姆斯特朗教会乐手和歌唱演员以摇摆乐的方式演绎乐曲，让它从基本节奏上滑走，呈现出活力和驱动力。爵士乐批评家罗伯特·奥米利写道："阿姆斯特朗对时间的掌控感，至少和他作为独奏者的创始人的发明能力一样出色。无论是用圆号演奏还是用他的声音歌唱，他都可以松弛地跟在节奏后面，尾随着它，轻触它，和它玩捉迷藏。他可以直接按节拍演奏，也可以像个军乐队乐手一样，在节拍中穿行，让人有一种扭动臀部和肩膀的冲动，让行军成为一种舞蹈。"[11]事实上，将爵士乐变成流行舞蹈音乐可能是唯一和阿姆斯特朗没有太大关系的摇摆乐时代特征，尽管他可能对此产生过影响。

如果说阿姆斯特朗的音乐是高雅的，那么，人们普遍认为艾灵顿公爵就是高雅的定义，连他的生活方式也是如此，还有他为他的乐队塑造的精致而富有魅力的特别氛围。艾灵顿在华盛顿特区的一个中产阶级家庭里长大，彬彬有礼，有几分超然气质，他穿燕尾服、戴白领带和阿斯泰尔一样自然。他乐队的着装总是无可挑剔，他自己在着装方面要求非常严苛——还很迷信——掉了一颗扣子的衣服他是绝对不会再穿的。据与他长期合作的圆号手雷克斯·斯图尔特说："他会一次买 20 套按他的要求设计和制作的西装，或十双手工制作的鞋子，或者 30 多件定制衬衫。如果夹克上的扣子掉了一颗，那件衣服就得扔掉。"[11] 为了避免将设备分开，他乘坐他自己的普尔曼卧车出行。他维持着一个庞大、复杂的内部机构。据一位观察者说："艾灵顿是城市上流社会黑人的典范——男人梦想成为他那样的人，女人梦想得到他那样的男人。"[12] 据说，他对食物和女人的胃口与对音乐和旅行的需求一样大，直到他于 1974 年去世前不久，他一直都在不知疲倦地旅行，几乎所有其他大乐队都破产了，只有他的完好无损。城市良好教养的光彩不只是他生活的基调，也融入了他的音乐，使其成为既难懂又流行的一种存在。和阿姆斯特朗一样，他是这样一种人——用他最喜欢的话说，就是"超越了类别"。

阿姆斯特朗为了录制《热力五人组》和《热力七人组》而组成的小型爵士乐队不是舞蹈乐队；它们是精心挑选的唱片公司小乐队，从未在唱片公司以外的地方一起演出过。但是在位于西 142 街莱诺克斯大道边，由黑帮经营的棉花俱乐部里，艾灵顿公爵的乐队演奏舞蹈音乐，为大型集体歌舞伴奏，还有一个合唱队，吸引了很多白人来到哈莱姆。通过远程无线电连接，更大范围的听众可以听到艾灵顿的音乐。哈莱姆文艺复兴也在这几年达到顶峰，这是一个主要由白人扶持的文化复兴运动，它将黑人原创作品引入文学和视觉艺术，远多于音乐。一心要得到尊重从而获得尊敬的黑人中产阶级对爵士乐的情感是复杂的，它有底层生活的味道。哈莱姆文艺复兴时期的作家们致力于从传统的艺术形式和文学里获取对黑人的认可，但很少在作品中用到爵士乐，只有个别例外

（最有名的是平民主义诗人兰斯顿·修斯）。W. E. B. 杜波依斯周围的政治知识分子，还有他编辑的刊物《危机》，寻求提升黑人民族，追求平权，但他们也没有对爵士乐文化表示好感。《危机》刊文声称："音乐应该响亮，但不应尖叫；音乐应该呼唤，但不应嚎叫；音乐应该哭泣，但不应号啕；音乐可以祈求，但不应哀叫。"①但是，白人观众被吸引到了哈莱姆——包括它的音乐和作家们——他们不是为民族提升或尊重而来，而是为俏丽的原始主义艺术带来的愉快战栗而来，就像 1920 年代，性感的表演让约瑟芬·贝克和《黑人滑稽喜剧》在巴黎受热捧。这种新原始主义是现代文化的主要特色，不仅有毕加索对非洲面具的应用，还有 1920 年代对弗洛伊德和 D. H. 劳伦斯的实质崇拜。无论是不喜欢黑人中产阶级的哈莱姆文艺复兴时期的作家，还是艾灵顿乐队的音乐家，都愿意满足这种品味。但是，在棉花俱乐部演奏"丛林音乐"只是一个掩护，和阿姆斯特朗一样，艾灵顿完成了一场文化革命，为摇摆乐时代的爵士乐意外复兴铺平了道路。

可以说阿姆斯特朗的创新在于让独奏乐手和其他乐队成员通过互动，甚至通过呼唤和回应，使得音乐摇摆起来，而艾灵顿让多位独奏乐手展开对话，创造出了一种声音，以强节奏部分的节拍为基础，有着蓝调的丰富表现力，却能带着持续的动感活力向前。其他的爵士音乐人使用百老汇和叮砰巷的保留曲目，但艾灵顿则自己作曲，他通常与独立乐手合作，后来，与至交比利·斯特雷霍恩合作。"乐队里的每一个人都会参与进来写歌。"他的小号手库提·威廉斯说。[14]在录制《热力五人组》和《热力七人组》的时候阿姆斯特朗招了一些才华横溢的乐手，包括单

---

① 引文见 Lawrence W. Levine, "Jazz and *American Culture*," in *The Jazz Cadence of American Culture*, ed. Robert G. O'Meally (New York: Columbia University Press, 1998), 437。莱文还引用了 1924 年刊登在《纽约时报》上的一篇文章，称爵士乐"离真正音乐的差距就像大部分所谓的'新诗'与真正诗歌的差距一样大。二者缺乏对真正的音乐和诗歌都至关重要的结构和形式，二者都不是创新者的作品，而是出自外行之手……用糟糕的乐器萨克斯管演奏的爵士乐尤其如此，对已经形成音乐品味的人来说，它是一种冒犯，也不利于其他人培养他们的音乐品味"。《时代周刊》附和说，爵士乐"只不过是回到野蛮人的哼唱、拍手或敲手鼓的声音而已"。——原注

簧管演奏家约翰尼·多兹和钢琴演奏家厄尔·海恩斯，不过，谁说了算，这是毫无疑问的。但是，艾灵顿有一种才能，那就是挑选歌手并根据他们的声音为他们写歌，就像一位剧作家，在创造角色的时候，脑海中有一位具体的演员。他的辨音能力很强，能听出每一位乐手的特点。艾灵顿后期的代表作之一《主干》，录制于1942年，正值该乐队的鼎盛时期，曲子就像一棵树的不同枝干一样聚在一起，七位不同的独奏者表演了八段独奏曲调，每一位只有几小节，整首曲子时长不到三分钟。他还会十分慷慨地为乐手创作优美的曲子，例如那首复杂的《库提协奏曲》就是为库提·威廉斯写的，使用了他自己的热身曲，或《棉尾兔》，由本·韦伯斯特吹奏中音萨克斯，或抒情的《牵牛花》，让雷克斯·斯图尔特充分展示才华。

艾灵顿的歌曲是共同努力的成果，围绕某一位演员或不同声音的混合，然而，它们的创作风格和情绪是不一样的。于1920年代末录制的早期唱片中，《东圣路易斯，再见!》一直是乐队的主题歌，直到1940年，这首歌以布伯·米利的音乐创新和小号演奏为中心。米利在艾灵顿“热爵士”风格的形成过程中贡献最大。这首歌有种嘈杂、热闹的新奥尔良特质，而艾灵顿最受欢迎的歌曲之一《靛蓝心情》则声音圆润、奢华，充满暗示，艾灵顿梦幻般的抒情以更慢的节拍和更多反思的情绪展现出来。马丁·威廉斯在《爵士乐传统》一书中关于艾灵顿的那一章写得很好，他将这些作品称为“器乐歌谣”（instrumental ballads）。[15]他们反映了大萧条文化中更晦暗、忧郁的部分。另一方面，于1930年录制的《棉花俱乐部跺步爵士舞曲》是一场围绕着一个简单的、令人难忘的乐句和反乐句而展开的永久动感狂欢，显示了爵士乐表演如何能从最初看起来非常少的东西中表现很多东西。我曾经说过，如果动感，或者至少是感觉到的动感，是高雅文化的本质，很难找出比《棉花俱乐部跺步爵士舞曲》更好的例子，或者再往后看一点，斯特雷霍恩优秀的《乘坐A线列车》也是一例，这是艾灵顿乐队的另一首标志性作品，再现了移动的字面含义，在摇摆乐时代，移动至关重要。

每位乐手有他们自己表达这种驱动力的方法。埃拉·菲茨杰拉德在一次现场演唱《乘坐A线列车》时，一开始唱了歌词和歌曲，然后就开始了很长一段越来越疯狂的拟声演唱（这是她的特长，很大程度上受阿姆斯特朗的影响），最后达到几乎是狂喜状态的高潮。像这首歌的其他版本一样，但在更大程度上，让人真的感觉到一列火车不可阻挡地开了过来。这种持续的动感就是摇摆乐的核心，正如流动的音乐被转化为舞池里舞蹈者现实的运动，或者孩童在剧院过道上旋转。如贝西伯爵的乐队演奏的具有感染力和节奏驱动的《莫顿摇摆乐》，或本尼·古德曼和他的乐队演奏的杰利·罗尔·莫顿的《波特王踩步舞》，在弗莱彻·亨德森的编曲中，或者《翻滚吧》，我们听到一个接一个的巨浪涌来，一个比一个高，有种叠加效应，一种永不停歇地叠加的技能，这让观众疯狂，舞者也激情澎湃地狂舞。这种由独奏和伴奏合作掀起一个又一个高潮的效果，在阿姆斯特朗的圆号吹出重复乐段，像瓦格纳的英雄男高音一样高扬在合奏之上的时候趋于完美，例如《圣路易斯蓝调》的演奏。吉恩·克鲁帕与古德曼合作，像他之前的奇克·韦伯一样，在将鼓从一种节奏背景乐器变为一种真正的独奏乐器的过程中起了很大作用，艾灵顿的贝斯手吉米·布兰顿后来也将贝斯变成了独奏乐器。在摇摆乐时代最有活力的歌曲之一《唱吧，唱吧，唱吧》中，古德曼和克鲁帕打破了三分钟的录音限制——时长达到8：40——赋予“森林音乐”一词以新的含义。[16]古德曼的单簧管独奏高昂，有穿透力，几乎在哀号，而克鲁帕充满激情的鼓点独奏给摇摆乐热贡献了最紧张刺激的主题之一。

当然，爵士乐有不堪的地方渊源，但在1920年代的夜总会圈子里，它绝对是富有的社会旅行家们来哈莱姆游玩所消费的奢侈品：除了演员，黑人是不准进入的。而无线广播让更多听众有机会听到爵士乐，让他们间接体验去棉花俱乐部听歌或在都市某间富丽堂皇的酒店的舞厅里跳舞。（很多酒店雇有自己的乐队。）广播听众从1925年的1600万到1930年的6000万。大萧条开始了，1930年代濒于破产的音乐行业迫使乐手直接为广播工作，在那里，他们受到程式、时间限制和商业主义的束缚，素材也有要求。直到30年代中期，爵士文化才日趋平民化，成为千万人的音乐。到了1939年，美国大约有2000个舞蹈乐队，有甜派乐队、热辣乐队、社交乐队和其他介乎其间的乐队。这与作为一种设计风格的装饰艺术的发展有着惊人的相似之处。装饰艺术最开始也是作为奢侈品行业的一个类型——例如，鲁尔曼高级的法国房屋——只是先被转化为建筑，接着，在1930年代末，转向批量生产的机械产品和日用品，旨在拉升大萧条时期低迷的消费需求。如果说无线电广播将爵士乐平民化（指接触机会增加了），接下来的平民化手段就是自动点唱机（于1934年被发明出来）、大众舞厅和大型乐队，装饰艺术风尚不仅通过大规模生产来传播，还通过好莱坞电影的装饰布景，将它们变成20年代高雅与时尚之梦。爵士乐从未大规模进军好莱坞，但爵士乐和装饰艺术在夜总会文化里走到了一起，在1932年大多数夜总会都关停之后，歌舞大厦和电影城取而代之。

随着1933年12月5日《第十八修正案》的废除，大多数州的禁酒令结束，并且新政的早期倡议开始实施，夜生活再次盈利，凋敝的娱乐业开始复苏。摇摆乐是这次复苏的声音，而装饰艺术风格是其魅力四射的现代外观。此外，在很多方面，1935年都是一个转折点：这一年，更激进的第二次新政出台，一个更自由的国会在前一年的秋天迅速就位；这一年，人民阵线运动出现，共产党以阶级斗争的革命纲领换取了一个平民主义的诉求，这一诉求可以追溯到美国的民间文化和政治传统；这一年也是摇摆乐发生革命的一年，给美国带来了最了不起的流行音乐。

所有这些发展都奇妙地联系在一起，反映了相似的文化方向。大型乐团的群体互动暗示新政培育出来的社群意识，人民阵线将其理想化，而乐队队长、热门独奏乐手和成为乐队领唱的歌手，他们的成名之路可以被比作新一代政治领袖的成长，是经济复苏的一种气象，给这个士气低落的国家带来安慰。[17]摇摆乐的热情和活力既属于年轻一代对大萧条限制的反叛，也属于国家复兴的早期躁动。正是在这一年，华盛顿也开始了支持艺术的项目运作——作为针对艺术家的福利项目，着手装饰政府建筑，重新确认国家文化遗产。很多政府出资的工作，例如财政部和公共事业振兴署的壁画，都是非常传统的。它依靠现实的技术、历史主题、地方主体或传统民间故事来表现简化了的美国普通生活。由人民阵线资助的艺术也是如此，包括厄尔·罗宾逊著名的康塔塔《美国人的民谣》，这种根本的保守主义说明了，为什么有着先锋的起源和大胆原创性的爵士乐从来没有成为新政或者人民阵线的官方文化。但它达到了目的，与那些善意的平民主义努力没有关系：它实现了大流行。

尽管艾灵顿 1932 年的歌曲《这毫无意义（如果没有摇摆）》预见了摇摆乐时代的来临，尽管他在整个 1930 年代创作和录制了很多流行保留曲目，他还是对摇摆乐感到担忧，因为他拒绝所有其他标签。他的音乐太复杂了，不能成为大乐队时代的中心。“爵士乐是音乐，摇摆乐是生意。”他说。[18] 30 年代早期，唱片录制行业濒临破产，销售额从 1927 年的 1 亿美元降到了 1932 年的 600 万美元。[19]像艾灵顿的乐队这样的乐队，他们的生存之道是巡回演出，但是，到了 1935 年，黑人乐队让位于白人乐队，种族隔离政策仍在执行。白人音乐家再一次开始挪用黑人的音乐创新。黑人乐队只有有限的广播播出时间，他们不能参加豪华酒店里的商业演出。弗雷彻·亨德森的乐队于 1934 年解散，之后，他成为本尼·古德曼的主要编曲，这是古德曼在 1930 年代末取得成功的不算秘密的武器之一。加里·吉丁斯写道：“从战前的吟游表演到现在，美国本土音乐成为流行文化的关键是白人演员学会模仿黑人的表演。”[20]这也可以被看作不是简单的剽窃或模仿，而是不同文化传统的积极整合，尽管回报是非常不公平的。爵士乐本身就是不同文化传统的融合——非洲的节奏、密西西比三角洲的蓝调、钢琴跨跃弹奏法、拉格泰姆旋律、新奥尔良铜管乐——拉尔夫·艾利森常持此观点。它将原始的活力和复杂的精致结合在一起。古德曼在芝加哥的一个犹太贫民区长大，他是 12 个孩子中的老九。像很多犹太人一样，他被爵士乐所吸引，认为它是来自丰富外来文化、直达心灵又打动人的音乐。阿缇·肖是古德曼最强劲的对手，他是 1930 年代末的一位单簧管乐手和乐队队长，他后来称宾·克罗斯比是“生在美国的第一个时髦白人”[21]。如果真是那样的话，那么比克斯·贝德拜克就是第二个，古德曼和肖自己紧随其后，格什温就在附近披荆斩棘。正是古德曼顶着巨大的压力，越过肤色障碍，将爵士乐手招进他的小型乐队，后来又进大型乐队，正如当初克罗斯比带着阿姆斯特朗拍电影，让他参加那个特别受欢迎的广播节目，不过，很久之后他们才公开在一起制作音乐作品。

古德曼不仅整合了爵士乐，让它流行起来；他要求乐队要有细致入微的音乐技巧，为它赢得了新的尊重，特别是 1938 年 1 月 16 日他在卡耐基音乐厅举行了那场著名的音乐会之后，贝西和艾灵顿乐队的乐手也参加了这场马拉松式的表演。它表明摇摆乐是可以听的音乐，不单单是舞蹈音乐；用泰德·乔亚的话说，这“表明爵士乐已经成年了：它不仅被接受，这里是美国音乐会音乐象征性的家，在这个家的庇护下，它得到的是敬重”(152)。这场音乐会后，音乐家们赶赴哈莱姆的萨伏瓦舞厅参加一场乐队对决赛，对手是本地常驻民奇克·韦伯和来自新潮的堪萨斯城的新贵贝西伯爵。那一年的晚些时候，左翼唱片制作人和勤勉的星探约翰·哈蒙德在卡耐基音乐厅组织了另一场名为“从圣歌到摇摆乐”的音乐会，他是范德比尔特家族一员，曾促成了亨德森和古德曼的交往，捧红了比莉·哈乐黛，还在堪萨斯城发现了贝西伯爵并将他带回纽约。这场音乐会由《新群众报》赞助，尝试将以前被左派当作颓废音乐的爵士乐，与民间音乐相结合人民阵线的官方文化。哈蒙德是个闲不住的人，兴趣无所不在，他也是有名的民间音乐和种族音乐学的支持者，他后来签下了年轻的鲍勃·迪伦。他对艾灵顿提出了尖锐的批判，认为他缺乏基于种族的政治承诺，这是任何一个白人批评家的自负立场，但后来可能对艾灵顿的发展方向产生了影响。

尽管艾灵顿精明的经纪人欧文·米尔斯鼓励他简化编曲，为叮砰巷创作，但他也坚定地为他谋求艺术家的定位，不只是做一名娱乐人员，还敦促他主要演奏他自己的音乐。艾灵顿的乐队教别人演奏摇摆乐，但它从来就不只是一个舞蹈乐队，直到 1940 年至 1942 年那段好时光，乐队也从未重新站稳脚跟，那段时间，有了本・韦伯斯特和吉米・布兰顿的加入，还有比利・斯特雷霍恩的作曲（包括 1941 年的《乘坐 A 线列车》），除此之外，还有雷・南斯的小号演奏，乐队形成了一种神奇的默契，给作曲家和演员都带来了灵感。[22]艾灵顿的唱片卖得很好，几乎所有人都喜欢他，但是，在摇摆乐的鼎盛岁月里，特别是在高度活跃的青年文化中，古德曼、神出鬼没的肖、多西兄弟、贝西伯爵、奇克・韦伯、吉米・伦塞弗德等人带领的大乐队占主导地位，占主导的还有这些大乐队下面的小乐队，如古德曼的三人组和四人组。舞蹈圈还有一些更兼收并蓄的乐队，如格莱恩・米勒乐队，他们用更均质的声音演奏，也有像盖依・隆巴多的“皇家加拿大人”这样的甜乐队，他们也是重要的组成部分。

本人的水平和本书涉及的广度都不足以将这些乐队的音乐一一加以描述。我的视野仅限于那个时代的文化史，而不是爵士乐音乐史。但作为一员听众，我觉得古德曼和肖乐队的音乐非常悦耳动听，尽管它们的创作时间实际上在爵士乐历史之外，在比波普之后，比波普爵士乐离开舞蹈和流行音乐，转向艰难的现代主义实验，离开大乐队和舞厅，转向小团队演出，半夜三更还在烟雾缭绕的爵士俱乐部里一段一段地不停演奏即兴重复。所谓的现代爵士乐，与其说是高雅，不如说是在炫技，与其说是公共娱乐，不如说是拒绝妥协的艺术。它复活了在摇摆乐时代处于停止状态的即兴精神，大型乐队和大舞厅需要更多编曲，有些是提前写好的，却暗示是即兴的。不过，摇摆乐乐队也会放松限制，让年轻的观众疯狂欢呼。特别是那些所谓的吉特巴舞者，他们成了摇摆乐团最热情的乐迷。1932 年，埃德蒙・威尔逊将他对大萧条的报道整理成书，书名为《美国人的恐慌》，但那些运动中的年轻舞者将焦虑化作了活力，仿佛单凭他们自己，也能让这个国家再次动起来。曾经，古德曼看着观众兴奋地旋转着，对自己所做的一切感到惊奇。“我们看着他们，我想，（仿佛）他们在表演，而我们是观众。”[23]

尽管古德曼很受欢迎，但他绝对是位严肃的音乐家，还是一位高度自律的乐队队长。他可以用严格的要求疏远人们。他举止冷静，像个教授，他的手法很专业。尽管他的鼓手吉恩·克鲁帕称他是“摇摆乐之王”，他的外表和行为完全不像一位大众偶像。他在小型组合里与克鲁帕、钢琴演奏者泰迪·威尔逊、颤音琴演奏者莱昂内尔·汉普顿和电吉他手查理·克里斯蒂安合作，创作了他最好的一些作品。不过，他将单簧管变成了一种和爵士乐中任何声音一样的非常活泼的乐器。他的创作范围包括《波特王跺步舞》和《唱吧，唱吧，唱吧》中的节奏驱动，到《飞归故乡》中干净、优雅的美，以及《你的记忆》中哀婉浪漫的声音，最后这两首于1939年和他的六人组录制。阿缇·肖的公开形象和古德曼不同，他的单簧管演奏风格也不同。他躁动不安，反复无常，每一样事情他都想试一试，写作、表演、作曲。他有一张电影明星的脸，一共结了八次婚。他是个完美主义者，对音乐圈里的商业主义很不满，他曾经创建又解散的乐队数目差不多和他的结婚次数一样多。但他的单簧管演奏宛若天籁，如1939年的热门歌曲《跳起比津舞》《直达航班》里强健的起伏、《深紫色》中浪漫的声音，以及格什温《哦，女士要乖!》的爵士乐元素，在《深紫色》中，他用单簧管和歌手海伦·弗罗斯特表演二重唱。古德曼被当作因循守旧的音乐家而受到排斥，这是不公平的，直到1986年他去世的时候，他一直都在打磨自己的风格。肖于1954年收起了单簧管，从此再也没有演奏过，尽管他又活了半个世纪。泰德·乔亚在他的《爵士乐史》中将二人做了悖论式对比：

> 性格内敛的古德曼是爵士乐分句的大师，一位拥有音乐厅技术的摇摆乐设计师。肖则魅力十足，他的音乐和个性都很善变，他演奏的乐曲流畅，较少切分。他即兴创作的歌词有种桀骜不驯的优雅，淹没了内心深处的情绪波动，这样一来，即使是技术上最完美的段落听起来也像是孩子的游戏。比较这两个人物，他们各自都是一个令人费解的复合体：一个结合了淡然的个性和热辣的音乐风格，而另一个则表现出热烈的性情，但在圆号演奏中很冷静。(148)

这段描述不仅表达了摇摆乐时代领袖人物的音乐技巧，也说明了他们所享受的明星地位。摇摆爵士乐促进了大萧条最后几年里公共文化的构建。它提供了宣泄痛苦和让年轻人被压制的能量能够转为乐观向上的渠道，同时，它也反映出，在新政的刺激下，经济活动和士气逐渐恢复。它让人们从战争的阴影和法西斯主义的崛起中聊以消遣，然而，很多人民阵线文化的风格并非透明的意识形态化，通过这种文化，它承担着把不同背景和不同文化传统的美国人团结起来的责任，他们中有移民和奴隶的后裔。摇摆乐时代有些过分的东西属于青春期的过渡仪式，是对父辈的警告和约束的反叛，在战后的富裕年代，这一点甚至更为人们所熟悉。但有些力量帮助美国人甩掉了大萧条带来的萎靡不振，为他们团结起来应对即将到来的战争做好准备。

装饰艺术风格：从贵宾生意到大众市场

如果说大乐队热是摇摆乐时代的标志，促进了爵士文化的平民化，那么，新一轮的流线型设计——有时被称为大萧条现代设计——成就了消费的平民化。正如爵士乐圈子的风气埋葬了美国小城市的清教习俗，新的设计时尚中现代且具有装饰性的线条，让美国变得不那么传统和土气。他们将现代性的向前推动力和机器的未来主义线条赋予大量生产的产品。摇摆乐的一个特征是，它不是某一种音乐，而是一种“热爵士”方法，可以用不同的节奏演奏任何音乐，从古典到流行，从民间的到百老汇的。装饰艺术风格也是兼收并蓄的，最终改变了一切，从大型建筑、豪华剧院和漂亮的火车，到农场设备和小型收音机。有装饰艺术派摩天大楼，也有装饰艺术派厨房。最近在迈阿密海滩发现了一座朴素的乡土装饰艺术派建筑，或在布朗克斯大广场附近的公寓楼里也有。但也有克莱斯勒大厦、帝国大厦、洛克菲勒中心和无线电城音乐厅，这些都是在大萧条发生前构思和完成的，在大萧条的早期，富有的人盲目顽强地否认经济状况，或决心单枪匹马地推动经济。

30 年代末，装饰艺术的很多际遇与其 1925 年正式开始时的图景相去甚远。装饰艺术风格的启动及装饰艺术热，一般会追溯到 1925 年的巴黎世博会，其正式名称是国际装饰艺术与现代工业博览会。美国拒绝参加，因为当时的商务部部长赫伯特·胡佛坚持认为美国没有现代设计可以参展。有学者指出，那远不是装饰艺术风潮的肇始，1925 年的世博会不过是巩固了 1908 或 1910 年的装饰艺术潮流，特别是法国的潮流。雅克·埃米尔·鲁尔曼的作品是法国装饰艺术的象征，他也布置了该世博会最著名的展品，豪华的收藏家酒店，那是一组令人惊奇的豪华内饰的模型，后来的装饰展曾试图复制该作品。阿拉斯泰尔·邓肯写道："鲁尔曼的家具只选用最珍稀和最精致的材料。昂贵的贴面，如花梨木、安波那木、紫心木、马卡萨乌木和古巴桃花心木，镶以象牙、玳瑁或鹿茸。梳妆台用皮革、鲨鱼皮或羊皮纸镶板加以装饰。抽屉的拉手配以丝质流苏，更添了几分高雅。"[24]

这与 1930 年代的美国本土设计相去甚远，但装饰艺术创作冲动在美国遍地开花，尽管它是以一种简化、平民化的恶作剧式的新现代风格的形式出现。1920 年代受过教育的美国人崇尚法国的一切。1926 年，一个缩小版的世博会在美国八个城市举办时引起了广泛的兴趣。它几乎立刻对一切都产生了影响，从珠宝、服装、室内陈设到平面设计，尤其是海报和书籍护封。1925 年世博会的那一年，约瑟芬·贝克因主演的《黑人滑稽喜剧》在巴黎引起轰动，保罗·科林出色的海报设计让这部剧声名鹊起。它们鲜明的轮廓和弯曲、有角度的曲线，以及原始和狂欢的暗示，反过来影响了图解哈莱姆文艺复兴时期文学作品的设计，创造了一种国际性和跨种族的混合，这也是爵士乐影响不断扩大的典型事例。

如果说巴黎世博会上的室内陈设和内饰影响了美国的设计师，那么，那些展厅本身，尽管很快就被拆掉了，对美国商业建筑的影响也非常大。艾里·雅克·卡恩是装饰艺术建筑的一位开拓者，他被在巴黎看到的一切深深打动，不久就在纽约开始实践，包括他 1927 年在公园大道 2 号建成的最有名的建筑，它的突出特点是，外墙用色彩丰富的陶土板贴成，还有一个装饰豪华的门厅，马赛克天花板、大理石墙面、青铜和玻璃制作的旋转门、华丽的灯饰和装有浅浮雕的青铜电梯门。卡恩的作品很快就被华丽的内部装饰所超越，包括几何图案的镶木单板电梯，以及威廉·范·阿伦的克莱斯勒大厦（1928—1930）那壮观的穹顶，其阳光折射效应持续照亮纽约的天际线。随后是更为简朴和庄严的帝国大厦（1930—1931）和洛克菲勒中心的加入，以及设施齐全的无线电城音乐厅。但这些只是 1927 年至 1932 年在纽约建成的几百座装饰艺术大楼中最有名的几座。装饰艺术风格也传到了很多其他城市，包括公寓大楼和电影院，通过它们，我们会发现装饰艺术从豪华设计走向本土风格，但仍透着奢华和高雅的影子。正如罗斯玛丽·布莱特在《摩天大楼的风格》一书中所言："虽然效果有时很低俗，但其目的是创造一种大众现代风格。"[25] 也就是说，低俗现代主义包含了两层意思：卖弄，但也受欢迎，有嬉戏意味，喜闻乐见——现代主义的通用版。另一种更严苛、更极简抽象的现代主义的化身不会喜欢这些，即所谓的国际式，这一名称来自 1932 年在现代艺术博物馆举行的那次精彩的展览。这次展览是由年轻的菲利普·约翰逊和亨利·罗素·希区柯克组织的，展览及其颇具影响力的目录有一半的内容是论辩，另一半的内容是对过去十年新建筑的概述。这种风格在战后被接纳，大部分装饰被摈弃了，玻璃和钢材取代了陶质材料和石材，美国建筑风格被推向更简朴的实用主义。

然而，1932 年后，装饰艺术的发展就预示了后来国际式的极简主义。随着大萧条的加深，1920 年代末的建筑热潮落幕，装饰艺术设计的奢华成为一种尴尬，与当时紧迫的压力不相称。在很快主导美国设计的流线型现代风格中，装饰风格被转变成了一种线条更干净和水平的样式，更注重速度和动能，而不是愉悦感，在许多人对未来充满深深的恐惧的时候，这种风格是面向未来的。新一代设计师——雷蒙德·罗维、唐纳德·德斯基、诺曼·贝尔·格迪斯、吉尔伯特·罗德、拉塞尔·赖特、沃尔特·多温·提格——开始在娱乐城和更广泛的消费主义之间的地带从事设计。唐纳德·德斯基为无线电城音乐厅和约翰·D. 洛克菲勒私人公寓设计了奢华的内饰，也为不同阶层和普通群众设计管状家具。雷蒙德·罗维实际上开创了工业设计领域，他为基士得耶改造了复印机，为宾夕法尼亚铁路公司改造了机车，为西尔斯·罗巴克改造了冰箱，为斯蒂贝克改造了汽车。他设计了好彩香烟盒上的靶心图案，还为企业设计图标，例如斯蒂贝克和生产真空吸尘器的胡佛公司。

在做产品设计的时候，他们使用的是铬、塑料和铝这类材料，而不是早期艺术设计所使用的珍贵材料；他们觉察到高雅设计从奢侈品市场向更宽广的普通消费市场的转向。在这个过程中，他们成了具有极大影响力的人物，也是商业奇才，在经济不景气的情况下，他们仍能卖出那些透着高雅、乐观和力量的产品。用一层金属外壳让 20 世纪有限公司的漂亮机车有一个符合空气动力学的外观是一回事，但如果给农场装备、家用熨斗、铅笔刀或打火机做同样的设计，也赋予它们机器美学和现代风格，让它们冲向一个乌托邦式未来，那完全是另一回事。他们运用弧线，用子弹的形状表示动力，用眼泪的形状表示优雅的流动。他们可以把茶壶设计成阿拉丁神灯的样子，用浑圆的、未来主义的线条来设计面包机、搅拌机或者贝克莱收音机，1940 年代，我还是个小孩子的时候，每个普通的美国家庭都有这种收音机。这些新的工业产品和它们的设计将消费平民化，给战后的世界铺平了道路。

“速度是我们这个时代的呼唤，”贝尔·格迪斯在 1932 年写道，“而更快的速度是明天的目标。”[26] 表示向前运动的速度线是流线型产品上面的几个表面装饰之一，因为那个物体的奇妙形状本身就具有装饰性，不只是功能性的。对速度、现代性和美好未来的强调也是 1930 年代那些雄心勃勃的世界博览会的总体主旨。1933—1934 年芝加哥“进步的世纪”（Century of Progress）博览会上展出了花样繁多的流线型产品，虽然被战争爆发的阴影所笼罩，1939—1940 年纽约的大型博览会用“明天的世界”（The World of Tomorrow）之期望接待了大批访客。这次博览会意味深长的图标角尖塔和圆球（the Trylon and Perisphere）成了无所不在的装饰艺术符号，广受欢迎的“大众汽车未来展”（General Motors Futurama）也是如此，它是流线型设计的典范，预示了战后汽车的激增。建筑艺术批评家谢尔顿・切尼于1930年写道：“我们已经错过了挑战、约束、逃脱机器的可能性……我们必须乘坐机器移动，用机器交流——靠机器生活。”[27]和未来汽车的设计者一样，切尼将其视为一种乌托邦式未来，尽管他在语言上是抵制的。“最终将会有机器开发出来的能源可以解决所有人的工作问题。”他写道。很明显，他没有预见到，同样的能源也可能被用来破坏、屠杀和大规模无情地残害他人，这一切将在那场战争中显现。

作为装饰艺术设计的第二个阶段，流线型设计保留并改变了装饰艺术最初的乌托邦冲动，惠及所有人，而不是少数人。它体现了乐观主义和对进步的信仰。整个1930年代，好莱坞所表现的丰富的装饰艺术梦幻世界也是如此，那是一个财富和娱乐的世界，也是一个速度和移动的世界。好莱坞的装饰艺术种类繁多，让人眼花缭乱，它们几乎无处不在，无法为其编目，但霍华德・曼德尔鲍姆和埃里克・迈尔斯于1985年出版的专著《银幕上的装饰艺术》对这些作品做了详尽的调查研究。他们为了解这种潮流追踪到了每个制片厂的艺术导演，每个制片厂的独特风格都是他们打造的，第一个就是米高梅的塞德里克・吉本斯。1925年，他参观了巴黎世博会，这个经历改变了他的设计理念。他早就不用绘制的布景而使用自然主义布景了。他和妻子——女演员朵乐丝・德里奥——的家不久就被描述为时尚和风格的缩影。[28]随着有声电影时代的来临，在1928年拍摄由琼・克劳馥主演的影片《我们跳舞的姑娘们》时，他在片场内外都推行了装饰艺术的时尚。用曼德尔鲍姆和迈尔斯的话来说：“这部电影别致的、高高矗立的装饰艺术布景塑造了一个富人的梦幻世界。”[29]其他的艺术导演，包括派拉蒙的汉斯・德雷尔和雷电华的范・内斯特・波格拉斯，也跟着这么做，最有名的是雷电华为阿斯泰尔-罗杰斯电影所做的布景，包括为《摇摆乐时代》设置的三个分开的夜总会布景。大萧条早期，多数夜总会都破产了，甚至在禁酒令取消之后出现的那些也无法和电影中的豪华夜总会相提并论。就像这些电影本身，它们实际上创造了一个自己的世界，这个世界不受大萧条的困扰，但又和大萧条紧密地联系在一起。曼德尔鲍姆和迈尔斯称它们是“巨大的现代会所，在那里，激情和快乐被大量地释放出来”，他们又补充说，“夜总会布景可以让任何一部电影变得高雅”。(102) 唯一更宏大的装饰艺术电影布景是远洋游轮，它不仅豪华，并且完全自给自足，仿佛是电影人物梦幻生活里一段漂游的插曲。没有一家现实中的夜总会或一艘远洋游轮能与好莱坞制造出来的图景相媲美，它们只是指向那个完美的柏拉图式的形式。

但是，如果说装饰艺术布景是享乐主义的标志，那么它们的规模可以追溯到表现主义电影，例如，弗里茨·朗的《大都会》，布景气势远超里面的人物。在电影里，用装饰艺术制作出来的摩天大楼、办公室布景、旅馆房间和公寓房，可能和伍迪·艾伦在《开罗紫玫瑰》里仿制的埃及陵墓一样冰冷。(在时髦的中产阶级家庭里，和医院一样白的流线型厨房也可能如此。) 对于伍迪·艾伦来说，米娅·法罗扮演的是一位大萧条时期的低收入家庭主妇，为了逃避和幻想，她去看电影。但是，杰夫·丹尼尔斯走下银幕是为了寻找温暖，与人接触，即便在奢华的装饰设计背景里，这些也是稀缺的。当阿斯泰尔和罗杰斯跳舞和接触的时候，他们既反映也超越了周围环境。甚至高雅也有不同的梯级、不同的语域；那对舞蹈的情侣有自己的风格，但他们在接触和运动中的和谐让他们超越了风格。同理，流线型设计使用了表示速度和前驱运动的线条，以线条的优雅去超越仅作为装饰、缺乏想象力的几何线条。

无须强调，装饰艺术与爵士乐，特别是摇摆乐，极其相似。从最早开始，谈论装饰艺术的时候，有时会提到爵士乐，至少是随意提到过。对于这次设计革命，早期的称谓之一就是“爵士摩登”(jazz modern)，尽管这一称谓没能流行起来。爵士乐盛行的夜总会和舞厅常常很像装饰艺术布景，只是没有电影里的夜总会和舞厅那么奢华或宏大。但是，它们有更深层次的相似之处，特别是在由时髦阶层向主流转移这一方面。爵士乐的切分节奏，尤其是它即兴的优雅和游戏性，与丰富多彩的装饰艺术有一比，无论是一座建筑、一个楼梯间，或一个梳妆台，都在功能性的物体外面围一圈漂亮的花饰。如果说爵士乐的表演形式拒斥广场，那么，装饰艺术设计师讨厌的就是直角，他们不喜欢任何妨碍流动的东西。装饰艺术将我们从直线带到了曲线，正如爵士乐围绕旋律主线和任何传统的翁巴节奏，将它们打乱，再重新组合。

当爵士乐转向摇摆乐，成为舞蹈音乐，它不仅很受欢迎，而且具有了速度、运动和前驱力，这些属性以可见的方式融入了装饰艺术的流线型设计中。在很短的一段时间内，装饰艺术建筑从娱乐城、摩天大楼和工业建筑转向我们在迈阿密南海滩、纽约的中央公园西路或布朗克斯大广场看到的那种乡土建筑。确切地说，这些都不是按包豪斯建筑模型建造的工人住房，但也算不上华丽、宏伟或奢华。好莱坞将装饰艺术转换为大众幻想，正如收音机、留声机和自动点唱机将爵士乐变成流行音乐，它们本身也常常是装饰艺术设计的物件。二者协同新政，要让人们动起来，让低落的士气高涨起来，激发人们对未来的乐观想象。

事实证明，未来并没有多少容纳 1930 年代诸多大众激情的空间，那时的大众激情和大萧条的思维有密切关系。到了 1940 年代中期，摇摆乐和装饰艺术都已经毫无希望地过时了，它们曾经仿佛都是现代风格的先锋。部分原因是，战争毁了它们，战争全方位推行爱国主义，宣扬一致性和服从，战后，这些倾向产生了不祥而保守的影响力。此外，它们自身的成功也是一个原因。大乐队的流行导致很多音乐家离开，去组建自己的乐队，一时市场饱和。因为巡回演出能赚更多的钱，那些全国巡演乐队与很多当地的乐队展开竞争，对很多黑人乐队特别不利，尤其因为无线电广播限制他们的播出时间。[30]但是，甚至在高端，在文化圈内，一种更严肃的现代主义的追随者也排斥它们，这种现代主义包括比波普、抽象派绘画和国际式，他们怀疑它们的流行就是商业主义和妥协的明证。在钱很好赚的情况下，摇摆乐的确商业化了，如阿缇·肖这样的特立独行者一直在指出这一点。这一切都是对普遍说法的补充，这种说法认为大型乐队的衰落和小型比波普乐队的兴起是因为1942年至1944年唱片行业的大罢工，这时，像查理·帕克这样的爵士乐手挤进小乐队，尝试大胆的音乐转向，形成了一种新的波希米亚风格，受到知识分子的追捧，却让年轻的舞者和流行音乐听众不知所措。凭借令人眼花缭乱的速度和复杂的多节奏，他们开始即兴演奏和弦变化和旋律变化。这与国际式、无调性音乐或抽象表现主义艺术的兴起并不完全相同，但每一种都代表了一种现代主义转向，将30年代的平民主义和乡土现代主义抛在了身后。

1930年代流行艺术和设计的美好与宝贵不会长久被忘却。不可避免地，连格调高雅的受众最终也会为现代主义更朴素和粗暴的形式感到如坐针毡。他们会怀念起文学的叙事、旋律优美的音乐、绘画中的象征形式，或建筑设计中的装饰和历史折中主义。他们会怀念那种快乐。早期的爵士乐大师被迎进一个新的大师名册，他们那些不太受关注的继任者有时会感到不满。但是，装饰艺术的重新发现特别具有戏剧性，因为它被后来的现代设计浪潮所贬低。从1960年代末装饰艺术复活展开始，这种风格最终有了这个名称，到2003年维多利亚和阿尔伯特博物馆的大型展览的国际影响，装饰艺术，甚至装饰媚俗，成了被广泛理想化的文化形式，它被看作娱乐、诙谐和真正设计的本质。2004年，当里程碑式的维多利亚和阿尔伯特博物馆展来到波士顿美术博物馆，肯·约翰逊在一篇兴奋的评论中强调了高雅和底层、商业和文化的折中混合，明确指出了它和爵士乐的相似性。他说，装饰艺术“可以接纳任何时期的任何艺术风格，再将其转化为一流的、带爵士乐风格的当代艺术，并且，它可以将任何商品——甚至吸尘器和冰箱——转化为欲望的对象……在这个意义上，装饰艺术没有创造新的产品，它只是让熟悉的东西看起来新，并激起人们对更多看上去新的东西的渴望，它很乐意不断满足这种渴望”[31]。

到了我成长的40年代和50年代，那种新颖已经消失了，不过，它激发的消费主义已经兴起。但时间证明，即使那些对大萧条没有任何记忆的人也仍会重温它的精神，它向他们诉说技艺和想象力的快乐、傻傻的乐观主义、高雅以及活力，它照亮了更黑暗的那些岁月。

---

1. Richard Schickel, *Cary Grant: A Celebration* (Boston: Little, Brown, 1983), 63.

2. David Thomson, *The New Biographical Dictionary of Film* (New York: Alfred A. Knopf, 2002), 351.

3. Pauline Kael, "The Man from Dream City," in *When the Lights Go Down* (New York: Holt, Rinehart and Winston, 1980), 9. 凯尔那篇很棒的人物简介最早于 1975 年 7 月 14 日发表在《纽约客》上。文章包括对神经喜剧及其主要演员的尖锐评论。

4. Gary Giddins, Bing Crosby: *A Pocketful of Dreams: The Early Years, 1903 - 1940* (Boston: Little, Brown, 2001), 366.

5. Will Friedwald, *Jazz Singing* (New York: Da Capo Press, 1996), 11.

6. 转引自 ibid., 49。

7. 有了《飞来横财》的合作之后，伯克成为他的内部词曲作者和好朋友。在此后超过 17 年的时间里，他为 23 部电影作曲，为克罗斯比创作了 120 首歌，包括《我的口袋装满梦想》，曲名是根据他听到克罗斯比说的一句话而写的。参见：Giddins, *Bing Crosby,* 422。

8. 在怀特曼事实上被排除在爵士乐史之外之后，他作为爵士乐先驱的地位最近在持续上升。参见约书亚・贝雷特（Joshua Berrett）所著的二人传记：*Louis Armstrong and Paul Whiteman: Two Kings of Jazz* (New Haven: Yale University Press, 2004)。

9. Ted Gioia, *The History of Jazz* (New York: Oxford University Press, 1997), 50.

10. 转引自罗伯特・G. 奥米利和路易斯・阿姆斯特朗与 *The Complete Hot Five and Hot Seven Recordings* (Columbia, 2000) 一起发行的小册子，第 66 页。

11. O'Meally, "An Appreciation," in *The Complete Hot Five,* 56 - 67.

12. Rex Stewart, *Jazz Masters of the Thirties* (1972; New York: Da Capo Press, 1980), 99 - 100.

13. 这里引用的泰德・福克斯的话见 Lewis A. Erenberg, Swingin' *the Dream: Big Band Jazz and the Rebirth of American Culture* (Chicago: University of Chicago Press, 1998), 97。艾伦伯格写道："他住在哈勒姆糖山区的一套高级公寓里，与黑人社群的精英们打交道，在一个稳定的乐团里创作非常高雅的音乐。" (96)

14. 转引自 ibid.，9。

15. Martin Williams，*The Jazz Tradition*（New York：Oxford University Press，1993），105，112.

16. 加里·吉丁斯提醒我，艾灵顿在 1931 年录制双面《克里奥尔狂想曲》时就打破了这个限制，“为此，德卡解雇了他”。

17. 对爵士乐非常了解的社会历史学家最近展开了关于音乐界情况和新政的对比研究，给出了令人信服的细节。特别参见 David W. Stowe，*Swing Changes: Big-Band Jazz in New Deal America*（Cambridge：Harvard University Press，1994）和埃伦伯格（Erenberg）的《摇摆乐之梦》（*Swingin' the Dream*）。

18. 转引自 John Edward Hasse，*Beyond Category：The Life and Genius of Duke Ellington*（New York：Simon & Schuster，1993），203。

19. 在乔亚的《爵士乐史》第 135 页和埃伦伯格的《摇摆乐之梦》第 14 页，所给出的 1927 年的销售额是 1400 万美元。

20. Gary Giddins，“The Mirror of Swing，” in *Faces in the Crowd*（1992；New York：Da Capo Press，1996），120.

21. 转引自 Giddins，*Bing Crosby*，259。

22. 关于 1940 年代早期雷·南斯（他代替了库提·威廉姆斯）、斯特雷霍恩和其他人对艾灵顿乐队的贡献，参见：Gary Giddins，*Visions of Jazz：The First Century*（New York：Oxford University Press，1998），233 - 57。

23. 转引自 Erenberg，*Swingin' the Dream*，46。

24. Alastair Duncan，*Art Deco*（London：Thames & Hudson，1988），15.

25. Cervin Robinson and Rosemarie Haag Bletter，*Skyscraper Style：Art Deco New York*（New York：Oxford University Press，1975），41。我很感谢这本书，感谢我的朋友和同事罗斯玛丽·布莱特带我了解纽约装饰建筑这座富矿。

26. 转引自 Robert Heide and John Gilman，*Popular Art Deco：Depression Era Style and Design*（New York：Abbeville Press，1991），157。

27. 转引自 Robinson and Bletter，*Skyscraper Style*，69。

28. 参见 Heide and Gilman，*Popular Art Deco*，200 - 202。具体描述刊登在《好莱坞》杂志，1931 年 8 月号，文章题目是《朵乐丝·德里奥的现代生活》（“Dolores del Rio Goes Moderne”）。

29. Howard Mandelbaum and Eric Myers，*Screen Deco*（1985；Santa Monica：Hennessey & Ingalls，2000），32。这其实是一本图画书，插图很漂亮，内容应有尽有。如果想找一部更具学术性的、专门研究以纽约为中心的银幕装饰艺术的著作，那么，这本书是无可替代的：James Sanders，*Celluloid Skyline：New York and the Movies*（New York：Alfred A. Knopf，2002）。非常感谢菲利普·洛佩特（Phillip Lopate）向我推荐这本书。

30. 如想了解摇摆乐热的经济学方面有价值的论述和摇摆乐衰退的原因，参见 Scott DeVeaux，*The Birth of Bebop: A Social and Musical History*（Berkeley：University of California Press，1997），116－64。

31. 那位头条文章作者甚至更明确地指出它们的相似性。参见 Ken Johnson，“The Essence of Wit/And Cool as Jazz,” *New York Times,* August 20，2004，E28。

第四部分　寻找共同体

第十二章　平民主义转向：科普兰和人民阵线

大萧条的一个转折点毫无疑问地出现在1933年，当时的经济已跌入谷底，胡佛政府让步，决定实行一百天新政，一批新项目启动，国民士气骤然高涨。文化方面，1934年是好莱坞最关键的一年，它既迎来了《海斯法典》的严格实施，也开始了神经喜剧的制作，神经喜剧用有爆发力的语言和文化能量替代了直接的性爱元素，让性别之争变成了社会冲突与和睦的一个出乎意料的隐喻。然而，在其他方面，1935年还出现了一个重要转折，共产党根据莫斯科发出的信号，在全世界范围内，由激进的革命运动转向集中所有“进步”力量反抗法西斯主义的人民阵线。仅仅在一年前，共产党人仍是社会民主运动的死敌，扰乱他们的会议，阻挠他们的活动，甚至组建类似的组织与现有的工会展开竞争。如今，他们与社会主义者和自由人士同心协力，甚至为新政计划提供有限的支持，当新政进入更激进的阶段，他们也支持罗斯福本人。结果，美国共产党员的人数在那几年里激增到十万多。这对文化的影响也是深远的。海明威这样的主要艺术家受到共产主义的感召，与此同时，该党将无产阶级小说搁置一边，也不再强调阶级斗争，只和文化界的进步力量形成模糊的联盟。在共产主义就是“20世纪的美国主义”的口号下，共产党率先掀起了平民主义和文化民族主义浪潮，民族文化主义在上一个十年就在形成，后来以多种形式实现目标，包括新政的文化项目。这种对美国文化的流行渊源进行的多方面考察，从民族音乐学到民间艺术，将影响后来几年的严肃艺术和流行艺术。文化本身成为心理力量和社会洞见的一个源泉。

我于1940年代和1950年代早期在纽约长大，人民阵线的政治和文化遗迹到处可见，它们成了风景的一部分，以至于我很少注意到它们。我的父母在年轻的时候移民美国，大萧条和新政就是他们的日常生活，每每引发他们的焦虑，影响他们的人生选择。有关住房、社保和劳工权利的新政立法制造了一张安全网，人们很快就习以为常，人们对一般的“进步”思想也习以为常，但这些并没有减轻人们对下一次工资单和下一次房租支付的担心。不过，他们的小心谨慎里也有骄傲，因为普通人感觉到当时的新政给了他们新的自尊。他们又可以堂堂正正地做回自己。文化方面，像《金色年代》《慈母泪》甚至《阿莫斯与安迪》这样的广播节目在宣扬民族自豪感的同时建立起跨文化联系，帮助移民融入主流文化，不过，有些参演的演员不久之后就被列入了黑名单。

在战争期间和战后，纽约城的政治仍有人民阵线的影子。意大利和犹太混血的自由共和党人菲奥雷洛·拉瓜迪亚靠一张联合选票当选市长，任期自1933年至1945年。我还记得他参加我们学校附近一个操场的落成典礼时的热闹情景，那是新政下建造的一系列公共设施中颇不起眼的一个。在东哈莱姆，曾在1948年支持亨利·华莱士竞选总统的美国工党，接着重新选出一位持不同政见的国会议员维托·马尔坎托尼奥，直到1950年。在每一个选举季，高高矗立在下东区的犹太日报前进大厦外旗帜飘扬，为社会民主自由党的候选人做竞选宣传。这个党派得到大卫·杜宾斯基和他的纽约势力集团国际女装工人联合会的有力支持，它强烈反共，最近退出了美国工党。1949年3月，在华尔道夫阿斯托里亚酒店，约800位文化人，包括阿瑟·米勒、莉莲·赫尔曼、阿伦·科普兰、年轻的诺曼·梅勒，以及来自苏联、惊魂未定的德米特里·肖斯塔科维奇，他们聚在一起，讨论战争与和平问题，结果，这次活动成了美苏战时友好关系的绝唱。由西德尼·胡克、德怀特·麦克唐纳、玛丽·麦卡锡和年轻的欧文·豪率领的一小群知识分子就苏联的自由状况与参会者对质。这是一个预示性时刻，冷战气氛已经紧张起来。几个月之后，在纽约的皮克斯基尔，人民阵线最著名的明星、黑人歌手保罗·罗伯逊的音乐会上，发生了骚乱。

尽管我父亲并不特别热衷政治，但他是产业工会联合会的成员，该组织是这场音乐会的赞助者之一。我姨夫是共产党员，是西德尼·希尔曼的合并服装工人组织的成员，他开车去听他的偶像罗伯逊的歌，表达与同志们站在一起的决心。他的妻子，也就是我母亲的妹妹，被他们所遭到的暴力袭击吓坏了，当地警察坐视不管，她只好逼他不再参加政治活动。似乎老左派还没有处于守势，几个月后，爆出了罗森伯格间谍案。在此后的三年里，这对夫妇的命运比任何其他事件更让犹太移民牵肠挂肚，直到他们被处决。除了针对 1930 年代左派残余的黑名单、间谍案和国会听证会，人民阵线的文化和政治完全消失了，只剩下参与者的回忆，对他们来说，那是他们生命中的一次大冒险。

尽管阿伦·科普兰与左派有牵连，但他还是成了美国古典音乐作曲家的代表人物，对他来说，1949 年是他在好莱坞的高光时刻，他作曲的《女继承人》获奥斯卡金像奖。到了 1950 年，他的创作活动悄然回到了音乐厅——但颇具戏剧性，他创作了第一组《美国老歌》和《钢琴四重奏》。但是，没过多久，他也被拖到国会委员会面前交代他 1930 年代和 1940 年代初的政治倾向，当时，他正为《屠城浴血战》作曲，这是一部战时亲苏电影，莉莲·赫尔曼担任编剧，塞缪尔·高德温担任制片人。他不像其他证人，他的回答直言不讳，就像他的音乐。但作为一位音乐厅的作曲家，他不像好莱坞的演员和导演那样容易上黑名单。

几年后，我成了哥伦比亚大学的一名学生，哥大是很多纽约反共知识分子的老家，他们对人民阵线持最严厉的批判态度，包括莱昂内尔·特里林、F. W. 杜皮、理查德·霍夫施塔特、罗伯特·戈勒姆·戴维斯。像其他作家一样，他们曾经同情马克思主义，大萧条让他们感到恐惧，变得激进了，他们一开始从左派的角度批判人民阵线，说它是失去了激进优势的中庸文化，然后又从右派的角度，指责它是顺从苏联利益的阵线，只是打着美国爱国者的幌子罢了。在 1950 年代末那些情绪灰暗的日子里，这些事情变得遥远而难以捉摸，我和朋友们对冷战和麦卡锡主义试图消灭的一切都非常感兴趣，实际上，最让老师生气的事情我们都喜欢。我们寻找罗伯逊的老唱片，还有新一点的红军合唱团的唱片，该合唱团在后斯大林时代冷战正化解时访问过美国。那时，几乎不可能找到罗伯逊的专辑。1960 年前后，我向罗伯逊曾经的出版商哥伦比亚唱片公司打听此事，一位副总经理回信说，该公司从未发行过他的唱片。不过，我后来找到了一张，保存至今，是在英国殖民地直布罗陀的一个二手箱子里翻出来的。这种口是心非、抹杀过去的行为让我震惊。但我也开始赞同老师们的观点，他们认为人民阵线文学的社会现实主义写作平庸而具有鼓动性，很多都不如我现在喜欢的那些毫不妥协的现代主义作品。

到了 1980 年代，我开始研究大萧条时期的文化史，在研究的过程中，我本科时的那种矛盾心理仍很明晰。在新左派的希望和失败之后，我们中的很多人再次回到 1930 年代，将其看作政治参与、社会关怀和激烈斗争的一段岁月。随着贫富差距拉大，自私的贪婪盛行，大萧条时期启动的那些项目如社会同情和责任的明灯，熠熠生辉。但因为那些陈腐的宣传技巧，大萧条时期艺术作品的激进手法已经过时，它们为了吸引那些要求最低的观众，而受制于老套过时的审美。在绘画、音乐、艺术中，关注社会的艺术仿佛出现了从现代主义大胆的急迫需求中的回归。在 1980 年代和 1990 年代，讲授 30 年代的这些材料需要给予特别的解释，对于我们的学生来说，甚至 60 年代就已经是神话或传说了，他们对这些很容易感到厌倦。同时，1930 年代诞生的一些主要作品仿佛很随和，很自然，连没有多少历史感的年轻读者也能很快与它们建立起联系。

伍迪·格思里的歌在听摇滚长大的这一代听起来很原始，但它们也很直接，令人欢欣鼓舞，同时很有吸引力。歌词永远鲜活，在西部民谣和念白布鲁斯里还有那种音乐风格，在后来的鲍勃·迪伦和布鲁斯·斯普林斯汀这样的抒情诗人的作品里也有，他们也经常承认这一点。迪伦于1960年代来到格林尼治村，当时的民间文化圈里都是正在老去的激进者和有抱负的年轻人，几乎是通往1930年代的生命线。这个时期（1962年），斯坦贝克获得了迟到的诺贝尔文学奖，他也是30年代的偶像级人物。高端的批评家看不上他的小说，但它们一直广受欢迎，不过，他以扣人心弦的直观手法加以戏剧化的社会状况早就改变了。新民权运动之后，理查德·赖特在《土生子》和《黑孩子》中对种族压迫和仇恨的描述仍然很有影响力，还有亨利·罗斯于20世纪最初的十年里创作的小说——那部无法复制的《安睡吧》——所讲述的是一个在下东区长大的孩子的故事。这些作家的左翼信仰没有让他们的创作落入俗套，或者破坏那些作品长达几十年的传播能量。他们的社会责任感是典型的大萧条写作，与他们的艺术品格没有任何冲突的地方，反而增加了作品的热情和活力。到了60年代初，激进主义复活，贫穷和种族问题重新引起了人们的兴趣，特别是黑人和犹太人问题，对他们作品的强烈兴趣也重新被点燃。

正如我在前面的章节里试图表达的那样，《安睡吧》是那个世纪的好小说之一，从很多方面看，它都是个特例，因为左翼批评家对它的看法不一，后来，在很长一段时间里，它被遗忘了，直到1960年代，才被重新发现。[1]罗斯在1933年开始信仰共产主义，当时那部小说正在创作之中，伴随着他的新世界观产生的政治规训让他的作家天赋变愚钝了。（又过了60年，他的下一部小说才出版。）《安睡吧》紧密交织的情节、反复出现的象征和内心独白显然是受到了乔伊斯、艾略特和1920年代的现代主义文学的影响。作为一种心理叙事，它对儿童世界观的高度敏感令人惊讶，在一些马克思主义批评家看来，这是一种自我放纵。然而，这部小说在具有个人化的特点以外，也是一部美国近期历史的档案：就移民、犹太人居住区朝不保夕的生活、文化和贫民区的贫困东拉西扯（也可视作一种巴别塔式的叙事）。罗斯不仅响应了乔伊斯的语言实验和观点，还像他一样巧妙地重现了一座现代城市的日常生活。

对于阿伦·科普兰来说，这也是一个转折时期。1934 年，即《安睡吧》出版的那一年，他也在现代主义和平民主义之间找到了一种脆弱的平衡。那一年，他创作了《提示》，在很多方面，这都是 1920 年代他用现代语言创作的巅峰之作，还有《肃静！肃静！》，这是他的一系列芭蕾舞剧中的第一部，也是最不为人所知的一部，舞剧最终让他家喻户晓。和《安睡吧》以及 1930 年代其他经久不衰的作品一起，科普兰的音乐改变了那个时期的传统叙事，最先出现的是 F. 斯科特·菲茨杰拉德写于 1931 年的《爵士时代的回声》，三年后，马尔科姆·考利出版了《流放者归来》。[2]在这种权威的观点看来，20 年代是情绪高涨的年代，也是海外流亡者冒险的时代，反映在疯狂的艺术实验中，考利不屑地称其为“艺术的宗教”。但是到了 30 年代，钱花完了：挥霍的那批人被迫回家，开始好好工作，大部分人都是这么做的。并且，考利说：“巴黎不再是美国文学中一切‘现代的’美学理想的中心。”（284）大萧条时期的社会苦难让他们直面美国生活的道德需求；他们被迫认真关注他们曾经带着讽刺、鄙视加以拒斥的现实世界。玩世不恭的不负责任让位于复苏的社会良心，实验让位于记录，超现实主义让位于一种新现实主义。宴会被党派取代（the party was supplanted by the Party）。

艺术领域的一些行业适应了这种转变模式，但也有很多人不适应，菲茨杰拉德就是其中之一；他回家了，但并没有成为无产阶级作家。长久以来，人民阵线文化被（悲哀地）看作这种转变的一种结果，但即使朝向平民主义的转变，特别是在 1935 年之后，也是远远超过共产党新文化政策的更广阔的发展的一部分。它向好莱坞延伸，从某种意义上说，好莱坞一直是平民主义的，与大量的普通美国人打成一片，但也会介入大量由政府资助的文化项目，包括财政部的美术部门，该部门委托为联邦大楼和全国一千一百个邮局制作壁画和雕塑；还有罗伊·斯特瑞克在美国移民安置管理局的摄影小组，它令人感动地记录了大萧条对美国中心地带的影响；覆盖面最广的是救助机构公共事业振兴署的艺术、音乐、戏剧和作家资助计划。仅联邦作家计划就出版了 800 多卷书，其中最有名的那些成了所有 48 个州和很多地方的指南。美国人从来没有对自己如此感兴趣，对真正美国文化的根和枝如此在意。从来没有如此多有关美国生活最世俗的特点的内容被如此多的作家收集起来，这和公共事业振兴署在全国各地建造的公共设施异曲同工。[3]罗斯福总统本人以更个人化的方式表现出平民主义立场，在炉边谈话中，他亲切的对话语气，让这位国家领导人显得不那么拒人于千里之外，更善于跟普通美国人打交道。

风格上，新平民主义艺术带有现代主义和社会现实主义的重要成分，如马克・布里茨坦的布莱希特式音乐剧《大厦将倾》这样的用心之作，以及戏剧奇才奥森・威尔斯和他足智多谋的制片人约翰・豪斯曼的实验性作品。[4]像他同时代的其他人一样，科普兰在现代主义中融入了平民主义，在更直接地转向美国主题时，寻找一种鲜活、干净、朴素但多姿多彩的声音。对美国生活的关注，伴随着对本土传统的创造性运用，可以追溯到几十年前。1930 年代，它所涵盖的类别，包括小说、新闻、诗歌、绘画、插图、流行音乐、音乐会音乐、舞蹈、戏剧、电影和摄影，比大多数评论家所认为的要多。早在 1942 年，阿尔弗雷德・卡津就在一篇雄辩的颂辞中，将《扎根本土》一书的最后一章用于书写“危机时代最显著的现象之一——有关美国社会的海量作品”。他写道：“它证明，这是一次超乎寻常的全国性自我审视。”[5]他自己的书，从书名开始，也类似于这些作品，源于相同的创作冲动。在士气低落、对体制的信心以及对未来的任何信心都受到严重打击的时候，在刘易斯・芒福德的《棕色年代》（1931）、范・威克・布鲁克斯的《新英格兰之花开时节》（1936）和《新英格兰：小阳春》（1940）、卡尔・桑德伯格的《人民，是的》（1936）和他的多卷本《林肯传》（1926—1939）这些书里，作者们在评估被忽视的美国传统。林肯成为平民英雄的典范，这位劈柴人当选总统，拯救了联邦，并发起了第二次美国革命，解放了黑奴。那些自愿保卫西班牙共和国的人自称亚伯拉罕・林肯旅。约翰・福特的《青年林肯》（1939）和科普兰的《林肯肖像》（1942）成为进步美国文化的不朽典范。

阿伦·科普兰的模范职业生涯，在1930年代末那个文化时期，是很典型的，需要放在这个政治和文学的框架之下来审视。表面上看，它好像是《流放者归来》里的一个实例，一位20年代实验性的现代主义艺术家，被重新塑造成了一位更容易接近的、更具有社会意识的30年代艺术家。科普兰从来就不是一个流亡者，但他于1921年至1924年，在巴黎度过了成长期中的三年，在那里吸收欧洲文化，研究作曲，欣赏由斯特拉文斯基、乔伊斯、勋伯格、毕加索、考克多、迪亚基列夫，以及像米约、萨蒂和乔治·安泰尔这样的年轻作曲家所主导的现代主义世界里充满活力的新奇事物，其中，安泰尔是与科普兰同时代的一位傲慢的美国艺术家。科普兰后来写道："那个时代的纯粹魅力释放出一种魔咒，'现代'一词本身即让人兴奋。空气中充满了谈论新趋势的声音，密码就是原创性—— 一切皆有可能。"[6]然而，和马尔科姆·考利一样，科普兰认为，住在巴黎会让他更美国，会激发他创作源于自己原生文化的音乐，显而易见，欧洲人的根也滋养了他们。甚至连斯特拉文斯基这位最具影响力的现代主义艺术家也会转向民间素材，乔伊斯也欣赏流行歌曲。当时，法国先锋派对所有美国的东西都充满敬畏，在他们眼里那是真正的现代：城市里的人群和摩天大楼，机械、干净、实用的线条，非正式、平等的礼节，传统的缺位（或对传统缺乏恭敬），甚至包括对艺术和文化的敌意。他们认为，对艺术的盲目崇拜会阻碍生活中的创新精神。美国人被认为是本能的实用主义者。不敬是他们与生俱来的权利，无阶级差别是他们的特权：就算不是赤子，他们也很高兴没有文化，甚至完全是原始的。

正如毕加索曾经受到过非洲雕塑和面具的影响，科普兰所在的20年代的巴黎对黑人文化，特别是爵士乐，很着迷。他和他的朋友哈罗德·克勒曼回到美国后不久，巴黎的人们开始大力追捧美国舞蹈家和歌手约瑟芬·贝克和《黑人滑稽喜剧》，保罗·科林以鲜明的风格为该剧制作了具有现代主义特色的海报。同年，即1925年，科普兰在他的

《剧院音乐》的《舞蹈》一节中使用了爵士乐节奏和一些熟悉的曲调片段（如《纽约的人行道》）。同样欢快的《滑稽》一节让作曲家罗伊·哈里斯想起了“妓院音乐”。科普兰部分受到范妮·布莱斯粗俗但又无法抵挡的歌唱和做鬼脸的启发，她是位优秀的女喜剧演员，她的犹太妖妇形象被巧妙地夸大，犹如贝克半裸的、巧克力色的原始人形象。科普兰通过深入了解戏剧、爵士乐、流行音乐和滑稽表演的精神，创作了一种“百老汇布吉伍吉”，在两个栩栩如生的小节中加入了一段布鲁斯插曲。这种活泼的声音与忧郁的声音的协同作用，成为科普兰音乐标志的一部分，二者都干净、清新、令人难以忘怀。正如科普兰的传记作者霍华德·波拉克所言，《剧院音乐》的中间部分引入“孤独的深夜城市氛围，这是这位成熟作曲家的特点”[7]。通过创作简洁但易于识别的旋律主题和加入闪亮的管弦乐色彩，他为 1930 年代末和 1940 年代初的芭蕾舞作品做好了先期准备，这些作品将确立他的美国声音，使他成为永久的经典和观众的永恒最爱。与格什温和科尔·波特一样，科普兰保留了 1920 年代的驱动力和昂扬斗志，再赋予它在大萧条的困境中更深刻的含义，这一时期，编舞者巴兰钦可以在芭蕾舞和百老汇之间来回跳转，舞蹈本身也成为对抗惰性和推动人们行动起来的一种表达方式。

美国艺术家对被忽视的美国财富表现出新的兴趣，这种兴趣在整个 1920 年代一直在孕育之中。从巴黎一回来，科普兰就与著名的摄影家和现代艺术经理人阿尔弗雷德·斯蒂格里茨的圈子建立了密切的联系，保罗·罗森菲尔德是斯蒂格里茨的忠实发言人和雄辩的内部批评家。战前，斯蒂格里茨就在他位于第五大道 291 号的著名画廊里主办过欧洲和美国的现代主义艺术家的作品展，该画廊于 1917 年关闭。但他在 1921 年之后新开的画廊，包括“美国之地”，只展出美国艺术家的作品。斯蒂格里茨最初展出过的欧洲艺术家，包括塞尚、布朗库西和毕加索，他们不仅主导了 1913 年的军械库艺展，而且也已经享有国际声誉。此时，美国艺术比任何时候都更需要一位顶尖人物。更为年轻的具有影响力的文化批评家范·威克·布鲁克斯曾经指出，美国生活要么太温文尔雅，要么是彻头彻尾的物质主义，无法取得艺术上的伟大成就，很多流亡作家也有这种感觉。（首先，正是这一点让他们选择远离。）另一方面，斯蒂格里茨和罗森菲尔德回头从惠特曼身上寻找拒绝欧洲样式的真正美国艺术，而他们受到了 D. H. 劳伦斯思想的影响，劳伦斯认为，美国作家在西方文化中发出了新的声音，在探索欧洲大陆和他们自己心理方面有了新的突破。劳伦斯没有确切地这么说过，但他开启了美国正典，用现代主义标准重新归置美国经典作家。

罗森菲尔德在他最重要的书《纽约港——关于十四位美国现代人物的随笔》（1924）中，诗人威廉·卡洛斯·威廉斯在他雄心勃勃的散文著作《美国性格》（1925）中，还有哈特·克莱恩在他不是一个量级但具有惠特曼风格的史诗《桥》（1930）中，都提出了类似于劳伦斯的观点。科普兰喜欢克莱恩黑人威廉斯的作品，和罗森菲尔德走得特别近，罗森菲尔德最初是位乐评家，但《纽约港》主要写的是画家和几位作家，包括威廉斯、桑德伯格和舍伍德·安德森。反过来，罗森菲尔德也欣赏科普兰的音乐。这是不可思议的，因为罗森菲尔德不喜欢爵士乐，特别是乔治·格什温讨好大众的那些音乐会作品，有时，人们拿这些作品和科普兰从爵士乐改编而来的音乐作品加以对比。他 1929 年写的关于科普兰的随笔提出了欣赏其音乐的条件，尽管这篇随笔比科普兰的流行作品早得多。罗森菲尔德强调了它“精炼、纤细的声音”，与“一种宏伟的气派”相结合。他描述了那种活泼，科普兰的节奏那种“确定的动感”，即使情绪是缓慢的，他还强调了动感活力，这一点后来将成为科普兰芭蕾舞剧的标志。“当有人提到科普兰音乐的动感，他指的是强烈的运动状态，那种紧绷的本能‘活力’。无论是愁苦或者滑稽，无论快还是慢，他的作品总是‘元气’满满。”罗森菲尔德这位用词讲究的文体家使用俗语（加了引号）来描述科普兰音乐作品中明显是美国的但又是现代的特质，这很说明问题。他将它与机器（科普兰第一交响曲中爵士谐谑曲的“打嗝节拍”，“伴随着疯狂的机械性欢乐加以重复”）联系起来，与新建筑，与它坚硬的钢铁骨架联系起来，并与美国的活力联系起来，“我们生活中迅捷又大胆、进取又不受约束的一切”[8]。

这一切描述了科普兰已经取得的成就，但也可以理解为他即将要做的一番事业，从《钢琴变奏曲》（1930）中的朴素技艺，到从民间获得灵感的《墨西哥沙龙》（1932—1936）、《比利小子》（1938）、《牧场竞技》（1942）、《阿帕拉契亚之春》（1944），他的《钢琴变奏曲》让年轻的作曲家和像伦纳德·伯恩斯坦这样的演员陶醉其中，成为新音乐的基准。学习30年代文化的学生，通常将这种对观众友好的平民主义——旋律优美、似曾相识、容易理解——与1920年代漫不经心的现代主义或30年代初强势的实验主义进行对比，这一时期不仅产生了《钢琴变奏曲》这种令普通听众生畏的作品，也产生了大量严肃的无产阶级小说和诗歌，感兴趣的读者不多。还有一种大部头的小说，如多斯·帕索斯的《美国三部曲》（1930—1936），这是一部集历史、传记、新闻和小说之大成的长篇小说，塑造非常典型而不是个性鲜明的人物。

科普兰或多斯·帕索斯毫不妥协的审美激进主义与30年代早期的政治激进主义相似，那是大萧条最严峻的年份，正处于1935年正式转向人民阵线之前。然而，多斯·帕索斯雄心勃勃的惠特曼式小说直接关系到美国状况，这是斯蒂格利茨的圈子所推广的，也是威廉斯、克莱恩，甚至1920年代的F. 斯科特·菲茨杰拉德所示范的。对于他们来说，美国成了一个挑战、一个未解之谜——需要通过考察它的创始神话和大众传统才能解开和加以阐明。他们寻找可能帮助他们解读美国文化的主题和社会习俗。对于科普兰和很多作家及视觉艺术家来说，1935年之后平民主义的迅速兴起并不代表着一种大反转。它深深根植于20年代的现代主义和30年代早期的激进主义。

部分平民主义转向是人类学的。随着对爵士乐和布鲁斯音乐兴趣的兴起，出现了一种民间文化的复兴——抑或有一部分属于发明？这次对民间故事的极大兴趣起始于19世纪的民族寻根活动，较晚的时候才传到美国，形成于1920年代，但直到1930年代才开始发展。查尔斯·西格、约翰·洛马克斯和他的儿子艾伦·洛马克斯这样的民族音乐学家深入南部乡村，录音并用乐谱记录那些即将消失的口头传唱音乐。早在1927年，卡尔·桑德伯格就曾收集并出版了一大本民歌《美国歌集》。开拓性的民俗学者如康斯坦丝·卢克、B. A. 博特金和佐拉·尼尔·赫斯顿收集了笑话、奇闻逸事、传说和民间古训，包括赫斯顿，在他的导师、人类学家弗朗茨·博厄斯的指导下，整理出版的故事集《骡子与人》（1934）。后来，在海地完成了田野工作之后，她开始为联邦作家计划收集有关她的家乡佛罗里达的相关资料。

20世纪先锋艺术的一个突出特点是以朴实、真实和性表达的直白对抗中产阶级的文雅。这些作品反映了D. H. 劳伦斯的批判精神，处处都能感受到他和弗洛伊德的影响力。舍伍德·安德森的《小镇畸人》（1919）是一部关于美国小镇的非常个人化的民族志，小说强调了当地居民不如意的生活，描述了笨拙而敏感的年轻主人公的渴望，它记录了当地人的故事，却与他们保持距离，并最终逃离。吉恩·图默的《甘蔗》（1923）将诗歌与散文奇妙地混合在一起，小说深入作者的家乡佐治亚州的肥沃土地，让年轻的现代主义者着迷，他们在《解放者》杂志上刊出了小说，未来的哈莱姆文艺复兴作家们也对此很着迷。不可思议的是，《甘蔗》在南部白人贵族杜博斯·海沃德的作品里得到了呼应，他专心研究嘎勒族文化（Gullah culture），塑造了令人怀念的查尔斯顿鲶鱼街。他看待《波吉与贝丝》这个故事的方式是，考察它从1925年的小说到1927年的百老汇舞台剧再到1935年格什温的民间歌剧这一系列的转变。

哈莱姆文艺复兴作家中，没有人比兰斯顿·休斯在他的头两卷诗集《疲惫的布鲁斯》（1926）和《犹太人的好衣服》（1927）中将民间的纯朴表现得更好。在“被遗忘的人”——被忽视的曾服务国家的退役军人——和“平凡的人”随着大萧条的来临被推向神话之前，休斯就用地道的美国话为普通读者写诗和散文。他的语言和节奏看似简单，有意避免文雅的表达。并且，休斯不像哈莱姆文艺复兴中那些更文雅的作家，他尝试将爵士乐和布鲁斯的韵律融入他的诗歌节奏中，例如，他第一部诗集的题名诗：

轻哼着让人昏昏欲睡的切分乐曲，
随着低声的吟唱摇来摇去，
我听一个黑人演唱。
在雷诺克斯大街，在那个夜晚，
破旧的煤气灯下，灯光苍白暗淡，
他懒洋洋地摇着……
他懒洋洋地摇着……
和着疲惫的布鲁斯的曲调。[9]

休斯的另一种“美国性”出现在阿兰·洛克于1925年编的诗歌选集《新黑人》中。《我也》是对惠特曼的回应，开头写道：“我也歌唱美国。”这是他的标志性作品之一，以被安排在厨房吃饭的“肤色更深的兄弟”的口吻写就，预言有朝一日，餐桌上也会有他的地方。（*CP*，46）1925年的选集里还有一首较长的诗《美国》，重点在“黑小孩”和“犹太小孩”，他们在争取被接纳。休斯的诗句很短，几乎是催眠般地重复着，制造出鼓点般的韵律：“我们来/你和我，/寻找星星。/你和我，/你有蓝眼睛/还有金色的头发，/我有黑眼睛/还有卷曲的头发。/你和我/伸出手/做兄弟，/成为一个，/成为美国。”（*CP*，52）

兄弟般的握手、跨越种族和阶级障碍的相互认可这样的主题成为人民阵线的中心意象之一，也是工业工会标志的一部分。甚至在他最有名的同类诗歌《让美国再次成为美国》（1936）中，潜台词就是“在我看来美国不再是美国”，休斯带着动摇的信心总结说，梦想还没有彻底破灭，“美国会好的”（*CP*，189—191）。这种信仰在厄尔·罗宾逊1939年的康塔塔《美国人的民谣》中达到顶峰，保罗·罗伯逊让这首歌一举成名，也在他1943年的颂歌《我住的房子》中得到升华，这首歌由阿贝尔·米若珀尔作词，罗伯逊演唱过这首歌，但弗兰克·西纳特拉1945

年在一部优秀的同名短片中唱得最出色。《我住的房子》首句以经典人民阵线的方式问："于我而言，美国是什么?"它接着描述了"所有民族和宗教信徒"都喜欢的平常东西，都住着同一幢房子，生活在同一个国家。在民主的旗帜下，每个人都有"权利说出想说的话"，财富的不平等以及阶级、种族或宗教的划分都被克服，取而代之的是一个热心的抽象概念——人民："但是特别是人民/在我而言，那就是美国。"在电影里——这部电影的编剧是不久就会被列入黑名单并投入监狱的"好莱坞十君子"之一阿尔伯特·马尔兹，导演是好莱坞资深导演茂文·勒鲁瓦——西纳特拉演唱这首歌的力度和抒情的信念使其甜蜜的情感出乎意料地具体化，他给一群调皮捣蛋的男孩子上了一堂有关宽容的课。人民阵线的主张，即团结和相互依存，以及共同体内的多样性，很少被表达得如此令人信服。

和休斯一样，科普兰是一位长期的同路人，在1932年至1949年，他一直深度参与左翼事业，后来国会调查官也在此问题上提醒他。1934年，因创作了一首五一节歌曲，他甚至获了奖。但他转向平民主义和美国文化的动机不完全是政治性的。科普兰一直想创作本质上属于美国的音乐，但他也慢慢意识到，先锋创作的听众有限，这种创作本身也已经失去了它敏锐的实验性优势，部分原因是大萧条已经改变了人们的心境。他对文化气候转变的反应是典型的务实态度，1949年之后，他也同样务实地远离左翼政治。像那些不再迷恋博物馆的画家一样（他们把博物馆看作精英的陵墓），科普兰觉得自己被音乐厅所束缚，从而转向剧院、电影和舞蹈，以便于和更多的观众接触。为了接近这些观众，他接受了一个艺术挑战——"强加的纯朴"，还有一个对他个人的挑战——与人合作，甚至在电影中，他明知道他的音乐将只是起到陪衬的作用。他在好莱坞创作的第一部电影配乐是刘易斯·迈尔斯通改编自斯坦贝克的《人鼠之间》，他若有所思地说："这好像是个奇怪的任务，实际上是创作无趣的音乐。"（C-P 1，299）尽管为了保证这些音乐有人听，他通常会加以改编——特别是芭蕾音乐——改为管弦乐组曲，事实证明，这些组曲在音乐厅取得了持续的成功。

当 1940 年代和 1950 年代的知识分子抨击人民阵线文化的时候，他们经常将其与技术、新媒体和大众受众联系在一起。他们认为这是无望的平庸，为大众将艺术变成无意义的娱乐。对他们来说，这代表着机械和商业艺术的洪水淹没了真正的艺术。有些 20 世纪的现代批评家，如埃德蒙·威尔逊和吉尔伯特·塞尔兹，接受了新的流行文化。但是，如今，30 年代结束了，《党派评论》的作者，如克莱门特·格林伯格和德怀特·麦克唐纳，对根植于反斯大林政治的媚俗和大众文化发起了攻击。这是文化战争的第一波论战，在战后初期的几十年里会一直战火不断，当时现代主义知识分子建立了一个文化等级体系，从高雅到低俗，使所有流行艺术都受到怀疑。

1940 年代的新先锋派认定自己反邮局艺术（post-office art）、电影文化、调性音乐、标题音乐、具象现实主义或地方色彩，以及任何类型的进步思想。这种抨击加剧了现代主义在高雅艺术和流行品味之间的隔阂。指责这种倾向是对很多 30 年代艺术极大的不公，或者说它们是对新的大众交流形式的盲目抵制，都毫无意义。每一代现代人都是通过反对自己的前辈而确立自我的；战后很多艺术家一开始都是公共事业振兴署的艺术家和社会现实主义者，他们也不例外。他们从文化民族主义和社会思潮中后退。但科普兰把握了这个机会，找到本土资源，勾勒出美国生活的图画，而且他尝试这么做的方式非常新颖，充分发挥出他本人非同寻常的音乐才能。由尤金·洛林编舞的《比利小子》是林肯·科尔斯坦芭蕾舞团委托创作的一系列美国题材的芭蕾舞剧之一，包括弗吉尔·汤姆森的《加油站》。这是一位犹太裔纽约人，在巴黎的雷恩街工作，创作了两套西部曲集，这是科尔斯坦请他作的——以他艺术家的身份，实现了左翼所言的“统一战线”。后来，科普兰回忆起自己当时的不安，他说：“我从来没有对这种牛仔歌曲的音乐之美有过特别的感觉。”他指出：“将鲜活的、非传统的和弦用于熟悉的旋律，又不破坏它们的自然状态，这是一种精细的创作手法。”他牢记他要“创作通俗易懂的音乐的决心——不仅因为我深信简洁是当代作曲家走出孤立状态的途径，还因为我从来都不想让音乐妨碍它应该帮助的对象”（C-P 1，279）。

1930 年代末的平民主义艺术家的典型做法是，尽力用更直接的方法交流，并加入合作项目，充分利用熟悉或易懂的素材。平民主义艺术家从来不从浪漫主义的视角，认为自己是追求大胆原创性的单独作者。如果他们够幸运，且才华横溢，他们通过合并、整合和合作来实现创新。弗吉尔·汤姆森毫无疑问为科普兰运用民间素材铺平了道路，这类作品有《赞美诗交响曲》，特别是他为帕尔·罗伦兹由政府资助的纪录片《开垦平原的犁》和《大河》而作的音乐。或者，他经常声称自己做了这些。汤姆森在他 1932 年发表在《现代音乐》上的一篇关于科普兰的矛盾又深刻的文章里，回忆了这位现代作曲家哀伤的命运，并预言道：“我们所需要的是简洁明了，为了达到这个目的，我们只能彻底简化我们的作曲手法。”[10]

明晰化和简化，接触更多受众，促进某种形式的社群联系，找到独特的本土风格，并且须带着新鲜和活力做到这一切，这些都是同仁剧团的特色，该剧团由科普兰一生的朋友哈罗德·克勒曼创建，它试图将诚实的情感与激进的反抗相结合。剧团的名字指向社群而不是个体，指向集体追求艺术和真理而不是成为明星或名人。但最能体现平民主义转向的是新政下的那些艺术项目，包括 1934 年开始的财政部壁画创作项目和 1935 年开始的公共事业振兴署的艺术项目，该项目用美国历史和当代生活的画面装饰了遍布美国各地的许多公共建筑。有些画面有违当地习俗。还有一些则因其非人格呈现或造型保守而受到批评家的嘲笑。卡拉尔·安·马林在她那本关于邮局壁画的具有挑战性的著作《美国全覆盖》里指出，审美自主性和原创性这样的高雅艺术标准不适用于这些作品。对于画家和委托他们的政府来说，那些壁画与其说是艺术品，不如说是联系社群和大众情感的纽带。重点在于壁画里的故事，而不是外在形式。“壁画仍然是一幅画，不过，这一点是最不重要的；重要的是，它刻画了物体和场景，它是一个画面、一个符号和一个事件。”[11]艺术家从画架转向壁画如同作曲家从音乐厅转向剧院和电影的殿堂。这是为服务大众受众，将艺术平民化的一次实验。马林提出，壁画与电影相似，而不是博物馆的绘画。这些壁画与好莱坞电影一样，依赖于“集体原型，其审美与大众文化保持一致”。她认为：

> 电影的成功——与有利可图——与它们唤起和刺激大众想象力潜在内容的能力成正比。电影操着熟悉的语言和每个人对话，只要花上25美分就可以看一场，那是大众的意象用语。牛仔、强盗、普通人和中西部的农民立即被认出来，他们是主要神话、小说、传说和记忆模糊的童年梦想的混合体。(90)

在这些政府项目之前，这类神奇的艺术家中最有名的例子是了不起的墨西哥壁画家，特别是迭戈·里维拉，他在洛克菲勒中心所作的壁画于1933年被销毁了，因为里面有列宁的头像，还有影响力巨大的中西部平民主义画家托马斯·哈特·本顿，他表现普通美国人工作和游戏的极具特色的画面对新政时期的艺术家产生了巨大的影响。这里，我们也可以看到和科普兰相似的地方。本顿最开始是一位现代主义画家，但后来开始激烈地反对现代主义，尤其是抽象艺术，转而将一些现代艺术技巧运用于表现现实场景。马林认为，本顿和其他地方性画家一样，与其说他在表现生活，不如说他在表现大众媒体上的刻板印象。他的人物很容易辨识，部分原因是他们都是概括性的而不是个性化的；为了创作典型形象，表现集体意识，他们依赖电影、漫画和照片中一类熟悉的形象。在《今日美国》(1930)中，本顿为纽约的新学院大学创作了一组很棒的壁画，马林评论说：“画中人画得像动画片中的人物，不符合传统的解剖比例，本顿画笔下的农民和村妇有种随时准备释放的动能。”(40)

科普兰在《墨西哥沙龙》里使用了墨西哥曲调，在《比利小子》和

《牧场竞技》中使用了牛仔歌曲，这和本顿借用大众文化中的原型和高辨识度的形象异曲同工，不过，科普兰拥有靠谱的音乐品位，始终如一地赋予这些作品超越刻板印象的完好无损的情感。两位艺术家都试图表现普通人难以定义的形象，科普兰创作于 1942 年的著名号曲对这一形象表达了庄严的敬意。两位艺术家都使用了大众题材来唤起巨大的能量。在马林看来，"《今日美国》基本上没有什么情节，但本顿有力地阐明了能量是美国生活的标志这一主旨，从而取得了对等的统一。随着大萧条危机的加深，新学院大学内的那些壁画所具有的推动力让人们相信，这个由行动者组成的伟大民族一定会找到出路"（41）。

和 1930 年代末的很多平民主义艺术一样，科普兰的芭蕾舞剧也基于同样的乐观主义原则。在那个持续停滞的年代，他们的目标就是让人们重新动起来，去激发他们高昂的情绪。科普兰最开始并没有刻意地去鼓舞人们，只是更直接地去接触他们，但他欢快的音乐始终让听众想舞动起来，例如《牧场竞技》中的《方形舞会》。科普兰本能地理解为何在大萧条时期，当芭蕾舞被平民化和美国化的时候，舞蹈会如此受欢迎——从巴斯比·伯克利和弗雷德·阿斯泰尔到巴兰钦和玛莎·葛莱姆。比利小子这个人物符合大萧条时期很受欢迎的逃犯形象，例如爱德华·安德森的小说《像我们一样的盗贼》（1937）和弗里茨·朗的电影《你只活一次》（1937）中的邦妮和克莱德式角色，或者吉米·卡格尼饰演的有魅力的罪犯，他们具有罗森菲尔德在称赞科普兰的音乐时所说的那种"活力"，一种有冲击力的气势。

科普兰的平民主义作品，和本顿的壁画一样，构成了一个连续的普通人传奇的篇章，不仅产生了像斯坦贝克的人物这样的文学形象，还产生了将持续半个世纪的银幕人物。对于弗兰克·卡普拉来说，在他 1936 年至 1946 年拍摄的著名平民主义电影中，普通人被加里·库珀和吉米·斯图尔特等演员拟人化，他们扮演了天真但坚定的普通人，以及沃尔特·布伦南等一批才华横溢的角色演员，而他们的女性搭档则是由芭芭拉·斯坦威克或琼·阿瑟扮演的劲头十足的女工。在弗里茨·朗的前两部美国电影中，《狂怒》（1936）是一部反私刑电影，而《你只活一次》中，斯潘塞·特雷西和亨利·方达塑造了普通人形象，他们的银幕形象将成为普通人体面和耿直的代名词。

约翰·福特让方达扮演汤姆·约德和青年亚伯·林肯，让他的形象更加深入人心，林肯是普通人的历史先驱，正如惠特曼是文学先驱。阶级意识更强的导演让约翰·加菲尔德和西尔维娅·西德尼扮演深受人民阵线观众喜爱的少数民族工人阶级人物，他们已经在纽约舞台上树立了自己的公众形象。当时，与克勒曼、李·斯特拉斯伯格和克利福德·奥德茨相关的同仁剧团美学正对好莱坞产生影响。它渗透到了战争影片中，这些影片让普通士兵成为主角，而不是作战英雄。战后，它会在伊利亚·卡赞、阿瑟·米勒，马龙·白兰度和演员工作室的努力下取得胜利，并得到了李·J. 科布、卡尔·马尔登和罗德·斯泰格尔等演员的大力支持。斯坦利·考沃斯基和威利·洛曼以不同的方式将普通人带入了战后时代，而布兰奇·杜波依斯则表现了早期的孤独浪漫主义。

科普兰最初的电影项目是为《人鼠之间》（1939）和《我们的小镇》（1940）配乐，所涉及的文学原著都体现了倾向于美国事物和普通人的平民主义精神。然而，他的音乐总是带有一种独特的真实性，这是厄尔·罗宾森和艾力·西格梅斯特这样的作曲家的作品所缺乏的，他们利用了美国素材，因为他们想借此表达某种思想。人民阵线的很多艺术作品不仅充斥着这些思想，还有居高临下和虚伪的味道，那是一种虚假的简单，对它们的对象表现得高高在上，一点都不自然。这就是科普兰、本顿、斯坦贝克、卡普拉、约翰·福特、沃克·埃文斯、詹姆斯·艾吉、马克·布利茨斯坦、伍迪·格思里，甚至维吉尔·汤姆森的多数作品如此令人耳目一新的原因。[12]他们用于创造真正艺术的东西，在别人看来，可能不过是一个政治活动，甚至是中产阶级参观贫民窟的一种形式。

因为大萧条的状况非常严峻，社会旅游成为那十年里特有的事物。作家和各类新闻记者想了解普通美国人是如何度过艰难岁月的。早在那十年的后期官方实行平民主义之前，像埃德蒙·威尔逊这样的作家就踏上了报道民生的道路，他那时刚出版了一部关于国际现代主义的经典著作；他将文章投给了《新共和》杂志，1920年代，他曾在那里做过文学编辑。这些报道的成书《美国人的恐慌》（1932）不仅是威尔逊最好的游记；《到芬兰车站》是他于1940年出版的革命思想史，这部作品最接近真正的有效叙事，比他自己的小说还要接近。例如，在一篇题为《布鲁克林糟糕的一天》的短文里，他考察了三个不同人的真实故事，他们在走投无路时，试图在同一天自杀。文章写道，甚至他们的自杀企图也不幸被证明是无效的。在《两次抗议》一文中，他将激进分子和知识分子的抗议集会与西西里移民自发的绝望行为做了尖锐的对比，对前一个抗议集会，他做了连篇累牍的描述，而那个西西里移民是一个有妻子和一个婴孩的没有工作的人，他在房东追讨房租时杀死了房东，威尔逊用几段直截了当的文字讲述了这件事，几乎像是事后想起才记下来的。威尔逊避免情绪化表达或直言不讳的评论，以冷硬派作家的口吻表达了在大萧条最低谷时期困扰着穷困潦倒的美国人生活的一些事物，充满辛辣的讽刺。

这种全心全意的新闻报道在整个1930年代都以不同的形式在继续：有联邦作家项目成员收集的口述史，如《我们的生活》（1939）等广受好评的书籍，这本书里共有35个南方佃农的故事；有艾吉和埃文斯、玛格丽特·伯克·怀特和厄斯金·考德威尔、多萝西娅·兰格和保罗·泰勒、埃德温·罗斯卡姆和理查德·赖特涉及相同背景的图文并茂的书籍；有旅行作家写的许多游记；还有马歇尔·伯曼在一篇关于“斯特茨·特克尔访谈节目”的文章中称为“我们和人民的对话”的书，该书由访谈和对话组成，那些通常被历史消音的普通男女都能发出自己的声音，而在标准的新闻报道中，他们极少有这样的机会，他们的故事会被作者的解释性文字过滤。[13]一个重要的例子是本杰明·阿佩尔的《人民有话说》（1940），他是一位真正的冷硬派作家，他开车旅行，把各色人物和观点放进一本书里，简单明了，没有任何评论和解释，相比之下，威尔逊不加掩饰的方式倒显得啰唆了。在这里，作家本人完全消失了。

阿佩尔的书从某种意义上说是1930年代平民主义最纯粹的例证。它的题献页上写着，“源自人民/且/为了人民”，这既是一句政治口号，也是民主的陈词，仿佛人民自己可以承担起集体责任，无须文学介入。[14]据詹姆斯·艾吉在《现在，让我们赞美伟大的人》一书中记载，他甚至抗拒使用词语，这更进一步推动了这种实录创作的冲动。他说，他宁愿将实物混合起来进行创作，“布条、棉花团、土坷垃、录音、木屑铁片、香水瓶、食物和粪便块”，仿佛表征本身即可疑的——只有实物才能做到真实。[15]

科普兰的平民主义和他对美国素材的处理，与威尔逊、阿佩尔和艾吉所追求的转录现实相去甚远，而兰格和埃文斯等30年代的伟大摄影师最有力地成就了这一点。在科普兰创作《墨西哥沙龙》或《古巴舞曲》的时候，他明白，他是一个外来者，不是一个严格意义上的游客，但拥有大众素材，他毫不犹豫地将这种素材换成自己的声音。和维吉尔·汤姆森一样，他感觉音乐不应该简单地转录或发明，而应该吸引。科普兰的西部芭蕾舞剧明确地基于神话，而不是现实；在与玛莎·葛莱姆一起创作《阿帕拉契亚之春》（1944）的时候，他很清楚，他在帮她用节奏、表达激情和身体的动作创造一个神话。他使用了震颤派赞美诗《简单的礼物》（“简单的礼物，免费的礼物”），这首赞美诗指向震教徒生活方式中最令人钦佩的地方，这几乎是他自1930年代中期以来对音乐采取的简化方法的信条，正如霍华德·波拉克所说，它“具有与作品中和平、战争、记忆和民族认同等更大主题相切合的内涵”（C-Pol，398）。它描述了一种作曲方式，也描述了一种生活方式。

没有一位音乐会的观众需要了解这部芭蕾舞剧的节目单来欣赏它的音乐，它综合了科普兰近十年来一直试图实现的目标，也许可以追溯到1920年代，他将爵士乐和流行音乐素材融合在一起时。波拉克指出：

"整部作曲代表了对民间元素的吸取——很适合这种渗透了各种美国神话和传说的剧本。它常给听众留下民间音乐的印象，以至于当他们发现其实只用了一首民间曲调的时候，无不感到惊讶。"（C-Pol，399）《比利小子》唤起了风险和暴力冒险生活，而《牧场竞技》则具有乡村广场舞蹈那种令人眼花缭乱的活力，《阿帕拉契亚之春》的音乐，特别是震颤派音乐旋律的变奏，庄严而充满活力，通常节奏缓慢而紧张，但总是极其庄重，具有我们在《普通人的号角》中听到的那种庄严和稳健。如果说《牧场竞技》是同样由阿格尼斯·德米尔编舞的《俄克拉何马!》的先声，《阿帕拉契亚之春》让我们想起了沃克·埃文斯富有表现力、充满人性的摄影作品；它们让其他乡村题材的作品显得粗野和居高临下。这种安静的庄重在科普兰的原创室内乐中特别让人印象深刻，没有了1945年的管弦乐组曲里的渲染和光彩。无论是两个版本中的哪一个，《阿帕拉契亚之春》都标志着科普兰平民主义和美国主题探索的巅峰。

1890年代，美国的平民主义处于全盛时期，它是乡村对东部银行家、财阀和企业家的反抗。1920年代和1930年代的欧洲，平民主义转向了法西斯主义，成了一种可怕的血与土的大众意识形态。当肯尼斯·伯克于1935年在第一次美国作家大会上提出，在左派宣传里用"人民"一词替代"工人"或"大众"这类词的时候，有位批评家提醒他说，这个词"在历史上与最邪恶的煽动脱不了干系"。但伯克坚持认为，"'人民'一词既'与我们的社会习俗更近'，也具有'压迫与团结的内涵'"[16]。在人民阵线的文化部门，一群关注社会的作家、艺术家、作曲家、编舞家和摄影家，在新政文化项目的鼓动下，创造了城乡皆宜的左翼平民主义，让普通人有尊严，重拾丢失的美国历史元素和民间遗产，给生活在恐惧和匮乏中的人们注入活力和希望，尝试在不同种族、阶级和区域之间架起同情和理解的桥梁。对有些人来说，"人民"就是个空洞的符号，战术性地诉诸一个并不存在的无差别群体，诉诸那些多半是想象的传统，或重塑一个"进步"的形象。但直到战后反共潮流开始摧毁它的影响力，新平民主义在其鼎盛时期让美国历史的重要篇章得以重现；它让很多美国人更清醒地认识到，在大萧条时期，别人是如何生活、如何受苦的；它为更具包容性的自由主义传统注入了政治活力，巩固了延续到国内战争时期的社群纽带。与其说阿伦·科普兰促成了这次运动的诞生，不如说是它造就了阿伦·科普兰。他在 1920 年代就预见了这次运动，并在 1940 年代甚至之后继续努力不懈。尽管存在对平民主义艺术的美学和政治反弹，但他的主要作品，像格什温的和艾灵顿的作品一样，在创造美国声音的进程中起了很大作用。它们深受观众的喜爱，得到了他倾力培养的年轻作曲家的呼应，成为国家文化生活的内在组成部分。

---

1. 该书最初于 1934 年出版，但出版商很快就破产了，1960 年，一家小型出版社以精装版重印了该书，但并没有得到广泛关注，直到 1964 年雅芳出版社出了平装本。欧文·豪在《纽约时报书评》的头版发表了评论文章，对一本平装书来说，这是绝无仅有的，此后，该书卖了 100 万册。

2. 参见 F. Scott Fitzgerald, "Echoes of the Jazz Age," in *The Fitzgerald Reader*, ed. Arthur Mizener (New York: Scribner's, 1963), 323 - 31，以及 Malcolm Cowley, *Exile's Return: A Literary Odyssey of the 1920s* (1934; New York: Viking, 1956)。

3. 如果需要了解联邦作家计划的详细历史，参见 Jerre Mangione, *The Dream and the Deal: The Federal Writers' Project, 1935 - 1943* (Boston: Little, Brown, 1972)。关于新政的艺术项目简介，参见 Milton Meltzer, *Violins and Shovels: The WPA Arts Projects* (New York: Delacorte, 1976) 和 William E. Leuchtenburg, *Franklin D. Roosevelt and the New Deal, 1932 - 1940* (New York: Harper & Row, 1963), 124 - 28。在洛伊希滕堡记录下来的、由公共事业振兴署建造的公共设施有 2500 家医院、5900 座学校大楼、1000 条机场降落跑道、将近 13000 个体育场——总之，这些都是后半个世纪或更久的时间里宝贵的公共基础设施。如果希望了解更多公共事业振兴署的历史，而不只是艺术项目，参见 Nick Taylor, *American-Made: The Enduring Legacy of the WPA: When FDR Put the Nation to Work* (New York: Bantam, 2008)。

4. 与人民阵线相关的创作种类，特别参见 Michael Denning, *The Cultural Front: The Laboring of American Culture in the Twentieth Century* (London: Verso,

1997)，不过，丹宁为了对抗现实主义和纪录片中旧的刻板形象，他的网可能撒得太广了，甚至连《公民凯恩》也被当作一部人民阵线的电影。对纪录片的强调，最好的参考文献是 William Stott，*Documentary Expression and Thirties America* (New York：Oxford University Press，1973)。还有一种对人民阵线表现出更多偏见的观点，反映了反斯大林知识分子早期的观点和60年代之后的新左翼激进主义，参见 Richard H. Pells，*Radical Visions and American Dreams* (New York：Harper & Row，1973)，292－329。

5. Alfred Kazin，*On Native Grounds: An Interpretation of Modern American Prose Literature* (1942；Garden City，N. Y.：Doubleday Anchor，1956)，378.

6. Aaron Copland and Vivian Perlis，*Copland: 1900 through 1942* (New York：St. Martin's/ Marek，1984)，55。下文引用该书部分标记为 C－P1。

7. Howard Pollack，*Aaron Copland: The Life and Work of an Uncommon Man* (New York：Henry Holt，1999)，129. 下文引用该书部分标记为 C-Pol.

8. Paul Rosenfeld，"Aaron Copland，" in *Musical Impressions: Selections from Paul Rosenfeld's Criticism*, ed. Herbert A. Leibowitz (New York：Hill and Wang，1969)，249，250，252.

9. Arnold Rampersad，ed.，*The Collected Poems of Langston Hughes* (New York：Vintage，1994)，50. 下文引用该书部分标记为 *CP*。

10. Virgil Thomson，"Aaron Copland，" in *A Virgil Thomson Reader* (1981；New York：E. P. Dutton，1984)，22。汤姆森的这篇文章既精明又有竞争性，而且有点反犹主义，过分强调科普兰的犹太血统。"他的旋律材料带着明显的希伯来语色彩，"汤姆森奇怪地说，"它回归自身的倾向是忏悔性的。"(20) 但科普兰泰然处之，并不在意。此外，汤姆森的文章还包括这样的精辟评论："提到'着色'这个词，我的意思是它使用了和声和乐器的而不是旋律的手段来达成。该汇编是生动的、渐增的。它倾向于增强它的兴奋，增加重量和力度。他占主导地位的形式观念是渐强。"(20) 其中一些观点用于科普兰尚未写出的音乐也毫不违和。

11. Karal Ann Marling，*Wall-to-Wall America: A Cultural History of the Post-Office Murals in the Great Depression* (Minneapolis：University of Minnesota Press，1982)，14.

12. 尽管汤姆森是一位在巴黎受过教育的世界公民，他最早的两部歌剧是根据格特鲁德·斯泰因诙谐的剧本创作的，但他的音乐则从他深厚的中西部成长背景中吸取了力量。

13. 参见 Marshall Berman，"Studs Terkel：Living in the Mural，" in *Adventures in Marxism* (New York：Verso，1999)，65－68。

14. 参见 Benjamin Appel，*The People Talk: American Voices from the Great*

Depression (1940; New York: Touchstone, 1982)。

15. James Agee and Walker Evans, *Let Us Now Praise Famous Men* (1941, 1960; New York: Ballantine Books, 1966), 12.

16. 转引自 Daniel Aaron, *Writers on the Left: Episodes in American Literary Communism* (1961; New York: Columbia University Press, 1992), 290 - 91。

第十三章 《谁在乎?》:《波吉与贝丝》的世界

1930 年代中期的平民主义转向期间，真正受欢迎的作品出奇地少，能经得起时间检验的甚至更少。科普兰的美国芭蕾舞剧、斯坦贝克的《人鼠之间》和《愤怒的葡萄》，以及桑顿·怀尔德的《我们的小镇》都是例外，而不是规律。直到“二战”期间出现了爱国氛围，一种新的、不带任何社会批评的朴素美国传统才真正流行起来，在罗杰斯和汉默斯坦的第一部百老汇剧作《俄克拉何马!》(1943) 中可见一斑。很少有人会想到，一部不怎么典型的百老汇音乐剧最终竟然成了那个世纪最受欢迎、最长盛不衰的剧作之一，曾在世界各地反复演出，那就是格什温兄弟的“民间歌剧”《波吉与贝丝》，编剧是乔治·格什温、杜博斯和多萝茜·海沃德，还有艾拉。《波吉与贝丝》于 1935 年第一次公演的时候，百老汇的观众并不买账，他们觉得该剧太高级，使用全黑人演员阵容和吟诵形式，像维吉尔·汤姆森和保罗·罗森菲尔德这样的严肃批评家也不看好这部剧，认为它太低级。“格什温根本不懂什么是歌剧，”汤姆森在一篇文笔辛辣但态度矛盾的文章里写道，“然而，《波吉与贝丝》的确是一部歌剧，它有一种威力和活力。”汤姆森的用词很可能会伤害到作曲家（如果他易受伤害的话），他写道:“就不应该用这个剧本，也不该选这个话题，一个根本就不应该做这种尝试的人却创作出了一部力作。”[1]

具有悖论意味的是，格什温坚持用全黑人演员阵容，而大都会歌剧院的负责人说，根本不可能召集那么多黑人演员。格什温很可能是看到汤姆森一年前在他自己的歌剧《三幕剧中四圣人》里使用了全黑人阵容，当时，该剧在哈特福德的沃兹沃思艺术博物馆轰动一时的首演之后，转战百老汇。《三幕剧中四圣人》的编剧是格特鲁德·斯泰因，弗洛琳·斯泰特海默为其设计了壮观的背景和服装，它是一部前卫的对话作品。该剧早在1928年就已经完成，按照现代主义的高雅艺术作品进行制作，旨在吸引社会精英的关注而不是普通观众，与其说它属于1930年代，不如说它属于流亡十年，只是它于30年代出乎意料地成了一时的热门，就像斯泰因本人一样，几个月之后，她抵达美国做巡回讲学。[2]格什温看过该剧在百老汇的首演之后，给他的编剧杜博斯·海沃德写信说："那个剧本完全是斯泰因的风格，就像个五岁的孩子在那里说话。音乐听起来像19世纪初的音乐，令人振奋，让剧本变得可以忍受——事实上，还挺好看的。"[3]在创作《波吉与贝丝》的时候，他不仅借用了《三幕剧中四圣人》里的黑人歌手之一爱德华·马修斯，还有音乐导演亚历山大·斯莫伦斯，以及哈莱姆的伊娃·杰西合唱团。

格什温将他的歌剧带到了百老汇，也创作单曲和复杂的管弦乐曲，以期达到大流行的目的，这对于《三幕剧中四圣人》这样纯净的作品是不可想象的，它没有通俗易懂的故事。但他的目标也是高远的，他在寻求歌剧和音乐剧之间真正的整合。1926年，海沃德的原创小说《波吉与贝丝》出版不久，格什温就读到了这部小说，并被其中的故事吸引。但海沃德的妻子多萝茜也是一位颇有追求的剧作家，她已经开始将它改编成正剧，于1927年首演后，在剧院公会的保护之下，在百老汇连续演出。当波吉的故事终于可以改编的时候，永远忙碌的格什温却没空。因主演《爵士歌手》一举成名的艾尔·乔森正如日中天，他表示对那个故事很感兴趣，但格什温很难想象由他来扮演其中的角色。"在我的构思里准备让波吉做的事情比乔森能做的要严肃得多。"[4]乔森于1919年演绎的《斯旺尼》成为他标志性的歌曲之一，让格什温名声大噪；它是这位年轻作曲家的第一首热门歌曲。但乔森的特长是扮演黑人，而格什温不想让他的歌剧里有任何吟游歌手的影子，尽管其创作者包含南部白人和犹太人。这也无法阻止一些音乐家和批评家将《波吉与贝丝》看作吟游歌手表演，按刻板印象塑造了贫穷的南部黑人，劫持了他们的音乐遗产。“它没有使用黑人音乐元素，”艾灵顿公爵接受采访时说，“它不是鲶鱼街的音乐，或其他黑人音乐。”[5]甚至连汤姆森也有怨言：“外来者重述民间故事素材，前提是，所涉及的民族无法自己表达，1935年的美国黑人当然不属于这种情况。”(26)

吟游歌手的表演方式可能包含从对黑人文化的某种真正的共鸣到丑陋的滑稽模仿和彻头彻尾的剽窃，而格什温则不同，他的目标是制作真正的混合音乐，是由他自己完成的整合，而不是模拟。和科普兰创作美国芭蕾舞剧，或汤姆森创作高雅的电影音乐不同，他决定不去借用具体的民间音乐曲调，而是完全由他自己谱曲。将黑人爵士乐和舞蹈的节奏改编为自己的音乐，他将犹太民谣和唱诗班音乐的哀伤小调与他在哈莱姆俱乐部听到的布鲁斯结合起来，为自己赢得了声誉。因为他的整合，从而诞生了1920年代一些最新的音乐作品，时尚、活泼、新潮，是一种属于新一代的声音。我们听到的最纯净的作品是1924年的《蓝色狂想曲》，特别是开头优美婉转的单簧管独奏和接下来欢快的钢琴主旋律。和F. 斯科特·菲茨杰拉德的任何作品一样，格什温的《蓝色狂想曲》肯定属于1920年代，因为在其明亮的外表后面是孤独和性渴望的声音，这种声音将格什温和菲茨杰拉德联系在一起，也让他们成为爵士时代的代表人物。[6]该音乐作品让我想到午夜之后爵士俱乐部的烟雾缭绕。但是，格什温说，他身上总是有廉租屋的东西；他认为自己是大熔炉作曲家，用众多的音乐语言创造出一种美国风格。这就是他将海沃德的小说和戏剧改编成歌剧的动力，也是他的批评家反对他的部分。汤姆森不满地说：“他的素材直接来自大熔炉。”汤姆森是一位无与伦比的乐评家，但他在评论更成功的犹太裔对手时，无法克服种族刻板印象。在评论《波吉与贝丝》的时候，他说：“充其量，它不过是将以色列、非洲和盖尔群岛混在一起的大杂烩，口味很重，但令人难以下咽。”他谴责说

“他的音乐素材不纯”，在反犹主义冲动之下，他指责格什温的“管弦乐编曲是鱼丸子”[7]。（24，27）就像他几年前对阿伦·科普兰的作品所做的，汤姆森忍不住强调格什温的灵感源于真实或想象的希伯来背景。

不止是维吉尔·汤姆森在提醒人们注意格什温歌曲的混合特点。在很多批评家看来，它处于黑人和白人文化之间、百老汇和歌剧院之间、城市的精致和乡村的纯朴之间，城市的精致是格什温词曲的标志。然而，这种混合正是格什温想做的。早在1922年，格什温创作了独幕歌剧《蓝色星期一》，故事充满激情和暴力，背景是哈莱姆的一个沙龙，他本来想创作一部有着黑人文化背景的严肃作品。但由巴迪·德席尔瓦创作的《蓝色星期一》的剧本本身很滑稽，它曾出现在一部时事讽刺剧里，在演出了一次之后，就被拿掉了。尽管受到当时意大利歌剧的写实主义影响，它的音乐，特别是开头的小节，更有《蓝色狂想曲》的神韵，而不是《波吉与贝丝》。在另一个更接近《波吉与贝丝》精神的项目里，格什温后来与大都会歌剧院签了一个合同，根据S. 安斯基的杰作《恶灵》写一部歌剧，但这个机会最终流产了。他完全可以着手表现某种古老的民间文化，就像在《波吉与贝丝》中那样，表现一种像鲶鱼街那样离他很遥远的文化。但是，他的创作转向了讽刺轻歌剧，如《笙歌喧腾》（1927/1930）、《我为你歌唱》（1931）和《让他们吃蛋糕吧》（1933），部分原因是，他受到了1927年杰罗姆·科恩的《演艺船》的启发，在一个半歌剧的框架内，提出严肃的问题。随着格什温的音乐作品越来越复杂，戏剧性越来越完整，受大萧条的影响，故事变得越来越尖锐深刻，甚至厌世，部分原因是受到了愤世嫉俗的剧作家乔治·S. 考夫曼的影响。30年代初是革命性绝望时期，艺术家和知识分子认为那个摇摇欲坠的制度是无法修复的，只能放弃或推翻。这一点反映到艺术上，就是一种不妥协的精神，从无产阶级小说到《海斯法典》实行之前无拘无束的电影制作，再到音乐和艺术领域的先锋实验，包括科普兰最顽强的现代主义音乐。《让他们吃蛋糕吧》票房不佳，却是格什温兄弟对这一激进情绪的贡献。它是另一部极其愚蠢、讨好大众的政治讽刺剧《我为你歌唱》的续作。但剧中那些精心创作的歌曲如今仍在音乐会上演奏，它们标志着向《波吉与贝丝》迈出了至关重要的一步，《波吉与贝丝》在很多方面都是一部保守得多的作品，局限于更早的传统和纯朴的人类情感。

罗斯福当选和1933年3月新政的实施开启了公众看待大萧条的乐观主义情绪，于是，很多艺术家从信仰推翻制度转向寻找一种更人性化的社群形式。正如那些摄影师和地方主义画家把目光投向美国乡村的中心地带，那些由政府资助的壁画家转向美国历史，寻找集体努力和反抗意志的化身，以期帮助人们渡过社会危机，格什温兄弟和海沃德夫妇再现了查尔斯顿嘎勒族黑人的生活作为城市资本主义制度下现代生活的诗性选择。像《愤怒的葡萄》里的流动工人一样，这些人深受贫穷、大自然的严酷以及反复无常的权力的围困，包括那些任意折磨和逮捕他们的警察。他们受到宗教信仰和浓浓的亲情的鼓舞——在丈夫和妻子之间、父母和孩子之间——但他们自身的脆弱和暴力、赌博和乱性也会将他们撕裂。他们打架斗殴，有时还杀人，但在他们遇到困难的时候又会互相帮助，帮忙募集丧葬费，收留失去父母的婴儿，帮助没了丈夫的女人。这是一个渔民社群，容易遭受飓风和其他海上自然灾害，并且，和《愤怒的葡萄》里一样，这里是母权制。其中的核心力量是照顾婴儿的女性，从开头的摇篮曲《夏日时光》开始，或悼念丈夫的女性，如《我的男人已离去》，比莉·哈乐黛觉得这首曲子过于悲伤，无法演唱。

《波吉与贝丝》中另一个社群的化身就是鲶鱼街本身。在1930年代平民主义情感中，没有什么比邻里、廉租屋或村中广场更亲切的了。在舞台上或电影中，这些背景都设有彼此相对的窗户，以便于闲聊或拉晾衣绳；门都通向一个公共空间，邻里们在这里互动，私人的喜怒哀乐成了每个人的事情。他们可能生活在一个麻烦不断的世界里，每每如履薄冰，但他们的生活精彩地交织在一起，而不是彼此孤立。在这个背景下，波吉和贝丝与众不同，因为他们是外来者，他们之间令人难以置信的爱使他们融入了一个濒临分裂的社群。波吉是个乞丐，跛足，还有赌博的恶习。他坐着运货车四处走动，看起来不像是对女性有吸引力的男人。（最初，海沃德在报纸上读到这样一个故事，一个精力充沛的邻家大哥，莫名其妙地触犯了法律，卷入了激情犯罪。）贝丝则软弱，有依赖性，是个品德有问题的姑娘，体面的人都不与她来往，五年来，她跟暴力但有性魅力的克罗恩生活在一起。克罗恩在一次赌博中用搬棉钩打死了一个人之后，除了波吉，没有人愿意收留贝丝。她的爱让他成为更完整的人，最终，他杀死了克罗恩；他的爱，至少暂时地让她成为正直的女人。这种爱让她融入了这个社会，慢慢被担任合唱的妻子和母亲们接纳，她们的名字本身就很悦耳——克拉拉、塞雷娜、玛丽亚。波吉著名的爱情二重唱《贝丝，现在你是我的女人》中飞扬的浪漫情感本身就是社群的一种形式，温柔、亲切、有救赎感——这首歌的音乐作为主导主题在全剧中反复出现。作为回应，贝丝唱了另一首感人的爱情二重唱《我爱你，波吉》，还有《你要贝丝怎么办?》，歌中，她竭尽全力不再回到克罗恩身边，我们感到剧情不仅通过故事展开，也通过音乐，任何真正的歌剧都是如此。“如果你能留下我/我想留在这里。”她告诉波吉，这样的话语与小心翼翼和无语哽咽一样感人。

但这种脆弱的情感结合一再次被打断：遭到粗野的克罗恩的围追堵截时，贝丝承认她无法抗拒他的魅力，还有暴力死亡和自然灾害，也有白人入侵者—— 一个可怕的警察和一个验尸官，以及一个保险骗子——但，最可怕的是一个名叫“游戏人生”（Sportin' Life）的北方私商，他是个能说会道的哈莱姆皮条客、赌徒和贩毒者。整部戏里，他一直试图引诱贝丝去纽约，承诺带给她另一种幸福，与波吉说的和鲶鱼街的大不相同。如果说克罗恩是一种控制她意识的毒品，皮条客的快乐土（可卡因）则是另一种，克罗恩死后，波吉暂时入狱，他成功地利用了她的恐惧。

迪娜·罗森伯格的《迷人的旋律》（1991）一书追溯了乔治和艾拉·格什温的合作过程，书中，她阐明了《波吉与贝丝》的戏剧性部分源自岌岌可危的鲶鱼街田园乌托邦（海沃德在小说第一页提到的“黄金岁月”）与纽约世故和复杂的诱惑之间的冲突，“游戏人生”向贝丝保证，他会让她住进第五大道上的大别墅。在音乐方面，我们听到的是蓝调或灵歌之间的对比，都有乡村渊源（包括格什温在查尔斯顿附近的佛利岛进行为期五周的采风时听到并采用的“喊唱”），还有曾影响他早期作品的那种城市爵士乐。这种张力得到了减弱，因为开头一幕以舞厅为背景的爵士钢琴曲《杰斯伯·布朗的布鲁斯》在这部原创作品来到纽约时被剪掉了，但大都市精神在“游戏人生”的歌曲中仍然存在，无一例外地吸引了贝丝，也吸引了观众。

作为一名诱惑者，花园里的毒蛇，他的角色就是最伟大的歌剧威尔第的《奥赛罗》中的伊阿古。伊阿古虚无主义信条背后的恶毒智慧摧毁了轻信的奥赛罗内心的浪漫情感，同样，《它不一定是这样》背后不可知论的挖苦和城市街头小伎俩对波吉很不利，也会毁了他。尽管这仿佛属于另一个故事，但与其说这种嘲弄塑造了一个哈莱姆皮条客，倒不如说它揭示了另一种性情、另一种语言和节奏的入侵，与我们听到的波吉歌曲里的宗教信仰和浪漫忠诚格格不入。“游戏人生”的绝妙歌词是艾拉·格什温对此剧的主要贡献之一，不过，他也重写了很多海沃德的歌词，使它们便于歌唱。海沃德后来回忆说：“艾拉有创作更精致的歌词的天赋，正好适合为那个流落到鲶鱼街的哈莱姆赌徒‘游戏人生’写歌。”[8]“游戏人生”这个人物在小说里着墨不多——小说围绕波吉展开，连贝丝也是无足轻重的人物——但在这里，他替代克罗恩，成了贝丝的引诱者和波吉的仇人。

在这部歌剧里，波吉有着深邃的精神世界，尽管他很穷——或者因为他很穷——但他是无忧无虑的，这很矛盾。当由女性组成的合唱队为被谋杀的罗宾斯唱哀歌的时候（《不在了，不在了，不在了》），波吉感同身受，唱了《回家》，接下来就是片尾曲《向着应许之地出发》，这是一首主打歌曲。这几首灵歌是该部歌剧中最没有原创性的歌曲，但他们的主题很重要，因为后面它们会再次出现。家是波吉一家的庇护所，也是鲶鱼街的庇护所，正如天堂被视为死者的庇护所；“游戏人生”还给了贝丝另一个具有欺骗性的、诱人的避风港，在令人称奇的歌曲《驶向纽约的船就要起航》中达到巅峰。他给她的是第五大道上一个想象的家，她穿着想象的衣服，“丝绸和锦缎/巴黎最新的款式”。

跟我来，那里属于我们，妹子。
你和我可以在纽约过上那种高级的生活。
跟我来，你可千万别犯傻，妹子。

当他邀请她“出去潇洒”时，音乐响起了开头的钢琴舞曲。毕竟他的情敌只是个坐在货车里的跛子。“游戏人生”唤起了属于那座城市的真正吸引力，还有启发格什温创造出最好作品的音乐魅力。

但格什温和他的合作者也希望给清醒、遭受失恋痛苦的波吉写一首轻松点的歌曲，一首属于他自己的扬眉吐气的歌，让他的魅力更可信。所以，他们写了《我虽一无所有》，歌曲畅想了一种无忧无虑的幸福：除了太阳、月亮和深蓝色的大海，一无所有。“我有自己的女孩，还有我的歌，/还有整日相伴的天空。”毕竟这是大萧条时期，一无所有可以理解为听天由命的态度。

那些人有很多很多钱，
他们整天都要祈祷。
好像钱多了烦恼也多，
担心怎样才能将魔鬼赶跑。

这还是那个有宗教信仰的波吉，但他不大关心在尘世间拥有什么。在歌曲轻快、昂扬的过渡部分，他表示无视这些东西。

我不会为地狱而烦恼

直到最后时刻。
我好好的就不会长久苦恼，
不会拼死拼活
变好，或变坏——
见鬼去吧！我快乐
我活着。

在最后这几句，音乐在增强，带给波吉一阵兴奋、一股活力。就像艾拉创作“游戏人生”的讽刺歌曲一样，他以诙谐幽默的方式将天堂和地狱写进了波吉最轻松的歌曲里，试图表现他也是有贡献的人，不仅贡献了爱和保护，还有具有宗教意味的世界观，享受尘世喜悦，以及简单活着的感觉和平凡的快乐。

在这个背景下，《它不一定是这样》是一首奇怪的插曲——“游戏人生”称它是一段“布道词”——对《圣经》提出了尖锐的批评，不仅反驳了波吉对《圣经》的尊崇，还直接提出了挑战。歌曲里提到的人物都源自《旧约》——大卫、摩西、约拿、玛士撒拉、亚当和夏娃，这些人物对犹太人和黑人传统文化都很重要——而歌曲的形式则偏偏是五行打油诗。但态度令人生疑：“你是不是告诉你的孩子/魔鬼是个大坏蛋/但它不一定是这样。”这是用“魔鬼”自己的魅力说出来的。甚至他和合唱队的呼唤和应答也有力地嘲讽了礼拜仪式。这首歌是吟诵出来的，而不是唱的，因为第一位扮演“游戏人生”的演员是观众喜爱的歌舞杂耍演员约翰·W. 巴布斯，他不是歌手，这个人物的灵魂里没有音乐。

波吉和贝丝的故事根植于简单生活的魅力、波吉无忧无虑的信仰和乡村天堂，在这里贫穷是一种福气，而不是1930年代美国的诅咒。哈莱姆的赌徒是这样说的：“为了上天堂/不要动不动发脾气——/过高尚的生活！不要犯错！/噢，我带着福音/只要有可能——/但并不全信！”但是，和一个跛子生活在一起，有什么好？他有什么男性魅力？你还不如跟玛士撒拉在一起。

玛士撒拉活了九百岁,
玛士撒拉活了九百岁——
但那是什么生活
没有女孩子的爱
就算活九百岁又算得了什么?

“游戏人生”是谁?他在小说中无足轻重,早早地淡出了视野,结尾部分,贝丝跟着一些赌徒去了哈瓦那,而不是纽约。我将他描述为来自城里的闯入者,但很难不去想,真正的闯入者其实是格什温自己,背后有他聪明的兄弟鼎力相助,“纽约”只是个隐喻——或者是个提喻?——代表格什温遭遇鲶鱼街之前的生活和音乐。大萧条对反讽和精致的创作风格是个打击,但它也可能使它们更有吸引力。大萧条让流亡者回了家,让冷硬派城市记者去穷乡僻壤了解普通人怎样过活。但大萧条也让科尔·波特成了英雄,并为愤世嫉俗的人提供素材,让他们制作出了一些最好的神经喜剧。在本·赫克特为威廉·韦尔曼的《毫不神圣》(1937)创作的让人心惊胆战的剧本中,乡巴佬和城里的骗子一样具有欺诈性,而公众舆论也像利用它的新闻贩子一样容易上当受骗。但在弗兰克·卡普拉的平民主义电影如《约翰·多伊》中,“聪明”和老于世故的人永远都是坏蛋,尽管从一些简单的事实来看,他们并非完全没救——他们与操纵他们的富豪不同,富豪选择了权力和财富而非普通人。

因此,《波吉与贝丝》不像格什温早期的作品(甚至也不像《蓝色星期一》),它可以被看作格什温对普通人的探寻。我们也可以这样描述艾吉和埃文斯与他们的三个租户家庭,或者佐拉·尼尔·赫斯顿对她老家佛罗里达的民间故事和风俗的考察,或者很多记者和小说家深入现实去了解困难时期的状况。格什温大部分作品中的价值观绝不是朴实和家常的。他没有结过婚,但他以自己的方式推行家庭价值观,与他幽默但沉静的哥哥合作得非常好。他成名之后,仍然在大家庭里生活和创作，有位像克利福德·奥德茨的戏剧《醒来歌唱!》中那个固执而自我中心的贝西·伯格一样的女家长看着他（或者，就这件事情而言，就像罗斯福专横的母亲，她从附近的房子里监管罗斯福一家，常常让埃莉诺·罗斯福的日子不好过）。

格什温的作品从来就没有欧文·柏林的作品受欢迎，但他对自己的犹太裔背景、爵士乐的混用，以及他与黑人文化的亲近，感到轻松自在，大多爵士乐手也做出了同样的反应，这使他的音乐带有平民色彩，尽管它很复杂。但查尔斯顿和附近岛屿上的嘎勒族黑人就不一样了。他们的民俗和音乐需要另一种沉浸。“我劝你尽快计划到查尔斯顿来一趟，”海沃德于 1934 年初写信给他，“你实际上连当地素材的边都没有碰到呢。”[9]在佛利岛的五周时间里，格什温如饥似渴地学习当地的韵律，他可能觉得他是来自北方的入侵者、一个文化观光客，来参观贫困的乡下和一种“原始的 ”生活方式，不过，海沃德后来回忆说，他好像十分自在，甚至还在教堂里与“喊唱歌手”比赛。

1930 年代的社会旅游会回避根基已经动摇的“发达”社会，倾向于将简单生活理想化，将普通人当作现代生活无忧无虑的替代品。《波吉与贝丝》给我们呈现了一致和团结的世界，包括葬礼和哀悼仪式，这个世界里也有种族压迫、频发的危险、贫穷、罪恶、诱惑、暴力和身体残疾。它是一个关于两个流浪者如何相互救赎的寓言，波吉跛足却充满深情，他可以救赎脆弱而渴望爱的贝丝，贝丝反过来抚慰了他的孤独，让他重新成为一个堂堂男子汉。在遇到贝丝之前，波吉孤零零一个人。“上帝造就了一个跛子，他注定是孤独的。”他说。但是，正如《夏日时光》中的母亲在歌声中关照着自己的孩子，波吉给贝丝的是忠诚、爱和家，从早到晚，从夏到冬，而她在某种意义上让他站了起来。（“而你必须为两个人大笑、唱歌和跳舞，而不是一个。”他在爱情歌曲里唱道。）这是 1930 年代的一个重要主题，重新站起来，一起跳舞——甚至向着幸福走去，或者仅仅是生存，靠我们自己做不到这些。就像阿斯泰尔和罗杰斯的电影，这部歌剧表现了不可思议的浪漫，甚至是一个形而上的

“舞蹈”，作为团结的同义词。

如果说格什温早期的爵士乐配乐有助于塑造“游戏人生”这一形象，那么兄弟俩浪漫孤独的忧郁歌曲为波吉的出场做好了铺垫，包括从他们的第一部重要作品《小姐，对我好点儿吧!》中删除的《我爱的男人》;《呵护一生》的歌词预示了《夏日时光》和《但不是为了我》，来自他们为《疯狂女孩》所作的华丽配乐。所有这些都是孤独的人唱的情歌，不是为某个特别的人而唱，或者为某个关注着、在乎着却从未真正出现的理想人物而唱。《波吉与贝丝》就是关于两个这样的人的故事，他们发现又失去彼此，但该剧的结局有一点堂吉诃德式坚决，波吉知道贝丝已经离开了，于是他坐上他的货车向纽约追去——也许驶向他们正在表演的舞台，异想天开的鲶鱼街艺人进军百老汇。但正如前面渔人唱的那样:“须经过千辛万苦才能抵达。”

这部歌剧的接受过程也经历了一波三折，从最开始的失败，到 1938 年西海岸成功的东山再起，再到 1942 年的百老汇演出，保留了大部分演员阵容，但用口头对话替代了朗诵，1950 年代的十年间，在欧美进行了连续不断的巡演，最开始，贝丝由年轻的蕾昂泰茵・普莱斯扮演，波吉由威廉・沃菲尔德扮演，接下来，奥托・普雷明格的电影版误解了原作，在极端的 1960 年代，该剧甚至被部分黑人联合抵制，1976 年，在休斯顿歌剧院成功地举行了未删减版首演，为 1985 年在大都会歌剧院的演出铺平了道路，此时离原作诞生已过了半个世纪。它让早期的怀疑者如维吉尔・汤姆森和艾灵顿公爵回心转意，著名爵士乐艺术家如埃拉・菲茨杰拉德、路易斯・阿姆斯特朗和迈尔斯・戴维斯受到鼓舞，成功地录制了唱片，将该配乐里几乎无以言表的情感深度表现得淋漓尽致。[10]因为《波吉与贝丝》如今已经成为世界各大歌剧院的常演剧目，它源自 1930 年代中期的平民主义转向这一事实被理所当然地虚化了。它曾被贬斥为一个混杂作品，但这个混杂作品成功地完成了混合——南和北、歌曲和流行乐、复杂和简朴、讽刺幽默和浪漫、富有和贫穷、杀戮和关照，甚至在两个不相配的人之间——这是主题的一部分。

在一个社群被经济危机撕裂的时代，当像斯坦贝克这样的作家笔下出现分崩离析的社会，海沃德夫妇和格什温兄弟从浪漫和亲情的井里盛出了大萧条主题：悲悯之情，这是兄弟俩很多早期爱情歌曲的含义。为了表现波吉这个饱满的角色，格什温写了孤独的音乐、胜利的音乐、浪漫的音乐、自得其乐的音乐、焦虑的音乐——他的语气和情绪奇妙地变化着——但我们知道他为何爱、怎样爱。贝丝为何会跟他在一起，这一点一直不太清楚，当然不是因为同情，也不是因为显而易见的异性吸引力，而是她遇到了一种从未见过的温柔的内在力量，这让她难以置信。他收留了她，而她接纳了他这个人，他们彼此成全，尽管他们的环境最终拆散了他们。他们不是任何人心目中的浪漫情侣，但谁在乎呢？正如格什温著名的歌曲《谁在乎?》（来自《我为你歌唱》）所表达的，他在乎她，她在乎他——包含这个词的全部含义：温柔、浪漫、滋养、理解——这些情感延续到格什温在好莱坞最后一年所作的那些生动的，几乎是辞别的歌曲，如《无法磨灭的回忆》和《永远的爱》，格什温的英年早逝让这些歌曲具有一种难以名状的动人力量。

---

1. Virgil Thomson, "George Gershwin," in A *Virgil Thomson Reader* (1981; New York: E. P. Dutton, 1984), 25.

2.《三幕剧中四圣人》作为一个文化事件，参见 Steven Watson, *Prepare for Saints: Gertrude Stein, Virgil Thomson, and the Mainstreaming of American Modernism* (New York: Random House, 1998)。

3. 转引自 Edward Jablonski, *Gershwin* (New York: Doubleday, 1987), 268。

4. Ibid,. 256。

5. Mark Tucker, ed., *The Duke Ellington Reader* (New York: Oxford University Press, 1993), 115.

6. 显而易见，菲茨杰拉德被这首曲子所吸引，在《了不起的盖茨比》中写到了一次演奏，作为他的朋友，埃德蒙·威尔逊后来在他的小说《我想起黛西》中也写了同样的一幕。关于菲茨杰拉德的回应，参见 Howard·Pollack, *George Gershwin: His Life and Work* (Berkeley: University of California Press, 2006), 305-6。关于威尔逊的有趣回应，参见 Deena Rosenberg, *Fascinating Rhythm: The Collaboration of George and Ira Gershwin* (1991; London: Lime Tree Books, 1992),

71 - 72。

7. 克劳迪亚·洛思·皮尔庞特(Claudia Roth Pierpont)在一篇生动的格什温简介里，敏锐地将这个白手起家的人比作菲茨杰拉德笔下的盖茨比，她提到，当这篇文章于1935年在《现代音乐》上刊出时，编辑米娜·莱德曼虽惧怕汤姆森，但还是将最后这部分改成了“管弦乐编曲是梅子布丁”。参见 Jazzbo: Why We Still Listen to Gershwin," *The New Yorker,* January 10, 2005, www.newyorker.com/archive/2005/01/10/050110crat_atlarge，汤姆森在自己的随笔集里改回了自己更尖锐的用语。甚至在半个世纪之后，在与戴安娜·特里林的公开对话里，汤姆森仍坚持说，那个称霸乐坛和文坛的“犹太黑手党”让他的作品难见天日(见《维吉尔·汤姆森读本》，第541页)。

8. Jablonski, *Gershwin,* 271.

9. Ibid., 267.

10. 如须了解《波吉和贝丝》更确切的制作历史，参见 Pollack, *George Gershwin,* 592 - 664 和 Hollis Alpert, *The Life and Times of Porgy and Bess: The Story of an American Classic* (New York: Alfred A. Knopf, 1990)。

第十四章　人民与弗兰克·卡普拉：平民主义反对自身

如果说现代主义者阿伦·科普兰在30年代末和40年代初用他的芭蕾舞剧找到了一种流行风格，而高端的乔治·格什温在1935年因他的民间歌剧成了一位平民主义者，那么，我们该如何看待弗兰克·卡普拉呢？他的普通人三部曲和战后续集《生活多美好》似乎与1930年代末美国文化的平民主义转向相去甚远，但又是其缩影。与格什温和卡普拉的崇拜者约翰·福特一样，他与美国左派或人民阵线没有正式的联系，然而，尽管他的政治立场是保守的，他的作品却在很大程度上与文化基调保持一致，不过，这一点比早期的批评家所认识到的要复杂得多。尽管他是1930年代最成功的美国电影导演，是四次获得奥斯卡最佳导演奖的大人物，但他战后的职业生涯颇不顺利。卡普拉是一名为小制片厂工作的明星导演，制片厂由专横、吝啬的哈里·考恩把控，在1920年代末，他凭借一己之力让哥伦比亚电影公司有了名气。在1928年至1931年，他执导了15部电影，慢慢获得了前所未有的威信，考恩也认识到他对他的电影厂有点石成金的价值。战争期间，他在服兵役，他的电影小组制作了大名鼎鼎的《我们为什么作战》系列片。但《生活多美好》是他战后作为独立制片人的起点，最初，影评家和观众都对该片感到失望，他们更喜欢威廉·惠勒努力塑造从战场回来的老兵的影片《黄金岁月》，该片斩获了所有奥斯卡大奖。尽管《生活多美好》后来成为人们热爱的经典，但对很多人来说，它体现了卡普拉的多愁善感。他的导演地位再也没有恢复。直到 1970 年代，他在批评界的地位才开始回升。

认为卡普拉多愁善感的指责让人想起他与狄更斯和卓别林的相似之处。他们的作品也曾被批评界指责为哗众取宠，一味煽情和多愁善感；他们也具有批评家很难欣赏的共同点。卡普拉的电影里充满生活的喧嚣，这种带着烟火气的世界在狄更斯作品里比比皆是。卓别林作为他所有电影的核心演员，他的天才在他的脸上；卡普拉的天才在他的演员的脸上。没有任何导演能像卡普拉那样让 1930 年代那些轮廓分明、声音动人的璀璨群星焕发出如此耀眼的光辉。格雷厄姆·格林是卡普拉第一位也是最有辨别力的批评家，他盛赞“那令人兴奋的特写、突然跑题的幽默、普通人脸上的欢喜——和伟大的俄罗斯人脸上的欢喜一样动人”[1]。卡普拉在选演员方面的精益求精是出了名的。他将《迪兹先生进城》的拍摄延后数月，付出巨大代价，就为了请到加里·库珀担任主演。光头、跛腿的盖伊·基比和“人蛙”尤金·佩里特等个性演员都是在他的影片中走向巅峰的，珍·哈露、吉米·史都华、琼·阿瑟、加里·库珀、克拉克·盖博、克劳黛·考尔白和芭芭拉·斯坦威克等明星演员的形象都是在他执导的电影中成形的。

不友好的批评家可能会说，这体现了好莱坞和流行文化的人物观，这样一来，演员成了人物，成长为容易辨识的形象，而没有学会深入了解有难度的角色，了解与他们自己不同的人物。他可能还会加一句：科普兰的政治立场也是二维的，“过于简单和浅薄”，伦纳德·夸特说，总是成为热衷大团圆结局的好莱坞的牺牲品。“在卡普拉的世界里，”夸特写道，“没有持久的冲突——无论多么勉强和表面，和谐总会出现在最后的画面里……以地道的好莱坞方式，卡普拉的电影绝不会暗示社会变革是复杂和痛苦的行动。对于卡普拉来说，痛苦和丧失可能是存在的，但他不允许持久的悲剧感侵入他的寓言世界。”[2]电影史学家理查德·格里菲斯以同样的心境谈到卡普拉电影中的“善意幻想”，它们依赖情感转换和普通人的仁爱来解决所有的深层次冲突。[3]同样的批评也经常用于针对所有的大众艺术。即使像约翰·卡维尔蒂这样有聪明才智的辩护者，也在其著作《冒险故事、推理小说和传奇》里坦承流行文化根植于逃避主义和愿望达成，根植于“一个比我们生活的世界更令人振奋、心满意足或更仁慈友爱的幻想世界”[4]。

这些批评包含的意思是，流行文化渴望达到——但无法实现——19世纪小说中的那种现实主义复杂性。1960年代前，大部分美国电影，情节和人物塑造保守，普遍执着于可靠性和现实主义，这好像证实了上面的看法。但大部分好莱坞电影实际上是一种不稳定的混合体，包含重复其他电影的各种类型模式，以及为了显得可信和特立独行而设计的现实主义元素。像卡普拉和约翰·福特这样的制片人会反复使用某些模式，只是略做修改，他们特别清楚，他们更想创造神话和寓言，而不是逼真的现实。这就是为什么造星体制的造神机构，再加上由次要演员组成的剧团，是如此合他们的意。准确地说，它给他们提供的演员不会完全进入他们所扮演的角色，相反，他们一直带着他们在扮演其他角色时具有的影响力，他们的“表演”具有图像那种看得见的简单，而不是像照片的细节那样真实。

不难看出，卓别林的流浪汉和约翰·福特的西部均具有神话特质，因为二者都具有永恒性和象征性，这种特质拉开了它们与普通的贫困或历史上的边疆之间的距离；二者都是它们的创造者想出来的寓言化思想。卡普拉塑造的标志性小镇美国也是如此，只是它试图更接近生活和真实。好莱坞对灿烂星光和异国情调的迷恋总是在它对日常生活和凡人俗事——普通美国小镇上的普通家庭的兴趣中得到平衡。弗兰克·卡普拉平易近人的风格及其生动的意象对打造这种传统文化十分有益，到1950年代，罗伯特·沃肖这样写道：

> 电影（即《我的儿子约翰》，这是一部由莱奥·麦卡雷执导的冷战电影）开头出现了一个“典型的”美国小镇，就是好莱坞的导

演们闭着眼睛可能就能想象出来的那种小镇：安静的街道，道路两旁有成排的树，结构千篇一律的房屋外面围着小块草坪，停着几辆车。为了某些目的，人们想象所有“真正的”美国人都住在这样的镇上，并且，神话的力量是巨大的，甚至连生于斯长于斯的人也模糊地觉得自己就住在这种舒服的林荫道旁，或者曾经住在这里，或者将要住在这里。[5]

到1950年代，在沃肖写出这段话的时候，这是一个真正的美国本土的神话，未受异族影响，没有少数民族和城市带来的堕落，有着明确的意识形态目的；此时，这个神话已经过时了，就像经常上演这类神话剧的舞台布景一样老旧。但是，在1930年代和1940年代，在卡普拉创造这些神话的时候，这种景象仍是记忆里一束温暖的光亮，一个属于永恒的、理想化的过去的记忆，就像西部片一样。（第一次世界大战期间，福特开始拍摄西部片，真正的边疆人都还在，有时还在剧组帮忙。）安德鲁·萨里斯称其为“记忆电影”，尽管有很多真实的元素，事实上却是个神话电影，或者理想记忆电影，它的光芒不仅照亮了福特的纪念碑谷，还照亮了威尔斯的《伟大的安巴逊》（1942）中神奇的小镇，该剧将旧世界的消亡展示给我们看，也照亮了卡普拉的最后名作《生活多美好》，这部电影既是小镇神话的礼赞，也是批评。

这部电影的主人公一心想“摆脱这个肮脏小镇”，却从未离开，除了这部电影，卡普拉的作品背景很少选择在美国小镇。他最好的电影，包括社会三部曲《迪兹先生进城》（1936）、《史密斯先生到华盛顿》（1939），以及《约翰·多伊》（1941），正如片名所示，故事都发生在大城市。那是光怪陆离的巴比伦，现代生活的重头戏不可避免地在这里发生。尽管卡普拉和托马斯·杰斐逊一样认为大城市是可疑的，但是，在这些电影中，小镇已过时，变成了一种观念；那是主人公的老家；如今，它的价值观通过主人公的性格表现出来，而不是通过固定的地域感来表达。卡普拉用这种方法表现了好莱坞的两面：神话和日常，群星灿烂和平淡无奇。他对小镇给予了解读——那是完好的美国——从静态的锡版成像照片到有血有肉的大活人，成为加里·库珀，或吉米·斯图尔特。这些人物和伟大无关；他们不是奥德修斯，不是哈姆莱特王子，也没有命中注定成为他们那样的人。卡普拉的主人公不是独一无二的，只是被拔高了的普通好人；他们可能一不小心成了英雄，但他们的神话仍是1930年代普通人的神话。在社会危机时代，这种平民主义神话，带有很强的政治意味，尽管它的政治指向是模糊和模棱两可的。它在美国社会批评和大众反抗中有着悠久的历史。

这些天真的主人公来到城里，在这里，世故圆滑、玩世不恭和腐败堕落盛行。卡普拉通过阿尔冈昆人的才子类人物和歌剧势利小人的形象弱弱地讽刺了城里人的世故圆滑，那些歌剧势利小人认为他们在迪兹先生身上看到了自己的成功。迪兹先生创作明信片诗句，在家乡的乐队里演奏大号，卡普拉和他一样，总是感觉自己会被咖啡馆里的知识分子和聪明的文化人嘲弄。腐败堕落表现在由爱德华·阿诺德扮演的各种资本主义阔佬身上，他们大腹便便，总是在咆哮：在《史密斯先生到华盛顿》中，他扮演的是核心人物吉姆·泰勒，在《浮生若梦》（1938）里，他扮演了一位华尔街人物，在《约翰·多伊》中，他扮演的是一位媒体大鳄和未来的政治红人。在卡普拉的世界里，玩世不恭是语速很快、喜欢说俏皮话的报社记者的一种特殊风格，就像琼·阿瑟和芭芭拉·斯坦威克那样，他们很难缠，一开始他们让主人公搭他们的车，但后来，他们发现他的直截了当和简单思维对他们很不利，因为他学到了他们的世故。双重折磨，即从经验到天真和从天真到经验的相互转化，是理解卡普拉异常矛盾的想象的关键所在。在磨炼的过程中，片中人物忍受了不少痛苦和屈辱，最终，卡普拉让玩世不恭和他感受里的波利亚纳式的乐观主义和平共处。该导演成功整合了城乡风格，以及情感和理智两种价值观，但很少有批评家能够认清这一点，他自己也从未认可这一说法。

卡普拉事实上讲了两个故事，第一个故事是他认为他必须讲的——亲切、乐观、鼓舞人心——长期以来，大部分观众只看懂了这个故事；

另一个故事是他实际上讲的，这个故事每讲一次都会变得更阴郁、更复杂。他自己解释了他最喜欢的主题，就是一个简单的大卫和歌利亚的故事，一个为成年人创作的童话：“一个简单的老实人被善于巧取豪夺的老手逼得退无可退，如果他愿意，他也可以诉诸上天赋予自己的能力，找到必要的勇气、机智和爱，一举战胜自己的环境。”[6]

在卡普拉于 1926 年和 1927 年与喜剧演员哈里·兰登合作拍摄的三部电影里，这个主题已初见端倪，兰登扮演的是一个幸运的傻瓜，卡普拉和他一起为麦克·塞纳特工作的时候为他创造了这一形象。兰登是伟大的默片喜剧演员，但他不大可能是卓别林、基顿甚至哈罗德·劳埃德那样的自觉艺术家。他扮演的是圣洁的傻瓜、聪明的婴儿——被动、任人摆布、软乎乎、无性，而卓别林和基顿总是吵吵闹闹、足智多谋。无论如何，兰登扮演的绝不可能是英雄，他只是个幸存者——那个从山上滚下来，还能奇迹般站稳的人，他的脚本来就能让他站稳。他是卡普拉的第一个平民主人公。

兰登之后，差不多有十年，这个死不了的天真汉人物差不多从卡普拉的电影中消失了。他著名的神经喜剧《一夜风流》（1934）中的男女主人公都是某种意义上“善于巧取豪夺的老手”，他们之间存在阶级隔阂，在斗智斗勇中相互磨炼。直到由加里·库珀扮演的那个“简单的老实人”朗费罗·迪兹的出现，卡普拉才找到能完美表达他的新理念的媒介，他自己声称，他从此再也没有偏离这个方向。和任何童话故事中的人物那样，电影一开始迪兹就继承了两千万美元，巧的是，他对这笔钱没什么兴趣，只是他不得不进城去处理一些事情，其中包括很多想分一杯羹的“骗子”。

脆弱的兰登算不上男子汉，相比之下，加里·库珀动不动就抡拳头——这是他解决问题的标准手法；在别人眼里，他是个天真的人，却出乎意料地拥有那种被海明威和梅勒称为与生俱来的小人探测器的天赋。只有在涉及感情的事情上，他才容易受伤，是个笨蛋，一个“头等大傻瓜”；在涉及钱的问题上，他成功地打退了那些人的算计，结果不知道怎么花掉那些钱——直到电影的三分之二处，他（和卡普拉）偶然注意到大萧条，这在《一夜风流》里也只是间接提到过。于是，迪兹开始做善事，开展了一个有新政色彩但仍是家长式的土地赠送项目。和卡普拉一样，迪兹终于找到了一个足够严肃的目的，让自己的好运显得合情合理。在卡普拉的自传里，我们找到了一些误导性的线索，证明他为何要将这种转变戏剧化。他声称，那是他自己最近的亲身经历。卡普拉生动地描述了在《一夜风流》意外走红之后，他的身心所遭受的崩溃。面对世俗的成功，卡普拉感受到一种天主教徒的自责和惭愧——该片获得了五项奥斯卡大奖——他陷入了自怨自艾的泥沼。深受身心失调之苦，他无法工作，于是去拜访了一位神秘的人物，是某种治疗师或宗教导师，和幽灵一样灵验，神秘人物指责他是个懦夫，"对上帝不敬"，糟蹋了自己的天赋。这次当面指责的情形后来被搬进了卡普拉电影的强制性场景里，从此以后，这位大导演重拾勇气，身上的病痛烟消云散，成了一个目标明确的人，从那时起，他决心为人类说些什么。

提到具体的发病时间，卡普拉倒是不太在乎，连他的传记作者约瑟夫·麦克布莱德也心存疑虑，他询问这次相遇是不是真的发生过，但他声明，卡普拉的确曾经病得很重。所有的自传都需要转变的情景，但这一次，如果没有那些电影提供的戏剧性语境，就会让人感觉站不住脚。如果我们早几年没有在《美国疯狂》（1932）中见识过沃尔特·休斯顿类似的崩溃和重生，这一次积极向上的扶轮社宗旨式新生会更有说服力，《一夜风流》中，在足智多谋、精力充沛的克拉克·盖博身上也有委婉的表现。每个人，至少在回顾过去的时候，会自创一位对自己有过帮助的贤人，而在他"出现"在卡普拉的生活中之前，卡普拉完全可以自创一个。卡普拉无名的神魔是来灌输"正念力"的，他的电影已经在这么做了，但是，过分关注这个信息是错误的，需要关注的是召唤正念力的绝望心态。

从朗费罗·迪兹开始，卡普拉的主人公都是天真的人，然而，当他们所进入的那个大世界不符合他们幼稚的期望的时候，他们就会陷入严重的抑郁状态，这可以被视为1930年代的社会状况在心理上的反映。他们玩自杀，卡普拉自己很可能也这么干过。《美国疯狂》里的沃尔特·休斯顿在他的银行濒临破产的时候，有过短暂的自杀性淡漠（他还认为他的妻子在骗他），但迪兹先生在法庭审理他的财产案并怀疑他的神智是否正常的时候，他从头到尾像自闭症患者一样呆坐着。一位好莱坞风格的精神病医生用可笑的维也纳方言证明他患有躁郁症，因此无行为能力，但迪兹显而易见的退缩行为证实了那个人随随便便的诊断。琼·阿瑟让他站起来，申明自己的权利，后来，在《史密斯先生到华盛顿》中，她会告诉哭泣的吉米·斯图尔特不要做个“懦夫”。我们在一个生动的特写里看到斯图尔特在林肯纪念碑旁，他是在参议院受辱后逃到这里来的，他的脸上打满阴影，他的爱国理想动摇了。在《约翰·多伊》和《生活多美好》里，主人公的退缩和逃避冲动升级为明确的自杀企图。在后一部电影里，斯图尔特面部的巨幅特写成为噩梦的象征，只有在他的守护天使以克拉伦斯的身份出面扭转乾坤的时候，才救了他一命。

这种抑郁和自我怀疑的危机是卡普拉要讲述的另一个故事，它是非正式的，让他的正念信息有了戏剧性和可信性。卡普拉的电影是童话故事，但这并不是肤浅地指其故事匪夷所思、结尾皆大欢喜，而是因为它们演绎出的故事原型深深根植于人类的意识之中。卡普拉的主人公必须经历考验和烦恼的过渡仪式，才能融入社会。他们天真、不设防——琼·阿瑟称他们是“有信仰的傻瓜”——他们来自美国农村，那里的价值观已经被人们遗忘；他们经历的折磨是痛苦和绝望的净化方式，使他们具有成熟的决心、坚毅的精神和认识世界的开端。

文学作品和传说中可以找到很多类似卡普拉的主要神话这样的情节，纳撒尼尔·霍桑的小说《我的堂叔，莫利纳上校》表达得最为清晰。年轻的主人公罗宾甚至比卡普拉的平民主人公还要默默无闻，他必须离开家，跨过一条河，从乡下进城，目睹他的亲戚和保护人莫利纳上校遭受公开羞辱，作为国王的仆人，他被涂上柏油，全身沾满羽毛，承受折磨，从此罗宾只能靠自己，更快地长大。莱昂内尔·特里林在《文学批评导引》一书中评论说："那个年轻人面对的困难使人想起原始民族引导社群的青年进入成年的成人礼，在这种仪式上，磨难和考验是常规形式。"[7]并且，因为那位上校由英国殖民者委任，在一次预示美国大革命的民众起义中被革去职位，他的耻辱和罗宾新的独立暗示了这个国家的成熟。

在卡普拉的电影里，这种启蒙的基本模式出现了一些问题，这种模式本身假设了一种足以赢得我们的忠诚的高尚的合法社会秩序。卡普拉的平民主义政治立场使他骨子里的爱国主义情怀变得复杂，让他得出了相反的假设：美国社会是腐败堕落的（尽管人民是正直的）；美国社会机制不会接受新来者并确认他们的成熟，而是——就像对待参议院里的史密斯先生那样——让他们变得无害而多余——延长他们的天真，让他们自甘堕落，或者挫败他们的反抗意识，几乎把他们当作活人来献祭。卡普拉所有的电影都有基督教和耶稣的形象——"我可不想将这个孩子钉在十字架上。"克劳德·雷恩斯扮演的参议院银骑士说，他曾经和史密斯已故父亲一样，是一位改革者，但现在他已经彻底堕落，他有一副罗马人的形象，是泰勒集团体面的傀儡，这个集团不仅掌握着史密斯所在州的政治大权，还控制着报纸和电台。当史密斯在参议院为他的家乡父老请命无果的时候，泰勒说："公众舆论的事我来搞定。"当充满敌意的报纸头条和电报蜂拥而至的时候—— 一位愤世嫉俗的记者评论说，公众舆论都是"泰勒制造"——吉米·斯图尔特第二次陷入绝望的深渊，他被击垮了，制造假民意的权力牢不可破。[8]克劳德·雷恩斯在最后时刻的悬崖勒马——他的自杀企图、他的忏悔和在参议院的受辱——挽救了斯图尔特，让他一个人的战斗免遭失败。

随着联合起来对付他们的势力越来越强大，卡普拉的主人公所受的折磨也越来越严酷。在《迪兹先生进城》里，加里·库珀只需要勇敢地说出自己的想法就能打败找麻烦的人；旁听者和法官都热切希望他能振作起来。但是，在《约翰·多伊》里，库珀被那些曾经把他捧上天的人轰了下来，曾被卡普拉珍视的天真信念如今显得轻信和脆弱，很容易被泰勒和诺顿这些控制大众媒体的人操控。甚至在约翰·多伊承受仪式性羞辱之前，雨中大片的雨伞和阴郁的气氛让约翰·多伊的集会像葬礼一样阴森。卡普拉在书中写到了他和编剧罗伯特·里斯金在创作电影结尾的时候遇到的难题——他们拍了五个不同的结尾，但都不甚满意。“里斯金和我把自己逼到了绝路”，他说，因为个体似乎不可能战胜权力集团。（305）我们看到的结尾只是避免了库珀的自杀，但这部电影的结局仍然异常忧郁且有所保留。库珀再一次被打败；他唯一真实的表达——他自己的死亡——也被剥夺了。

卡普拉在自传里描述的技术问题——如何拍电影的结局——实际上源于他思想上的一个巨大转变，此时，欧洲的法西斯主义和世界大战已让整个世界阴云密布。在他所有的电影里，卡普拉都是一流的技巧大师和娱乐高手。在拍摄《美国疯狂》的时候，他学会了如何将喜剧拍得生动活泼，再加上他表现感伤和情节的天赋，这是他长期受大众观众喜爱的关键。影评家雷蒙德·卡尼写道：“任何对卡普拉作品的说明，如果遗漏了他电影中纯粹的感官趣味（身体的形状、音色、身体穿过空间的移动、时间把握和速度的扣人心弦），就等于去掉了他作品的精华。”[9]在拍摄《一夜风流》和《迪兹先生进城》的时候，他学会了用滑稽蠢事的片段来弱化情绪，用真实情感的润色来深化喜剧性。即使听起来有些陈腐，但他的电影很少给人过时的感觉。不过，《美国疯狂》用高超的艺术品位讲述了一个银行挤兑的故事，也是卡普拉第一次在电影里评说那个年代的社会和经济危机。具有讽刺意味的是，这部电影最开始不是由他来拍。电影最初的片名是《信仰》，编剧是后来成为他知己的天才作家罗伯特·里斯金；另一位导演艾伦·德万已拍摄了四天，卡普拉才接手。[10]但卡普拉很享受这次社会评论的机会。他有话要说，不久，像阿利斯泰尔·库克这样的影评家就开始抱怨道，“他的电影为主题服务，而不是为人服务”（此时他正进入鼎盛时期）。

因为他反复拍摄金钱和权力针对普通人的阴谋，卡普拉的电影有时会得到左翼的赞赏（虽然它们离马克思主义很远），最近几年，他的电影被看作平民主义电影，顺理成章地将它们与卡普拉并没有参与的人民阵线联系在一起。对他抱有反感的传记作者麦克布莱德坚持认为，他终生支持保守的共和党，对罗斯福和新政持批评态度，但同时也承认，《美国疯狂》“标志着一次真正的自由主义左派对他思想产生影响的开始，尽管可能是短暂的”。在做了难得一见的让步之后，麦克布莱德补充说：“在拍摄《美国疯狂》（和后期里斯金的脚本）时，卡普拉所投入的热情和真诚唤起了潜意识中积累的善意，这是他不允许自己在幕后政治中表达出来的，反映了他迟到的、不情愿的但能强烈感受到的一种意识，即如果要实现美国梦，这个国家的经济制度需要得到反思。”（261）

和1930年代末的大部分平民主义一样，这种普遍的情绪与美国平民主义的历史渊源没什么关系，美国平民主义于1890年代达到顶峰，但此后一直延续至今。平民主义运动于19世纪末几乎同时在俄罗斯和美国发生，本质上是反对现代化，反对将经济和政治权力从乡村转向城市，反对从农业转向工业和垄断资本的农民暴动。在俄罗斯，它是城市知识分子的发明，他们将农民和土地生活理想化。在美国，它是在南部和中西部爆发的草根运动，1892年，韦弗将军作为第三方参与总统竞选，将此运动推向高潮——他得到了8.5%的大众选票——1896年，民主党提名威廉·詹宁斯·布莱恩参与总统竞选，这共同促成了平民主义成为全国性抗议和表达不满的一股力量。

卡普拉的作品里很少有关土地平权运动方面的内容——他理想的过去是美国小镇，不是乡村——所以，严格地说，他也不是平民主义者。但是，正如理查德·霍夫施塔特在《改革的时代》一书中所强调的，平民主义是在平民主义运动之前早就存在的一种思想倾向，在平民主义运动解体之后很久，这种思想倾向还会出现——通常是左倾的，如吉米·卡特于1976年在民主党大会上所做的接受提名演讲，或者2008年约翰·爱德华兹的竞选活动，但最近，右派复兴，他们将民主党和自由主义者视为脱离普通人疾苦的精英主义者。平民主义可追溯到这个国家早期托马斯·杰斐逊时代的国家形象：一个脱离了封建等级桎梏的、自给自足的自由人的共和国。杰克逊总统在任期间，平民主义情绪再次高涨起来，蕴含于在小木屋长大的劈柴人林肯备受爱戴的形象之中。（史密斯先生的全名是杰斐逊·史密斯，他仰慕记忆中的亚伯拉罕·林肯。）

甚至连20世纪初那几十年内盛行的进步运动也属于平民主义运动，虽然起始于权贵阶层，但它依赖媒体揭秘，抨击联合托拉斯、垄断银行和腐败政治团体。在大萧条时期，平民主义精神比任何夸夸其谈的马克思主义都要普及得多，特别是在艺术家中间。1935年的第一次作家大会被共产党人控制，会上，肯尼斯·伯克遇到麻烦，他建议用含义更广的"人民"一词替代有分裂内涵的"群众""工人"或"无产者"。但是，两个月不到，为了寻求反法西斯同盟，整个共产主义运动就在策略上转向了人民阵线，修辞上转向了平民主义。旧的术语已作废，采用了伯克的术语，到了1936年，《党派评论》的编辑仍然是马克思主义者，他们受到批评，指责他们仍然追捧无产阶级小说这种有分裂意味的东西，而不是带有自由主义和进步思想的大众化作品。

共产党人的巧妙战术转向并非最后一次急转弯，最终让大多数美国支持者离开了他们，但它在1930年代的文化中强化了"人民"这一理念的巨大威望。如果说像菲茨杰拉德这样典型的20年代作家被对富人的矛盾兴趣所吸引，像斯坦贝克这样的30年代作家则根据时事新闻写出了他最好的小说，并从未失去自己强烈的使命感。菲茨杰拉德1934年的小说《夜色温柔》是一出将才华浪费在富人和无聊的人鸡毛蒜皮的小事上的悲剧。小说以坚决告别这种生活为结尾——"你们都很无趣。"迪克·戴弗说，他失败了，但还没有彻底完蛋。"可是除了我们还能有谁！"玛丽叫道，"如果你不喜欢有教养的人，你可以试着去跟那些没教养的人打交道，看看你有多喜欢他们！"1930年代，准确地说，艺术家和知识分子的最大冲动，就是"试着和没教养的人打交道"。像《愤怒的葡萄》这样的小说里的人物背负着代表人民的沉重包袱，以至于有时候他们都消失在宏大的群体之中了。

弗兰克·卡普拉不是来自 1920 年代刚刚变得激进的艺术家之一，他们发现了“人民”，当时很时髦。他也不像詹姆斯·艾吉那样是来自埃克塞特大学和哈佛大学备受折磨的知识分子，他更像一位俄罗斯平民主义者，而不是美国的，他是一位真正的平民主义者，对正派人情有独钟。卡普拉本能而深厚地热爱日常生活，无论他怎样努力将它变成神话。但是，在大萧条的影响下，他的寓言慢慢转向一种真正的平民主义政治，尽管有些模棱两可。除了对黄金时代念念不忘和对共谋的信念，用霍夫施塔特的话说，将平民主义和马克思主义区分开来的一个重要观念是：

> 生产阶级中利益自然平衡的观念。在平民主义者看来，农场主和工人之间、劳动人民和小生意人之间不存在根本的冲突……剥削行为的存在仅仅因为权力顶端的一小撮寄生虫发起并支持这种行为……平民主义者面对的问题表现出极具欺骗性的简单：战胜不公和消除所有社会痼疾均集中在讨伐一个单一的、相对较小但非常强的利益，即金钱的力量。[11]

尽管平民主义通过选择靶子很容易得罪既得利益方，但事实会证明，这种双重性很适合大众艺术。霍夫施塔特说，像好莱坞一样，平民主义有“一种非同寻常的强烈倾向，即用个人化的方式来解释相对非个人化的事件”，这尤其表现在对个体反派人物的迷恋，“以情节剧里反派人物明确无误的劣迹为标志”。(73) 然而，直到迪兹先生的出现，卡普拉还没想过按照平民主义的原则将正面人物和反派角色加以分别。在《流浪，流浪，流浪》(1926) 中，那家大鞋厂的厂主快要将哈里·朗东父亲的生意挤垮了，但他的梦想是娶那个人的女儿（由琼·克劳馥扮演），他曾在广告牌上见过她的照片。在《美国疯狂》(1932) 中，护民官正是那位行长，他凭人品担保就把钱借了出去，还同自己的董事会做斗争。这是卡普拉第一部社会题材的电影，他让我们相信，银行出现挤兑恐慌，是电话接线员在闲聊时传播的谣言所致。

《一夜风流》中，由克劳黛·考尔白扮演的女主人公的百万富翁父亲更接近后来的爱德华·阿诺德类型。他的权力无处不在：从他身边逃离不亚于逃避黑手党的追踪，直到他找到了他迷路的女儿。接下来他成了全世界最好的爸爸：他将她从糟糕的婚约中救出，把她送到克拉克·盖博等着她的地方，盖博扮演的是一位失意的、来自下层的能人，他语速很快，愤世嫉俗，对女人不抱什么希望，直到他遇到这一位，才又变得怜香惜玉。只有在《迪兹先生进城》这部电影中，卡普拉才终于将人民融入平民英雄的人格之中，如同约翰·福特以亨利·方达和简·达威尔的直接形象固化了约德一家的模糊形象。

卡普拉的平民主义神话在《迪兹先生进城》中才成形就开始解体了。这是卡普拉的第一部也是最后一部此类电影，其中的主人公轻而易举地取得了胜利。从一开始，导演的反派人物就非常模糊，尽管他们的大腹便便和凶残邪恶被表现得像漫画一样生动。在《史密斯先生到华盛顿》里，卡普拉对集团老板的抨击与大萧条没有任何关系；这是早期进步运动时期改革派长篇大论的一部分。泰勒集团的掠夺行为仅仅是作为卡普拉就美国制度进行公民教育的机会，也是一个隐喻，暗示他越来越意识到令人窒息的权力集中会让这种公民教育落空。卡普拉在情节剧里对现实中的公共事务讳莫如深，对集权的态度也模棱两可，要从他的电影判断他对新政的态度是不可能的。当杰斐逊·史密斯申请创立国家男童训练营时，他强调说，他们不会要求联邦政府拨款，只需要给美国男孩小额的捐助：事实上，这就是私人的、自愿的、青少年新政。但他的计划牵涉一项在综合项目拨款法案掩盖下的贪污案，所以集团出手迫害他，并且几乎做到了。吉米·斯图尔特精彩的表演让这部电影成为三部曲中最生动、最真实的一部。他孩子气的理想被他在参议院的议员席上遭遇的漫长折磨所抵消，与 1950 年代他饰演的最好角色所受到的考验遥相呼应，那些影片由阿尔弗雷德·希区柯克和安东尼·曼恩精心执导。

卡普拉在他的自传和无数次采访中，称自己是个无可救药的乐观主义者，但是他的评论经常变得古怪而牢骚满腹。我们从他的同事那里了解到——也从他的电影里了解到——他有严重的抑郁倾向。平民主义的摩尼教视角，无论多么乐观，都潜藏着悲观主义、妄想狂，甚至末世焦虑的潜在可能性。随着 1930 年代的进程和第二次世界大战的迫近，欧洲的独裁者（还有一些美国的支持者）步步紧逼，卡普拉对人民智慧的信仰随着对手蜘蛛网般增长的权力而减弱。1941 年拍摄《约翰·多伊》的时候，卡普拉开始戏仿他自己在 1930 年代推广过的平民主义立场。约翰·多伊俱乐部和“约翰·多伊思想”都是卡普拉自己怀有的善意和仁爱，面对眼前的问题，它们显得可笑而不合时宜，在一直以来对他们实施操控的恶棍眼里也是如此。吉米·斯图尔特在《史密斯先生到华盛顿》里的英雄行为是真实的，尽管没什么效果；加里·库珀只扮演了作为某种诈骗的一方的一个角色。

那些怀疑大众艺术是否有能力滑稽地模仿自身、自我反讽和多层次呈现的人，应该对比卡普拉的早期作品看看《约翰·多伊》。正如他的名字所示，约翰·多伊简直是卡普拉电影中最不起眼的主人公，他毫无价值，无名无姓，用卡普拉的话来说，他是“一个流浪汉，一片飘零的人类渣子，他大脑空空，像他的口袋一样”。在某种程度上，他是卡普拉平民英雄的戏仿；连他的身份都是一个头脑灵活的报社记者为了保住自己的工作随意编造出来的。加里·库珀身上笨拙的美国式纯朴、棒球运动员的简单让这一点显得更加突出。他是卡普拉的主人公中最天真的一个，因此，也是最容易被欺负的一个。有人替他伪造了那封抗议信，信中他声称，为了“抗议当前的文明状况”，自己会在圣诞之夜自杀，这可能是曾经发表过的最模糊不清的社会批评。相信那封信的都是好心的傻子，和他一样。库珀扮演的人物接受了约翰·多伊这个角色，成为人民的代表，他只是个演员，因为他得吃饭，他们接纳了他，因为他看上去和听起来都像那个角色。那些人比任何时候都轻信，他们喜欢他的表演，这是卡普拉熟悉的方式，他的表演温暖了他们的心，又没有对他们提出过分的要求。他们都成了好邻居；友爱的狂欢开始了。

担心万一我们看不出这种友爱压倒一切的局限性，卡普拉和里斯金在他们第一次独立制作的作品里，给约翰·多伊塑造了一个流浪汉同伴，也就是那位上校（由沃尔特·布伦南扮演），只要有感觉美好的事件发生的迹象，他都会报以令人沮丧的怀疑态度。在他看来，群众都是“娼妓”——贪婪、物质、小心翼翼地彬彬有礼——和那些大人物和媒体大亨一样。在约翰·多伊哲学热情的陈词滥调中，上校坚持认为：“如果你胆敢拆掉邻居篱笆上的一个桩，他绝对会起诉你。”在约翰·多伊的大会上，上校独自一人坐在一旁，远离那群乐呵呵的人，他是库珀唯一真正的朋友，痛苦地眼看着人群开始攻击他。在媒体炒作的场景中，卡普拉直接戏仿了自己，一个丰满的女人代表复仇小姐，两个侏儒被带进来，代表“小人物”，女侏儒喜欢上了约翰·多伊，抓住他不放。（“和娼妇差不多。”上校评论道。）

《约翰·多伊》是一部充满复杂和矛盾的优秀影片，可惜没有得到批评家应有的关注。它给卡普拉提出了他解决不了的难题。卡普拉没有改变他对普通人民的信仰，仿佛为了回应知识分子批评家，他不仅讽刺他们（还有他自己），还表现了他们的反复无常和易受伤害，一个像D. B. 诺顿这样毫无原则却又野心勃勃的政治寡头又能多么轻而易举地操控他们。诺顿是个原法西斯主义者，他拥有自己的冲锋队，希望将他们当作跳板，跃上总统宝座。和1930年代的很多人一样，他认为“美国人需要的是铁腕——纪律”。（一位强大的领导人——国家被独裁者拯救——这样的主题可以追溯到一部1934年的电影，由威廉·兰道尔夫·赫斯特出资、由格雷戈里·拉·卡瓦执导的《白宫风云》。《公民凯恩》中，这一形象变成了一个把自己当作人民代表的自大狂。）除了报纸、电台和手下的政客，诺顿的工具还有轻信的多伊先生，他事前看也不看就宣读了提前写好的演讲稿，还有同样轻信的大众，他们是人数众多的约翰·多伊，很容易被煽动性宣传和撩动情绪的陈词滥调所裹挟。

处于这两个极端之间的是平民主义愿景里至关重要的转折人物，他们的良心不安或回心转意能让主人公取得胜利，甚至让他们放弃自己的愤世嫉俗。在早期电影里，这些中间人物将卡普拉的情节引向转变或救赎，在他们受的苦和面对的恶之间找到一种平衡。在这方面，他们最大的努力失败了。正如在《史密斯先生到华盛顿》中，需要一名愤世嫉俗的记者才能让多伊明白他被利用了，但在这部电影中，并没有什么用；无法真正战胜强大的权贵，人民大众在库珀试图发表讲话的时候将他轰下了台（正如参议院议员——不可思议地——试图让史密斯先生闭嘴）。在《约翰·多伊》中，《迪兹先生进城》和《史密斯先生到华盛顿》中的单个的流氓和腐败的国家机器，都已经膨胀为一股国家势力，它对媒体的控制足以将民主变成欺诈。卡普拉和里斯金的政治立场纵身一跃，从威廉·詹宁斯·布莱恩的乡村福音主义转向了赫伯特·马尔库塞和法兰克福学派反极权主义的悲观主义，他们眼里的世界被一张看不见的网所操纵和控制。这一次，童话没有了宣泄的情节，没有了最终的答案。到了 1941 年，卡普拉对人民的信仰已让位于对其前途的焦虑。

卡普拉的最后一部优秀影片《生活多美好》需要详细的讨论，但在这里还不适宜这么做。《约翰·多伊》就是卡普拉的《公民凯恩》：这两部电影先后在几个月内推出；题材都是关于装扮成平民主义的野心勃勃，表现了大众新闻和政治煽动如何试图控制大众意志。而卡普拉的《生活多美好》是对战后世界的反思，是一部沉思的电影，是卡普拉的《伟大的安巴逊》，是他的《追忆似水年华》。卡普拉将政治丢在一边，去给自己的个人神话做一个总结，他用反转剧情的方法为自己的三部平民主义电影做了一个挽歌般的注脚。这一次，那个乡下的年轻人没有离开家，虽然他非常想离开——他甚至没有去打仗。（他从军体检不合格，和约翰·多伊一样是个残疾人，他是个垮掉的棒球投手，一心想防住他的“边锋”。）《生活多美好》有一大群影迷，他们觉得该片很鼓舞人心，是圣诞精神的具体体现，而其他人认为它太多愁善感。事实上，很少有电影能做到如此真实感人；我想不出还有哪部电影能让我泪流满面，不是因为它令人鼓舞的结尾，而是因为之前那些地狱般的折磨。1970 年代，我第一次写卡普拉的时候，他的声誉一直很低，主要是因为他作品中黑暗的一面很少得到认可。但《生活多美好》里有很多《约翰·多伊》中也有的黑暗元素，特别是那些光线真的很暗、很阴郁的场景。这是卡普拉最个人化的一部电影，乔治·贝里的心理煎熬由吉米·斯图尔特来演绎，总结了卡普拉在 20 年灿烂辉煌的电影生涯中不时透出的恐惧和焦虑——潜在的压力和不安全感赋予他的童话可信的一般人性。

乔治·贝里的生活体现了卡普拉从《美国疯狂》和所有三部曲就开始推崇但同时又质疑的利他主义和仁爱伦理。在每一个阶段，乔治都牺牲了自己的愿望，只考虑其他人的需求，一如他无私的父亲在他面前做的那样。他救了他弟弟的命，却只看到弟弟过上了本该属于他也是他梦寐以求的生活。他没有离开小镇，没有上大学，无法上战场打仗，甚至连度蜜月也不行。最后，他被当地斯克鲁奇[①]般的本地财阀逼得走投无路，财阀是一位银行行长，与《美国疯狂》中仁厚的行长正好相反。乔治准备自杀，结果一位天使救了他，天使让他观看没有他的世界会是什么景象。电影这部分的主旨毫无疑问是令人鼓舞的——是的，每个人都会有所作为——但那些场景恍若可怕的噩梦。贝里被救了，但他的煎熬才刚刚开始。斯图尔特的痛苦紧接着他在《史密斯先生到华盛顿》中几乎被钉在十字架上的遭遇。为了消除他的自杀念头，该人物被暂时夺走了所有的身份，以至于他最近的和最爱的人都不认识他。这是一个非常强大的幻想：连你自己的亲妈也不认识你，你发现你的妻子从未结过婚，成了一名老处女，偶然看到你弟弟的坟墓，本来你还以为你救了他的命。从来没有活过：在这个残酷的景象里，卡普拉的主人公们面对他们自己空白无名的阴暗世界。和悲剧一样，童话成了同情和恐怖的宣泄。

我强调了卡普拉黑暗的一面，部分是为了说明他的复杂性，我们很容易忽略这种大众电影创作中的复杂，还因为长期以来，卡普拉被描述

① 斯克鲁奇（Scrooge）是狄更斯《圣诞颂歌》中一个没有爱心的吝啬鬼。

为——尤其是被他自己—— 一个可笑的乐观主义者，一个有销路的幻想作品的炮制者。假如真是这样，他的作品就不可能像现在这样被人们接受，也不可能和大萧条时期没有安全感的氛围和预感如此高度契合。他的作品既宣泄了痛苦和恐惧，也传达了希望。他对人性的信心与一个移民对自我提升的信心有关。但卡普拉的作品也很简单，是那种对他来说恰如其分的简单。正如罗伯特·沃肖评论卓别林的时候所言："在政治理念和社会问题方面的某种简单特点有助于他的艺术影响力，而不是阻碍……"[12]同样的观点也可以用于评论狄更斯的作品。卡普拉的平民主义简单表现在他将社会问题人格化为童子军和老板、英雄和恶棍。但同样的方法让他能够将美国变成一个包含简单原型、动人的幽默和强大的情感力量的生动的个人神话，与卓别林和狄更斯一样，卡普拉始终铭记自己和观众内心痛苦和脆弱的东西，即关于屈辱、挣扎和内心决断的记忆。大萧条的来临使这种记忆不只具有个人意义，还将其转化为并不总让人欣慰的社会图景。

---

1. Graham Greene, "Reviewing *Mr. Smith Goes to Washington* in the *Spectator*", January 5, 1940. 参见 *Graham Greene on Film*, ed. John Russell Taylor (New York: Simon & Schuster, 1972), 260。之前，格林曾写道："他的银幕好像比别人的大一倍，他的剪辑和爱森斯坦一样漂亮。"(204)

2. Leonard Quart, "Frank Capra and the Popular Front," *Cineaste* 8, no. 1 (1977): 4-5.

3. Richard Griffith, *Frank Capra* (London: British Film Institute, 1951), 18。他将卡普拉的主人公描述为"弥赛亚式天真的人，与文学中的经典傻瓜并无两样，他们让自己同顽固的贪婪势力做斗争。战略上，他的经验打败了他，但在诱惑面前，他的勇气召唤出'小人物'的善意，有了他们的联合反抗，他胜利了"。

4. John G. Cawelti, *Adventure, Mystery, and Romance: Formula Stories as Art and Popular Culture* (Chicago: University of Chicago Press, 1976), 38.

5. Robert Warshow, "Father and Son—and the FBI," *The Immediate Experience* (Garden City, N. Y.: Doubleday, 1962), 163-64.

6. Frank Capra, *The Name above the Title* (New York: Macmillan, 1971), 186。卡普拉补充说："这是个体反抗的呼喊，抗拒被庞大的事物践踏成泥——

大规模生产、群体思想、大众教育、群体政治、大众财富、群体顺从。”这意味着这种世界观在政治上的模棱两可，或者可能是混乱的，处于平民主义和个人主义之间，对新政的自由主义行政没有好感。

7. Lionel Trilling，*Prefaces to The Experience of Literature*（1967；New York：Harcourt Brace Jovanovich，1979），69.

8. 请比较福特在同一年拍摄的《青年林肯》中对林肯抑郁情绪的处理，更含蓄和低调。我们常常看到林肯被阴影包围，或者双目深陷，坐在阴影里沉思，在默默克制中表达出来。林肯为两个被控谋杀并几乎被处以私刑的男孩子辩护的法庭场景与吉米·斯图尔特参议院受辱场景类似。福特拍摄平民主义电影的时代自与威尔·罗杰斯合作开始，涵盖一系列文学作品的改编，与卡普拉的一致。二人与人民阵线或左翼组织都没有交集，不过，与他们合作的编剧与它们有来往。

9. Raymond Carney，*American Vision：The Films of Frank Capra*（1986；Cambridge：Cambridge University Press，1996），xiii.

10. 根据麦克布莱德的记载，“卡普拉坚持从头开始，（哈里·）考恩欣然同意……可是卡普拉没有时间——或根本不想——对剧本做过多改动……卡普拉几乎逐字逐句地按里斯金的故事和对话来拍，他连剧本里非常详细的视觉规划都一一照做”。参见：Joseph McBride，*Frank Capra：The Catastrophe of Success*（New York：Simon & Schuster，1992），251－52。麦克布莱德的传记研究似乎是确定无疑的，但他所写的一切都透着对卡普拉的反感。然而，他令人信服地表明，卡普拉的方式是“一个人，一部电影”，不喜欢与身边的合作者分享署名权，特别是里斯金，还有与他长期合作的摄影师约瑟夫·沃克尔，甚至还有帮他把又长又乱的自传整理成一本书的作家尤金·维尔（Eugene Vale）。

11. Richard Hofstadter，*The Age of Reform*（New York：Vintage，1955），64－65.

12. Robert Warshow，“Monsieur Verdoux，” in *The Immediate Experience*，208－9.

第十五章　穿工装的莎士比亚：一位美国民谣歌手的故事

伍迪·格思里与30年代和40年代的有些平民主义者不同，他是一位真正的平民主义者。因为他的英年早逝和广泛的影响力，也因为他树立的公共形象，格思里在美国传说中成了这样一个人物：人们很难相信这个人真的存在过。他最著名的歌曲《这是你的土地》成了名副其实的备选国歌，仿佛任何人都可能是其作者。他非常多产，还创作了1000多首其他歌曲，但如今很少仍在世的人见过他演唱。1940年代，他录了几百首歌，卖得却很少，不过，有些歌曲后来被别的歌手演唱后出名了。摇滚乐的繁荣将他抛在身后，但民歌歌手永远记得他。后来，布鲁斯·斯普林斯汀为新的一代人重新发现了他，斯普林斯汀的根和情都属于蓝领而不是民间和乡村。其他歌手继续为他留下的大量素材添加了音乐，包括美国乡村摇滚组合威尔科、英国民歌手比利·布拉格，以及著名的犹太克列兹莫音乐乐团克烈兹梅尔乐团，这个乐团为他留下的很多犹太歌曲添加了音乐——这是他留下的令人惊奇的一部分遗产。[1]

在唱片里，他是位冷静的、经常有些单调的歌手和一位普通的音乐家。但那种美妙的歌词流动一定会吸引我们，在舞台上，他用柔和的说话声音唱歌，可能让人如痴如醉。他不懂音乐，也很少自编曲子，他通常将现成的歌曲改成自己的词，持续地进行双向修改，直到完美对应，他决不会两次以同样的方式唱同一首歌。有时候，很难说清楚那些老歌在哪里中止，伍迪·格思里又是从哪里接上的；他最富原创性的那些歌听起来很像民歌，而他母亲教他唱的歌听起来就像他自己的歌。伍迪·格思里成了一种无形的民间精神。只有他创造的传说，还有像皮特·西格这样和他一起唱歌的人，才坚持认为，世上确实曾经有过这么一个人。

格思里的传说始于他自己的生活和他自己的精彩讲述——他一路走来好像编造了一个自己——但他长期的病痛和衰朽让他的传说流传了下来。在60年代初民间音乐的复兴时刻，弹着吉他的孩子出现在各地小镇，出现在各个公园和政治集会上，他们已经被称为伍迪的孩子。但是，关于伍迪自己，就只剩下那些故事。他像个活着的鬼魂，一个身后的存在，一种遗传性的脑部疾病一直在消耗着他，直到他于1967年去世。

如同围绕着民权和核试验再次爆发的政治抗议一样，民间音乐复兴标志着1930年代精神的回归；带病的伍迪·格思里变成了一个符号，成为大萧条神话的圣殿。伍迪成了最后的流动工人——流浪者、民谣歌手、抗议者和反主流文化的化身。1970年代，哈尔·阿什比执导了根据伍迪1943年的自传改编的充满诗意的电影《光荣之路》。电影尽管是彩色的，但借用了约翰·福特所改编的《愤怒的葡萄》里的视觉意象。电影只表现了伍迪1930年代那几年的漂泊生活，集中刻画了孤独的伍迪和流浪的伍迪。这个伍迪·格思里对后垮掉文化有吸引力。伍迪已经不在了，他的生平故事可能会替代他的作品；他的传奇将会代替他的音乐。

直到1980年，乔·克莱恩出版了一部传记，格思里的生平和艺术才终于引起了重视，后来，克莱恩以政治作家之名而广为人知。克莱恩没有特别关注1930年代、民间文化或者伍迪·格思里传说，第一次成功地写出了伍迪完整的一生。[2]事实竟然比传奇故事更引人入胜。人们得知伍迪不喜欢乘坐棚车，只在万不得已的时候才坐火车，以及这个第一次在电台唱牛仔歌曲的西部人竟然不会骑马，这有点超出他们的预期。

克莱恩抛弃了偶像，走近真人，因为他细致地研究了伍迪的俄克拉何马和得克萨斯背景、乡村音乐史、共产党的文化政策和亨廷顿舞蹈病的病史。克莱恩追踪了全国各地的年长亲属，他们描述了 70 年前发生的事；他取得了伍迪所有三任妻子的信任，以及 1940 年代民间左翼事件的很多幸存者的信任，他们在事件后被列入了黑名单，受到恐吓，陷入了长时间的强制沉默。

伍迪是人民阵线造就的最新，也许是最杰出的为“进步”文化增光添彩的人，这种文化包括歌曲和书籍、托儿所和夏令营、电台表演和报纸。有一些是转瞬即逝的宣传活动——帮助组织工会和政治宣传。但是，如同一些欧洲共产党建立起来的公共组织（例如，在意大利），它也是一种完整的生活方式，由个人激情、根深蒂固的想当然、社会关系和支持性机构织成的一张网，与移民群体的一些兄弟会和福利组织一样。这种老左派文化创作出来的艺术常常缺乏技巧和想象力，但伍迪·格思里是个例外——他是他们中的自然之子、“穿工装的莎士比亚”。

伍迪·格思里是一名共产党员，这个事实在格思里的大部分传说里都不方便提。但他是来自腹地的共产党员，不是受过意识形态教育的城市移民知识分子。第一次世界大战爆发前，他成长的俄克拉何马曾是社会主义运动的温床。他自己的父亲是一位当地的民主党政治家和记者，曾试图以鼓吹自由恋爱和不道德的性来抹黑那些激进分子，为自己扬名。但政治骚动，甚至大萧条的状况，对伍迪都没有什么影响，直到 1930 年代中期，他逃离了干旱的西南小镇，在那里，他的家早已日渐衰败。他四处流浪，努力守住自由和无牵无挂的生活，却意外惹上了一份牵挂。

他找到一段曲子，唱给棚车上的人听，克莱恩说：

> 那些歌曲的影响力让伍迪惊讶不已。有时候，他唱着歌，把成年人听得泪眼蒙眬，他们尝试跟着一起唱，他们的声音竟然能跟上。他母亲教过他的哀婉的古老民谣是所有乡亲共有的一种纽带；

> 如今，对于那些流动的人来说，这片土地留给他们的只有歌曲……它不仅仅是一种消遣；他在表演他们的过去……一个奇怪的想法显现出来。他是他们中的一个。他家的衰败并不是特例；这些人也经历过艰难时世……以前，伍迪从未觉得自己是某个群体的一部分。但现在不同了，他也是一名流动工人，这些都是他的人民。(79)

这是斯坦贝克在《愤怒的葡萄》中表现的相互认可和团结一致的思想，伍迪非常喜欢这部小说，他将小说情节压缩为共有 17 段的民谣《汤姆·约德》。(他声称，他不是通过读小说改编的，只是反复看了由小说改编的电影。）然而，他生性孤僻，他自己不可能完全接受这种思想。伍迪总想旅行、逃离，特别是当他受困于妻子、孩子和工作的时候。他写道，“可能发生在你身上最糟糕的事情就是割断与人的联系”(202)，但他一直在做的事情就是割断与个体的联系。他的妻子们都不知道他什么时候会背起行囊出发，或者从国土的另一边召唤她们去。他所指的不是所有人，而是“人民”，了不起的 30 年代的普通人神话，那些诚实善良的人。在伍迪·格思里身上——以民间音乐作为他的媒介——这个抽象的普通人找到了一个完美的代言人。

伍迪渐渐成了共产党人，与其说这源自意识形态的转变，不如说源自本能的平民主义思想。他很少关心理论或正统，但非常关心社会不公。他很少将党的路线写进诗里；相反，他的创作基于他熟悉的生活和他读的书。此时，共产党人也才刚刚发现“人民”，而伍迪·格思里像真正的人民的一员。1937 年，他在洛杉矶左翼电台演唱，很快，他就成了当地的名人，1940 年，他到了纽约，再次名声大振。不久，他每个月都会收到上千封信，他穿梭在加利福尼亚，在工会集会和激进组织游说大会上演唱。但伍迪从来就没有养成太多政治意识。1939 年，在斯大林和希特勒签署了《互不侵犯条约》之后，他的倔强使他和共产党走得更近，这时，很多人已经弃之而去了。在纽约，他成了《工人日报》的正规专栏作家，含混地支持党的政策的曲折变化。当有人批评斯大林的时候，他在信中对妻子说："全世界都玩不过约瑟夫·斯大林，因为他太有本事。"美共总书记厄尔·白劳德于1945年下台，这标志着人民阵线的完结，但他仍对党不离不弃，他说，因为"是他们给了我唯一的指引和认可，还有我这辈子唯一尝过的领工资的滋味"(318)。然而，他源源不断的抗议歌曲皆发自肺腑，而不是出于算计。共产党是对的：伍迪是个真正的共产党人。

到了1940年代中期，克莱恩说："民谣歌手成了任何自尊的共产党会议的仪式性道具。"(320)但伍迪的创作远远超出了抗议音乐的范围。他的第一个也是最好的系列歌曲《灰碗民谣》既是社会批评作品，也是对30年代公路的回忆和献给不屈不挠的人的赞美诗。在伍迪的歌曲里，一如在斯坦贝克的小说里，公路意味着强制迁徙，但它也意味着自由——对限制和束缚的反抗。普通人乔的观点在无产阶级小说和社会主义现实主义作品中难得一见，却像一泓清泉汇聚在他的歌曲里。("拿一双十美元的鞋来贴合我的脚，"一首歌里唱道，"你两美元的鞋子伤着我的脚，老天爷，/我不想让你这样对待我。")在他的民谣和优美的说唱布鲁斯歌曲中——就像零零散散不分段的散文——他可以是一位很好的讲故事的人。他的歌从不令人讨厌：这些歌既深深地刻着苦难，也是抒情的、容易唱的，它们的副歌简单而直接，让人难以忘怀。

在写歌方面，伍迪的改编能力是无限的。他可以将乡下音乐改为工会斗争的城市歌曲。他的《工会女工》带有激励性的副歌——"噢，你吓不倒我，我忠于工会"，这首歌成了劳工运动的会歌，向仍然试图阻止工人组织工会的流氓打手、工贼和公司间谍发出了挑战。伍迪研究了历史上的歌曲，特别是劳工斗争的历史，他还从报纸上的小故事中总结出一些。

伍迪从没有试过让电话簿押韵，但他甚至可以让电气化听起来很豪迈，1941年，他在俄勒冈州邦纳维尔电力管理局工作的时候，一个月内写了26首这样的歌。匪夷所思的题材激发了他的想象力；这些都是技术的颂歌，它以河流的形状致敬自然，赞美大坝里蕴含的人类机智。

《丰饶的牧场》是那些歌曲中最好的之一，结尾处坦露出不一样的爱国情怀：

> 嗯，我们总是在漫游，我和那条河，
> 在你绿色的山谷里我会终生劳作，
> 如果需要，我会用生命保护我的疆土，
> 因为我丰饶的牧场必须永远自由。

但伍迪也让他的激进朋友们感到困惑，他为孩子们写了很多歌曲，对于那些从未近距离观察过孩子的人来说，那些歌听起来过于简单或不知所云。我自己的孩子在成长的过程中很喜欢这些歌。很多他唱过的歌曲避开社会问题，表现男人和女人永恒的痛苦，接近民间音乐的本质。它们可能和布鲁斯一样粗俗，绘声绘色地撩动性欲。在内心，他是位作家。“音乐通常是在回想中产生的，”克莱恩指出，“歌词才是最重要的。他用打字机写歌，那是他最擅长的乐器。”（97）

打字是伍迪联想的媒介：他一生都对文字着迷。他受教育不多，却有着惊人的天赋，善于创作让人动情的作品，强迫自己阅读自学的习惯更加助长了这种才能。“伍迪的生活中正在发生一个爆炸性的事件，”克莱恩提到的是他于 1936 年离开得克萨斯州之前的那段时光，“五年里，他像个吸尘器一样吸取知识，如今他必须以某种方式释放出来，不然就会疯掉。”（73）伍迪最好的故事，在文采上接近小说，写的是他身后干涸、枯萎的经历了“黑色风暴”的那些小镇。与斯坦贝克以及像帕尔·罗伦兹、多萝西娅·兰格和沃克·埃文斯这样的纪录片导演和摄影师一起，伍迪·格思里创造了流传下来的大萧条时期美国农村形象，约翰·福特让人称颂的电影让这种形象永远留存。

在国家危机的推动下，有时甚至在新政的动员下，每一种媒体的艺术家都在着手发现美国的精髓。1890 年代，历史学家弗里德里克·杰克逊·特纳曾写到边疆的关闭，但在 1930 年代，美国大陆的巨大延伸变成了一个新的边疆，对曾经为了寻找活力的移民和曾经为了寻找美国而远离的艺术家来说，都是如此。美国想象里物理空间的平行延伸再次成为和欧洲人心目中社会阶层的等级约束一样的东西：一种挑战、一种刺激、一个冲突和征服的战场。在 1950 年代末，“垮掉的一代”复兴了公路小说，为美国写出了惠特曼那样的诗，他们发现了潜在的 30 年代传统，并赋予它讽刺或狂喜的现代风格。

当 1940 年初伍迪·格思里到纽约的时候，大众对美国中心地带的热情仍很强烈，特别是在“进步人士”的圈子里，这个圈子包括很多第二代犹太人，他们真诚地将共产主义视为美国民主价值的实现，这个圈子也包括国会图书馆的艾伦·洛马克斯等民俗学者，以及民族音乐学家查尔斯·西格和他从哈佛退学的 20 岁的儿子彼得这些人。2 月 23 日这天——也是我的生日——伍迪匆忙写就《这是你的土地》，作为对欧文·柏林《上帝保佑美国》中的爱国主义修辞的愤怒回应。① 在纽约的第一年，他被捧为卡利班（赤子的象征）和乔·希尔（无产阶级的圣徒）。

伍迪好像对这些吹捧漠不关心，一股创造的力量喷涌而出。不久，他所知道的和感受到的一切都显现出来。他为国会图书馆的档案室做了马拉松式的系列录音，因为艾伦·洛马克斯听了他的几百首歌和故事，鼓励他坐下来把它们写出来。在此后的三四年时间里，他不问世事，这期间外界只是偶尔走出老左派和对他崇敬有加的新锐民间文化，这份崇敬来自他给他们带来的巨大启迪。

伍迪会在任何地方唱歌——他声称自己到这个城市的最初几个月里做了一百多场演出——但他录制的歌曲太平淡了，无法流行起来，民歌的商业市场根本不存在，而他还不断对叮砰巷的油滑影响心存戒备。但他和皮特·西格、米勒德·兰佩尔、李·海耶斯以及其他人努力组建了

---

① 这首歌最初名为《上帝保佑过美国》（“God Blessed America”）。可以看出，它是罗伯特·弗罗斯特的诗歌《全心的奉献》（“The Gift Outright”）之音乐版，这首诗的开头一句是：“土地先属于我们，我们才属于土地。”（The land was ours before we were the land's.）——原注

一个叫“年鉴歌手”的乐团，他们践行了公共的生活方式和无休止的、经常是幼稚的激进运动。（随着党的路线曲折变换，他们从和平歌曲，转到劳工歌曲，再到战争歌曲，一个接一个，迅速转换。）据乔·克莱恩所言，乐团中的每个人都“蜷缩在伍迪跟前。他是乐团的灵感源泉、道德领袖和大师……他从来不许任何人忘记这一点。他永远在用他的政治正确、音乐正确和他的俄克拉何马资历让人心生畏惧……伍迪这位黑色风暴影响下的难民是座无产阶级智慧的宝库，是品位的终极评判人”(207)。

一方面，皮特·西格努力让乐团的财务和内务井井有条，但没什么效果，伍迪利用他的影响力坚持音乐水准，与乐团赤裸裸的宣传倾向做斗争。最终，“年鉴歌手”解散了，十年之后，它转世为编织者合唱团（伍迪已不是当年的伍迪，也没有了当初的政治色彩），该合唱团是第一个让民间音乐登上全国排行榜并让其支付酬劳的合唱团。像利德贝利的《艾琳》和伍迪的沙尘暴民谣《再见，认识你真好》这类歌曲被改编成了流畅的流行歌曲，原歌里沙和尘都没有了。但是，编织者合唱团的成员不久就上了黑名单，这样一来，民间文化和人民阵线已所剩无几，事实上，他们不是在躲躲藏藏，就是远走他乡。

此时，伍迪的行为已经开始变得异常，早就失去了他流畅的创造力。有些行为不是像众人猜测的那样，是由于酒精的作用，而是亨廷顿舞蹈病的早期症状，这种病当初让他的母亲陷入癫狂，并最终夺去了她的生命，后来还至少侵袭了他的两个孩子。但是，在其他方面，1940 年代，伍迪的职业生涯读起来就像一个经典案例：一个年轻的才子，声名鹊起，完全无法应对——更不用说，还出现了人到中年的迹象，才华渐失。尽管伍迪的语言和音乐敏感性远不像他在政治方面那样幼稚，每个认识他的人都认为他身上有种孩子气和天真。他拥有伟大的德国诗人席勒所说的自发的而不是自觉的想象力（参见席勒的文章《论素朴的诗和感伤的诗》）；这是他如此多产的原因。这体现在他对孩子的亲和力中，还表现为他一生拒绝承担责任，并且能够激起女性母亲般的冲动，心甘情愿地照顾他。他的第二任妻子玛乔丽原是玛莎・葛兰姆舞蹈团的舞蹈演员，甚至在他们离婚之后，她仍然在照顾他，她一直忠实地守护着这团火苗，直至她于1983年去世。如今，她的女儿诺拉继续扮演这个角色；除了鼓励当代歌手改编他留下的素材，她还负责维护一座优质的档案馆，惠及相关研究，使他的作品得以留存。

《光荣之路》成功之后，伍迪启动了十几个文学项目，但没有一个让他满意。他可以用惊人的语流洋洋洒洒写完半部小说，然后扔在一边，去做其他事情。单行距写50页的信对他来说不算什么；我看过他写的部分书信。有一次，在战争快结束的时候，他被困在一个军事基地，非常痛苦，一天之内给玛乔丽寄了六封信。为了撰写他的传记，克莱恩在玛乔丽・格思里的帮助下，翻阅了堆得像山一样的未发表的文章和书信，他发现伍迪在最后几年里，在他还能写作的时候，心情沉重地陷入了无法控制的多言癖。他的下一位传记作者埃德・克雷需要研究的材料甚至更多。

最开始以自由联想为特色的不凡才华逐渐变成了超现实的不连贯絮语。这种困扰非常奇怪地表现为伍迪对写作色情信件越来越上瘾，不仅写给他的妻子，也写给没有见过或几乎不认识的女人。最终，其中一位起诉了他，他被指控邮寄淫秽材料；因为拒绝在法庭上当众悔罪，他锒铛入狱。

伍迪长期以来一直在宣扬对人体开放、自然的接受。但是，当他感觉到自己的性能力开始下降时，他成为文学意义上的暴露狂，并开始使用语言输出，作为另一种射精刺激或其替代品。雅克・德里达在解释被他称为“写作的原初场景”的时候，举了一个令人毛骨悚然例子，他告诉妻子不要害怕他的“爱之汁液”正“滴落在给任何其他女孩的信页上”（338）。随着各种写作对他来说越来越不由自主，越来越不理性，他的作品变成了对他早年流畅文风的疯狂模仿——就像亨廷顿舞蹈症持续的随机身体动作让他先前的能量变得滑稽可笑一样。

乔·克莱恩的传记里有个新鲜的、挥之不去的元素，他果敢地描述了伍迪·格思里衰退的那些年发生的事，从近 40 岁开始，它们在他最终由殉道者上升为圣人的过程中起了一定的作用。伍迪的生活轨迹让我们猛然想起一位不大可能的同时代人，他的创作生涯也不顺遂。他就是戴尔莫·施瓦茨，生卒年份（1913—1966）和伍迪的（1912—1967）几乎一模一样，他算不上天造之才。他也是在 30 年代末突然爆红，成为炙手可热的青年才俊，但他的事业在此后的十年里分崩离析，陷入漫长的可怕衰退，更多是源自脑力的衰退，而不是身体的。他也感觉到自己难副早年盛名，最后几年里，他的精神问题已无法阻挡，他所写的东西和伍迪·格思里患病初期所写的那些不着边际的文字很像。戴尔莫也成了有代表性的人物，也是一个传说，最终，不正常的生活影响了他的创作——和伍迪·格思里相比，他的创作可谓承诺多于践行，就只有少量不错的小说、诗歌和散文。

这一对比的有趣之处在于戴尔莫与伍迪所属的美国文化领域正好相反——他属于城市、犹太人、神经质、世界主义和现代主义。景仰戴尔莫、对他很友好的《党派评论》知识分子把他看作卓越青年，却对伍迪所代表的一切持敌对态度，无论在政治上还是在艺术上都是如此：斯大林主义、乐观主义、乡村平民主义、文化平民化、人民阵线、对美国文化遗产的尊崇，以及寻找民族之根。与其说他们的根在美国，不如说在欧洲知识传统中，带着对政治思想的迷恋；也在移民生活中，伴随着疏离和同化的主题；还在欧洲现代主义先进的风格中，力求让这种风格远离任何带有政治企图的批评。对他们来说，左翼文化中的崇美倾向和平民主义是一种虚伪，是一种空洞的战术性伪装，只会产生市侩式的批评以及低级的、说教式的艺术。（他们发表艾略特的《四个四重奏》节选的时候，想的可不是工会大会上鼓舞士气的歌曲。）

戴尔莫·施瓦茨从未写过伍迪·格思里——他甚至连提都没提过这位平民惠特曼，惠特曼是伍迪的榜样之一——伍迪很可能从未听说过戴尔莫。纽约知识分子对很多被视为进步文化的评论无疑是正确的，例如厄尔·罗宾逊备受称颂的清唱曲《美国人的民谣》；他们最开始就是忠实的党员，甚至是无产阶级文学的推进者（在《党派评论》由共产党占主导的早期），他们内心很清楚。但他们怀有深深的敌意，这在改变信仰的人中很典型，敌意蒙蔽了他们的双眼，让他们看不见政治艺术的真实表达，包括一些激进的画家和壁画家，也看不见伍迪·格思里这样的民间精神的真实表达，同样，他们也看不见那些在党进行各种令人困惑的“急转弯”时，仍紧跟党的路线的人身上的理想主义和激进主义倾向。伍迪和戴尔莫像两条平行线，尽管生活在大约同一个文化空间，他们从未见过面。他们代表了纽约左翼文化的阴阳两面，一面寻求艺术的庇护，躲避经验，借个人意义躲避政治意义——很多《党派评论》作家最后都是这么做的，另一面创造似乎既无艺术性也无个性的艺术，一种和惠特曼的艺术相似的艺术，假装全部是经验。

1950 年代，现代主义艺术进入全盛时期，那个时代的批评欣赏反讽和悖论，并从政治中抽离。50 年代，平民主义陷入混乱，60 年代初，随着民间音乐、民权运动、波普艺术和新的吟游诗人风格的诗歌的复兴，它又回到了争论的中心。伍迪被重新发现，成百上千名民间歌手前往他的床榻前朝拜。其中一位称自己是鲍勃·迪伦，他开始模仿伍迪，对他毕恭毕敬，但不久之后，他写的歌词听起来颇有戴尔莫·施瓦茨最喜欢的诗人之一兰波之风。现代主义，即使不是平民主义，也很受欢迎，这让从前的追随者变得很沮丧。这种争执由来已久，但当初的语境已不再。

---

1. 最近的一篇文章提到，伍迪·格思里留下了 2400 首歌词，有一些被乐团用来创作新歌。参见 Geoffrey Himes，“Dead 40 Years，Woody Guthrie Stays Busy，” *New York Times*，Arts and Leisure section，September 2，2007，15。那些犹太人歌曲来自他的第二段婚姻，妻子是玛乔丽·格林布拉特·马齐亚（Marjorie Greenblatt Mazia），他也曾受到她母亲阿里扎·怀茨曼·格林布拉特（Aliza Waitzman Greenblatt）的启发，这位母亲用意第绪语写诗和歌词。

2. Joe Klein，*Woody Guthrie: A Life*（New York：Alfred A. Knopf，1980）. 下文

引文皆出于此书。2004 年，这个小说式的讲述将得到补充，埃德·克雷撰写了一部资料翔实但过于注重细节的传记《游子》。参见 Ed Cray，*Ramblin' Man: The Life and Times of Woody Guthrie*（New York：W. W. Norton，2004）。

第十六章　性别问题：揭露知识分子

本书探寻了 1930 年代文化中强调社会现实的自然主义或平民主义与强调个人经验复杂性和技术创新的现代主义之间的紧张关系。这种经常重叠的观察形式，是关于在社会危机时刻艺术的作用问题的讨论的一部分，涉及艺术和政治的相对重要性、目击的作用、社会观察、集体经验和困难时期的反思——其实是任何时候的反思。将人民的代言人伍迪·格思里与现代主义知识分子戴尔莫·施瓦茨隔开的鸿沟也可以在其他断层线位置看到，如在迈克尔·戈尔德和亨利·罗斯之间，他们都复原下东区犹太人生活区的生活；在玛格丽特·伯克-怀特和沃克·埃文斯之间，他们都塑造了南部贫苦的佃农；在欧斯金·考德威尔和詹姆斯·艾吉著作的文本之间；在斯坦贝克与纳撒尼尔·韦斯特之间，前者相信人民，而后者认为他们潜在的无聊和暴力必带来不幸；在斯坦贝克与福克纳之间，前者将一个家庭的迁徙当作史诗性的社会悲剧来讲述，而后者将其视为黑色社会喜剧；在理查德·赖特和佐拉·尼尔·赫斯特之间，前者带着政治意味的小说讲述了黑人的受害和反抗，而后者则从文化角度反映了黑人的习俗、愚蠢、期望和胜利。艺术家和作家之间的差异是知识分子之间很多矛盾的反映：左派和乡村保守派之间的矛盾，前者致力于社会改革，而后者渴望回到过去；斯大林主义者和反斯大林主义者之间的矛盾，前者或被称为走苏联路线的同路人，无论走向何方，后者脱离了共产党，正在托洛茨基的革命斗争和新政的实用主义改革之间寻找一个新的庇护所。这些知识分子的人生旅程是 1930 年代混合文化必不可少的一部分，展现在他们的皇皇巨著和回忆录中，还有少量当时创作的，通常是讽刺性的作品。

在那十年末，菲利普·拉夫在他 1940 年的文章《美国写作中的经验崇拜》中写道："美国小说中唯一缺失的就是知识分子人物。他可能以他的职业身份出现——作为艺术家、教师或科学家——但极少作为以他的整个存在进行思考的人，也就是说，极少将思想转化为实际的戏剧性动机……美国小说中什么都有，除了思想。"[1] 这是个悖论，因为美利坚合众国就是由一群优秀的启蒙思想家建立的。它的决定性文本——《独立宣言》《联邦党人文集》《宪法》，甚至国父们的通信——构成了一个关于自由、治理和政治代表权的大型论集。国父们的书如今又开始流行了，但书中的思想和践行这些思想的人极少出现在小说中。（索尔·贝娄的作品是在拉夫的文章发表后不久出版的，是个值得注意的例外。）也许因为后来的美国思想家几乎没有行使过真正的权力或影响力，思想的戏剧性没能点燃美国作家的想象力。

欧洲的情况正相反。特别是在德雷福斯案之后的世纪之交，知识分子主人公是法国小说的一大特色，同样，激进教派、生死攸关的辩论和精神皈依一直是俄罗斯小说中津津乐道的内容。在这些书中，内部有冲突的思想体系里包含的强烈戏剧性与爱情和死亡一样多。在美国更务实的大环境里，公共道德家和社会改革家有一定的重要性，他们有时会写小说宣扬自己的主张（如节制的美德），但思想本身显得可疑，甚至陌生。霍桑在《福谷传奇》中，对布鲁克农场的空想家们给予了轻微的嘲讽。像梅尔维尔这样有形而上学倾向的作家和亨利·亚当斯这样的政治作家在谈到他们所处的边缘地位这个话题时，都会口若悬河。但像内战前和大萧条这样的社会危机时刻会掀起一系列思想的发酵，让人想起共和国之初那些岁月。

1929 年大萧条的爆发和胡佛时代日益恶化的形势，再加上欧洲法西斯主义的兴起，对整个美国的制度造成了威胁。它们将知识分子推向讨论国家大事的中心，在罗斯福政府中有被吹上了天的智囊团，还有一些由新近加入激进力量的左翼作家组成的小圈子。其中一个团体由一些有才华的年轻人构成，如莱昂内尔·特里林、克里夫顿·费迪曼、迈耶·夏皮罗、惠特克·钱伯斯和赫伯特·索洛，他们于 1920 年代在哥伦比亚大学读书时就彼此认识。他们中的一些人被吸引到围绕《烛台报》的圈子，那是一份专注于报道犹太文化和身份的世俗报纸，他们成了颇有个人魅力的执行主编艾略特·科恩的门徒，科恩后来创办了《评论杂志》。大萧条爆发后，他们比同时代的人更早转向左派，但不久就和共产党决裂了。这个团体在托洛茨基的影响下短期内沦陷了，最终围绕《党派评论》成为纽约知识分子的核心，《党派评论》于 1934 年在共产党的支持下创办，于 1937 年重组，成为一家独立的反斯大林主义刊物。[2]

这些异见者组成了一个男性居多的团体，这比党的文化圈里的对手还要过分，他们还经常鼓励女性成为作家和积极分子。当菲利普·拉夫使用阳性代词来指代知识分子的时候，他延续了那个时代的用法，但也预设了真正的知识分子很可能是男性，而女性不可避免地成了配角。然而，这个圈子里很多年轻人的妻子都很有主见，并且具有严肃的政治追求；有一些最后成了知名作家，如戴安娜·特里林。第一个实现突破的人是苔丝·施莱辛格，远比那些男人要早，她于 1928 年嫁给了赫伯特·索洛。她出生于 1905 年，就读的是纽约的进步学校——伦理文化学校，在斯沃斯莫尔学院和哥伦比亚大学的新闻学院接受大学教育。从 1930 年开始，她的小说引起了关注，特别是《弗林德斯太太》，这篇于 1932 年发表在《故事杂志》上的小说，带着苦涩，兴致勃勃但不带任何期望地讲述了一次堕胎的后果。该小说是根据她本人的亲身经历写就的，后来成了她第一部也是唯一的长篇小说《无主》的最后一章，这部小说于 1934 年出版后，赢得了批评家的赞扬。不久，另一部雄心勃勃的小说集《时间：现在》也于 1935 年出版，收录了她精心创作的小说。其中，大部分都取材于大萧条，常常显得过于明亮和华丽，它们过分依赖重复的短语和意象，几乎具有音乐性，但事实证明，在拓展女性视角方面，它们令人耳目一新。尽管她的小说存在缺点，也不具备什么权威性，但《无主》仍然是表现大萧条时期思想发酵的最好作品。

1933年，施莱辛格与索洛离婚，《无主》反映了这次婚姻破裂。在记录婚姻解体的同时，小说还讲述了一次更滑稽的失败，故事发生在三个好朋友之间，他们都是政治积极分子，准备创办一份激进杂志。标题《无主》（*The Unpossessed*）向陀思妥耶夫斯基表现1860年代俄罗斯年轻激进主义者的伟大小说《群魔》（*The Possessed*）致敬，它相当于左派知识分子的《烛台报》圈子的《大寒》，带着讥讽而不是怀旧的心态。1935年，苔丝·施莱辛格向好莱坞进发，在那里，她生了两个孩子，和她的第二任丈夫弗兰克·戴维斯一起写剧本，包括广受欢迎的《大地》和《布鲁克林有棵树》（由伊利亚·卡赞执导）。她还为好莱坞为数不多的女性导演之一多萝西·阿兹娜写了两部电影。1945年，施莱辛格死于癌症，年仅39岁。

因为表现美国知识分子的好小说那么少，所以《无主》对它所表现的那些人极尽冷嘲热讽，简直像是完全将他们排斥在外，这非常讽刺。穆雷·肯普顿后来回忆说，该小说人物“很可能囊括了美国文学在玛丽·麦卡锡的小说出现之前最讨厌的物种”[3]。然而，该书呈现了一副复杂的画卷，讲述了三个男人和他们的三个女人之间失败的关系，还有填满政治风景的每一个角落的一众次要人物。施莱辛格通过这些小角色表达了她的一些思想。他们中有富有的赞助人梅尔·米德尔顿，她出资筹办杂志，并和其中一位未来的编辑上了床。还有那些“害群之马”，他们都是主人公之一布鲁诺·伦纳德的学生。他们“满腔怒火”[4]，预示着下一代人更加激烈的激进倾向。最后，还有费舍尔同志，她是个冷硬的托派分子，尽管内心还像个小女孩，她睡在列宁的画像下面，在革命运动中也是一路睡过去的。施莱辛格紧盯着这些次要角色，不让他们一个个变成漫画式人物——没有安全感的富翁、容易冲动的年轻人和乱来的激进女孩子。1966年，该小说再版时，特里林在后记中将施莱辛格和玛丽·麦卡锡做了比较，麦卡锡比施莱辛格小七岁，她将 30 年代激进知识分子的温床变成自己最好的素材。但是，无论麦卡锡写的是影评、短篇小说，还有随笔，她自己在各个方面都是一位知识分子，比她周围的男人都更聪明、更尖锐。

苔丝·施莱辛格可能和麦卡锡一样，对她的人物毫不留情，但有时候，她谴责他们好像仅仅因为他们是知识分子。作者和她的替身玛格丽特·弗林德斯拒绝接受那些让知识分子成为知识分子的品质——矛盾、反思和自我意识。施莱辛格更多地站在新一代学生一边，他们是新的、更激进的左翼力量的先锋，准确地说就是因为他们将这些深思熟虑的思维习惯抛在脑后。这些没有耐心的愣头青组成了一个预备队，热衷直接行动。在一次为失业的反饥饿游行者筹集经费的奢华宴会上，他们的领袖毫不留情地说："知识分子作为一个阶层正在消亡，他们已没什么用了——没有人会留下来支持他们。"（302）因为讨厌空谈和金钱问题，他们沿途乞讨去了华盛顿，加入了游行队伍。被这些学生紧追其后的年长者已经 30 多岁了，他们不理解这些铁了心要行动、不要思考的孩子："他们是最新的知识分子先锋吗？他们不好好读书和思考，有能力和活着的人交往并将他们的智慧继承下来吗？"（332）施莱辛格支持他们坚定的行动主义，在她最后十年的好莱坞岁月里，她成了他们的旅伴，也许只是在适应电影之都的社会环境。她甚至签署了一封臭名昭著的信，攻击杜威委员会——由哲学家约翰·杜威领导，但由她的前夫索洛负责组织——该委员会在墨西哥经过广泛的听证之后，使托洛茨基洗脱了苏联针对他的令人发指的叛国指控。

但性别差异比政治差异更接近这部小说的核心，因为施莱辛格更多是作为一位女权主义者在写作，而不是作为激进分子。《无主》中的三个男性人物——包括记者迈尔斯·弗林德斯（大约以索洛为原型塑造的），还有布鲁诺·伦纳德（他们学院的教授，显然以艾略特·科恩为原型）和杰弗里·布雷克（一位文笔流畅的小说家，沉溺女色，很可能是以麦克斯·伊斯特曼为原型）——三位都存在严重不足。他们在爱情中失败了，因为他们抗拒真正的亲密关系；他们在政治上也失败了，因为他们不像那些年轻的激进主义者，他们更喜欢革命的理念，哪怕仅仅创办一份杂志也好，他们不喜欢冒险去做任何事情。作为知识分子，他们也是失败的，因为他们陷入顾虑重重、无法动弹的境况中，从来不会有明确的立场。作为十几年前的大学同学，他们一开始怀着激进的梦想，担负起扶危济困的责任，他们和人民没有真正的联系，却希望代表他们说话。他们没有表现出意大利马克思主义者安东尼奥·葛兰西所描述的普通人的日常生活与从他们中走出来的领袖或代言人之间存在的有机联系。如今，尽管他们还年轻，但他们感觉到被提前到来的失望所困扰。每个人都已经妥协了：清教徒迈尔斯恋爱了，他感受到他妻子玛格丽特所代表的个人情感的温柔感化；自我仇恨的学者布鲁诺和小表妹伊丽莎白保持距离，尽管她爱着他，他成了受年轻一代追捧的导师和“魔笛手”；性情温和的杰弗里是激进时尚爱好者，他写流行小说，追求高度活跃的爱情生活，最后总是回到温顺的妻子身边。但大萧条要求这些男人去做更多；他们必须做点什么来改变这个世界。他们得到了米德尔顿夫人的资助，杰弗里为了革命事业已经和她上了床，她老实的丈夫好笑的宽容，他无聊的妻子和高尚的人物眉来眼去聊项目，这些让他乐不可支。三位朋友一起筹办一份杂志，这类知识分子还能做点什么别的事呢？

《无主》的核心是施莱辛格笔下个人和政治的交织。在现实生活中，赫伯特·索洛和艾略特·科恩都是苦闷的男人，尽管二人都能把自己的事做好，包括编辑工作和政治组织活动。特里林说索洛是个“非常聪明的人，善于带讥讽的幽默，很多疑，深受严重的抑郁症的折磨，他是我遇到的第一个有政治头脑的人”[5]。特里林和科恩的交往更深一些，1925年，他将特里林的第一篇小说《阻碍》刊登在《烛台报》上，当时特里林还是个本科生，此后的七年里，还刊登了小说、随笔和书评。科恩自己的作家之路基本被堵死了，他成了一位特别有天赋的编辑，但有时候会多管闲事。据戴安娜·特里林说，他“想让其他作家做他的文学替身”。因此，她说：“别人被迫不断地和他强加给别人的思维与意志做斗争：这情形就好像从令人窒息的压迫下挣脱……在任何情况下，无论多小的事情上，他都必须一手遮天。”[6] 1945 年之后，科恩将《评论杂志》办成了战后最好的知识分子刊物，但是，1958 年，他在一次精神崩溃中自杀身亡。戴安娜·特里林在回忆录里写道：她丈夫浑身颤抖，握着讲台的手关节煞白，努力为他的老朋友致悼词。

但是，索洛和科恩现实生活中的问题并不完全像施莱辛格投射在迈尔斯·弗林德斯和布鲁诺·伦纳德身上的心理问题那样，这样一来，她就可以用比较老套的手法解释他们个人和政治生活的失败。尽管索洛和科恩与施莱辛格一样，都是犹太人，但在小说中，她将迈尔斯·弗林德斯塑造成严格意义上的清教徒，他冷酷的新英格兰传统削弱了他的情感——毫无疑问，这表达了她对 30 年代左派的清教压迫的看法。迈尔斯担心他妻子的女性气质，引诱他贪图享乐，给予他庇护性的亲密关系，将会让他失去男性气质，淹没他，“将他全部吞食”。对女性的恐惧、对情感的鄙视和对本性的不信任束缚了他。迈尔斯对斗争和理想感兴趣，而玛格丽特就像施莱辛格本人一样，坚持认为，在更小的范围内，个人有权幸福地生活。她丈夫像抵制毒品一样抵制妖精的幸福言论。“她肉体的靠近，她的女性意识，带着他不想要的温热围绕着他，让他窒息。”（21）我们主要通过迈尔斯的眼睛看他的妻子，小说作者赋予他紧张不安的情绪，以解释他的退缩不前。施莱辛格详细地读过很多现代作家的作品，特别是弗吉尼亚·伍尔夫，她的故事沿着人物思维的网络和流动展开。在这个装满镜子的大厅里，我们透过一位女性的眼睛观察婚姻，而那位女性正看向一个男人，男人也在看她。但迈尔斯对女性的不信任，他对自己身上女性气质的否认，似乎直接来自 D. H. 劳伦斯的诊断案例资料库。

迈尔斯的恐惧和自我否定在题为“良心警报”的短短一章里达到顶峰。他去参加一个新杂志筹备政治会议，回来得很晚，小心翼翼，生怕弄醒他的妻子。否则，她可能会跟他提出要求，甚至试图安慰他。他抗拒这种亲密和依赖，他只想在一个更大的世界里做点特别的事。“子宫对应世界，他想着，默默脱掉了鞋子、衣服，生怕吵醒她。”施莱辛格笔下的知识分子都是些脑子里装着长远目标的男人，他们的大脑是一团抽象的组织；他们无法维持个人生活。正相反，她看到的女性都是立足于生物特征、情感和平常经验的世俗现实，知识分子们做着毫无意义的努力去超越这些。迈尔斯看着他熟睡的妻子，他想着：“她的目的是和平，而他的目的是真理，他们必然势不两立。”（215—216）尽管在 1930 年代，很多年轻人滑向激进主义，寻求随便的、没有负罪感的性，施莱辛格认为，迈尔斯所代表的激进主义有一种冲动，去逃避身体，回避享乐，抗拒个人幸福所具有的麻醉效应。他躺在床上，她的身体蜷卧在他身边，他躲开了，不想“寻求安慰……不想躲进一个女人的内心去逃避他无法面对的世界”（217）。《无主》谴责了这些困惑的、妥协的激进分子，在这个意义上，它几乎是一部主题小说，书中人物仅仅是观点的化身。

在施莱辛格看来，迈尔斯在世俗世界的失败是他作为一个人的失败的延伸，他的神经症被投射到了一个更大的画布上。尽管施莱辛格明确地作为女性主义者在写作，但她带着 1920 年代的精神接近激进运动，那是劳伦斯和弗洛伊德的精神，对他们来说，人类关系的革命首先是关于性的和个人的，然后才是政治的。她对知识分子乌托邦目标的讽刺建立在她所认为的女性的现实经验和小说家对讲故事的喜好，而不是抽象的观点上。小说家杰弗里说，他书写的是饮食男女，而不是阶级，而另一个人物认为，所有这些精神备受折磨的朋友，有时候到了可笑的地步，听起来像俄罗斯小说中的人物。当迈尔斯探究他童年的痛苦记忆时，他妻子给他的故事注入了活力，帮他找回他已经忘记他曾经有过的幸福时光。小说开头写她去当地杂货店买蔬菜，结尾写她流产后从医院带回来的果篮。在水果和蔬菜之间，在两性亲密关系和故事的温暖之间，她生活在有形的世界里，她逃避这个世界，那是她浓缩了的世俗目标。在迈尔斯的想象中，如果他们生儿育女，他就得让出部分个人自由。他逼妻子去做流产，这如同一个鱼雷，会炸沉他们的婚姻。施莱辛格说，真正的二人世界像政治运动一样，会产生高于个人的东西。对于迈尔斯和玛格丽特来说，那就是爱情：他们没能找到的家庭幸福，婴儿代表了他们的结合，他们却阻止它来到这个世界。对于布鲁诺和他的朋友们来说，这个新的存在就是那份杂志，而他也同样促其流产。

如果说迈尔斯是《无主》里婚姻情节的中心，那么，布鲁诺·伦纳德就是推动政治情节的人物。但他和他极度压抑的朋友一样，都是精神濒临崩溃的人。施莱辛格为了表现知识分子心理上的回避行为，让迈尔斯对自己和朋友产生了顿悟，这一点很说明问题："他突然看清了他们，他们走到一起，与其说是为了革命信仰（他们中真有人相信会爆发一场革命吗?），不如说为了他们每个人内心急迫的需求，要将个人的冲突以一种更高级的方式表达出来，在公共领域隐秘地解决装扮成世界问题的私人问题。"（218）这里假借个人的顿悟，非常直接地将小说的主题表达出来。对话常常让人觉得不是根据人们实际上可能会说的内容，而是根据他们所处位置的内在逻辑编写的。《无主》试图将一种完整的生活方式展现出来，但因为存在太多争议，不完全有说服力。尽管小说无情地鞭笞了那些为理念而活的人，但它本身正是一部理念小说，包括亲密理念、性别的固有区别、生物学的重要性和日常生活的主张。然而，施莱辛格提出这些理念是作为对知识分子抽象思想的猛烈回击。

如果说迈尔斯的问题出在他苛刻的良心、激进的理想、他与身体的脱节，那么，布鲁诺的弱点在于他的自私自利——很像戴安娜·特里林在艾略特·科恩身上发现的那种自私自利——还有他犹太人的自相矛盾，施莱辛格很容易将知识分子和神经质的犹太人合二为一。布鲁诺优柔寡断。他认为"很不幸，各方都有道理，明智的做法就是不断平衡。因为他和迈尔斯意见一致，与杰弗里意见一致，与那群'害群之马'也意见一致；而对他们的观点进行考量之后，他跟他们的意见都不一致"（200）。让他失去行动能力的矛盾心理延伸到了他的性取向。他喜欢米德尔顿家有口吃毛病的儿子埃米特，埃米特很崇拜他，他也喜欢他表妹伊丽莎白，他送她去了巴黎，去过一个艺术家自由自在的日子。在小说的第一部分，他在异地很想念她，如同他对办杂志的想法念念不忘，这是一种救赎心理，但当她来到他身边，他就用埃米特和杂志作为挡箭牌，逼她远离。面对一个现实中的人，一个有真正的需求和欲望的生物，他无法承担也无法行动。一旦她回来，随着她一步步觉醒，我们通过她的眼睛进一步了解他。最后，他用陀思妥耶夫斯基式的一段讲话，表达了自我厌恶和自我鄙视，葬送了杂志和那场运动。

布鲁诺与1920年代的解放思想是一致的，他曾鼓励伊丽莎白出国去。“不要太在意各种限制，”他告诉她，“不要被迷信所主宰；你要自由地生活，亲爱的，自由，像一个男人一样自由，你必须玩男人的游戏，并打败他。”（131）但伊丽莎白在欧洲自由的兜兜转转变成了亲密关系的巡回赛，带来了刺激，却没有真正的满足感。施莱辛格为了摹写她自己紧张刺激的流亡生活，采用了乔伊斯的叙事技巧，围绕“快车”这个隐喻，玩起了一气呵成的文字游戏：“都在车上女士和同性恋现代绅士，先找个艺术村，都在车上那里没有站没有停没有徘徊，都在20世纪无拘无束破釜沉舟驶向蛮荒之地的车上，欢笑嬉闹和神经兮兮勾兑的快车，都没关系精疲力竭吧，神经们，没有刹车没有目的地没有爱，我们向前闪闪发亮紧张兮兮嘁嘁喳喳，试试你还能下车吗孩子一旦你在车上它会让你嘎嘎作响抖碎你……”（131—132）这种几乎没有标点符号的风格模仿了她作为艺术家在巴黎度过的那种永远在急剧变化的生活。这是典型的1930年代对1920年代的看法——由过度的不管不顾生出的道德厌恶，正如同一年出版的马尔科姆·考利的经典著作《流放者归来》。

伊丽莎白就像考利笔下的流放艺术家，没有了乐趣也没有钱，她将回到一个不同的世界：“再见老家，你好法兰西，再见法兰西，我要回家啦——没有欲望的爱和没有爱的欲望，这个国家在排队领面包，在等最后期限，在逼近红线，对我好点吧美国，我要回来住下啦。”（132）但她一直崇拜的布鲁诺，那个将她送到法国去的人，不知怎么回事，总是见不着。没必要纠结布鲁诺是直男还是同性恋：他是瘦弱的男孩埃米特·米德尔顿的替代父亲，他自己的父亲对他非常失望，他担负起伊丽莎白的兄长的角色，与她一同成长。如果说迈尔斯受到道德和男子汉冷硬气质的限制，那布鲁诺则受到不伦之恋的束缚，只比“娈童”的越界程度轻一些（见葆拉·拉宾诺维茨在《劳动与欲望》一书中对该小说的讨论）。[7]他的矛盾心理（对埃米特和伊丽莎白都是如此）很少上升到性的层面，他的性取向被当作他更大失败的一个方面。

为强调这种压抑的状况，施莱辛格让她的第三个男性主人公杰弗里·布雷克具有非凡的男性气质，也非常浅薄。他活着就是为了下一次的征服，他温顺的爱妻诺拉以毫不动摇的耐心对他宠溺有加。他不像他的朋友，他拥有“不挑对象的享乐”（58）这种能力。布鲁诺“像个死人渴望激情”，嫉妒杰弗里“拥有他知道他自己永远不可能拥有的纯粹的欲望。外向者傻乎乎的男人气……不需要理念来加速”（83）。但杰弗里的冲动反映了他苍白的自我意识。他做爱是另一种形式的爱无能。“他和一个女人在一起时，他会想起另一个。”（295）他总是需要“新东西，一个用新的眼光看他的人，他透过这个人的眼睛可以看到他自己”（308），这让他最后走近伊丽莎白，而她眼看着布鲁诺从她身边滑走。“她感觉与他有一层淡淡的亲属关系，知道他和自己是一类人，他是那个疲倦的唐璜，他的冲动已没有新鲜感，因而也更具强迫性。”（309）没有了布鲁诺，她感觉自己注定要回到她在巴黎经历的那种明亮、空虚的混乱之中，她在那里已厌倦了“对灵魂毫无益处、对爱情毫无益处的无休止的联系”（108）。

在布鲁诺这个人物身上，施莱辛格塑造了总是退缩、自我意识太强、总是无法真正投入的一种心态。作者精湛的技巧在较长的两章“调查”和“宴会”中展露无遗，每一章都包含大量人物和多个角度。第一段里，布鲁诺和他的朋友们见面讨论办杂志的计划；第二段里，他们再次在米德尔顿家聚会，为杂志和反饥饿游行者筹款。施莱辛格仿佛想表现救赎是个人的而非政治的，她将这些场景设计成没有任何结果的高雅喜剧中的集体场合，最后演变成对所有到场的人的理想的嘲讽。在每一个事件中，布鲁诺都能置身事外，他能意识到他所制造的空洞的闹剧。聚会终止了，年轻的“害群之马”之一康尼利亚饿晕过去了，就在刚才他们还在抽象地讨论饥饿和空空的肚子。施莱辛格试图强调知识分子无法解决眼前的任何问题。“简单的物理世界对他们来说不是现实，”她说，“他们忙碌的抽象头脑努力与某种早已接受的教条、某种他们自己的准则保持一致。”（212）但在布鲁诺看来，“所有事情，杂志、满屋的鬼影、他自己的全部生活”只不过是一场闹剧，是死去的灵魂在玩猜字游戏。在为反饥饿游行者举办的晚会上，昂贵的食物应有尽有，他的话语里充满了这种空洞的失败感。这里，布鲁诺变成了施莱辛格思想的传声筒：那些知识分子带着对异化的膜拜和对他们自己中产阶级出身的仇恨，在政治上和性能力上同样无能。“我们没有父母，没有子嗣，”他说，“我们没有性：我们是骡子——简而言之，我们是杂种，是弃儿，是假货，是无主之人，也无法拥有这个世界，我们是真正的少数。”（327）

布鲁诺像作者一样转向弗洛伊德理论，对他的主题兴致勃勃，发表了长篇大论：“我们私下的谎言很重要，它让我们的公共生活变得不真实且富有欺骗性——如果一个人心理系统营养不良，他不可能把事情做好。”他们的政治活动会反映出这种病症：“我们的会议是拖拖拉拉的典范，我们的指导思想是阻止我们行动的完美合理化。”简而言之，“我的朋友们和我自己都是病人——假如我们还没死”（330—331）。只有那些“害群之马”幸免于知识分子这些涉及反省、抽象化、怠惰的病症。苔丝·施莱辛格在好莱坞与斯大林主义之间的和解，还有她在如《布鲁克林有棵树》这样的家庭与情感剧中的成功，可以看作她的告别之举，向她纽约的朋友们身上令人讨厌的知识分子的审慎和固有的自相矛盾告别。

结尾一章写玛格丽特堕胎（该小说正是源于这个故事），强调了同样的观点；它提出了施莱辛格的立场：反对知识分子生活中无能的自由，拥护家庭、爱和家庭幸福。对施莱辛格，还有马尔科姆·考利来说也是如此，20 年代波希米亚式激进主义已经走入了死胡同。女权主义者通常认为堕胎是将女性从不想要的母职中解放出来的路径。但施莱辛格的本质主义女权主义——她的传统观念视女性为生物学存在，更接近自然，立足于平凡——将她带上了一条不同的路。她将小说中玛格丽特的堕胎行为看作女性按照男性的愿望和需求塑造自我的一种方式。“她被灌输了这样一种观念：一个女人的生活是由她丈夫来完成的。”（61）玛格丽特终于明白，她“没能将自己的身份与他的分开；她寻找线索和意义，期望从他那里得到这些”（64）。莱昂内尔·特里林证实，30 年代的知识分子，特别是男性，不愿生孩子，视其为“生物学陷阱”，会因为孩子而不可避免地“向传统势力妥协或投降”[8]。在施莱辛格看来，没有什么能更好地证明知识分子与自然的无能脱节。

施莱辛格反对知识分子的理由被塑造成女性固有的生物学智慧，以及与她离开纽约时留下的那些人故意的决裂。但这也是一个小说家的立场，这是一个深入探究日常生活奥秘的讲故事的人反对构建替代世界的抽象思想家的理由。因为书名，小说《无主》试图与陀思妥耶夫斯基的小说形成对比，因为这些人物既没有受制于他们的事业，也没有控制好他们自己。陀思妥耶夫斯基让他笔下年轻的激进分子受到群嘲，施莱辛格也是如此，嘲笑他们脱离社会，生活在自己打造的茧房里。如同詹姆斯的《卡萨玛西玛公主》和康拉德《秘密特工》中的恐怖分子与革命者，他们在虚空中玩政治。他们既无能又不真实，他们为他们根本不认识实际上也不关心的人代言。小说作为一种形式，它本身不一定是保守的，但它确实有反乌托邦和反知识分子倾向，对于不是基于实际人类境况的思想表示怀疑。英国和美国小说尤其如此，它们有依赖经验的传统，讽刺也是如此，可以追溯到斯威夫特笔下的拉加多学院里那些空想学者。西德尼·胡克喜欢介入争议，他评论施莱辛格说：“她周围那些热烈的政治讨论，她连一个字都不懂……她的书表明……苔丝受到赫伯特的朋友们的情绪影响，但她至死在政治问题上都很天真。”[9]但更准确地说，她至死都是一位作家，她更感兴趣的是人而不是观念。然而，匪夷所思的是，她写了一部观念小说，因为反知识分子本身就是一种观念。

人们将施莱辛格的作品和玛丽·麦卡锡的作品进行比较，部分因为她犀利的讽刺笔触，也因为她（有杀伤力地）写了一个类似的纽约知识分子圈子。但任何人都绝不会说麦卡锡的作品是反知识分子的，甚至将她归于女性作家都是一个错误。麦卡锡才华横溢，她将自己从劳伦斯和弗洛伊德的生物主义论中解放出来，它的核心概念就是性别差异。她按照布鲁诺给伊丽莎白的建议生活——玩男人的游戏，并打败他们。伊丽莎白身上体现的被解放妇女的哀伤跟她不沾边，她只会把它变成喜剧，她著名的小说《穿着布鲁克斯兄弟衬衫的男人》就很好地表现了这一点，小说写的是发生在火车上的引诱事件。她最好的一点是，她的人物会让我们感到惊讶，即使作为讽刺作家，她也不会把人物化约为一个公式或一个概念。“毕竟你是个活生生的人，你有上百种伎俩可以用呢。”[10]

麦卡锡最像《无主》的小说是《她所结识的人》（1942）中最长的短篇《一位耶鲁知识分子的画像》。主人公吉姆·巴尼特和他温顺的妻子南希让人一下子就联想到杰弗里·布雷克和妻子诺拉；两个男人都是时髦的激进人士，他们的妻子都被动、包容。但麦卡锡的小说让吉姆和可怕的梅格·萨金特对立起来，梅格强烈的反斯大林激进主义令人厌烦，而吉姆则温和而通情达理。对他来说，左倾只是一个明智的选择。与其说巴尼特是知识分子的画像，不如说他是知识分子的摹本。他不像梅格，他与斯大林主义的朋友关系很好，当他因为原则问题从一家自由派杂志社辞职去写书的时候，他发现自己无话可说。结果，他去《命运》杂志社就职，那是一份像《财富》一样的杂志，他提交副本后就不管了。最后，他结婚生子，减少精神内耗，而梅格·萨金特还在坚持斗争。他现在“过着怡然自得的生活”，他无法原谅她，因为她指出了他“天性的牢笼”。[11]她拒绝妥协，信仰坚定，这使她成为真正的知识分子——也让她失业了。麦卡锡完美地将施莱辛格的讽刺手法用到纽约的知识分子身上，但她的角度正好相反。她谴责像吉姆·巴尼特这样的人不是因为他们将激情错误地投放到观念上，而是因为他们根本就没有激情，因为他们根本不在乎。如果说小说和讽刺倾向于反知识分子，麦卡锡的作品则以其纯粹的智慧为支撑，成为证明这条规律的漂亮例外之一。她的作品甚至在巧妙的嘲讽里，也表现了1930年代知识分子思潮的波涛汹涌。

---

1. Philip Rahv, "The Cult of Experience in American Writing," in *Essays on Literature and Politics, 1932 - 1972*, ed. Arabel J. Porter and Andrew J. Dvosin (Boston: Houghton Mifflin, 1978), 11.

2.《党派评论》于1934年创办，与左翼作家组织约翰·里德俱乐部有关联。1936年，《党派评论》停刊，继而于1937年底，作为独立的激进刊物重新发行，声明刊物内容是文学现代主义研究，坚决反对共产党的文化和政治政策。新的反斯大林刊物由两位创刊编辑菲利普·拉夫和威廉·菲利普斯共同主编，其他编辑还有德怀特·麦克唐纳、乔治·L. K. 莫里斯和F. W. 杜比，不久还有克莱门特·格林伯格和戴尔莫·施瓦茨的加盟。

3. Murray Kempton, *Part of Our Time: Some Ruins and Monuments of the Thirties* (New York: Simon & Schuster, 1955), 122. 肯普顿将该书描述为“几乎是我们唯一幸存的文献，记录了30年代早期向共产党靠拢但不久就离开了的一群纽约知识分子”。詹姆斯·T. 法雷尔后来在小说《萨姆·霍尔曼》[*Sam Holman* (Buffalo, N. Y.: Prometheus Books, 1983)]里也讲述了他们的故事。艾伦·M. 沃尔德 (Alan M. Wald) 在经过深入研究后，撰写了历史书《纽约知识分子：1930年代至1980年代反斯大林主义左派的兴衰》[*The New York Intellectuals: The Rise and Decline of the Anti-Stalinist Left from the 1930s to the 1980s* (Chapel Hill: University of North Carolina Press, 1987)]。

4. Tess Slesinger, *The Unpossessed* (New York: Simon & Schuster, 1934), 32. 此后引用该小说内容皆出于这个版本。

5. Lionel Trilling, "A Novel of the Thirties," in *The Last Decade: Essays and Reviews, 1965 - 75*, ed. Diana Trilling (New York: Harcourt Brace Jovanovich, 1979), 6 - 7.

6. Diana Trilling, *The Beginning of the Journey* (New York: Harcourt Brace, 1993), 92.

7. Paula Rabinowitz, *Labor and Desire: Women's Revolutionary Fiction in Depression America* (Chapel Hill: University of North Carolina Press, 1991), 147.

8. Lionel Trilling，“A Novel of the Thirties，” 7.

9. Sidney Hook，quoted in Wald，*The New York Intellectuals*，40.

10. Mary McCarthy，“Portrait of the Intellectual as a Yale Man，” in *The Company She Keeps*（1942；New York：Dell，1955），159.

11. McCarthy，*The Company She Keeps*，180，181. 如须了解该书更多的评论，参见我的文章 “A Glint of Malice，” in *A Mirror in the Roadway：Literature and the Real World*（Princeton：Princeton University Press，2005），96－103。

第十七章　结论：大萧条时期美国的文化产品

大萧条终于结束了，主要不是因为新政项目，尽管它们起了很大作用，而是因为1941年美国参战后，人力和工业被动员起来了。大萧条大致分三个阶段：1932—1933年是关键的两年，那个最绝望的冬天，商业经营、银行业和就业率触底；1933年至1937年是新政的黄金岁月，以1933年第一个百日和1935年所谓的第二个百日（或第二个新政）的立法为标志；最后一个阶段始于1937年过早平衡联邦预算，出现了引起众声喧哗的九个月衰退，罗斯福扩大最高法院的计划失败，1938年的国会选举严重失利，导致总统失去了他的立法多数席位。但是，随着经济复苏和失业率下降，国际问题成了头等大事，欧洲法西斯主义和日本军国主义的威胁日益严峻。

1930年代文化领域的变化更难明确界定，但奇怪的是，它们和新政的影响有相似之处。如同在政治领域一样，最初的危机感和个人孤立感让位于共同体的梦想和相互依存的愿景。在最初的那些年，个体通常被塑造成牺牲品，如在《亡命者》中，或者被塑造成具有攻击性的独来独往的人，如在1930—1932年那些经典的黑帮电影中，或在达希尔·哈米特冷硬派小说中，如《红色收割》《马耳他之鹰》和《玻璃钥匙》。这是美国作家发现贫困的时代，在这个时代，感到绝望和羞耻的普通美国人没有什么可以依靠，只有自己已然萎缩的资源。但是，到了1933年，艺术作品也开始反映一种新的集体意识和团结意识，这种意识有助于对未来形成温和的乐观主义态度。我们在同仁剧团这样的组织中看到了这一点，这是一个类似公社的大家庭，既难以驾驭又理想主义，1935 年，克利福德·奥德茨的戏剧才让它受到关注，这些剧作的高潮部分传递出的思想坚定有力，充满年轻的希望。在巴斯比·伯克利令人振奋的超现实编舞中，我们可以看到一种不同的集体愿景，它拥有抽象的设计和非个人化的组合，或者在金·维多 1934 年表现集体农庄的电影《民以食为天》中类似公社的集体中（该电影受到新苏联电影的启发）。同年，这一急迫的社会目标主导了厄普顿·辛克莱堂吉诃德式的加州州长竞选活动，他的竞选政纲是“消除加利福尼亚贫困”，1935 年的主要立法成就几乎让这个梦想成为现实，如赋予工会组织权的《社会保障法案》《瓦格纳法案》，以及意义深远的福利项目，如公共事业振兴署。这一年，共产党对自由派更有吸引力，包括很多艺术家和作家，他们从阶级斗争转向人民阵线，这一合作战略强调了美国传说、历史和制度的进步传统。他们还鼓励艺术家、作家和作曲家组建与公共事业振兴署艺术项目类似的阵线组织。类似的集体情感激发了那些反对人民阵线的人，如南方重农派和年轻的纽约知识分子，他们于 1937 年恢复了《党派评论》，将它办成一份反斯大林主义的、涉及政治和艺术话题的杂志。

即使在最不可能的地方，你也会感受到这种集体力量，例如，在 30 年代最后的重要电影之一《绿野仙踪》（1939）里。电影开头展现了单色的贫困农村，恶意增加了电影的趣味（古尔奇小姐对多萝茜的狗托托的恨），接着，自然灾害打断了一切（龙卷风代表了其他大萧条灾难）。在这次灾难中，多萝茜被送到了另一个世界，一个美不胜收却又十分恐怖的世界。她梦想着“彩虹之上”那个无忧无虑的世界，当地的无产者芒奇金人一直鼓励她，古尔奇小姐（由玛格丽特·汉密尔顿扮演）的另一个凶恶化身——邪恶女巫在追杀她。她发现，只有和那些也需要帮助的人合作，她才能回家——胆小的狮子需要勇气，铁皮人需要一颗心，稻草人需要头脑。尽管这些人物都是 L. 弗兰克·鲍姆原小说里面的，但他们要得到的品质正是渡过大萧条所需要的，也是罗斯福总统试图灌输的：面对社会危机的勇气，对他人痛苦的共情，与关于我们应该怎样生活的旧观念决裂。历经千辛万苦，他们一起沿着黄砖路走到了翡翠城，正如约德一家从 66 号公路走向另一个应许之地——加利福尼亚；这也是一部大萧条时期的公路电影。他们一抵达那里，善良的魔术师就让他们相信，他们的内心已经有了这些魔力，魔术师可能是罗斯福总统的替身。通过团结合作，他们发现了他们自身的力量，也发现了回家的路。

这种共同体意识和面临社会危机时的集体行动，再加上大萧条对经济的影响的减弱，有助于解释为何 1930 年代的最后几年不可思议地充满希望——尽管从海外传来坏消息，包括 1936—1939 年的西班牙内战，吸引了激情澎湃的国际志愿者，还有德国对犹太人的迫害加剧。这两件事都还只是预演，更糟糕的还在后面。罗斯福和新政在我们心中激发了大家都在一条船上的感觉，不过，我们需要一位我们能够信任的掌舵人。普通人的时代也是可信任的领袖的时代，那是一个慈祥的父亲形象。我生长在 1940 年代，可以感觉到我周围二代犹太移民对罗斯福的尊敬。他在 1932 年竞选中提到的那些被遗忘的人深信他不会忘记他们。

总统的第一次就职演说致力于鼓舞士气和动员改革的支持者。在大萧条最严重的那个时刻，他说："我们唯一恐惧的就是恐惧本身——那种难以名状的、没有理性的、不合理的恐惧，它消解了将后退转为前进所需的努力。"胡佛时代结束的时候，美国人仍然觉得自己是倒霉的、孤立的受害者，对自己的命运负有责任，对未来充满恐惧。四年之后，在他发表第二次就职演说时（1937），他已经有了主要立法机构的支持，他讲述了一种新的思维方式如何让无助的事情变得充满希望，让受害者成为行动者。他相信激进主义的政府概念。我们现在理解他的话，他说："我们需要通过政府找到实现我们共同目的的手段，为个人解决在复杂的文明社会里不断出现的问题。在没有政府帮助的情况下，反复尝试解决这些问题给我们留下了挫败感，让我们惶恐无措。"这就是在 2008 年的金融危机期间，在自由市场理念统领几十年之后，被重新发现的新政思维。

然而，罗斯福的目标不仅是改变政府职能，还要改变个人与社会的关系。

> 过去的真理已被重温；假话已被清除。我们一直都明白一个道理，不顾一切的利己是恶德；我们现在明白，它还是恶劣的经济策略……这个新的认识将动摇过去对世俗成功的仰慕。我们将开始摒弃我们对滥用权力的容忍，那些滥用权力的人为了利益出卖了生命的基本尊严。

罗斯福接着提到那个众所周知的景象：数千万美国人没有了基本的生命尊严，“一个国家三分之一的人住无良屋、穿无暖衣、食不果腹”。他请求将所有人纳入繁荣和教育的成果，并补充说：“检验我们进步的不是我们是否增加了富有者的财富，而是我们是否为贫困者提供了基本生活保障。”演说的结尾部分更进一步明确：

> 今天，在突然发生变化的文明世界上，我们再一次把我们的国家献给渴望已久的理想。世界各地历来存在使人们分离或聚合的力量。从个人抱负而言，我们是个人主义者。但是，当我们作为一个国家去谋求经济和政治进步时，我们就是一个整体，要么共同兴旺起来，要么一起衰落下去。[1]

罗斯福的观点像他神秘的个性一样，既是贵族的，又是平等主义的。它是民主的，但又以位高任重的理念为基础。他宣扬了一种责任伦理，改变了美国人对政府的看法。

在本书中，我试图阐明 1930 年代的文化表达形式——书籍、电影、壁画、摄影、新闻报道、电台节目、舞蹈和音乐——除了将大萧条岁月的内心生活大量传达给我们，还起到了和罗斯福执政以及新政项目相似的作用。这远远超出了政府对艺术新的资助措施：艺术齐心协力通过解读和缓解人们的痛苦，将他们团结在一起。这些作品可能有尖锐的揭露、温暖的同理心、轻松的娱乐或有力的支持。它们可能通过表现惨淡的失败来反映大萧条时期的情绪，如《夜色温柔》《斯塔兹·朗尼根》或《寂寞芳心小姐》，抑或它们会给这个国家打上一针肾上腺素来激发希望和梦想，如神经喜剧或摇摆乐，在暗淡的背景下，创造出一种非常活泼、优雅、令人眼花缭乱的文化。它们用乐观主义和力量来激励大众。具有悖论意味的是，他们可能通过关注杰出人士的生活来吸引大众，如浪漫喜剧中争吵的恋人，或者将冲突转为和谐。另外，普通人的生活方式让伍迪·格思里和约翰·斯坦贝克、沃克·埃文斯和弗兰克·卡普拉、阿伦·科普兰和乔治·格什温、詹姆斯·艾吉和约翰·福特创作出了最好的作品。但这种平民主义情感激起了像纳撒尼尔·韦斯特这样唱反调者的怀疑，他们担心普通人身上潜藏的残暴，这一预感在第二次世界大战野蛮的大屠杀中得到印证，新的致命技术助纣为虐。

美国人被大萧条的挑战团结了起来，他们做好了爱国、牺牲和团结抗敌的准备。紧急时刻，个人需求让位于急迫的国家需要。（这种强制的团结将在冷战初期的社会服从和政治偏狭问题上出现更负面的转向。）但大萧条结束的象征性事件不是突袭珍珠港，而是1939—1940年在纽约举办的世界博览会，这是大萧条时期最后一个大型集体事件。关于博览会最初的设想是将它作为一种刺激商业活动的方式，位置选在被《了不起的盖茨比》不祥地称为“灰烬之谷”的一个垃圾堆场。时间横跨两个季节，处于大萧条和战争的风口浪尖上，它为4500万访客提供了一个巨大的奇迹展示柜，直指一个更光明的未来。它综合了贸易展、地区农贸市场、游乐场、科技展、设计展和各国大集会的诸多要素。不同的展区围绕着一个高高耸立的、以角尖塔和圆球为标志的主题中心，博览会集中展示了30年代文化的方方面面：交通（让这个国家再次运行起来）、食品（在一个很多人仍处于贫困和饥饿的世界里）、玩乐（让人们忘却痛苦）、政府（帮助他们走出困境）、通讯（从高雅艺术——大师作品展——到新发明，如电视和调频收音机）、各国大聚会（一个不久就要卷入战争的世界）。

由通用汽车公司领头的大公司展厅不仅在售卖自己的产品，也在推广一种生活方式、一种未来愿景：一个先进技术、流线型现代性和产品丰富性的乌托邦。（博览会开幕式上罗斯福总统的讲话是这个国家第一次正规的电视直播，当时很少有人能接收到信号。）博览会上最受欢迎的是通用汽车公司的未来展，展示了美国风景的广阔立体模型；它展望了 1960 年的汽车天堂，一个高速公路星罗棋布的国家，交通由调度中心监控和指挥。观众可以坐在移动的座位上，伴着有声解说，快速穿过所有展区，全程为 15 分钟，距离为三分之一英里。他们从空中看到一个有着夺目细节的小型世界，有条不紊地运转，没有了真实世界的冲突。它综合了资本主义商业（汽车工业）和公共设施（国家公路网），以及个体家庭，每家都有自己的交通工具，还有总设计，够得上勒·柯布西耶的水准。在整个展会上，一群建筑师和 1930 年代所有伟大的工业设计师——包括诺曼·贝尔·格迪斯、沃尔特·多温·蒂格和雷蒙德·洛伊，这些流线型装饰艺术的化身——创造了一种明日世界的感觉，因为工业的能量和技术的奇迹使消费者的梦想成为可能。

这次世博会的另一个集体体验就是人群本身，大群的人在现场穿行，或走在“螺旋桥”上，那是从圆球建筑那里延伸出来的一个弧形的、看起来很壮观的高架人行道。在那里，他们可以看到一个叫“平民城市”的规划环境，这是对战后郊区的准确预告：城市成为工作场所，由公路连接的周围小镇成为具有田园风格的住宅区。另一方面，在联合爱迪生公司大楼附近的光之城立体模型那里，他们可以看到一个明亮的微型纽约，一座夜间游乐场昭示了电力使用的巨大潜力。1940 的《建筑实录》社论里这样写道：“在纽约，最大的发现就是发现人群既是演员，也是具有巨大力量的装饰。设计者发现，人群的最大乐趣就在人群中。”[2]世博会开幕的同一年，纳撒尼尔·韦斯特完成了《蝗虫之日》，书的结尾处，在一部电影的首映式上发生了令人目瞪口呆的群体暴乱，这是对群体中滋生法西斯主义的末日隐喻。很难找到一个 1930 年代文化对立面的更好例子：在世博会上，普通人作为消费者在一个设计巧妙的公共空间里自娱自乐或梦想未来；在韦斯特的小说里，骚动不安的人群，心怀不满，变得不理性，通过一触即发的暴力，发泄他们的空虚和绝望。

像 C. 范恩·伍德沃德和戴维·M. 肯尼迪这样的历史学家惊讶地发现，艰苦岁月并未激发美国人像欧洲和远东人一样发起暴动或采纳极端的集体主义意识形态。伍德沃德在为肯尼迪的书《免于恐惧的自由》写的序言里指出："比人们的绝望更让人吃惊的是他们普遍的逆来顺受。那些年，在美国人中比反抗更常见的是羞耻感和自尊的丧失。"[3] 与其说这和国民性格中的特殊要素有关，不如说和美国传统中的包容、主权在民和民主领导有关，像休伊·朗这样的煽动者的影响力被转移了。伍德沃德将其归因于我国个人主义的形态，它引导人们在生活恶化的时候归咎于自身——这正是总统和新政努力应对的一种反应。相反，他们鼓励人们要有共同问题和共同目标的意识。"我们将建设一个不遗漏任何人的国家。"罗斯福总统曾对劳工部长弗朗西斯·帕金斯说。[4]

30 年代的艺术和娱乐业以各自的方式产生了同样的影响。无线电台、电影和流行音乐没有遗漏什么人，特别是农村电气化取得了巨大的进步，这是新政最有深远意义的项目之一。高雅艺术曾是白人、盎格鲁-撒克逊人、新教中的大多数人的专属领域，如今开始接纳民族、宗教和区域人口的多样性图景。阿尔弗雷德·卡津在《30 年代启程》一书中写道："平民、犹太人、爱尔兰人、黑人、亚美尼亚人、意大利人积累起来的经验正在进入美国的书籍中。"[5] 其实不只是书籍，也包括大众文化。这些外来者，特别是黑人和犹太人，用自己的力量将流行音乐推向这一新的混杂文化的中心，而犹太移民和他们的子女创造了好莱坞版的美国梦。那时看电影就是一种集体活动，这是一种真正的群体行为。

作家、画家、作曲家和摄影师以他们 1920 年代的前辈探索先进技术一样的热忱研究即时的题材。十年前的现代主义者看重难度，本能地将创造精神和市井群众分开。这些后辈的风格更平易近人，他们努力激励、娱乐、振作或安慰一个陷入困境的国家。如果说流行文化帮助人们克服生活中的困难，那么，严肃文化则帮助人们理解他们的生活。但区分这两种文化并不容易，因为有些严肃作品（如《愤怒的葡萄》）会非常流行，而事实证明，有些流行艺术家（如阿斯泰尔、格什温和艾灵顿）会非常严肃。他们寻求（但不一定总能找到）广泛的受众，将不同的人聚在一起，和罗斯福总统的炉边谈话一样，帮助他们战胜经济风暴。

艺术家和演员很少能改变世界，但他们可以改变我们对世界的感受，改变我们对它的理解，改变我们在这个世界上的生活方式。他们创造了一种丰富的、有时自相矛盾的文化，他们专业的眼光紧跟着在普遍社会危机中起伏的个体生命，生动地记录下他们的见证。他们的劳动和严肃的游戏极大地减轻了这个国家的创伤。他们在暗夜起舞，伴着他们自己的音乐翩然舞动，但他们的步伐充满魔力。

（本书序言至第七章由郑小倩译，第八章至第十七章由彭贵菊译。）

---

1. *Nothing to Fear: The Selected Addresses of Franklin Delano Roosevelt, 1932 – 1945*, ed. B. D. Zevin (Boston: Houghton Mifflin, 1946), 13, 87 – 92.

2. 转引自 Warren I. Susman, "The People's Fair: Cultural Contradictions of a Consumer Society," in *Dawn of a New Day: The New York World's Fair, 1939 – 40* (New York: Queens Museum, 1980), 22。

3. C. Vann Woodward, "Editor's Introduction," in David M. Kennedy, *Freedom from Fear: The American People in Depression and War, 1929 – 1945* (New York: Oxford University Press, 1999), xiv.

4. 转引自 Kennedy, *Freedom from Fear*, 378。

5. Alfred Kazin, *Starting Out in the Thirties* (Boston: Houghton Mifflin, 1965), 13.

参考文献

Aaron, Daniel. *Writers on the Left: Episodes in American Literary Communism*. 1961. Reprint, New York: Columbia University Press, 1992.

Allen, Frederick Lewis. *Since Yesterday: The 1930s in America, September 3, 1929–September 3, 1939*. 1940. Reprint, New York: Harper & Row, 1972.

Alter, Jonathan. *The Defining Moment: FDR's Hundred Days and the Triumph of Hope*. New York: Simon & Schuster, 2006.

Ames, Christopher. *Movies about the Movies: Hollywood Reflected*. Lexington: University Press of Kentucky, 1997.

Appel, Benjamin. *The People Talk: American Voices from the Great Depression*. 1940. Reprint, New York: Touchstone, 1982.

Astro, Richard. *John Steinbeck and Edward F. Ricketts*. Minneapolis: University of Minnesota Press, 1973.

Baigell, Matthew. *The American Scene: American Painting of the 1930's*. New York: Praeger, 1974.

Baldwin, James. *Collected Essays*. Edited by Toni Morrison. New York: Library of America, 1998.

Banks, Ann. *First-Person America*. New York: Alfred A. Knopf, 1980.

Bazin, André. *Orson Welles: A Critical View*. Translated by Jonathan Rosenbaum. New York: Harper & Row, 1978.

Benson, Jackson J. *The True Adventures of John Steinbeck, Writer*. New York: Viking, 1984.

Bergman, Andrew. *We're in the Money: Depression America and Its Films*. 1971. Reprint, New York: Harper & Row, 1972.

Bergreen, Laurence. *James Agee: A Life*. New York: E. P. Dutton, 1984.

———. *Louis Armstrong: An Extravagant Life*. New York: Broadway, 1997.

Berman, Marshall. *On the Town: One Hundred Years of Spectacle in Times Square*. New York: Random House, 2006.

———. "Studs Terkel: Living in the Mural." In *Adventures in Marxism*. New York: Verso, 1999.

Berrett, Joshua. *Louis Armstrong and Paul Whiteman: Two Kings of Jazz*. New Haven: Yale University Press, 2004.

Bird, Caroline. *The Invisible Scar*. 1966. Reprint, New York: Longman, 1978.

Bloom, James D. *Left Letters: The Culture Wars of Mike Gold and Joseph Freeman*. New York: Columbia University Press, 1992.

Bluestone, George. *Novels into Film*. 1957. Reprint, Berkeley: University of California Press, 1968.

Bourke-White, Margaret. *Portrait of Myself*. New York: Simon & Schuster, 1963.

Brenman-Gibson, Margaret. *Clifford Odets: American Playwright: The Years from 1906–1940*. New York: Atheneum, 1981.

Brinkley, Alan. *The End of Reform: New Deal Liberalism in Recession and War*. New York: Alfred A. Knopf, 1995.

———. *Voices of Protest: Huey Long, Father Coughlin, and the Great Depression*. New York: Alfred A. Knopf, 1982.

Bruccoli, Matthew J. *"The Last of the Novelists": F. Scott Fitzgerald and* The Last Tycoon. Carbondale: Southern Illinois University Press, 1977.

———. *Some Sort of Epic Grandeur: The Life of F. Scott Fitzgerald*. New York: Harcourt Brace Jovanovich, 1981.

Burnshaw, Stanley. *Robert Frost Himself*. New York: George Braziller, 1986.

———. *A Stanley Burnshaw Reader*. Athens: University of Georgia Press, 1990.

Capra, Frank. *The Name above the Title*. New York: Macmillan, 1971.

Carney, Raymond. *American Vision: The Films of Frank Capra*. 1986. Reprint, Cambridge: Cambridge University Press, 1996.

Carringer, Robert L. "*Citizen Kane, The Great Gatsby*, and Some Conventions of American Narrative." *Critical Inquiry* 2 (1975): 307–25.

———. *The Making of* Citizen Kane. Berkeley: University of California Press, 1985.

Cavell, Stanley. *Pursuits of Happiness: The Hollywood Comedy of Remarriage*. Cambridge: Harvard University Press, 1981.

Cawelti, John. *Apostles of the Self-made Man: Changing Concepts of Success in America*. Chicago: University of Chicago Press, 1965.

———. *Adventure, Mystery, and Romance: Formula Stories as Art and Popular Culture*. Chicago: University of Chicago Press, 1976.

Clarens, Carlos. *Crime Movies: From Griffith to the Godfather and Beyond*. New York: W. W. Norton, 1980.

Clurman, Harold. *The Fervent Years: The Story of the Group Theatre and the Thirties*. 1945. Reprint, New York: Harcourt Brace Jovanovich, 1975.

Cook, Sylvia Jenkins. *Erskine Caldwell and the Fiction of Poverty: The Flesh and the Spirit*. Baton Rouge: Louisiana State University Press, 1991.

———. *Tobacco Road to Route 66: The Southern Poor White in Fiction*. Chapel Hill: University of North Carolina Press, 1976.

Copland, Aaron, and Vivian Perlis, *Copland: 1900 through 1942*. New York: St. Martin's/Marek, 1984.
Cowley, Malcolm. *The Dream of the Golden Mountains*. New York: Viking, 1980.
———. *Exile's Return: A Literary Odyssey of the 1920s*. 1934, 1951. Reprint, New York: Viking, 1956.
———. *Think Back on Us: A Contemporary Chronicle of the 1930's*. Edited by Henry Dan Piper. Carbondale: Southern Illinois University Press, 1967.
Cray, Ed. *Ramblin' Man: The Life and Times of Woody Guthrie*. New York: W. W. Norton, 2004.
Croce, Arlene. *The Fred Astaire and Ginger Rogers Book*. New York: Galahad Books, 1972.
Dardis, Tom. *Some Time in the Sun*. New York: Scribner's, 1976.
Davis, Mike. *City of Quartz: Excavating the Future in Los Angeles*. 1990. Reprint, New York: Vintage, 1992.
Dawn of a New Day: The New York World's Fair, 1939–40. New York: Queens Museum, 1980.
Denning, Michael. *The Cultural Front: The Laboring of American Culture in the Twentieth Century*. London: Verso, 1997.
DeVeaux, Scott. *The Birth of Bebop: A Social and Musical History*. Berkeley: University of California Press, 1997.
DiBattista, Maria. *Fast-Talking Dames*. New Haven: Yale University Press, 2001.
Dickstein, Morris. "Call It an Awakening." *New York Times Book Review*, November 29, 1987.
———. "Poverty, Shame and Self-Reliance." *New York Times Book Review*, January 22, 1984.
Donaldson, Scott. *Fool for Love: F. Scott Fitzgerald*. New York: Congdon & Weed, 1983.
Donohue, H. E. F. *Conversations with Nelson Algren*. 1964. Reprint, New York: Berkley, 1965.
Dorothea Lange. New York: Museum of Modern Art, 1966.
Duncan, Alastair. *Art Deco*. New York: Thames & Hudson, 1988.
Ely, Melvin Patrick. *The Adventures of Amos 'n' Andy: A Social History of an American Phenomenon*. New York: Free Press, 1991.
Erenberg, Lewis A. *Swingin' the Dream: Big Band Jazz and the Rebirth of American Culture*. Chicago: University of Chicago Press, 1998.
Filreis, Alan. *Modernism from Right to Left: Wallace Stevens, the Thirties, and Literary Radicalism*. New York: Cambridge University Press, 1994.
Foley, Barbara. *Radical Representations: Politics and Form in U.S. Proletarian Fiction, 1929–1941*. Durham, N.C.: Duke University Press, 1993.
Friedwald, Will. *Jazz Singing*. New York: Da Capo Press, 1996.
Furia, Philip. *The Poets of Tin Pan Alley*. New York: Oxford University Press, 1990.
Galbraith, John Kenneth. *The Great Crash: 1929*. 1955. 3rd ed. Boston: Houghton Mifflin, 1972.
Gallafent, Edward. *Astaire and Rogers*. New York: Columbia University Press, 2000.
Garraty, John A. *The Great Depression*. New York: Harcourt Brace Jovanovich, 1986.
Gelernter, David. *1939: The Lost World of the Fair*. New York: Free Press, 1995.
Giddins, Gary. *Bing Crosby: A Pocketful of Dreams: The Early Years, 1903–1940*. Boston: Little, Brown, 2001.

———. "The Mirror of Swing." In *Faces in the Crowd*. 1992. Reprint, New York: Da Capo Press, 1996.
———. *Visions of Jazz: The First Century*. New York: Oxford University Press, 1998.
Gilbert, James. *Writers and Partisans: A History of Literary Radicalism in America*. 1968. Reprint, New York: Columbia University Press, 1992.
Gioia, Ted. *The History of Jazz*. New York: Oxford University Press, 1997.
Glatzer, Richard, and John Raeburn, ed. *Frank Capra: The Man and His Films*. Ann Arbor: University of Michigan Press, 1975.
Goldberg, Vicki. *Margaret Bourke-White: A Biography*. New York: Harper & Row, 1986.
Goldstein, Malcolm. *The Political Stage: American Drama and Theater of the Great Depression*. New York: Oxford University Press, 1974.
Gottesman, Ronald, ed. *Perspectives on* Citizen Kane. New York: G. K. Hall, 1996.
Greif, Martin. *Depression Modern: The Thirties Style in America*. New York: Universe Books, 1975.
Guttmann, Allen. *The Jewish Writer in America*. New York: Oxford University Press, 1971.
Halper, Albert. *Good-bye, Union Square: A Writer's Memoir of the Thirties*. Chicago: Quadrangle, 1970.
Harrington, Michael. *The Other America: Poverty in the United States*. 1962. Reprint, Harmondsworth: Penguin, 1963.
Harvey, James. *Romantic Comedy in Hollywood, from Lubitsch to Sturges*. New York: Alfred A. Knopf, 1987.
Haskell, Molly. *From Reverence to Rape: The Treatment of Women in the Movies*. 1974. Reprint, New York: Penguin, 1975.
Hasse, John Edward. *Beyond Category: The Life and Genius of Duke Ellington*. New York: Simon & Schuster, 1993.
Hearn, Charles R. *The American Dream in the Great Depression*. Westport, Conn.: Greenwood Press, 1977.
Heide, Robert, and John Gilman. *Popular Art Deco: Depression Era Style and Design*. New York: Abbeville Press, 1991.
Hemenway, Robert E. *Zora Neale Hurston: A Literary Biography*. Urbana: University of Illinois Press, 1977.
Herbst, Josephine. *The Starched Blue Sky of Spain and Other Memoirs*. New York: HarperCollins, 1991.
Himmelfarb, Gertrude. *The Idea of Poverty: England in the Early Industrial Age*. New York: Alfred A. Knopf, 1984.
Huber, Richard M. *The American Idea of Success*. New York: McGraw-Hill, 1971.
Jablonski, Edward. *Gershwin*. New York: Doubleday, 1987.
Jones, Gavin. *American Hungers: The Problem of Poverty in U.S. Literature, 1840–1945*. Princeton: Princeton University Press, 2007.
Kael, Pauline. "Raising Kane." In *The Citizen Kane Book*. 1971. Reprint, New York: Bantam, 1974.
———, "The Man from Dream City." In *When the Lights Go Down*. New York: Holt, Rinehart and Winston, 1980.
Kauffmann, Stanley, with Bruce Henstell, eds. *American Film Criticism: From the Beginnings to* Citizen Kane. New York: Liveright, 1972.

Kazin, Alfred. *On Native Grounds: An Interpretation of Modern American Prose Literature.* 1942. Reprint, Garden City, N.Y.: Doubleday Anchor, 1956.

———. *Starting Out in the Thirties.* Boston: Atlantic Monthly Press, 1965.

Kellman, Steven G. *Redemption: The Life of Henry Roth.* New York: W. W. Norton, 2005.

Kempton, Murray. *Part of Our Time: Some Ruins and Monuments of the Thirties.* New York: Simon & Schuster, 1955.

Kendall, Elizabeth. *The Runaway Bride: Hollywood Romantic Comedy of the 1930's.* New York: Alfred A. Knopf, 1990.

Kennedy, David M. *Freedom from Fear: The American People in Depression and War, 1929–1945.* New York: Oxford University Press, 1999.

Klehr, Harvey. *The Heyday of American Communism: The Depression Decade.* New York: Basic Books, 1984.

Klein, Joe. *Woody Guthrie: A Life.* New York: Alfred A. Knopf, 1980.

Klein, Marcus. *Foreigners: The Making of American Literature, 1900–1940.* Chicago: University of Chicago Press, 1981.

Lawrence, D. H. *Phoenix: The Posthumous Papers of D. H. Lawrence.* Edited by Edward D. McDonald. 1936. Reprint, London: Heinemann, 1961.

Leibowitz, Herbert A., ed. *Musical Impressions: Selections from Paul Rosenfeld's Criticism.* New York: Hill and Wang, 1969.

Leuchtenburg, William E. *Franklin D. Roosevelt and the New Deal, 1932–1940.* New York: Harper & Row, 1963.

———. *The Perils of Prosperity, 1914–32.* Chicago: University of Chicago Press, 1958.

Levine, Lawrence W. "American Culture and the Great Depression." *Yale Review* 74 (Winter 1985).

———. "Jazz and American Culture." In *The Jazz Cadence of American Culture.* Edited by Robert G. O'Meally. New York: Columbia University Press, 1998.

Lewis, David Levering, ed. *The Portable Harlem Renaissance Reader.* New York: Viking, 1994.

Lynd, Robert S., and Helen Merrell Lynd. *Middletown in Transition: A Study in Cultural Conflicts.* New York: Harcourt, Brace, 1937.

Lyons, Bonnie. *Henry Roth: The Man and His Work.* New York: Cooper Square, 1976.

McBride, Joseph. *Frank Capra: The Catastrophe of Success.* New York: Simon & Schuster, 1992.

McBrien, William. *Cole Porter: A Biography.* 1998. Reprint, New York: Vintage, 2000.

McCann, Sean. *Gumshoe America: Hard-Boiled Crime Fiction and the Rise and Fall of New Deal Liberalism.* Durham, N.C.: Duke University Press, 2000.

McElvaine, Robert S., ed. *Down and Out in the Great Depression: Letters from the "Forgotten Man."* Chapel Hill: University of North Carolina Press, 1983.

———. *The Great Depression: America, 1929–1941.* New York: Times Books, 1984.

McGilligan, Patrick. *George Cukor: A Double* Life. New York: St. Martin's Press, 1991.

McKinzie, Richard D. *The New Deal for Artists.* Princeton: Princeton University Press, 1973.

McWilliams, Carey. *Factories in the Field: The Story of Migratory Farm Labor in California.* 1939. Reprint, Berkeley: University of California Press, 2000.

Madden, David, ed. *Proletarian Writers of the Thirties.* Carbondale: Southern Illinois University Press, 1968.

Mandelbaum, Howard, and Eric Myers. *Screen Deco*. 1985. Reprint, Santa Monica: Hennessey & Ingalls, 2000.

Maney, Patrick J. *The Roosevelt Presence: The Life and Legacy of FDR*. Berkeley: University of California Press, 1992.

Mangione, Jerre. *The Dream and the Deal: The Federal Writers' Project, 1935–1943*. Boston: Little, Brown, 1972.

Marchand, Roland. *Advertising the American Dream: Making Way for Modernity, 1920–1940*. Berkeley: University of California Press, 1985.

Mariani, Paul. *William Carlos Williams: A New World Naked*. New York: McGraw-Hill, 1981.

Marling, Karal Ann. *Wall-to-Wall America: A Cultural History of Post-Office Murals in the Great Depression*. Minneapolis: University of Minnesota Press, 1982.

Marquis, Alice G. *Hopes and Ashes: The Birth of Modern Times, 1929–1939*. New York: Free Press, 1986.

Martin, Jay. *Nathanael West: The Art of His Life*. New York: Farrar, Straus and Giroux, 1970.

———, ed. *Nathanael West: A Collection of Critical Essays*. Englewood Cliffs, N.J.: Prentice-Hall, 1971.

Mellow, James R. *Invented Lives: F. Scott and Zelda Fitzgerald*. Boston: Houghton Mifflin, 1984.

Meltzer, Milton. *Brother, Can You Spare a Dime?: The Great Depression, 1929–1933*. 1969. Reprint, New York: Mentor, 1977.

———. *Violins and Shovels: The WPA Arts Projects*. New York: Delacorte, 1976.

Milford, Nancy. *Zelda*. 1970. Reprint, New York: Avon, 1971.

Mordden, Ethan. *The Hollywood Musical*. New York: St. Martin's Press, 1981.

Mueller, John. *Astaire Dancing: The Musical Films*. New York: Alfred A. Knopf, 1991.

Mullen, Bill, and Sherry Linkon, eds. *Radical Revisions: Rereading 1930s Culture*. Urbana: University of Illinois Press, 1996.

Nekola, Charlotte, and Paula Rabinowitz, eds. *Writing Red: An Anthology of American Women Writers, 1930–1940*. New York: Feminist Press, 1987.

Nelson, Cary. *Repression and Recovery: Modern American Poetry and the Politics of Cultural Memory, 1910–1945*. Madison: University of Wisconsin Press, 1989.

Oja, Carol J., and Judith Tick, eds. *Aaron Copland and His World*. Princeton: Princeton University Press, 2005.

Parini, Jay. *Robert Frost: A Life*. New York: Henry Holt, 1999.

———. *John Steinbeck: A Biography*. New York: Henry Holt, 1996.

Park, Marlene, and Gerald E. Markowitz. *Democratic Vistas: Post Offices and Public Art in the New Deal*. Philadelphia: Temple University Press, 1984.

Parrish, Michael E. *Anxious Decades: America in Prosperity and Depression, 1920–1941*. New York: W. W. Norton, 1992.

Peeler, David P. *Hope among Us Yet: Social Criticism and Social Solace in Depression America*. Athens: University of Georgia Press, 1987.

Pells, Richard H. *Radical Visions and American Dreams: Culture and Social Thought in the Depression Years*. New York: Harper & Row, 1973.

Pessen, Edward. *The Log Cabin Myth: The Social Background of Presidents*. New Haven: Yale University Press, 1984.

Phillips, Cabell. *From the Crash to the Blitz: 1929–1939*. New York: Macmillan, 1969.

Pierpont, Claudia Roth. "Jazzbo: Why We Still Listen to Gershwin." *The New Yorker*, January 10, 2005.

Poirier, Richard. *Robert Frost: The Work of Knowing*. New York: Oxford University Press, 1977.

Pollack, Howard. *Aaron Copland: The Life and Work of an Uncommon Man*. New York: Henry Holt, 1999.

———. *George Gershwin: His Life and Work*. Berkeley: University of California Press, 2006.

Pritchard, William H. *Frost: A Literary Life Reconsidered*. New York: Oxford University Press, 1984.

Proletarian Literature in the United States: An Anthology. Edited by Granville Hicks, et al. New York: International Publishers, 1935.

Quart, Leonard. "Frank Capra and the Popular Front." *Cineaste* 8, no. 1 (1977).

Rabinowitz, Paula. *Labor and Desire: Women's Revolutionary Fiction in Depression America*. Chapel Hill: University of North Carolina Press, 1991.

Rahv, Philip. *Essays on Literature and Politics, 1932–1972*. Edited by Arabel J. Porter and Andrew J. Dvosin. Boston: Houghton Mifflin, 1978.

Rampersad, Arnold. *The Life of Langston Hughes*. Volume 1, *1902–1941: I, Too, Sing America*. New York: Oxford University Press, 1986.

Richardson, Joan. *Wallace Stevens: The Later Years, 1923–1955*. New York: William Morrow, 1988.

Rideout, Walter. *The Radical Novel in the United States, 1900–1954*. 1956. Reprint, New York: Columbia University Press, 1992.

Roberts, Nora Ruth. *Three Radical Women Writers: Class and Gender in Meridel Le Sueur, Tillie Olson, and Josephine Herbst*. New York: Garland, 1996.

Robinson, Cervin, and Rosemarie Haag Bletter. *Skyscraper Style: Art Deco New York*. New York: Oxford University Press, 1975.

Roffman, Peter, and Jim Purdy. *The Hollywood Social Problem Film: Madness, Despair, and Politics from the Depression to the Fifties*. Bloomington: Indiana University Press, 1981.

Rosenberg, Deena. *Fascinating Rhythm: The Collaboration of George and Ira Gershwin*. 1991. Reprint, London: Lime Tree Books, 1992.

Ross, Alex. *The Rest Is Noise: Listening to the Twentieth Century*. New York: Farrar, Straus and Giroux, 2007.

Rowley, Hazel. *Richard Wright: The Life and Times*. New York: Henry Holt, 2001.

Salzman, Jack, and Barry Wallenstein, eds. *Years of Protest: A Collection of American Writings of the 1930's*. New York: Pegasus, 1967.

Salzman, Jack, and Leo Zanderer, eds. *Social Poetry of the 1930s: A Selection*. New York: Burt Franklin, 1978.

Sanders, James. *Celluloid Skyline: New York and the Movies*. New York: Alfred A. Knopf, 2002.

Scharnhorst, Gary, with Jack Bales, *The Lost Life of Horatio Alger, Jr.* Bloomington: Indiana University Press, 1985.

Schatz, Thomas. *The Genius of the System: Hollywood Filmmaking in the Studio Era*. New York: Pantheon, 1988.

Schickel, Richard. *Cary Grant: A Celebration*. Boston: Little, Brown, 1983.

Schlesinger, Arthur M., Jr. *The Age of Roosevelt*. 3 vols. Boston: Houghton Mifflin, 1957–60.

———. *A Life in the Twentieth Century: Innocent Beginnings, 1917–1950*. Boston: Houghton Mifflin, 2000.

Shadoian, Jack. *Dreams and Dead Ends: The American Gangster/Crime Film*. Cambridge: MIT Press, 1977.

Sheed, Wilfrid. *The House That George Built: With a Little Help from Irving, Cole, and a Crew of About Fifty*. New York: Random House, 2007.

Shulman, Robert. *The Power of Political Art: The 1930s Literary Left Reconsidered*. Chapel Hill: University of North Carolina Press, 2000.

Simon, Rita James, ed. *As We Saw the Thirties*. Urbana: University of Illinois Press, 1967.

Simpson, Louis. *Three on the Tower: The Lives and Works of Ezra Pound, T. S. Eliot, and William Carlos Williams*. New York: Macmillan, 1975.

Sklar, Robert. *Movie-Made America: A Cultural History of American Movies*. 1975. Reprint, New York: Vintage, 1976.

Smith, Gene. *The Shattered Dream: Herbert Hoover and the Great Depression*. New York: William Morrow, 1970.

Smith, Jean Edward. *FDR*. New York: Random House, 2007.

Smith, Wendy. *Real Life Drama: The Group Theatre and America, 1931–1940*. New York: Alfred A. Knopf, 1990.

Snowman, Daniel. *America since 1920*. 1968. Reprint, New York: Harper & Row, 1970.

Starr, Kevin. *Endangered Dreams: The Great Depression in California*. New York: Oxford University Press, 1996.

———. *Inventing the Dream: California through the Progressive Era*. New York: Oxford University Press, 1985.

Staub, Michael E. *Voices of Persuasion: Politics of Representation in 1930s America*. Cambridge: Cambridge University Press, 1994.

Stewart, Rex. *Jazz Masters of the Thirties*. 1972. Reprint, New York: Da Capo Press, 1980.

Stott, William. *Documentary Expression and Thirties America*. New York: Oxford University Press, 1973.

Stowe, David W. *Swing Changes: Big-Band Jazz in New Deal America*. Cambridge: Harvard University Press, 1994.

Susman, Warren I. *Culture as History: The Transformation of American Society in the Twentieth Century*. New York: Pantheon, 1984.

Swados, Harvey, ed. *The American Writer and the Great Depression*. Indianapolis: Bobbs-Merrill, 1966.

Taylor, Nick. *American-Made: The Enduring Legacy of the WPA: When FDR Put the Nation to Work*. New York: Bantam, 2008.

Terkel, Studs. *Hard Times: An Oral History of the Great Depression*. 1970. Reprint, New York: Avon, 1971.

These Are Our Lives. 1939. New York: W. W. Norton, 1975.

Thomas, Bob. *Astaire: The Man, the Dancer*. New York: St. Martin's Press, 1984.

Thomas, Tony, and Jim Terry, with Busby Berkeley. *The Busby Berkeley Book*. Greenwich, Conn.: New York Graphic Society, 1973.

Thomson, Virgil. *A Virgil Thomson Reader.* New York. E. P. Dutton, 1981.
———. *Virgil Thomson.* New York: Alfred A. Knopf, 1966.
Trilling, Diana. *The Beginning of the Journey.* New York: Harcourt Brace, 1993.
Trilling, Lionel. "A Novel of the Thirties." In *The Last Decade: Essays and Reviews, 1965–75*, edited by Diana Trilling. New York: Harcourt Brace Jovanovich, 1979.
Veitch, Jonathan. *American Superrealism: Nathanael West and the Politics of Representation in the 1930s.* Madison: University of Wisconsin Press, 1997.
Wald, Alan M. *Exiles from a Future Time: The Forging of the Mid-Twentieth-Century Literary Left.* Chapel Hill: University of North Carolina Press, 2002.
———. *James T. Farrell: The Revolutionary Socialist Years.* New York: New York University Press, 1978.
———. *The New York Intellectuals: The Rise and Decline of the Anti-Stalinist Left from the 1930s to the 1980s.* Chapel Hill: University of North Carolina Press, 1987.
Ware, Susan. *Beyond Suffrage: Women in the New Deal.* Cambridge: Harvard University Press, 1981.
———. *Holding Their Own: American Women in the 1930s.* Boston: G. K. Hall, 1982.
Warren, Harris Gaylord. *Herbert Hoover and the Great Depression.* New York: Oxford University Press, 1959.
Warshow, Robert. *The Immediate Experience: Movies, Comics, Theatre and Other Aspects of Popular Culture.* Garden City, N.Y.: Doubleday, 1962.
Watkins, T. H. *The Great Depression: America in the 1930s.* Boston: Little, Brown, 1993.
———. *The Hungry Years: A Narrative History of the Great Depression in America.* New York: Henry Holt, 1999.
Watson, Steven. *Prepare for Saints: Gertrude Stein, Virgil Thomson, and the Mainstreaming of American Modernism.* New York: Random House, 1998.
Weales, Gerald. *Clifford Odets: Playwright.* New York: Pegasus, 1971.
———. *Canned Goods as Caviar: American Film Comedies of the 1930s.* Chicago: University of Chicago Press, 1985.
Webb, Constance. *Richard Wright: A Biography.* New York: Putnam's, 1968.
Weber, Eva. *Art Deco in America.* New York: Exeter Books, 1985.
Wilder, Alec. *American Popular Song: The Great Innovators, 1900–1950.* New York: Oxford University Press, 1972.
Williams, Martin. *The Jazz Tradition.* Rev. ed. New York: Oxford University Press, 1993.
Wilson, Edmund. *The American Earthquake: A Documentary of the Twenties and Thirties.* Garden City, N.Y.: Doubleday Anchor, 1958.
———. *Classics and Commercials: A Literary Chronicle of the Forties.* New York: Farrar, Straus, 1950.
———. *The Shores of Light: A Literary Chronicle of the Twenties and Thirties.* 1952. Reprint, New York: Vintage, 1961.
Wyllie, Irvin G. *The Self-made Man in America: The Myth of Rags to Riches.* New Brunswick, N.J.: Rutgers University Press, 1954.

译名对照表

A

阿勃斯，黛安　Arbus, Diane
阿达米克，路易斯　Adamic, Louis
阿德勒，卢瑟　Adler, Luther
阿德勒，斯特拉　Adler, Stella
阿登，伊芙　Arden, Eve
阿尔冈昆才子　Algonquin wits, the
阿尔格伦，纳尔逊　Algren, Nelson
阿尔杰，小霍雷肖　Alger, Horatio, Jr.
阿尔文，牛顿　Arvin, Newton
阿里斯托芬　Aristophanes
阿伦，丹尼尔　Aaron, Daniel
阿伦斯，亚历克斯　Aarons, Alex
阿伦，威廉·范　Alen, William Van
《阿莫斯与安迪》　*Amos 'n' Andy*
阿姆斯特朗，路易斯　Armstrong, Louis
阿诺德，爱德华　Arnold, Edward
《阿帕拉契亚之春》　*Appalachian Spring* (Copland)
阿什比，哈尔　Ashby, Hal
阿斯泰尔，阿黛尔　Astaire, Adele
阿斯泰尔，弗雷德　Astaire, Fred
阿斯特罗，理查德　Astro, Richard
阿斯特，玛丽　Astor, Mary
阿兹娜，多萝茜　Arzner, Dorothy
埃尔哈特，阿梅利亚　Earhart, Amelia
埃金斯，托马斯　Eakins, Thomas
埃利森，拉尔夫　Ellison, Ralph
埃姆斯，克里斯托弗　Ames, Christopher
埃斯库罗斯　Aeschylus
埃文斯，沃克　Evans, Walker
《挨饿的人》　*Hungry Men* (Anderson)
《艾吉论电影》　*Agee on Film* (Agee)
艾吉，詹姆斯　Agee, James
《艾琳》　"Irene" (song)
艾灵顿公爵　Ellington, Duke
艾略特，T. S.　Eliot, T. S.
艾伦，弗雷德　Allen, Fred
艾伦，弗雷德里克·刘易斯　Allen, Frederick Lewis
艾伦，伍迪　Allen, Woody
艾洛，丹尼　Aiello, Danny
爱德华兹，布莱克　Edwards, Blake
爱德华兹，克里夫　Edwards, Cliff
爱德华兹，约翰　Edwards, John
《爱丁堡评论》　*Edinburgh Review*
爱默生，拉尔夫·沃尔多　Emerson, Ralph Waldo
爱森斯坦，谢尔盖　Eisenstein, Sergei
《爱之死》　*Liebestod* (Wagner)
安德森，爱德华　Anderson, Edward
安德森，舍伍德　Anderson, Sherwood

贝克特，塞缪尔　Beckett, Samuel
贝克，约瑟芬　Baker, Josephine
贝克，朱利安　Beck, Julian
贝拉米，拉尔夫　Bellamy, Ralph
贝娄，索尔　Bellow, Saul
贝鲁西，约翰　Belushi, John
贝内特，康斯坦斯　Bennett, Constance
《贝丝，现在你是我的女人》　"Bess, You Is My Woman Now" (song)
贝西伯爵　Count Basie
本顿，托马斯·哈特　Benton, Thomas Hart
本杰明，阿佩尔　Appel, Benjamin
本尼迪克特，鲁思　Benedict, Ruth
本森，杰克逊　Benson, Jackson
本雅明，瓦尔特　Benjamin, Walter
《崩溃》　*Crack-Up, The* (Fitzgerald)
《崩溃》　"Crack-Up, The" (Fitzgerald)
比尔博，西奥多　Bilbo, Theodore
《比格·博伊离家》　"Big Boy Leaves Home" (Wright)
《比克斯和宾合作金曲》　*Bix 'n' Bing* (album)
《比利小子》　*Billy the Kid* (Copland)
碧克馥，玛丽　Pickford, Mary
边沁，杰里米　Bentham, Jeremy
《变迁中的米德尔敦》　*Middletown in Transition* (Lynd and Lynd)
《"别格"是如何诞生的》　"How 'Bigger' Was Born" (Wright)
《别了，佛罗里达》　"Farewell to Florida" (Stevens)
《宾！他的传奇岁月，1931—1957》　*Bing! His Legendary Years, 1931 – 1957* (album)
《宾特尔简报》　*Bintel Brief*
波德霍雷茨，诺尔曼　Podhoretz, Norman
波德莱尔，夏尔　Baudelaire, Charles
波格拉斯，范·内斯特　Polglase, Van Nest
《波吉》　*Porgy* (Heyward)
《波吉和贝丝》　*Porgy and Bess*
波拉克，霍华德　Pollack, Howard
波兰实验剧团　Polish Lab Theatre
波兰斯基，罗曼　Polanski, Roman
波洛克，杰克逊　Pollock, Jackson
《波士顿故事》　*Late George Apley, The* (film)
波士顿美术博物馆　Boston's Museum of Fine Arts, the
《波士顿以北》　*North of Boston* (Frost)
波特，丹尼斯　Potter, Dennis
波特，科尔　Porter, Cole
《波特王踩步舞》　"King Porter Stomp" (music)
波希纳　Bersina
《玻璃动物园》　*Glass Menagerie, The* (Williams)
《玻璃钥匙》　*Glass Key, The* (Hammett)
伯德，卡罗琳　Bird, Caroline
伯恩斯坦，伦纳德　Bernstein, Leonard
伯恩肖，斯坦利　Burnshaw, Stanley
《伯恩肖先生和雕像》　"Mr. Burnshaw and the Statue" (Stevens)
伯格，阿尔班　Berg Alban
伯格曼，安德鲁　Bergman, Andrew
伯克-怀特，玛格丽特　Bourke-White, Margaret
伯克，肯尼斯　Burke, Kenneth
伯克利，巴斯比　Berkeley, Busby
伯克，约翰尼　Burke, Johnny
伯曼，杰弗里　Berman, Jeffrey
伯曼，马歇尔　Berman, Marshall
伯内斯，爱德华　Bernays, Edward
伯内特，W. R.　Burnett, W. R.
伯奇，约翰　Birch, John
博厄斯，弗朗兹　Boas, Franz
博尔顿，盖伊　Bolton, Guy
博斯韦尔，康妮　Boswell, Connie

C

《初见美国》 *See America First* (Porter)
《除了爱我什么也不能给你》 "I Can't Give You Anything but Love" (song)
《穿靴子的人》 *Somebody in Boots* (Algren)
《穿着布鲁克斯兄弟衬衫的男人》 "Man in the Brooks Brothers Shirt, The" (McCarthy)
《春闺风月》 *Awful Truth, The* (film)
《春天及一切》 *Spring and All* (Williams)
《春天里的华尔兹》 "Waltz in Spring Time" (song)
《纯粹格什温》 *Pure Gershwin* (album)
《纯真年代》 *Age of Innocence, The* (Wharton)
《慈母泪》 *I Remember Mama* (*film*)
《从小说到电影》 *Novels into Film* (Bluestone)
《从这里到永恒》 *From Here to Eternity* (Jones)
《丛林猛兽》 "Beast in the Jungle, The" (James)
《措施》 *Measures Taken, The* (Brecht)

D

达达主义 Dada
达尔伯格，爱德华 Dahlberg, Edward
达特茅斯 Dartmouth
达威尔，简 Darwell, Jane
《大刀》 *Big Knife, The*
《大地》 *Good Earth, The*
《大都会》 *Metropolis* (Lang)
大都会歌剧院 Metropolitan Opera, the
《大繁荣时代》 *Only Yesterday* (Allen)
《大寒》 *Big Chill, The* (film)
《大河》 *River, The* (Lorentz)
《大街》 *Main Street* (Lewis)
《大陆风》 "Continental, The" (song)
《大衰退时代》 *Since Yesterday* (Allen)
《大玩家》 *Player, The* (Tolkin)
大卫·克罗克特热 Davy Crockett craze
《大西洋月刊》 *Atlantic*
《大厦将倾》 *Cradle Will Rock, The* (Blizstein)
《大萧条中的青少年》 *Youth in the Depression* (Davis)
《大众的反叛》 *Revolt of the Masses, The* (Ortega y Gasset)
《大众神经症的制造者》 "Makers of Modern Neuroses" (West)
大众影业 Republic Pictures
《戴维·莱文斯基的发迹》 *Rise of David Levinsky, The* (Cahan)
戴维斯，贝蒂 Davis, Bette
戴维斯，弗兰克 Davis, Frank
戴维斯，金斯利 Davis, Kingsley
戴维斯，罗伯特·戈勒姆 Davis, Robert Gorham
戴维斯，迈尔斯 Davis, Miles
黛德丽，玛琳 Dietrich, Marlene
丹尼尔斯，贝比 Daniels, Bebe
丹尼尔斯，杰夫 Daniels, Jeff
《但不是为了我》 "But Not for Me" (song)
《弹蓝色吉他的人》 "Man with the Blue Guitar, The" (Stevens)
《当代成功人士及其对成功的看法》 *Successful Men of To-day and What They Say of Success* (Crafts)
《当夜晚的蓝（遇上白天的金）》 "When the Blue of the Night (Meets the Gold of the Day)" (song)
《党派评论》 *Partisan Review*
《到芬兰车站》 *To the Finland Station* (Wilson)
道格拉斯，范朋克 Fairbanks, Douglas
道格拉斯，梅尔文 Douglas, Melvyn
德·波伏瓦，西蒙娜 de Beauvoir, Simone
德尔，弗洛伊德 Dell, Floyd
德拉诺，杰克 Delano, Jack

E

《恶灵》 *Dybbuk, The* (*Ansky*)
《恶心》 *Nausea* (Sartre)
《儿子与情人》 *Sons and Lovers* (Lawrence)
《二十世纪的生活》 *Life in the Twentieth Century, A* (Schlesinger Jr.)

F

法拉达，汉斯　Fallada, Hans
法兰克福学派　Frankfurt school, the
法雷尔，詹姆斯·T.　Farrell, James T.
法罗，米娅　Farrow, Mia
法农，弗朗茨　Fanon, Franz
法斯宾德，赖纳·维尔纳　Fassbinder, Rainer Werner
法西斯主义　fascism
《翻滚吧》 "Roll 'Em" (music)
犯罪的都市　*Front Page, The*
方达，亨利　Fonda, Henry
方形舞会　"Hoe-Down" (Copland)
方阵理论　phalanx theory
《飞到里约》 *Flying Down to Rio*
《飞归故乡》 "*Flying Home*" (song)
《飞来横财》 "Pennies from Heaven" (song)
《飞来横财》 *Pennies from Heaven* (TV series)
菲茨杰拉德，F. 斯科特　Fitzgerald, F. Scott
菲茨杰拉德，埃拉　Fitzgerald, Ella
菲茨杰拉德，泽尔达　Fitzgerald, Zelda
菲德勒，莱斯利　Fiedler, Leslie
菲尔兹，W. C.　Fields, W. C.
菲勒雷斯，艾伦　Filreis, Alan
菲里亚，菲利普　Furia, Philip
费勃，艾德娜　Ferber, Edna
《费城故事》 *Philadelphia Story, The* (film)
费迪曼，克里夫顿　Fadiman, Clifton
费雯丽　Leigh, Vivien
费因斯坦，迈克尔　Feinstein, Michael
《粉红豹》系列片　*Pink Panther* series, the
《愤怒的葡萄》 *Grapes of Wrath, The*
《丰饶的牧场》 "Pastures of Plenty" (Guthrie)
《风暴中的男人》 "Men in the Storm, The" (Crane)
《风流世家》 *Anthony Adverse*
《疯狂女孩》 *Girl Crazy* (film)
《疯狂星期日》 "Crazy Sunday" (Fitzgerald)
冯内古特，库尔特　Vonnegut, Kurt
弗兰克，杰罗姆　Frank, Jerome
弗兰克，罗伯特　Frank, Robert
弗兰克，沃尔多　Frank, Waldo
弗里德沃尔德，威尔　Friedwald, Will
弗里姆尔，鲁道夫　Friml, Rudolf
《弗林德斯太太》 "Missis Flinders" (Slesinger)
弗林，伊丽莎白·格利　Flynn, Elizabeth Gurley
弗罗斯特，海伦　Forrest, Helen
弗罗斯特，罗伯特　Frost, Robert
弗洛伊德，西格蒙德　Freud, Sigmund
弗内斯，贝蒂　Furness, Betty
伏尔泰　Voltaire
《浮生若梦》 *You Can't Take It with You* (film)
《福尔摩斯二世》 *Sherlock Jr.* (Keaton)
《福谷传奇》 *Blithedale Romance, The* (Hawthorne)
福克纳，威廉　Faulkner, William
福楼拜，居斯塔夫　Flaubert, Gustave
福特，约翰　Ford, John
《富家子弟》 "Rich Boy, The" (Fitzgerald)
富克斯，丹尼尔　Fuchs, Daniel
富兰克林，本杰明　Franklin, Benjamin

G

《改革的时代》 *Ageof Reform*, The (Hof-

tion Internationale des Arts Décoratifs et Industriels Modernes, the
国家复兴管理局　National Recovery Administration (NRA)
《国民公敌》　*Public Enemy, The* (Wellman)
过渡仪式　rites of passage

H

哈伯格，伊普　Harburg, Yip
哈代，托马斯　Hardy, Thomas
哈丁，沃伦　Harding, Warren
《哈克贝利·芬历险记》　*Huckleberry Finn* (Twain)
《哈莱姆的波杰克斯》　"Bojangles of Harlem" (song)
哈莱姆文艺复兴　Harlem Renaissance
哈乐黛，比莉　Holiday, Billie
哈里斯，罗伊　Harris, Roy
哈灵顿，迈克尔　Harrington, Michael
哈露，珍　Harlow, Jean
哈蒙德，约翰　Hammond, John
哈米特，达希尔　Hammett, Dashiell
哈珀兄弟出版公司　Harper and Brothers
哈特，洛伦茨　Hart, Lorenz
哈特，莫斯　Hart, Moss
哈维，詹姆斯　Harvey, James
哈兹利特，威廉　Hazlitt, William
海尔曼，莉莲　Hellman, Lillian
海曼，斯坦利·埃德加　Hyman, Stanley Edgar
海门威，罗伯特　Hemenway, Robert
海明威，欧内斯特　Hemingway, Ernest
海姆斯，切斯特　Himes, Chester
《海上恋舞》　*Follow the Fleet* (film)
《海上情缘》　*Anything Goes* (film)
海沃德，杜博斯　Heyward, DuBose
海耶斯，李　Hays, Lee
海因，刘易斯　Hine, Lewis
海因斯，厄尔　Hines, Earl
汉弗莱斯，罗尔夫　Humphries, Rolfe
汉密尔顿，玛格丽特　Hamilton, Margaret
汉默斯坦，奥斯卡　Hammerstein, Oscar
汉姆生，克努特　Hamsun, Knut
汉普顿，莱昂内尔　Hampton, Lionel
《汗水》　"Sweat" (Hurston)
《毫不神圣》　*Nothing Sacred* (film)
豪，欧文　Howe, Irving
豪斯曼，约翰　Houseman, John
豪威尔斯，威廉·迪恩　Howells, William Dean
《嚎叫》　*Howl* (Ginsberg)
《好家伙》　*Goodfellas* (film)
《好莱坞的代价》　*What Price Hollywood?* (film)
好莱坞十君子　Hollywood Ten
《好人难寻》　*Good Man is Hard to Find, A* (O'Connor)
《合伙人》　*Silent Partner, The* (Odets)
荷马　Homer
赫本，凯瑟琳　Hepburn, Katharine
赫伯特，维克多　Herbert, Victor
赫布斯特，约瑟芬　Josephine, Herbst
赫弗南，约瑟夫　Heffernan, Joseph
赫克特，本　Hecht, Ben
赫斯顿，佐拉·尼尔　Hurston, Zora Neale
赫斯特，范妮　Hurst, Fanny
赫斯特，威廉·兰道尔夫　Hearst, William Randolph
赫胥黎，奥尔德斯　Huxley, Aldous
《黑暗的心》　*Heart of Darkness* (Conrad)
《黑暗中的两支烟》　"Two Cigarettes in the Dark" (song)
黑帮电影　gangster films
《黑道家族》　*Sopranos, The*
《黑孩子》　*Black Boy* (Wright)
《黑面具》　*Black Mask* (magazine)
《黑人长歌》　"Long Black Song" (Wright)

J

吉尔伯特，塞尔兹　Seldes，Gilbert
吉尔伯特，詹姆斯·B.　Gilbert，James B.
吉什，莉莲　Gish，Lillian
吉辛，乔治　Gissing，George
纪德，安德烈　Gide，André
《纪实表达与30年代美国》 *Documentary Expression and Thirties America* (Stott)
济慈，约翰　Keats，John
《寂寞芳心》 *None But the Lonely Heart* (film)
《寂寞芳心小姐》 *Miss Lonelyhearts* (West)
加德纳，拉尔夫·D　Gardner，Ralph D.
加菲尔德，约翰　Garfield，John
加菲尔德，詹姆斯　Garfield，James
加克斯顿，威廉　Gaxton，William
加兰，哈姆林　Garland，Hamlin
加兰，朱迪　Garland，Judy
加里森，威廉·劳埃德　Garrison，William Lloyd
加缪，阿尔贝　Camus，Albert
加西亚·马尔克斯，加夫列尔　García Márquez，Gabriel
《加油站》 *Filling Station* (Thomson)
《家庭墓地》 "Home Burial" (Frost)
《家中丧事》 *Death in the Family, A* (Agee)
嘉宝，葛丽泰　Garbo，Greta
《嘉莉妹妹》 *Sister Carrie* (Dreiser)
贾木许，吉姆　Jarmusch，Jim
《艰难时世》 *Hard Times* (Dickens)
《煎饼坪》 *Tortilla Flat* (Steinbeck)
《建筑实录》 *Architectural Record*
《将军死于黎明》 *General Died at Dawn, The* (film)
角尖塔和圆球标志　Trylon and Perisphere, the
《教父》 *Godfather, The* (film)
《皆大欢喜》 *As You Like It*
《街头》 *Street, The* (Petry)
《街头女郎玛吉》 *Maggie: A Girl of the Streets*
杰弗里，弗朗西斯　Jeffrey，Francis
《杰斯伯·布朗的布鲁斯》 "Jasbo Brown's Blues" (music)
《解放者》杂志　*Liberator, the*
《今日美国》 *America Today* (Benton)
《今晚你的模样》 "Way You Look Tonight, The" (song)
《金钵记》 *Golden Bowl, The* (James)
金，吉内芙拉　King，Ginevra
《金色年代》 *Goldbergs, The* (*TV series*)
《金山梦》 *Dream of the Golden Mountains, The* (Cowley)
金斯堡，艾伦　Ginsberg，Allen
《金童》 *Golden Boy* (film)
禁酒令　Prohibition
《精疲力尽》 *Breathless*
警示电影　cautionary tales
《静静的夜》 "Silent Night" (song)
《旧金山》 *San Francisco* (film)
《旧金山新闻报》 *San Francisco News*
《旧约》 Old Testament, the
《局外人》 *Stranger, The* (Camus)
《剧院音乐》 *Music for the Theatre* (Copland)
《飓风》 *Hurricane, The* (film)
《决心与独立》 "Resolution and Independence" (Wordsworth)
《爵士歌手》 *Jazz Singer, The* (film)
《爵士乐传统》 *Jazz Tradition, The* (Williams)
《爵士乐史》 *History of Jazz* (Gioia)
《爵士乐演唱》 *Jazz Singing* (Friedwald)
《爵士时代的回声》 "Echoes of the Jazz Age" (Fitzgerald)

K

卡巴莱音乐　cabaret music

克莱斯勒大厦 Chrysler Building
克莱因，马库斯 Klein, Marcus
克兰，哈特 Crane, Hart
克劳馥，琼 Crawford, Joan
克勒曼，哈罗德 Clurman, Harold
克雷，埃德 Cray, Ed
克里斯蒂安，查理 Christian, Charlie
克列兹梅尔乐团 Klezmatics, the
克鲁帕，吉恩 Krupa, Gene
克罗默，汤姆 Kromer, Tom
克罗斯，阿琳 Croce, Arlene
克罗斯比，宾 Crosby, Bing
克罗斯曼，理查德 Crossman, Richard
肯德尔，伊丽莎白 Kendall, Elizabeth
肯尼迪，大卫·M. Kennedy, David M.
肯尼迪，威廉 Kennedy, Williams
肯普顿，默里 Kempton, Murray
《孔雀夫人》 *Dodsworth* (film)
库尔贝，古斯塔夫 Courbet, Gustave
库格林，查尔斯 Coughlin, Charles
库克，阿利斯泰尔 Cooke, Alistair
库克，乔治 Cukor, George
库克，西尔维娅·詹金斯 Cook, Sylvia Jenkins
库纳德，南希 Cunard, Nancy
库珀，加里 Cooper, Gary
《库提协奏曲》 "Concerto for Cootie" (music)
夸特，伦纳德 Quart, Leonard
垮掉派 Beats
《快乐华尔兹的悲伤曲调》 "Sad Strains of a Gay Waltz" (Stevens)
《快乐角》 "Jolly Corner, The" (James)
《快乐骑手之地》 "Land of the Gay Caballero" (song)
《狂怒》 *Fury* (Lang)

L

拉宾诺维茨，葆拉 Rabinowitz, Paula
拉尔，伯特 Lahr, Bert
拉夫，菲利普 Rahv, Philip
拉夫特，乔治 Raft, George
拉格泰姆音乐 ragtime
拉瓜迪亚，菲奥雷洛 La Guardia, Fiorello
拉·卡瓦，格雷戈里 La Cava, Gregory
《拉拉露西尔》 *La-La-Lucille!*
拉塞尔，罗莎琳 Russell, Rosalind
拉森，内拉 Larsen, Nella
拉托夫，格雷戈里 Ratoff, Gregory
拉威尔，莫里斯 Ravel, Maurice
莱昂斯，邦尼 Lyons, Bonnie
莱昂斯，尤金 Lyons, Eugene
莱比锡 Leipsic
莱德奥特，沃尔特 Rideout, Walter
莱曼，尼古拉斯 Lemann, Nicholas
莱森，米切尔 Leisen, Mitchell
赖德尔，阿尔伯特·平克汉姆 Ryder, Albert Pinkham
赖纳，路易丝 Rainer, Luise
赖特，拉塞尔 Wright, Russel
赖特，理查德 Wright, Richard
兰登，哈里 Langdon, Harry
兰格，多萝西娅 Lange, Dorothea
兰卡斯特，伯特 Lancaster, Burt
兰佩尔，米勒德 Lampell, Millard
《蓝色狂想曲》 *Rhapsody in Blue* (*Gershwin*)
《蓝色天使》 *The Blue Angel* (Sternberg)
《蓝色星期一》 *Blue Monday*
朗，弗里茨 Lang, Fritz
朗，休伊 Long, Huey
劳埃德，哈罗德 Lloyd, Harold
《劳动与欲望》 *Labor and Desire* (Rabinowitz)
劳伦斯，D. H. Lawrence, D. H.
劳伦斯，格特鲁德 Lawrence, Gertrude
劳森，约翰·霍华德 Lawson, John Howard

《鹿苑》 *Deer Park, The* (Mailer)
《路边的野孩子》 *Wild Boys on the Road* (Wellman)
路德，马丁 Luther, Martin
《路上的尘迹》 *Dust Tracks on a Road* (Hurston)
《旅途愉快》 "Bon Voyage" (song)
《旅行最治愈》 "There's No Cure like Travel" (song)
《绿野仙踪》 *Wizard of Oz, The* (Baum)
《乱世佳人》 *Gone with the Wind* (film)
伦敦，杰克 London, Jack
伦塞弗德，吉米 Lunceford, Jimmie
《论素朴的诗和感伤的诗》 "On Naïve and Sentimental Poetry" (Schiller)
《罗贝尔塔》 *Roberta* (film)
罗宾斯，蒂姆 Robbins, Tim
罗宾逊，爱德华·G Robinson, Edward G.
罗宾逊，比尔 Robinson, Bill
罗宾逊，厄尔 Robinson, Earl
罗伯逊，保罗 Robeson, Paul
罗德，吉尔伯特 Rohde, Gilbert
罗德斯，埃里克 Rhodes, Erik
罗杰斯，金杰 Rogers, Ginger
罗杰斯，理查德 Rodgers, Richard
罗利，哈泽尔 Rowley, Hazel
罗伦兹，帕尔 Lorentz, Pare
罗森伯格，迪娜 Rosenberg, Deena
罗森伯格间谍案 Rosenberg spy case, the
罗森菲尔德，保罗 Rosenfeld, Paul
《罗丝·玛丽》 *Rose Marie* (musical)
罗思坦，阿瑟 Rothstein, Arthur
罗斯，菲利普 Roth, Philip
罗斯福，埃莉诺 Roosevelt, Eleanor
罗斯福，富兰克林 Roosevelt, Franklin D. (FDR)
《罗斯福时代》 *Age of Roosevelt, The* (Schlesinger)
罗斯，亨利 Roth, Henry
罗斯卡姆，埃德温 Rosskam, Edwin
罗维，雷蒙德 Loewy, Raymond
《骡骨》 *Mule Bone* (Hurston and Hughes)
《骡子与人》 *Mules and Men* (Hurston)
《裸者与死者》 *Naked and the Dead, The* (Mailer)
洛克，阿兰 Locke, Alain
洛林，尤金 Loring, Eugene
洛马克斯，艾伦 Lomax, Alan
洛马克斯，约翰 Lomax, John
洛曼，威利 Loman, Willy
洛伊，玛娜 Loy, Myrna
洛伊希腾堡，威廉·E. Leuchtenburg, William E.
《落日红帆》 "Red Sails in the Sunset" (song)

M

马丁，杰伊 Martin, Jay
马尔登，卡尔 Malden, Karl
马尔坎托尼奥，维托 Marcantonio, Vito
马尔库塞，赫伯特 Marcuse, Herbert
马尔罗，安德烈 Malraux, André
马尔尚，罗兰 Marchand, Roland
《马耳他之鹰》 *Maltese Falcon, The* (Hammett)
马吉森，赫布 Magidson, Herb
马克思，卡尔 Marx, Karl
马克斯兄弟 Marx brothers, the
马昆德，J. P. Marquand, J. P.
马拉默德，伯纳德 Malamud, Bernard
马利纳，朱迪思 Malina, Judith
马林，卡拉尔·安 Marling, Karal Ann
马洛礼，托马斯 Malory, Thomas
马奇，弗雷德里克 March, Fredric
马尔兹，阿尔伯特 Maltz, Albert
马尾藻海 Sargasso Sea, The
马修斯，爱德华 Matthews, Edward
玛丽·碧克馥 Mary Pickford

美国作家代表大会　American Writers' Congress
《美妙爱情》　"Fine Romance, A" (song)
《美妙的夜》　"It's De-Lovely" (song)
《美女》　*Dames*
《美人计》　*Notorious* (film)
门吉欧，阿道夫　Menjou, Adolphe
门肯，H. L.　Mencken, H. L.
《梦幻》　"Stardust" (song)
《梦想与穷途末路》　*Dreams and Dead Ends* (Shadoian)
弥尔顿，约翰　Milton, John
《迷魂记》　*Vertigo* (Hitchcock)
《迷人的节奏》　"Fascinating Rhythm" (song)
《迷人的旋律》　*Fascinating Rhythm* (*Rosenberg*)
《迷途的女人》　*Lost Lady, A* (Cather)
《米德尔敦》　*Middletown* (Lynd and Lynd)
米德，玛格丽特　Mead, Margaret
米尔斯，欧文　Mills, Irving
米高梅电影公司　MGM
米莱，埃德娜·圣·文森特　Millay, Edna St. Vincent
米勒，阿瑟　Miller, Arthur
米勒，安　Miller, Ann
米勒，亨利　Miller, Henry
米利，布伯　Miley, Bubber
米若珀尔，阿贝尔　Meeropol, Abel
《秘密特工》　*Secret Agent* (Conrad)
《蜜月旅馆》　"Honeymoon Hotel"
棉花俱乐部　Cotton Club, the
《棉花俱乐部踩步爵士舞曲》　"Cotton Club Stomp" (music)
《棉尾兔》　"Cotton Tail" (music)
《免于恐惧的自由》　*Freedom from Fear* (Kennedy)
《民以食为天》　*Our Daily Bread* (Vidor)
《民族》　*Nation, The*
《名与利》　*Fame and Fortune* (Alger)
《明亮晨星》　"Bright and Morning Star" (Wright)
《"明智之举"》　" 'Sensible Thing, The' " (Fitzgerald)
《摩登时代》　*Modern Times* (Chaplin)
摩尔，玛丽安　Moore, Marianne
摩尔，维克多　Moore, Victor
《摩天大楼的风格》　*Skyscraper Style* (Bletter)
莫顿，杰利·罗尔　Morton, Jelly Roll
《莫顿摇摆乐》　"Moten Swing" (music)
莫，亨利·阿伦　Moe, Henry Allan
莫里森，吉姆　Morrison, Jim
莫利，雷蒙德　Moley, Raymond
莫罗城堡号豪华游轮　SS Morro Castle, the
莫奈，克劳德　Monet, Claude
莫特利，威拉德　Motley, Willard
莫伊尼汉，丹尼尔·帕特里克　Moynihan, Daniel Patrick
《莫扎特，1935 年》　"Mozart, 1935" (Stevens)
墨索里尼，贝尼托　Mussolini, Benito
《墨西哥巴士奇遇》　*Mexican Bus Ride* (film)
《墨西哥沙龙》　*El Salón México* (Copland)
默尔曼，埃塞尔　Merman, Ethel
默罗，爱德华·R.　Murrow, Edward R.
默片　silent film, the
默瑟，约翰尼　Mercer, Johnny
《谋杀吾爱》　*Murder, My Sweet* (film)
《牧场竞技》　*Rodeo* (Copland)
穆尼，保罗　Muni, Paul

N

《那是我现在的弱点》　"That's My Weakness Now" (song)
纳什，奥格登　Nash, Ogden
纳塔利，托尼　Natali, Tony

R

O

P

《疲惫的布鲁斯》 *Weary Blues, The* (Hughes)
《飘》 *Gone with the Wind* (Mitchell)
《拼搏就会成功》 *Strive and Succed* (Alger)
拼贴 collage
《贫穷的观念》 *Idea of Poverty, The* (Himmelfarb)
品钦，托马斯 Pynchon, Thomas
平民保育团 Civilian Conservation Corps
平民主义 populism
《评论杂志》 *Commentary*
珀金斯，马克斯韦尔 Perkins, Maxwell
《破衫迪克》 *Ragged Dick* (Alger)
普莱斯，蕾昂泰茵 Price, Leontyne
普雷明格，奥托 Preminger, Otto
普雷斯利，埃尔维斯 Presley, Elvis
普雷斯曼，李 Pressman, Lee
普里查德，威廉·H. Pritchard, William H.
普鲁斯特，马塞尔 Proust, Marcel
《普通人的号角》 *Fanfare for the Common Man*

Q

齐格菲，弗洛 Ziegfeld, Florenz
契诃夫，安东 Chekhov, Anton
《迁徙的母亲》 "Migrant Mother" (Lange)
《牵牛花》 "Morning Glory" (music)
前海斯法典时期 pre-Code era, the
《前卫与媚俗》 "Avant-Garde and Kitsch" (Greenberg)
钱伯斯，惠特克 Chambers, Whittaker
钱德勒，雷蒙德 Chandler, Raymond
《强人》 *Strong Man, The* (film)
《敲随便一扇门》 *Knock on Any Door* (Motley)
乔普林，詹尼斯 Joplin, Janis
乔森，阿尔 Jolson, Al
乔亚，泰德 Gioia, Ted
乔伊斯，詹姆斯 Joyce, James
《乔治·格什温歌曲集》 *George Gershwin's Song Book*
《乔治·怀特的丑闻》 *George White's Scandals*
《桥》 *Bridge, The* (Crane)
《瞧，这是美国吗》 *Say, is this the U. S. A.* (Caldwell and Bourke-White)
切尼，谢尔顿 Cheney, Sheldon
切瓦力亚，莫里斯 Chevalier, Maurice
《青年林肯》 *Young Mr. Lincoln* (Ford)
轻松生活 *Easy Living* (film)
《情感教育》 *Sentimental Education, The* (Flaubert)
《请再给一次机会》 "Just One More Chance" (song)
《穷理查年鉴》 *Poor Richard's Almanack* (Franklin)
《秋的副歌》 "Autumn Refrain" (Stevens)
屈塞，斯宾塞 Tracy, Spencer
《权力与荣耀》 *The Power and the Glory* (film)
《全国劳资关系法》 Wagner Act (1935)
《群魔》 *Possessed, The* (Dostoyevsky)
《群众》 *Masses, the*
《群众与权力》 *Crowds and Power* (Canetti)

R

《让美国再次成为美国》 "Let America De America Again" (Hughes)
《让他们吃蛋糕吧》 *Let 'Em Eat Cake*
《让我们随歌起舞》 "Let's Face the Music and Dance" (song)
热力七人组 *Hot Seven, the*
热力五人组 *Hot Five, the*
《热情如火》 *Some Like It Hot* (film)
《人的境遇》 *Man's Fate* (Malraux)

sic)

《失败的上帝》 *God that Failed, The* (Crossman)

《失乐园》 *Paradise Lost* (Milton)

《失去的天堂》 *Paradise Lost* (Odets)

《诗集》 *Collected Poems* (Williams)

施莱辛格，苔丝 Slesinger, Tess

施莱辛格，小阿瑟 Schlesinger, Arthur Jr.

施特罗海姆，埃里克·冯 Stroheim, Erich von

施瓦茨，阿瑟 Schwartz, Arthur

施瓦茨，德尔莫尔 Schwartz, Delmore

什克尔，理查德 Schickel, Richard

《什么让萨米奔忙?》 *What Makes Sammy Run?* (Schulberg)

《什么是文学》 *What is Literature?* (Sartre)

《石头脸》 "Face of Stone, A" (Williams)

《时间：现在》 *Time: The Present* (Slesinger)

《时尚先生》 *Esquire*

史翠珊，芭芭拉 Streisand, Barbra

史蒂文斯，华莱士 Stevens, Wallace

史蒂文斯，乔治 Stevens, George

史密斯，阿历克西斯 Smith, Alexis

史密斯，杰斐逊 Smith, Jefferson

史密斯，马修·黑尔 Smith, Matthew Hale

《史密斯先生到华盛顿》 *Mr. Smith Goes to Washington* (film)

《使用暴力》 "Use of Force, The" (Williams)

《驶向纽约的船就要起航》 "There's a Boat Dat's Leavin' Soon for New York" (song)

《士兵之家》 "Soldier's Home" (Hemingway)

《世风》 *Custom of the Country, The* (Wharton)

世界产业工人联盟 Industrial Workers of the World (Wobblies) (IWW)

世界产业工人联盟 Wobblies (Industrial Workers of the World)

收藏家酒店 Hôtel du Collectionneur

《收割的吉卜赛人》 "Harvest Gypsies, The" (Steinbeck)

《瘦子》 *Thin Man* (film)

《书信人生》 *Life in Letters, A* (Steinbeck)

《抒情歌谣集》 *Lyrical Ballads* (Wordsworth)

《淑女伊芙》 *Lady Eve, The* (film)

舒尔伯格，巴德 Schulberg, Budd

《双重赔偿》 *Double Indemnity* (Cain)

《谁在乎?》 "Who Cares?" (song)

《水城之恋》 *Goldwyn Follies, The* (film)

水星剧团 Mercury Theater

司各特，沃尔特 Scott, Walter

司汤达 Stendhal

《思念》 "Memories of You" (song)

斯宾塞，赫伯特 Spencer, Herbert

斯达，凯文 Starr, Kevin

斯登堡，约瑟夫·冯 Sternberg, Joseph von

斯蒂格里茨，阿尔弗雷德 Stieglitz, Alfred

斯金纳，B. F. Skinner, B. F.

斯科茨伯勒男孩 Scottsboro boys

《斯克里布纳杂志》 *Scribner's Magazine*

斯迈尔斯，塞缪尔 Smiles, Samuel

斯莫伦斯，亚历山大 Smallens, Alexander

《斯朋克》 "Spunk" (Hurston)

斯普林斯汀，布鲁斯 Springsteen, Bruce

《斯塔兹》 "Studs" (Farrell)

《斯塔兹·朗尼根》 *Studs Lonigan* (Farrell)

《斯塔兹·朗尼根的青年时代》 *Young Manhood of Studs Lonigan, The* (Farrell)

斯泰格尔，罗德 Steiger, Rod

斯泰伦，威廉 Styron, William

斯泰普托，罗伯特 Stepto, Robert

斯泰特海默，弗洛琳 Stettheimer, Florine

《天堂牧场》 *Pastures of Heaven, The* (Steinbeck)
《天之骄子》 *Golden Boy* (Odets)
《田间工厂》 *Factories in the Field* (McWilliams)
田纳西河谷管理局 Tennessee Valley Authority
《田园诗》 "Pastoral" (Williams)
《跳起比津舞》 "Begin the Beguine" (song)
《铁窗喋血》 *Cool Hand Luke*
《铁砧》 *Anvil, The*
《通往威根码头之路》 *Road to Wigan Pier, The* (Orwell)
同仁剧团 Group Theatre
《痛苦的实验》 "Experiment in Misery, An" (Crane)
图默，吉恩 Toomer, Jean
《屠场》 *Jungle, The*
《屠城浴血战》 *North Star, The* (film)
《土豆头蓝调》 "Potato Head Blues" (song)
《土生子》 *Native Son* (Wright)
吐温，马克 Twain, Mark
《推销员之死》 *Death of a Salesman* (Miller)
托尔金，迈克尔 Tolkin, Michael
托尔斯泰，列夫 Tolstoy, Leo
托兰，格雷格 Toland, Gregg
托洛茨基，列夫 Trotsky, Leon
托马斯，鲍勃 Thomas, Bob
陀思妥耶夫斯基，费奥多尔 Dostoyevsky, Fyodor

W

瓦利，鲁迪 Vallee, Rudy
瓦伦蒂诺，鲁道夫 Valentino, Rudolph
《外国人》 *Foreigners* (Klein)
《玩偶之家》 *Doll's House, A* (Ibsen)
《晚间音乐》 *Night Music* (Odets)
《万事皆可》 "Anything Goes" (song)
《亡命者》 *I Am a Fugitive from a Chain Gang*
《亡命者》 *I Am a Fugitive from a Chain Gang* (film)
《望不远也看不深》 "Neither Far Out Nor in Deep" (Frost)
《危机》 *Crisis, The* (magazine)
威尔科乐队 Wilco
威尔士，查利 Wales, Charles
威尔斯，奥逊 Welles, Orson
威尔斯，杰拉尔德 Weales, Gerald
威尔逊，埃德蒙 Wilson, Edmund
威尔逊，泰迪 Wilson, Teddy
威尔逊，伍德罗 Wilson, Woodrow
威廉斯，库提 Williams, Cootie
威廉斯，马丁 Williams, Martin
威廉斯，田纳西 Williams, Tennessee
威廉斯，威廉·卡洛斯 Williams, William Carlos
韦伯，马克斯 Weber, Max
韦伯斯特，本 Webster, Ben
韦伯斯特，丹尼尔 Webster, Daniel
韦伯，伊娃 Weber, Eva
韦布，克里夫顿 Webb, Clifton
韦布，奇克 Webb, Chick
韦尔，库尔特 Weill, Kurt
韦尔曼，威廉 Wellman, William
韦尔奇，伊丽莎白 Welch, Elisabeth
韦尔，苏珊 Ware, Susan
韦塞尔，霍斯特 Wessel, Horst
韦斯特，梅 West, Mae
韦斯特，纳撒尼尔 West, Nathanael
维多，金 Vidor, King
维多利亚和阿尔伯特展 Victoria and Albert show, the
维吉尔 Virgil
维斯康蒂，卢基诺 Visconti, Luchino
《伟大的安巴逊》 *Magnificent Ambersons*

(film)
温特斯，伊沃 Winters, Yvor
文顿，弗里德利 Freedley, Vinton
文化民族主义 cultural nationalism
《文化模式》 *Patterns of Culture*
文化资本 "cultural capital"
《文明及其不满》 *Civilization and Its Discontents* (Freud)
《文学批评导引》 *Experience of Literature, The* (Trilling)
《我爱的男人》 "Man I Love, The" (song)
《我爱你，波吉》 "I Loves You, Porgy" (song)
《我把所有的鸡蛋装进一个篮子里》 "I'm Putting All My Eggs in One Basket" (song)
《我不是天使》 *I'm No Angel* (film)
《我道歉》 "I Apologize" (song)
《我的爱妻》 *My Favorite Wife* (film)
《我的儿子约翰》 *My Son John* (film)
《我的奋斗》 *Mein Kampf* (Hitler)
《我的戈弗雷》 *My Man Godfrey* (La Cava)
《我的口袋装满梦想》 "I've Got a Pocketful of Dreams" (song)
《我的死对头》 *My Mortal Enemy* (Cather)
《我的堂叔，莫利纳上校》 "My Kinsman, Major Molineux" (Hawthorne)
《我们的生活》 *These Are Our Lives*
《我们的小镇》 *Our Town* (Wilder)
《我们等待自由》 *À Nous la Liberté* (Clair)
《我们季候的诗歌》 "Poems of Our Climate, The" (Stevens)
《我们看见大海》 "We Saw the Sea" (song)
《我们时代的一部分》 *Part of Our Time* (Kempton)
《我们跳个舞吧》 *Shall We Dance* (film)
《我们跳舞的姑娘们》 *Our Dancing Daughters* (film)
《我们为什么作战》 "Why We Fight" (film series)
《我们有钱了》 "We're in the Money"
《我们再不要这样》 "Let's Call the Whole Thing Off" (song)
《我弥留之际》 *As I Lay Dying* (Faulkner)
《我宁愿跳查尔斯顿舞》 "I'd Rather Charleston" (song)
《我虽一无所有》 "I Got Plenty o' Nuttin'" (song)
《我听你的》 "At Your Command" (song)
《我为你歌唱》 *Of Thee I Sing*
《我为你迷醉》 "I Get a Kick out of You" (song)
《我为你着迷》 "I've Got a Crush on You" (song)
《我要建造通往天堂的阶梯》 "I'll Build a Stairway to Paradise" (song)
《我也》 "I, too" (Hughes)
《我找到了节奏》 "I Got Rhythm" (song)
《我只钟情你》 "I Only Have Eyes for You"
《我住的房子》 "The House I Live In" (song)
沃尔顿，埃达·卢 Walton, Eda Lou
沃尔夫，托马斯 Wolfe, Thomas
沃尔弗特，艾拉 Wolfert, Ira
沃尔科特，玛丽昂·波斯特 Wolcott, Marion Post
沃尔什，拉乌尔 Walsh, Raoul
沃菲尔德，威廉 Warfield, William
沃霍尔，安迪 Warhol, Andy
沃伦，哈里 Warren, Harry
沃森，汤姆 Watson, Tom
沃特金斯，T. H. Watkins, T. H.
沃肖，罗伯特 Warshow, Robert
沃兹沃思艺术博物馆 Wadsworth Atheneum
《无法磨灭的回忆》 "They Can't Take

Y

《夜困摩天岭》 *High Sierra* (film)
《夜色温柔》 *Tender is the Night* (Fitzgerald)
《夜逃鸳鸯》 *They Live by Night* (film)
《夜晚的大军》 *Armies of the Night, The* (Mailer)
《一个国家的诞生》 *Birth of a Nation, The* (Griffith)
《一个老人的冬夜》 "Old Man's Winter's Night, An" (Frost)
《一个六月的夜晚》 "Night in June, A" (Williams)
《一个明星的诞生》 *Star Is Born, A* (1937)
《一个前有色人种的自传》 *Autobiography of an Ex-Colored Man, The* (Johnson)
《一个青年艺术家的画像》 *Portrait of the Artist as a Young Man, A* (Joyce)
《一世之雄》 *Angels with Dirty Faces* (film)
《一位女士的画像》 *Portrait of a Lady, The* (James)
《一位耶鲁知识分子的画像》 "Portrait of the Intellectual as a Yale Man" (McCarthy)
《一夜风流》 *It Happened One Night* (Capra)
伊斯特曼，马克斯 Eastman, Max
伊娃·杰西合唱团 Eva Jessye Choir
伊娃·韦伯 Eva Weber
移垦管理局 (RA) Resettlement Administration (RA)
《遗作》 *Opus Posthumous* (Stevens)
《已故的乔治·阿普利》 *Late George Apley, The* (novel)
《以赛亚书》 Isaiah, Book of
易卜生，亨里克 Ibsen, Henrik
《意志》 "Design" (Frost)
《意志的胜利》 *Triumph of the Will* (Riefenstahl)
《因为我的宝贝不是说现在可以》 "Because My Baby Don't Mean Maybe Now" (song)
《银幕上的装饰艺术》 *Screen Deco* (Mandelbaum & Myes)
《应许之地》 *Promised Land, The*
《英雄何价》 *Heroes for Sale* (film)
《永失我爱》 "My Man's Gone Now" (song)
《永远的爱》 "Love Is Here to Stay" (song)
《勇往直前》 *Do and Dare* (Alger)
《用梦想打包苦难》 "Wrap Your Troubles in Dreams" (song)
《尤根尼亚山中抒情》 "Lines Written among the Euganean Hills" (Shelley)
《尤利西斯》 *Ulysses* (Joyce)
《邮差总按两次铃》 *Postman Always Rings Twice, The* (Cain)
《犹太人的好衣服》 *Fine Clothes to the Jew* (Hughes)
《犹太先锋日报》 *Jewish Daily Forward*
《游艇》 "Yachts, The" (Williams)
《游戏规则》 *Rules of the Game, The* (film)
《有与无》 *To Have and Have Not* (Hemingway)
《愉快的离婚》 *Gay Divorce* (Porter)
《舆论的结晶》 *Crystallizing Public Opinion* (Bernays)
雨果，维克多 Hugo, Victor
《雨中曲》 "Singin' in the Rain" (song)
《郁郁寡欢》 *I Got the Blues* (Odets)
《育婴奇谭》 *Bringing Up Baby* (film)
《欲望号街车》 *Streetcar Named Desire, A* (Williams)
《袁将军的苦茶》 *Bitter Tea of General Yen, The*
《原谅我的英语》 *Pardon My English*
约翰·伯奇协会 John Birch Society

NUM